Diálogos
sobre o Direito Eleitoral

COLEÇÃO
DIÁLOGOS
Coordenação: Mozart Borba

MARCOS YOUJI MINAMI

Diálogos sobre o Direito Eleitoral

2022

EDITORA *Jus*PODIVM
www.editorajuspodivm.com.br

EDITORA *Jus*PODIVM
www.editorajuspodivm.com.br

Rua Canuto Saraiva, 131 – Mooca – CEP: 03113-010 – São Paulo – São Paulo
Tel: (11) 3582.5757
• Contato: https://www.editorajuspodivm.com.br/sac

Capa e diagramação: Maitê Coelho e Cendi Coelho *(cendicoelho@gmail.com)*

D536 Diálogos sobre o Direito Eleitoral / Marcos Youji Minami – São Paulo: Editora Juspodivm, 2022.
960 p. (Diálogos / coordenador Mozart Borba)

Bibliografia.
ISBN 978-85-442-3705-2

1. Direito Constitucional. 2. Direito eleitoral. I. Minami, Marcos Youji. II. Borba, Mozart. III. Título.

CDD 341.28

Agradecimentos

Para escrever este livro, eu perturbei muita gente. Muita gente, mesmo. Liguei (sim, tem gente que ainda faz ligação), mandei mensagem, interceptei pelos corredores, mandei *e-mail*, *direct*, sinal de fumaça etc. A maioria me respondeu. Alguns perderam a paciência e pararam de me responder. Foram bem poucos aqueles que nunca me deram retorno.

Foi tanta gente, que eu comecei a catalogar para elencar, mas a lista ficou muito grande e, o pior, eu sempre esquecia de um ou outro nome. Fiquei com medo de elencar todos aqui e ser injusto com os que eu pudesse esquecer. Mas se você está lendo estes agradecimentos e recebeu alguma mensagem ou pergunta minha nos últimos anos para falar de direito eleitoral, você, certamente, está nessa minha lista que não consegui completar. Muito obrigado!

Patrícia e Tito: sem vocês, eu não teria conseguido e, mais do que isso, nada disso teria sentido.

Apresentação da primeira edição

Sou professor de processo civil e de direito eleitoral, mas sou mais conhecido na primeira área.

Atuo no Tribunal Regional Eleitoral do Ceará desde 2006, na região do Cariri. Meus primeiros artigos foram sobre a matéria eleitoral, entre 2007 e 2008, para falar sobre problemas que eu observada no cotidiano da zona eleitoral. Eu ainda nem pensava em lecionar.

Em 2010, quando entrei no mestrado, esses artigos que eu possuía na seara eleitoral foram decisivos na pontuação geral da seleção e na minha aprovação. Minha dissertação, na área do processo civil, seria sobre "o abuso de direito na execução civil". Meu orientador e eterno mentor, professor Fredie Didier Jr., disse-me que eu deveria escrever sobre a matéria eleitoral, pois, nas respostas dos questionários que ele passava na sua disciplina, eu sempre acabava dando exemplos da área eleitoral.

> – Mestre, como eu vou fazer um trabalho sobre o processo eleitoral, se nem o conceito de "processo eleitoral" está bem delineado?
>
> – Eis a sua dissertação, então: conceitue o processo eleitoral!

E assim fiz. Acho que nem quem é mais próximo a mim, academicamente, sabe que a minha dissertação foi, não apenas sobre o processo civil, mas também sobre o direito eleitoral.

Nesse sentido, devo deixar registrada a minha gratidão ao professor Fredie Didier Jr. pelos valorosos conselhos. (Caro mestre, eis aqui a publicação tardia de parte daquelas ideias!)

Anos seguintes, no doutorado, vários casos emblemáticos para mim, ocorridos no combate à propaganda eleitoral, deram-me algumas ideias que contribuíram no desenvolvimento da minha tese, embora o trabalho não seja sobre eleitoral, mas sobre processo civil. Atualmente, o que desenvolvo no pós-doutorado também partiu de um caso ocorrido em eleições.

Um dos meus textos que mais repercutiu não é sobre o processo civil e nem é direcionado a acadêmicos. É um escrito de três páginas, de conteúdo mais informal, explicando o que a Justiça Eleitoral faz e que foi veiculado pelo TSE já tem mais de dez anos.

Eu nunca havia percebido como minha produção acadêmica sempre esteve imbricada com o direito eleitoral, até que surgiu a ideia de escrever este livro. Um curso de direito eleitoral feito completamente por diálogos entre um professor e um aluno (no meu caso, escolhi conversar com uma aluna). Agradeço a Mozart Borba pela confiança.

Para este livro, especificamente, foram mais de dois anos de pesquisa, escrita, compilação e organização de ideias. Além disso, como relatei acima, são quase quinze anos de reflexões sobre os temas apresentados aqui, a partir, principalmente, de experiências práticas atuando em eleições.

Eis o resultado. Espero que gostem e que tenham paciência comigo e com a minha aluna fictícia.

Dá um frio na barriga, pois sei que todos somos suscetíveis ao erro.

Mas é reconfortante saber que sempre terei a possibilidade de corrigir equívocos e de aperfeiçoar cada vez mais este diálogo que, espero, seja bem duradouro.

Juazeiro do Norte, março de 2022.

Marcos Minami

Prefácio

Notas modestas sobre um profícuo diálogo

Entender o Direito Eleitoral brasileiro não é uma tarefa simples. A colcha de retalhos das fontes normativas, a falta de coerência das sucessivas reformas, a imprevisibilidade e a consistência das decisões judiciais tornam a compreensão sobre a área bastante trabalhosa. Dar aulas da disciplina, então, é um desafio cotidiano: haja esforço e criatividade para trazer alguma sistematicidade para a matéria.

Há algum tempo, havia ainda a dificuldade de encontrar livros de Direito Eleitoral que fossem além de comentários sobre a legislação, com a exceção de alguns clássicos. Na última década, esse cenário melhorou bastante. As opções editoriais foram se multiplicando, com cursos abrangentes e monografias de alta qualidade.

O livro que o professor Minami apresenta é bastante ambicioso: pretende, por um lado, engrossar as fileiras dos grandes cursos de Direito Eleitoral, tratando de todas as questões da matéria; por outro lado, mostra-se com uma roupagem bastante ousada, em forma de um diálogo entre o professor e uma aluna, desvelando as complexidades das categorias eleitorais.

Essa ambição não é fora de propósito; ao contrário, combina perfeitamente com o autor, que transita com tranquilidade entre o Direito Processual e o Direito Eleitoral, com sua formação acadêmica e sua atuação como integrante da autoridade eleitoral. A soma de suas práticas e experiências, e ainda o diálogo permanente e cotidiano que mantém, em sua zona eleitoral, com outra professora da seara eleitoral, Patrícia Vieira, lhe permitiu escrever uma obra singular.

Nas centenas de páginas, docentes, discentes, autoridades eleitorais e qualquer pessoa interessada no tema encontrarão explicações completas e ao mesmo tempo acessíveis sobre as questões que envolvem o Direito Eleitoral brasileiro. Conceituando essa seara de estudos, o autor apresenta, já ao final da primeira parte do livro, os temas que serão tratados: "O exercício do Poder Político mediante realização de eleições; Como os votos devem ser convertidos em mandatos (sistemas eleitorais); Os direitos relacionados a quem pode votar e quem pode ser eleito, além de se preocupar com o Direito Partidário nos assuntos relacionados às eleições; Todas as etapas para a realização de uma eleição, desde a formação do Cadastro Eleitoral, passando por toda a logística para a realização de uma eleição (mesários, equipe de apoio, urnas eletrônicas, locais de votação, dia da eleição), até a apuração do resultado, diplomação dos eleitos e prestação de contas dos participantes; Os institutos e procedimentos necessários para garantir uma eleição sem abuso pelos seus participantes, como o abuso do poder político, econômico, de autoridade e do uso dos meios de comunicação".

Em suas oito partes e numerosas divisões e subdivisões, o professor Minami apresenta os assuntos acima de maneira literalmente dialogada, com quadros e resumos para promover a compreensão das grandes categorias, além das minúcias legislativas e jurisprudenciais da regulação das eleições no Brasil. Trata de sistemas eleitorais, da autoridade eleitoral brasileira, do processo de fiscalização de partidos e de direitos políticos (seu desdobramento constitucional e legal), do processo e da jornada eleitorais, dos vícios e ilícitos que podem atingir uma eleição, e, de maneira precisa, das ações eleitorais.

O tratamento dos temas não é puramente descritivo. A partir das provocações da aluna, o professor vai a minúcias analíticas, mas também a críticas e reflexões sobre as possibilidades e potencialidades de alternativas às escolhas brasileiras.

O epílogo abordando as fraudes e sobre a dificuldade de compreensão do modelo eletrônico de votação e apuração é de uma sinceridade intelectual primorosa.

De maneira generosa, para além do diálogo com a aluna, o professor também faz um diálogo com a doutrina, com trabalhos, análises e críticas feitas por outras pessoas, nem sempre coincidentes com o seu pensamento. Com essa postura, permite que a leitora conheça para além de sua opinião e possa refletir sobre diferentes pensamentos em torno dos temas eleitorais.

O professor Minami não é apenas um acadêmico. É um intelectual, mas também um servidor público, um aficionado por cultura pop e quadrinhos, um fotógrafo primoroso e um professor vocacionado. Além de tudo isso, é um talentoso autor de um nada modesto curso que agora se apresenta. Uma pessoa com quem sempre vale a pena dialogar, seja sobre direito eleitoral, sobre Star Wars, sobre a polêmica Marvel vs. DC, sobre a vida... Um autor, claro, que merece muito ser lido.

Curitiba, fevereiro de 2022.

Eneida Desiree Salgado
Professora e aprendiz de Direito Eleitoral,
sempre disposta a dialogar

Sumário

Parte 1

POR QUE ESTUDAR DIREITO ELEITORAL? 27

1. Justificativas para o estudo do Direito Eleitoral Brasileiro 27
   1.1. O Poder Político: a origem de tudo 27
   1.2. Povo e Cidadania 34
   1.3. Democracia e Participação 40
   1.4. Pluralismo Político 45
   1.5. O Princípio Republicano 50
   1.6. A Dignidade da Pessoa Humana 57
   1.7. A Importância da Justiça Eleitoral Brasileira 64
      1.7.1. Um estudo de caso: "Perfeição, um país sem controle no processo eleitoral" 65
      1.7.2. Breves conclusões 67
   1.8. Sobre o Direito Eleitoral 69

Parte 2

QUAL A BASE NORMATIVA DO DIREITO ELEITORAL? 75

2. Normas Fundamentais do Direito Eleitoral 75
   2.1. Breve introdução 75
   2.2. Soberania popular 76
   2.3. Sufrágio universal 81
      2.3.1. Sufrágio e voto 89
   2.4. Anualidade 90
   2.5. Autenticidade Eleitoral 92
   2.6. Liberdade de manifestação 94
   2.7. Verificação da lisura do pleito 95
   2.8. Acesso à Justiça Eleitoral 97
   2.9. Máxima igualdade na disputa eleitoral 100
   2.10. Proporcionalidade 103
   2.11. Considerações sobre a celeridade 105
   2.12. Normas fundamentais do Direito Eleitoral e repercussões práticas 107

3. Fontes do Direito Eleitoral (afinal, por qual motivo há tantas resoluções eleitorais?) 108
3.1. Constituição da República 109
3.2. Legislação infraconstitucional 112
3.2.1. Código Eleitoral (Lei 4.737/1965) 113
3.2.2. Lei das Inelegibilidades (Lei Complementar 64/90) 115
3.2.3. Lei das Eleições (Lei 9.504/97) 120
3.2.4. Lei dos Partidos Políticos (Lei 9.096/95) 122
3.3. Resoluções: a função "normativa" da Justiça Eleitoral 123
3.4. Jurisprudência 130
3.5. Considerações sobre o próximo Código Eleitoral 136
3.5.1. Temas tratados pela nova legislação 138
3.5.2. Tratamento das ilicitudes cíveis no Código Eleitoral projetado 140
3.5.3. Procedimentos cíveis no Código Eleitoral projetado 141
4. Sistemas Eleitorais 143
4.1. O que é sistema eleitoral 143
4.2. Circunscrição eleitoral, distrito eleitoral e magnitude 144
4.3. O sistema majoritário: aplicado para as eleições de chefes do executivo e senadores 147
4.3.1. O sistema distrital 149
4.4. O sistema proporcional: aplicado para os demais casos 151
4.5.1. Momento da escolha: indicando um partido e um candidato 152
4.5.2. Totalização parte 1: determinando quais partidos possuem direito às vagas 153
4.5.3. Totalização parte 2: determinando quantas vagas o partido terá direito 154
4.5.4. Totalização parte 3: determinando quais candidatos do partido que obteve vagas as ocuparão 157

Parte 3

QUEM REALIZA AS ELEIÇÕES NO BRASIL? 161

5. Justiça Eleitoral brasileira 161
5.1. A Justiça Eleitoral 161
5.1.1. Uma ferramenta de consulta importante: os *sites* da Justiça Eleitoral 163
5.2. Função administrativa e função jurisdicional: preparando e realizando uma eleição 165
5.3. Função normativa da Justiça Eleitoral 169
5.4. Função consultiva da Justiça Eleitoral 169
5.5. Atividades atípicas da Justiça Eleitoral 171

5.6. Generalidades sobre a estrutura da Justiça Eleitoral ... 172
5.7. Juízes Eleitorais e Zonas Eleitorais ... 174
5.7.1. Zonas Eleitorais ... 174
5.7.2. Atribuições do juiz eleitoral relacionadas ao Cadastro Eleitoral, logística das eleições e partidos políticos ... 176
5.7.3. Demais atribuições dos juízes eleitorais ... 178
5.8. Juntas Eleitorais ... 184
5.9. Tribunais Regionais Eleitorais ... 189
5.9.1. Coordenação das atividades de eleição ... 189
5.9.2. Demais atividade dos Tribunais Regionais Eleitorais ... 193
5.9.3. Composição do Tribunal Regional Eleitoral ... 196
5.10. Tribunal Superior Eleitoral ... 197
5.10.1. Principais atribuições ... 197
5.10.2. Composição do Tribunal Superior Eleitoral ... 200
5.10.3. Procedimento Administrativo Eleitoral (investigativo) pela Corregedoria-Geral Eleitoral ... 201
6. Mesários e demais colaboradores (a eleição pelo próprio titular do poder) ... 204
6.1. Breves considerações sobre os servidores da Justiça Eleitoral ... 204
6.2. Afinal, quem auxilia quem no dia da eleição? ... 205
6.3. Responsáveis pelos locais de votação ... 207
6.4. Mesários e equipe de apoio às atividades de eleição ... 208
6.4.1. A escolha dos mesários: uma comunidade de trabalho ... 210
6.4.2. Atribuição dos mesários ... 213
6.4.3. Benefícios ... 216

Parte 4
QUEM FISCALIZA AS ELEIÇÕES NO BRASIL? ... 217
7. Ministério Público Eleitoral ... 217
7.1. Atuação obrigatória nos feitos eleitorais ... 217
7.2. Quem integra o Ministério Público Eleitoral ... 219
7.3. Regulamentação da atuação do MPE: a Portaria 1/2019 ... 223
7.4. Grupo Executivo Nacional da Função Eleitoral (Genafe) ... 223
7.5. Notícia de fato (NF) ... 225
7.6. Procedimento Preparatório Eleitoral (PPE), Procedimento Investigatório Criminal (PIC) e Procedimento Administrativo ... 227
8. Demais fiscais do processo eleitoral brasileiro ... 231
8.1. Partidos políticos e fiscalização do processo eleitoral ... 231
8.2. Ordem dos Advogados do Brasil e fiscalização do processo eleitoral ... 233
8.3. Defensoria Pública e fiscalização do processo eleitoral ... 234

8.4. A sociedade civil na fiscalização do processo eleitoral brasileiro . 236
8.5. Eleições brasileiras aos olhos do mundo ... 238

Parte 5

QUAIS OS GRANDES ATORES DO PROCESSO ELEITORAL BRASILEIRO? ... 241

9. Partidos Políticos no Brasil ... 241
9.1. Partidos políticos e pluralismo político ... 241
9.2. Autonomia partidária ... 244
9.3. Sistemas eletrônicos relacionados aos partidos políticos ... 248
9.4. Criação de partido ... 250
9.5. Informações partidárias ... 251
9.6. Filiação partidária e o problema da dupla filiação ... 252
9.6.1. Informações gerais e sistema FILIA ... 252
9.6.2. Filiação e submissão anual da lista de filiados ... 254
9.6.3. O que acontece no caso de dupla filiação partidária (coexistência de filiações) ... 256
9.6.4. O que fazer para deixar de ser filiado? ... 258
9.7. O desempenho dos partidos políticos: cláusula de desempenho (cláusula de barreira) ... 258
9.8. Dinâmica entre partidos: incorporação, fusão, coligação e federação de partidos ... 261
9.8.1. Movimentações permanentes: fusão e incorporação de partidos ... 261
9.8.2. Movimentações temporárias: coligações e federações ... 263
9.9. Fidelidade partidária e perda de mandato por desfiliação ... 265
9.10. Financiamento e prestação de contas dos partidos políticos ... 270
9.10.1. Prestação de Contas Anuais dos Partidos Políticos ... 274
9.11. Propaganda partidária ... 279
9.11.1. Propaganda partidária gratuita no rádio e televisão ... 282
9.11.2. Propaganda partidária e o Código Eleitoral projetado ... 287
10. Os Direitos Políticos: a participação política ... 288
10.1. A essência dos Direitos Políticos ... 288
10.2. Obrigatoriedade do voto ... 291
10.3. Titularidade dos direitos políticos ... 293
10.4. Direitos de participação: os direitos políticos positivos ... 295
10.5. Direitos políticos ativos: a participação pelo voto ... 296
10.6. Direitos políticos passivos: a participação pela candidatura ... 298
10.7. Direitos políticos negativos: limitação à participação política ... 299
10.7.1. Cancelamento ou perda de naturalidade ... 302
10.7.2. Incapacidade civil absoluta ... 303

10.7.3. Condenação criminal transitada em julgado, enquanto durarem seus efeitos ... 308
10.7.4. Recusa de cumprimento de obrigação a todos imposta ou prestação alternativa ... 311
10.7.5. Improbidade administrativa ... 312
10.7.6. Outras hipóteses constitucionais de limitação à participação política ... 317
11. Alistamento Eleitoral: tornando-se cidadão ... 318
11.1. Cadastro Eleitoral ... 318
11.1.1. Apresentando o Cadastro Eleitoral ... 318
11.1.2. Sigilo dos dados do Cadastro Eleitoral (LGPD e Justiça Eleitoral) ... 319
11.1.3. Requerimento de Alistamento Eleitoral, operações possíveis no Cadastro Eleitoral e legislação sobre o tema ... 321
11.2. Alistamento ... 322
11.2.1. Obrigatoriedade e facultatividade ... 322
11.2.2. Algumas facultatividades especiais: pessoas indígenas e com deficiência ... 323
11.2.3. Domicílio eleitoral ... 325
11.2.4. Nome social e identidade de gênero ... 327
11.2.5. Fases do alistamento ... 328
11.2.6. Ausência de alistamento ... 331
11.2.7. Fechamento do Cadastro Eleitoral ... 332
11.3. Transferência, revisão e segunda via do título de eleitor ... 333
11.4. Fiscalização do Cadastro Eleitoral ... 335
11.5. Batimento de dados e duplicidade e pluralidade de inscrições eleitorais ... 336
11.6. Revisão de eleitorado ... 338
11.7. Casos de cancelamento e exclusão: art. 71, do Código Eleitoral ... 340
12. Condições de elegibilidade ... 343
12.1. Aspectos gerais e previsão normativa das condições de elegibilidade ... 343
12.2. Nacionalidade brasileira e idade mínima ... 345
12.3. Pleno exercício dos direitos políticos ... 349
12.3.1. Observações sobre o parcelamento das multas eleitorais ... 350
12.4. Alistamento eleitoral, domicílio eleitoral e filiação partidária ... 351
13. Causas de inelegibilidade: aspectos gerais e inelegibilidades constitucionais ... 356
13.1. Previsão normativa das inelegibilidades ... 356
13.2. Classificação das Inelegibilidades ... 358
13.3. Inalistáveis e analfabetos (inelegibilidade absoluta) ... 360

13.4. Reeleição e inelegibilidade para um terceiro mandato consecutivo: evitando a perpetuação no poder 363
13.5. Desincompatibilização para a candidatura em cargo diverso ao já ocupado 371
13.6. Inelegibilidade reflexa (ou indireta): evitando o abuso no uso da coisa pública e a perpetuação política de grupos familiares 374
14. Causas de inelegibilidade infraconstitucionais 380
14.1. Uma breve apresentação das inelegibilidades e sua previsão no Código Eleitoral projetado 380
14.2. Inelegibilidade decorrente de ilicitudes relacionadas às eleições (art. 1º, I, alíneas: d, j, k, n, p) 386
14.2.1. Inelegibilidade e condenações pela Justiça Eleitoral 387
14.2.2. Inelegibilidade para pessoas que tentam burlar inelegibilidade 391
14.3. Inelegibilidade decorrente de ilicitudes ou desmandos na administração pública (art. 1º, I, alíneas: b, c, f, g, h, l, o, q) 393
14.3.1. Membros do legislativo e executivo cassados 394
14.3.2. Agentes públicos com contas rejeitadas 396
14.3.3. Agentes públicos condenados por desonestidade no âmbito da coisa pública 398
14.3.4. Demissão ou afastamento do serviço público por processo judicial ou administrativo 402
14.4. Inelegibilidade decorrente de condenações criminais (art. 1º, I, alínea e) 404
14.5. Inelegibilidade decorrente de responsabilização por algumas liquidações judiciais ou da proibição no exercício de determinadas atividades (art. 1º, I, alíneas: i, m) 407
14.6. Desincompatibilidades infraconstitucionais específicas (art. 1º, incisos II a VII) 409
14.6.1. Situações específicas de desincompatibilização 410
14.6.2. Desincompatibilização no Código Eleitoral projetado 414

Parte 6

O QUE ACONTECE DURANTE A CORRIDA ELEITORAL? 415

15. Preparação de uma eleição 415
15.1. Conhecendo os atos gerais de preparação e realização das eleições 415
15.2. Locais de votação especiais e transferências temporárias 417
15.3. Sobre os mesários e demais recursos humanos necessários para uma eleição 419
15.4. Comissão de transporte de eleitores no dia da eleição 419
15.5. Considerações sobre os locais de votação 422

15.6. Urnas eletrônicas e cerimônia de carga de urnas 427
16. Considerações sobre o calendário Eleitoral 429
16.1. Datas e acontecimentos importantes relacionados à propaganda eleitoral 431
16.1.1. Datas e eventos diversos que antecedem a campanha ... 431
16.1.2. O começo da campanha: 16 de agosto 432
16.1.3. Datas que antecedem o primeiro turno 433
16.1.4. Entre o primeiro e segundo turnos 434
16.1.5. Datas que antecedem o segundo turno 434
16.1.6. Retirada das propagandas após eleição 435
17. Arrecadação e aplicação de recursos em campanha 435
17.1. Recursos destinados às campanhas 437
17.2. Fundo Especial de Financiamento de Campanhas (FEFC) 438
17.3. Doações de pessoas naturais (físicas) 441
17.3.1. Eventos de arrecadação de recursos e financiamento coletivo (*lives* de arrecadação e *crowdfunding*) 442
17.3.2. Doações acima do limite permitido por pessoa natural .. 446
17.4. Fontes vedadas e recursos de origem não identificada 447
17.5. Gastos eleitorais 448
17.5.1. Limites dos gastos em campanhas eleitorais 448
17.5.2. Gastos eleitorais 450
17.5.3. Formalidades no controle de gastos eleitorais 454
17.6. Prestação de contas de campanha 456
17.6.1. Ausência na prestação de contas 462
17.6.2. A importância da prestação de contas no combate a ilícitos eleitorais 465
17.6.3. Desaprovação em prestação de contas eleitorais e consequências 467
18. Escolha e registro de candidatos 469
18.1. Convenções partidárias e cuidados relacionadas à ata da convenção 470
18.3. Cuidados relacionados aos partidos: regularidade dos diretórios e formação de coligações 476
18.3.1. Coligações partidárias 478
18.3.2. Quantitativo de candidatos por partido 481
18.3.3. Cotas de gênero 482
18.4. Candidaturas coletivas 485
18.5. Cuidados relacionados aos candidatos 488
18.5.1. Requisitos de registrabilidade 489
18.5.2. Quitação eleitoral e filiação partidária 489
18.5.3. Elegibilidade e inelegibilidades 491
18.5.4. Número do candidato 491

18.5.5. Nome de campanha 493
18.5.6. Fotografia, dados pessoais e demais formalidades relacionadas ao candidato 494
18.6. Aspectos sobre a apresentação do procedimento de registro de candidatura 496
18.6.1. Competência 496
18.6.2. Formulários eletrônicos: DRAP e RRC 497
18.6.3. Prazo para o pedido registro 503
18.6.4. Requerimento de Registro de Candidatura Individual (RRCI) 505
18.6.5. Vagas remanescentes 506
18.7. Resumo de toda a fase de escolha e registro de candidatos 506
18.7.1. Resumo analítico da fase de escolha e registro de candidaturas 507
18.7.2. Resumo sintético do procedimento de registro 510
18.8. Aspectos sobre o processamento do Pedido de Registro 511
18.8.1. Recebimento e autuação 511
18.8.2. Emissão de CNPJ de campanha 512
18.8.3. Publicação de edital 512
18.8.4. Parecer preliminar e diligências 513
18.8.5. Etapa decisória (em competência originária) 514
18.8.6. Etapa recursal em registro de candidatura 517
18.9. Candidatura *sub judice* 525
18.10. Renúncia, falecimento, cancelamento e substituição de candidato 525
18.11. Enunciados de súmula do TSE relacionados ao tema de registro de candidatura 527
19. Pesquisas Eleitorais 529
19.1. Sistema de Registro de Pesquisas Eleitorais (PesqEle) 530
19.2. Algumas peculiaridades do registro de uma pesquisa 532
19.3. Informações obrigatórias na divulgação da pesquisa 533
19.4. Fiscalização das pesquisas e impugnações ao registro e divulgação 535
19.5. Enquetes e poder de polícia em pesquisas eleitorais 539
19.6. O compartilhamento de pesquisas eleitorais 541
19.7. Disposições penais relacionadas às pesquisas eleitorais 543
20. Propaganda Eleitoral 544
20.1. Tipos de propaganda política 544
20.1.1. Propaganda intrapartidária em ano eleitoral 546
20.1.2. Propaganda institucional e propaganda eleitoral 547
20.2. Propaganda eleitoral como a etapa de debate do processo eleitoral 549
20.3. Forma, modo de veiculação e conteúdo da propaganda eleitoral. 551

20.4. Brevíssimas considerações sobre o poder de polícia na propaganda eleitoral ... 554
20.5. Propaganda irregular, propaganda criminosa, abuso do poder econômico, político ou do uso dos meios de comunicação social ... 556
20.6. Observações gerais sobre o início da propaganda eleitoral: 16 de agosto ... 560
20.6.1. O que é possível antes de 16 de agosto do ano de eleição ... 561
20.6.2. O que não é possível antes de 16 de agosto do ano de eleição: propaganda eleitoral antecipada não autorizada ... 567
20.6.3. Abuso do poder político ou econômico e propaganda antecipada ... 569
20.7. Requisitos gerais da propaganda ... 571
20.7.1. Fontes normativas do assunto propaganda eleitoral ... 571
20.7.2. Identificação dos partidos e candidatos nas propagandas ... 572
20.7.3. Detalhes formais específicos ... 574
20.8. Propaganda por candidato *sub judice* ... 576
20.9. Propagandas não toleradas ... 577
20.10. Propaganda eleitoral em geral: propagandas em meios físicos e reuniões presenciais ... 582
20.10.1. Sedes de partidos e comitês de campanha ... 582
20.10.2. Uso de alto-falantes, amplificadores de som, trio elétrico, carro de som e assemelhados ... 583
20.10.3. Reuniões Públicas (comícios, carretas, passeatas etc.) ... 585
20.10.4. Propaganda em bens particulares ... 587
20.10.5. Propaganda em bens públicos, de uso comum e assemelhados ... 588
20.10.6. Outdoor e propaganda eleitoral ... 592
20.10.7. Material impresso de propaganda eleitoral ... 593
20.11. Propaganda eleitoral digital (*internet*, redes sociais etc.) ... 594
20.11.1. Propaganda pela *internet*: possibilidades e proibições gerais ... 595
20.11.2. Impulsionamento de conteúdo ... 597
20.11.3. Priorização paga de conteúdo resultante de aplicações de busca ... 603
20.11.4. Proibição do anonimato e direito de resposta ... 603
20.11.5. Propagandas por mensagens em telemarketing ou disparos em massa ... 604
20.12. Propaganda eleitoral na imprensa ... 605
20.13. Propaganda eleitoral em rádio e televisão ... 606

20.13.1. Impossibilidade de propaganda eleitoral na programação normal 606
20.13.2. Debates entre os candidatos no rádio ou televisão 607
20.14. Novas formas de debates? As reações (*react*) de manifestações de adversários 609
20.15. Propaganda eleitoral gratuita no rádio e na televisão 610
20.15.1. Propaganda eleitoral em bloco 610
20.15.2. Propaganda por inserções na programação 613
20.15.3. Algumas observações gerais não relacionadas ao conteúdo da propaganda eleitoral gratuita 615
20.15.4. Observações sobre o conteúdo da propaganda eleitoral gratuita 617
21. Eleições (o Dia-E), apuração, totalização e diplomação dos eleitos 619
21.1. Votação e fiscalização dos trabalhos eleitorais 620
21.2. Apuração e totalização das eleições 625
21.3. Permitido e proibido no dia da eleição 626
21.4. O que acontece depois da eleição: diplomação e cuidados com as urnas eletrônicas 628

Parte 7

QUAIS SÃO OS ILÍCITOS QUE PODEM ACONTECER DURANTE UMA ELEIÇÃO? 629

22. Captação ou gastos ilícitos de recursos 629
22.1. Considerações sobre ilícitos financeiros em campanha e introdução à representação fundada no art. 30-A da Lei das Eleições 629
22.2. Detalhes sobre o bem jurídico tutelado e o cabimento da representação 633
22.3. Legitimidade ativa e competência para o processamento da representação 637
22.4. Legitimidade passiva: aqueles que podem assumir a titularidade do mandato 639
22.5. Período de ocorrência do ilícito e período de ajuizamento da representação 641
22.6. Procedimento cabível 642
22.7. Consequências da representação 643
22.8. Consequências pela doação acima do limite permitido por pessoa natural 645
22.9. A arrecadação e gastos ilícitos no Código Eleitoral projetado 648
22.10. Principais disposições penais relacionadas ao tema 649
23. Captação ilícita de sufrágio 649
23.1. Previsão normativa e principais características do ilícito (art. 41-A, LE) 650

23.2. Detalhes sobre o bem jurídico tutelado e o cabimento da representação ... 652
23.3. Legitimidade ativa e competência para o processamento da representação ... 655
23.4. Legitimidade passiva: o candidato beneficiado ... 657
23.5. Período de ocorrência do ilícito e período de ajuizamento da representação ... 660
23.6. Procedimento cabível ... 661
23.7. Consequências da representação ... 662
23.8. A captação ilícita de sufrágio no Código Eleitoral projetado ... 663
23.9. Principais disposições penais relacionadas ao tema ... 664
24. Condutas vedadas aos agentes públicos ... 665
24.1. Previsão normativa e condutas vedadas em espécie (LE, art. 73 e ss.) ... 666
24.1.1. Uso indevido da máquina pública em campanha ... 669
24.1.2. Uso indevido de recursos, serviços e bens públicos ... 671
24.1.4. Dispor indevidamente sobre funcionalismo público ... 674
24.1.5. Propaganda indevida e assemelhados ... 676
24.2. Detalhes sobre o bem jurídico tutelado e o cabimento da representação ... 680
24.3. Legitimidade ativa e competência para o processamento da representação ... 681
24.4. Legitimidade passiva: o candidato beneficiado ... 682
24.5. Período de ocorrência do ilícito e período de ajuizamento da representação ... 685
24.6. Procedimento cabível ... 688
24.7. Consequências da representação ... 689
24.8. Condutas vedadas aos agentes públicos no Código Eleitoral projetado ... 691
24.9. Principais disposições penais relacionadas ao tema ... 692
25. Abuso do poder econômico e abuso do poder político ... 693
25.1. O abuso nas eleições, os prejudicados pelo ilícito e a previsão normativa de seu combate (LC 64/90, art. 22) ... 694
25.2. O abuso do poder econômico ... 695
25.3. O abuso do poder político ... 701
25.4. Combatendo abusos e escolhendo entre AIME ou AIJE ... 705
25.5. Como escolher entre as representações contra arrecadação e gastos ilícitos (30-A), captação ilícita (41-A) ou a AIJE contra o abuso do poder econômico ... 707
25.6. Como escolher entre a representação por condutas vedadas ou a AIJE por abuso do poder político ... 711
25.7. Combate de abusos e outros ilícitos depois da diplomação: AIME ou representação pelo art. 30-A ... 713

25.8. Abuso de poder e fraude à cota de gênero 714
25.9. Breves considerações sobre o abuso do poder de autoridade religiosa 714
25.10. Previsão do combate aos abusos no Código Eleitoral projetado.... 716
26. Uso indevido dos meios de comunicação social 719
26.1. Previsão normativa e forma de combate 719
26.2. Legitimidade, competência, prazo para ajuizamento da AIJE........ 719
26.3. O abuso nos meios de comunicação explicado a partir de decisões 721
26.4. Uso indevido dos meios de comunicação social no Código Eleitoral projetado 725
27. Corrupção e fraude eleitoral combatidas depois da diplomação........ 727
27.1. Previsão normativa e prazo para o combate da corrupção e da fraude eleitoral (CF, art. 14, § 10) 727
27.2. Exemplos de corrupção eleitoral 728
27.3. Exemplos de fraude eleitoral 731
27.4. Fraude eleitoral e cotas de gênero: considerações gerais e alguns aspectos processuais 733
27.5. Fraude e corrupção eleitoral no Código Eleitoral projetado 741

PARTE 8

QUAIS OS PROCEDIMENTOS CÍVEIS CABÍVEIS EM UMA ELEIÇÃO? 743

28. Introdução ao contencioso cível eleitoral 743
28.1. Situando o problema a ser resolvido 743
28.2. Definindo prioridades na corrida eleitoral 745
28.3. Principais procedimentos relacionados ao registro de candidatura 751
28.4. Combatendo ilícitos antes da diplomação dos eleitos 754
28.4.1. Uma breve explicação sobre as representações eleitorais 755
28.5. Combatendo ilícitos depois da diplomação dos eleitos 760
28.6. Aplicação do Código de Processo Civil na seara eleitoral: alguns aspectos práticos da Res. TSE 23.478/2016 760
28.6.1. Vedação de decisão surpresa e dever de consulta 760
28.6.2. Acesso à justiça 762
28.6.3. Impossibilidade de *amicus curiae* no processo eleitoral. 762
28.6.4. Impossibilidade de conciliação ou mediação no processo eleitoral ou negociação sobre o procedimento eleitoral 763
28.6.5. Prazos no processo eleitoral 765
28.6.6. Ordem dos processos nos tribunais 765

28.6.7. Recorribilidade das interlocutórias no processo eleitoral ... 766

29. Contagem de prazos e comunicações processuais no período de campanha ... 770

29.1. Contagem contínua de prazos processuais ... 770

29.2. Uso do mural eletrônico e outros meios eletrônicos para as comunicações processuais ... 772

29.3. Intimação do Ministério Público Eleitoral ... 774

30. "Ação" de Impugnação ao Registro de Candidaturas (AIRC) e o procedimento comum da Justiça Eleitoral ... 775

30.1. Formas de se impugnar uma candidatura e previsão normativa do tema ... 775

30.1.1. Considerações sobre a notícia de inelegibilidade ... 776

30.2. O procedimento da AIRC ou o "procedimento comum" da Justiça Eleitoral ... 777

30.3. Aspectos processuais gerais típicos da AIRC ... 780

30.3.1. Revisão do pedido de registro de candidaturas e prazo para as impugnações ... 780

30.3.2. Formalidades gerais do peticionamento da AIRC ... 782

30.3.3. Competência para a AIRC ... 783

30.3.4. Legitimidade para a AIRC ... 784

30.3.5. Litisconsórcio em AIRC ... 787

30.4. Resumo do procedimento da "Ação" de Impugnação ao Registro de Candidatura (AIRC) ... 789

30.5. Aspectos específicos da petição inicial e da contestação ... 791

30.6. Providências preliminares, saneamento e organização da instrução ... 794

30.7. Fase instrutória ... 796

30.8. Fase decisória ... 799

30.9. Crime eleitoral de arguição de inelegibilidade ilícita ... 800

30.10. O procedimento eleitoral comum no Código Eleitoral projetado .. 800

30.10.1. Petição inicial e contestação ... 801

30.10.2. Fases de saneamento, instrução e decisão ... 803

31. Recurso Contra Expedição de Diploma (RCED) contra inelegibilidade superveniente, inelegibilidade constitucional e falta das elegibilidades 805

31.1. Previsão do Recurso Contra Expedição do Diploma (RCED) ... 805

31.2. Cabimento do RCED ... 807

31.2.1. Falta de condição de elegibilidade ... 808

31.2.2. Inelegibilidades constitucionais ... 809

31.2.3. Inelegibilidades infraconstitucionais supervenientes ... 810

31.3. Prazo de ajuizamento: 3 dias da diplomação ... 814

31.4. Legitimidade e competência para o RCED ... 814

31.5. Resumo do procedimento ... 816

31.6. O RCED no próximo Código Eleitoral ... 817
32. O poder de polícia na propaganda eleitoral ... 817
32.1. Noções sobre poder de polícia e a imparcialidade do órgão jurisdicional ... 817
32.2. O poder de polícia na atividade eleitoral ... 820
32.3. Legitimidade e competência para o exercício de poder de polícia ... 823
32.4. Poder de polícia em instituições de ensino superior ... 825
32.5. Poder de polícia em irregularidades na *internet* ... 826
32.6. Aspectos procedimentais relacionados ao poder de polícia em matéria eleitoral ... 827
32.7. Cuidados extras no exercício do poder de polícia ... 830
32.8. Poder de polícia no Código Eleitoral projetado ... 832
33. Representação fundada em propaganda eleitoral irregular ... 833
33.1. Breve introdução: escolhendo a medida processual adequada ... 833
33.2. Previsão normativa e alguns aspectos gerais: um procedimento que evita fase probatória ... 835
33.3. Período possível para a representação por propaganda ... 837
33.4. Petição inicial e procuração ... 837
33.4.1. Arquivamento de procuração ... 839
33.5. Legitimidade, competência e tramitação eletrônica da representação ... 840
33.6. Prazos e comunicação de atos ... 843
33.6.1. Citação nas representações por propaganda ... 844
33.6.2. Mural eletrônico e comunicações nas representações ... 846
33.7. Resumo do procedimento das representações fundadas em propaganda irregular ... 847
33.8. Etapa recursal em representação de propaganda eleitoral ... 848
33.8.1. Recurso de decisão por juiz eleitoral em representação em propaganda ... 848
33.8.2. Recurso de decisão por juiz auxiliar em representação em propaganda ... 849
33.9. Cuidados em caso de propaganda em ambiente de internet: individualização, *deepfakes*, anonimato e remoção de conteúdo ... 851
33.9.1. Localização de usuário não identificável imediatamente ... 854
33.9.2. Cuidados na remoção de conteúdo da internet ... 858
34. Pedido de Direito de Resposta ... 860
34.1. Previsão normativa e momento de propositura ... 860
34.2. Cabimento ... 861
34.3. Legitimidade e competência ... 864
34.4. Dever de verificação da verdade ... 865
34.5. Cuidados específicos a depender do tipo de veiculação da ofensa ... 866

34.6. Resumo do procedimento do Pedido de Direito de Resposta 870
34.7. Etapa recursal em pedido de direito de resposta 872
34.7.1. Recurso de decisão por juiz eleitoral em pedido de direito de resposta 872
34.7.2. Recurso de decisão por juiz auxiliar em pedido de direito de resposta 873
35. Ação de Investigação Judicial Eleitoral (AIJE) para combater abusos e procedimento do artigo 22, da Lei das inelegibilidades 875
35.1. Cabimento da AIJE: o procedimento eleitoral para apurar abusos 875
35.1.1. Brevíssima revisão sobre abuso do poder econômico ou político, caixa dois em campanha e utilização indevida dos meios de comunicação social 879
35.2. Aspectos gerais específicos da AIJE: competência, prazo, legitimidade e consequências 881
35.2.1. Consequências da AIJE e suas repercussões para o cabimento 886
35.3. Resumo do procedimento do art. 22, da LC 64/90, usado para a AIJE e para as Representações Especiais 889
35.4. Aspectos da petição inicial e da contestação 891
35.4.1. Especificação das provas 892
35.4.2. Correção da capitulação 895
35.4.3. Procuração 896
35.4.4. Prazo para contestação: 5 dias 897
35.5. Providências preliminares, saneamento e organização da instrução 897
35.5.1. Generalidades e alguns exemplos 897
35.5.2. Reunião de ações 899
35.5.3. Providências imediatas contra ilícitos 899
35.5.4. Julgamento imediato do processo 900
35.5.5. Organização da instrução 901
35.6. Fase instrutória 901
35.6.1. Depoimento pessoal 903
35.6.2. Aspectos das alegações finais 904
35.7. Recorribilidade das decisões interlocutórias em representações especiais e AIJE 905
35.8. Fase decisória 906
36. Representações Eleitorais Especiais (Rp) para combater ilícitos financeiros, captação ilícita de sufrágio, condutas vedadas e outros ilícitos.... 907
36.1. Cabimento das Representações Especiais e competência para todas elas 907
36.1.1. Revisão sobre captação e gastos ilícitos de recursos (LE, 30-A) 910
36.1.2. Revisão sobre captação ilícita de sufrágio (LE, 41-A) 912

36.1.3. Revisão sobre condutas vedadas aos agentes públicos (LE, 73 e seguintes) ... 914
36.2. Resumo do procedimento do art. 22, da LC 64/90 ... 917
36.3. Como ficam as representações especiais após o Código Eleitoral projetado ... 918
37. Ação de Impugnação de Mandato Eletivo (AIME) para combater abuso econômico, corrupção ou fraude até 15 dias após a diplomação ... 919
37.1. Cabimento da AIME ... 919
37.1.1. Brevíssima revisão sobre as hipóteses de cabimento da AIME – Brevíssima mesmo! ... 921
37.2. Legitimidade, prazo de propositura, competência e consequências da AIME ... 922
37.3. Aspectos gerais específicos da AIME ... 925
37.3.1. Instrução da petição inicial da AIME ... 926
37.3.2. Sigilo na tramitação da AIME ... 927
37.4. Resumo do procedimento da Ação de Impugnação ao Mandato Eletivo (AIME) ... 927
37.5. Como fica a AIME após o Código Eleitoral projetado ... 928
38. Processos nos tribunais, algumas situações ... 929
38.1. Reclamação em matéria eleitoral ... 929
38.1.1. Tipos de reclamação e observações gerais ... 929
38.1.2. Preservação de competência ... 931
38.1.3. Garantia da autoridade de decisões de tribunal eleitoral ... 932
38.1.4. Reclamação no próximo Código Eleitoral ... 933
38.2. Ação Rescisória Eleitoral ... 933
38.2.1. Ação Rescisória Eleitoral no Código Eleitoral projetado ... 936

EPÍLOGO ... 937
39. É possível fraudar uma eleição no Brasil? ... 937

REFERÊNCIAS ... 951

PARTE 1

Por que estudar Direito Eleitoral?

1. JUSTIFICATIVAS PARA O ESTUDO DO DIREITO ELEITORAL BRASILEIRO

1.1. O Poder Político: a origem de tudo

Vamos começar nossos diálogos com uma pergunta: afinal, **por qual motivo é super-relevante estudarmos Direito Eleitoral?**

– Bom dia, né, professor.

Desculpa, nem me apresentei. Sou o Professor Minami e conversaremos sobre um tema que é super-relevante.

– Prazer, professor Minami! O meu nome é...

Eu já vi o seu nome aqui na ficha de cadastro. Bonito nome!

– Brigada!

Na verdade, professor, claro que estou aqui para aprender um pouco de teoria sobre esse tema.

Mas eu também gostaria de saber qual a importância dele em uma perspectiva prática. Será que é um assunto importante para o meu dia a dia?

Eu te mostro a importância dele com um exemplo.

– Adoro exemplos!

Você deixaria uma pessoa que não conhece administrar a sua casa?

As finanças do lar, quanto será gasto com comida, educação e saúde? Você deixaria uma pessoa que nem conhece cuidar da sua vida?

– Claro que não!

Então, por qual motivo será que importa saber mais sobre o Direito Eleitoral?

– Para entendemos melhor como ocorre a escolha dos nossos representantes, pois são eles que estabelecem os rumos do país.

Gostei da resposta!

– Isso é meio que uma resposta padrão, né? Eu queria saber mais.

É possível melhorar essa sua conclusão se acrescentarmos o seguinte:

COMEÇANDO A ENTENDER A IMPORTÂNCIA DO DIREITO ELEITORAL

É importante estudarmos Direito Eleitoral porque vivemos em uma democracia

– Democracia...

Já sei o que é: o governo pelo povo!

Exato, e o que mais?

– E tem mais? Eu não saberia dizer.

Sim, há muito mais. Para que você entenda tudo direitinho, vamos recuar alguns passos.

Veja bem, nas diversas relações humanas em sociedade há um fenômeno central: o exercício de **Poder Social**.

– Eu nunca ouvi falar desse Poder Social.

Veja abaixo:

PODER SOCIAL

Poder Social é a possibilidade de uma pessoa ou um grupo de pessoas determinar comportamentos. O ser humano é ao mesmo tempo sujeito e objeto do Poder Social[1]

– Tem exemplos desse Poder Social?

Sim, sim. Ele é supercomum e possui várias modalidades. Ele é bastante presente na sua vida, quer ver?

O patrão que manda no empregado: **Poder Social nas relações de trabalho**.

A mãe e o pai que exercem influência nos seus filhos: **Poder Social familiar**.

– Será que não seria o contrário atualmente? São os filhos que exercem Poder Social sobre os pais?

Rs. Talvez tenha razão. Mas acho que entendeu.

– Lembrei de outro: o namorado que obedece à namorada deve ser o "Poder Social afetivo"!

Rs. Isso mesmo, é por aí.

Mas vamos continuar. **Você sabe o que é política?**

– Agora me pegou. É daqueles temas que falamos direto, mas não sabemos bem definir.

1. STOPPINO, Mario. In: BOBBIO, Noberto. Verbete "poder". In: *Dicionário de política*. Noberto Bobbio, Nicola Matteucci e Gianfranco Pasquino; trad. Carmen C, Varriale et al.; coord. trad. João Ferreira; rev. geral João Ferreira e Luis Guerreiro Pinto Cacais. 13. ed., 5. reimpressão, vol.2. Brasília: Editora Universidade de Brasília, 2010.

Isso mesmo. Há vários significados para a política, mas vamos nos ater a um específico. Veja abaixo:

POLÍTICA

Política é uma palavra originada de *pólis* (*politikós*) e significa tudo o que se refere à cidade em seu aspecto urbano, civil, público, sociável e social

– Então, quando dizemos que não gostamos de política é a mesma coisa de dizer que não gostamos das coisas relacionadas ao convívio social?

Mais ou menos por aí.

Muitos costumam desprezar a política e não é incomum escutarmos de várias pessoas que elas não sabem nada de política ou não se interessam pelo tema.

– Verdade, eu já ouvi isso várias vezes.

Você pode não gostar de cinema, futebol ou religião e isso não irá afetar a vida de ninguém. Mas a política só não terá influência na sua vida se você morar em uma ilha deserta.

– Nossa... Tão dramático! Será que é isso mesmo?

Apenas para citar um exemplo, basta lembrar a crise social mundial causada pela pandemia do Covid-19. Ela salientou a importância da política na vida de todos.

– Então é algo mais importante do que eu pensava.

Em termos mais teóricos, a palavra "política" possui origem bem antiga e houve, desde cedo, "uma transposição de significado, do conjunto de coisas qualificadas de um certo modo **pelo adjetivo 'político', para a forma de saber mais ou menos organizado sobre esse conjunto de coisas**".[2]

2. Grifo nosso. BOBBIO, Noberto. *Dicionário de política.* Noberto Bobbio, Nicola Matteucci e Gianfranco Pasquino; trad. Carmen C, Varriale et al.; coord. trad. João Ferreira; rev. geral João Ferreira e Luis Guerreiro Pinto Cacais. – Brasília: Editora Universidade de Brasília, 13. ed., 5ª reimpressão, 2010, vol.2., p. 954.

– Está começando a complicar...

Calma!

Modernamente, política passou a indicar, também, **a atividade ou conjunto de atividades que, de alguma maneira, têm como termo de referência a *pólis*, ou seja, o Estado.**[3]

– Entendi, mas, venha cá, qual a relação disso com o poder? Não estávamos falando de Poder Social?

Gostei. Você está atenta! Leia:

PODER POLÍTICO

O Poder Social mais importante é o **Poder Político: a possibilidade de determinar o comportamento das pessoas nas coisas que dizem respeito ao Estado**

O Poder Político refere-se, então, ao **Poder Social na esfera da cidade, de quem governa e de quem é governado**

– Acho que entendi, mas me diz exemplos, please!

Quando o **legislador cria uma lei** e todos devem obedecê-la, isso ocorre porque há o exercício do Poder Político.

Se algum **gestor público determina as diretrizes** a serem seguidas por todos, há, novamente, o exercício do Poder Político.

As decisões dos juízes são obedecidas, pois ali há o exercício do Poder Político.

– Mas esses não são justamente os chamados Poderes do Estado: Legislativo, Executivo e Judiciário?

Isso mesmo!

Na verdade, o que costumamos chamar de "poderes" são as "Funções do Estado", que são conhecidas como "Poderes do Estado". É como

3. Grifo nosso. BOBBIO, Noberto. *Op. cit.*, p. 954.

ensina Carvalho Filho: "a cada um dos Poderes de Estado foi atribuída determinada função".[4]

– Mas cada uma dessas funções, então, exerce esse Poder Político?

Sim.

Cada uma dessas funções é desempenhada para o bem-estar de todos e estabelece **diretrizes de observância obrigatória: as Normas Jurídicas**.

– Eu achava que norma jurídica era apenas lei.

Esse é um debate que não deve ser feito agora.

O importante é saber que todos devem obedecer às **leis**, às **determinações da administração pública** e às **decisões dos magistrados**.

– E nós devemos essa obediência justamente porque o Judiciário, o Legislativo e o Executivo exercem o Poder Político?

Você captou mesmo o que é Poder Político. É isso mesmo. Entendeu tudo!

– Mas então por qual motivo nós nos submetemos a esse Poder Político?

Que pergunta excelente!!!

– :-p

O Poder Social é um fenômeno presente na vida humana em sociedade. Nós nos submetemos aos outros por várias razões.

– Já sei também. Uma pessoa pode fazer o que a outra manda com medo de alguma represália.

Isso. Nesse caso, a justificativa do poder é a força.

4. CARVALHO FILHO, José dos Santos. *Manual de direito administrativo*. 31. ed., rev., atual. e ampl. São Paulo: Atlas, 2017, p. 2.

Alguns exercem o poder pela tradição, como é o caso de algumas monarquias. Por vezes, as pessoas aceitam seguir o que outros dizem pelo fascínio gerado pelo seguido, mesmo que não saibam explicar a razão para isso.

– É o caso de quem seguia Hitler?

Mais ou menos.

Há vários fatores que levaram ao Holocausto na Alemanha, mas é possível dizer que muitos seguiram Hitler e outros grandes demagogos na história não apenas pela distorção que difundiam sobre a realidade, mas pelo fascínio que essas personalidades exerciam, mesmo sem saber explicar a razão disso.

Há também quem aceite seguir determinadas regras de conduta pela fé, pela crença de que determinado comportamento é o certo a ser feito.

– Mas e no nosso caso, aqui no Brasil. Por qual motivo obedecemos ao Poder Político exercido pelos políticos como os legisladores, por exemplo? Acho que porque eles são eleitos, né?

Estamos chegando lá.

No Brasil, o Poder Político pertence ao próprio povo.

Como não é possível, na maioria das vezes, o exercício direto do poder por ele, há a delegação desse exercício a representantes eleitos.

– Já ouvi isso de que o poder é do povo. Mas acho que é mais retórica.

Não é, não.

Leia:

Artigo 1º da nossa Constituição (CF/1988)
A República Federativa do Brasil, formada pela união indissolúvel dos Estados e Municípios e do Distrito Federal, constitui-se em Estado Democrático de Direito e tem como fundamentos: I - a soberania; II - a cidadania; III - a dignidade da pessoa humana; IV - os valores sociais do trabalho e da livre iniciativa; V - o pluralismo político.
Parágrafo único. Todo o poder emana do povo, que o exerce por meio de representantes eleitos ou diretamente, nos termos desta Constituição.

– Agora que estou percebendo! O parágrafo único fala que "todo o poder emana do povo". É sobre o Poder Político que ele está se referindo, né? Nunca pensei nessa perspectiva. Então, somos os titulares do Poder Político!

Isso mesmo. Você está entendo tudo.

– E o povo é todo mundo?

Vamos ver isso. Antes, um breve resumo:

Poder Social	Possibilidade de uma pessoa determinar a conduta de outras
Exemplos de Poder Social	Poder nas relações de família ou de trabalho
Poder Social Político	Determina condutas nos assuntos e atividades que dizem respeito à sociedade, à cidade, ao nosso lugar de convivência
Poder Social Político no Brasil	Pertence ao povo
Quem exerce Poder Social Político no Brasil?	Pode ser exercido pelo próprio povo ou pelos agentes estatais nas funções legislativa, jurisdicional ou administrativa

1.2. Povo e Cidadania

Marcos Coêlho resumiu bem uma perspectiva prática de compreensão dessa palavrinha "povo": "**juridicamente, povo há de ser entendido como todos aqueles submetidos, em um determinado território, à mesma ordem jurídica estatal e ao mesmo poder político, com faculdade de participar da vida nacional, integrando o corpo que decide os destinos da nação**".[5]

Repare bem nos elementos que gravitam ao redor do conceito de "povo":

5. Grifo nosso. COÊLHO, Marcus Vinicius Furtado. *Direito eleitoral e processo eleitoral*: direito penal eleitoral e direito político. 2. ed., rev., atual. e ampl. Rio de Janeiro: Renovar, 2010, p. 57.

POVO

Vinculado a um território - Submetido a mesma Ordem Jurídica - Possibilidade de participação nos assuntos do Estado

– Mas eu continuo com a minha pergunta: todo mundo é o povo?

O professor disse que o povo pode participar nos assuntos do Estado. E se for uma criança, por exemplo?

Sua pergunta é complexa.

Os elementos acima do conceito de povo fazem parte de uma das formas de compreendê-lo.

Se quisermos nos aprofundar um pouco no tema, creio que podemos usar os estudos de Friedrich Müller, que fez várias abordagens da palavra povo no seu livro *Quem é o povo?*[6]

– Nossa, professor, está começando a complicar.

Não se preocupe, você vai entender.

De forma simplificada, podemos ter as seguintes compreensões acerca da palavra povo:

Povo ativo	Aquele que escolhe, aquele que vota (aqui, considera-se apenas a parte votante da população)
Povo que atribui legitimidade	Aquele que legitima o poder, significando que quem exerce o poder político deve explicações a todo mundo, mesmo a quem não vota, não podendo fazer o que quiser
Povo como ícone	Povo como imagem abstrata una e indivisível **Atenção!** Normalmente, essa compreensão de **povo como ícone** é usada pelo eleito que, por vezes, justifica eventuais abusos, pois os realizou "em nome do povo" quando, na verdade, está invocando esse entendimento apenas como força retórica
Povo como destinatário das prestações civilizatórias devidas pelo Estado	Povo aqui significando todos aqueles, **eleitores ou não**, que devem receber as prestações do Estado como a tutela dos direitos fundamentais

6. MÜLLER, Friedrich. *Quem é o povo?* A questão fundamental da democracia. Trad. Peter Naumann. 5 ed. São Paulo: Editora Revista dos Tribunais, 2010.

– Puxa vida, como alguém consegue extrair tanta coisa assim de uma palavrinha tão simples? Eu até entendi isso tudo, mas as informações estão começando a se acumular.

Eu preciso aprender logo tudo isso?

Vamos aos poucos.

Essas concepções de povo de Müller são importantes para percebermos que, quando a Constituição utiliza essa palavra ("**todo o poder emana do povo"**), há várias consequências.

– Mas minha pergunta continua, professor...

Se a noção de povo permite tantas reflexões, como saber, então, quem pode votar? Quem é esse povo dono do poder?

Depende muito. Veja que a palavra povo pode ser compreendida, por exemplo, como "**aqueles que votam**" ou como "**aqueles que irão receber a atenção do Estado**". Os destinatários das políticas públicas, sejam eles eleitores ou não.

– Então uma criança, por exemplo, poderia ser considerada "povo" porque ela pode ser destinatária de política pública, mas, em outra perspectiva, pode ser que ela não seja considerada "povo", porque ela não pode votar?

Isso mesmo.

São apenas duas das diversas formas de se compreender o que significa "povo".

– Pode explicar melhor essa compreensão de "povo que atribui legitimidade"?

É tipo como alguém que manda outro fazer algo em seu lugar?

Por aí!

Isso é importante para que possamos entender, por exemplo, que:

- Aqueles que são eleitos ou que agem como agentes públicos no Brasil não podem fazer o que quiserem, já que exercem um poder que não lhes pertence.

– Eu mando no agente público, então...

Se uma autoridade pública me perguntar: "você sabe com quem está falando?", então eu posso responder: "sei sim, você é meu funcionário!"

Rs. Por aí. Só não fale o nome do seu professor.

Verificar essas várias formas de se compreender o que é o povo também é importante para percebemos que algumas vezes políticos se valem dessa palavra apenas de maneira figurativa, para dizer que está fazendo algo por todos quando, na verdade, está pensando em seus próprios interesses.

– Acho que o professor falou sobre isso. Quando alguém, por exemplo, diz que está fazendo isso ou aquilo "em nome do povo".

Isso mesmo.

– Mas o senhor ainda não me respondeu!

Na prática, quem é o povo do artigo 1º da Constituição?

Temos de pensar em pelo menos três perspectivas:

AFINAL, QUEM É O POVO?

Do ponto de vista de quem será atingido pelas decisões dos governantes e dos legisladores	Povo é todo mundo
Do ponto de vista de quem pode participar do debate sobre as questões da cidade	Povo é todo mundo
Do ponto de vista de quem pode, efetivamente, escolher os governantes e legisladores	Povo é o cidadão

– Acho que estou começando a entender. Uma coisa é sofrer as consequências de um governo. Outra coisa é escolher esse governo.

Exato.

Veja que, na prática e na maioria das vezes, não é possível que esse povo realize, ele mesmo, as coisas relacionadas ao Estado. Então ele deve escolher o seu representante.

– Mas nem todos podem votar. Uma criança, por exemplo, não pode votar.

É verdade.

Jovens de 14 ou 15 anos, refugiados sem nacionalidade brasileira, pessoas que não se alistaram, ainda não podem votar, mas todas essas pessoas podem participar do debate político.

– Certo.

Mas alguns podem efetivamente mais do que debater: alguns podem efetivamente escolher os seus governantes.

Como separar essa parte do povo? Como saber quem são?

Essa participação é feita pelo voto e deve ser a maior possível.

– Sim, sim.

Mas como saber quem pode participar pelo voto?

Para resolver essa situação, nos valemos de outro conceito interessante e muito prático: o de cidadão. E veja que a cidadania é ilustrada no inciso II, do artigo 1º acima referido.

CIDADANIA COMO FUNDAMENTO DA NOSSA REPÚBLICA

CF/1988

Art. 1º A República Federativa do Brasil, formada pela união indissolúvel dos Estados e Municípios e do Distrito Federal, constitui-se em Estado Democrático de Direito e tem como fundamentos:

[...]

II - a cidadania;

Há quem use cidadania em um contexto bem amplo, quase como sinônimo de povo. Não será o nosso caso.

Para este curso, vamos partir do conceito de José Afonso da Silva:

SOBRE CIDADANIA

"Os direitos de cidadania adquirem-se mediante *alistamento eleitoral* na forma da lei. O alistamento se faz mediante a qualificação e inscrição da pessoa como eleitor perante a Justiça Eleitoral"[7]

– Então, cidadão é quem pode votar? Voltamos ao ponto de partida. E quem pode votar?

Cidadão é aquele que atende a certos critérios estabelecidos, principalmente, na nossa Constituição, e se torna eleitor após alistar-se na Justiça Eleitoral.

CIDADÃO

Aquele que se tornou eleitor após seu alistamento na Justiça Eleitoral

– Entendi. E quais são os critérios para a realização do alistamento? E o que é essa qualificação? Lembro que quando tirei meu título de eleitor levei alguns documentos.

Vamos deixar de lado, por enquanto, esses detalhamentos e retomá-los quando tratarmos de direitos políticos.

BREVE COMPARATIVO ENTRE POVO E CIDADÃO

Povo	Cidadão e Cidadania
Povo pode ser compreendido de forma ampla, como "todos que podem se beneficiar das políticas públicas", por exemplo ou, de forma mais restrita, como "aqueles que podem escolher seus representantes"	O conceito de cidadão facilita identificar aqueles que podem escolher os seus representantes Cidadão: parcela da população que pode se alistar eleitor, a partir de certos critérios O ideal é que os critérios para alguém se alistar permitam uma ampla participação no processo eleitoral

7. SILVA, José Afonso da. *Curso de direito constitucional positivo*. 33. ed., rev. e atual. São Paulo: Malheiros, 2009, p. 346. Grifos nossos.

1.3. Democracia e Participação

Vamos manter o foco e voltar a falar sobre democracia.

Há várias formas de compreendê-la. Veja isso:

SOBRE DEMOCRACIA

"A democracia pode ser conceituada como governo em que o povo exerce, de fato e de direito, a soberania popular, dignificando uma sociedade livre, onde o fator preponderante é a influência popular no governo de um Estado. Origem etimológica: *demos* = povo e *kratos* = poder"[8]

Na democracia, o povo pode participar nos assuntos que dizem respeito ao Estado.

– Isso é bonito na teoria. Na prática é outra coisa. Como é que o povo vai exercer o governo? Meio utópico, né?

Essa participação pode ocorrer de pelo menos duas maneiras: **democracia direta** e **democracia indireta ou representativa.**

MODELO DE DEMOCRACIA DIRETA

No modelo direto, como ensina Vânia Aieta[9], o poder político é exercido diretamente pelos cidadãos, aqueles com direito de participar diretamente nas assembleias, pela palavra e pelo voto

– Como assim? Quer dizer que na democracia direta todo mundo escolhe diretamente o que vai ser ou não implementado na cidade? Deve ser uma bagunça essa reunião. Isso ainda acontece?

Os doutrinadores sempre citam como exemplo alguns cantões suíços (o equivalente aos nossos estados). Eu fui pesquisar e descobri que, na verdade, atualmente apenas dois cantões suíços ainda adotam esse modelo: Appenzell Innerrhoden e Glarus.

– Rapunzel e Clarus? Que nomes malucos!

---

8. RAMAYANA, Marcos. *Direito eleitoral.* 12. ed. Rio de Janeiro: Impetus, 2011, p. 15.
9. AIETA, Vânia Siciliano. *Democracia.* Estudos em homenagem ao Prof. Siqueira Castro. Tomo II. Atualizado até a EC 52/2006. Coleção Tratado de Direito Político. Rio de Janeiro: Editora Lumen Juris, 2006, p. 116.

Nessas regiões, em assembleias públicas populares chamadas de *Landsgemeinde*, os cidadãos com direito a voto se reúnem a cada primavera para decidir sobre assuntos públicos.

– Duvido. Todo mundo na praça para discutir?

Se você depois tiver curiosidade de ver como é isso na prática, basta digitar no Google: "Appenzell Glarus Landsgemeinde" e clicar em imagens. Você verá várias fotos com centenas de pessoas em lugar público deliberando sobre as coisas da cidade.

– Eu ainda duvido.

Pois veja o vídeo abaixo.

PLAY:

Para saber mais sobre o sistema político suíço, veja o vídeo ao lado:
https://youtu.be/YXpGkGz45eo

– Nossa, eu vi aqui... É verdade. Que curioso!

Além da democracia direta, temos a democracia indireta:

MODELO DE DEMOCRACIA INDIRETA OU REPRESENTATIVA

A democracia indireta, ou representativa, nas palavras de José Afonso da Silva, "é aquela na qual o povo, fonte primária do poder, não podendo dirigir os negócios do Estado diretamente, em face da extensão territorial, da densidade demográfica e da complexidade dos problemas sociais outorga funções de governo aos seus representantes, que elege periodicamente".[10]

– Esse é o nosso modelo, né?

10. SILVA, José Afonso da. *Curso de direito constitucional positivo*. 33 ed., rev. e atual. São Paulo: Malheiros, 2009, p. 136.

Sim e não.

– Como assim? Nós elegemos nossos representantes periodicamente. Então somos uma democracia indireta ou representativa.

É que há um meio-termo, como bem nos lembra José Afonso da Silva.

Nossa Constituição prevê alguns institutos de participação direta pelo povo em algumas questões políticas. E veja que nosso artigo primeiro da Constituição...

– Novamente esse artigo... Como ele é importante. Já passamos várias páginas deste livro e ainda nem saímos desse artigo. Será que o professor recebe por página escrita?

Foco, menina!

Realmente o artigo primeiro é superimportante. Ali está prevista a participação direta do povo.

Veja que o parágrafo único do artigo 1º da Constituição afirma que "todo o poder emana do povo, **que o exerce por meio de representantes eleitos** ou **diretamente**, nos termos desta Constituição".

– O professor tem razão. Está ali: "diretamente".

Que curioso! Eu pensava que conhecia nossa Constituição.

Mas como isso acontece?

Aliás, lembrei agora: plebiscito e referendo!

Isso! Esses são dois exemplos.

O plebiscito e o referendo são ambas consultas populares.

SOBRE PLEBISCITO E REFERENDO

O plebiscito e o referendo são regulamentados pela Lei 9.709/98

Art. 2º: "Consultas formuladas ao povo para que delibere sobre matéria de acentuada relevância, de natureza constitucional, legislativa ou administrativa"

Plebiscito Art. 2º, § 1º	"**convocado com anterioridade** a ato legislativo ou administrativo, cabendo ao povo, pelo voto, aprovar ou denegar o que lhe tenha sido submetido"
Referendo Art. 2º, § 2º	"**convocado com posterioridade** a ato legislativo ou administrativo, cumprindo ao povo a respectiva ratificação ou rejeição"

– Me dá exemplos!

Claro! Veja:

EXEMPLOS

Plebiscito	Em 2011, houve um plebiscito no estado do Pará, para saber se a população aprovava ou não a divisão daquele estado em três. Pela proposta, teríamos: Pará, Carajás e Tapajós. A população rejeitou a divisão.
Referendo	Em 2005, houve um referendo no Brasil para saber se o art. 35 da Lei 10.826/2003, que proibia a comercialização de armas de fogo no Brasil, deveria ser proibido. A consulta foi a seguinte: "O comércio de armas de fogo e munição deve ser proibido no Brasil?". A maioria respondeu "não", impedindo que o artigo 35 surtisse efeito.
Plebiscito	Em 2017 houve uma proposta na Assembleia Legislativa do Ceará (Decreto Legislativo 2/17) propondo a realização de um plebiscito consultando a população do município de Juazeiro do Norte sobre a alteração do nome da cidade para Juazeiro do Padre Cícero. Ainda não houve deliberação final sobre o tema.

Sobre o momento dessas consultas, se as questões forem relacionadas a temas locais, elas podem ocorrer junto às eleições municipais. Veja isso:

CONSTITUIÇÃO FEDERAL, ART. 14, § 12[11]

Serão realizadas concomitantemente às eleições municipais as consultas populares sobre questões locais aprovadas pelas Câmaras Municipais e encaminhadas à Justiça Eleitoral até 90 (noventa) dias antes da data das eleições, observados os limites operacionais relativos ao número de quesitos.

Mas há mais casos de participação direta...

– Eu também sei: aquela possibilidade de pessoas do povo apresentar projetos de lei.

Isso mesmo! Você está afiada mesmo. É a iniciativa popular.

11. Conforme Emenda Constitucional 111/2021.

INICIATIVA POPULAR
(PREVISTA NO INC. III, ART. 14, REGULAMENTADA PELA LEI 9.709/1998)

Art. 13. A iniciativa popular consiste na apresentação de projeto de lei à Câmara dos Deputados, subscrito por, no mínimo, um por cento do eleitorado nacional, distribuído pelo menos por cinco Estados, com não menos de três décimos por cento dos eleitores de cada um deles.

Mas há autores que citam outras formas de participação direta como a ação popular, prevista na Lei 4.717/65. Não vamos nos aprofundar nesses assuntos, pois não são relevantes para nossos objetivos agora.

– Há outras formas de participação direta?

Sim. José Afonso da Silva menciona muitas outras formas de **democracia participativa**. Mas vou apenas citar os artigos como ele faz, para o caso de você ter curiosidade de conferir depois na Constituição e concluir se concorda ou não com ele.

– Espera, vou anotar. Aliás, nem precisa... Eu leio essa parte do livro depois.

Os artigos são os seguintes: 10, 11, 31, §3º, 37, §3º, 74, §2º, 194, VII, 206, VI, 216, §1º.

Eu acrescentaria a participação das pessoas como jurados no júri popular. Veja que, nesse caso, o acusado é julgado por pessoas do povo.

– É verdade. Eu também não havia pensado nisso!

Mas espera aí, professor.. O senhor usou uma expressão nova: democracia participativa.

Você percebeu!

Na verdade, a **democracia participativa** é essa participação direta do povo em alguns momentos.

A democracia representativa que autoriza também formas de participação direta é batizada por alguns de democracia semidireta.[12]

12. SILVA, José Afonso da. Op. cit., p. 137.

Democracia Direta	Democracia Indireta ou Representativa	Democracia Semidireta
Participação direta do povo	Participação indireta do povo, escolhendo representantes	Democracia Representativa com a possibilidade de participação direta em algumas situações

– Acho que está ficando tudo claro.

O povo é titular do poder.

Se ele atinge certos requisitos que você ainda vai dizer, ele pode votar, pois se torna cidadão.

Os eleitos não podem fazer o que quiserem, pois exercem um poder que não é deles, mas nosso.

Nos submetemos a esse poder porque nós mesmos escolhemos nossos governantes. Há uma espécie de submissão consentida por todos.

Isso mesmo. Eu não resumiria de forma melhor. Você está começando a juntar as peças.

– Mas, venha cá, há uma coisa que me ocorreu.

Os eleitos, normalmente, vencem por maioria de votos.

E como ficam as minorias, os eleitores que não votaram no vencedor?

Como sei que os eleitores dos perdedores não irão depois sofrer nas mãos de quem está no poder?

Vamos por partes.

Para responder a essa sua pergunta, vamos tratar de quatro pontos: a) o pluralismo político, b) o princípio republicano; c) a dignidade da pessoa humana; e d) Justiça Eleitoral brasileira.

1.4. Pluralismo Político

Um dos fundamentos do nosso Estado Democrático de Direito é o pluralismo político. Isso está...

– Já sei... No artigo primeiro da nossa constituição.

Exatamente!

Veja o que ensina Lilian Emerique:

O PLURALISMO, NA NOSSA CONSTITUIÇÃO

"[...] aparece em várias modalidades espalhadas no seu texto, como por exemplo: pluralismo social (preâmbulo), pluralismo político (art. 1º), pluralismo partidário (art. 17), pluralismo econômico (livre iniciativa e livre concorrência - art. 170), pluralismo de ideias e instituições de ensino (art. 206, III), pluralismo cultural (arts. 215 e 216), pluralismo dos meios de informação (art. 220, *caput*, e §5º), tudo isso com vistas à construção de uma democracia pluralista"[13]

– Caramba! É impressionante como temas que eu achava simples possuem tanta repercussão.

Especificamente em relação ao pluralismo político, Samuel Naspolini salienta que ele pode ser compreendido de, pelo menos, duas formas. "A primeira, mais extensa, dando conta do **desejo geral do constituinte quanto à existência de uma pluralidade de centros de poder e ideologias de vida no país**. A segunda, bastante mais estrita, praticamente **equipara o pluralismo político ao pluralismo partidário**".[14]

– Espera! Repete, por favor!

O PLURALISMO POLÍTICO PODE SER ENTENDIDO COMO

O reconhecimento de que o Brasil é um país cheio de ideologias, crenças, formas de pensar etc.

A possibilidade de muitos partidos políticos

Eu achava que pluralismo político era apenas a autorização para vários partidos políticos no Brasil.

Na verdade, uma coisa não exclui a outra.

Em uma democracia pluralista, não se busca a unanimidade.

13. EMERIQUE, Lilian Márcia Balmant. Democracia e o direito de oposição política. In: *Direitos civis e políticos*. Flávia Piovesan, Maria Garcia (Org.). Coleção Doutrinas Essenciais; v. 2. São Paulo: Editora Revista dos Tribunais, 2011, p. 1321.
14. NASPOLINI, Samuel Dal-Farra. *Pluralismo político*. 1. ed. Curitiba: Juruá, 2009, p. 82. Grifos nossos.

Afinal, como bem ensina Goffredo Telles Junior, a sociedade humana "[...] é um todo, mas um todo composto de grupos, de 'corpos', de instituições. **Ela é uma unidade, mas uma *unidade feita de variedade***".[15]

– Eu nem sei se entendi bem. Mas isso foi bonito, viu!

No Brasil, permite-se a divergência e, mais do que isso, o ideal "é **permitir que representantes dos diferentes interesses gozem de liberdade para fomentar a sua causa**, desde que em consonância com os meios legais e democráticos".[16]

– Entendi. Então eu posso até discordar, mas preciso saber como fazer para discordar e reclamar do que eu não aceito.

É por isso que eu não posso, por exemplo, invadir uma prefeitura e destruir tudo se ela aplica uma política pública que eu não aceito.

Isso mesmo. Aliás, já que você citou, o que é política pública?

– Isso não vale! O senhor que é o professor aqui.

Aliás, eu tenho uma dúvida: o que é política pública?

Você é muito esperta, né?

POLÍTICA PÚBLICA

A política pública pode ser entendida como um plano ou um programa de ações do governo para o alcance de determinados objetivos de ordem pública.[17]

Essas políticas públicas surgem das diversas pautas de preferência que os governantes elegem em seus governos ou podem ser de necessária aplicação, caso alguma norma assim determine.

– Mas qual a relação desse tema com o pluralismo?

15. TELLES JUNIOR, Goffredo. O povo e o poder. O conselho do planejamento nacional. São Paulo: Malheiro, 2003, p. 20. Grifos nossos.
16. EMERIQUE, Lilian Márcia Balmant. Op. cit., p. 1320. Grifos nossos.
17. Ver BUCCI, Maria Paula Dallari. "O conceito de política pública em Direito". In: BUCCI, Maria Paula Dallari. *Políticas Públicas: reflexões sobre o conceito jurídico.* São Paulo: Saraiva, 2006.

Vamos lá...

Nossa Constituição traz pautas das mais diversas e, por vezes, aparentemente contraditórias.

– Como assim?

Ao mesmo tempo em que ela defende, por exemplo, a propriedade privada, estabelece a noção de função social da propriedade. Garante a alguém acreditar em uma determinada corrente religiosa e, ao mesmo tempo, respeita aquele que não possui credo algum.

Tanta diversidade acaba fazendo com que vários tipos de agendas surjam para a implantação das mais diversas políticas públicas.

– Como assim "agenda"?

Veja:

O que é agenda?	Agenda pode significar, segundo o dicionário[18], "compromissos a serem cumpridos por alguém" ou "lista de assuntos a serem discutidos em reuniões, conferências, congressos etc."
O que é agenda política?	Na política, normalmente a palavra "agenda" é usada para se referir a uma pauta, uma lista de assuntos importantes a serem tratados. Várias são as agendas discutidas no Brasil: saúde, educação, religião...

– Me diz se esses são exemplos de agendas: questões de gênero, etnia, políticas afirmativas, de segurança pública etc.

Isso mesmo!

Uma das formas de tais pautas chegarem aos centros de deliberação e implementação de políticas (sedes do Legislativo e Executivo, por exemplo), é pelos partidos políticos. Essa é uma das razões, não a única, para tantos no Brasil: pois somos um país muito diverso em termos de ideias e prioridades.

18. Michaelis, Dicionário Brasileiro da Língua Portuguesa, 2015, versão eletrônica em aplicativo para celular.

Os partidos políticos são catalizadores da diversidade de pensamento.

– Exemplo, please!

Vamos imaginar, por exemplo, um presidente eleito no Brasil que não aceite, por convicção pessoal ou por motivação religiosa, a união entre pessoas do mesmo sexo. Isso significa que sua pauta de prioridades poderá excluir, ou reduzir drasticamente, políticas públicas de causas LGBTQI+.

O pluralismo político garante que essas pautas, mesmo que não sejam prioridades do governo, possam ser discutidas e levadas aos órgãos de deliberação: ou pelos partidos políticos ou pela sociedade civil.

Pode ocorrer também de grandes acontecimentos chamarem a atenção da população, da mídia e das redes sociais, e isso fazer com que os temas a eles relacionados recebam a atenção dos governantes.

– Nossa!

O que foi? Não entendeu?

– É que a aula virou um monólogo. Vai sair da proposta do livro. Não há mais diálogo. Vamos perder leitores ou eles vão pedir o dinheiro de volta.

Calma! Às vezes me empolgo. Mas juro que quanto mais entrarmos em assuntos práticos, mais fluida será a leitura.

Mas me deixa completar o raciocínio.

O rompimento das barragens em Mariana e Brumadinho, em Minas Gerais, fizeram com que políticos de áreas afetadas direcionassem recursos para lidar com os prejuízos causados. A pandemia de 2019/2021 alterou consideravelmente a agenda de gastos públicos em todo o Brasil.

– Eu entendi.

O pluralismo permite que essas demandas sociais cheguem aos governantes, mas surge um problema.

Isso não garante que esses temas que você citou sejam tratados.

Basta citar aí o exemplo do governo que é contra pautas LGBTQIA+. Se não houver políticas públicas em relação a essa agenda, como garantir que seus direitos sejam protegidos?

O professor até trouxe uma possibilidade de resposta da pergunta que fiz sobre "o que fazer para proteger os eleitores dos perdedores".

Pelo que entendi, o pluralismo político pode fazer com que os interesses dessas pessoas sejam colocados em pauta e acabem incluídos na agenda dos eleitos. Mas e se isso não acontecer?

Agora o monólogo foi seu. Mas é isso mesmo!

Se o debate possível pelo pluralismo político no Brasil não fizer com que pautas relevantes sejam aplicadas, uma série de fatores operam para que direitos fundamentais não permaneçam sem proteção.

Há várias coisas a se considerar aí. Lembra que eu elenquei quatro pontos: a) o pluralismo político; b) o princípio republicano; c) a dignidade da pessoa humana; e d) Justiça Eleitoral brasileira.

Já vimos um deles. Vamos aos próximos. Antes, leia o resumo.

PLURALISMO POLÍTICO
Permite que diversas agendas sejam debatidas e até mesmo que suas pautas cheguem aos centros de poder
Impede que sejam anuladas as pautas das pessoas cujos representantes não conseguiram se eleger
Permite a oposição e a livre manifestação de pensamento nos limites constitucionais

1.5. O Princípio Republicano

O que acontece se você votar em um candidato e ele **não faz** exatamente aquilo que você esperava?

– Mas a "minha candidata" não seria obrigada a fazer o que se comprometeu na campanha?

Em tese, sim. Mas a questão não é tão simples.

As pessoas são eleitas pelas mais diversas razões. Pela corrente partidária à qual é filiada, pelas suas ideias, pelo seu carisma etc. Há até mesmo a utilização do voto como uma forma de protesto do povo.

– Como pode isso? Me dá um exemplo?

Em 1922, um bode foi eleito vereador na cidade de Fortaleza.

– Um bode? Isso não é possível!

Sim.

CURIOSIDADE ELEITORAL: O BODE IOIÔ

O Bode Ioiô é uma figura conhecida na história cearense. Ele viveu na década de 1920, em Fortaleza, e percorria bares e cafés ao redor da famosa Praça do Ferreira. Muitos boêmios e intelectuais o "adotaram" e dizem até que Quintino Cunha, um escritor cearense, foi um deles. Nas eleições de 1922, quando a votação ainda era, lógico, em cédula de papel, várias pessoas escreveram o nome do bode nas cédulas e muitos dizem que ele acabou alcançando uma quantidade de votos que o teria levado à Câmara Municipal.

– Isso não pode ser verdade. O professor possui as referências do que está falando?

Não tenho, não. Mas se quiser ver o bode, atualmente, basta ir ao Museu do Ceará, onde ele se encontra empalhado. Recentemente, a Escola de Samba Paraíso do Tuiuti resolveu contar a história do animalzinho na passarela.

– Mas atualmente isso não acontece mais, né, esse "voto de protesto"... Não com essa nossa eleição eletrônica.

Há quem diga que a primeira eleição do humorista Tiririca, em 2010, foi um voto de protesto da população do estado de São Paulo.

Com o bordão: "Vote em Tiririca, pior do que está não fica", ele alcançou 1.348.295 votos, tornando-se o Deputado Federal mais votado daquele ano.

– Sim, sim. Lembro desse caso!

Mas vamos voltar ao nosso tema.

O fato é que o eleito pode não corresponder às expectativas do seu eleitor.

Veja o que diz Goffredo Junior, comentando as eleições para o legislativo:

> **"[...]convém lembrar, desde logo, que os Deputados, os Senadores e os Vereadores não se acham vinculados à vontade e instruções de seus**

eleitores, nem são obrigados à prestação de contas, nem podem ser destituídos (a não ser em casos de crime e de atentado ao decoro). Não são, pois, titulares de um *mandato jurídico*; não são *mandatários* ou *representantes*, no sentido técnico destes termos".[19]

– Então eles podem "trair" seus eleitores? Não acontece nada contra os "traidores"?

Vamos discutir isso melhor durante este curso.

Para o momento, o que posso dizer é que, nos termos do inciso IX, §1º, art. 11, da Lei das Eleições (9.504/97), **os candidatos aos cargos do executivo devem apresentar, no seu registro, as propostas que defendem, mas não há sanção imediata caso eles não sigam essas propostas.**

– Lei das Eleições, Constituição... Muita coisa já acumulando. Tem alguma dica para aprendermos isso?

Calma! Para o assunto do Direito Eleitoral, são muitas as possibilidades de consulta. Mas isso será detalhado mais à frente, quando falarmos de "fontes do Direito Eleitoral".[20]

– Tá certo.

Vamos voltar ao tema do candidato que não cumpre o que prometeu.

Há muito debate acerca dessa questão ética relacionada aos eleitos que não cumprem com o prometido ou não prestam contas de seu governo[21], mas, imediatamente, não há muito o que fazer contra esse político.

– O jeito é não votar mais nessa pessoa que não faz o que promete.

Isso.

Se as expectativas do eleitor não são atendidas, ele deve retirar seu representante do cargo, não o elegendo novamente.

– Talvez, por isso, os mandatos não são para sempre, né?

19. Para um panorama inicial sobre o tema: TELLES JUNIOR, Goffredo. *O povo e o poder*: o conselho do planejamento nacional. São Paulo: Malheiro, 2003, p. 72. Grifos nossos.
20. Veja o capítulo sobre fontes do Direito Eleitoral.
21. TELLES JUNIOR, Goffredo. Op. cit.

Presta atenção.

ALTERNÂNCIA DE PODER

A alternância é importante, mas, curiosamente, pode ser que ela não ocorra na prática

O essencial é que se oportunize essa alternância, mas pode ser que um mesmo partido ou grupo de pensamento permaneça no governo por muito tempo, se assim o eleitor quiser

– Entendi. O que importa é que ocorra a oportunidade de mudança.

Você é muito atenta!

O eleitor precisa ser consultado periodicamente, mesmo que seja para dizer que não quer mudar o cenário político no qual se encontra.

– Mas então é possível reeleição para sempre?

Especificamente, no caso do Executivo, o que não se autoriza é a reeleição da mesma pessoa por mais de um mandato (CF/1988, art. 14, §5º). Isso não significa que outra pessoa, indicada pelo atual gestor, não possa se candidatar para sucedê-lo.

– Então, no caso do Executivo, uma mesma pessoa não pode ficar para sempre no poder, mas o seu grupo político, em tese, pode.

Exato.[22]

Isso pode provocar críticas. Alguém pode afirmar, por exemplo, que é importante uma alternância tanto das pessoas como de determinado grupo que está no poder, para que diversas agendas tenham oportunidade no governo, mas veremos melhor isso mais na frente.[23]

– Acho que deveria sempre alternar. Tanto a pessoa, como o grupo político!

22. Vamos discutir melhor essa questão, principalmente em relação a grupos familiares que tentam se perpetuar no poder. Veja o capítulo sobre inelegibilidades.
23. Novamente, veremos isso nos capítulos relacionados a elegibilidade, inelegibilidades e registro de candidatura.

É uma opinião superválida. Mas não é assim que está estabelecido no nosso ordenamento.

Mas, para que eu saiba se você está ou não entendendo, me faz um resumão do que vimos agora.

> – Quando escolhemos, o ideal é que o nosso candidato eleito faça o que prometeu.
>
> Se não fizer, ele não merece mais a minha confiança e eu não devo mais votar nele.
>
> Nesse sentido, é importante a alternância de poder.
>
> E eu sou uma superaluna!

Quase isso. Podemos melhorar algumas de suas conclusões.

Quando você escolhe alguém, pode ser que o faça pensando que aquele candidato, se eleito, irá fazer algo para melhorar a sua vida e o de pessoas próximas a você.

O eleito, contudo, deve pensar não apenas nos seus eleitores, mas em todos do povo, pois ele governará para aqueles que não o elegeram também.

> – Mas será que quem é eleito pensa assim? Isso parece muito bonito na teoria.

Por vezes, as prioridades mudam e pode ser que aquele candidato eleito não tenha cumprido o prometido pois houve algum acontecimento que exigiu dele prioridade, em pautas que não eram as suas quando as eleições ocorreram.

> – Exemplo, please!

O caso da pandemia da Covid-19 é uma prova disso. Muitos eleitos mudaram suas prioridades com esse problema de saúde global.

> – Nossa, professor. É verdade. Então pode ser que algo importante tenha ocorrido e que isso tenha feito o candidato eleito mudar de atitude durante o seu mandato.

Isso. **Há várias razões que justificam o não cumprimento de promessas de campanha.**

Dentre essas razões, há a falta de compromisso com o eleitor ou com o partido do próprio candidato, ou por desonestidade, para atender a algum interesse pessoal, ou mesmo por mudança de convicções pessoais.

– É mais complexo do que eu pensava.

Pode ser também que acontecimentos inesperados no país os obriguem a atuar de forma distinta daquela que imaginou ao se eleger.

– Mas o que fazer no caso do candidato desonesto?

Contra os candidatos desonestos, há a possibilidade de não os elegermos mais. Além disso, contra as suas ações ilícitas, há uma série de medidas jurídicas possíveis como as ações que combatem a improbidade administrativa e os crimes contra a administração pública. Veremos repercussões disso eleitoralmente, por exemplo, no estudo das inelegibilidades.

– Fiquei com uma dúvida. O professor falou que o candidato pode trair também o partido ao qual pertence... Mas então ele é obrigado a obedecer ao seu partido?

Esse ponto é muito relevante e veremos isso nos estudos sobre fidelidade partidária[24] e sistemas eleitorais.[25]

– Vou esperar, então. Não quero complicar mais o assunto.

O curioso é que esses temas falados acima – **a alternância de poder** e a **responsabilização dos candidatos infratores** – podem ser extraídos de nossa Constituição também. E já vimos até esse trecho dela.

– Já? Em qual parte?

Vamos voltar ao seu primeiro artigo, que começa assim: "**A República Federativa do Brasil...**".

O que isso significa?

24. Veja capítulo sobre Partidos Políticos.
25. Veja capítulo sobre Sistemas Eleitorais.

– Como assim?

Isso já é para significar alguma coisa? O artigo mal começou. O professor só leu "A República Federativa do Brasil"...

Sim, sim... É porque somos uma república.

Veja:

PRINCÍPIO REPUBLICANO, NAS PALAVRAS DE DIRLEY CUNHA JR.

O Princípio Republicano define nossa forma de Governo, "[...] fundada na igualdade formal entre as pessoas, na qual os detentores do poder político exercem-no em caráter eletivo, de regra representativo, temporário e com responsabilidade"[26]

– Puxa vida.

Esse artigo primeiro da Constituição é impressionante!

E aposto que cada aspecto desse conceito aí já provoca um debate enorme.

Sim, sim... Mas vamos apenas pontuá-los.

O princípio republicano traz os seguintes elementos, mencionados por Dirley Cunha Jr., a partir dos escritos de Roque Carrazza:[27]

REPÚBLICA

Forma de Governo que se opõe à Monarquia	**Representantes do povo eleitos e que governam para todos (governo representativo)** Já vimos isso quando debatemos a democracia
Fundada na igualdade das pessoas	Aprofundaremos isso no próximo tópico, ao tratar das normas fundamentais do Direito Eleitoral
Governo temporário	Em oposição à monarquia, que é vitalícia
Governo exercido com responsabilidade	Os governantes respondem por seus atos e se submetem a sanções penais, civis e até políticas, como é o caso do *impeachment*

26. CUNHA JR., Dirley da. *Curso de direito constitucional.* 6 ed. Salvador: Juspodivm, 2012, p. 540.
27. CUNHA JR., Dirley da. Op. cit., p. 540.

O governante, portanto, se submete a sanções políticas, penais e civis.

> – Estou entendendo tudo. Mas ainda tenho uma dúvida.
>
> Não sei se a pergunta que eu fiz lá atrás foi respondida.
>
> E se o governante não quiser implementar uma agenda importante para uma determinada pessoa? Ela terá de esperar até as próximas eleições para tentar eleger outro governante? E se isso demorar muito? E se ela, como integrante de uma minoria, mesmo com a possibilidade de debater sua causa, não conseguir levá-la aos governantes?
>
> Coitada!
>
> Será o fim do mundo?
>
> Acho que encontrei uma falha nesse nosso sistema e nesse tão falado artigo primeiro!

Calma... Respira!!!

Você deixou de lado alguns detalhes importantes. Veremos isso nos próximos tópicos.

Antes, veja este quadro abaixo com ideias importantes deste tópico:

PRINCÍPIO REPUBLICANO
Forma de Governo que se opõe à Monarquia
Representantes do povo eleitos e que governam para todos (governo representativo)
Fundada na igualdade das pessoas
Governo temporário – Alternância de Poder
Os governantes podem ser responsabilizados civil e criminalmente

1.6. A Dignidade da Pessoa Humana

O artigo primeiro da nossa Constituição estabelece que a todos devem ser assegurados direitos e garantias fundamentais. Esses direitos e garantias serão de observância obrigatória aos governantes e, caso eles os desconsiderem, o Judiciário pode ser chamado a intervir para assegurá-los.

> – Onde está tudo isso no artigo primeiro? É aqui, nesse trecho que fala da "dignidade da pessoa humana"?

Claro que temos os preceitos que tratam do acesso à justiça na Constituição[28], mas o artigo primeiro cita a dignidade como fundamento da República. Veja:

A DIGNIDADE DA PESSOA HUMANA É FUNDAMENTO, BASE, ALICERCE DE NOSSA REPÚBLICA

Art. 1º A República Federativa do Brasil [...]
Constitui-se em Estado Democrático de Direito e tem como fundamentos:
III - a dignidade da pessoa humana

– E qual a repercussão prática disso?

Mesmo que algum governante tenha sido eleito democraticamente e possua uma certa liberdade na sua atuação, ele não pode desrespeitar ou menosprezar a dignidade da população.

– Mas, afinal, o que seria essa dignidade de que tanto ouvimos falar?

Kant dizia o seguinte: "o homem – e, de uma maneira geral, todo o ser racional – existe como fim em si mesmo, e não apenas como meio para o uso arbitrário desta ou daquela vontade".[29]

– Eita! Quando o professor falou "Kant", minha mente já não quis mais entender...

Que coisa feia de se dizer! Precisa ter mais força de vontade... Kant é difícil mesmo, mas é uma leitura importante.

– Então o senhor entende tudo o que Kant escreveu?

Bem... seguinte... Quer saber?

Foco! Vamos adiante...

– Eu sabia! Mudando de assunto...

28. CF/1988, Art. 5º [...] XXXV - a lei não excluirá da apreciação do Poder Judiciário lesão ou ameaça a direito.
29. KANT, Immanuel. *Fundamentação da metafísica dos costumes e outros escritos.* São Paulo: Martin Claret, 2008.

Vamos para autores mais atuais, então.

Jorge Miranda pontuou algumas **diretrizes para uma melhor compreensão da Dignidade da Pessoa Humana.**[30] São observações para a Constituição portuguesa, mas que se aplicam plenamente à nossa realidade.

SOBRE A DIGNIDADE DA PESSOA HUMANA	
A dignidade da pessoa humana **reporta-se a todas e cada uma das pessoas** e é a dignidade da pessoa individual e concreta	Cada pessoa é importante
A dignidade é da pessoa **enquanto homem e enquanto mulher**	A diversidade deve ser respeitada
Cada pessoa vive em relação comunitária, o que implica no **reconhecimento por cada pessoa de igual dignidade das demais pessoas**	A comunidade é importante
Cada pessoa vive em relação comunitária, mas **a dignidade que possui é dela mesma, e não da situação em si**	A dignidade não pode ser retirada da pessoa
O primado da pessoa é do *ser*, não o do *ter*, a **liberdade prevalece sobre a propriedade**	A liberdade é importante
Só a dignidade **justifica a procura da qualidade de vida**	A qualidade de vida é importante
A proteção da dignidade das pessoas **está para além da cidadania** portuguesa (no nosso caso, cidadania brasileira) e postula uma visão universalista da atribuição dos direitos	Mesmo quem não vota é importante
A dignidade **pressupõe a autonomia vital da pessoa, a sua autodeterminação relativa ao Estado, às demais entidades públicas e às outras pessoas**	O ser humano é mais importante do que o Estado

– Isso tudo? A dignidade então é importante e bem ampla. Não vou nem mentir que acho que não vou aprender tudo isso.

Paciência.

– Aliás, professor Minami, tenho uma crítica.

Não devíamos ter uma conversa mais voltada a aspectos práticos também?

30. MIRANDA, Jorge. "A constituição portuguesa e a dignidade da pessoa humana". In: *Teoria Geral dos direitos humanos* Flávia Piovesan, Maria Garcia(Org.). São Paulo: Editora Revista dos Tribunais, 2011. Editora RT, 2001. (Coleção Doutrinas Essenciais; v. 1).

Calma! Este é apenas o começo. É um pouco lento, reconheço, mas prometo que vai valer a pena.

– Está bem. Mas espero que o leitor tenha essa paciência que estou tendo...

Vai dar tudo certo, não se preocupe. Vamos voltar ao tema.

A dignidade é superimportante.

Para o constitucionalista J. J. Gomes Canotilho...

– Que nome chique, né? Uma pessoa com um nome desses só pode ser muito importante. Acho legal quem tem nome com letrinhas! J.F. Kennedy, J. K Rowling, J. J. Abrams. ☺

Foco, menina!

Como eu ia dizendo, para o constitucionalista Canotilho, a dignidade da pessoa humana "exprime a abertura da República à ideia de **comunidade constitucional inclusiva** pautada pelo multiculturalismo mundividencial, religioso ou filosófico".[31]

– Nossa, que lindo! E o que é "mundividencial"?

Se eu disser que sei, estarei mentindo, por isso, melhor seguirmos com o debate.

31. CANOTILHO, J. J. Gomes. *Direitos constitucional e teoria da constituição.* 7. ed. Almedina: Coimbra, 2003, pp. 225-226.

– Nossa, professor, onde vou conseguir todos esses livros que o senhor fica citando?

– O que está fazendo aqui nas notas de rodapé? A sua participação é no texto!

– Desculpa. É que eu achava que esse livro seria apenas para abordar o tema de forma mais leve.

– Isso não significa que não irei indicar referências mais aprofundadas. Aliás, é para isso que servem estas notas aqui. Só vem aqui quem está interessado mesmo em aprofundar. Agora vaza!

– Que feio professor.

Diga, pelo menos, aquela mentira de que irá pesquisar para a próxima aula. ☹ [...]

A dignidade da pessoa humana significa que não há uma "verdade" política, religiosa ou filosófica[32] quando se trata das coisas que dizem respeito ao Estado.

– Aplicação prática disso?

O **governante não pode impor sua visão de mundo ou determinada concepção ideológica ou filosófica aos governados**, que possuem direito à livre manifestação, independentemente de suas convicções. Não pode, portanto, escolher quem é mais ou menos digno de sua proteção.

– Nossa Constituição é incrível, né?

Para que você possua mais elementos de reflexão sobre ela, e já que disse que adora nomes com "letrinhas repetidas", vou recomendar um dever de casa. Quero que assista a qualquer vídeo com palestra ou entrevista do mestre baiano J. J. Calmon de Passos no Youtube.

– Professor, assim fica difícil. Qualquer vídeo? Não há uma indicação específica?

Nada específico.

Pode ser qualquer vídeo dele. Basta colocar na ferramenta de busca no Youtube "Calmon de Passos" e verá algumas palestras. Pode assistir a todas. É importante para você ter uma visão não tão otimista e até bem realista de nossa Constituição e do Direito.

– Ok. Anotado.

Mas acho que você perdeu um pouco o foco e nem entendeu o que expliquei.

32. CANOTILHO, J. J. Gomes. Op. cit., p. 226.

– Entendi, sim. Tenho até uma pergunta.

O professor explicou a quem deve ser assegurada vida digna: ao maior número possível de pessoas.

O governante não pode excluir de suas políticas públicas pessoas que ele não considere dignas nem impor sua visão de mundo aos governados.

Aqui está minha observação: o senhor disse quem deve ter vida digna, mas não disse o que é vida digna.

Seria difícil conceituar, com exatidão, o que é vida digna. Até desafio você a encontrar uma definição em algum livro sobre isso.

Mas é possível verificar, na nossa Constituição, preceitos normativos (ou seja, de observância obrigatória) que, se observados, podem significar forte indício de que haverá vida digna.

– Como assim?

É que nossa Constituição estabelece um rol de direitos e garantias fundamentais que devem ser observados pelos governantes. Basta olhar como ela se organiza:

- **Direitos individuais e coletivos;**
- **Direitos sociais;**
- **Direitos de nacionalidade e**
- **Direitos políticos**.

Cada parte dessa se desdobra em vários aspectos.

– Exemplo?

Por exemplo, na parte de **direitos individuais e coletivos**, encontramos o direito à vida, à igualdade, à liberdade, à privacidade, à propriedade, direito de petição, de certidão, de acesso à justiça, de segurança jurídica, direito ao devido processo legal, cível e penal.[33]

Na parte relacionada aos **direitos sociais,** encontramos os direitos do trabalhador e da seguridade social, direito à educação e à cultura, direito

33. CUNHA JR., Dirley da. *Curso de direito constitucional.* 6 ed. Salvador: Juspodivm, 2012.

ao meio ambiente ecologicamente equilibrado, direitos sociais da criança, do adolescente, do jovem e do idoso.[34]

– E o que cada um quer dizer?

Não vamos nos ater a esses direitos agora para não fugir do nosso assunto.

Quanto aos **direitos de nacionalidade** e aos **direitos políticos**, teremos aula apenas para tratar disso.

– Caramba! Muita, muita, muita coisa interligada... Como temos direitos, né?

Isso. Mas também temos deveres!

Veja que a Constituição batiza um de seus capítulos de "direitos **e deveres** individuais e coletivos" e não apenas "direitos...".

O voto, por exemplo, é um direito-dever. Mas vamos cuidar melhor disso mais à frente.

– Então acho que o sistema todo se fecha, né? Entendi tudo.

Pois me diz: por qual motivo é importante estudarmos Direito Eleitoral?

– Porque o Direito Eleitoral disciplina as eleições e elas são essenciais para concretizar a nossa democracia.

Mas, mesmo que o governante não queira governar como deve, garantindo o bem comum ou esquecendo de parcela de nossa população, os direitos e garantias fundamentais devem ser respeitados.

Que lindo! Parece que entendeu mesmo. Mas ainda não é só isso...

– Como assim?! Ainda tem mais?

Sim. Há um detalhe que ainda não contemplamos.

34. CUNHA JR., Dirley da. Op. cit., 2012.

– Lembrei! O professor falou que devemos ainda discutir sobre a Justiça Eleitoral. Mas o papel dela não é o de realizar eleições? Acho que já está bem evidente a importância dela.

Não é tão simples. Vamos lá discutir isso...

1.7. A Importância da Justiça Eleitoral Brasileira

O que significa sermos um Estado Democrático?

– Que o poder exercido pelos governantes pertence ao povo.

E o que acontece se o governante não garante o bem de todos e governa apenas para uma parcela específica da população?

– Eu sei! Um dos fundamentos de nosso Estado é o pluralismo político. Isso permite que agendas...

Olha só... Usando a palavra "agenda". Que bonitinho!

☺

– Foco, professor! Fiquei sem graça... ☹

Então, como ia dizendo, pelo pluralismo político, agendas diversas e, por vezes, opostas às prioridades do governo, podem ser discutidas e podem até se tornar políticas públicas efetivas.

E se o governante despreza aspectos importantes para a sociedade?

– Se não há políticas públicas para determinadas pessoas e se isso inviabilizar vida digna, então talvez o tema possa ser discutido judicialmente.

Exatamente!

Tenho apenas algumas contribuições às suas conclusões.

O pluralismo é intimamente interligado ao princípio republicado que determina a alternância de poder. É por essa alternância que os diversos tipos de agenda podem chegar aos centros de deliberação como o Executivo e o Legislativo.

– Então é obrigatório que aconteça a alternância de poder?

Não.

Como vimos, o que deve sempre acontecer é a possibilidade para que isso ocorra. Ao fim e ao cabo, quem vai decidir se quer ou não alternância de agendas é o eleitor.

– É mesmo! Havia esquecido.

Outro ponto. O governante não pode perder um importante norte para seu governo: a Constituição Federal. Aqui, entra aquele nosso debate sobre a dignidade da pessoa humana.

Por fim, ainda **pelo princípio republicano, os mandatários – e todos os agentes públicos – podem ser responsabilizados por seus atos**, caso incorram em ilicitudes.

– Entendi! O professor disse que faltava um detalhe, mas eu acho que já está tudo explicado.

Deixa eu te contar uma história de um país que não existe...

1.7.1. Um estudo de caso: "Perfeição, um país sem controle no processo eleitoral"

Imagine um país de nome Perfeição.

Em Perfeição, há **eleições periódicas** e os **governantes implementam direitos sociais de forma bem ampla**.

Em Perfeição, está estabelecido que **todos os cidadãos podem votar**. Além disso **não se proíbe**, em Perfeição, **que os diversos segmentos sociais que não estão no poder possam discutir suas necessidades publicamente.**

O que acha de um lugar assim?

– Acho que é perfeito, mas tudo está bom demais para ser verdade.

Pois é.

Imagine que, **em Perfeição, o detentor de cargo público pode usar a máquina pública na sua campanha** à reeleição. Pode se valer, por exemplo, de veículos da administração pública para transportar seus cabos eleitorais e pode pedir para que os servidores públicos de Perfeição realizem campanha em seus locais de trabalho.

– Mas isso é injusto para os seus concorrentes, né?

Parece-me que sim. São casos de abusos no uso da máquina pública na campanha eleitoral.

Imaginemos mais...

Em Perfeição, os mais ricos podem usar a quantia que quiserem, ou própria ou de doações de grandes empresas, para a sua disputa eleitoral. Parte desse dinheiro pode ser usado, inclusive, para comprar diversos bens para distribuir aos eleitores, ou para promover incríveis showmícios com grandes artistas perfeitos (obs.: *perfeito* é o nome de quem nasce em Perfeição).

– Não sei não. Não me parece certo. E quem não possui recursos para a sua campanha, como irá concorrer em condições de igualdade?

Vamos imaginar mais...

Em Perfeição, não há controle sobre o uso dos meios de comunicação e os candidatos mais ricos podem comprar muito tempo de rádio e televisão para veicularem suas campanhas.

– Isso não pode!

Além disso, **em Perfeição, há uma dificuldade enorme para alguém se tornar cidadão.** O órgão público responsável pelo cadastro dos eleitores (ou seja, aquele que atribuirá a condição de cidadão aos perfeitos) é muito longe de suas casas ou quase nunca está aberto.

Além disso, os responsáveis pelo cadastro de eleitores em Perfeição exigem documentos que nem todos os perfeitos possuem, como um comprovante de residência em seu nome.

– Nossa, que coisa ruim! Nessas condições, pessoas com menos recursos financeiros não conseguirão se tornar cidadãos, ou seja, não poderão votar.

Há mais coisas...

Em Perfeição, se alguém foi condenado criminalmente, mesmo que pague a sua pena, nunca mais poderá votar. Do mesmo modo, aquele que deixou de votar três vezes, não poderá votar novamente, a não ser que pague uma multa bem alta.

Além disso, em Perfeição, como o governo gasta muito dinheiro para realizar as eleições, há uma taxa a ser paga por aqueles que querem votar.

– Que absurdo!

Por fim, **em Perfeição, no momento da apuração dos votos, não se permite a fiscalização** por ninguém dessa apuração.

1.7.2. Breves conclusões

E então, o que achou de Perfeição?

– Puxa vida... Que lugar horrível!

Agora veja que interessante:

Absolutamente nada do que discutimos nos tópicos passados adianta, se não há um controle rigoroso de toda a atividade eleitoral!

– [...]

Se houve uma escolha completamente viciada do governante, as pautas de parte da população nunca serão atendidas. A alternância de poder, nesse caso, será permitida apenas formalmente, pois, na prática, apenas candidatos com muito dinheiro e poder irão vencer as eleições e apenas eleitores em condições sociais melhores poderão se tornar cidadãos.

– Nossa... Será um governo de poucos e para poucos!

Exatamente!

A partir da metáfora dessa cidade imaginária chamada Perfeição, é bem mais fácil compreender a importância da Justiça Eleitoral no Brasil e de instituições e órgãos de fiscalização que acompanhem as eleições.

– ...

E então, não vai falar nada?

– Estou sem palavras.

O professor tirou o meu chão. Nunca pensei na Justiça Eleitoral a partir dessa perspectiva. Não adianta nada o que discutimos sem ela, para garantir as nossas eleições como são.

Não vamos esquecer também o papel da sociedade, do Ministério Público e de instituições como a Ordem dos Advogados do Brasil.

– Sim, sim... Entendi. Mas parece que há uma concentração de atividades na Justiça Eleitoral.

Para uma democracia plena, a Justiça Eleitoral desempenha um papel importante na instrumentalização das eleições. Veja:

ATIVIDADES CRUCIAIS DA JUSTIÇA ELEITORAL (JE):
Administração do Cadastro de Eleitores, tornando as pessoas cidadãs[35]
Organização das eleições
Fornecimento dos meios para que o próprio povo realize e fiscalize as eleições
Apuração e divulgação do resultado
A partir da provocação dos legitimados, julgamento dos ilícitos eleitorais, como abusos de poder político, econômico e uso dos meios de comunicação que podem ocorrer durante a corrida eleitoral

– Puxa vida, e vamos ver tudo isso agora? E que história é essa de que é o povo quem realiza as eleições?

Calma! Vamos ver tudo isso.

Haverá conversas específicas para cada um dos aspectos acima.

Eu só queria pontuar, para o momento, a importância de compreendermos o papel da Justiça Eleitoral e dos entes de fiscalização na concretização do nosso Estado Democrático de Direito.

35. Conceito restrito de cidadão, significando aquele que é eleitor.

– Você conseguiu me convencer disso.
Mas, então, o Direito Eleitoral é o ramo do Direito que cuida de tudo isso que o professor falou, né?

Isso.

Chegou o momento de, finalmente, falarmos do Direito Eleitoral.

1.8. Sobre o Direito Eleitoral

Vamos, neste tópico, relacionar posicionamentos de vários autores sobre o que se compreende por Direito Eleitoral, qual a sua abrangência e importância.

Como esse é o tema central dos nossos diálogos, acho que é importante mostrar para você várias perspectivas.

– Professor, não se chateie comigo, mas, será que não vai ficar muito cansativo para o leitor tanta teoria? Este livro não deveria ser mais direto ao ponto?

Eu sei. Calma! Como eu já disse, esses primeiros capítulos são mais lentos mesmo. Confie em mim. Prometo que quem está aqui para procurar o caminho para resolver as suas ações eleitorais vai encontrar isso facilmente. Mas a base é muito importante.

– Está bem.

Há outro ponto importante para se considerar.

O professor deve instigar o leitor a refletir sobre os temas apresentados. Não quero que você seja uma mera repetidora de modelos.

– Está bem. Vamos lá.

A partir do que já conversamos, veja:

TEMAS RELEVANTES PARA O DIREITO ELEITORAL

O sufrágio, a participação do povo[36], de forma livre e soberana[37] na escolha de seus representantes
O balanceamento entre a vontade do povo e a atividade do governante[38]
A legitimação do poder estatal[39]

Há um acontecimento importante que relaciona todos os temas acima. Qual é?

– A realização de eleições!

Certo.

– Então eu já sei! É possível concluir que o Direito Eleitoral é o ramo do Direito que cuida das eleições. Ganhei um ponto?

Estamos no caminho certo.

– Forma educada de dizer que errei. ☹

Não errou não. Podemos incluir esse primeiro ponto:

- **O Direito Eleitoral estuda a realização de eleições.**

– Mas...

Mas o Direito Eleitoral se preocupa também com questões um pouco anteriores à realização da eleição em si.

– Como assim?

36. RIBEIRO, Fávila. Direito eleitoral. 4ª ed. Rio de Janeiro: Forense, 1996, p.4; GOMES, José Jairo. *Direito eleitoral.* 16. ed. rev. atual. e ampl. São Paulo: Atlas, 2020, p. 28.
37. COÊLHO, Marcus Vinicius Furtado. *Direito eleitoral e processo eleitoral – Direito penal eleitoral e direito político.* 2. ed. revista, atualizada e ampliada – Rio de Janeiro: Renovar, 2010, p. 75.
38. RIBEIRO, Fávila. Op. cit., p.4.
39. GOMES, José Jairo. Op. cit., p. 28; VASCONCELOS, Clever; SILVA, Marco Antonio da. *Direito eleitoral.* 2. ed. São Paulo: Saraiva Educação, 2020, p. 23.

O Direito Eleitoral também se preocupa em estudar a disciplina sobre **a capacidade eleitoral ativa, o direito de votar e a capacidade eleitoral passiva, o direito de ser votado.**[40]

– Quem pode participar das eleições!

Isso!

Tão importante quanto disciplinar a realização das eleições é determinar quem pode ser eleitor (quem é cidadão) e quem pode se candidatar.

- **São os direitos políticos de participação.**

– Nossa, professor. Eu concordo. Isso realmente é tão importante quanto o tema das eleições em si.

Esse tema da participação política é tão relevante que a própria Constituição se ocupa em determinar os parâmetros mínimos desses direitos.

Na verdade, **a base de todo o Direito Eleitoral é a própria Constituição.**[41]

– Então, já sei. O Direito Eleitoral é o ramo do Direito que cuida desses Direitos Políticos e, também, cuida da realização das eleições.

Isso mesmo.

Mas podemos melhorar isso.

– Mais coisa?

40. "O Direito Eleitoral regula a capacidade eleitoral ativa, que se traduz no direito de votar, o mais importante exercício de cidadania, pois implica o poder que tem o alistado de influenciar na formação do governo. É também pela sua disciplina que se sabem quem, dentre aqueles com capacidade eleitoral ativa, terá o direito de ser votado, ou seja, a capacidade eleitoral passiva. Bastam tais considerações para que se perceba a importância do direito eleitoral num Estado Democrático de Direito". (CASTRO, Edson de Resende. *Teoria e prática do direito eleitoral.* 10. ed., rev., atual. Belo Horizonte: Del Rey, 2020, p. 3. Também nesse sentido: PIMENTA, José Carlos. *Processo eleitoral e controle jurisdicional.* Belo Horizonte: Mandamentos, 2002, p. 97.)

41. Como já afirmado por alguns, o Direito Eleitoral "é um direito autônomo, que firma sua base na Constituição Federal, onde estão gizados seus princípios e regras estruturais" (SEREJO, Lourival. *Programa de direito eleitoral.* Belo Horizonte: Del Rey, 2006, p. 1). Há autores que, com razão, colocam o Direito Eleitoral como um ramo do Direito Constitucional (CERQUEIRA, Thales Tácito Pontes Luz de Pádua. *Direito eleitoral esquematizado.* Thales Tácito Cerqueira, Camila Albuquerque Cerqueira. São Paulo: Saraiva, 2011; MINAMI, Marcos Youji; MINAMI, Patrícia V. P. Breves considerações sobre o processo eleitoral brasileiro. Revista dos Tribunais, v. 993, p. 123-147. São Paulo: Editora RT, 2018.

É importante lembrar, também, que realizar eleições no Brasil é algo muito complexo.

É preciso estabelecer um conjunto de normas que disciplinem essa corrida eleitoral, **permitindo a maior participação possível, com igualdade de condições entre os concorrentes e que não traga empecilhos ao exercício do voto pelas pessoas.**

– Participação igualitária e combate aos empecilhos. Estou entendendo.

E não podemos esquecer a logística das eleições.

– Como assim? Não é só ligar a urna no dia das eleições?

Não é tão simples.

É preciso considerar, por exemplo, assuntos como os **locais de votação, a seleção e treinamento de mesários e de toda a equipe de apoio às eleições, a preparação das urnas eletrônicas, a segurança para o dia das eleições e todos os cuidados necessários para a apuração do resultado.**[42]

– Então, já sei. O Direito Eleitoral é o ramo do Direito que cuida dos Direitos Políticos e da realização das eleições preocupando-se com todas as etapas necessárias para a realização dessas eleições.

Falta mais coisa.

– Não acredito!!!

Calma, já está acabando.

A corrida eleitoral não pode ocorrer com abusos pelos concorrentes. Isso é importantíssimo para a garantia da legitimidade do representante eleito. Poder alcançado mediante artifícios e ilicitudes é poder ilegítimo.

Por isso, durante a corrida eleitoral, **não pode haver abusos do poder político, econômico ou dos meios de comunicação. Além disso, é preciso estabelecer igualdade de condições entre os candidatos.**

42. Vários autores se referem a essa logística na realização das eleições, ainda que de forma genérica: ALMEIDA, Roberto Moreira de. *Curso de direito eleitoral.* 4. ed. rev., atual. e ampl. Salvador: Juspodivm, 2010, p. 37; RAMAYANA, Marcos. *Direito eleitoral.* 12. ed. Rio de Janeiro: Impetus, 2011, p. 15; CÂNDIDO, Joel J. *Direito eleitoral Brasileiro.* 14 ed. rev. atual. e amp. Bauru/SP: Edipro, 2010, p. 25.

Alguns autores salientam essa atividade contenciosa abarcada pelo Direito Eleitoral.[1]

Vamos organizar tudo que vimos:

O DIREITO ELEITORAL É O RAMO DO DIREITO QUE ESTUDA
O exercício do Poder Político mediante realização de eleições
Como os votos devem ser convertidos em mandatos (sistemas eleitorais)
Os Direitos relacionados a quem pode votar e quem pode ser eleito, além de se preocupar com o Direito Partidário dos assuntos relacionados às eleições
Todas as etapas para a realização de uma eleição, desde a formação do Cadastro Eleitoral, passando por toda a logística para a realização de uma eleição (mesários, equipe de apoio, urnas eletrônicas, locais de votação, dia da eleição), até a apuração do resultado, diplomação dos eleitos e prestação de contas dos participantes
Os institutos e procedimentos necessários para garantir uma eleição sem abuso pelos seus participantes, como o abuso do poder político, econômico, de autoridade e do uso dos meios de comunicação
▸ **A eleição propriamente dita é apenas parte de um grande conjunto de informações relevantes para o Direito Eleitoral**

– Puxa vida! Agora sim, né, vimos tudo.

Bem... para o que vamos abordar nesses diálogos, sim. Vamos aos próximos diálogos!

Antes, uma pequena tarefinha de aquecimento:

LEITURAS PRELIMINARES
Leitura da Constituição Federal, artigos 1º e 14 (não se preocupe em entender ainda os detalhes do artigo 14)

1. Nesse sentido: "O Direito Eleitoral constitui-se em ramo do direito público, cujo desiderato primordial é proporcionar e assegurar que a conquista do poder pelos grupos socais seja efetuada dentro de parâmetros legais preestabelecidos, sem o uso da força ou de quaisquer subterfúgios que interfiram na soberana manifestação de vontade popular. Assim, o Direito Eleitoral resta edificado em conceitos de soberania, democracia, participação popular, voto, sufrágio, mandato e representação". (ZÍLIO, Rodrigo Lopez. *Direito eleitoral: noções preliminares, elegibilidade e inelegibilidade, processo eleitoral (da convenção à prestação de contas), ações eleitorais.* Porto Alegre: Verbo Jurídico, 2010, p. 13. Em sentido semelhante: COSTA, Elcias Ferreira da. *Direito eleitoral: Legislação, doutrina e jurisprudência.* Rio de Janeiro: Forense, 1994, p. 1.)

PARTE 2

Qual a base normativa do Direito Eleitoral?

2. NORMAS FUNDAMENTAIS DO DIREITO ELEITORAL

2.1. Breve introdução

Vamos conversar agora sobre as **Normas Fundamentais do Direito Eleitoral**.

– Lá vem... teoria sem aplicação prática.

Esse assunto sempre é chato: princípios fundamentais disso ou daquilo...

Calma. Você precisa valorizar a parte teórica também!

E eu não disse "Princípios Fundamentais". Eu falei "**Normas Fundamentais do Direito Eleitoral**".

– Não é a mesma coisa?

Não mesmo. Norma é um gênero que possui duas espécies: princípios e regras.

Mas, para saber mais sobre isso, você precisa ler, por exemplo, o livro *Teoria dos Princípios*, de Humberto Ávila, ou dar uma olhada no livro "Teoria dos Direitos Fundamentais", de Robert Alexy. Não é o momento para isso.

Agora, eu vou mostrar para você as razões para estudarmos as Normas Fundamentais.

<table>
<tr><th colspan="2">DUAS RAZÕES PARA O ESTUDO DAS NORMAS FUNDAMENTAIS</th></tr>
<tr><td colspan="2">As Normas Fundamentais estabelecem os alicerces, as bases jurídicas de observância obrigatória para a aplicação do Direito Eleitoral na prática</td></tr>
<tr><td>Exemplo de Norma Fundamental (alicerce, base)</td><td>Aplicação Prática</td></tr>
<tr><td>Sufrágio Universal</td><td>O alistamento eleitoral deve ser pensado para garantir um acesso sem a imposição de restrições indevidas, pois a participação política deve ser a mais ampla possível</td></tr>
<tr><td colspan="2">As Normas Fundamentais estabelecem limites jurídicos com repercussões práticas para algumas situações do Direito Eleitoral</td></tr>
<tr><td>Exemplo de Norma Fundamental (limite jurídico)</td><td>Aplicação Prática</td></tr>
<tr><td>Regra da Anualidade</td><td>As alterações do processo eleitoral só são aplicadas a partir de um ano da alteração para que os envolvidos nas eleições possam se preparar para essas mudanças</td></tr>
</table>

– Entendi. Realmente, parece haver repercussão prática. Mas eu duvido o professor apresentar pelo menos uma consequência prática para tudo o que vai ensinar agora.

Aceito o desafio! Vou deixar um quadro resumo no final deste capítulo com o que você pediu. E, como diz a música do Lin-Manuel Miranda, no clássico Moana: "de nada!"[2].

2.2. Soberania popular

O que te marcou do diálogo passado?

Se eu pedisse para você resumir tudo o que vimos até agora em uma frase apenas, qual seria?

– Essa é fácil: todo o poder emana do povo!

Perfeito! Isso é a base para a **soberania popular**.

– Explica mais...

Vou pedir ajuda ao Nicola Matteucci. Segundo ele, de um modo geral, "[...] o conceito político-jurídico de **Soberania indica o poder de mando**

2. "Moana", 2018. Direção de Ron Clements e John Musker.

de última instância, numa sociedade política e, consequentemente, a diferença entre esta e as demais associações humanas em cuja organização não se encontra este poder supremo, exclusivo e não derivado".[3]

– Explica mais...

A soberania **indica de quem é a última palavra sobre as coisas de uma determinada sociedade.** No nosso caso, essa última palavra pertence ao povo, é a soberania popular.

– Explica mais...

No caso brasileiro, dizer que a soberania é popular também significa que ela é legitimada pelo próprio povo.

Confira:

SOBERANIA COMO FUNDAMENTO DA LEGITIMIDADE DO PODER

Eneida Desiree apresenta outro aspecto relevantíssimo do tema. Segundo ela, "**a soberania popular é o fundamento de legitimidade do exercício do poder em uma democracia. Um comando a ser obedecido por todos somente será legítimo se houver uma anuência dos destinatários em sua formação**"[4]

– Explica mais!

Então, a soberania... Espera aí!!! Agora que entendi! Você está brincando, né, repetindo "Explica mais...", "Explica mais...", "Explica mais!".

– Rs.

Achei que não fosse perceber. Desculpa, professor. É que você está com o rosto tão radiante e feliz. Parece todo empolgado! Acho que esse tema é mesmo importante para o professor. Até "contagiei"...

Este tema é muito importante para todos nós.

Veja um resumo do que expliquei:

3. MATTEUCCI, Nicola. in BOBBIO, Noberto. Verbete "Soberania" In: Dicionário de política. Noberto Bobbio, Nicola Matteucci e Gianfranco Pasquino; trad. Carmen C, Varriale et al.; coord. trad. João Ferreira; rev. geral João Ferreira e Luis Guerreiro Pinto Cacais. 13. ed., 5. reimpressão, vol.2. Brasília: Editora Universidade de Brasília, 2010, p. 1179.
4. SALGADO, Eneida Desiree. Constituição e democracia: tijolo por tijolo em um desenho (quase) lógico: vinte anos de construção do projeto democrático Brasileiro. Belo Horizonte: Fórum, 2007, p. 41.

A SOBERANIA POPULAR COMO LIMITE E JUSTIFICATIVA DO PODER	
Autodeterminação	É do povo a última palavra a ser dada nas coisas relativas ao Estado É ele quem determina o seu próprio destino, ou, como diz Desiree: "o povo se caracteriza como tal quando tem o poder de se autodeterminar"[5]
Legitimidade	A soberania estabelece, também, o começo de tudo, a própria legitimidade do poder No Brasil, é o povo quem legitima o poder

– Isso está muito poético: a soberania é o começo e o fim de tudo!

Nós nos submetemos ao poder político, pois ele é legitimado pelo próprio povo.

– Então a soberania é a justificativa para o poder e, também, de certa forma, o seu limite.

Não sei se estou entendendo.

Eu achava, por exemplo, que a última palavra nas coisas do Estado era dada, no Brasil, pelo Judiciário!

Sim, o magistrado, quando decide, termina a discussão sobre um problema, pois a sua decisão é apta à coisa julgada.

Contudo, o poder exercido pelo Poder Judiciário é Poder Político, pertence ao povo, portanto. O Judiciário encontra a justificativa do seu poder na Constituição, criada pelo Poder Constituinte: o povo.

– Nossa, é mesmo! Nunca havia pensado assim. Isso não é só retórica, professor?

Leia aí o começo do preâmbulo da nossa Constituição.

– "Nós, representantes do povo brasileiro, reunidos em Assembleia Nacional Constituinte para instituir um Estado Democrático" ...

Puxa vida... está aqui.... "representantes do povo brasileiro".

Além disso, o Judiciário aplica as normas, os comandos normativos estabelecidos pelos poderes Legislativo e Executivo, ambos formados

5. SALGADO, Eneida Desiree. Op. cit., p. 41.

por representantes eleitos. Ou seja, há, aqui, novamente a manifestação da soberania.

– Explica mais! E agora não estou brincando, me empolguei também.

A soberania possui algumas características, conforme Dalmo Dallari[6]:

SOBERANIA	
Una	Não se admite, dentro de um mesmo Estado, a sobrevivência de mais de uma soberania
Indivisível	Todas as funções estatais são manifestações da mesma soberania
Inalienável	Não se admite que aquele que detém o poder permita que outro o assuma
Imprescritível	Não há prazo de duração para a soberania que se pretende eterna

– Agora complicou. Não entendi. Una e indivisível não é a mesma coisa? Isso possui relevância prática?

Vamos para as repercussões práticas. Veja:

CARACTERÍSTICAS DA SOBERANIA E REPERCUSSÕES PRÁTICAS	
Una	Os chamados Poderes do Estado não são fracionamentos do poder O que ocorre é uma grande divisão de tarefas São três grandes funções estatais: legislar, administrar e julgar São funções que se fiscalizam e se complementam, sempre devendo satisfações ao titular do poder: o povo
Indivisível	O poder político atinge todos os fatos relacionados ao Estado, mesmo que realizados por órgãos distintos, como o Judiciário, o Executivo ou o Legislativo
Inalienável	Os agentes públicos devem perceber que o exercício do poder político resulta em um eterno prestar de contas de suas atitudes perante a sociedade
Imprescritível	Não se aceitam manifestações ou ações que atentem contra o Estado Democrático ou incitem golpe de estado

6. DALLARI, Dalmo de Abreu. *Elementos de teoria geral do Estado.* 29. ed. São Paulo: Saraiva, 2010, p. 81.

– Soberania... Que palavrinha poderosa!

A soberania é um aspecto tão importante para a vida em sociedade que é apontada, inclusive, como um dos elementos necessários para a formação do Estado.

Segundo, por exemplo, Dalmo Dallari, há **quatro elementos essenciais para a caracterização de um Estado: soberania, território, povo e finalidade do Estado**[7]. Do mesmo modo Jellinek falava em Território, Povo e Poder.

– Fala mais de soberania!

Não vamos demorar mais no conceito de soberania. Para os nossos objetivos, a última coisa que eu queria apontar ainda é que há uma outra acepção comum para o termo, relacionada ao Direito Internacional.

– Já sei! Quando alguém fala, por exemplo, que determinado Estado é soberano.

Isso mesmo! Não esperava que lembrasse disso... Bacana!

– Continua, professor... Assim eu fico encabulada!

Como bem ensina Dallari, há duas formas de se compreender soberania dentro de um Estado:

Soberania no âmbito interno	No âmbito interno de um Estado a soberania pode ser vista como a expressão maior do poder político dentro dele
Soberania no âmbito externo	A soberania pode ser entendida como "sinônimo de *independência*, e assim tem sido invocada pelos dirigentes dos Estados que desejam afirmar, sobretudo ao seu próprio povo, não serem mais submissos a qualquer potência estrangeira"[8] – Tipo quando um rei diz naqueles filmes: "meu Estado é soberano!" Então ele está querendo dizer que o seu Estado é independente... - Isso mesmo! Mas saia deste quadro explicativo... Aqui não é lugar de conversa! Já sei que você vai dar trabalho...

7. DALLARI, Dalmo de Abreu. Op. cit., p. 72.
8. DALLARI, Dalmo de Abreu. Op. cit., p. 84, grifo no original.

Como ensina Jellinek, o desenvolvimento da noção de soberania demonstra que ela está ligada à negação de toda a subordinação ou limitação do Estado a qualquer outro poder, ou seja, o "*poder soberano de um Estado es, por tanto, aquel que no reconoce ningún otro superior a sí*".[9]

– Que chique! Em espanhol! Agora traduz...

Eu só li isso aqui para parecer sofisticado, mas acho que nem sei traduzir.

– Eu sei: "o poder soberano de um Estado é, portanto, aquele que não reconhece nenhum outro superior a si".

Que exibida... Mas, vamos adiante.

Como você deve ter percebido, essa noção de soberania no plano internacional é estudada em Teoria do Estado e em Direito Internacional, por exemplo. Por isso, não vamos avançar nesse debate.

– Tá certo, mas é um tema bem interessante.

Sim, demais.

A soberania popular remete a outro conceito importantíssimo. Vamos estudar agora o sufrágio universal. Veja o resumo:

SOBERANIA POPULAR
Relacionada ao limite do poder, àquele que dá a última palavra Relacionada a quem legitima o poder político É una, indivisível, inalienável e imprescritível
▶ **Soberania no plano internacional: relacionada à independência de um Estado frente aos demais**

2.3. Sufrágio universal

Leia abaixo:

> **Constituição e Sufrágio Universal**
> Art. 14. A soberania popular será exercida pelo sufrágio universal e pelo voto direto e secreto, com valor igual para todos, e, nos termos da lei [...]

9. JELLINEK, Georg. *Teoría general del estado.* Traducción de la segunda edición alemana (1905) y prólogo por Fernando de los Ríos Catedrático de la Universidad de Granada. Buenos Aires: Julio César Faira - Editor, 2005, p. 588.

Já vimos a soberania popular, mas você sabe o que é sufrágio universal?

– Claro, significa que todos podem votar.

Uma criança pode votar?

– Uma criança, não. Por isso que eu disse que sufrágio universal significa que todos, menos as crianças, podem votar.

E um adulto que ainda não se alistou eleitor, ou seja, ainda não tirou seu título eleitoral, ele pode votar?

– Por isso que eu disse que sufrágio universal significa que todos, menos as crianças e adultos sem título, podem votar...

Professor, não seria melhor o senhor explicar logo?

Deve ter algum leitor com muita coisa para fazer e estamos aqui, fazendo o pobre coitado perder um tempo danado!

Está bem, você venceu.

Veja isso:

Sufrágio segundo o dicionário	O dicionário Michaelis apresenta esta acepção para o vocábulo *sufrágio*: "parecer ou opinião favorável a respeito de alguém ou de algo; aprovação"[10]

– Então sufragar é votar? Simples assim? Então todo mundo pode votar, mesmo as crianças? Então eu estava certa.

Calma!

Sufrágio, em termos jurídicos e políticos, não é apenas escolher, opinar nas urnas, por exemplo. Leia:

ACEPÇÃO AMPLA DE SUFRÁGIO

O termo possui uma acepção ampla, significando **participação política**

10. Michaelis, Dicionário Brasileiro da Língua Portuguesa, 2015, versão eletrônica em aplicativo para celular.

– E qual a diferença de participar politicamente e votar?

Uma pessoa não participa politicamente apenas votando, mas também submetendo seu nome para escolha pelo povo, ou seja, se candidatando.

– Participar votando e se candidatando. Faz sentido.

É como diz Mônica Caggiano: "o *direito de sufrágio* é erigido a um dos mais eminentes direitos, diretamente relacionado ao homem político, porquanto lhe propicia, *quer ativa, quer passivamente, a participação no polo epicêntrico das decisões políticas*"[11]

SUFRÁGIO AMPLO E CONSEQUÊNCIAS PRÁTICAS

A participação pelo sufrágio engloba a possibilidade de votar e de ser votado

– Entendi. Só não gostei muito dessa história de "homem político". A autora devia ter usado, pelo menos, a expressão "ser político". Só não vou ficar muito chateada, pois foi uma mulher quem escreveu. (Ou não sei se fico ainda mais chateada)

Mas acho que não ficaram dúvidas.

O sufrágio "refere-se ao direito do cidadão de eleger, ser eleito e de participar da organização e da atividade do Estado".

Puxa vida, isso mesmo. Perfeito!

– Eu sei. Eu colei aqui do site do Tribunal Superior Eleitoral.

Rs.

Bacana! Então você acabou descobrindo isso...

No *site* do TSE há, no endereço abaixo, um glossário com termos sobre o Direito Eleitoral e sobre a Justiça Eleitoral:

11. CAGGIANO, Monica Herman Salem. "Sufrágio. Alistamento eleitoral. A força do voto". In. *Direito eleitoral e processual eleitoral: temas fundamentais*/ Walter de Ameida Guilherme et al (Coords.). São Paulo: Editora Revista dos Tribunais, 2012, p. 79.

Para saber mais, veja ao lado:
https://www.tse.jus.br/eleitor/glossario/glossario-eleitoral

– Eu descobri aqui sem querer. Eu desconfiei que sufrágio possuía esses dois significados e fui pesquisar. Desculpa.

Você fez o certo. Corra quilômetros de professores que trazem a verdade absoluta.

E pode aceitar isso como verdade absoluta!

– Ei!!! Espera aí. Agora complicou!

Vamos lá, foco!

O sufrágio envolve a possibilidade de votar, o que chamamos de capacidade eleitoral ativa, e a possibilidade de ser eleito: a capacidade eleitoral passiva. Veja o quadro abaixo:

CAPACIDADE ELEITORAL ATIVA	CAPACIDADE ELEITORAL PASSIVA
Participação pelo voto	Participação pela candidatura
Necessário preencher alguns requisitos para poder votar	Necessário preencher alguns requisitos para poder se candidatar
Exemplo de preceito constitucional relacionado à capacidade eleitoral ativa: Art. 14, § 1º, que trata sobre o alistamento eleitoral, explicando os casos de alistamento e voto obrigatórios **Veja o tópico sobre alistamento na parte 5**	**Exemplo de preceito constitucional relacionado à capacidade eleitoral passiva:** Art. 14, § 3º, que trata das condições de elegibilidade **Veja os capítulos sobre elegibilidades e inelegibilidades na parte 5**

– Entendi. Curioso que ali consta que o alistamento e o voto são obrigatórios.

– Então a participação pelo voto não é apenas um direito, mas um dever!

Eu até sabia que era obrigada a votar, mas não me lembrava que era a própria Constituição que estabelecia isso.

Isso mesmo, achei que não fosse perceber. E veja que para participar é preciso se alistar.

Aqui, precisamos lembrar do que significa cidadania. Lembra que vimos isso quando falamos de povo?

– Lembro sim. O professor falou que – abre aspas: "Cidadão é aquele que atende a certos critérios estabelecidos, principalmente, na nossa Constituição, e se torna eleitor após alistar-se na Justiça Eleitoral" – fecha aspas.

Exatamente!

A aquisição da cidadania é fundamental para o exercício do sufrágio.

No capítulo sobre alistamento veremos todos esses aspectos com mais detalhes. Vamos continuar.

Veja o quadro abaixo:

SUFRÁGIO UNIVERSAL	SUFRÁGIO RESTRITO
Considera-se o sufrágio universal "quando se outorga o direito de votar a todos os nacionais de um país, sem restrições derivadas de condições de nascimento, de fortuna e capacidade especial"[12]	No sufrágio restrito, permite-se a participação pelo voto de apenas parte das pessoas de um determinado Estado Há condicionantes para o exercício do voto que podem ser, por exemplo, relacionados ao sexo, etnia, hereditariedade, fortuna e instrução elitista[13]

– Eu estou lendo aqui novamente o artigo 14 da nossa Constituição: "a soberania popular será exercida pelo sufrágio universal".

Vi, nesse seu quadro, que isso significa possibilitar a participação ao maior número possível de pessoas.

12. SILVA, José Afonso da. *Curso de direito constitucional positivo.* 33 ed., rev. e atual. São Paulo: Malheiros, 2009, p. 351.
13. COÊLHO, Marcus Vinicius Furtado. *Direito eleitoral e processo eleitoral* – Direito penal eleitoral e direito político. 2. ed. revista, atualizada e ampliada – Rio de Janeiro: Renovar, 2010, p. 135.

– Mas no Brasil, mesmo algumas pessoas não podendo votar, ainda assim adotamos o sufrágio universal?

Isso mesmo!

As restrições estabelecidas na Constituição são as mínimas possíveis e são compreensíveis. Por exemplo: alguém com mais de setenta anos vota apenas se quiser. Não pela questão cognitiva, mas talvez pela acessibilidade, é interessante a facultatividade nesse caso.

Da mesma forma, os analfabetos e os maiores de dezesseis e menores de dezoito anos votam se quiser.

– Professor!

Oi!

– É que o senhor está falando demais sobre um mesmo assunto. Assim, as pessoas não vão mais ler este livro.

Desculpa. Eu me empolgo. Mas estou acabando. Paciência, por favor.

– Está bem.

Se o voto para todas essas pessoas que citei é facultativo, não há empecilhos criados pela Constituição para o seu exercício.

Vamos ver isso tudo com mais detalhes quando conversarmos sobre o alistamento.

Mas já é possível perceber como a Constituição é abrangente quando permite a participação pelo voto. Veja que todos os maiores de dezoito anos já podem votar.

– Mas o que é essa limitação aqui no § 2º, do art. 14 da Constituição, dizendo que não podem alistar-se como eleitores, durante o período do serviço militar obrigatório, os conscritos. O que é conscrito?

SOBRE O CONSCRITO

O conscrito é aquele que foi convocado para o serviço militar

Nos termos da Constituição, enquanto ele estiver prestando esse serviço, não poderá se alistar eleitor e, por consequência, não poderá votar

– E por qual motivo ele não pode participar?

A explicação é bem curiosa para isso, na verdade.

– E qual é?

Veremos isso e mais detalhes sobre o alistamento em conversas futuras.

– Vai me deixar na curiosidade?

Claro! E faço isso sem remorso. É preciso criar uma expectativa.

Não lembra da série *Guerra dos Tronos*? Fez um grande sucesso porque não contava tudo de uma só vez.

– Ok, então.

Mas vimos que o sufrágio pode ser também restrito, o que não é adotado no Brasil. José Jairo cita três espécies de sufrágio restrito: censitário, cultural ou capacitário e masculino.[14]

Veja o quadro abaixo:

Sufrágio censitário	Apenas algumas pessoas, com **capacidade econômica** previamente estabelecida, podem votar
Sufrágio cultural ou capacitário	Exige-se determinada **capacidade intelectual** para que uma pessoa possa se tornar eleitor
Sufrágio masculino	Apenas os homens podem votar

– Nossa, que horrível. Discriminar a participação de uma pessoa pela quantidade de patrimônio que ela possui, pelo que ela sabe ou pelo fato de ser homem.

Sim. No Brasil, todas essas limitações já aconteceram.

A Constituição de 1934, por exemplo, estabelecia no seu artigo 108, parágrafo único, que não poderiam se alistar eleitores "os mendigos". Esse mesmo artigo, proibia o alistamento pelo analfabeto.

14. GOMES, José Jairo. *Direito eleitoral*. 16. ed. rev. atual. e ampl. São Paulo: Atlas, 2020, p. 74.

– Que horrível!

Acho que vai detestar ainda mais o artigo 109 dessa mesma Constituição. Veja o que ela falava sobre as mulheres:

> Art. 109 - O alistamento e o voto são obrigatórios para os homens **e para as mulheres, quando estas exerçam função pública remunerada**, sob as sanções e salvas as exceções que a lei determinar.

– Que absurdo! Tratamento desigual pelo fato de alguém ser mulher. O pior é isso acontecer até os dias de hoje e em diversos aspectos...

Pois é. Sei que nós homens afirmamos reconhecer o problema e dizemos lutar para que isso mude, mas nos falta ainda muita empatia e sensibilidade...

– O fato de o professor perceber isso já é um começo.

Na seara eleitoral, vamos ver como essa questão é levada em consideração em diversos momentos.

Mas vamos adiante.

A última classificação relevante de sufrágio é a do quadro abaixo:

Sufrágio igual	O voto de cada pessoa possui a mesma importância A ideia é constantemente mencionada pela expressão: *one man, one vote* Os votos são contados, e não medidos[15]
Sufrágio desigual	"Consiste basicamente em outorgar a determinados eleitores, por circunstância especial, o **direito de votar mais de uma vez ou de dispor de mais de um voto para prover um mesmo cargo**"[16]

15. RIBEIRO, Fávila. *Direito eleitoral.* Rio de Janeiro, Forense, 1976, p. 55.
16. SILVA, José Afonso da. *Curso de direito constitucional positivo.* 33 ed., rev. e atual. São Paulo: Malheiros, 2009, p. 353. Grifos nossos.

2.3.1. *Sufrágio e voto*

– Só um detalhe, professor. Sufrágio é mais amplo do que voto, né? Mas podem ser usados como sinônimo?

Sufrágio é a participação, ativa ou passiva. Votando ou se submetendo à escolha popular.

– Isso eu entendi. E votar?

Votar é o ato de escolha.

– E quando dizem: vou exercer meu sufrágio?

Você pode entender isso como: vou exercer a "minha participação".

– E esse exercício é feito pelo voto.

Isso mesmo. Como eu disse, votar é o ato.

Para garantir a liberdade das pessoas, para que elas votem sem pressões, o ato de votar, o exercício do voto é sigiloso. Lembra do artigo 14 da Constituição:

> **Art. 14. A soberania popular será exercida pelo sufrágio universal e pelo voto direto e secreto, com valor igual para todos [...]**

Veja esse quadro:

Voto direito	Escolhemos diretamente o nosso candidato
Voto secreto	No momento do exercício do voto, outras pessoas não conseguem verificar em quem se vota
Voto com valor igual	Todos os votos possuem a mesma importância

– Voto indireto não é muito bacana, né? O barato é votar diretamente em quem se quer. Será que atualmente algum país democrático usa esse voto indireto?

Nas eleições americanas para presidente, os eleitores não votam diretamente no presidente.

– Sério? Como funciona?

Cada estado, a partir de determinados critérios, possui uma quantidade de representantes, os chamados "delegados". São esses delegados que irão escolher o presidente.

– E as pessoas votam, então, nesses delegados?

Isso foge do nosso tema.

– Toma! Eu podia dormir sem essa...

(Ou o professor poderia dizer que não sabia)

CURIOSIDADE: O VOTO AUSTRALIANO

O Brasil adota o Voto Australiano: "voto com utilização de cabine, para maior privacidade do eleitor. Foi, pela primeira vez, utilizado na Austrália, em 1857"[17]

2.4. Anualidade

Imagine que irá participar de uma eleição em uma cidade que vou chamar aqui de Paixão Demais. O que você acha que as pessoas que querem concorrer para a prefeitura de Paixão Demais deveriam fazer?

– Contratar uma advogada!

Sabida você, né? Mas é por aí mesmo... E o que essas advogadas ou advogados devem fazer?

– Consultar a legislação eleitoral para saber como se preparar.

Se você fosse um desses candidatos ou fosse trabalhar no jurídico de algum partido ou candidato, iria se preparar com quanto tempo de antecedência?

– Acho que bastante tempo. Um ano, pelo menos.

17. BRASIL. TSE. *Glossário Eleitoral.* Disponível em: <https://www.tse.jus.br/eleitor/glossario/termos-iniciados-com-a-letra-v >. Acesso em 18 mai. 2020.

Perfeito! Então imagina que você estudou todas as regras do jogo, aprendeu o que pode ou não ser feito, os procedimentos, os ilícitos etc.

Contudo, perto da disputa, o legislador resolve mudar as regras do jogo eleitoral...

– Aí não, né? Sac*! Eita!!! Posso dizer essa palavra aqui? Nem sei. Desculpa...

Mas é que não é legal isso, não. Me preparei para assessorar meu cliente nas eleições e as regras do jogo mudaram perto das eleições! Isso pode?

Já que você entendeu o problema em se alterar as regras da corrida eleitoral perto do início da campanha, ou mesmo durante a campanha, podemos falar de um enunciado da Constituição Federal que trata desse assunto.

Confira:

ANTERIORIDADE ELEITORAL NA CONSTITUIÇÃO

Art. 16. A lei que alterar o processo eleitoral entrará em vigor na data de sua publicação, não se aplicando à eleição que ocorra até um ano da data de sua vigência

– Então não pode haver lei para mudar as eleições nas vésperas de sua ocorrência... Que bacana!

Não é isso que está escrito aí não. Você precisa ler com mais atenção.

Esse é o chamado **princípio da anterioridade eleitoral.** Eu, particularmente, acho que é uma regra. Mas isso não importa agora.

– E o que foi que eu falei que não está certo? Não está escrito aí que não pode haver lei para alterar o processo eleitoral perto das eleições?

Você não está prestando atenção.

Pode, sim, haver lei eleitoral para mudar o processo eleitoral a qualquer tempo. O que se proíbe é que ela passe a valer perto das eleições. Por isso que o final do artigo 16 estabelece que essa nova lei não pode ser aplicar "à eleição que ocorra até um ano da data de sua vigência".

– É mesmo. O professor tem razão!

Durante nossos diálogos devemos ver mais detalhes sobre esse tema. Mas, para o momento, basta que fixemos o artigo acima e sua razão de ser.[18]

2.5. Autenticidade Eleitoral

A professora Eneida Desiree apresenta cinco princípios constitucionais estruturantes do Direito Eleitoral: **a autenticidade eleitoral, a liberdade para o exercício do mandato eletivo, a necessária participação das minorias no debate público e nas instituições políticas, a máxima igualdade na disputa eleitoral e a legalidade específica em matéria eleitoral.**[19]

– Nossa, quanta coisa! Vamos ver tudo isso agora? Fiquei curiosa... Espera, que preciso ler aqui novamente.

Calma! Calma! Não vamos ver todos aqui agora.

Analisar o trabalho da professora Desiree demandaria muito tempo e a nossa conversa precisa ser mais objetiva. Mas esse trabalho dela está publicado. Recomendo demais!

– Certo, mas acho até que já vimos alguns desses princípios. Por exemplo, parece que já estudamos "a necessária participação das minorias" quando o professor explicou sobre o pluralismo.

Exatamente! E vamos ver mais sobre isso quando estudarmos sobre os sistemas eleitorais e as candidaturas coletivas.

A liberdade para o exercício do mandato eletivo será discutida no capítulo sobre partidos políticos e, novamente, no tópico sobre candidaturas coletivas, no capítulo sobre escolha e registro de candidatura.

18. A anualidade é observada inclusive para mudanças de entendimento jurisprudencial, que não podem ser aplicados imediatamente, a depender da situação. Veja essa decisão do STF: "Em razão do caráter especialmente peculiar dos atos judiciais emanados do Tribunal Superior Eleitoral, os quais regem normativamente todo o processo eleitoral, é razoável concluir que a Constituição também alberga uma norma, ainda que implícita, que traduz o postulado da segurança jurídica como princípio da anterioridade ou anualidade em relação à alteração da jurisprudência do TSE. Assim, as decisões do Tribunal Superior Eleitoral que, no curso do pleito eleitoral (ou logo após o seu encerramento), impliquem mudança de jurisprudência (e dessa forma repercutam sobre a segurança jurídica), não têm aplicabilidade imediata ao caso concreto e somente terão eficácia sobre outros casos no pleito eleitoral posterior" (STF. RE 637485 / RJ, Rel. Min. Gilmar Mendes, Publicação: 21/05/2013, Tribunal Pleno). Isso será abordado novamente no capítulo sobre fontes do Direito Eleitoral.

19. SALGADO, Eneida Desiree. *Princípios constitucionais eleitorais*. Belo Horizonte: Fórum, 2015.

A máxima igualdade na disputa eleitoral será objeto de tópico próprio deste capítulo[20] e a legalidade específica em matéria eleitoral será motivo de debate no capítulo seguinte, sobre fontes do Direito Eleitoral.

Para o momento, vamos focar em alguns aspectos da autenticidade eleitoral.

Autenticidade eleitoral parte da genuinidade, da sinceridade da democracia.[21]

– E o que isso significa? Como uma democracia pode ser sincera? E democracias mentem? Eu não entendi.

Uma democracia genuína exige "um conjunto de direitos, liberdades e garantias que permita a **formação da vontade política sem vícios e sem distorções**".[22]

Confira:

AUTENTICIDADE ELEITORAL
Relacionada com a formação da vontade política sem distorções "Os dois pontos cruciais na autenticidade eleitoral partem da configuração democrática constitucional: a liberdade do voto e a igualdade do voto"[23]

– Nós já vimos a igualdade do voto quando estudamos o sufrágio e o voto.

Isso mesmo.

Sobre a liberdade do voto, Desiree aponta que a violação dessa liberdade se manifesta, por exemplo, por vícios na sua formação, ou de forma direta, ou de maneira indireta.[24] Veja o quadro:

VIOLAÇÕES À LIBERDADE DO VOTO	
Violações diretas	Coação, fraude, corrupção compra de votos
Violações indiretas	Ocorre mediante "[...] restrições ou favorecimentos a determinados discursos políticos ou por tratamento diferenciado a partidos e candidatos"[25]

20. Além disso, toda a parte 7 do livro trata de problemas que podem violar a igualdade na disputa.
21. SALGADO, Eneida Desiree. Op. cit., p.29.
22. SALGADO, Eneida Desiree. Op. cit., p.29.
23. SALGADO, Eneida Desiree. Op. cit., p.31.
24. SALGADO, Eneida Desiree. Op. cit., p.31.
25. SALGADO, Eneida Desiree. Op. cit., p.31.

Nesse contexto, ganha relevo a importância de se garantir o sigilo do voto, que pode ser visto como um dos aspectos da liberdade de manifestação do cidadão.

Esse tema merece tópico específico.

2.6. Liberdade de manifestação

É preciso garantir liberdade para as pessoas, não apenas para o exercício do voto, mas para as diversas formas de manifestação.

– Exemplo, please!

O voto é sigiloso para que as pessoas não se sintam constrangidas no momento de expressar a sua opção. Garante-se a sua liberdade de expressão política.

– Entendi. Outro exemplo, please!

Não é possível impedir o debate social sobre os temas importantes para todos. Povo, partidos e candidatas e candidatos precisam se manifestar sobre os temas relacionados à eleição.

– Isso não é exemplo, professor. Me diz um exemplo prático!

Imagine um juiz eleitoral impedindo a realização de uma manifestação pública ou impedindo que as pessoas expressem suas ideias sobre as eleições nas redes sociais.

– Mas isso não é proibido? Achei que se manifestar nas redes sociais sobre política era proibido.

O que não se permite é o abuso do uso dos meios de comunicação e o abuso no uso das redes sociais, além da publicação de mentiras, o anonimato ou incitações a golpes ou ao fim das instituições democráticas.[26]

Mas veremos isso em momento oportuno, quando tratarmos, por exemplo, de propaganda eleitoral (parte 6) e dos abusos em época de campanha (parte 7).

26. Sobre a proibição de atentados contra a continuidade do regime democrático, veja o tópico sobre **Soberania Popular** e sua imprescritibilidade.

– Ansiosa para essas conversas. Queria saber, por exemplo, se posso mandar uma mensagem por Zapzap pedindo voto para um candidato que gosto.

Veremos isso. Vamos adiante.

2.7. Verificação da lisura do pleito

Para garantir a autenticidade eleitoral, é preciso uma forma de averiguar a lisura das eleições.

– Já sei! Justiça Eleitoral!

Calma! O Brasil optou por um modelo que entrega a realização das eleições ao Judiciário, cujos membros não irão concorrer às eleições.

Isso evita muitos questionamentos sobre a lisura nas eleições, mas não resolve tudo.[27]

– É por isso que não há tantos questionamentos em relação aos resultados das eleições?

Um dos aspectos é esse.

Como a Justiça Eleitoral é desinteressada quanto ao resultado – ou seja, não possui membros eleitos –, então, ela é considerada isenta na realização das eleições e no momento de apurá-la.

– E ainda temos as urnas eletrônicas, né? Aliás, elas são seguras?

As urnas? Talvez.

– Como assim, talvez?

😐 A casa caiu!!!

27. Para uma crítica sobre a concentração de funções na Justiça Eleitoral (pois ela possui função normativa, aplica as regras eleitorais e ainda analisa as questões adjudicadas sobre matéria eleitoral) veja: SALGADO, Eneida Desiree. *Princípios constitucionais eleitorais.* Belo Horizonte: Fórum, 2015, p.37.

É que a segurança das eleições não se resume apenas às urnas eletrônicas.

Mas isso é assunto para outro momento. Me cobre se eu esquecer.

– Está bem. Já vi que tudo é para depois.

Vocês jovens querem tudo para ontem.

Mas, me diz uma coisa: a Justiça Eleitoral realiza as eleições, mas quem você acha que deve fiscalizar esse processo eleitoral? Quem deve fiscalizar as eleições?

– A população deve ficar de olho. E os candidatos também, verificando quem comete irregularidades e denunciando os malfeitores.

Está certo também.

– Quando vocês professores falam assim: "está certo também", é porque não acertamos, mas também não falamos besteira.

Está certo também.

– Viu?! Eu não disse?!

Foco!

Para fiscalizar as eleições, o Ministério Público Eleitoral desempenha um papel importante.

O Judiciário, mesmo em se tratando da Justiça Eleitoral, não pode agir sem provocação, como regra. O Ministério Público, então, possui papel ativo na fiscalização de irregularidades.

– Viu... Errei!

Errou não.

O Ministério Público possui papel imprescindível, mas não se pode excluir da fiscalização de todo o processo eleitoral o próprio povo, os partidos, candidatos e demais entidades organizadas. Em momento oportuno, veremos como isso ocorre.

– Não vai deixar nenhum exemplo?

Um partido político ou candidato...

– E candidata...

Isso... Um partido político ou candidato ou candidata, por exemplo, podem questionar irregularidade de propaganda eleitoral durante a campanha.

– Entendi. Brigadinha!

Vamos adiante!

2.8. Acesso à Justiça Eleitoral

Não adiantaria nada instituir uma Justiça Eleitoral para realizar as eleições e decidir sobre possíveis irregularidades se não fosse possível a todos o acesso a ela.

– O velho tema do acesso à justiça.

Isso mesmo.

Infelizmente, a Justiça Eleitoral peca um pouco nesse quesito.

– Sério? Conta mais...

Como bem ensina José Jairo Gomes, a Justiça Eleitoral "apresenta natureza federal, sendo mantida pela União. Seus servidores são federais. Seu orçamento é aprovado pelo Congresso Nacional".[28]

– Opa! Essa informação é bacana para quem quer concurso público, né?

Isso mesmo. Quem quiser fazer concurso para ingresso nos quadros de serventuários da Justiça Eleitoral deve saber, por exemplo, que irá se submeter à Lei 8.112/90, que trata do regime jurídico dos servidores públicos federais.

28. GOMES, José Jairo. *Op. cit.*, p. 95.

– Mas o que isso tem a ver com acesso à justiça?

Leia isto:

DEFENSORIA PÚBLICA[29] EM MATÉRIA ELEITORAL

Como a Justiça Eleitoral é bancada pelos cofres federais, a defensoria pública que atua na esfera eleitoral é a Defensoria Pública da União

– Sério? Onde está dito isso?

Não confia em mim? Que Feio! Veja a Lei Complementar 80/94. Ela organiza a Defensoria Pública da União, do Distrito Federal e dos Territórios. Ali, no artigo 14, temos o seguinte:

LEI COMPLEMENTAR 80/94 E PROCESSO ELEITORAL

Art. 14. A Defensoria Pública da União atuará nos Estados, no Distrito Federal e nos Territórios, junto às Justiças Federal, do Trabalho, **Eleitoral**, Militar, Tribunais Superiores e instâncias administrativas da União.

§ 1º A Defensoria Pública da União deverá firmar convênios com as Defensorias Públicas dos Estados e do Distrito Federal, para que estas, em seu nome, atuem junto aos órgãos de primeiro e segundo graus de jurisdição referidos no caput, no desempenho das funções que lhe são cometidas por esta Lei Complementar.

– Entendi.

Mas então existe, sim, defensoria pública para quem não pode pagar advogados.

O único detalhe é que, no caso dos problemas relacionados ao Direito Eleitoral, a defesa para quem não pode pagar deve ser feita pela Defensoria da União e não a Defensoria dos Estados...

Isso mesmo. É um detalhe, mas que, na prática, inviabiliza, para muitas pessoas, o acesso à Justiça Eleitoral.

– Não entendi ainda.

29. Para um histórico da assistência jurídico-defensorial no Brasil, desde o Brasil Colônia até o presente, veja: GONÇALVES FILHO, Edilson Santana; ROCHA, Jorge Bheron; MAIA, Maurílio Casas. *Custos vulnerabilis: a defensoria pública e o equilíbrio nas relações político-jurídicas dos vulneráveis.* Belo Horizonte: CEI, 2020, capítulo I.

Nós veremos, quanto estudarmos a estrutura da Justiça Eleitoral, que não há juízes e promotores de justiça exclusivamente da esfera eleitoral. Eles são emprestados, por exemplo, das estruturas de Justiça dos Estados e do Distrito Federal.

– Emprestados?

Sim. No Estado do Ceará, por exemplo, os juízes estaduais atuam, ao mesmo tempo, como juízes de suas comarcas e como juízes eleitorais. Do mesmo modo, os promotores públicos estaduais exercem as funções de promotores eleitorais.

– Certo, mas ainda não entendi o problema de acesso à Justiça Eleitoral.

Nos estados, há uma maior capilaridade das Justiças Estaduais e dos órgãos do Ministério Público Estadual. A mesma coisa não pode ser dita em relação à Defensoria Pública da União.

– Deixa ver se entendi. Vou pegar, como exemplo, a cidade da minha mãe, o Crato, no Ceará. Sei que lá há juízes estaduais. Um deles deve atuar como juiz eleitoral. E sei que há promotores de justiça estaduais. Um deles deve ser o promotor eleitoral.

Isso mesmo. E veja que, embora possa haver defensores públicos estaduais, não são eles que devem atuar como defensores eleitorais, mas sim os defensores da União.

– Entendi! Eu, particularmente, acho que não há defensores públicos da União por lá.

Isso ocorre porque a carreira ainda não possui tanta abrangência territorial quanto os demais órgãos que citamos.

– Mas qual é a consequência prática?

Se um eleitor é acusado em algum crime eleitoral e não tiver como pagar um advogado, deverá procurar um defensor público para ajudá-lo em sua defesa. Na maioria das cidades, não encontrará um defensor da União.[30]

30. Para uma análise mais detida sobre isso, confira: MINAMI, Marcos Youji. *Ondas de Acesso à Justiça Eleitoral.* Revista Brasileira de Direito Processual, v. 83, p. 145-166. Belo Horizonte: Fórum, 2013.

– Mas eu li, naquele artigo acima, que a Defensoria Pública da União pode realizar convênios com as defensorias estaduais para que os defensores estaduais atuem...

Verdade, mas isso, por enquanto, não ocorre tanto. Imagine o resultado...

– Pessoas que precisam de alguma ajuda jurídica junto à Justiça Eleitoral e que não podem pagar advogado acabam prejudicadas.

Isso mesmo.

– E isso não tem solução? O juiz eleitoral não faz nada?

Faz sim. Normalmente, eles indicam algum advogado da região para atuar como advogado dativo.

– Advogado dativo?

Sim. Um advogado que irá atuar apenas para determinado ato.

– Entendi. Bem. Acho que o problema então está resolvido.

Em parte, sim. Mas daí surge outro problema. Normalmente, esses advogados não recebem honorários com tanta facilidade. Mas isso é um debate para outro momento. Vamos adiante.

2.9. Máxima igualdade na disputa eleitoral

Também a partir dos estudos da professora Eneida Desiree, podemos apontar outro princípio que merece destaque: é o da máxima igualdade na disputa eleitoral.[31]

– Isso eu já sei. Todos devem ter igualdade de condições na corrida.

É fácil explicar assim, né?

Dizer que "máxima igualdade na disputa" significa "igualdade de condições na corrida" é dizer nada.

31. SALGADO, Eneida Desiree. *Princípios constitucionais eleitorais.* Belo Horizonte: Fórum, 2015, cap. 4.

– Puxa vida, professor. Não precisa ser tão direto!
Mas é verdade. Acabei não dizendo nada...

Eu deixo essa passar se me disser exemplos de violações à igualdade eleitoral na prática.

– Espera aí! Eu não sou a professora.

Rs. Vamos lá.

Eu vou elencar situações que, caso aconteçam, podem significar um desequilíbrio na campanha eleitoral, pois colocam um ou mais candidatos em uma situação de privilégio, se comparados aos demais. Nisso reside a desigualdade.

UMA CORRIDA SERÁ DESIGUAL PARA OS SEUS PARTICIPANTES SE (LISTA EXEMPLIFICATIVA)

Hipóteses	Exemplos
O Judiciário Eleitoral confere tratamento privilegiado a um candidato em relação aos demais	Magistrado julga rápido determinadas ações que podem beneficiar um candidato e demora para julgar as ações que podem prejudicá-lo Permite-se o acesso de fiscais de apenas alguns partidos nas seções eleitorais
Candidato utiliza ou se beneficia do uso indevido da máquina pública em sua campanha	Candidato à reeleição determina a realização de concurso público perto do dia do pleito
Candidato se beneficia da violação da legislação eleitoral sobre propaganda eleitoral	Equipe de campanha determina pinturas em muros particulares com propaganda eleitoral
Candidato ou partido recebem recursos de fontes vedadas para a campanha	Candidato recebe recursos de pessoa jurídica (veremos que isso é proibido) ou de organizações internacionais
Candidato ou partidos gastam recursos além do permitido ou com itens ou situações vedadas por lei	Contratação de artistas para a realização de showmício
Uso indevido dos meios de comunicação	Candidato realiza propaganda eleitoral perto do dia da eleição em rádio ou televisão e fora do horário eleitoral permitido por lei
Abusos diversos	Uso de valores não declarados, compra de votos, candidaturas simuladas etc.

– Quantas situações!
E vamos ver tudo isso?

Sim, principalmente na parte 7 do livro sobre "Ilícitos que podem acontecer durante as eleições"[32].

– Dá pra simplificar ainda mais o que o professor falou?

Você só quer facilidade... Simplificar, não. Mas é possível organizar os temas em grandes tópicos.

PONTOS IMPORTANTES PARA GARANTIR A IGUALDADE NA DISPUTA ELEITORAL
Controle no abuso do poder estatal jurisdicional
Controle da propaganda eleitoral para evitar ilícitos e abusos
Controle na arrecadação e gastos de campanha
Tutela da liberdade do eleitor na escolha
Proibição do abuso do poder econômico
Proibição do abuso do poder político
Proibição do abuso no uso dos meios de comunicação

– A legislação eleitoral trata disso tudo?

Sim.

Apenas para você ter uma ideia de como os ilícitos acima são previstos e combatidos, veja o que a Lei Complementar 64/90 prevê:

> Art. 22. Qualquer partido político, coligação, candidato ou Ministério Público Eleitoral poderá representar à Justiça Eleitoral, diretamente ao Corregedor-Geral ou Regional, relatando fatos e indicando provas, indícios e circunstâncias e pedir **abertura de investigação judicial para apurar uso indevido, desvio ou abuso do poder econômico ou do poder de autoridade, ou utilização indevida de veículos ou meios de comunicação social, em benefício de candidato ou de partido político** [...].

– Espera aí. Uma investigação pelo judiciário? E isso pode? Achei que quem investigasse fosse a polícia.

32. Caro leitor, basta consultar o índice.

Calma, pequena *padawan*! Apenas quis te mostrar que a legislação eleitoral não tolera os abusos que apresentei, para não achar que estamos vendo teoria à toa.

– Entendi. Mas veremos tudo isso com detalhes.

Sim. Já te disse isso. Este livro possui uma parte apenas para tratar dos ilícitos que podem acontecer durante a campanha (parte 7). Vamos adiante!

2.10. Proporcionalidade

– Qual a punição contra esses ilícitos que o professor apresentou?

Se for algo simples relacionado à propaganda eleitoral, normalmente, a punição também é bem singela. Há apenas o impedimento daquela irregularidade ou eventualmente a sua correção. Algumas irregularidades autorizam multa.

– Exemplo, please.

A legislação não permite colar propaganda em postes ou bens públicos. Se isso ocorrer, determina-se a regularização.

– E se for algo grave? Se alguém comprou voto, ou usou bens públicos na sua campanha?

Em resumo, as punições cíveis mais graves são as seguintes:

EXEMPLOS DE PUNIÇÕES CÍVEIS NA SEARA ELEITORAL

Exemplo de punição	Exemplo na legislação
Retirar a pessoa da corrida em andamento, ou seja, impedir que o candidato participe das eleições ou, se já eleito, retirá-lo do cargo: impedimento ou cassação do registro de candidatura ou cassação do diploma	Art. 41-A, Lei 9.504/97[33]

33. [...] constitui captação de sufrágio, vedada por esta Lei, o candidato doar, oferecer, prometer, ou entregar, ao eleitor, com o fim de obter-lhe o voto, bem ou vantagem pessoal

EXEMPLOS DE PUNIÇÕES CÍVEIS NA SEARA ELEITORAL

Exemplo de punição	Exemplo na legislação
Impedir que o infrator participe de eleições por um tempo: inelegibilidade	Art. 22, XIV, LC 64/90[34]
Multa	Art. 36, §3º, Lei 9.504/97[35]

– Nossa, retirar alguém que foi eleito! Ir contra a vontade do povo! Isso não seria atentar contra a democracia? O candidato foi safado, mas foi eleito! Quanto poder para os juízes!

Calma, calma! Você está sendo dramática, apesar de estar com a razão. Veremos que não é tão simples assim. É preciso um devido processo legal para apurar tudo isso. E não é o juiz quem inventa essas punições. Elas estão todas previstas em lei.

– Já sei: "dura lex, sed lex". Se o professor não sabe latim, eu traduzo: "a lei é dura, mas é lei". Viu? Eu também sou cultura.

Você está é muito atrevida, isso sim. E ainda estamos no capítulo 2.

Mas suas ponderações são ótimas.

Justamente pelo que você falou é que, por vezes, aplica-se o princípio da proporcionalidade dos julgados eleitorais. Veja:

PRECEDENTE SOBRE PROPORCIONALIDADE

"À luz do princípio da reserva legal proporcional, nem todo ato ilícito reconhecido por esta Justiça especializada será necessariamente abusivo e, por conseguinte, apenado com inelegibilidade e cassação do registro, do mandato ou do diploma, sendo cabível impor sanções outras, a exemplo de suspensão imediata da conduta, direito de resposta e multa"[36]

de qualquer natureza, inclusive emprego ou função pública, [...] sob pena de multa [...] e cassação do registro ou do diploma [...].

34. [...] julgada procedente a representação, [...] o Tribunal declarará a inelegibilidade do representado e de quantos hajam contribuído para a prática do ato, cominando-lhes sanção de inelegibilidade para as eleições a se realizarem nos 8 (oito) anos subsequentes à eleição em que se verificou [...].
35. [...] A violação do disposto neste artigo sujeitará o responsável pela divulgação da propaganda e, quando comprovado o seu prévio conhecimento, o beneficiário à multa no valor de R$ 5.000,00 (cinco mil reais) a R$ 25.000,00 (vinte e cinco mil reais), ou ao equivalente ao custo da propaganda, se este for maior.
36. TSE. AIJE nº 060186221, Ac. Rel. Min. Og Fernandes, DJE 26/11/2019.

– Primeiro, apresentou a lei. Agora, está apresentando jurisprudência. Estou gostando de ver.

Aos poucos vamos entrando no Direito Eleitoral na prática.

Apenas um ajuste: não apresentei uma jurisprudência, mas apenas um julgado. ☺

– Exibido!

2.11. Considerações sobre a celeridade

Haveria mais normas fundamentais para tratar, mas já podemos começar a entrar nos assuntos do Direito Eleitoral.

– Oba!

Antes, apenas mais um detalhe. Alguns autores se referem a um princípio da celeridade na esfera eleitoral. Você acha que os processos devem ser rápidos?

– Claro! É o princípio da celeridade. Todo mundo sabe disso!

Olha só. Na verdade, os processos devem durar o menor tempo possível, mas isso, não necessariamente, significa que devem ser rápidos.

– Não entendi.

É que não adianta o processo ser rápido, se não se respeita um devido processo. **Rapidez sem cuidado pode ser tão nocivo quanto atraso irresponsável.**

O professor Barbosa Moreira alerta que é um mito achar que sempre se busca celeridade acima de tudo.[37] O processo precisa durar o menor tempo possível, mas não pode ser apressado a qualquer custo.

37. MOREIRA, José Carlos Barbosa. "*O futuro da justiça: alguns mitos*". In: MOREIRA, José Carlos Barbosa. Temas de direito processual – oitava série. São Paulo: Saraiva, 2004.

– Professor, mas o próprio Código de Processo Civil (CPC) fala em celeridade nas suas normas fundamentais.

Leia novamente, e com cuidado, os artigos iniciais do CPC sobre isso:

DURAÇÃO RAZOÁVEL NAS NORMAS GERAIS DO CPC

Art. 4º As partes têm o direito de obter em **prazo razoável** a solução integral do mérito, incluída a atividade satisfativa.

Art. 6º Todos os sujeitos do processo devem cooperar entre si para que se obtenha, em **tempo razoável**, decisão de mérito justa e efetiva.

– Nossa, professor. É verdade. O CPC não fala em celeridade, mas em prazo razoável e duração razoável!

Viu?!

– Então não há uma celeridade? E se o caso for de urgência?

Há situações nas quais o simples atraso da prestação jurisdicional significa a negativa dessa prestação jurisdicional.

– Já sei... Tutela antecipada!

Seja técnica! Tutela provisória, que pode ser de urgência e evidência. A tutela de urgência pode ser satisfativa (antecipada) ou cautelar. Mas isso não é nosso assunto. Quis só implicar mesmo. Se quiser aprender mais, veja os artigos 294 e seguintes do CPC.

– Exibido!

Ainda não entendi o que tudo isso tem a ver com o Direito Eleitoral.

Há ou não celeridade?

No Direito Eleitoral, como as eleições possuem data de início e de fim, durante a campanha, o tempo é um fator muito importante.

– Então, para o Direito Eleitoral, há a celeridade!

Durante a campanha, vários artigos demonstram que a duração razoável, para o Direito Eleitoral, preocupa-se, sim, com a celeridade.

– Exemplos!

PREOCUPAÇÕES COM A CELERIDADE NA LEGISLAÇÃO ELEITORAL
Prazos em horas[38]
Prazos que não se suspendem aos sábados, domingos e feriados[39]
Prioridade no tratamento dos feitos eleitorais[40]
Limitação de tempo para duração de um processo[41]

2.12. Normas fundamentais do Direito Eleitoral e repercussões práticas

NORMA FUNDAMENTAL	REPERCUSSÃO PRÁTICA
Soberania popular	Delimita o verdadeiro titular da coisa pública, determinando a obrigação dos agentes públicos de prestarem contas de suas ações
Sufrágio universal	Impede restrições indevidas ao alistamento eleitoral Impede restrições indevidas às candidaturas
Anualidade	Evita surpresas na corrida eleitoral

38. Lei das Eleições (9.504/97). Art. 58, §1º: O ofendido, ou seu representante legal, poderá pedir o exercício do direito de resposta à Justiça Eleitoral nos seguintes prazos, contados a partir da veiculação da ofensa: I - vinte e quatro horas, quando se tratar do horário eleitoral gratuito; II - quarenta e oito horas, quando se tratar da programação normal das emissoras de rádio e televisão; III - setenta e duas horas, quando se tratar de órgão da imprensa escrita. IV - a qualquer tempo, quando se tratar de conteúdo que esteja sendo divulgado na internet, ou em 72 (setenta e duas) horas, após a sua retirada.
39. LC 64/90. Art. 16. Os prazos a que se referem o art. 3º e seguintes desta lei complementar são peremptórios e contínuos e correm em secretaria ou Cartório e, a partir da data do encerramento do prazo para registro de candidatos, não se suspendem aos sábados, domingos e feriados.
40. Lei das Eleições (9.504/97). Art. 94. Os feitos eleitorais, no período entre o registro das candidaturas até cinco dias após a realização do segundo turno das eleições, terão prioridade para a participação do Ministério Público e dos Juízes de todas as Justiças e instâncias, ressalvados os processos de habeas corpus e mandado de segurança.
41. Lei das Eleições (9.504/97). Art. 97-A. Nos termos do inciso LXXVIII do art. 5º da Constituição Federal, considera-se duração razoável do processo que possa resultar em perda de mandato eletivo o período máximo de 1 (um) ano, contado da sua apresentação à Justiça Eleitoral.

NORMA FUNDAMENTAL	REPERCUSSÃO PRÁTICA
Autenticidade	Todos os votos possuem a mesma importância
Liberdade de manifestação	Permite manifestações populares Possibilita o desenvolvimento do pluralismo
Verificação da lisura do pleito	Evita que o mandatário alcance o poder sem legitimidade
Acesso à Justiça Eleitoral	Evita que as pessoas não consigam, junto à Justiça Eleitoral, tutela para lesões ou ameaça de lesões aos seus direitos
Máxima igualdade na disputa	Evita que o mandato seja alcançado com violação à igualdade de concorrência entre os candidatos Evita o abuso do poder econômico, político e o uso abusivo dos meios de comunicação social
Proporcionalidade	Evita o uso desmedido das consequências legais quando mais de uma resposta é possível em determinada situação
Celeridade	Evita que as soluções sejam dadas em momento inadequado

3. FONTES DO DIREITO ELEITORAL (AFINAL, POR QUAL MOTIVO HÁ TANTAS RESOLUÇÕES ELEITORAIS?)

– Vocês, professores da área jurídica, têm essa mania de fazer um capítulo sobre "fontes disso", "fontes daquilo". Isso tem alguma utilidade prática? E eu não entendi o subtítulo...

Calma! Tudo por partes.

Não quero polemizar esse assunto. Vou apenas apresentar aspectos de uso prático.

– Ótimo! Objetividade é tudo!

Ao final de nossa conversa, quero que você e nosso leitor saibam o que devem consultar para resolver os seus problemas relacionados ao Direito Eleitoral.

– Não é só olhar na Constituição e na lei? Ou naquele site famoso de busca? Ou assistir a algum vídeo na internet ensinado o tema? Ou em algum perfil em rede social que ensine Direito Eleitoral?

Não é tão simples. Eu desafio algum vídeo explicar o que vou te dizer agora da maneira como vou fazê-lo. Vamos adiante...

– "Fazê-lo", que chique! ☺

3.1. Constituição da República

Há vários temas relacionados ao Direito Eleitoral: **Justiça Eleitoral, Partidos Políticos, Eleições, Apuração, Fiscalização, Inelegibilidade, Direitos Políticos, Crimes Eleitorais** etc.

Isso torna um pouco complicado para alguns aprender onde e como localizar tudo isso na legislação. Até pessoas mais experientes se confundem com isso, por vezes.

– Será que é tão difícil assim? Nós vimos que a Constituição estabelece muita coisa sobre os Direitos Políticos. Isso já ajuda muito.

Como eu disse, as coisas não são tão simples.

Por exemplo: pelo que já vimos, você poderia lembrar alguns outros temas da Constituição relacionados ao Direito Eleitoral?

– Sim. Acho que encontramos assuntos como a Justiça Eleitoral e Partidos Políticos.

Ótimo! A previsão de uma **Justiça Eleitoral** está ali, pelos artigos 118 a 121. Já no artigo 17 encontramos o tema **Partidos Políticos**. Mas falta muito mais.

A Constituição traz, por exemplo, os requisitos mínimos para alguém se tornar eleitor (**alistabilidade**, art. 14, § 1º e § 2º) e estabelece os critérios mínimos para alguém que queira se candidatar (**condições de elegibilidade e causas de inelegibilidade** art. 14, § 4º ao § 9º).

Também vimos a importância do artigo 16.

– Acho que lembro dele. "Regra da anualidade eleitoral". Vimos isso no capítulo passado.

Perfeito... Eu não vou nem elogiar para você não ficar convencida.

– Um elogio não custa nada... E é de graça!

Mais foco!

Outra coisa importante – e uma das mais relevantes deste livro – é a seguinte:

A Constituição da República trouxe uma forma de combater ilícitos durante a campanha, se ocorreu abuso do poder econômico, corrupção ou fraude durante a corrida eleitoral.

Veja:

PREVISÃO, NA CONSTITUIÇÃO, DE IMPUGNAÇÃO DE MANDATO MESMO DEPOIS DA DIPLOMAÇÃO DO ELEITO (AIME)

Art. 14 [...]

§ 10 - O mandato eletivo poderá ser impugnado ante a Justiça Eleitoral no prazo de quinze dias contados da diplomação, instruída a ação com provas de abuso do poder econômico, corrupção ou fraude

– E o que acontece? A pessoa sai do cargo mesmo?

Essa é a famosa **Ação de Impugnação ao Mandato Eletivo – AIME**, usada para combater ilícitos (**abuso do poder econômico, corrupção ou fraude**) que ocorreram durante a campanha, para ser **ajuizada em até 15 dias depois da diplomação**.

– Explica melhor! Quem pode ingressar com essa ação? Pode dizer exemplos?

Teremos uma conversa específica sobre isso ainda. Para quem está com pressa, basta pesquisar na parte 8 do livro.

Mas, para não demorarmos mais em prévias explicações, veja os **principais temas de Direito Eleitoral que podemos encontrar em nossa Carta Maior**:

CONSTITUIÇÃO DA REPÚBLICA DE 1988
PRINCIPAIS PRECEITOS DE TEMAS RELACIONADOS AO DIREITO ELEITORAL

Temas	Artigos
Poder político **República** **Democracia** **Soberania** **Cidadania** **Pluralismo**	Artigo primeiro
Direitos Políticos	Artigos 1º, 5º, 14, 15
Alistabilidade	O que é preciso para alguém se tornar eleitor: art. 14, § 1º e § 2º
Elegibilidade **Inelegibilidades**	O que é preciso para se alguém se tornar candidato: art. 14, § 4º ao § 9º
Partidos Políticos	Artigo 17
Justiça Eleitoral	Artigos 118, 119, 120 e 121
Temas mais específicos	Previsão de uma forma para impugnar mandato de alguém já eleito, desde que exista "**provas de abuso do poder econômico, corrupção ou fraude**" em até 15 dias contados da diplomação Nome do procedimento: Ação de Impugnação ao Mandato Eletivo (AIME) (CF/1988, art. 14, § 10)
Anterioridade Eleitoral	Art. 16

– Puxa... Muitos assuntos. Acho que agora já temos quase tudo do que precisamos, né?

Estamos longe ainda. É preciso saber muito mais.

O alicerce está posto. Vamos ver, agora, a estrutura.

– E não vamos debater cada um dos temas acima com mais detalhes?

Claro que sim. Volte ao índice deste livro. Está tudo lá. Agora é apenas para começarmos a organizar as ideias.

– OK. Mas não entendo como algo que ainda estamos fazendo já está pronto no índice... Enfim. Adiante!

3.2. Legislação infraconstitucional

Atenção, Atenção! Foco! O que eu vou dizer agora é muito, muito importante!

– Nossa... Foquei!

Para compreender a lógica do Direito Eleitoral brasileiro é preciso pensar nos grandes temas relacionados às eleições. Veja abaixo:

GRANDES TEMAS DAS ELEIÇÕES
Quem participa das eleições?
Eleitores Partidos, coligações, candidatos
Do que os candidatos precisam?
Recursos para a campanha Divulgar suas ideias (propaganda eleitoral)
Qual o objetivo que almejam, afinal?
A realização das eleições
O que não pode ocorrer?
Ilícitos, abusos e crimes
Como fazer uma eleição na prática?
Logística para a realização de uma eleição: equipe de mesários e auxiliares, urnas eletrônicas, locais de votação, apuração, segurança pública

– São muito temas...

Sim, e vamos ver todos eles aos poucos. Por ora, precisamos saber como encontrá-los na legislação vigente. Afinal, quais os diplomas normativos mais importantes para o contexto do contencioso cível?

– Não vamos ver nada sobre o Direito Penal Eleitoral?

Neste livro, apenas alguns aspectos. Mas eu vou dizer onde procurar esse tema na legislação.

– Tá certo.

3.2.1. *Código Eleitoral (Lei 4.737/1965)*

Além da Constituição, uma das bases normativas do Direito Eleitoral brasileiro é o Código Eleitoral, a Lei 4.737/1965.

– Nossa, que lei mais antiga!

Exatamente! Ainda bem que percebeu...

Veja que ela é anterior à própria Constituição, que é de 1988.

– Não era já para isso ter sido atualizado?

Sim. Outro Código Eleitoral já deveria ter saído, compilando tudo o que fosse importante para as eleições. Aliás, há um projeto de lei em discussão para a edição de um novo Código Eleitoral. É o PLP 112/2021. Neste capítulo, haverá um tópico apenas para falar dele.

Enquanto a nova legislação não aparece, o que se tem feito é a edição de **leis específicas** que foram atualizando aos poucos o próprio Código Eleitoral, ou trataram de temas relacionados às eleições, como a **Lei das Eleições** e a **Lei dos Partidos Políticos**.

Para alguns assuntos, o próprio Tribunal Superior Eleitoral editou resoluções para servir como uma espécie de atualização da lei acima.[42]

– Que curioso... Temos uma Lei das Eleições e um Código Eleitoral. Que bagunça! Como saber se procuro um tema na Lei das Eleições ou no Código Eleitoral?

Vou responder sua dúvida. Antes, quero que veja os principais temas do Código Eleitoral:

42. Por exemplo, a Res. 23.659/2021, que trata do Cadastro Eleitoral.

GRANDES TEMAS DO CÓDIGO ELEITORAL

Código Eleitoral (Lei 4.737/1965)	Justiça Eleitoral Alistamento Eleições Sistemas eleitorais Atos preparatórios Votação Apuração Disposições várias (residuais) Garantias eleitorais Propaganda partidária Recursos Disposições penais (crimes eleitorais)
▶ **Para compreender o Código Eleitoral é preciso analisá-lo, primeiro, a partir de seus grandes temas, conhecendo a sua estrutura**	

– Nossa, professor. Realmente, há muitos temas. E está ali, né, a parte de crimes eleitorais

Sim. E, como eu disse, vários desses temas estão, ou revogados, ou desatualizados.

Agora vou responder o seu questionamento.

Normalmente, só iremos consultar o Código Eleitoral em último caso.

Se você quiser saber o tratamento legislativo de algum assunto de Direito Eleitoral, primeiro, procure alguma lei específica mais atual ou a própria Constituição.

– Entendi. Primeiro, eu procuro um determinado tema em lei mais atual. Se não encontrar, procuro no Código Eleitoral.

Exatamente!

O Código Eleitoral deve ser consultado apenas de forma residual, como última opção, caso você não encontre nada mais atual sobre o que procura.

Se, por exemplo, o assunto procurado é relacionado às eleições ou a partidos políticos, o melhor é começar por leis mais recentes (Lei das

Eleições e Lei dos Partidos Políticos) e, apenas se não encontrar o que procura nelas, o Código Eleitoral.

– Engraçado... Seria lógico, para quem vai estudar Direito Eleitoral, começar pelo Código Eleitoral. Mas parece que não é assim.

Isso mesmo. Para a atuação prática, primeiro, procuramos leis mais recentes.

Veja quais são as principais:

LEIS RELEVANTES PARA A COMPREENSÃO DO DIREITO ELEITORAL ALÉM DO CÓDIGO ELEITORAL
Lei das Inelegibilidades: Lei Complementar 64/90 ou LC 64/90
Lei dos Partidos Políticos: Lei 9.096/95 ou LPP
Lei das Eleições: Lei 9.504/97 ou LE

– Só isso? Quer dizer... Já temos a Constituição, o Código Eleitoral e agora mais três leis. Muita coisa. E uma dessas leis é complementar... Ou seja, aquela lei que precisa de mais gente para aprovar![43]

Isso mesmo... Além dessas, há outras leis bem específicas da área eleitoral, como a lei 6.091/1974 (sobre o transporte gratuito de eleitores no dia da eleição) e outras que são de aplicação geral, como o Código de Processo Civil (CPC) ou o Código de Processo Penal (CPP).

– Já está complicando...

Calma! Vamos focar nas principais leis eleitorais.

3.2.2. Lei das Inelegibilidades (Lei Complementar 64/90)

Para quem está com pressa e já tem alguma noção do tema, vou começar com o quadro abaixo:

43. Veja o que veicula o Portal do Senado Federal sobre critérios para aprovação de lei complementar: "O quórum para aprovação de projeto de lei complementar é maioria absoluta das duas Casas do Congresso (41 senadores e 257 deputados). A votação no Senado é feita em turno único, mas na Câmara realiza-se em dois turnos" (BRASIL. Senado Notícias. Disponível em: <https://www12.senado.leg.br/noticias/glossario-legislativo/lei-complementar >. Acesso em 9, maio de 2021).

QUANDO USAR A LC 64/90

Inelegibilidades infraconstitucionais

Impugnar candidatura (**"Ação" de Impugnação ao Registro de Candidatos**)

Combater abusos puníveis com inelegibilidade (**Ação de Investigação Judicial Eleitoral**)

Utilizar o procedimento da AIRC ou AIJE em outras situações, quando não há procedimento específico previsto

Agora, vou explicar tudo.

Já disse que só vamos ao Código Eleitoral para assuntos que não encontrarmos em outros dispositivos.

As principais leis (e não únicas) que podem ser consultadas são as seguintes:

- **Lei das Inelegibilidades ou LC 64/90**
- **Lei dos Partidos Políticos, Lei 9.096/95 ou LPP**
- **Lei das Eleições, Lei 9.504/97 ou LE**[44]

Para facilitar, por vezes vou me referir a elas de maneira abreviada.

– Como saber qual delas consultar?

Vamos por partes, começando pela **Lei das Inelegibilidades: a Lei Complementar 64/90**.

PRINCIPAL TEMA DA LEI DAS INELEGIBILIDADES (LC 64/90)

Como o próprio nome indica, essa lei repete as inelegibilidades constitucionais e **estabelece causas de inelegibilidade que não constam na Constituição (art. 1º, LC 64/90)**

– Então, ela traz situações que impedem alguém de se candidatar?

Isso mesmo. São as inelegibilidades infraconstitucionais.

Veremos isso com mais detalhes adiante, em capítulos específicos sobre elegibilidade e inelegibilidades, na parte 5 do livro.

44. O Código Eleitoral projetado unificará toda essa legislação espalhada em um único diploma legal.

Perceba uma coisa: esse tema, **as inelegibilidades**, é tão grave, que a própria Constituição estabeleceu que deveria ser tratado por Lei Complementar.

– Agora estou entendendo! As outras leis que o professor citou não são complementares, apenas essa aqui. Faz sentido agora!

Mas tem mais, e você precisa prestar muita atenção em tudo o que vou dizer.

– Foco total, professor!

LC 64/90 E "AÇÃO" DE IMPUGNAÇÃO AO REGISTRO DE CANDIDATURA

Além de apresentar hipóteses de inelegibilidades que não constam na Constituição, a LC 64/90 veicula um **procedimento detalhado para arguir as inelegibilidades e que é utilizado para impugnar o próprio registro de candidatura como um todo**

Trata-se da "Ação" de Impugnação ao Registro de Candidatura ou AIRC

▶ **AIRC, com previsão nos artigos 2º e seguintes da LC 64/90**

– Lá vem outra ação com nome engraçado. Já vimos uma tal de AIME, agora essa AIRC. E qual a razão das aspas?

A LC 64/90 apresenta não apenas mais inelegibilidades, mas um procedimento para impugnar candidaturas: a **"Ação" de Impugnação ao Registro de Candidatura ou AIRC**.

Coloquei aqui as aspas, pois veremos que ela não é propriamente uma nova ação, mas uma impugnação apresentada nos próprios autos do registro de candidatos. Ela também é conhecida como **Impugnação ao Registro de Candidaturas (IRC).** Como eu creio que a sigla AIRC é muito difundida, é assim que vou chamar essa medida.

– Entendi. AIRC é melhor do que IRC mesmo. IRC parece som de soluço.

Seguimos.

Além do procedimento da AIRC, e já que uma Lei Complementar é a única que pode tratar de inelegibilidade, nos termos da nossa

Constituição[45], aproveitaram a LC 64/90 para veicular nela um **procedimento detalhado contra abusos que poderiam ocorrer em eleições e cuja sanção deveria ser, além da perda do diploma ou do registro, justamente a inelegibilidade.**

Veja:

LC 64/90 E AIJE
A LC 64/90 apresenta um procedimento detalhado para combater os seguintes abusos nas eleições: **abuso do poder econômico ou político e a utilização indevida dos meios de comunicação social**
O nome desse procedimento é **Ação de Investigação Judicial Eleitoral ou AIJE**
▶ **AIJE, com previsão a partir do artigo 22 da LC 64/90**

– Outra ação, já! Mas a AIME já não é própria para combater ilícitos? E esse nome: Ação de Investigação Judicial Eleitoral... Isso é uma investigação?

Calma. Não vamos ver o que é AIJE, apenas onde ela é prevista.

Sobre as diferenças entre AIJE e AIME, confira:

AIME	AIJE
Prevista, em 1988, para que alguém pudesse, **depois da diplomação**, combater ilícitos que porventura tivessem ocorrido na campanha	Apresenta abusos ocorrido na campanha e que podem ser levados à Justiça **antes da diplomação**
Para combater abuso do poder econômico, corrupção ou fraude	Para combater abuso do poder econômico ou político e a utilização indevida dos meios de comunicação social
CF/88, art. 14, § 10	**LC 64/90, art. 22**
▶ **Os procedimentos da AIJE e da AIME serão detalhados na parte 8 do livro**	

– Posso confiar que nós vamos ver essas ações (AIME, AIRC, AIJE) com mais detalhes?

Sim, sim... Tudo isso veremos melhor nas partes 7 e 8 do livro.

Só mais um ponto, antes de irmos ao próximo tópico.

45. CF/1988, art. 14, § 9º.

Perceba que a LC 64/90 ao apresentar a AIRC e a AIJE, **previu um procedimento detalhado para esses casos.**

– Não entendi. O que é "prever um procedimento detalhado"?

Falamos em "previsão de procedimento detalhado" quando há em lei toda uma sequência de atos processuais necessários para resolver um determinado problema, desde a petição inicial até a entrega do bem da vida ao jurisdicionado.

Na LC 64/90, foi a primeira vez, após a Constituição de 1988, que houve a previsão de procedimentos detalhados relacionados ao Direito Eleitoral. Ela especificou todos os atos processuais que devem ocorrer na AIRC e na AIJE, desde a postulação até a decisão.

A LC 64/90 APRESENTA COM DETALHES O PROCEDIMENTO PARA:
Impugnar registro de candidatura (AIRC) – art. 2º e seguintes, LC 64/90
Combater abusos em campanhas eleitorais (AIJE) – art. 22 e seguintes, LC 64/90

– Por qual motivo isso é importante?

Um desses procedimentos, o que é usado para a impugnação ao registro de candidatura (AIRC), é considerado, por muitos, o Procedimento Padrão Comum da esfera eleitoral.

– Não entendi...

Quando tratarmos de algum tema na esfera eleitoral e não houver procedimento previsto para ele, vamos usar **o procedimento padrão comum da esfera eleitoral.**

– Entendi... Justamente esse procedimento da AIRC!

Isso mesmo!

– Exemplo!

Vimos que a Constituição prevê a AIME, mas ela não diz qual o procedimento dela. Imagina qual procedimento muitos usam?

– O procedimento da AIRC?

Isso mesmo!

– Então, essa LC 64/90 serve como um uma espécie de complemento (sem trocadilho) para outras leis que não possuem procedimento detalhado para combater as ilegalidades?

Isso mesmo.

Na verdade, na prática, quando não há procedimento detalhado para algum tema na esfera eleitoral, ora se utiliza o procedimento da AIRC, ora o procedimento da AIJE, e veremos que o procedimento da AIJE acaba sendo o mais utilizado na esfera eleitoral.

– Professor, isso é muito específico!

Sim, mas vamos assimilando o tema aos poucos.

3.2.3. Lei das Eleições (Lei 9.504/97)

Vamos adiante: se o assunto é sobre eleição, antes de consultar o Código Eleitoral, é preciso consultar a Lei das Eleições.

– Até porque o professor disse que o Código Eleitoral só deve ser consultado em última hipótese.

Isso mesmo.

Eis a Lei das Eleições: Lei 9.504/97.

Está quase tudo lá. Para entender essa lei, basta pensar: para fazer uma eleição, o que devo saber?

Veja:

PARA COMPREENDER A LEI DAS ELEIÇÕES, PENSE NAS SEGUINTES PERGUNTAS
Quem deve concorrer?
Quais recursos financeiros irá utilizar?
Como os candidatos irão veicular suas ideias?
O que não pode ocorrer em uma campanha?
Como fazer uma eleição?

– Mas como as perguntas acima me ajudam na prática?

A partir delas, é fácil saber sobre o que a Lei das Eleições trata. Veja:

PRINCIPAIS TEMAS DA LEI DAS ELEIÇÕES (9.504/97)

Quem deve concorrer?	Coligações / Convenções / Registro de candidatos
Quais recursos financeiros serão utilizados?	Financiamento de campanha Arrecadação e aplicação recursos Prestação de contas de campanha
Como veicular as ideias dos candidatos?	Propaganda eleitoral
Como combater ilícitos?	Combate a propaganda irregular Pedido de direito de resposta em propaganda eleitoral Condutas vedadas aos agentes públicos Captação ilícita de sufrágio Fiscalização na arrecadação e gastos de campanha Fiscalização das Eleições
Quais os atos necessários para preparar e realizar uma eleição?	Atos preparatórios e demais atos de eleição

– É muita coisa, Minami. Mas há uma lógica... Pensar nessas perguntas que o professor fez facilita muito.

Exato!

– Tenho uma dúvida: na Lei das Inelegibilidades, vimos que há procedimento para combater abusos. É a tal da AIJE.

Mas parece que essa Lei das Eleições também trata de ilícitos. Então, aparentemente, eu tenho duas leis que tratam de ilícitos eleitorais. Qual eu vou usar?

Para entender isso, você precisa pensar "historicamente".

A Lei das Eleições é de 1994, ou seja, posterior à Lei das Inelegibilidades, pois a LC 64 é de 1990.

Ela veio para combater os ilícitos que não foram abrangidos pela Lei das Inelegibilidades.

– Estou quase entendendo.

A LC 64/90 combate, por exemplo, o abuso do poder econômico ou político. São situações de ilícitos graves em eleições. Além disso, são hipóteses muita amplas de cabimento.

A Lei das Eleições foi pensada, entre outras coisas, para abranger hipóteses de ilicitudes específicas não albergadas pela Lei Complementar 64/90: condutas vedadas aos agentes públicos, captação ilícita de sufrágio ou irregularidades na arrecadação e gastos de campanha, por exemplo.

O nome da medida contra esses ilícitos é Representação Eleitoral.

– Outra ação, já?

Mas eu acho que entendi. É como se a AIJE e a Representação Eleitoral se completassem.

Isso mesmo. Há situações que talvez possam ser enquadradas na AIJE e na Representação Eleitoral acima, mas ainda veremos como lidar com isso.

Vamos adiante.

3.2.4. Lei dos Partidos Políticos (Lei 9.096/95)

Se o tema que você procura para resolver é relacionado a partidos políticos, como criação de partido político e filiação partidária, a resposta deve estar na Lei dos Partidos Políticos (9.096/95).

Veja:

LEI DOS PARTIDOS POLÍTICOS (9.096/95) – PRINCIPAIS TEMAS
Organização e Funcionamento dos Partidos Políticos Criação e Registro dos Partidos Políticos Funcionamento Parlamentar Programa e Estatuto Filiação Partidária Fidelidade e Disciplina Partidárias Fusão, Incorporação e Extinção dos Partidos Políticos
Finanças e Contabilidade dos Partidos
Propaganda Partidária

– Entendi. Aos poucos, estamos vendo onde estão os temas do Direito Eleitoral. Por exemplo: direitos políticos, na Constituição. Propaganda eleitoral ou registro de candidaturas, na Lei das Eleições. Filiação Partidária, na Lei dos Partidos. Abusos: Lei das Inelegibilidades.

Exatamente!

3.3. Resoluções: a função "normativa" da Justiça Eleitoral

As eleições ocorrem de dois em dois anos. Na verdade, eu prefiro falar que as eleições ocorrem ano sim e ano não.

– Mesma coisa, né? Mas tudo bem...

A legislação eleitoral não é alterada completamente ano sim e ano não. O legislador não consegue ser tão ágil. Contudo, em cada eleição, algumas situações podem demandar algum tipo de adaptação das normas eleitorais existentes para determinada eleição. Eis o papel das Resoluções da Justiça Eleitoral.

RESOLUÇÕES DA JUSTIÇA ELEITORAL

Antes de cada eleições, a Justiça Eleitoral edita ou atualiza resoluções para adaptar a legislação eleitoral ao pleito específico. Nisso reside, para alguns, a função normativa da Justiça Eleitoral.

– Resoluções? Tipo lei?

As resoluções "[...] são normatizações expedidas pela Justiça Eleitoral para regulamentar o procedimento das eleições".[46]

Há, inclusive, uma resolução só para tratar da elaboração dessas resoluções.

46. VELLOSO, Carlos Mário da Silva; AGRA, Walber de Moura. *Elementos de direito eleitoral*. 2. ed. rev. e atual. São Paulo: Saraiva, 2010, p. 35.

– Que coisa. Uma resolução para tratar de resolução.

É a Res. do TSE nº 23.472/2016, que "regulamenta o processo de elaboração de instrução para a realização, pelo Tribunal Superior Eleitoral, de eleições ordinárias e dá outras providências".

Nessa resolução, explica-se que "as instruções para execução da legislação eleitoral e realização das eleições ordinárias **serão expedidas exclusivamente pelo Tribunal Superior Eleitoral**"[47] e que isso não impede que os tribunais regionais editem suas próprias resoluções voltadas "[...] exclusivamente à operacionalização das instruções para a realização das eleições ordinárias, observadas as disposições previstas na legislação, nas instruções e na jurisprudência do Tribunal Superior Eleitoral".[48]

– Então os TRE´s podem expedir resoluções também.

Sim.

A Res. do TSE nº 23.472/2016 ainda explica que essas resoluções possuem caráter permanente:

> Art. 2º As instruções para regulamentação das eleições ordinárias serão editadas em caráter permanente e somente poderão ser alteradas nas seguintes hipóteses [...][49]

– Me diz um exemplo prático de necessidade de resolução, *please*...

Quando a legislação eleitoral foi criada, não havia, por exemplo, comunicação por aplicativo de mensagem. Mas, em processos que precisam de uma celeridade, como vimos, essa forma de comunicação pode ser muito útil. Veja esse artigo da Res. TSE 23.608/2019, que trata de algumas ações eleitorais:

> **Resolução TSE 2.608/2019**
>
> Dispõe sobre representações, reclamações e pedidos de direito de resposta previstos na Lei nº 9.504/1997 para as eleições

47. Res. do TSE nº 23.472/2016, art. 1º, § 1º.
48. Res. do TSE nº 23.472/2016, art. 1º, § 1º.
49. Redação dada pela Resolução nº 23.597/2019.

> Art. 11. No período de 15 de agosto a 19 de dezembro do ano em que se realizarem as eleições, nos processos relacionados às respectivas eleições, **a citação será realizada, independentemente da data de autuação do feito:**
>
> I - **quando dirigida a candidata, candidato, partido político, federação de partidos, coligação ou pessoa indicada no art. 10 desta Resolução, por mensagem instantânea** e, frustrada esta, sucessivamente por e-mail, por correspondência e pelos demais meios previstos no Código de Processo Civil.

– Que curioso! A citação pode ser pelo Zapzap!

Isso mesmo.

Para cada eleição, a Justiça Eleitoral atualiza as resoluções que tratam delas, adaptando a legislação eleitoral às especificidades que porventura devam ser observadas naquele pleito.

– Mas isso é legislar, né? A Justiça Eleitoral legisla! Então ela exerce função administrativa, jurisdicional e até legislativa!

Calma!

A Justiça Eleitoral apenas complementa ou adapta a legislação prévia sobre as eleições. Ela faz isso a partir de autorização da própria legislação eleitoral.

Veja:

CÓDIGO ELEITORAL E ATIVIDADE REGULAMENTAR DA JUSTIÇA ELEITORAL[50]

Art. 1º, parágrafo único: "o **Tribunal Superior Eleitoral expedirá instruções para sua fiel execução**".

Art. 23. Compete, ainda, privativamente, ao Tribunal Superior:

IX - **expedir as instruções que julgar convenientes à execução deste código**

► **Art. 23-A. A competência normativa regulamentar prevista no parágrafo único do art. 1º e no inciso IX do caput do art. 23 deste Código restringe-se a matérias especificamente autorizadas em lei, sendo vedado ao Tribunal Superior Eleitoral tratar de matéria relativa à organização dos partidos políticos**[51]

A Lei das Eleições também trata disso:

LEI DAS ELEIÇÕES E ATIVIDADE REGULAMENTAR DA JUSTIÇA ELEITORAL

Art. 105. Até o dia 5 de março do ano da eleição, o Tribunal Superior Eleitoral, atendendo ao caráter regulamentar e sem restringir direitos ou estabelecer sanções distintas das previstas nesta Lei, poderá expedir todas as instruções necessárias para sua fiel execução, ouvidos, previamente, em audiência pública, os delegados ou representantes dos partidos políticos.

---

50. Sobre a competência do TSE para expedir resoluções, são importantes as observações de Manoel Carlos de Almeida Neto: "[...] um ponto que merece absoluto destaque é o fato de que o STF jamais questionou, sob o ângulo formal, a competência do TSE para expedir resoluções autônomas, o que corrobora a constitucionalidade desse poder normativo, dentro de certos limites legais. Na maioria das vezes, quando a Suprema Corte resolve processar e julgar uma representação de inconstitucionalidade contra resolução eleitoral, sempre decide sob o ângulo material, ou seja, se o ato impugnado colide ou não com a Constituição material. No entanto, nunca – repise-se – o STF declarou vício de inconstitucionalidade formal por ausência da atribuição do TSE para expedir atos regulamentares normativos, impregnados de abstratividade, generalidade e impessoalidade" (ALMEIDA NETO, Manoel Carlos de. *Direito eleitoral regulador.* 1 ed. São Paulo: editora revista dos Tribunais, 2014, p. 115). Para uma crítica sobre a concentração de funções na Justiça Eleitoral (pois ela possui função normativa, aplica as regras eleitorais e ainda analisa as questões adjudicadas sobre matéria eleitoral) veja: SALGADO, Eneida Desiree. *Princípios constitucionais eleitorais.* Belo Horizonte: Fórum, 2015, p.37.
51. Conforme Lei 14.211/2021.

Vamos organizar tudo:

ALGUMAS CARACTERÍSTICAS DAS RESOLUÇÕES E DA FUNÇÃO NORMATIVA DA JUSTIÇA ELEITORAL
Adaptam, atualizam e complementam a legislação eleitoral para cada pleito
Limite temporal: resoluções devem ser editadas até o dia 5 de março do ano da eleição. Não podem violar a anterioridade eleitoral
Limite material: não podem inovar juridicamente
As resoluções se restringem a matérias especificamente autorizadas em lei, sendo vedado ao Tribunal Superior Eleitoral tratar de matéria relativa à organização dos partidos políticos
As resoluções organizam, por matéria e por data, as diversas temáticas de uma eleição. Exemplos: registro de candidatura, propaganda, representações, calendário eleitoral etc.
Alguns autores entendem que essa função é inconstitucional

– Espera... Agora fiquei com dúvida! Quero exemplo dessa história de que "não pode inovar juridicamente".

Nas eleições de 2018, o Tribunal Superior Eleitoral editou uma resolução sobre pesquisas eleitorais e previu multa para quem realizasse enquete no período de campanha eleitoral.[52] O problema é que a legislação eleitoral não previa essa multa. Ela, depois, foi considerada indevida. A resolução criou o que não havia.

– Eu não vou nem pedir para explicar enquete, pois sei que vai dizer que ainda haverá aula disso. Em todo o caso, essa questão parece que não tem tanta aplicação prática, né?

Você não prestou atenção... Isso é muito importante. Um advogado que atue no campo eleitoral e que perceba que uma resolução do TSE inovou demais, criando punições que a lei não traz, por exemplo, pode pedir para que tal medida não seja aplicada.

– Entendi. E me diz, por favor, quem acha que essa função normativa é inconstitucional?

A Professora Eneida Desiree, da Universidade Federal do Paraná.

Num super-resumo, ela entende que apenas ao Legislador compete inovar no mundo jurídico.

52. Art. 23, §2º da Resolução 23.549/2017 , (revogada pela Res. TSE 23.600/2019, mas aplicável para as eleições de 2018, no que couber).

– Eu acho que concordo com ela.

Mas, como fazemos, então? As resoluções existem, né?

Desiree aceita, com muitas ressalvas, a possibilidade de instruções pela Justiça Eleitoral apenas para "**facilitar o entendimento e a aplicabilidade da legislação eleitoral, esparsa em diversos diplomas legais, separando por temas e especificando datas e juízos competentes para a eleição em disputa. Nada mais**".[53]

– Muito lógico. Essas resoluções são tão comuns assim?

Bastante.

Há resoluções com "longa duração", como, por exemplo, a que trata do Cadastro Eleitoral: Res. TSE 23.659/2021. Ela é nova e não deve ser atualizada com tanta frequência.

E, para cada eleição, as resoluções aplicáveis para o pleito são atualizadas.

– Por que isso? Cada eleição, novas atualizações?

Já te disse isso. O objetivo é atualizar a legislação que já existe para as realidades do momento.

E há um detalhe interessante. A Res. do TSE nº 23.472/2016 estabelece que, para atualizar as resoluções, **há audiências públicas, ou seja, a sociedade é convocada a participar nesse processo**.

– Que bacana! Eu posso ser ouvida também?

Em tese, sim. Principalmente agora, em época de audiências públicas virtuais.

Confira:

> Art. 3º As Instruções do Tribunal Superior Eleitoral para execução da legislação eleitoral e realização das eleições ordinárias **serão expedidas ou alteradas com a observância das seguintes garantias e procedimentos**:

53. Para uma análise crítica à reeleição consulte: SALGADO, Eneida Desiree. *Op. cit.*, 2015, p. 260.

IV - o relator, após manifestação dos órgãos técnicos da Justiça Eleitoral, elaborará a minuta da Instrução que será divulgada pelo sítio eletrônico do Tribunal na internet e **convocará, com antecedência mínima de 15 (quinze) dias, a realização de audiência pública para discussão da minuta.**

– Que interessante.
E como eu sei sobre quais as resoluções aplicáveis nas eleições?

Basta consultar o site da Justiça Eleitoral. É a forma mais fácil. Lá, haverá um *link* de informações sobre "eleições" e, dentro dessa aba, deve haver indicação de qual eleição e qual tema você procura: propaganda, legislação, registro de candidatos etc.

– Nossa. Eu achava que fontes era um assunto mais banal.

Não é não. Veja abaixo resoluções editadas para as eleições e atualizadas no ano anterior a cada pleito:

RESOLUÇÕES DO TSE RELACIONADAS ÀS ELEIÇÕES

Calendário eleitoral e Atos gerais de eleição	Verificar em cada eleição
Pesquisas eleitorais	Res. TSE 23.600/2019
Procedimentos de fiscalização e auditoria do sistema eletrônico de votação	Res. TSE 23.603/2019
Diretrizes gerais para a gestão e distribuição dos recursos do Fundo Especial de Financiamento de Campanha (FEFC)	Res. TSE 23.605/2019
Arrecadação e os gastos de recursos por partidos políticos e candidatos e sobre a prestação de contas nas eleições	Res. TSE 23.607/2019
Representações, reclamações e pedidos de direito de resposta previstos na Lei nº 9.504/1997 para as eleições	Res. TSE 23.608/2019
Escolha e o registro de candidatos para as eleições	Res. TSE 23.609/2019
Propaganda eleitoral, utilização e geração do horário gratuito e condutas ilícitas em campanha eleitoral nas eleições	Res. TSE 23.610/2019
▸ **Essas resoluções são encontradas nos *sites* da Justiça Eleitoral. O caminho para acesso é, mais ou menos, esse: Eleitor e Eleições → Eleições e Plebiscitos → Escolhe-se uma eleição específica → Normas**	

– Nossa, professor... Quanta coisa! E tem, inclusive, temas que já constam na legislação.

Isso mesmo. Mas você verá que muitas dessas resoluções apenas organizam a lei, adaptando-a e atualizando-a para aquela eleição específica. Como eu disse, elas não inovam. **Na verdade, as resoluções acabam facilitando o trabalho, quando você se acostuma com elas.**

– Não acredito.

É verdade. Se, por exemplo, algum tema da lei foi decidido de alguma maneira pelos tribunais eleitorais entre uma eleição e outra, nas resoluções, essa atualização jurisprudencial é incluída, poupando o trabalho do advogado, que não precisa ler aquele precedente da Justiça Eleitoral, pois ela já estará na resolução.

– Então a resolução também traz atualização jurisprudencial à legislação?

Exatamente! Por falar nisso, vamos para a última e super-relevante Fonte do Direito Eleitoral: a Jurisprudência!

3.4. Jurisprudência[54]

Ao levar um problema para ser resolvido pela Justiça Eleitoral é muito importante verificar se existe alguma decisão já proferida sobre problemas semelhantes.

54. O termo jurisprudência aqui é empregado em seu sentido mais tradicional: conjunto de precedentes no mesmo sentido. Isso não significa que, eventualmente, não se considere a situação de que apenas um precedente tenha o condão de desconsiderar posicionamento anterior reiterado, desde que a nova compreensão não pegue o jurisdicionado de surpresa. Eis importante conclusão de Lucas Buril, professor da UFPE e autor de uma já célebre obra sobre os precedentes, sobre a dicotomia precedente / jurisprudência: "[...] a forma de produção dos precedentes é mais simples do que a da jurisprudência, eis que aqueles precisam de uma única decisão para valer como fonte do direito, enquanto esta é constituída por precedentes em um mesmo sentido ao longo de um considerável espaço temporal. A distinção é óbvia ao se perceber que é possível, e não é raro, precedente em sentido contrário à jurisprudência, superando ou limitando esta, ou simplesmente dissentindo" (MACÊDO, Lucas Buril de. *Precedentes judiciais e o direito processual civil.* 3 ed. Salvador: Juspodivm, 2019, p. 214).

– Parece óbvio. Se vou levar uma determinada questão ao Judiciário, é recomendável verificar, antes, o que um determinado tribunal pensa sobre esse caso.

Parece óbvio, mas, infelizmente, ainda há situações de julgados, na Justiça Eleitoral, em desrespeito a precedentes anteriores. Não é assunto deste livro o tema de precedentes e sua força vinculante, mas nunca é demais lembrar dos artigos 926 e 927 do atual CPC.[55]

No Direito Eleitoral não é incomum decisões de juízes eleitorais de primeiro grau fora de sintonia com decisões dos tribunais aos quais pertencem.

– Acho que por isso é importante a pesquisa jurisprudencial que muitos livros trazem, né?

Você chegou a um ponto que eu queria evidenciar.

É preciso muito cuidado ao consultar julgados em livros de Direito Eleitoral, incluindo este livro aqui.

– Os livros não são confiáveis?

Não é isso.

Veja só: três são os cuidados no momento de consultar e utilizar decisões passadas em tema de Direito Eleitoral.

Um deles é de aplicação geral, ou seja, trata-se de cuidado a ser observado em qualquer área do Direito.

---

55. Como ensina Lucas Buril: "O *stare decisis* estabelece que as normas reconhecidas nos precedentes devem ser seguidas pelos juízes subsequentes, entretanto, as razões para seguir determinada norma podem ser superadas no caso concreto, diante de outras razões albergadas pelo sistema jurídico em sentido contrário, o que resulta na superação (*overruling*). O dever de seguir os precedentes, portanto, é determinado pelo princípio jurídico do *stare decisis*, reconhecido em países como Estados Unidos e Inglaterra, e, com a eficácia normativa do CPC/2015, também no Brasil" (MACÊDO, Lucas Buril de. Op. cit., p. 214). Podemos citar os artigos 926 e 927, do atual CPC, como exemplo de enunciados normativos que fundamentam o *stares decisis* no Brasil.

– Professor, não vai colocar esses artigos aqui?

– Já falei para não conversar comigo em nota de rodapé. Eu quero provocar o leitor a abrir o CPC neste ponto e perceber em qual parte do Código de Processo Civil eles são veiculados. Agora, dá o fora!

Os outros dois cuidados possuem aplicação um pouco mais específica na esfera eleitoral.

– Ainda sem entender. Um exemplo sempre ajuda, né?

Veja o estudo de caso abaixo:

ESTUDO DE CASO

O candidato Minami do Povo utiliza um helicóptero em uma carreata para chamar a atenção dos eleitores. O helicóptero, inclusive, lança papel picado sobre o público, conferindo um belo efeito visual à carreata. Minami do Povo venceu a eleição por uma diferença de mil votos em relação ao segundo colocado.

Contra o uso do helicóptero na carreata, um candidato concorrente ingressa com uma demanda eleitoral afirmando, entre outras coisas, que o helicóptero não poderia ter sido usado na campanha eleitoral, principalmente sem a menção desse gasto na prestação de contas do candidato Minami do Povo.

Os advogados de Minami do Povo, na contestação, juntaram a seguinte decisão, para justificar que é possível o uso de helicóptero em campanha eleitoral:

"Não configura abuso do poder econômico **a utilização de helicóptero durante um único ato de campanha**, sobretudo quando o gasto foi devidamente declarado na prestação de contas do candidato e a vantagem do primeiro sobre o segundo colocado tenha sido expressiva. Precedentes" (TSE. AI nº 138 - SILVÂNIA - GO, Decisão monocrática de 06/02/2019, Relator Min. Edson Fachin. Publicação: DJE 12/02/2019).

▸ **Observação: a parte em negrito foi destacada pelos advogados na petição que apresentaram.**

– Parece, então, que o uso do helicóptero é possível, né? Os advogados até grifaram essa parte!

Muita calma! Para aplicar um precedente em outro caso, é preciso verificar se a situação fática que gerou esse precedente se ajusta à situação fática que se quer resolver com ele.

– Não entendi.

A decisão citada não pode ser aplicada ao caso modelo acima descrito diretamente, porque são situações distintas.

– Mas são dois casos de uso de helicóptero em campanha!

Sim, é verdade. Mas veja:

COMPARAÇÃO DE SITUAÇÕES PARA VERIFICAR A APLICABILIDADE DE UM PRECEDENTE

Caso prático que gerou o precedente que se quer aplicar	Caso prático a ser resolvido
O helicóptero foi devidamente registrado na prestação de contas A diferença de votos entre o primeiro e segundo colocados foi expressiva	O gasto com o helicóptero não foi registrado na prestação de contas A diferença de votos entre o primeiro e segundo colocados foi pequena, de apenas mil votos
▶ **Conclusão: as situações parecem a mesma, mas são incompatíveis**	

– Entendi! Parece o mesmo caso, mas não é.

Isso mesmo...

– Que coisa! E os advogados ainda negritaram uma parte para chamar atenção para um trecho específico do precedente. Então é preciso muito cuidado para aplicar precedente.

Para aplicar precedentes, é preciso realizar o que se chama de cotejo, comparação: verificar se o caso que gerou o precedente que se quer aplicar é semelhante ou se ajusta ao caso que ser quer resolver. Se não forem a mesma situação, é preciso fazer essa distinção.

– Então não adianta apenas apresentar julgados. É preciso analisar as situações concretas.

Isso mesmo. Vou ser até repetitivo para ficar bem fixado.

É preciso analisar a situação concreta que gerou o precedente e a situação concreta que se quer resolver com esse precedente.

– Isso é um entendimento doutrinário?

Não. Além dos artigos 926 e 927 do CPC, veja o inciso V, § 1º, do artigo 489, do mesmo Código, que trata da fundamentação das decisões pelo juiz:

> CPC, fundamentação da decisão e comparações de casos
>
> Art. 489. [...]
>
> § 1º Não se considera fundamentada qualquer decisão judicial, seja ela interlocutória, sentença ou acórdão, que:

V - se limitar a invocar precedente ou enunciado de súmula, sem identificar seus fundamentos determinantes nem demonstrar que o caso sob julgamento se ajusta àqueles fundamentos.

– Nossa! É mesmo. Ali está essa necessidade de fazer o cotejo que o professor falou: "sem identificar seus fundamentos determinantes nem demonstrar que o caso sob julgamento se ajusta àqueles fundamentos".

Eu já li tantas vezes esse artigo e nunca prestei muita atenção nisso.

Pois é muito comum pessoas apresentarem decisões passadas da Justiça Eleitoral que não se ajustam ao caso que querem resolver. É preciso ter cuidado. No nosso caso modelo, veja que os advogados juntaram uma decisão para resolver o seu problema apenas porque ela falava em helicóptero, mas as situações eram distintas.

– Entendi. Esse deve ser o primeiro cuidado para se tomar. O professor disse que eram três cuidados a se observar. Quais são os outros?

Na esfera eleitoral é preciso procurar a decisão mais recente possível.

Mudanças de entendimento são bastante comuns quando se fala de Direito Eleitoral. Por vezes, alguém junta uma decisão que parece dizer que os tribunais eleitorais entendem um assunto de uma maneira, mas aquele entendimento já está superado.

– Entendi. Isso parece bem óbvio.

Sim. Mas na esfera eleitoral isso toma proporção especial, pois há uma mudança constante de entendimento, de forma mais acelerada do que ocorre em outras áreas.

O último cuidado está relacionado à regra da anterioridade eleitoral. É muito específica e é até difícil pensar em um exemplo.

– Já está dando desculpas para não dar exemplos, né?

Não é isso, é que a situação é mesmo muito específica.

Na seara eleitoral, se há uma mudança de entendimento jurisprudencial, ela não pode ser aplicada nas eleições que ocorram até um ano após essa mudança de entendimento.

– Não entendi.

Lembra que eu disse que não se pode aplicar uma alteração nas regras da corrida eleitoral em eleições que ocorram em até um ano após essa alteração?

– Sim. Artigo 16 da Constituição.

Exato!

A alteração de entendimento jurisprudencial também segue a mesma lógica.

Veja o estudo de caso abaixo:

ESTUDO DE CASO

Vamos imaginar, **apenas a título exemplificativo**, que determinado Tribunal Regional Eleitoral, decidindo sobre a ocorrência ou não de propaganda eleitoral antecipada ilícita, costuma entender que, se alguém utiliza a expressão "conto com seu apoio", isso não significa, por si só, pedido explícito de voto a ponto de configurar ilícito nos termos do art. 36-A da Lei das Eleições. Essa prática, inclusive, é muito comum nesse determinado estado.

Em determinado momento, e **faltando dez meses para as próximas eleições**, esse mesmo Tribunal Regional muda o entendimento e passa a concluir que o uso da expressão "conto com seu apoio" significa pedido explícito de votos e deve ser evitada.

- **Para não pegar os concorrentes de surpresa, pois eles confiavam no entendimento anterior daquele TRE de que era possível usar a expressão "conto com seu apoio" antes do começo da campanha, é possível que se entenda que essa nova interpretação não se aplique em eleições que ocorram até um ano após essa mudança de compreensão**

Mas, professor, o artigo 16 da Constituição fala em "lei" e não em decisão. Olha aqui:

> **Constituição e Anterioridade Eleitoral**
>
> **Art. 16. A lei que alterar o processo eleitoral entrará em vigor na data de sua publicação, não se aplicando à eleição que ocorra até um ano da data de sua vigência.**

Eu sei. Talvez, por isso, o Tribunal Superior Eleitoral editou uma resolução com uma previsão específica sobre alteração de entendimento e sua aplicação a pleitos próximos. Veja:

RES. TSE N. 23.472/2016

Regulamenta o processo de elaboração de instrução para a realização, pelo Tribunal Superior Eleitoral, de eleições ordinárias e dá outras providências

[...]

Art. 5º A modificação da jurisprudência do Tribunal Superior Eleitoral e as alterações de que tratam o inciso V do art. 2º desta Resolução entrarão em vigor na data de sua publicação, não se aplicando à eleição que ocorra até um ano da data de sua vigência (CF, art. 16).

§ 1º O disposto neste artigo e em seus parágrafos não obsta que o Tribunal, a qualquer tempo, altere a sua jurisprudência para as eleições que se realizarem após um ano, contado da data da deliberação final do Plenário.

– Entendi. Isso é muito interessante.

E relevante também. Vamos adiante!

3.5. Considerações sobre o próximo Código Eleitoral

Encontra-se aprovado atualmente, pela Câmara dos Deputados, o Projeto de Lei Complementar 112/2021, dispondo sobre "as normas eleitorais e as normas processuais eleitorais brasileiras". Em resumo, um novo Código Eleitoral. O próximo passo legislativo é o debate do assunto no Senado Federal.

– Mas nem estudamos a legislação vigente ainda, e já virá uma nova?

Calma. A deliberação no projeto no Senado deve demorar um pouco. Pelo menos a próxima eleição, a de 2022, por exemplo, será regida pelo ordenamento atual.

Além disso, ao invés de inovar tudo completamente, o que o PLP 112/2021 fez foi **reunir, em um dispositivo apenas, essas fontes normativas que acabamos de ver: Código Eleitoral (Lei 4.737/65), Lei das Eleições (Lei 9.504/97), Lei dos Partidos Políticos (Lei 9.096/95), Lei das Inelegibilidades (LC 64/90), entre outras** menos conhecidas, como a que trata do transporte gratuito dos eleitores no dia das eleições (Lei 6.091/74).

– E na prática isso significa o que mesmo?

Que muito do conteúdo de tudo o que veremos aqui permanecerá, com pontuais mudanças.

Os direitos políticos, por exemplo, estão disciplinados, principalmente, na Constituição. A justificativa para o estudo do Direito Eleitoral também não será alterada, ou as normas fundamentais do tema, o sistema eleitoral, a forma de organizar uma eleição.

Como o próximo Código Eleitoral virá em Lei Complementar, ele poderá tratar de inelegibilidade.

Mas isso significa, também, que eventual futura alteração exigirá o mesmo rigor dessa modalidade normativa.

– Então as resoluções ainda devem permanecer?

A princípio, sim. Como vimos, elas não inovam juridicamente. Como a nova legislação, se passar no Senado, já virá consolidada, a resolução deve ter o papel mais de atualizar questões práticas em cada eleição e agregar entendimentos jurisprudenciais. Mas precisamos esperar para ver.

O Código Eleitoral projetado também leva em consideração assuntos atuais, como a Lei Geral de Proteção de Dados Pessoais (Lei 13.709/ 2018). Mas não é só isso. João Andrade Neto, por exemplo, informa-nos que:

> **Doutrina:** "O projeto dá passos decisivos para a universalização da cidadania e do voto, embora pudesse ser mais ousado. Primeiro, ele substitui o confuso conjunto de normas hoje existente e promove uma bem-vinda atualização da linguagem. [...] Em segundo lugar, o projeto traz uma concepção de cidadania mais arejada e adequada à Constituição. Saem exigências descabidas para o alistamento, de alfabetização, domínio da língua portuguesa e pleno gozo dos direitos políticos. Entram regras que visam a facilitar a inscrição eleitoral e o voto de indígenas e quilombolas. A inclusão passa a ser princípio expresso do direito eleitoral, o que deve nortear a Justiça Eleitoral na elaboração de resoluções, na prestação de serviços ao cidadão e na gestão do cadastro de eleitores".[56]

– E é isso mesmo? O analfabeto não pode se alistar?

Isso é texto que ainda consta no Código Eleitoral, que é de 1965. Mas não é mais utilizado. No capítulo sobre Alistamento, veremos isso. Para o momento, vou te apresentar um panorama do PLP 112/2021.

56. ANDRADE NETO, João. "Novas regras para a cidadania no projeto de Código Eleitoral" Disponível em: <https://noticias.uol.com.br/colunas/abradep/2021/09/28/novas-regras-para-a-cidadania-no-projeto-de-codigo-eleitoral.htm/>. Acesso em 2 out 2021.

3.5.1. Temas tratados pela nova legislação

Eis quais assuntos estão tratados no Código Eleitoral projetado.

GRADES TEMAS	LIVROS DO CPC PROJETADO RELACIONADOS AO TEMA
Base normativa para o Direito Eleitoral	Livro I: **Das normas eleitorais** (normas gerais fundamentais) Livro II: **Dos direitos e deveres fundamentais dos eleitores** Livro VI: **Das regras estruturantes do sistema eleitoral** (Sistemas Eleitorais) Livro XVIII: **Das consultas e iniciativas populares**
Realizadores das eleições no Brasil	Livro IV: **Da administração e da organização das eleições** (Justiça Eleitoral, com uma seção única sobre o Ministério Público Eleitoral no capítulo sobre funções essenciais à Justiça Eleitoral)
Fiscalização das eleições	Livro XII: **Da fiscalização na votação, na apuração, na transmissão e na totalização dos votos e da auditoria informática eleitoral** Livro XIII: **Da observação eleitoral nacional e internacional**
Atores do processo eleitoral e condições para participação nas eleições	Livro III: **Dos partidos políticos** Livro V: **Do alistamento e do cadastro eleitoral** Livro VII: **Da participação nas eleições** (Direitos Políticos passivos)
Preparação e realização da corrida eleitoral	Livro VIII: **Da preparação das eleições** Livro IX: **Da votação** Livro X: **Da apuração das eleições** Livro XI: **Da totalização das eleições** Livro XIV: **Da divulgação e da proclamação dos resultados e da diplomação** Livro XV: **Do financiamento, da arrecadação, da aplicação e da prestação de contas de candidatos e de partidos políticos em campanhas eleitorais** Livro XVI: **Da propaganda política** Livro XVII: **Das pesquisas eleitorais**
Ilícitos em eleições	Livro XIX: **Das condutas que sujeitam o candidato à cassação de registro, diploma ou mandato** Livro XXII: **Crimes eleitorais**
Normas processuais gerais e procedimentos diversos	Livro XX: **Das normas processuais eleitorais** Livro XXI: **Das normas processuais especiais**
Diversos	Livro XXIII: **Disposições finais e transitórias**

A partir dessa informação, vou apontar algumas peculiaridades.

– Por qual motivo a lista que o professor apresentou está com alguns livros fora da ordem numérica?

Eu ainda não entendi por qual razão o legislador posicionou alguns livros do Código Eleitoral na ordem que o fez. É possível perceber que esses livros estão relacionados a, pelo menos, quatro grandes áreas: **bases do Direito Eleitoral**, **eleições**, **ilícitos eleitorais** e livros relacionados à **parte processual**. Contudo, não fica muito clara a razão da sequência utilizada.

– Mas eu entendi sobre o que esses livros tratam a partir dessa organização que o professor apresentou.

O que eu mostrei acima foram os livros do Código Eleitoral projetado, a partir de uma forma de organizá-los um pouco diferente daquela feita pelo legislador. Aliás, este nosso livro...

– Oba! "Nosso livro". Sou autora também!

Foco!

Como eu ia dizendo, este nosso livro é organizado conforme a ordem dos temas que pontuei no quadro acima, basta conferir o índice. Para entender a lógica utilizada, é só partir das perguntas apresentadas para introduzir cada parte do livro.

– Mas então a organização dos capítulos do Código Eleitoral projetado está errada?

Eu não disse isso.

Mas talvez essa organização pudesse ter sido mais bem refletida. Para alguém que consulte o possível próximo Código Eleitoral a partir do índice, sem entender previamente sobre quais grandes temas cada livro está relacionado, pode se complicar no momento de decifrar, por exemplo, quais as diferenças entre os livros: "Das normas eleitorais", "Das normas processuais eleitorais" e "Das normas processuais especiais". Talvez fosse interessante dividir o código em grandes blocos como os que eu apresentei acima. Mas vamos adiante.

3.5.2. Tratamento das ilicitudes cíveis no Código Eleitoral projetado

As ilicitudes cíveis mais graves estão dispostas no Livro XIX do Código Projetado: **Das condutas que sujeitam o candidato à cassação de registro, diploma ou mandato.**

LIVRO XIX DAS CONDUTAS QUE SUJEITAM O CANDIDATO À CASSAÇÃO DE REGISTRO, DIPLOMA OU MANDATO
Título I Da captação ou gasto ilícito de recursos
Título II Da captação ilícita de sufrágio
Título III Das condutas vedadas a agentes públicos
Título IV Da fraude, da corrupção e do abuso de poder
Capítulo I Do uso indevido dos meios de comunicação social
• Seção I Das emissoras estatais de rádio e televisão • Seção II Das emissoras privadas de rádio e televisão • Seção III Do uso indevido dos meios de comunicação social • Seção IV Das condutas vedadas na internet
Capítulo II Do abuso de poder econômico
Capítulo III Do abuso de poder político
Capítulo IV Da fraude e da corrupção eleitoral
Capítulo V Da gravidade das circunstâncias que autorizam a cassação de candidatos

– Vamos ver tudo isso neste livro?

Sim. A parte 7 aborda apenas os "ilícitos que podem acontecer durante uma eleição". Conversaremos sobre as hipóteses acima sim, inclusive com comentários sobre as principais mudanças dos temas, caso o PLP 112/2021 seja aprovado.

– E o procedimento para combater esses casos?

Pulemos para o próximo tópico.

3.5.3. *Procedimentos cíveis no Código Eleitoral projetado*

A parte processual cível foi organizada em pelo menos dois livros: Livro XX – **Das normas processuais eleitorais** e Livro XXI – **Das normas processuais especiais.**

– Não entendi por qual razão o assunto está em dois livros.

O que se quis fazer foi emular o que ocorre no atual Código de Processo Civil.

Na parte geral do CPC, encontramos os temas: Normas Fundamentais, Função Jurisdicional, Sujeitos do Processo, Atos Processuais, Tutela Provisória e Formação, Suspensão e Extinção do Processo. Veja, abaixo, a razão para isso.

No quadro abaixo eu aproveitei e apresentei brevemente o que consta na parte especial do CPC.

ORGANIZAÇÃO DO CÓDIGO DE PROCESSO CIVIL

Parte Geral, com o seguinte conteúdo	Parte Especial, com o seguinte conteúdo
Alicerce para toda a atividade processual: **Normas Fundamentais do Processo Civil** Função relacionada ao processo civil e temas principais relacionados a essa atividade: **Função Jurisdicional, Pressupostos Processuais, Jurisdição, Ação e Competência** Participantes dessa atividade: **Sujeitos do Processo** O que esses sujeitos fazem: **Atos Processuais** Assunto sem relação à parte geral, mas que foi nela colocado por opção legislativa: **Tutela Provisória**	**Procedimento Comum e Procedimentos Especiais:** Sequência de atos desde a postulação até a decisão, incluindo a satisfação da decisão (cumprimento de sentença) **Execução:** Parte geral da execução e efetivação dos títulos executivos extrajudiciais **Processos nos tribunais:** Processos originários em tribunais e recursos

Veja, agora, o assunto "processo civil" no Código Eleitoral projetado e perceba as semelhanças:

ORGANIZAÇÃO DA PARTE PROCESSUAL NO CÓDIGO ELEITORAL PROJETADO

Livro XX **Das Normas Processuais Eleitorais**	Livro XXI **Das Normas Processuais Especiais**
Título I Do interesse e da legitimidade **Título II Dos sujeitos do processo** **Título III Dos atos processuais** **Título IV Da tutela provisória** (Assunto sem relação à uma possível "parte geral", mas que foi colocada aqui para seguir o que se fez no CPC)	**Título I Do Processo de Conhecimento** Esse título possui um capítulo sobre o **Procedimento Comum** e outro sobre os **Procedimentos Especiais** com as seguintes seções: • **Do Registro de Candidatura e de sua Impugnação** • **Dos Procedimentos Especiais de Campanha Eleitoral** • **Da Ação Desconstitutiva de Diploma** • **Das Ações da Fidelidade Partidária** **Título II Do Cumprimento das Decisões Judiciais e da Execução** **Título III Dos Processos nos Tribunais Eleitorais e Dos Meios de Impugnação das Decisões Judiciais**

– Realmente, professor. A organização é bem semelhante. Vamos ver todos esses temas?

Os temas específicos de processo civil nós não vamos ver aqui: pressupostos processuais, sujeitos, tutela provisória etc. **Para eles, melhor consultar o livro do Professor Mozart Borba, desta mesma coleção: Diálogos sobre o CPC**.

E veremos o procedimento comum a ser adotado no próximo Código Eleitoral, se ele passar. Basta esperar a nossa conversa sobre a Ação de Impugnação ao Mandato Eletivo (AIRC). No Código projetado, esse procedimento comum é o usado para combater todos os ilícitos graves.

– E o que são esses Procedimentos Especiais de Campanha Eleitoral?

Aqui, o Código Eleitoral está se referindo ao **Procedimento das Representações Relativas à Propaganda Eleitoral ou Partidária, Extemporânea ou Irregular e à Pesquisa Eleitoral** e o **Procedimento para Obtenção de Direito de Resposta**. Temos capítulos exclusivos para esses assuntos.

4. SISTEMAS ELEITORAIS

4.1. O que é sistema eleitoral

Veja:

SISTEMA ELEITORAL

"O sistema eleitoral é um conjunto de regras que define como em uma determinada eleição o eleitor pode fazer suas escolhas e como os votos são contabilizados para serem transformados em mandatos (cadeiras no Legislativo ou chefia no Executivo)"[57]

– Não sei se entendi bem.

Calma!

O assunto sobre os Sistemas Eleitorais é importante, pois, a partir dele, duas coisas são compreendidas:

1. **Quem o eleitor escolhe**.

No Brasil, por exemplo, ele escolhe candidatos, partidos ou mesmo os dois, a depender da eleição.

2. **Como os votos se transformam em mandatos.**

– Ainda confusa. Se eu voto, escolho o meu candidato e pronto. Não é só isso?

Não é tão simples.

Quando você vota para um vereador ou deputado, por exemplo, **ao mesmo tempo escolhe um partido e um candidato.**

– Nunca pensei nisso! Não sei se é assim.

Nunca ouviu ninguém reclamar que determinado candidato recebeu muitos votos, mas acabou nem sendo eleito, enquanto outro candidato, que nem recebeu tantos votos assim, acabou conquistando uma cadeira no legislativo?

57. NICOLAU, Jairo. Sistemas eleitorais. 5 ed. Rio de Janeiro: Editora FGV, 2004, p. 10.

– Para ser sincera, acho que já ouvi sim, mas teria algum exemplo para que eu possa lembrar disso?

Em 2002, o candidato Enéas Carneiro, do PRONA, tendo obtido 1.573.642 votos, foi eleito deputado federal. Com essa expressiva votação, acabou ajudando o seu partido a levar, para a Câmara dos Deputados, o senhor Vanderlei Assis de Souza, que recebeu apenas 275 votos.

– Que coisa doida! Em uma cidade como São Paulo alguém foi eleito Deputado Federal com apenas 275 votos! Isso é um absurdo!

Calma! Vamos entender por qual motivo isso acontece, antes de você concluir qualquer coisa.

4.2. Circunscrição eleitoral, distrito eleitoral e magnitude

Para entendermos bem os sistemas eleitorais, precisamos aprender alguns conceitos. O primeiro deles é o de circunscrição eleitoral.

A circunscrição eleitoral é cada unidade da federação.

– Tipo município e estado?

Isso mesmo!

Cada unidade política dessas é levada em consideração nas regras de contabilização dos votos.

Ao lado do conceito de **circunscrição eleitoral**, existe o conceito de **distrito eleitoral**.

Cada porção de terra que possui representação é chamada de distrito eleitoral.[58]

– Então, nós temos o voto distrital?

Calma!

No Brasil, cada distrito eleitoral corresponde a uma circunscrição eleitoral.

58. NICOLAU, Jairo. *Op. cit.*, p. 13.

Veja:

Circunscrição eleitoral	Distrito eleitoral
Cada unidade política da federação	Cada porção territorial que possui representação política
Exemplo: município, estado e país	Há duas configurações possíveis: O distrito eleitoral pode ser coincidente com os limites das unidades políticas **(caso do Brasil)** ou Uma unidade política, como um estado ou município, pode ser divido em distritos eleitorais

– Complicou.

Não é complicado não.

Deixe de lado, por enquanto, essa noção de distrito eleitoral e pense apenas no seguinte:

QUEM NÓS QUEREMOS ELEGER?

Votamos pensando em eleger:

Prefeito e vereador de um município

Deputado federal, estadual ou senador de determinado estado

Presidente do Brasil

– E os vices, né? Assim é fácil. E o voto distrital?

Calma. Veremos isso logo mais. Lembrou bem. Temos os vices... E os suplentes. Mas vamos focar aqui nas unidades políticas do Brasil.

– Está bem. Então eu vou focar nessas unidades: estado, município e país.

Perfeito!

Cada unidade dessas recebe uma quantidade específica de representantes, de vagas ou cadeiras a serem preenchidas.

Vamos chamar o número de cadeiras a serem preenchidas de **magnitude.**[59]

59. NICOLAU, Jairo. Op. cit., p. 13.

– Lascou! Magnitude parece nome de família de novela.

Você é muito ansiosa. É muito fácil. Veja:

MAGNITUDE: NÚMERO DE VAGAS A OCUPAR	
Presidente	1 (uma vaga para titular)
Senado (art. 46, CF/88)	3 (três vagas para titular)
Câmara dos Deputados Federais (art. 45 da CF/88 e LC 78/1993)	Ao total, são 513 deputados federais Mínimo de 8 e máximo de 70 por estado Proporcional à população
Câmara Legislativa do Distrito Federal	24
Assembleias Legislavas de cada estado (art. 27 da CF/88)	O número de deputados estaduais corresponderá ao triplo da representação do Estado na Câmara dos Deputados e, atingido o número de trinta e seis, será acrescido de tantos quantos forem os Deputados Federais acima de doze
Câmara de Vereadores (art. 29, CF/88)	Mínimo de 9 e máximo de 55, nos termos da Constituição

– Estou entendendo. Mas, por qual motivo, não falamos apenas em cadeiras a ocupar?

Essa noção ajuda a explicar algumas coisas e evita de ficarmos repetindo "número de cadeiras a ocupar em cada distrito".

EXEMPLOS DE APLICAÇÕES PRÁTICAS DA NOÇÃO DE MAGNITUDE
O sistema majoritário, aquele que escolhe o candidato com mais votos, é utilizado, normalmente, quando a magnitude é 1
Quanto maior a magnitude, mais adequada é a utilização do sistema proporcional É o caso das eleições para vereadores e deputados
No caso do Senado, embora a magnitude seja 3, a alteração dos ocupantes das cadeiras não ocorre de uma vez Em uma eleição, 2 cadeiras são renovadas, na próxima, apenas 1 Como a magnitude para o senado, por eleição, é de 1 ou 2, então o sistema utilizado é o majoritário

– Acho que estou entendendo. Mas ainda não ficou muito clara a diferença entre sistema majoritário e proporcional.

4.3. O sistema majoritário: aplicado para as eleições de chefes do executivo e senadores

Quando escolhemos presidente, governadores e prefeitos, além de seus respectivos vices, utilizamos o sistema majoritário.

No sistema majoritário, ganha a eleição quem conseguir mais votos.

Esse também é o sistema utilizado quando escolhemos os senadores e seus suplentes.

– São todos casos de magnitude baixa! Por isso usamos o sistema proporcional... Estou começando a entender.

Isso mesmo... Perfeito!

Veja:

SISTEMA MAJORITÁRIO: GANHA QUEM OBTIVER A MAIORIA DOS VOTOS	
Essa maioria pode ser relativa ou absoluta	
Maioria relativa (ou simples)	**Maioria absoluta**
Ganha quem conseguir a maioria dos votos válidos	**Ganha quem conseguir mais de 50% dos votos válidos**
Alguém pode ser eleito, mesmo sem conseguir mais da metade dos votos válidos, bastando que consiga mais votos que os demais concorrentes	Normalmente, para se conseguir mais da metade dos votos válidos, é necessária a realização de um segundo turno
Aplicação:	**Aplicação:**
Para a eleição de Senadores e de prefeitos em cidades com menos de 200 mil eleitores	Para a eleição do presidente, governadores e de prefeitos em cidades com mais de 200 mil eleitores
▸ **No caso de empate, ganha o candidato mais velho**	

Em resumo, veja essa conclusão de Jairo Nicolau:

Doutrina: "O sistema de *maioria simples* não garante que o mais votado receberá o apoio de mais da metade dos eleitores, condição que é assegurada pelo sistema de *dois turnos* (com apenas dois candidatos disputando o segundo turno) [...]"[60]

Não fala. Já sei que quer exemplo. Veja:

EXEMPLO DE APLICAÇÃO DO SISTEMA MAJORITÁRIO

Maioria relativa (ou simples):	Maioria absoluta:
Eleição para prefeito com quatro candidatos 10 mil votos válidos **Candidato A – 4 mil votos (maioria dos votos válidos)** Candidato B – 3 mil votos Candidato C – 2 mil votos Candidato D – 1 mil votos O candidato A seria eleito pelo sistema majoritário simples, mesmo não tendo conseguido mais da metade dos votos válidos	Eleição para prefeito com quatro candidatos 1 milhão de votos válidos **Candidato A – 400 mil votos (maioria dos votos válidos)** **Candidato B – 300 mil votos** Candidato C – 200 mil votos Candidato D – 100 mil votos **Candidato A não conseguiu mais de 50% dos votos válidos** Os candidatos A e B precisariam disputar o **segundo turno**

– O significa "voto válido"?

Não são computados os votos brancos e nulos. Esses votos são inválidos.

– Eu achei que se mais da metade das pessoas votassem em branco ou nulo, haveria outra eleição.

Isso não acontece, pois somente se consideram os votos válidos. Ou seja: não adianta nada anular o voto para tentar forçar outra eleição.

60. NICOLAU, Jairo. *Op. cit.*, p. 17.

MITO (MENTIRA)
Votos brancos e nulos anulam uma eleição
Apenas os votos válidos são considerados

Há mais coisas que podemos concluir até o momento:

REFLEXÕES SOBRE O SISTEMA MAJORITÁRIO (MAIS APLICÁVEIS AO EXECUTIVO)

Algumas consequências do sistema de um turno	Algumas consequências do sistema de dois turnos
No sistema de um único turno a "tendência é que menos candidatos concorram, pois os partidos têm apenas uma disputa para negociar as alianças, e os eleitores utilizem com mais frequência o voto útil (deixar de votar no candidato preferido para votar em outro com mais chance de vitória)[61]"	"No sistema de dois turnos, mais candidatos concorrem no primeiro turno, pois há possibilidade de que alianças sejam feitas entre o primeiro e segundo turno, e menos eleitores tendem a utilizar o voto útil"[62]
Há uma tendência de haver menos partidos concorrendo isoladamente, pois há apenas uma chance para o sucesso	Há uma tendência de haver mais partidos concorrendo, pois, caso não consigam a vitória no primeiro turno, os partidos perdedores podem buscar alianças com um dos partidos ou coligações que irão disputar o segundo turno
Os partidos não podem, depois, apoiar outros candidatos ou partidos, pois não haverá outro turno	Há uma tendência de haver menos coligações
Há uma tendência maior para coligações	Há uma tendência a um menor uso do "voto útil"
Há uma tendência maior para o chamado "voto útil", pois os eleitores não terão uma segunda oportunidade de escolha	Os eleitores tendem a arriscar mais, votando em candidatos menos conhecidos, pois sabem que talvez tenham uma nova oportunidade de votar no segundo turno

4.3.1. O sistema distrital

Alguns chamam de "sistema distrital" aquele no qual o sistema majoritário é utilizado para os cargos do legislativo.[63]

61. NICOLAU, Jairo. Op. cit., p. 9.
62. NICOLAU, Jairo. Op. cit., p. 9.
63. GOMES, José Jairo. Op. cit., p. 179.

– Então, a nossa eleição para o senado seria no sistema distrital?

Se considerarmos o distrito eleitoral para a eleição de senadores coincidente com os limites territoriais do estado, sim.

Mas há quem defenda a utilização do sistema majoritário para os demais cargos do legislativo: deputados e vereadores. Isso ocorreria pelo sistema distrital.

– Como seria?

Uma das formas de aplicar isso seria **dividindo estados e municípios em vários distritos em número equivalente às vagas a serem preenchidas**.

Assim, por exemplo, se em determinado município, o número de vagas para a Câmara de Vereadores é de 15, essa cidade seria dividida em 15 distritos e seria eleito, para cada distrito, um vereador pelo sistema majoritário.

– Parece bem simples. Mas quais os critérios para se dividir um estado ou município em distritos? E qual o tamanho desse distrito? E quem mora em um distrito, mas prefere um candidato que se candidatou para outro? Na verdade, não estou mais achando tão simples.

Para tentar evitar algumas das questões que você levantou, já se pensou também na aplicação, no Brasil, do chamado sistema distritão.[64]

No **sistema distritão**, os parlamentares seriam escolhidos por maioria simples e não haveria a divisão dos estados e municípios em pequenos distritos. Cada estado e cidade seria um grande distrito e os candidatos ao legislativo seriam eleitos pelo sistema majoritário.

– Parece mais simples.

Sim. É um sistema simples de entender, mas, mesmo assim, ele enfrenta severas críticas.

A principal delas é que, no sistema majoritário, os eleitores consideram, primeiramente, os candidatos, e não os seus partidos.

64. Isso foi cogitado, por exemplo, na Proposta de Emenda à Constituição 125/11.

Para o legislativo, que necessita de um espelhamento da diversidade social e de agendas nas casas legislativas, a aplicação do sistema distrital ou distritão pode comprometer o pluralismo político, fundamento de nossa democracia.

– Mas a eleição para o senado não é pelo sistema majoritário?

Sim. Isso ocorre porque a magnitude é 1 ou 2 nas eleições para o senado. Não é possível, com essa magnitude, dividir proporcionalmente as cadeiras paras os diversos partidos existentes.

– Faz sentido. Acho que entendi. Mas eu precisaria entender o sistema proporcional para chegar a uma conclusão.

Vamos resolver isso agora.

4.4. O sistema proporcional: aplicado para os demais casos

CARGOS	SISTEMA ELEITORAL UTILIZADO
Deputado estadual Deputado federal Deputado distrital Vereador	Sistema Proporcional

O sistema proporcional, ao contrário do que possa parecer, é simples de entender e é utilizado no Brasil para os cargos de vereador e deputados estaduais, federais e distritais.

– Mas qual a razão desse nome?

Nesse sistema, **os partidos recebem cadeiras nas casas legislativas proporcionalmente ao número de votos que obtiveram**.

Os partidos com mais votos recebem mais cadeiras, mesmo que os seus candidatos, individualmente, não recebam tantos votos assim.

– Não entendi mais nada.

Precisamos compreender as eleições proporcionais em algumas etapas:

Momento da escolha	**O eleitor, ao votar, realiza duas escolhas:** • Partido Político • Candidato indicado por esse partido político **O eleitor pode escolher apenas o partido político**
Momento da totalização	Primeiro, determinam-se quais partidos conseguiram vagas no legislativo e quantas vagas conseguiram A seguir, determinam-se quais candidatos desse partido ocuparão as vagas

4.5.1. Momento da escolha: indicando um partido e um candidato

Nas eleições pelo sistema proporcional, o eleitor vota apenas uma vez, mas realiza, ao mesmo tempo, duas escolhas.

SISTEMA PROPORCIONAL – UM VOTO, DUAS ESCOLHAS

Primeira escolha	**Um partido político**
	Qual partido eu quero que tenha representação na casa legislativa? Dentre as várias opções de agenda política disponíveis, qual é interessante para mim?
Segunda escolha	**Um candidato**
	Dentro do partido que escolhi, qual o candidato de minha preferência? Se o eleitor não quiser escolher nenhum candidato específico, pode votar apenas na legenda, ou seja, o eleitor pode realizar, apenas, a primeira escolha **Mesmo que o eleitor vote no seu candidato sem pensar no partido desse candidato, ainda assim, o seu voto ajudará aquele partido a atingir o quociente eleitoral**

– Professor, não entendi. Mas o eleitor vota em apenas um número.

Exato, mas os **dois primeiros números** dos candidatos a vereador e deputado estadual e federal correspondem ao **número da legenda partidária desse candidato.**

– Que curioso! Então, é por isso que muitos candidatos possuem os dois números iniciais iguais.

Isso mesmo.

> – Espera. Deixa ver se eu entendi!
>
> Quando eu voto em um vereador de número XXZZZ, por exemplo, eu estou votando no candidato XXZZZ e, ao mesmo tempo, no partido XX.

Isso.

E lembre-se que, nesse caso, você também pode votar apenas no partido XX. É o voto de legenda.

> – Mas e se eu quiser votar apenas no meu candidato, e não no partido dele?

Isso não é possível. Quando você vota no seu candidato, automaticamente estará votando, também, no partido ao qual ele pertence.

Mesmo que você só pense no seu candidato, ele só será eleito se o partido dele conseguir determinada quantidade de votos. Veremos isso no passo seguinte.

4.5.2. Totalização parte 1: determinando quais partidos possuem direito às vagas

Para determinar quais partidos conseguirão alguma vaga no legislativo, é importante saber a magnitude da eleição.

> – Quantas cadeiras devem ser preenchidas!

Exato! **A partir disso, encontra-se o quociente eleitoral, dividindo-se o número de votos válidos pelo número de vagas a preencher.**[65]

O quociente eleitoral é o valor, em votos, de cada vaga.

> – Entendi. Fica muito fácil pensando dessa maneira...

Confira:

65. Art. 106 do Código Eleitoral: "Determina-se o quociente eleitoral dividindo-se o número de votos válidos apurados pelo de lugares a preencher em cada circunscrição eleitoral, **desprezada a fração se igual ou inferior a meio, equivalente a um, se superior**".

QUOCIENTE ELEITORAL (QE)

QE = Número de votos válidos / Número de vagas a ocupar A fração é desprezada, se igual ou inferior 0,5; e equivale a 1, se superior.
O quociente eleitoral indica quantos votos válidos um partido precisa atingir para conquistar uma vaga Não se consideram os votos em branco ou nulo
Exemplo: Eleição para ocupar 9 cadeiras na Câmara de Vereadores Votos válidos: 4.908 (não considerados brancos ou nulos) **QE = 4908 / 9 = 545,33** **Quociente Eleitoral = 545 (fração desprezada)** **Isso significa que:** Para um partido conseguir uma cadeira, deve ter conseguido, pelo menos, 545 votos.

– Entendi. E os votos que o partido consegue são aqueles dados pelos eleitores, quando escolheram seus candidatos e, também, pelos eleitores que votaram apenas na legenda.

Isso mesmo!

Os votos apenas de legenda também integram essa conta. Na verdade, muitos candidatos conseguem uma vaga justamente por causa dos votos de legenda que aumentam a possibilidade de um partido obter cadeiras no legislativo.

4.5.3. Totalização parte 2: determinando quantas vagas o partido terá direito

Para saber quantas cadeiras um partido terá direito, basta dividir o **número de votos que esse partido conseguiu pelo quociente eleitoral.**[66]

– Faz sentido. Se o quociente eleitoral é o "valor" de cada cadeira, para saber quantas cadeiras cada partido terá direito é só saber "quanto", em votos, cada um possui. Daí faz a divisão acima.

66. Art. 107, do Código Eleitoral (Lei 4.737/65): "Art. 107. Determina-se para cada partido o quociente partidário dividindo-se pelo quociente eleitoral o número de votos válidos dados sob a mesma legenda, **desprezada a fração**" (com redação dada pela Lei 14.211/2021).

Isso mesmo. É o quociente partidário.

QUOCIENTE PARTIDÁRIO (QP)
QP = $\frac{\text{Número de votos válidos do partido}}{\text{Quociente eleitoral}}$ A fração sempre é desprezada.
O quociente partidário indica quantas cadeiras determinado partido terá direito
O número de votos válidos do partido considera: Os votos recebidos pelos candidatos indicados por aquele partido e Os votos dados apenas nas legendas

Eis o exemplo:

EXEMPLO PRÁTICO PARA DETERMINAÇÃO DE QUOCIENTE PARTIDÁRIO (QP)		
Eleição para ocupar 9 cadeiras na Câmara de Vereadores Total de votos válidos: 4.908 **QE = 545** Partidos concorrentes:		
Partido A 2.563 votos	**Partido B** 2000 votos	**Partido C** 345 votos
QP=2.563/545 **QP=4,7** A fração é desprezada	**QP=2.000/545** **QP=3,6** A fração é desprezada	**QP=345/545** **QP=0,6** A fração é desprezada
4 vagas	**3 vagas**	**0 vaga**
Vagas ocupadas por QP: 7 **Vagas restantes: 2 vagas**		

– Mas não são 9 vagas a ocupar? Sobraram duas ali. Como faz agora?

Agora vem a parte complicada.

Eu preciso fazer um cálculo que vou chamar de "determinação de média". Quando eu fizer isso, o partido com maior média leva uma das vagas restantes.

Veja:

DETERMINAÇÃO DA MÉDIA

Divide-se o número de votos válidos atribuídos a cada partido pelo número de lugares por ele obtido, somado ao número 1

Isso resultará em uma média

O partido que apresentar a maior média leva o próximo lugar, desde que possua candidato que atenda à exigência de votação nominal mínima[67], a ser visto no próximo tópico.

▸ **Atenção: podem concorrer a essa distribuição das sobras "todos os partidos que participaram do pleito, desde que tenham obtido pelo menos 80% (oitenta por cento) do quociente eleitoral, e os candidatos que tenham obtido votos em número igual ou superior a 20% (vinte por cento) desse quociente"[68]**

– Ai, ai! Achei que era mais fácil. Exemplo, please!

Veja:

CÁLCULO DE MÉDIA

Partido A 2.563 votos	**Partido B** 2000 votos	**Partido C** 345 votos
Lugares obtidos:4 Média = (2.563)/(4+1) **Média = 512,60**	Lugares obtidos:3 Média = (2.000)/(3+1) **Média = 500**	Partido não participa, pois não obteve 80% do quociente eleitoral. QE = 545 80%=436
Maior média	Menor média	
▸ **A primeira vaga restante é do Partido A**		

– Mas ainda temos outra vaga sobrando.

Basta repetir tudo, lembrando que é preciso, agora, incluir a vaga obtida pelo partido A na conta. Veja:

67. De acordo com o art. 109, do Código Eleitoral (Lei 4.737/65), a partir da decisão dada na ADI 5420.
68. Código Eleitoral (Lei 4.737/65), art. 109, § 2º (conforme alteração da Lei 14.211/2021).

CÁLCULO DE MÉDIA

Partido A 2.563 votos	**Partido B** 2000 votos	**Partido C** 345 votos
Lugares obtidos:5 Média = (2.563)/(5+1) **Média = 427,17**	Lugares obtidos:3 Média = (2.000)/(3+1) **Média = 500,00**	Partido não participa, pois não obteve 80% do quociente eleitoral. QE = 545 80%=436
Menor média	**Maior média**	
▶ **A vaga restante é do Partido B**		

– Mas, professor, parece que o partido que não atingiu aquele percentual do quociente eleitoral nunca vai conseguir vaga.

Em algumas situações, ele consegue sim. Mas é preciso lembrar o que vimos lá em cima. Para participar da distribuição das vagas remanescentes, o partido deve ter obtido, pelo menos, 80% do quociente eleitoral e os candidatos, número de votos em número igual ou superior a 20%.

No nosso exemplo, partidos com pelo menos 436 votos e candidatos com 109 ou mais votos.

– E se nenhum partido conseguiu o quociente eleitoral?

Nesse caso, aplica-se o art. 111 do Código Eleitoral (Lei 4.737/65):

> **Art. 111. Se nenhum partido alcançar o quociente eleitoral, considerar-se-ão eleitos, até serem preenchidos todos os lugares, os candidatos mais votados.**

4.5.4. Totalização parte 3: determinando quais candidatos do partido que obteve vagas as ocuparão

Já sabemos quais partidos terão cadeiras e quantas. Agora, vamos ver quais candidatos irão ocupá-las.

– Agora é fácil. Se um partido ganhou, por exemplo, 3 vagas, leva aqueles seus candidatos que conseguiram mais votos.

É quase por aí. Veja que há uma coisa interessante.

Quem escolhe qual candidato ocupará a cadeira conquistada pelo partido é o povo, a partir dos candidatos mais votados daquele partido.[69]

Mas há um pequeno detalhe. Para conquistar a vaga, há a exigência de uma votação mínima pelo candidato.

– Por qual motivo isso acontece?

Para evitar pessoas eleitas com votação inexpressiva.

Isso acontecia quando um partido tinha um candidato com votação muito elevada e acabava levando outros com votação irrisória.

– E qual é essa votação mínima?

Veja:

VOTAÇÃO MÍNIMA PARA O CANDIDATO

Para que o candidato tenha direito a uma cadeira conquistada pelo seu partido, é preciso que ele consiga uma quantidade mínima de votos: pelo menos 10% do quociente eleitoral.

Veja o art. 108 do Código Eleitoral (Lei 4.737/65):

Art. 108. Estarão eleitos, entre os candidatos registrados por um partido que tenham obtido votos em número igual ou superior a 10% (dez por cento) do quociente eleitoral, tantos quantos o respectivo quociente partidário indicar, na ordem da votação nominal que cada um tenha recebido.[70]

- **Exemplo:** Se em uma eleição o quociente eleitoral é de 5.000 votos e um partido com 15.000 votos conseguiu 3 vagas, ocuparão essas vagas os candidatos com votação igual a superior a 10% do quociente eleitoral, ou seja, os candidatos com 500 ou mais votos. Os mais votados nessa condição ocuparão essas 3 vagas.

– Ufa, acho que entendi.

Mas, com certeza, há casos com mais continhas do que essas desses exemplos que o professor apresentou.

69. Código Eleitoral (Lei 4.737/65), artigos 108 e 109, § 1º.
70. Conforme alteração da Lei 14.211/2021.

Sim, sim.

Felizmente, os sistemas de totalização elaborados pelo Tribunal Superior Eleitoral, com a fiscalização dos Partidos, Ministério Público e outros entes, levam em consideração esses parâmetros legais para o cálculo do resultado apresentado na eleição.

– Mas será que dá para confiar?

Cabe a você descobrir, pois agora já sabe como questionar isso.

Quem realiza as eleições no Brasil?

5. JUSTIÇA ELEITORAL BRASILEIRA

5.1. A Justiça Eleitoral

No Brasil, quem planeja as eleições é um órgão do Poder Judiciário. Confira:

CONSTITUIÇÃO FEDERAL /1988
Art. 92. São órgãos do Poder Judiciário: **V - os Tribunais e Juízes Eleitorais**
▶ **A Justiça Eleitoral é mantida com recursos da União**

– Isso eu acho que já sabia. Mas qual a relevância prática de se saber que ela é mantida com recursos da União?

Boa observação. **A Justiça Eleitoral possui natureza federal.** Confira:

CONSEQUÊNCIAS PRÁTICAS RELEVANTES DECORRENTES DA NATUREZA FEDERAL DA JUSTIÇA ELEITORAL[1]
Seus servidores são federais e se submetem à Lei 8.112/90, que trata do regime jurídico dos servidores públicos federais
Em matéria criminal, os inquéritos para apurar crimes eleitorais são conduzidos pela Polícia Judiciária Federal
Os juízes e os promotores eleitorais recebem da União as gratificações pelo exercício de suas funções na área eleitoral

1. A partir dos apontamentos de José Jairo em: GOMES, José Jairo. Op. cit., p. 95.

– Espera, professor... Não entendi. Juízes e promotores recebem gratificação? Quanto é?

Sim, recebem. Como não há uma carreira específica de magistrados e promotores eleitorais, eles são convocados de outros órgãos e são remunerados por isso. O valor pode ser encontrado nos *sites* oficiais dessas carreiras. Você é curiosa, né?

– Claro! Preciso saber, afinal de contas, para onde vão os nossos impostos. Vou procurar essa informação.

Certo. Mas vamos adiante. Veja o quadro abaixo:

SOBRE O JUDICIÁRIO ELEITORAL
Não há um corpo próprio de juízes eleitorais
No **primeiro grau de jurisdição, juízes estaduais** assumem a função eleitoral
Nos Tribunais Regionais Eleitorais e no Tribunal Superior Eleitoral, **convocam-se magistrados de outros tribunais** e membros da advocacia

INTEGRANTES DO TSE (SETE, NO TOTAL)	INTEGRANTES DO TRE (SETE, NO TOTAL)
Três juízes, dentre os Ministros do Supremo Tribunal Federal Dois juízes, dentre os Ministros do Superior Tribunal de Justiça Dois juízes da advocacia	Dois juízes, dentre os desembargadores do Tribunal de Justiça Dois juízes estaduais Um juiz do Tribunal Regional Federal com sede na capital do estado ou no Distrito Federal, ou, não havendo, de juiz federal Dois juízes da advocacia
▸ **Veja detalhamentos em tópicos seguintes**	

– Nossa, que confusão... É uma composição muito diversa!

A Justiça Eleitoral possui papel relevantíssimo na concretização dos pleitos, mas é importante salientar, desde já, que, na verdade, **a sociedade é a grande protagonista na realização das eleições**.

– Claro, né? São as pessoas que votam e se candidatam...

Sim. Isso é relevante. Mas não estou falando disso.

Quem coloca a mão na massa no momento de realização das eleições é o próprio povo.

– Agora me atrapalhei. Será que o professor já falou sobre isso e não me lembro? Como assim?

As eleições não seriam possíveis sem os mesários e toda a equipe de apoio às eleições. Essas funções são desempenhadas por integrantes do povo.

Mas vou abrir capítulo apenas para conversar sobre isso.

– Eu, realmente, sei que existem mesários, mas nunca refleti sobre o assunto nessa perspectiva. Pensando bem, quem faz as eleições são eles!

Por enquanto, vamos focar apenas na Justiça Eleitoral. Depois, falamos mais desses outros atores importantes do processo eleitoral. Mas, guarde essa informação desde agora:

O POVO COMO PROTAGONISTA NA REALIZAÇÃO DE ELEIÇÕES
A Justiça Eleitoral confere todos os meios possíveis para que o próprio povo realize as eleições
▶ Sem os mesários, as eleições não seriam possíveis

5.1.1. Uma ferramenta de consulta importante: os sites da Justiça Eleitoral

– Nossa... mais de cinco mil reais!

Não entendi.

– A gratificação para magistrados e promotores. Achei aqui.[2]

Você ainda estava procurando isso. Vamos adiante! Bem pensadas as coisas, a Justiça Eleitoral é essencial para a manutenção da nossa Democracia.

2. BRASIL. TRE-CE. Disponível em: <https://www.tre-pe.jus.br/transparencia-e-prestacao-de-contas/relatorios-cnj/recursos-humanos-e-remuneracao-1/gratificacoes-eleitorais >. Acesso em 28 out. 2021.

– Puxa vida... Será que não há um pouco de exagero nisso?

Em 2012, a Justiça Eleitoral, fundada em 1932, completou 80 anos.[3] Veja esta manchete veiculada pelo próprio Tribunal Superior Eleitoral em seu *site*:

> **Notícia:** "80 anos da Justiça Eleitoral: TSE consolida-se como o Tribunal da Democracia".[4]

– Nossa... O Tribunal da Democracia!

Citar o *site* do TSE me lembrou de deixar aqui uma dica superimportante para qualquer pessoa que queira atuar na esfera eleitoral: consultar e acompanhar os endereços eletrônicos institucionais da Justiça Eleitoral.

O *site* do Tribunal Superior Eleitoral e os *sites* dos Tribunais Regionais Eleitorais.

Basta digitar, por exemplo: www.tse.jus.br/

– Professor, desculpa, mas é só colocar TRE ou TSE em sites de buscadores que já encontramos esses endereços, né?

...Exato. Eu ia justamente dizer isso. Nesses *sites* da Justiça Eleitoral, há informações relevantes. Veja os principais temas que podem ser consultados por lá:

3. Não faremos uma abordagem histórica da Justiça Eleitoral Brasileira. Sobre o tema, indicamos: CÂNDIDO, Joel J. *Direito eleitoral Brasileiro.* 14ª ed. Bauru, SP: EDIPRO, 2010, capítulo I, com uma explanação da evolução da legislação eleitoral no Brasil, desde o período colonial. Outro bom apanhado histórico sobre a evolução do sistema eleitoral Brasileiro, desde o período imperial, foi realizado por Manoel Carlos de Almeida Neto: ALMEIDA NETO, Manoel Carlos de. *Direito eleitoral regulador.* 1 ed. São Paulo: editora revista dos Tribunais, 2014, parte 1.
4. TSE. Disponível em: <https://www.tse.jus.br/imprensa/noticias-tse/2012/Fevereiro/80-anos-da-justica-eleitoral -tse-consolida-se-como-o-tribunal-da-democracia?SearchableText=tribunal%20da%20democracia>. Acesso em: 9 mar. 2021.

PRINCIPAIS TEMAS PARA CONSULTA NOS SITES DA JUSTIÇA ELEITORAL	
Tema	**Exemplo de serviços**
Eleitor	**Certidões**, estatística de eleitorado, alistamento, ouvidoria
Eleições	Informações gerais como dados sobre segurança dos sistemas, urnas, logística de eleições, **calendário das eleições, resultados**, estatísticas
Partidos políticos e filiações	**Situação partidária**, partidos em formação, dados dos diretórios, prestação de contas, filiações partidárias, **certidões**
Jurisprudência e súmulas	**Julgados e enunciados de súmula**
Legislação	**Normas eleitorais, incluindo as diversas resoluções**
Acompanhamento de processos	**Consulta e acompanhamento processual**
▶ **Nos sites da Justiça Eleitoral, há abas e *links* específicos para todos esses temas**	

– Que interessante! Normalmente, nós consultamos as páginas de internet dos tribunais para verificar jurisprudência ou processos.

Mas, aqui, parece que há mais coisas: eleições, eleitor, partidos e até a legislação!

Isso mesmo. Que bom que percebeu isso.

Eis uma prova importante, para além do que falam em livros, do seguinte: **a Justiça Eleitoral não se preocupa apenas com a parte jurisdicional tradicional: processos para resolver problemas. Ela exerce diversas outras funções.**

5.2. Função administrativa e função jurisdicional: preparando e realizando uma eleição

– Cinco mil é muito, né? Mas eu sou estagiária. Cinco mil para nós é uma fortuna.

Você vai parar de pensar nisso?

– Já sei! Foco... Desculpa.

A Justiça Eleitoral cuida das eleições. Mas, afinal, o que é preciso para se realizar uma eleição? O que vem na sua mente sobre isso?

– Urna, eleitores, candidatos, contar votos... Urnas... Eleitores, apuração... Candidatos, partidos. Acho que é por aí.

Perfeito. Observe abaixo. Talvez você tenha esquecido de algo.

TEMAS RELACIONADOS ÀS ELEIÇÕES

Quem vai concorrer?	Candidatos
Como o pluralismo político repercute nas eleições?	Filiação partidária Participação dos partidos, federações partidárias[5] e coligações
Como as ideias dos participantes serão veiculadas na campanha?	Propaganda eleitoral, incluindo Horário Eleitoral Gratuito
Quem irá bancar a campanha dos candidatos?	Fundo Partidário Fundo Especial de Financiamento de Campanha Prestação de contas
O que precisamos, de concreto, para realizar eleições?	Locais de votação Urnas eletrônicas Mesários e demais auxiliares Apuração e totalização Diplomação dos eleitos
Como evitar e combater abusos na campanha?	Ações cíveis e penais eleitorais

– E a Justiça Eleitoral precisa se preocupar com tudo isso?

Não apenas a Justiça Eleitoral, mas **todos os que estudam e atuam na seara eleitoral**. Você acha que é possível uma eleição regular sem algum dos aspetos acima?

– Espera... vou ler aqui novamente: alistamento, candidatos, partidos, coligações, prestação de contas, propaganda, mesários, apuração etc. etc. Acho que não.

Então, se me perguntarem as funções da Justiça Eleitoral, devo dizer tudo o que foi mencionado acima? Parece que os cinco mil reais estão justificados.

É possível organizar essas ideias que apresentei.

5. A Federação partidária é uma novidade inaugurada pela Lei nº 14.208, de 2021, que alterou a Lei dos Partidos Políticos. Veremos isso no tópico de Partidos Políticos.

– Adoro!

Já é lição batida que cada um dos Poderes do Estado (Legislativo, Executivo e Judiciário) exerce uma função principal, chamada de função típica.

– Já sei! O legislador, cria leis; o Poder Executivo, administra e o Poder Judiciário julga os problemas que surgem.

Exato. Além disso, cada um dos Poderes acima exerce, de forma excepcional (ou atípica), outra função. O Legislativo, por exemplo, desempenha atos administrativos, quando realiza licitações ou promove seus servidores.[6]

– Então, por essa lógica, o Judiciário também realiza ações diferentes de julgar, né?

Sim, mas excepcionalmente.

A Justiça Eleitoral é bem diferente de todas as demais funções estatais.

– Explica, por favor! Não esquece dos exemplos...

Diferentemente do Judiciário não eleitoral, cuja função principal, ou típica, é jurisdicional, **a Justiça Eleitoral possui, como função principal, atribuições jurisdicionais e administrativas. Além disso, ainda é possível falar de duas outras funções: normativa e consultiva.**

– Administrativa, eu acho que sei: a Justiça Eleitoral cuidas das urnas, locais de votação, cadastro dos eleitores e logística de eleição.

Jurisdicional, também acho que entendi: é a preocupação com os processos para combater, por exemplo, abusos na campanha.

A função normativa, acho que já vimos quando estudamos fontes do Direito Eleitoral.

Não entendi a função consultiva.

6. MELLO, Celso Antônio Bandeira de. *Curso de direito administrativo.* 33 ed. São Paulo: Malheiros, 2016, p. 33.

Mas nem precisa se preocupar, é fácil. Vamos consolidar o que vimos até aqui, complementando com algumas coisas, e depois eu explico o que faltou.

ATIVIDADES TÍPICAS DA JUSTIÇA ELEITORAL: PREPARANDO E REALIZANDO UMA ELEIÇÃO

Atividades relacionadas ao eleitor
Administração do Cadastro Eleitoral
Atividades relacionados aos partidos políticos
Criação de partidos Manutenção do banco de dados dos partidos políticos e filiados para consulta pública Análise das prestações de contas anuais dos partidos políticos Controle das filiações partidária para evitar dupla militância
Atividades relacionadas diretamente às eleições
Logística prévia para a realização das eleições Realização das eleições: locais de votação, mesários, urnas, registro de candidatos, apuração Prestação de contas da arrecadação e gastos de campanha Processamento das ações penais eleitorais Análise dos processos que surgem durante a corrida eleitoral, como aqueles que combatem propaganda irregular e demais ilícitos (AIRC, AIJE, AIME, Representações etc.)
Atos normativos
Edição de resoluções para adaptar a legislação eleitoral à realidade de cada eleição
Exercício de função consultiva
Responder a consultas sobre temas pertinentes em matéria eleitoral formuladas, em tese, por alguns sujeitos que a lei determina

– Eu estava entendendo tudo. Agora complicou outra vez. Acho que lembro dessas AIJE e AIME. Mas não sei o que são AIRC e Representações... Acho que não estou mais aprendendo. Quando eu leio o livro do Prof. Mozart eu entendo tudo! ☹

Calma!

Eu apontei tudo isso para quando você estiver lendo o quadro acima como revisão. Ainda veremos melhor cada ponto desses, inclusive essas siglas. Em todo o caso, não vamos demorar neste tema das funções administrativa e jurisdicional, pois veremos muita coisa sobre isso ao longo de nossas conversas. Vamos às demais funções.

5.3. Função normativa da Justiça Eleitoral

Já vimos essa função normativa quando estudamos as fontes do Direito Eleitoral, lembra?

– Sim, lembro sim...

Perfeito. Então, vamos adiante!

– Nem precisava ter aberto este tópico, né, professor?

É apenas para mostrar ao leitor em qual local do livro ele deve procurar esse assunto.

– ☺

5.4. Função consultiva da Justiça Eleitoral

Por vezes, quando a Justiça Eleitoral adapta a legislação eleitoral para uma eleição específica, acaba esquecendo de algo. Como a eleição é dinâmica e com muitos detalhes, para evitar ações futuras, permite-se, excepcionalmente a alguns sujeitos, uma consulta aos Tribunais Eleitorais sobre pontos relacionados às eleições.

– Exemplo, please!

Sabia que ia dizer isso. Você vai se interessar nesse caso, acho.

EXEMPLO DE CONSULTA

Para cada eleição, do número de candidatos que cada partido pode indicar para concorrer, deve ser respeitado o mínimo de 30% (trinta por cento) e o máximo de 70% (setenta por cento) para candidaturas de cada gênero.[7] Isso ocorre para evitar que apenas candidatos de um gênero tenham chance.

Em 2018, houve uma consulta relacionada a esse tema.

Imagine que determinado partido indicasse, por exemplo, 40% de candidatas mulheres. A dúvida era se tal agremiação era obrigada a destinar 40% do tempo de propaganda de rádio e televisão que teria direito para essas candidatas.[8]

– Mas isso é óbvio! Como elas iriam divulgar suas campanhas sem o tempo na propaganda eleitoral na televisão? Cada coisa, viu...

7. Lei das Eleições (9.504/97), art. 10, §3º.
8. TSE. Consulta 0600252-18.2018.6.00.0000.

Pois é. A resposta foi nesse sentido e isso acabou repercutindo nas resoluções futuras.[9]

– É cada uma! Precisava nem perguntar. Aliás, esse percentual está baixo. Apenas 30%... Será que só 30% da população é mulher no Brasil?

Foco! Vamos falar muito sobre isso ainda.

Acho que entendeu essa função consultiva.

A Jurisprudência do Tribunal Superior Eleitoral entende o seguinte: "**O conhecimento de consulta no TSE está condicionado à presença cumulativa de três requisitos: (i) pertinência do tema (matéria eleitoral), (ii) formulação em tese e (iii) legitimidade do consulente**".[10]

– Quem são esses legitimados? Qualquer um do povo?

Vamos resumir logo tudo sobre o tema:

FUNÇÃO CONSULTIVA
A resposta à consulta não possui força vinculativa **Requisitos cumulativos:** (i) pertinência do tema (deve ser sobre matéria eleitoral) (ii) formulação em tese (ou seja, sem relação a algum caso concreto) (iii) legitimidade do consulente
A consulta pode ser feita perante o Tribunal Superior Eleitoral e perante o Tribunal Regional Eleitoral
O juiz Eleitoral não pode responder a consultas
Quem pode realizar consulta? **Se a consulta for perante o TSE:** autoridade com Jurisdição Federal ou Órgão Nacional de Partido Político (art. 23, XII, do Código Eleitoral) **Se a consulta for perante o TRE:** autoridade pública ou partido político (art. 30, VIII, Código Eleitoral)

9. Veja, por exemplo, esse parágrafo de um artigo da resolução sobre propaganda eleitoral para as eleições de 2020: Art. 77, § 1º: A distribuição do tempo de propaganda eleitoral gratuita no rádio e na televisão para as candidaturas proporcionais deve observar os percentuais mínimos de candidatura por gênero estabelecidos no art. 10, § 3º, da Lei nº 9.504/1997 (vide ADI nº 5617 e Consulta TSE nº 0600252-18.2018).
10. TSE. Consulta 0600252-18.2018.6.00.0000.

5.5. Atividades atípicas da Justiça Eleitoral

Eis mais atividades da Justiça Eleitoral.

ALGUMAS ATIVIDADES ATÍPICAS DA JUSTIÇA ELEITORAL	
Empréstimo de urnas eletrônicas para a sociedade	Esse projeto também é conhecido como Eleições Parametrizadas e tem como objetivo popularizar o uso e a confiabilidade das Urnas Eletrônicas[11] A resolução que trata desse empréstimo é a Res. TSE 22.685/2007
O Tribunal Superior Eleitoral e os Tribunais Regionais Eleitorais desenvolvem uma série de campanhas de debate e conscientização sobre a importância da participação feminina na política[12]	**"Com especial atenção aos números de uma representatividade que cresce a passos lentos a cada eleição e, mais do que isso, a quem está por trás desses números, o Tribunal Superior Eleitoral (TSE) tem, nos últimos anos, se posicionado de forma decisiva na luta por mais mulheres na política no Brasil"[13]**
Participação política dos jovens	Vários Tribunais Eleitorais desenvolvem projetos de conscientização dos jovens sobre temas políticos e de participação jovem na política, com o incentivo de alistamento eleitoral dos menores de 18 e maiores de 16

– Gostei dessa parte de participação feminina!

Eu sei. Na verdade, eu abri este tópico em sua homenagem. Vamos adiante!

---

11. "A Eleição parametrizada foi um empreendimento idealizado em 1997, pela equipe técnica do Tribunal Superior Eleitoral. Tem a finalidade de treinar mesários, eleitores e corpo técnico da Justiça Eleitoral, fora da época de eleições, e fazer a divulgação do equipamento – a Urna Eletrônica e o Sistema Web – além de colocar à disposição do contribuinte um sistema de eleição comprovadamente rápido, seguro e imune a fraudes. [...] A Eleição parametrizada é uma forma rápida, segura e eficiente de planejar e executar uma eleição, utilizando a urna eletrônica com os parâmetros de uma eleição não oficial, fazendo assim, a divulgação e a interação do eleitor com o voto eletrônico, além do exercício e consolidação da cidadania". BRASIL. TRE-DF. Eleições Parametrizadas. Disponível em: <https://www.tre-df.jus.br/eleicoes/eleicoes-parametrizadas >. Acesso em: 22 jul. 2021.
12. Com uma análise ampla sobre a participação feminina na política, indica-se: LAENA, Roberta. *Fictícias: candidaturas de mulheres e violência política de gênero.* Fortaleza: Editora Radiadora, 2020.
13. TSE. Disponível em: <https://www.tse.jus.br/imprensa/noticias-tse/2021/Julho/acoes-do-tse-incentivam-maior-participacao-feminina-na-politica >. Acesso em 22 jul. 2021.

5.6. Generalidades sobre a estrutura da Justiça Eleitoral

Vamos conversar um pouco sobre a estrutura jurisdicional eleitoral.

Veja este quadro comparativo:

COMPARATIVO ENTRE A JUSTIÇA FEDERAL E A JUSTIÇA ELEITORAL

Justiça Comum Federal	Justiça Eleitoral
Vários estados/Distrito Federal se unem para formar uma região judiciária[14]	Cada estado e o Distrito Federal correspondem a uma região judiciária eleitoral
O Brasil é divido em seis regiões judiciárias[15]	O Brasil é dividido em vinte e sete regiões judiciárias eleitorais
Cada uma das regiões é encabeçada por um Tribunal Regional Federal	Cada região eleitoral é encabeçada por um Tribunal Regional Eleitoral
Exemplo	**Exemplo**
▶ Tribunal Regional Federal da 5ª Região abrange os seguintes estados: Alagoas, Ceara, Paraíba, Pernambuco, Rio Grande do Norte, Sergipe	▶ Tribunal Regional Eleitoral do Ceará ▶ Tribunal Regional Eleitoral da Bahia ▶ Tribunal Regional Eleitoral de Minas Gerais

– Entendi. Cada Estado é um Tribunal Regional Eleitoral.

E o Distrito Federal.

– É mesmo. Sempre esqueço.

A Justiça Eleitoral é feita para realizar eleições. Há vários níveis de eleições no Brasil. Veja o quadro:

14. O Tribunal Regional Federal da 6ª Região contará com apenas um estado: Minas Gerais.
15. Após a instalação efetiva do Tribunal Regional Federal da 6ª Região, criada pela Lei 14.226/2021.

Tipo de Eleição	Cargos concorrentes	Competência para registro de candidaturas e representações eleitorais[16]
Eleições municipais	Prefeito e vice Vereadores	Juízes eleitorais
Eleições estaduais[17]	Governador e vice Deputados estaduais	Tribunal Regional Eleitoral
Eleições distritais[18]	Governador e vice do Distrito Federal Deputados (distritais)	TRE do DF
Eleições federais[19]	Deputados federais Senadores	Tribunal Regional Eleitoral
Eleição presidencial	Presidente e vice	Tribunal Superior Eleitoral

– Tenho duas dúvidas.

Temos tantas eleições assim? Não são apenas eleições de dois em dois anos?

Na verdade, temos as eleições municipais e, como as eleições estaduais, federais e a presidencial ocorrem no mesmo dia, essa eleição é chamada de eleição geral.

ELEIÇÕES GERAIS

"Diz-se da eleição realizada simultaneamente em todo o país, abrangendo as de **presidente e vice-presidente da República, governador e vice-governador dos estados e do Distrito Federal, senadores**, e **deputados federais, estaduais, distritais e territoriais**"[20]

Então, na prática, temos:

16. Art. 96, Lei 9.504/97 e art. 89 e incisos, Lei 4.737/65.
17. TSE. Glossário Eleitoral. Disponível em: <https://www.tse.jus.br/eleitor/glossario/termos--iniciados-com-a-letra-e#eleicao-estadual>. Acesso em 18 abr. 2021.
18. TSE. Glossário Eleitoral. Disponível em: <https://www.tse.jus.br/eleitor/glossario/termos--iniciados-com-a-letra-e#eleicao-distrital >. Acesso em 18 abr. 2021.
19. TSE. Glossário Eleitoral. Disponível em: <https://www.tse.jus.br/eleitor/glossario/termos--iniciados-com-a-letra-e#eleicao-federal >. Acesso em 18 mai. 2020.
20. TSE. Glossário Eleitoral. Disponível em: <https://www.tse.jus.br/eleitor/glossario/termos--iniciados-com-a-letra-e>. Acesso em: 18 mai. 2020. (Grifei).

TIPO DE ELEIÇÃO	CARGOS
Eleições Municipais	Escolha de prefeitos, vice-prefeitos e vereadores
Eleições Gerais	Escolha de presidente e vice-presidente da República, governador e vice-governador dos estados e do Distrito Federal, senadores, e deputados federais, estaduais, distritais e territoriais. **Abrange as eleições estaduais, federais e a presidencial**

– Por isso temos eleições a cada dois anos, não é assim?

Perfeito. Há uma alternância entre eleições municipais e eleições gerais.

Qual é a outra dúvida?

– O que são "representações"?

Aos poucos é interessante ir "adiantando" assunto para você ir assimilando mais e mais aspectos do processo jurisdicional eleitoral. Representação é como chamam algumas ações eleitorais. Por exemplo: Representação para combater propaganda eleitoral irregular. Mas veremos tudo isso ao longo de nossas conversas. Se estiver com pressa, pode dar uma "pescadinha" no primeiro capítulo da parte 8 do livro.

– Que curioso... É uma conversa que ainda teremos, mas que eu já posso consultar.

5.7. Juízes Eleitorais e Zonas Eleitorais

5.7.1. Zonas Eleitorais

Você lembra que **cada estado corresponde a um Tribunal Regional Eleitoral**.

– Lembro, sim.

Cada região eleitoral é dividida, geograficamente, em unidades com funções administrativas e jurisdicionais.

– As zonas eleitorais...

A delimitação dessas zonas eleitorais é algo muito relativo.

Há, por exemplo, municípios cuja delimitação geográfica corresponde, exatamente, à delimitação de uma zona eleitoral.

Por vezes, como nas capitais ou cidades maiores, é comum várias zonas eleitorais dentro de um só município.

Cada zona eleitoral, ou ZE, cuida do Cadastro Eleitoral de todos os que possuem **vínculo eleitoral dentro de seus limites territoriais** e cuida também da realização das eleições dentro desse espaço.

ZONA ELEITORAL (ZE)
Possui diversas funções administrativas, como a administração do Cadastro Eleitoral e realização das eleições
Presidida por um juiz eleitoral que é secretariado pelos servidores da ZE

– Vínculo eleitoral é residência ou domicílio, aqueles conceitos do Direito Civil?

Calma, veremos isso no capítulo sobre alistamento.

Mas o conceito de vínculo eleitoral é bem mais abrangente do que o de residência ou domicílio civil.

– Está bem, eu espero.

Então, deixa ver se eu entendi: a circunscrição da zona eleitoral não necessariamente coincide com a circunscrição do município?!

Isso mesmo. Como eu disse, **a partir, principalmente, dos critérios de: quantidade do eleitorado e logística para a realização das eleições ocorre a divisão do estado em zonas eleitorais**.

Veja:

PRINCIPAIS POSSIBILIDADES DE DIVISÃO DO ESTADO EM ZONAS ELEITORAIS

Situação	Exemplo
A circunscrição do município pode coincidir com o limite geográfico da ZE	A 27ª ZE do Ceará abrange todo, e somente, o município do Crato, no Ceará
Uma ZE pode englobar vários municípios	A 104ª ZE de Minas Gerais abrange 4 municípios: Dores do Indaiá, Estrela do Indaiá, Quartel Geral e Serra da Saudade
Um município pode englobar várias zonas eleitorais	O município de Fortaleza possui 17 zonas eleitorais

– Nossa! Então não há mesmo uma relação entre municípios e zonas...

Não mesmo.

– Que bacana o professor falar do Crato, terra da minha mãe e cidade de nascimento do Pe. Cícero. E essas cidades de Minas Gerais com esses nomes tão poéticos!

Foco!

O estado de Minas Gerais possui a maior quantidade de municípios do Brasil, mas possui menos zonas eleitorais do que o Estado de São Paulo, por exemplo.

Veja:

DADOS DE 2021	MUNICÍPIOS	ZONA ELEITORAIS
Minas Gerais	853	351
São Paulo	645	427

Vamos, agora, analisar as funções dos juízes eleitorais por partes.

5.7.2. Atribuições do juiz eleitoral relacionadas ao Cadastro Eleitoral, logística das eleições e partidos políticos

Cada zona eleitoral é presidida por um juiz eleitoral.

– E eu lembro que essa função de juiz eleitoral é desempenhada por um juiz estadual.

Isso mesmo. Veja algumas de suas atividades:

DENTRE OUTRAS ATIVIDADES, O MAGISTRADO ELEITORAL É RESPONSÁVEL
Pelos eleitores com vínculo eleitoral dentro dos limites de sua ZE
Por aspectos práticos (não jurisdicionais) relacionados às eleições nos limites da ZE, como a escolha dos locais de votação, convocação e treinamento dos mesários
▶ **Veremos, a seguir, a possibilidade de divisão de trabalho entre zonas eleitorais pertencentes a um mesmo município**

Não se menciona tanto, mas o juiz eleitoral deve se preocupar com algumas questões relacionadas aos partidos políticos:

JUIZ ELEITORAL E PARTIDOS POLÍTICOS
Resolver as questões relacionados à duplicidade de filiação partidária dos filiados que votam na sua respectiva zona eleitoral
Decidir sobre a prestação de contas anual dos partidos que possuem diretório municipal constituído no respectivo município
▶ **Em municípios com mais de uma zona eleitoral, é preciso verificar se há alguma resolução expedida pelo respectivo Tribunal Regional Eleitoral determinando qual delas será competente para temas como a prestação de contas anuais. Por vezes, há um rodízio entre as zonas do município para tratar do tema**

As atividades relacionadas ao Cadastro Eleitoral e à logística das eleições consomem a maior parte do tempo dos servidores de uma zona eleitoral.

> – Eu achei que eles perdiam tempo apenas com os processos de eleições, como aqueles que combatem a compra de votos.

E o que você acha que uma zona eleitoral faz em ano que não há eleição?

> – Pois é. Eu não refletia sobre isso.
>
> Então, essa conversa de que a Justiça Eleitoral só trabalha de dois em dois anos é mito.

A Justiça Eleitoral fica sob os holofotes da população no ano de eleição. Contudo, em anos não eleitorais, ela está cuidando do Cadastro Eleitoral e se preparando para os pleitos vindouros.

Isso do ponto de vista administrativo, pois vários processos de eleição ainda ficam para serem resolvidos depois do pleito.

Veja o peso deste livro, será que é pouca coisa?

– Mas, professor, o que há tanto para fazer nas organizações de uma eleição?

Calma, *padawan*, veremos isso ainda. Paciência precisa você.

– ☺

5.7.3. Demais atribuições dos juízes eleitorais

– Professor, o que é, afinal, que separa uma atividade jurisdicional de uma atividade administrativa?

Essa pergunta demora para responder.

– Não sabe, basta dizer.

Nossa, que atrevimento!

– Foi mal, professor Minami. Eu estava pensando alto... Ai, que vergonha... Escapou!

Mas a sua pergunta é pertinente e vou responder de maneira simplificada, pensando na utilidade prática da resposta.

A atividade jurisdicional possui, como grande marca, a indiscutibilidade de seus provimentos. De outra forma: a coisa julgada marca a jurisdição.[21]

– Como assim?

21. Isso não significa, como apontou Fredie Didier, que só haverá jurisdição se houver coisa julgada. Contudo, a coisa julgada é característica exclusiva da jurisdição. Em outras palavras: essa definitividade, quando ocorre, apenas é possível na seara jurisdicional. "Só os atos jurisdicionais podem adquirir essa especial estabilidade, que recebe o nome de coisa julgada" (DIDIER JR., Fredie. *Curso de direito processual civil: introdução ao direito processual civil, parte geral e processo de conhecimento.* 19. ed. Salvador: Juspodivm, 2017, p. 185).

Dentre os chamados poderes do Estado: Legislativo, Executivo e Judiciário, é este último quem profere a última palavra.

– Estou quase entendendo.

Uma lei feita pelo legislador pode ser questionada no Judiciário. Uma decisão do administrador público, também.

– E uma decisão do Judiciário não pode ser objeto de recurso?

Sim. Mas esse recurso é apreciado pelo próprio Judiciário e será ele quem dará a última palavra sobre o problema debatido.

– Entendi.

Então, se eu levo uma questão para a Justiça Eleitoral para que ela decida de forma definitiva, eis aqui o exercício de função jurisdicional.

Exato! **Algumas atividades realizadas pela Justiça Eleitoral ainda provocam algum debate sobre o seu enquadramento, se são ou não atividades de cunho jurisdicional ou administrativo.**[22] Mas isso não tem muita importância agora.

– E o que tem importância agora?

Saber quais as principais questões que podem ser levadas ao juiz eleitoral para decisão.

– E não são todos os temas? E como assim as principais? Não vamos ver tudo?

Vamos ver os principais problemas ajuizáveis, pois não é possível antecipar tudo o que pode ser pedido no Judiciário, mesmo em áreas específicas como o Direito Eleitoral.

– Pois me diz o exemplo de uma coisa que nunca se pensou que a Justiça Eleitoral fosse ser chamada a decidir e aconteceu.

Impedir ou não carreata em campanha para evitar transmissão de doença contagiosa.

22. Por exemplo: filiação partidária, registro de candidaturas e prestação de contas.

– Certo...Me convenceu professor. Pode continuar.

Lembre-se de que estamos no tópico sobre Juiz Eleitoral, ou seja, não vamos ver, ainda, o que pode ser ajuizado no Tribunal Regional Eleitoral e nem no Tribunal Superior Eleitoral.

– Entendido...

Em relação ao juiz eleitoral, além das questões relacionadas ao **Cadastro Eleitoral** e de temas como a **logística das eleições no espaço territorial de sua zona eleitoral**, os seguintes assuntos podem ser submetidos a ele:

EXEMPLO DE ATUAÇÕES DOS JUÍZES ELEITORAIS NAS ELEIÇÕES MUNICIPAIS[23]
Decidir sobre o **registro de candidaturas** e as **impugnações a esses registros**
Decidir sobre **ilícitos e abusos na campanha** como a captação ilícita de sufrágio (compra de voto), uso indevido da máquina pública, abusos do poder político, econômico e uso indevido dos meios de comunicação
Decidir sobre as **prestações de contas** e sobre **irregularidades na apuração e gastos** de campanha
Decidir sobre as **irregularidades na propaganda eleitoral**
Decidir sobre os **crimes eleitorais e os comuns que lhe forem conexos**[24]

ATUAÇÃO DOS JUÍZES ELEITORAIS EM QUALQUER TIPO DE ELEIÇÃO
Em qualquer eleição, municipal ou não, **exercer o poder de polícia** relacionado à propaganda eleitoral[25]

JUÍZES ELEITORAIS NA APURAÇÃO E TOTALIZAÇÃO
Presidem a junta eleitoral, órgão colegiado responsável pela apuração e, **eventualmente**, totalização dos votos de seu município

– [...]

Querida aluna, não vai falar nada?

23. Art. 96, Lei 9.504/97 (Lei das Eleições); art. 89, Lei 4.737/65 (Código Eleitoral).
24. Art. 35, II, Lei 4.737/65 (Código Eleitoral).
25. Veja a parte 8 do livro com capítulo específico sobre o poder de polícia em eleições.

– Estou lendo ainda. É muita coisa. O professor não teve poder de síntese.

Nem sempre é possível resumir e nem sempre as informações simplificadas são de qualidade.

Mas pode pensar assim:

O juiz eleitoral deve decidir, em primeira instância, sobre os temas diretamente relacionados às eleições municipais.

– Agora, sim!

Mas veja que há peculiaridades. Aos poucos, vamos elucidá-las.

– Certíssimo.

Mas eu não entendi o final.

O juiz preside a junta eleitoral que "eventualmente" totalizará a eleição de seu município. O professor, inclusive, grifou o "eventualmente"? Mas o resultado não precisa sempre ser totalizado?

Eu grifei para ver se você percebia. Parabéns!

Na verdade, o que vou falar agora se aplica a quase tudo que eu pontuei.

Nem sempre um juiz eleitoral vai decidir sobre todos os temas de uma eleição em seu município.

– Puxa vida, professor... Eu estava entendendo. O professor disse: o juiz decide sobre os temas das eleições municipais. Agora está dizendo que não é assim.

Me lembra o clássico de Ariano Suassuna: fica rico, fica pobre... Fica rico, fica pobre...

Calma, é simples.

Lembra que eu disse que há municípios com mais de uma zona eleitoral?

– Sim.

Em uma cidade, como Juazeiro do Norte, no Ceará, por exemplo, que possui duas zonas eleitorais, o Tribunal Regional Eleitoral do Ceará, previamente, edita resoluções dividindo tarefas entre as duas zonas eleitorais.[26]

Uma zona, por exemplo, pode ficar responsável pelo registro de candidatos e outra pelas representações de propaganda eleitoral.

Nesse caso, mesmo que cada zona eleitoral apure os votos de seus respectivos eleitores, basta que apenas uma delas totalize o resultado do município.

– Estou quase entendendo.

Se um município só possui uma zona eleitoral, então, aquele juiz eleitoral ou aquela juíza eleitoral, sozinho ou sozinha, terá de lidar com tudo relacionado à eleição municipal.

– Certo. E finalmente lembrou de mencionar o gênero feminino, né?

Muito lógico, isso.

Mas como eu, como advogada, saberei disso?

Basta consultar a página eletrônica do respectivo Tribunal Regional Eleitoral. Na aba eleições, deve haver uma parte para tratar de normas para as eleições. Certamente, haverá **resoluções editadas por aquele TRE dividindo as tarefas em municípios com mais de uma zona eleitoral**.

– E no caso de uma zona eleitoral que cuida de vários municípios?

Aí, é para sentar e rezar.

– Não estou brincando, professor.

Nem eu. Nesse caso, haverá um acúmulo de preocupações para o juiz eleitoral e servidores. Imagine, por exemplo, uma zona eleitoral que cuide de quatro municípios. Ela deve realizar tantos registros de candidaturas, por exemplo, quantos forem os municípios de sua responsabilidade.

26. Art. 96, Lei 9.504/97 (Lei das Eleições), § 2º: "nas eleições municipais, quando a circunscrição abranger mais de uma Zona Eleitoral, o Tribunal Regional designará um Juiz para apreciar as reclamações ou representações".

– Parece complicado mesmo. Mas o Tribunal Regional Eleitoral não poderia determinar que outro juiz o ajudasse?

Em tese, sim. O Código de Processo Civil, inclusive, possui artigos que tratam justamente disso: cooperação judiciária (arts. 67 a 69). Não vou falar disso para não sair do foco.

– Fiquei curiosa...

Leia o livro "Cooperação Judiciária Nacional", do professor Fredie Didier Jr.[27]

Vamos adiante! Antes, vou deixar aqui um breve resumo deste tópico.

– Professor Minami, é pedir muito um resumo do capítulo inteiro?

Coloque no seu celular, no *site* de buscas, o seguinte: "o que faz a Justiça Eleitoral". O primeiro link vai te levar a um texto que fiz super curto, **resumindo o que a Justiça Eleitoral faz**, e que está publicado no site do TSE. O escrito precisa de ajustes, afinal, ele completa 10 anos em 2022, mas aí é com você.[28]

– Achei aqui! Brigadinha. Vou ler.

Agora sim, um breve resumo deste tópico:

27. DIDIER JR., Fredie. *Cooperação judiciária nacional: Esboço de uma teoria para o direito Brasileiro.* Salvador: Editora Juspodivm, 2020. A Justiça Eleitoral, mesmo sem saber ou refletir sobre o tema na perspectiva da cooperação judiciária nacional, já a utiliza, com relativa frequência, seja entre TRE's, entre zonas ou entre TSE e TRE's.

28. MINAMI, Marcos Youji. "Afinal, o que faz a justiça eleitoral?" TSE. Revista Eletrônica da EJE. N. 5 Ano 2. TSE, 2012. Disponível em: <https://www.tse.jus.br/o-tse/escola-judiciaria-eleitoral/publicacoes/revistas-da-eje/artigos/revista-eletronica-ano-ii-no-5/afinal-o-que-faz-a-justica-eleitoral>. Acesso em 25 dez. 2021.

JUIZ ELEITORAL
Não há juiz eleitoral de carreira
Função ocupada por Juiz Estadual, remunerado pela Justiça Eleitoral (recursos federais)
Preside a zona eleitoral
Preside as atividades de seus servidores relacionadas ao Cadastro Eleitoral e à logística de eleições
Decide sobre temas relacionados às eleições municipais
Realiza poder de polícia em matéria de propaganda eleitoral em quaisquer eleições
Em cada eleição, verificar se há resoluções expedidas pelo respectivo TRE sobre a distribuição de competência dos juízes eleitorais de municípios com mais de uma zona eleitoral
No Código Eleitoral, verificar o tema nos artigos 32 a 35 do Código Eleitoral, mas sempre lembrando que o Código pode estar desatualizado, uma vez que ele é de 1965

5.8. Juntas Eleitorais

Vamos falar das **juntas eleitorais...**

– Como assim "junta eleitoral"?... Isso não é de antigamente, de quando o voto era ainda de papel? E o que é uma junta mesmo?

Você, quando começa a perguntar, não para mais!

– É ansiedade, professor. O mal do século! E o livro é para isso, né?

Vamos lá. **Junta é um grupo de pessoas que se reúne para deliberar sobre alguma coisa.**

A junta eleitoral é **um colegiado**, porque **formado por mais de um membro**, que **surge apenas em época de eleição** e com algumas **competências muito específicas** nas zonas eleitorais.

– Mas já não existe um juiz eleitoral? Por qual motivo ainda é preciso junta eleitoral? Será que não confiam no juiz?

Temos que pensar historicamente...

– Lá vem...

Calma!

Lembre-se de que, antigamente, a apuração era feita manualmente. Por essa e outras razões, era preciso decidir muito rapidamente os problemas que surgiam durante a apuração.

– Faz sentido. Se demorassem para decidir, então a contagem de votos atrasava.

Isso mesmo! Além disso, como essas decisões durante a apuração deveriam ser imediatas e sem possibilidade de recurso, criou-se esse órgão colegiado, para que o magistrado não decidisse sozinho e não houvesse tanto questionamento sobre a deliberação da Justiça Eleitoral naquele momento.

– Faz sentido também. Mas, atualmente, a apuração é eletrônica.

Calma, novamente. Isso é verdade, mas ainda é preciso decidir, no momento da apuração e totalização, sobre muitas questões.

– Exemplo?

Após encerrados os trabalhos em uma seção eleitoral, vários documentos são encaminhados ao Cartório Eleitoral, como o **boletim de urna** e a **zerésima**.

Quando uma urna eletrônica é encerrada, ocorre a **apuração, a contagem dos votos daquela urna eletrônica, ainda na seção eleitoral.**

O resultado da urna é imediato, surge após o fim dos trabalhos na seção. Lembrando que a urna não é ligada na *internet* em nenhum momento.

O boletim de urna então é gerado digitalmente, o seu **resultado é impresso imediatamente** e, também, gravado em uma mídia, um *pen drive*.

– E essa zerésima?

É um documento impresso pela urna eletrônica, no começo dos trabalhos da seção eleitoral, antes de qualquer pessoa votar, comprovando que ali não há nenhum voto.

– Entendi. Esses documentos são encaminhados para a junta eleitoral. Mas por qual motivo?

A Junta Eleitoral recebe todos esses documentos e os **auxiliares da junta** (chamados **escrutinadores**) organizam tudo isso, para **saber se não há boletins de urna ou zerésimas faltando**. Além disso, a equipe **avalia as atas de cada seção eleitoral**, para verificar se não houve **incidentes graves** durante os trabalhos de eleição nas mesas receptoras de votos (MRV).

Isso acontece para sanear, analisar, corrigir eventuais problemas identificados.

– Então a junta eleitoral realiza uma espécie de pente fino no trabalho que foi feito pelos mesários.

Isso. Mas há mais coisas.

Pode ser que alguma urna tenha dado problema e que não tenha ocorrido, por exemplo, a impressão do boletim de urna (BU).

– Mas há uma versão desse boletim gravada na urna, né?

Isso. Mas, mesmo assim, às vezes ocorrem problemas até no momento dessa gravação.

Todos esses procedimentos "pós-eleição" que são relacionados ao resultado daquela zona eleitoral são acompanhados pela Junta Eleitoral.

– Então essa junta eleitoral é mais importante do que eu pensei.

Sim, sim. Por isso, é possível aos partidos políticos, federações e coligações o credenciamento de fiscais para acompanharem os trabalhos da junta eleitoral de perto.

– E o que acontece quando o trabalho da junta se encerra?

Há a emissão de um documento: a **Ata da Junta Eleitoral**.

– Entendi. Essa ata deve então apresentar o resultado da eleição.

Calma, calma.

A junta eleitoral apura o resultado de sua respectiva zona eleitoral. Mas você lembra que nem sempre há coincidência entre zona eleitoral e município?

– Sim, sim. Há municípios que possuem, por exemplo, muitas zonas eleitorais.

Isso, mesmo. Se, por exemplo, um município possui várias zonas eleitorais e, por consequência, várias juntas eleitorais, normalmente se escolhe uma para totalizar o resultado do município.

– Então há juntas totalizadoras e juntas não totalizadoras.

Isso mesmo. **A totalização é a soma dos resultados de cada urna e a aplicação dos critérios do sistema eleitoral para que o resultado seja atingido**.

– E quem pode compor essa junta? Juízes e promotores?

Não. É um órgão colegiado que conta com a participação do próprio povo.

– Tipo como acontece no tribunal do júri?

Isso mesmo. Observe:

COMPOSIÇÃO DA JUNTA ELEITORAL (ART. 36, CÓDIGO ELEITORAL, LEI 4.737/65)
Um juiz de direito, que será o presidente
2 (dois) ou 4 (quatro) cidadãos de notória idoneidade

– Entendi. E vi que o professor citou o Código Eleitoral. Então é nele que eu vou procurar a disciplina legal desse assunto.

"Disciplina legal". Que linguajar mais chique!

– Professor, não me deixa envergonhada... Responde...

Atenção...

O Código Eleitoral, como vimos, é muito antigo. Lembra que eu também falei que só iremos consultar o Código Eleitoral em última instância?

Eu disse que **se alguém quiser saber o tratamento legislativo de algum assunto de Direito Eleitoral, primeiro, é melhor procurar alguma lei ou resolução específica mais atual**.

– Acho que lembro disso, em nossa conversa sobre Fontes do Direito Eleitoral.

Exato!

Eu citei o Código Eleitoral, mas **o ideal é consultar, em períodos de eleição, uma resolução específica editada pelo TSE sobre atos gerais de eleição**. Ali, há uma atualização do tema. Veja o primeiro e o último capítulo da parte 6 deste livro para mais detalhes.

– Entendi tudo, acho. Tem resumo do que vimos?

Sim. Antes, só um detalhe. A junta eleitoral possui uma importante competência: é ela que expede o diploma eleitoral nas eleições municipais.

– Entendi. Não vou nem perguntar quem expede os diplomas nos outros casos, porque acho que a resposta será que ainda vamos ver isso.

Exato!

Agora, veja abaixo:

JUNTA ELEITORAL
Previsão normativa
Principalmente, o Código Eleitoral, artigos 36 a 41 e resoluções específicas de cada eleição relacionadas aos atos gerais do processo eleitoral[29]
Também é importante o art. 158 do Código Eleitoral, que trata da competência para apuração
Veja também: Lei das Eleições: arts. 39-A, §2º (proíbe propaganda no recinto da junta eleitoral); 64 (proíbe parentes na mesma junta); 69, 70 (sobre impugnações não recebidas ou desprezadas pela junta); 87 e 88 (fiscalização perante a junta); 98 (sobre as folgas aos convocados para a junta)
Consulte a Resolução que dispõe sobre os atos gerais do processo eleitoral para as Eleições[30]

29. Basta consultar na página eletrônica do Tribunal Superior Eleitoral ou nas páginas dos TRE´s para encontrar essa resolução.
30. Para as eleições de 2022, é a Res. TSE 23.669/21.

COMPETÊNCIA DA JUNTA ELEITORAL (ÓRGÃO COLEGIADO)[31]
Apurar a votação realizada nas seções eleitorais sob sua jurisdição
Resolver as impugnações, dúvidas e demais incidentes verificados durante os trabalhos da apuração
Expedir os boletins de urna na impossibilidade de sua emissão normal nas seções eleitorais, com emprego dos sistemas de votação, de recuperação de dados ou de apuração
Expedir diploma aos eleitos para cargos municipais
▶ **Membros nomeados 60 dias antes da eleição, depois de aprovação do Tribunal Regional, pelo presidente deste, a quem cumpre também designar-lhes a sede[32]** ▶ **Em cada zona eleitoral, haverá pelo menos uma junta eleitoral, composta por 1 juiz de direito, que será o presidente, e por 2 ou 4 cidadãos que atuarão como membros titulares, de notória idoneidade**

5.9. Tribunais Regionais Eleitorais

5.9.1. Coordenação das atividades de eleição

Cada estado e o Distrito Federal possuem um Tribunal Regional Eleitoral (TRE).

– Agora que já vimos as zonas eleitorais, eu posso dizer que os Tribunais Regionais Eleitorais comandam as zonas eleitorais?

Vamos por partes.

No Judiciário **não eleitoral** há uma grande preocupação.

– Resolver os conflitos!

Simplificando, é quase isso mesmo.

Mas quando se pensa na estrutura da Justiça Eleitoral, é preciso sempre lembrar que essa estrutura lida não apenas com um, mas com **dois grandes temas: a realização de eleições e a solução de conflitos em matéria eleitoral.**

31. Código Eleitoral, art. 40.
32. O processo de Apuração de Eleição, normalmente começa com o ato dessa designação.

Quando se pensa em eleição, **os TRE's exercem função de gestão de recursos humanos e administrativos que serão destinados às zonas eleitorais para a realização da eleição**. Além disso, há uma centralização na tomada de várias decisões...

– Exemplos, por favor!

O TRE pensa, por exemplo, como será a logística da distribuição das urnas eletrônicas; quanto haverá de recursos para o treinamento de mesários e como esses recursos devem ser gastos; qual a melhor estratégia para a carga das urnas...

– O que é carga nas urnas?

Vou partir de uma metáfora: atribuir uma carga é atribuir um peso.

– Isso não é metáfora, professor. Isso acontece mesmo...

...

Foco! Quando se fala em **carga de urna**, o que se quer dizer é que ela receberá os dados da eleição. **É a preparação da urna eletrônica para as eleições.** Ela recebe o "peso da respectiva eleição". Ela é carregada.

– Entendi. faz sentido.

Carga de urna é a preparação da urna para a eleição. Bacana!

Então o TRE pensa a eleição e determina o que cada zona eleitoral deve fazer?

Eu não disse isso.

Eu falei que **o TRE possui setores para pensar as diversas etapas de logística na eleição**. Mas, ao fim e ao cabo, **quem deve executar essa estratégia e adaptá-la à sua realidade é a zona eleitoral**.

– Então, é um trabalho em conjunto.

Isso mesmo. É um trabalho conjunto que deve considerar, principalmente, a realidade de cada zona eleitoral.

– Mas, afinal, o TRE manda ou não manda na zona eleitoral?

Para as eleições, há assuntos que devem ser ditados pelo TRE, sem muita margem de alteração pelas zonas eleitorais, até porque é o TRE quem possui a chave do cofre. É ele quem administra os recursos para as eleições naquele respectivo estado.

– Então o TRE manda...

Você, por vezes, parece um disco arranhado!

– O que é isso: "disco arranhado"?

Deixa pra lá... Vamos adiante.

Alguns assuntos devem ser deliberados pelo juiz eleitoral, a partir de um debate com os seus servidores, considerando a sua realidade local.

O juiz apresenta suas experiências de eleições passadas que presidiu, muitas vezes em outros municípios, e os servidores apresentam a sua experiência sobre as especificidades do local.

– Então eu entendi. O TRE manda, e a zona eleitoral, presidida pelo juiz eleitoral, adapta para a sua realidade os assuntos de preparação de eleição.

Não é tão simples.

– Nossa... essa conversa não vai acabar nunca mais!

Calma!

A atividade-fim da Justiça Eleitoral é realizada na ponta, pela zona eleitoral. É ela quem realiza o alistamento, é ela quem sabe o perfil de seu eleitorado, as dificuldades em se conseguir mesários, a dificuldade em se chegar aos locais de votação etc.

– Nossa. Quando o professor fala em "atividade-fim", parece até que está falando de uma empresa.

Mas é importante pensar assim para não esquecermos que o grande "cliente" da Justiça Eleitoral é o eleitor. E quem está perto do eleitor é a zona eleitoral. Quem sabe a realidade de seu município é a zona eleitoral. A realização da eleição é impossível sem os mesários. E os mesários são convocados e treinados pelas zonas eleitorais.

– Não entendi ainda aonde o professor quer chegar.

Agora vai entender. Veja:

O Tribunal Regional Eleitoral administra os recursos para uma eleição em um estado, mas **quem vive a realidade da eleição é a zona eleitoral.**

Então, as zonas eleitorais devem seguir os direcionamentos de seus respectivos tribunais, mas esses direcionamentos devem ser feitos a partir das demandas dessas zonas, considerando as suas realidades.

– Afinal, quem é que manda?

É um trabalho em conjunto, como você disse. Mas não é apenas uma soma de vontades, e sim uma coordenação de vontades.

As zonas não conseguem fazer uma eleição sem o apoio e direcionamento do TRE, mas esse direcionamento deve ser feito a partir das experiências dessas mesmas zonas, que estão em contato direto com o eleitor.

– Nossa, que interessante! O TRE manda, mas manda a partir do que a zona eleitoral precisa. Então é a zona eleitoral quem manda? Que maluco.

São dois momentos para se considerar:

O TRE fornece os recursos e traça algumas diretrizes dentro das quais eles precisam ser utilizados. Cabe às zonas eleitorais, presididas pelos juízes eleitorais, fazer a aplicação desses recursos.

Mas a definição desses mesmos recursos e limites de utilização deve partir do histórico de demandas de tais zonas eleitorais.

– Muito interessante. Um manda, mas quem obedece é quem dita o que deve estar na pauta de quem manda.

Você pegou o espírito da coisa. Veja:

a) **se determinado TRE estabelecer metas sem conhecer a realidade e as peculiaridades das suas zonas eleitorais, haverá problemas no momento de realização dessas metas.**

Mas:

b) a zona eleitoral não pode se insular, realizando uma eleição sem considerar os direcionamentos do seu respectivo TRE. Ela não é autônoma, pois faz parte de um todo. É o TRE quem conhece, por exemplo, os limites financeiros existentes.

Por isso:

c) o ideal é que a zona eleitoral identifique, previamente, suas dificuldades e demandas, informando isso ao seu TRE, que considerará essa informação nos seus planejamentos.

Tudo isso gera uma consequência prática relevante e que deve ser considerada por qualquer Tribunal Regional Eleitoral: **qualquer conselho deliberativo existente e que trate, direta ou indiretamente, sobre eleições e cadastro de eleitores deve possuir membros que representem as zonas eleitorais.**

– Acho que entendi. Mas e em relação à atividade jurisdicional? O TRE não exerce essa outra função?

Sim, sim. Vamos ver isso agora.

5.9.2. Demais atividade dos Tribunais Regionais Eleitorais

Não vamos entrar no debate sobre a diferença entre atividade jurisdicional ou administrativa da Justiça Eleitoral. Nem sobre se esta ou aquela ação dos Tribunais Regionais Eleitorais se enquadram nesta ou naquela categoria.

– Sem problemas. Já vimos isso quando o professor falou sobre as atividades do juiz eleitoral.

Exatamente! Vamos agora falar sobre as atividades do TRE que não foram apontadas no tópico passado. Aliás, muita gente, quando vai estudar ou apresentar os Tribunais Regionais Eleitorais, começa a partir do que vamos ver agora, sem mencionar as atividades do TRE relacionadas à organização de uma eleição.

– Parece esquisito isso, né? Afinal, a Justiça Eleitoral foi feita para realizar eleições.

Estou gostando de ver. Está pegando o espírito da coisa. Não se compreende a Justiça Eleitoral sem essa visão mais ampla, sempre considerando, afinal de contas, por qual motivo tal justiça especializada foi criada.

Mas, vamos adiante. Vou precisar de sua ajuda aqui. O tema requer leitura e atenção. Então, talvez tenhamos pouca conversa neste tópico.

– Então eu devo apenas ler e fixar o conteúdo? Isso será o suficiente?

Para este primeiro momento, sim.

Além de tudo o que já vimos, podemos dizer que um Tribunal Regional Eleitoral se preocupa principalmente com:[33]

ATIVIDADES DO TRE RELACIONADAS A PARTIDOS E CANDIDATOS
Receber e publicizar os dados relacionados aos diretórios partidários municipais e estaduais[34] Esses dados podem ser consultados nos sites da Justiça Eleitoral (caminho: Partidos → Partidos Políticos → Informações Partidárias)
Analisar as prestações de contas anuais dos órgãos estaduais dos partidos políticos[35]
Processar e julgar **o registro de candidatos a Governador e Vice-Governador, a Senador e respectivos suplentes, e a Deputado Federal, Estadual ou Distrital,** bem como **eventuais impugnações** a essas candidaturas[36]
Analisar as prestações de contas dessas candidaturas

ALGUMAS ATIVIDADES DO TRE RELACIONADAS ÀS ELEIÇÕES
Processar e **julgar as representações e demais ações contra as violações à legislação eleitoral** nos pleitos para os candidatos acima mencionados (exemplo: propaganda eleitoral, representações especiais como aquelas que apuram captação ilícita de sufrágio ou conduta vedada a agente público)[37]
Processar e julgar os **Recursos Contra Expedição de Diploma** das **eleições municipais**
Apurar os resultados das eleições para o Executivo Estadual e para o Legislativo Estadual e Federal, além de expedir os respectivos diplomas[38]
Responder, sobre matéria eleitoral, às consultas que lhe forem feitas, em tese, por autoridade pública ou partido político

33. A partir dos artigos 29 e 30 da Lei 4.737/65 (Código Eleitoral). É importante salientar que esses artigos não podem ser lidos de forma isolada, sem se considerar legislações específicas mais atuais, como a Lei dos Partidos Políticos (9.096/95) ou Lei das Eleições (9.504/97), por exemplo. O Código Eleitoral, nunca é demais lembrar, é de 1965, como vimos nas conversas sobre as fontes do direito eleitoral.
34. Lei dos Partidos Políticos: 9.096/95, art. 10, §1º.
35. Lei dos Partidos Políticos: 9.096/95, art. 32.
36. Art. 89, Lei 4.737/65 (Código Eleitoral), art. 2º, LC 64/90 (Lei das Inelegibilidades).
37. Nesse caso, importante não esquecer o §3º, art. 96, da Lei das Eleições (9.504/97): "§ 3º Os Tribunais Eleitorais designarão três juízes auxiliares para a apreciação das reclamações ou representações que lhes forem dirigidas".
38. Art. 30, VII, art. 158, Lei 4.737/65 (Código Eleitoral).

COMPETÊNCIA RECURSAL DO TRIBUNAL REGIONAL ELEITORAL

O Tribunal Regional Eleitoral deve apreciar os recursos interpostos:[39]

a) dos atos e das decisões proferidas pelos juízes e juntas eleitorais

b) das decisões dos juízes eleitorais que concederem ou denegarem *habeas corpus* ou mandado de segurança

Atenção! As decisões dos Tribunais Regionais Eleitorais são, em regra, irrecorríveis, a não ser nas hipóteses abaixo:

> Constituição Federal, art. 121, § 4º:
>
> Das decisões dos Tribunais Regionais Eleitorais somente caberá recurso quando:
>
> I - forem proferidas contra disposição expressa desta Constituição ou de lei;
>
> II - ocorrer divergência na interpretação de lei entre dois ou mais tribunais eleitorais;
>
> III - versarem sobre inelegibilidade ou expedição de diplomas nas eleições federais ou estaduais;
>
> IV - anularem diplomas ou decretarem a perda de mandatos eletivos federais ou estaduais;
>
> V - denegarem habeas corpus, mandado de segurança, habeas data ou mandado de injunção.

E então, o que achou?

– Professor, eu até achava que era mais coisa.

Mas são muitas atividades. Eu apenas pontuei as principais para o contexto das eleições. O ideal é que a pessoa leia com cuidado os artigos de lei mencionados e as demais observações das notas de rodapé acima.

– Isso vai demorar, então. Pode esperar enquanto eu leio?

Não. É dever de casa.

39. Art. 29, II, Lei 4.737/65 (Código Eleitoral).

5.9.3. Composição do Tribunal Regional Eleitoral

Vamos para o último ponto: a composição do TRE.

– Isso parece que é fácil, também. Não basta ler a legislação sobre o tema?

Isso mesmo. **Para saber sobre a composição de um Tribunal Regional Eleitoral, o primeiro passo é consultar a própria Constituição.**

COMPOSIÇÃO DO TRE: ART. 120, CF/1988

Sete membros, escolhidos:	
Mediante eleição, pelo voto secreto	**Dois juízes** dentre os desembargadores do Tribunal de Justiça **Dois juízes**, dentre juízes de direito, escolhidos pelo Tribunal de Justiça
Escolha pelo Tribunal Regional Federal respectivo	**Um juiz** do Tribunal Regional Federal com sede na Capital do Estado ou no Distrito Federal, ou, não havendo, de juiz federal
Por nomeação do Presidente da República	**Dois juízes** dentre seis advogados de notável saber jurídico e idoneidade moral, indicados pelo Tribunal de Justiça
► **O Tribunal Regional Eleitoral elegerá seu Presidente e o Vice-Presidente dentre os desembargadores**	

– Sete membros! Já sei tudo! Vamos adiante!

Calma. Há mais algumas coisas importantes: saber quem é o presidente do TRE, o seu vice-presidente e quem desempenha o papel de corregedor.

– Já sei... tem que ler o Código Eleitoral.

Pode ser, mas basta abrir a página eletrônica do respectivo Tribunal Regional Eleitoral e consultar isso.

Na verdade, o que ocorre é que, **normalmente, o presidente e o vice são escolhidos dentre os desembargadores da Justiça Estadual e o vice-presidente costuma assumir também a Corregedoria Regional Eleitoral.**

– Esse vice, deve substituir o presidente, né?
Mas eu não entendi para que existe esse corregedor.

É comum aos tribunais constituírem corregedorias, órgãos de fiscalização interna e do funcionamento da respectiva estrutura de justiça como um todo.

As corregedorias também podem funcionar como uma espécie de órgão de aconselhamento e orientação de condutas devidas. O ideal é consultar os regimentos internos dos tribunais para maior detalhamento.

– Então não há nada de diferente nas corregedorias eleitorais, né?

Eu não disse isso.

No caso específico das corregedorias eleitorais, elas desempenham um papel importante porque uma das ações eleitorais é por ela relatada: as ações de investigação judicial eleitoral.

– Como assim, relatada?

A Corregedoria prepara o processo para julgamento pelo respectivo Tribunal Regional Eleitoral.

– Que curioso. Vamos ver isso melhor?

Sim, mas apenas quando tratarmos da Ação de Investigação Judicial Eleitoral.

5.10. Tribunal Superior Eleitoral

5.10.1. Principais atribuições

Tudo o que vimos sobre o Tribunal Regional Eleitoral e a sua relação com as zonas eleitoras é aplicável, em certa medida, ao Tribunal Superior Eleitoral e a sua relação com os Tribunais Regionais Eleitorais do país.

– Como assim?

O Tribunal Superior Eleitoral estabelece algumas das diretrizes que serão aplicadas pelos Tribunais Regionais Eleitorais, mas sempre considerando as realidades locais.

– Entendi. Naquela mesma pegada de trabalho coordenado.

Isso. Veja:

> **"O TSE tem ação conjunta com os tribunais regionais eleitorais (TREs), que são os responsáveis diretos pela administração do processo eleitoral nos estados e nos municípios".**[40]

– Entendi. Mas não há nenhuma peculiaridade, além daqueles R$ 1.178,00 recebidos por sessão?

Agora eu que não entendi. Que valor é esse?

– É que estou revendo aqui aquela pesquisa que fiz sobre a remuneração dos magistrados e promotores eleitorais. Os Membros do TSE e o Procurador-Geral Eleitoral recebem cerca de R$ 1.178,00 por sessão.

Não vejo a hora de acabarmos este capítulo para você parar de falar sobre isso.

Mas, voltando ao que perguntou, acho que posso destacar uma informação.

O Tribunal Superior Eleitoral possui um papel importante: **ele é a voz mais ativa da Justiça Eleitoral perante a sociedade**.

É por ele que temas importantes relacionados às eleições são veiculados à população em geral.

– Mas então os demais tribunais ou as zonas eleitorais não podem veicular informações de interesse público.

Eu não disse isso. Claro que tribunais e zonas eleitorais pode informar.

40. TSE. Apresentação. Disponível em: < https://www.tse.jus.br/o-tse/sobre-o-tse/apresentacao >. Acesso em 21 jul. 2021.

Mas quando o assunto é institucional, ligado a temas como "segurança das eleições", ou "importância do mesário para a democracia", a voz mais retumbante é a do Tribunal Superior Eleitoral.

– Acho que nem vou pedir exemplos. Não deve existir, né? (E o que é retumbante?)

Claro que há exemplos.

A Justiça Eleitoral deve explicar para todos por qual motivo as nossas eleições ocorrem com o uso de urnas eletrônicas, por qual razão o processo eletrônico é seguro etc.

Mais do que isso, ela precisa dar pronta resposta quando há questionamentos sociais sobre a segurança das eleições.

– Entendi. Realmente, quando é o Tribunal Superior Eleitoral aparecendo na televisão, parece que o tema ganha mais visibilidade.

Mas, vamos adiante.

Veja esses quadros sobre a atuação do Tribunal Superior Eleitoral:[41]

ATUAÇÃO DO TSE RELACIONADA A PARTIDOS E CANDIDATOS
Receber os pedidos de registro de partidos políticos, quando de sua criação[42]. Até os partidos políticos em formação podem ser consultados no site do Tribunal Superior Eleitoral (caminho: Partidos → Partidos Políticos → Criação de Partidos)
Processar e julgar o registro de candidatos a **Presidente e Vice**, bem como eventuais impugnações a esses registros[43]
Analisar a prestação de contas dessas candidaturas
Analisar as prestações de contas anuais dos órgãos nacionais dos partidos políticos[44]

41. A partir dos artigos 22 e 23 da Lei 4.737/65 (Código Eleitoral). Novamente, é importante salientar que esses artigos não podem ser lidos de forma isolada, sem se considerar legislações específicas mais atuais, como a lei dos partidos políticos ou lei das eleições, por exemplo. O Código Eleitoral, nunca é demais lembrar, é de 1965, como vimos nas conversas sobre as fontes do direito eleitoral.
42. Lei dos Partidos Políticos: 9.096/95, art. 9º.
43. Art. 89, Lei 4.737/65 (Código Eleitoral), art. 2º, LC 64/90 (Lei das Inelegibilidades).
44. Lei dos Partidos Políticos: 9.096/95, art. 32.

ATUAÇÃO DO TSE RELACIONADA ÀS ELEIÇÕES
Processar e **julgar as representações e demais ações contra as violações à legislação eleitoral** nos pleitos para os candidatos acima mencionados (exemplo: propaganda eleitoral, representações especiais como aquelas que apuram captação ilícita de sufrágio ou conduta vedada a agente público)[45]
Processar e julgar os **Recursos Contra Expedição de Diploma** das **eleições para o Executivo Estadual e Legislativo Estadual e Federal**
"A apuração final da eleição de presidente e Vice-Presidente da República é de competência privativa do Tribunal Superior Eleitoral (TSE), com base nos resultados parciais remetidos pelos TRE's"[46]
"Responder, sobre matéria eleitoral, às consultas que lhe forem feitas em tese por autoridade com jurisdição federal ou órgão nacional de partido político"[47]

5.10.2. Composição do Tribunal Superior Eleitoral

Novamente, para sabermos a composição do TSE, o melhor caminho é consultado logo a Constituição de 1988:

COMPOSIÇÃO DO TSE: ART. 119, CF/1988	
No mínimo, sete membros, escolhidos:	
Mediante eleição, pelo voto secreto	**Três juízes** dentre os Ministros do Supremo Tribunal Federal **Dois juízes** dentre os Ministros do Superior Tribunal de Justiça
Por nomeação do Presidente da República	**Dois juízes** dentre seis advogados de notável saber jurídico e idoneidade moral, indicados pelo Supremo Tribunal Federal
▶ **O Tribunal Superior Eleitoral elegerá seu presidente e o vice-presidente dentre os Ministros do Supremo Tribunal Federal e o Corregedor Eleitoral dentre os Ministros do Superior Tribunal de Justiça**	

45. Nesse caso, importante não esquecer o §3º, art. 96, da Lei das Eleições (9.504/97): "§ 3º Os Tribunais Eleitorais designarão três juízes auxiliares para a apreciação das reclamações ou representações que lhes forem dirigidas".
46. TSE. Glossário Eleitoral. Verbete Apuração. Art. 158, Lei 4.737/65 (Código Eleitoral).
47. Art. 23, XII, Lei 4.737/65 (Código Eleitoral).

– Nossa, são três membros do STF. Será que há alguma repercussão prática disso?

Normalmente, o STF e o TSE possuem entendimentos bem harmônicos.

Isso acontece pois os ministros da Corte Suprema compõem, já compuseram, ou ainda irão compor uma parte relevante do Tribunal Superior Eleitoral.

5.10.3. Procedimento Administrativo Eleitoral (investigativo) pela Corregedoria-Geral Eleitoral

Excepcionalmente, o Tribunal Superior Eleitoral pode determinar a abertura de Procedimentos Administrativos Investigativos para apurar ilícitos relacionados à regularidade dos trabalhos eleitorais e às eleições como um todo.

– Mas isso não é papel do Ministério Público?

A princípio, sim. Mas isso não significa que o TSE, pela sua Corregedoria, não possa averiguar irregularidades.

– Mas, então, o TSE apura, denuncia e condena? E isso pode?

Não funciona assim. O TSE apura, mas não pode, ele mesmo, propor as medidas necessárias às condenações, como uma eventual denúncia. As informações colhidas devem ser submetidas aos órgãos competentes para as providências cabíveis, como o Ministério Público Eleitoral (MPE) e órgãos de controle.

Na verdade, o tópico não existiria se, em 2021, a Corregedoria-Geral Eleitoral do TSE, a CGE, não tivesse editado duas portarias pedindo a abertura desse tipo de procedimento...

– Professor Minami, tenho uma colocação... Não me lembro se falamos dessa CGE. Mas eu já abri aqui o site do TSE e achei o que ela faz:

CORREGEDORIA-GERAL DA JUSTIÇA ELEITORAL

"A Corregedoria-Geral da Justiça Eleitoral é a unidade do Tribunal Superior Eleitoral **responsável pela fiscalização da regularidade dos serviços eleitorais em todo o país** e pela orientação de procedimentos e rotinas a serem observados pelas corregedorias eleitorais em cada unidade da Federação e pelos cartórios eleitorais.

É a **unidade gestora do cadastro nacional de eleitores**, que tutela os dados biográficos e biométricos nele inseridos, além de gerenciar os serviços que envolvem esses dados"[48]

- **A função de corregedor-geral ou corregedora-geral da Justiça Eleitoral é ocupada pelos membros do TSE pertencentes ao Superior Tribunal de Justiça**
- **Disciplina da CGE: Res. TSE nº 7.651/1965**

Parabéns! Perfeito... Estou orgulhoso. É muito importante, para lidar bem com o Direito Eleitoral, ter essa iniciativa de procurar as informações nas plataformas oficiais.

Mas, como eu ia dizendo, em 2021, dois procedimentos administrativos investigativo foram abertos:

EXEMPLOS DE PROCEDIMENTOS ADMINISTRATIVOS ABERTOS PELA CGE

Portaria CGE nº 1, de 21/6/2021

Objetivo: "apurar a existência ou não de eventuais elementos concretos que possam ter comprometido a segurança do processo eleitoral de 2018 e de 2020, com vistas à preparação e ao aperfeiçoamento do pleito de 2022"

Portaria CGE nº 2, de 2/8/2021

Objetivo: "apurar fatos que possam configurar abuso do poder econômico e político, uso indevido dos meios de comunicação social, corrupção, fraude, condutas vedadas a agentes públicos e propaganda extemporânea, relativamente aos ataques contra o sistema eletrônico de votação e à legitimidade das Eleições 2022"

– Eu ainda não achei aqui no site do TSE, e no seu regimento interno, a previsão para a abertura desse tipo de procedimento.

Você não vai encontrar isso no regimento, pelo menos não expressamente. Veja:

48. BRASIL. TSE. Disponível em < https://www.tse.jus.br/o-tse/corregedoria-geral-eleitoral/corregedoria-geral-eleitoral >. Acesso em 31 out. 2021. (- Eu, aluna aplicada, grifei).

JUSTIFICATIVAS PARA ABERTURA DE PROCEDIMENTO ADMINISTRATIVO INVESTIGATIVO PELA CGE[49]

Artigo 94 do Regimento Interno do Tribunal Superior Eleitoral estabelecendo que, **em casos omissos desse regramento, aplica-se, de forma subsidiária, o Regimento Interno do Supremo Tribunal Federal**

O **artigo 45, do Regimento Interno do Supremo Tribunal Federal**, prevê a instauração de inquéritos de natureza administrativa

A Corregedoria-Geral Eleitoral deve velar pela fiel execução das leis e tomar as providências cabíveis para sanar ou evitar abusos e irregularidades

Deve, ainda, requisitar a qualquer autoridade civil ou militar a colaboração necessária ao bom desempenho de sua missão (art. 2º, V, VI e XI, da Res. TSE 7.651/65)

– Nossa, que peculiar. E no que esses procedimentos resultaram?

Até onde eu sei, não foram concluídos. Há, ainda, o sigilo que foi expressamente atribuído ao procedimento aberto pela Portaria CGE 2/2021. A mesma portaria estabeleceu alguns parâmetros para essas investigações, em seu artigo 2º:

> **Art. 2º O inquérito administrativo compreenderá ampla dilação probatória, promovendo-se medidas cautelares para colheita de provas, com oitivas de pessoas e autoridades, juntada de documentos, realização de perícias e outras providências que se fizerem necessárias para a adequada elucidação dos fatos.**

– Fala mais!

Não tenho mais informações, por enquanto. Só o que posso complementar, antes de continuarmos, e a partir de notícia veiculada no portal do TSE, é que, em um desses procedimentos, algumas medidas cautelares já foram tomadas.

NOTÍCIA SOBRE MEDIDAS EM INQUÉRITO ADMINISTRATIVO

"O corregedor-geral da Justiça Eleitoral, ministro Luis Felipe Salomão, determinou nesta segunda-feira (16) que as plataformas digitais YouTube, Twitch.TV, Twitter, Instagram e Facebook suspendam o repasse de valores oriundos de monetização às pessoas e às páginas indicadas no Inquérito Administrativo 0600371-71 que, comprovadamente, vêm se dedicando a propagar desinformação. Os valores arrecadados deverão ser direcionados a uma conta judicial vinculada à Corte Eleitoral".[50]

---

49. A partir da decisão do Min. Luis Felipe Salomão quando determinou a abertura do procedimento que originou a Portaria CGE 2/2021.
50. BRASIL. TSE. *Notícia de 16.8.2021.* Disponível em: < https://www.tse.jus.br/imprensa/noticias-tse/2021/Agosto/corregedor-do-tse-determina-que-plataformas-digitais-suspendam-repasses-financeiros-a-paginas-que-propagam-desinformacao >. Acesso em 31 out. 2021.

– Professor, parece que fortes emoções nos aguardam. Vou acompanhar para ver no que isso vai dar.

Só para encerramos, o Código Eleitoral projetado (PLP 112/2021, art. 84, texto original) menciona a possibilidade de instauração de procedimento preparatório civil administrativo, pelas corregedorias eleitorais, com a **finalidade de apurar, em caráter prévio à propositura de ações eleitorais pelos legitimados, indícios de práticas ilícitas com aptidão para comprometer a normalidade e a legitimidade das eleições**. O procedimento apontado a ser seguido é o da Lei 1.579/52, que trata das Comissões Parlamentares de Inquérito.

– Interessante. Uma lei discutida em 2022 e que usa outra de 1952. São 70 anos de diferença!

Bem apontado. Eu não havia reparado nisso. Vamos adiante.

6. MESÁRIOS E DEMAIS COLABORADORES (A ELEIÇÃO PELO PRÓPRIO TITULAR DO PODER)

6.1. Breves considerações sobre os servidores da Justiça Eleitoral

Alguns sujeitos são essenciais para a realização das eleições, além desses que nós já vimos: tribunais, juízes e juntas eleitorais. Saberia chutar quem são?

– Os servidores?

Sim. Os servidores, requisitados ou não, são essenciais.

Mas eles são considerados integrantes da estrutura organizacional da Justiça Eleitoral. Queria que citasse alguém de fora dessa estrutura.

– Antes de continuarmos, professor, não entendi essa história de "servidor requisitado". Quem são esses?

É que a Justiça Eleitoral possui mais demanda de pessoal do que aquela formalmente instituída por lei.

– Não entendi.

Ela precisa de mais servidores do que possui.

– E como resolve?

Requisita servidores públicos de outros órgãos.

– Como é isso?

Não posso explicar aqui, porque fugiria do nosso tema. Basta consultar a Res. do TSE n. 23.523/2017, que explica como é o regime de requisição da Justiça Eleitoral.

– Não vai falar nada sobre isso? Melhor dizer que não sabe, né?

Você é a pessoinha mais atrevida que conheço. Mas vou dizer uma coisa sim.

Pela relevância da atividade eleitoral, essa justiça especializada pode requisitar servidores públicos de outros órgãos. Como é uma requisição, e não um pedido de cessão, o órgão que recebe o pedido não pode negá-lo.

– Então é uma espécie de pedido-ordem?

Isso mesmo! Como eu disse, trata-se de uma requisição, e não de uma cessão. Mas, vamos adiante. Precisamos falar de outras figuras importantes.

6.2. Afinal, quem auxilia quem no dia da eleição?

Os servidores da Justiça Eleitoral, efetivos ou requisitados, realizam uma diversidade de atividades administrativas não comuns nas demais justiças, cuja função primordial é a jurisdicional. **O protagonismo desses servidores é grande, mas, mesmo assim, eles não conseguem realizar as eleições sem a presença dos mesários e demais auxiliares de eleição.**

– Mas os mesários não são considerados integrantes da Justiça Eleitoral, né?

É curioso.

Talvez alguém não os veja como integrantes da Justiça Eleitoral, pois eles e os demais auxiliares só atuam na época da corrida eleitoral propriamente dita.

Mas perceba que:

As eleições são feitas para o povo

↓

O mesário e demais auxiliares são integrantes do povo

↓

É impossível a realização das eleições sem os mesários e demais apoiadores

↓

A eleição propriamente dita, com a recepção dos eleitores nas mesas receptoras de votos (MRV), não é feita pela Justiça Eleitoral

– Que interessante, professor. Então eu posso até dizer que é o próprio povo quem faz as eleições!

Isso mesmo. Você é super!

E, vendo por essa perspectiva, **se a eleição é feita para o povo e por ele mesmo, o que a Justiça Eleitoral faz é apenas auxiliar a realização dessa tarefa.**

AFINAL, QUEM PROTAGONIZA A REALIZAÇÃO DE ELEIÇÕES?

Se pensarmos bem sobre isso, podemos até concluir que os auxiliares de eleição são os verdadeiros protagonistas de uma eleição. Eles não seriam os auxiliares, mas sim os executores, enquanto a Justiça Eleitoral seria a responsável pelo fornecimento dos meios necessários para que a eleição possa acontecer.

– Então, a Justiça Eleitoral é quem seria o auxiliar na realização das eleições? Que plot twist, professor!

Curioso, né?

– Bastante.

Mas será que podemos mesmo concluir isso que o professor falou, atribuindo tanta importância aos mesários e demais ajudantes?

Vamos ver as atribuições que não seriam possíveis sem essas pessoas para concluir se tais atribuições, no dia da eleição, são secundárias ou principais.

6.3. Responsáveis pelos locais de votação

As eleições ocorrem nos locais de votação.

– Escolas públicas!

Nem sempre são escolas públicas e nem sempre são locais públicos. Mas vamos ver isso mais à frente. Agora, quero falar dos responsáveis pelos locais de votação.

Cada local de votação requisitado está sob o cuidado de alguém: diretor do colégio, dono do local etc. Esse responsável pelo local deve indicar uma pessoa para ser o contado direito entre a Justiça Eleitoral e aquele respectivo lugar. Esse indicado deve, entre outras coisas, preparar e separar as salas que funcionarão como mesa receptora de voto (MRV).[51]

– Não é só receber as urnas e abrir as salas para os mesários?

Não é tão simples. Vou dar um exemplo.

Na maioria das vezes, as urnas são entregues na véspera do pleito e "dormem" nos locais de votação. O responsável por esses lugares deve, então, separar uma sala segura para a pernoite das urnas.

No dia da eleição, o contato do lugar chega bem cedo e abre o local de votação para os mesários e demais auxiliares de eleição.

– E há alguma peculiaridade em relação a essas salas?

Veremos isso quando tratarmos sobre a eleição propriamente dita.

51. Eventualmente, há também mesas receptoras de justificativa eleitoral (MRJ).

O que posso adiantar é o seguinte:

Tanto o responsável do local, quanto aquele indicado para ser o contato com a Justiça Eleitoral, devem lembrar que o ideal é que os locais escolhidos tenham acessibilidade[52], ventilação e demais equipamentos como banheiros e bebedouros para que os mesários possam trabalhar no dia da eleição sem problemas.

– E se o local não possuir coisas como bebedouros ou ventilador?

O ideal é que se evite a requisição de locais não preparados. Mas nem sempre isso é possível. Há localidades sem muitas opções viáveis para o funcionamento de MRV's.

Quando o local é requisitado, há o envio de uma comunicação formal para o proprietário, diretor ou responsável do local.

Cabe a ele informar se aquele local escolhido possui as condições adequadas e se eventuais adaptações são necessárias. Ambos, Justiça Eleitoral e responsável, podem trabalhar em conjunto para tentar adequar o local às condições ideais para o dia da eleição.

– Gostara de mais detalhes, please!

Vamos ver melhor isso quando falarmos de locais de votação. No momento, apenas apontei a importância dos representantes dos locais de votação.

6.4. Mesários e equipe de apoio às atividades de eleição

– Deus me livre ser mesária!

Que coisa feia de se dizer! Você nem sabe o que eles fazem... Vou fazer você mudar de ideia. **O mesário é, talvez, o ator principal das eleições.**

52. Código Eleitoral (Lei 4.737/65), art. 135, § 6º-A: "Os tribunais regionais eleitorais deverão, a cada eleição, expedir instruções aos juízes eleitorais para orientá-los na escolha dos locais de votação, de maneira a garantir acessibilidade para o eleitor com deficiência ou com mobilidade reduzida, inclusive em seu entorno e nos sistemas de transporte que lhe dão acesso".

– Eu achava que eram os eleitores e os candidatos.

Aliás, eu sempre tive essa curiosidade. Os mesários são escolhidos por sorteio?

Falo já sobre como eles são escolhidos.

Antes, me diz uma coisa: você lembra de grandes festas nas quais você foi, como grandes bailes de formaturas ou grandes casamentos?

– Lembro sim. Claro que lembro!

E você lembra de alguém do cerimonial? Você lembra de ter visto alguém da equipe de organização dessas festas?

– Vou ser bem sincera. Se eu vi, não me lembro.

Pois bem. Isso acontece nas eleições. Dificilmente as pessoas vão lembrar de ter visto alguém da Justiça Eleitoral ou da atuação dos mesários no dia da eleição. Vão pensar nos candidatos, na campanha etc., mas não lembrarão de quem tornou essa festa democrática possível.

– ... Realmente, acho que não pensamos muito nos mesários e nem em ninguém da Justiça Eleitoral no dia das eleições. As coisas simplesmente acontecem.

Exatamente!

Os grandes cerimonialistas, realizadores das eleições, são os mesários. Sem eles, elas seriam impossíveis.

– Eu não deveria ter dito o que eu disse, né, sobre não querer ser mesária.

Nós sabemos que o trabalho dos mesários é perfeito, porque, dificilmente, ouvimos reclamações de sua atuação. Como, normalmente, as coisas acontecem de forma natural, como você mesma falou, acabamos nos esquecendo dessa figura importantíssima.

– Faz sentido. Quando a festa é boa, não nos damos conta da equipe de cerimonialista. Gostei dessa analogia! O professor é muito sagaz! Aliás, professor, os mesários são escolhidos por sorteio ou não?

Nossa, quando você encasqueta com uma pergunta, parece um papagaio. Vamos falar, agora, sobre essa forma de escolha.

6.4.1. *A escolha dos mesários: uma comunidade de trabalho*

Há, pelo menos, duas formas de seleção de mesários.

– Uma delas é sorteio?

Calma! Há os mesários voluntários e aqueles selecionados pelo sistema da Justiça Eleitoral.

Para se voluntariar, basta o preenchimento de uma ficha nos cartórios eleitorais, ou formulário eletrônico, pelos sites da Justiça Eleitoral.

– E quando é que ocorre o sorteio?

Como eu disse, o ideal é que todos trabalhem de forma espontânea, mas nem sempre há voluntários suficientes.

– Então o que se faz, um sorteio?

Nossa... se você não fosse criação da minha cabeça, eu já teria te mandado para a sala da direção!

Mas você está certa. Se não há gente suficiente, ocorre um sorteio. Mas é um sorteio a partir de parâmetros.

– Como assim? Não sorteia todo mundo?

Não. Há a possibilidade de, a partir do Cadastro Nacional de Eleitores, ocorrer uma seleção de mesários entre os eleitores de uma zona eleitoral respectiva, a partir de alguns parâmetros.

Por exemplo: primeiro, selecionam-se eleitores do mesmo local de votação, não havendo, selecionam-se aqueles que residem próximo etc.

– Entendi. Então, há uma espécie de filtro.

Isso mesmo. A depender dos critérios adotados por determinada zona eleitoral, o sorteio é realizado.

– Curioso... Achei que era um sorteio geral...

Mas, na realidade, **o ideal é que as zonas eleitorais formem uma comunidade de trabalho permanente para as eleições.**

– Não entendi nada.

Há duas formas de se manter um banco de dados de mesários.

Uma delas, é selecionar os mesários para uma determinada eleição, somando voluntários e sorteados e, depois dessa eleição, apenas voltar a se comunicar com os mesários cadastrados na próxima eleição.

– Mas, então, os dados de mesários que atuaram em uma eleição são apagados?

Não. Eles se mantêm e são atualizados para em cada pleito. Contudo, muita coisa acontece de uma eleição para outra. Muitos mesários acabam desistindo: ou não gostaram da experiência passada ou mudam os seus dados pessoais e de contato, tornando difícil encontrá-los na próxima eleição.

– E como é que faz, então?

É justamente a segunda possibilidade de manutenção de banco de dados de mesários: implantando algo como uma "**comunidade permanente de mesários**". [53]

– Como é isso?

Após uma eleição, o cartório eleitoral deve manter contato constante com os mesários. Eles não são lembrados apenas em anos de eleição.

– E não é sempre assim?

Eu não saberia dizer. Não tenho dados do Brasil inteiro. Mas é comum que, depois das eleições, o contato com os mesários se encerre e só seja retomado dois anos depois, nas eleições seguintes.

– Nossa. Eu me sentiria usada!

53. Essa ideia é implementada, há alguns anos e com sucesso, pela 28ª Zona Eleitoral do Ceará, em Juazeiro do Norte, a partir dos trabalhos de Patrícia Vieira, Lívia Norões, Luciana Cavalcante, Saul Murilo e Andrea Ruth, em uma zona com mais de 1000 convocados, entre mesários e demais auxiliares de eleição.

Pois é. Muitos talvez pensem isso.

Há até alguns mesários que preferem ser "esquecidos", pois sempre existem aqueles que não gostaram da experiência e que pedem para sair quando as eleições seguintes se aproximam.

O MESÁRIO COMO INTEGRANTE DE UMA EQUIPE PERMANENTE

Uma comunicação constante – mas não exagerada, claro – traz um sentimento de pertencimento à Justiça Eleitoral por partes dos mesários

Aqueles que gostaram, vão se motivar mais ainda para continuar e aqueles que não tiveram boas experiências, talvez comecem a entender a importância de sua atividade e desistam de abandonar o navio

– Puxa vida... Assim eu queria ser mesária. Acho que vou me inscrever.

Mas como é que faz para manter essa comunicação permanente?

Já sei! Criando um grupo daqueles em aplicativos de mensagem!

Talvez. Isso deve depender de local para local.

É possível, sim, criar um grupo desses de aplicativo, mas apenas com permissão de postagem pelo respectivo cartório eleitoral, por exemplo, para que o grupo não se torne mais um desses grupos virtuais para tomar nosso tempo.

– E o que se posta nesse grupo?

Informações que vão surgindo e que são relevantes para as eleições, por exemplo.

Outra possibilidade é a criação e manutenção de um canal de comunicação ativo e permanente com os mesários, mesmo em anos não eleitorais.

A IMPORTÂNCIA DE UM CANAL DE COMUNICAÇÃO CONSTANTE COM OS MESÁRIOS

A partir desse canal de informações é possível, por exemplo:

Mandar informações relevantes e curiosidades sobre as eleições

Responder dúvidas e críticas que tenham sido apontadas pelos mesários no dia das eleições

Parabenizar aqueles que aniversariam

Marcar encontros presenciais não obrigatórios em anos não eleitorais para se confraternizar ou tratar de algum tema de eleição etc.

– Entendi... É tipo assim: olha mesário, não esqueci de você.
Essa iniciativa de lembrar do aniversário deles é bacana!

Isso mesmo. O grande objetivo e desafio é esse: manter o mesário perto, para que ele se perceba como parte da equipe e não apenas como alguém que é lembrado quando as eleições estão se aproximando.

O contato constante com os mesários evita excesso de trabalho, facilita na convocação dos mesários em cada eleição, mantêm esse sentimento de unidade e uma consciência de que as eleições são deles: do povo, e não da Justiça Eleitoral. É a valorização de pessoas sem as quais as eleições seriam impossíveis.

– Decidi. Vou ser mesária!

6.4.2. Atribuição dos mesários

O mesário possui várias atribuições. Vou citar apenas algumas:

PRINCIPAIS ATRIBUIÇÕES DOS MESÁRIOS
Preparação da seção eleitoral
Organização da fila e administração das preferências para votar
Recepção do eleitor e demais ações que permitam o exercício do sufrágio e o fluxo de votação
Recepção das justificativas eleitorais
Encerramento da votação e preparação dos documentos para a junta eleitoral
Identificação dos eleitores com dificuldades para votar
Fiscalização dos trabalhos da Justiça Eleitoral

– Muita coisa. Vou repensar se quero ser mesária.
Mas, espera, professor... Como assim, fiscalização dos Trabalhos da Justiça? Não é o contrário?

É que o mesário está na linha de frente. Qualquer irregularidade que ele perceba com a urna eletrônica ou com outro elemento da mesa receptora de votos deve ser comunicada ao Juiz Eleitoral, diretamente, ou por meio da equipe indicada para isso.

O MESÁRIO COMO O GRANDE FISCAL DO PROCESSO ELEITORAL

As pessoas não pensam muito nisso, mas, como quem faz a eleição é o próprio povo, nada melhor do que ele mesmo para fiscalizar a lisura do pleito. O mesário pode, e deve, indicar eventuais ilicitudes que perceba durante o funcionamento de sua seção.

– Não havia pensado dessa maneira. Faz sentido!

E há um detalhe curioso:

Quando a urna eletrônica é encerrada, um dos boletins de urna, que é o resultado daquela respectiva urna, deve ficar com o presidente da mesa.

– Sempre esqueço que a urna eletrônica imprime coisinhas.

Vamos ver isso mais adiante, quando tratarmos de urnas eletrônicas.

Como eu disse, o boletim de urna é o resultado daquela seção específica. A urna eletrônica imprime vários deles quando os trabalhos da mesa encerram.

– E por qual motivo um desses resultados fica com o mesário?

O presidente da mesa pode, ele mesmo, realizar uma conferência, por conta própria, para saber se os trabalhos ocorreram sem problemas.

– Como?

O mesário pode ir acompanhando, pelo seu terminal, o quantitativo de eleitores que compareceram ao longo do dia e anotar essa informação para, ao final, comparar a anotação com esse dado que é informado no boletim de urna impresso. Ele pode verificar, também pelo boletim, se aquela urna não foi adulterada durante o dia da votação.

– Como é que se sabe se a urna foi ou não alterada com esse papel?

No começo dos trabalhos, a urna eletrônica imprime um documento que indica que a urna está sem votos e que veicula um código que identifica essa urna. Esse código é conhecido como "**número de correspondência da urna**". Se alguma alteração ocorrer na urna, esse número muda e isso pode ser conferido no boletim de urna.

– E há um boletim impresso antes do começo dos trabalhos?

Sim. **É a zerésima: o comprovante de zero voto.**

– Agora estou lembrando. Acho que já falamos sobre isso...

O fato é que o mesário também é um dos fiscais da eleição: é o próprio povo fazendo a eleição e verificando a sua lisura.

O mesário pode conferir se esse resultado impresso é o mesmo que será depois divulgado na *internet* para toda a população.

– Curioso... Muitas informações que eu não sabia.
Não entendi uma coisa. O professor disse que o mesário "identifica o eleitor com dificuldades para votar". Ele faz isso para ajudar o eleitor na hora de votar? Não entendi.

O mesário não pode auxiliar o eleitor no momento do voto. Não pode, por exemplo, acompanhar o eleitor até a cabine. O que se tem permitido é que o próprio eleitor leve alguém de sua confiança para a cabine caso tenha, por exemplo, dificuldades de locomoção ou visão. Essa pessoa da confiança do eleitor pode, inclusive, digitar os números na urna.

– Mas então por qual motivo o mesário "identifica" esse eleitor?

Os mesários devem identificar, na sua seção eleitoral, os eleitores com dificuldades para que a Justiça Eleitoral se prepare em relação àquele eleitor para as próximas eleições.

– Não entendi ainda.

Se um eleitor não enxerga ou possui muita dificuldade de locomoção, isso deve ser informado para que, na próxima eleição, eventuais adaptações naquele local ocorram. Se se sabe, por exemplo, que haverá eleitores com dificuldades visuais naquela determinada MRV, será providenciado um fone de ouvido para que o eleitor escute os números que está digitando.

– Que bacana! Nossa. Parece que pensam em tudo...

Mas veja que tudo isso só dará certo se houver a atuação do mesário identificando esses eleitores.

6.4.3. Benefícios

– O que é que ganha sendo mesária?

Eu sabia que ia perguntar isso.

Normalmente, há o pagamento de um auxílio alimentação. Mas isso depende de cada Tribunal Regional Eleitoral e de como ele trabalha o seu orçamento.

Em alguns concursos públicos, a participação como mesário ou outra atividade em apoio à Justiça Eleitoral nas Eleições garante pontos ou é fator preponderante como critério de desempate.

Se o convocado pela Justiça Eleitoral exerce alguma atividade profissional, a legislação garante a ele duas folgas no seu serviço para cada dia convocado. Veja:

FOLGAS POR CADA DIA DE CONVOCAÇÃO

Art. 22. Os eleitores nomeados para compor as mesas receptoras de votos, de justificativas, as juntas eleitorais, o apoio logístico e os demais convocados pelo juiz eleitoral para auxiliar nos trabalhos eleitorais serão dispensados do serviço e terão direito à concessão de folga, mediante declaração expedida pelo juiz eleitoral ou pelo tribunal regional eleitoral, sem prejuízo do salário, vencimento ou qualquer outra vantagem, pelo dobro dos dias de convocação, inclusive aos dias destinados a treinamento(Lei nº 9.504/1997, art. 98)

– Deveríamos ter direito a uma camisa também.

Como assim "deveríamos"?

– Acabei de me inscrever como mesária voluntária aqui na internet.

Quem fiscaliza as eleições no Brasil?

7. MINISTÉRIO PÚBLICO ELEITORAL

7.1. Atuação obrigatória nos feitos eleitorais

O processo eleitoral brasileiro, compreendido em uma ampla acepção, permite fiscalização em todas as suas fases: alistamento de eleitores, registro de candidaturas, campanha eleitoral, diplomação etc.

– Professor Minami, não se chateie, mas acho que podemos ir direto ao ponto. Eu até já vi o título deste tópico.

Quem fiscaliza o processo eleitoral é o Ministério Público Eleitoral, né?

Bom dia, minha queria aluna impaciente.

A primeira coisa importante a pontuar é a seguinte: o Ministério Público exerce forte papel na fiscalização de todas as fases do processo eleitoral, mas ele não é o único...

– Como assim? E quem mais...?

Calma! Eu ainda estava terminando o raciocínio...

Os partidos políticos, as coligações, as federações partidárias e os candidatos, por exemplo, são legitimados para várias ações durante a corrida eleitoral.

Eles podem questionar, por exemplo, da mesma forma que o Ministério Público, o abuso do poder econômico, as condutas vedadas aos agentes públicos, a captação ilícita de sufrágio etc.

O próprio cidadão, por vezes, pode iniciar o debate sobre irregularidades no processo eleitoral.[1]

– Mas, então, o que há de especial em relação ao Ministério Público para ele merecer este tópico?

Vamos ver isso agora.

Primeira informação importante: **a atuação do Ministério Público em todas as fases do processo eleitoral é obrigatória.**

ATUAÇÃO OBRIGATÓRIA: ART. 72, LC 75/93[2]

Compete ao Ministério Público Federal exercer, no que couber, junto à Justiça Eleitoral, as funções do Ministério Público, atuando em todas as fases e instâncias do processo eleitoral.

Isso é mais bem detalhado pela doutrina:

LIÇÕES DE MARCOS RAMAYANA SOBRE O MINISTÉRIO PÚBLICO ELEITORAL

"Deveras, a função constitucional e eleitoral conferida ao órgão do *Parquet* para dirigir a atividade do setor de fiscalização das fases do processo eleitoral (alistamento, votação, apuração e diplomação) obriga-o a atuar por dever de ofício e intervir na persecução criminal, nas lides de correntes da propaganda política eleitoral, partidária, no registro de candidatos e outras"[3]

– Na prática, o que significa isso?

Nas eleições, por exemplo, mesmo que outro partido ingresse com alguma ação eleitoral (vamos ver que o nome da maioria dessas ações é representação eleitoral), o Ministério Público deve se manifestar sobre ela.

Nos acontecimentos importantes do processo eleitoral, como a inserção de dados nas urnas eletrônicas, ou até mesmo a apuração e totalização, ainda que partidos ou representantes da sociedade civil não

---

1. Dois exemplos disso...

   – Eu já ia pedir exemplo, professor!

   – Nossa, que susto! Você não pode falar comigo em notas de rodapé, já falei... Dois exemplos de atuação direta do cidadão na fiscalização do processo eleitoral são: a possibilidade de apresentação de notícia de inelegibilidade e a possibilidade de denunciar irregularidades na propaganda eleitoral por aplicativo da Justiça Eleitoral. Veremos isso ao longo deste livro.
2. Portaria MPF 1/2019, art. 1º.
3. RAMAYANA Marcos. *Direito eleitoral*. 17 ed. Rio de Janeiro: Impetus, 2019, p. 182.

participem deles, o Ministério Público deve estar lá **presentado** por um dos seus membros.

– "Representado", o professor quer dizer.

Não. "Presentado" mesmo, significando: "se fazer presente". Uma expressão que, dizem, foi criada por Pontes de Miranda, para dizer que, por exemplo, "o Ministério Público se faz presente" pelos seus integrantes.

– Entendi. Há mais exemplos práticos?

Sim, mas, antes de falar sobre isso, vamos ver aspectos institucionais sobre o Ministério Público Eleitoral.

7.2. Quem integra o Ministério Público Eleitoral

É curioso perceber que não há uma previsão constitucional expressa de um Ministério Público Eleitoral.

– Como assim? Então não existe Ministério Público Eleitoral?

Eu não disse isso.

Acontece que o **Ministério Público abrange (art. 128, CF/1988):** o **Ministério Público da União** e o **Ministério Público dos Estados.**

O **Ministério Público da União** é composto pelo **Ministério Público Federal**, o Ministério Público do Trabalho, o Ministério Público Militar e o Ministério Público do Distrito Federal.

– Tá dando um nó na cabeça... Isso tá parecendo um trava-língua.

O **Ministério Público Eleitoral** é exercido, justamente, pelo **Ministério Público Federal**.

A Lei Complementar 75/93, que dispõe "sobre a organização, as atribuições e o estatuto do Ministério Público da União", estabelece, em seu art. 72:

> LC 75/93
>
> Art. 72. Compete ao **Ministério Público Federal exercer, no que couber, junto à Justiça Eleitoral, as funções do Ministério Público**, atuando em todas as fases e instâncias do processo eleitoral.

– Entendi...

Então, compete ao Ministério Público Federal fazer as vezes de Ministério Público na seara eleitoral.

Isso mesmo, mas há mais um detalhe.

Nos municípios, **junto aos juízes eleitorais**, a função do **Ministério Público, na seara eleitoral, é desempenhada pelos promotores eleitorais estaduais**, que detêm um importante papel na fiscalização das eleições no Brasil.

Nesse caso, eles não atuam como representantes dos respectivos Ministérios Públicos Estaduais, mas como representantes do Ministério Público Federal.

– Presentantes... ☺

Você entendeu...

Vamos voltar à Lei Complementar 75/93.

LC 75/93 E FUNÇÕES ELEITORAIS DO MINISTÉRIO PÚBLICO

Art. 78. As funções eleitorais do Ministério Público Federal perante os Juízes e Juntas Eleitorais **serão exercidas pelo Promotor Eleitoral**[4]

Art. 79. **O Promotor Eleitoral** será o membro do **Ministério Público local** que oficie junto ao Juízo incumbido do serviço eleitoral de cada Zona

Parágrafo único. Na inexistência de Promotor que oficie perante a Zona Eleitoral, ou havendo impedimento ou recusa justificada, o Chefe do Ministério Público local indicará ao Procurador Regional Eleitoral o substituto a ser designado.

– Então, quem exerce essa função junto às zonas eleitorais é o membro do Ministério Público local. É ele quem deve receber a gratificação eleitoral de mais de cinco mil reais.

Nossa...Você ainda está falando sobre essas gratificações![5]

Vamos retomar o que vimos:

4. Art. 36, Portaria MPF 1/2019.
5. Veja o capítulo sobre a Justiça Eleitoral no Brasil.

MINISTÉRIO PÚBLICO NA SEARA ELEITORAL

A atuação do Ministério Público na esfera eleitoral fica a cargo do Ministério Público Federal (art. 72, LC 75/93) Nas zonas eleitorais e juntas eleitorais, essa função é delegada aos membros do Ministério Público local que oficia junto ao Juízo incumbido do serviço eleitoral de cada Zona (arts. 78 e 79, LC 75/93)

Atenção! Vou ser bem repetitivo para não restarem dúvidas.

Perante toda a Justiça Eleitoral, inclusive nas zonas eleitorais, quem atua é o Ministério Público Federal.

Contudo, **junto às zonas eleitorais, o Ministério Público Federal delega essa atividade aos membros do Ministério Público local**, que não atuam, nesse caso, como membros do Ministério Público Estadual, mas como membros do Ministério Público Federal.

– E qual a repercussão prática disso?

Há algumas repercussões práticas.

A polícia judiciária que auxilia a Justiça Eleitoral é, em regra, a Polícia Federal. Se o MPE precisar de ações policiais, será essa polícia que atuará.

Quem paga aquela gratificação eleitoral da qual você tanto fala aos promotores são os cofres públicos federais, e não os estaduais.

– Acho que estou entendendo. Mas que confusão!

Vamos ver, agora, a atuação do MPE perante os tribunais.

ATUAÇÃO DO MINISTÉRIO PÚBLICO ELEITORAL PERANTE O TRIBUNAL SUPERIOR ELEITORAL

O Procurador Geral da República atuará como Procurador-Geral Eleitoral (arts. 73 e 74 da LC 75/93)[6]
Atuação do Ministério Público Eleitoral perante o Tribunal Regional Eleitoral
"O Procurador Regional Eleitoral, juntamente com o seu substituto, será designado pelo Procurador-Geral Eleitoral, dentre os Procuradores Regionais da República no Estado e no Distrito Federal, ou, onde não houver, dentre os Procuradores da República vitalícios [...]" (art. 76, LC 75/93)[7]

6. Art. 3º, Portaria MPF 1/2019.
7. Art. 14, Portaria MPF 1/2019.

– Agora me confundi novamente.
Não eram os promotores de justiça estadual que atuavam como MPE? Agora são os procuradores da república?

Nos tribunais, são os próprios membros do Ministério Público Federal que exercem essa atribuição, nos moldes acima.

Vamos ver estas lições de Edson de Resende, para deixar tudo mais claro:

DOUTRINA SOBRE A ATUAÇÃO DO MPE

"[...] o Promotor Eleitoral, apesar de ser membro do Ministério Público Estadual, exerce funções do Ministério Público Federal, por delegação legal, daí que suas atribuições são aquelas definidas na Lei Complementar n. 75/93 (Lei Orgânica do MP da União). Por conseguinte, deverá utilizar os 'instrumentos de atuação' e as prerrogativas previstos nos seus arts. 6º e 7º"[8]

– Acho que estou entendendo. Mas pode me citar mais exemplos de coisas que eles fazem?

Como eu já disse, eles atuam em todas as fases e em todos os processos. Você vai perceber isso durante nossas conversas. Se eu colocasse cada hipótese de atuação aqui, ficaria muito repetitivo. Se, por exemplo, você quiser saber como o Ministério Público fiscaliza o Cadastro Eleitoral, basta dar uma olhada no capítulo específico.

É importante perceber que **não é um órgão que oficia apenas durante o pleito**. Aos poucos, veremos que, bem antes do início das eleições, a atuação do Ministério Público já se faz necessária.[9]

– Entendi. Então o assunto acabou!

Não. Faltam muitos detalhes. Adiante!

8. CASTRO, Edson de Resende. *Teoria e prática do direito eleitoral*. 10. ed., rev., atual. Belo Horizonte: Del Rey, 2020, p. 109.
9. CASTRO, Edson de Resende. *Op. cit.*, p. 98.

7.3. Regulamentação da atuação do MPE: a Portaria 1/2019

O Ministério Público Federal editou a Portaria 1/2019, regulamentando a atuação do Ministério Público Eleitoral. Eis a estrutura dessa portaria:

PORTARIA MPF 001/2019, SOBRE O MPE

Títulos	Capítulos
Ministério Público Eleitoral	Título sem capítulos
Procuradoria-Geral Eleitoral	Do Procurador-Geral Eleitoral Dos Procuradores Eleitorais Auxiliares da PGE Do Grupo Executivo Nacional da Função Eleitoral
Procuradorias Regionais Eleitorais	Polos Eleitorais Designação dos Procuradores Regionais Eleitorais Atribuições dos Procuradores Regionais Eleitorais Estrutura das Procuradorias Regionais Eleitorais Dos Procuradores Regionais Eleitorais Auxiliares Plantão eleitoral
Promotorias Eleitorais	Dos Promotores Eleitorais
Procedimentos Eleitorais	Notícia de fato (NF) Procedimento preparatório eleitoral (PPE) Procedimento investigatório criminal (PIC) Instrução Publicidade Procedimento Administrativo Disposições comuns
Disposições finais	Título sem capítulos

– Não sabia que portaria podia fazer tanta coisa.

Essa colocação você deve fazer para alguém do Direito Administrativo.

Em todo o caso, vamos ver alguns pontos importantes dessa portaria.

7.4. Grupo Executivo Nacional da Função Eleitoral (Genafe)

A portaria estabelece um colegiado para pensar ações relacionadas à atuação do Ministério Público na seara eleitoral.

ART. 9º, PORTARIA MPF 1/2019

O Grupo Executivo Nacional da Função Eleitoral (Genafe)	
Objetivo	Coordenar a execução do plano de ação da função eleitoral, além de outras atribuições que lhe forem conferidas
Composição	Um coordenador nacional, seis coordenadores regionais e um representante da Procuradoria-Geral Eleitoral, todos indicados pelo Procurador-Geral Eleitoral independentemente de mandato como Procurador Regional Eleitoral

– Qual a importância desse órgão colegiado?

O processo eleitoral é muito amplo e complexo.

Sua condução demanda preparação e constante atenção.

Os partidos e candidatos, por exemplo, costumam se preparar com muita antecedência para participarem das eleições. **Eles se antecipam para o bem e para o mal. Muitas ilicitudes, por exemplo, são arquitetadas – e mesmo realizadas – com meses de antecedência ao pleito.**

Se o Ministério Público vai acompanhar tudo isso, também precisa de planejamento prévio e acompanhamento constante. O Genafe atua nesse contexto.

ATRIBUIÇÕES DO COORDENADOR NACIONAL DO GENAFE (PORT. MPF 1/2019, ART. 11)
Propor, em conjunto com os coordenadores regionais, a ordem de **prioridade das metas e o cronograma de atividades do plano de ação da função eleitoral** ao Procurador-Geral Eleitoral
Definir, em conjunto com os coordenadores regionais e mediante anuência do Vice-Procurador-Geral Eleitoral, as tarefas necessárias ao cumprimento do Plano de Ação da Função Eleitoral
Acompanhar a execução das tarefas e tomar medidas corretivas
Solicitar informações e providências necessárias à execução do plano de ação da função eleitoral aos demais membros do Ministério Público Eleitoral

– Tudo isso faz sentido. E creio que combater os ilícitos eleitorais também deve exigir planejamento e acompanhamento, né?

Você me orgulha, às vezes.

– Somente às vezes?

Foco.

– Deve ser difícil acompanhar tudo isso, porque o Ministério Público precisa fiscalizar o que está acontecendo e se antecipar para o que pode acontecer.

Nossa, você está afiada mesmo. Exatamente!

Por exemplo, se é sabido que em determinada região a compra de votos é um problema, é preciso pensar em planos de ação para coibir ou punir essa prática. Por vezes, a conduta de determinados mandatários que pretendem concorrer à reeleição, ou de pessoas públicas que se apresentam como pré-candidatos, pode indicar, ao MPE, a possível ocorrência de ilicitudes durante uma futura campanha. Vamos ver isso quando tratarmos das ilicitudes em campanha, na parte 7 do livro.

Nesse contexto, a portaria estabelece algumas medidas possíveis admitidas pelo MPE para lidar com esses ilícitos. Vamos ver isso.

7.5. Notícia de fato (NF)

A notícia de fato é qualquer demanda apresentada ao MPE, presencialmente ou virtualmente, nominalmente ou até de forma anônima, para a verificação e combate de eventuais ilicitudes.

NOTÍCIA DE FATO

Quem pode noticiar?	Qualquer pessoa
O que acontece?	A denúncia é registrada e autuada Antes, há uma pesquisa para identificar possível prevenção em relação ao procedimento em trâmite
Pode ser anônima?	Sim e, preferencialmente, desde que os fatos narrados sejam corroborados por outros elementos de prova
Prazo de apreciação?	Prazo de 30 (trinta) dias, a contar do seu recebimento, prorrogável uma vez, fundamentadamente, por até 90 (noventa) dias
O que pode acontecer?	Propositura de alguma medida cabível Arquivamento Instauração de inquérito policial

Apenas mais algumas observações...

A Justiça Eleitoral costuma disponibilizar um aplicativo específico para as eleições permitido a denúncia de irregularidades por qualquer pessoa. Essas denúncias são encaminhadas automaticamente ao MPE.[10]

Outro ponto importante é que, por vezes, denúncias são feitas para despistar a atuação dos órgãos de fiscalização. Denuncia-se uma compra de votos que está ocorrendo em determinado bairro quando, na verdade, as ilicitudes estão ocorrendo em outro, por exemplo.

– Muito esperto! E muito feio também, né?

Os integrantes do Ministério Público devem ficar atentos em situações que, aparentemente, não possuem relevância eleitoral *de per si*, ou seja, isoladamente. Por vezes, um ilícito eleitoral apenas é revelado quando vários acontecimentos isolados são conectados.

– Claro que quero exemplo disso, né?

Um *outdoor* falando bem ou mal de alguém, muito antes do começo da campanha, pode não significar muita coisa se individualmente considerado. Sozinho, esse fato pode ser entendido como um "indiferente eleitoral". Da mesma forma, um adesivo de um possível candidato espalhado em alguns carros em ano anterior ao ano eleitoral ("MINAMI-GOVERNADOR", por exemplo) pode significar apenas um grupo de pessoas que se reuniram para motivar alguém a se candidatar.

Mas se essas manifestações se repetem em várias cidades e acontecem em artefatos de marketing diversos (adesivos, cartazes, *outdoors*) e em muitas mídias, de forma organizada e coordenada, mesmo antes do lançamento de uma candidatura, isso pode requerer uma investigação mais detalhada.

Por ela, é possível identificar que a pessoa acima beneficiada, caso realmente se candidate, valeu-se de poderio econômico de forma abusiva e dissimulada antes do permitido.

– E como faz essa investigação prévia?

Veremos no próximo tópico. Antes, só uma pequena observação direcionada, principalmente, à atuação do Ministério Público Eleitoral em

10. Nas últimas eleições o sistema utilizado foi o Pardal. Isso sempre é veiculado no site do TSE e nas páginas dos TRE's.

zonas eleitorais, e que será repetida mais na frente, quando tratarmos do contencioso cível eleitoral, na parte 8 do livro.

ESCOLHENDO PRIORIDADES

Se há, ao mesmo tempo, denúncias de compra de votos e denúncias de adesivos de candidatos em carros fora do parâmetro legal, o promotor precisa pensar: quais ilícitos podem gerar mais prejuízos e quais podem ser deixados para um momento posterior, quando as situações mais graves tenham sido combatidas

Pode acontecer de promotores focarem atenção em irregularidades que não geram, ao final, cassação de mandato ou inelegibilidade e acabam não tendo tempo de trabalhar mais a fundo no estabelecimento e realização de uma estratégia para combater compra de votos ou outros abusos que podem trazer um desnível na corrida, afastando o mal político dos cargos públicos, pela cassação e inelegibilidade

7.6. Procedimento Preparatório Eleitoral (PPE), Procedimento Investigatório Criminal (PIC) e Procedimento Administrativo

O Ministério Público Eleitoral pode coletar subsídios para, a partir deles, ponderar sobre a necessidade ou possibilidade do ingresso de medidas cíveis e criminais.

Eis os procedimentos: Procedimento Preparatório Eleitoral (PPE) e Procedimento Investigatório Criminal (PIC).

Veja:

ALGUNS PROCEDIMENTOS ELEITORAIS DO MPE	
Procedimento Preparatório Eleitoral (PPE)	Para coletar subsídios necessários à atuação do Ministério Público Eleitoral perante a Justiça Eleitoral, visando à propositura de medidas cabíveis em relação **aos ilícitos eleitorais de natureza não criminal**[11]
Procedimento Investigatório Criminal (PPI)	"[...] terá como finalidade apurar a ocorrência de infrações penais eleitorais, servindo como preparação e embasamento para o juízo de propositura, ou não, da respectiva ação penal, e não exclui a possibilidade de formalização de investigação por outros órgãos legitimados da Administração Pública (Res. CNMP nº 179/2017)"[12]

Vamos ver algumas características de cada um.

11. Art. 58, Port. MPF 1/2019.
12. Art. 66, Port. MPF 1/2019.

PROCEDIMENTO PREPARATÓRIO ELEITORAL (PPE)
De natureza facultativa, é procedimento administrativo e unilateral
Não condiciona possível ajuizamento de ações ou adoção de quaisquer medidas pelo MPE
Poderá ser instaurado de ofício ou a partir de provocação (com base de Notícias de Fato, por exemplo)
Pode gerar pedido de providências a outro órgão do Ministério Público
Prazo de duração: 60 (sessenta) dias, permitindo-se prorrogações sucessivas, por mesmo período[13]

PROCEDIMENTO INVESTIGATÓRIO CRIMINAL (PIC)
Possui natureza administrativa, é procedimento facultativo e inquisitorial
Inicia-se de ofício ou por requerimento
Instaurado a partir de portaria fundamentada
O MPE pode, ainda, requisitar a instauração de inquérito policial junto à Polícia Federal, se houver na localidade, ou perante a Polícia Civil, em sua ausência
Prazo de conclusão: 60 (sessenta) dias, permitindo-se prorrogações sucessivas por mesmo período

– Professor, tem exemplos desse PPE ou PPI?

Sim.

É possível um PPE, por exemplo, para colher informações e documentos para possível futura ação contra condutas vedadas aos agentes públicos, captação ilícita de sufrágio, abuso do poder econômico, uso indevido de redes sociais ou mecanismos de comunicação virtual para veiculação de notícias falsas etc.

Imagine que em ano anterior a ano de eleição um governador utilize a máquina pública para fazer campanha antecipada, ainda que disfarçada. Outra possibilidade é um pré-candidato ou partido político realizando gasto de grande monta em *outdoor* ou em confecção de adesivos anunciando sua futura candidatura.

– Mas um outdoor já é abusivo? E não pode nenhum adesivo em ano não eleitoral?

13. Art. 62, §2º, Port. MPF 1/2019: "no período de 90 (noventa) dias que antecede o pleito até 15 (quinze) dias após a diplomação dos eleitos, o prazo de 60 (sessenta) dias será reduzido à metade, sendo admissíveis prorrogações sucessivas, desde que fundamentadas".

O problema não é uma ou outra manifestação de apoio. O problema é o gasto antecipado abusivo de alguém, comprometendo a igualdade de concorrência futura. Como eu mencionei, alguns ilícitos e abusos só são identificados e combatidos a partir da identificação e catalogação de vários acontecimentos que, sozinhos, aparentemente são inofensivos à lisura do pleito.

São gastos feitos sem escrituração e sem controle, pois não há prestação de contas de gastos com material de campanha em período vedado.

Mas veremos os abusos em eleição na parte 7 deste livro.

– Acho que entendi. E o que é esse Procedimento Administrativo que consta no título do tópico?

Calma. Antes de falarmos dele, preciso explicar duas coisas.

O PPE e o PIC autorizam uma série de medidas pelo MPE, nos termos do art. 74, da Port. MPF 1/2019.

É possível, por exemplo, **pedir vistorias, requisitar informações diversas, perícias e documentos, inclusive da própria Administração Pública**.

Há a possibilidade de notificação de testemunhas e de pessoas diversas, como possíveis vítimas de ilícitos. A lista de ações é bem extensa, autorizando, inclusive, o uso de força policial.

E outro ponto importante sobre o PPE e o PIC é a publicidade desses procedimentos. Veja:

PUBLICIDADE DO PPE E DO PIC (PORT. MPF 1/2021, ART. 76 E SS.)
Em regra, os autos e peças são públicos, "salvo disposição legal em contrário ou por razões de interesse público ou conveniência da investigação" (art. 76) É possível a expedição de certidões relacionadas ao procedimento É possível o deferimento de pedidos de vista e até extração de cópias, "desde que realizados de forma fundamentada pelas pessoas referidas no inciso I ou a seus advogados ou procuradores com poderes específicos, ressalvadas as hipóteses de sigilo" (art. 76, III)
▸ **Art. 77. O presidente do procedimento poderá decretar o sigilo das investigações, no todo ou em parte, por decisão fundamentada, quando a elucidação do fato ou interesse público exigir; garantida ao investigado a obtenção, por cópia autenticada, de depoimento que tenha prestado e dos atos de que tenha, pessoalmente, participado.**

– Acho que entendi. E sobre esse Procedimento Administrativo?

Quando você repete pergunta, ou está ansiosa para continuarmos, ou ansiosa para terminarmos um tema.

Vamos ver rapidinho o Procedimento Administrativo.

Confira o art. 78, Port. MPF 1/2019:

PROCEDIMENTO ADMINISTRATIVO PELO MPE

Art. 78. O procedimento administrativo pode ser instaurado pelos membros do Ministério Público Eleitoral como instrumento para viabilizar a consecução de sua atividade-fim.

Parágrafo único - O procedimento administrativo não tem caráter de investigação cível ou criminal de determinada pessoa, em função de um ilícito específico.

– Fiquei curiosa. Não sei se entendi bem. Quero um exemplo, por favor, professor.

Nas eleições de 2020, foi comum a abertura de Procedimentos Administrativos pelo MPE para acompanhar como os municípios estavam agindo no enfrentamento da pandemia do COVID-19, com o intuito de verificar possíveis reflexos dessas ações públicas nas eleições. Aglomerações indevidas, por exemplo, eram motivo de preocupação. Ou a possibilidade do uso eleitoreiro das ações de combate à pandemia.

– Entendi. Muito pertinente. Lembro que vi, durante a pandemia, um outdoor de um deputado afirmando que havia conseguido tantos milhões em vacina para o estado, como se não fosse obrigação dele fazer isso.

Bem, acho que terminados o tópico.

– Sim, sim. Principalmente porque a minha super observação foi ignorada. Leitor, pode passar a página!

...[14]

14. Caro leitor... perdoe-nos o atrevimento de nossa aluna.

– Professor, não adianta falar com o nosso público em nota de rodapé para que eu não veja...

– ... ☺

8. DEMAIS FISCAIS DO PROCESSO ELEITORAL BRASILEIRO

8.1. Partidos políticos e fiscalização do processo eleitoral

Os partidos políticos participam da fiscalização de todas as fases do processo eleitoral.

– Muito compreensível isso, porque uma campanha eleitoral é sempre muito acirrada.

Veja bem, os partidos políticos não atuam apenas em época de campanha eleitoral plena. Vou dar alguns exemplos.

As agremiações partidárias podem fiscalizar o Cadastro Eleitoral, para saber se não está ocorrendo, por exemplo, restrições indevidas ao alistamento eleitoral ou movimentações suspeitas, como transferências eleitorais indevidas.

– Nem vou perguntar. Deve haver um capítulo apenas para tratar de alistamento, né?

Garota esperta!

Mas, tal qual o Ministério Público, o partido político exerce fundamental importância, que será pontuada em cada capítulo sobre as etapas do processo eleitoral, desde o alistamento, até a apuração e posterior diplomação dos eleitos.

– Então, não há nenhum detalhe específico.

Creio que posso apontar duas especificidades...

Ao contrário do Ministério Público, os partidos políticos são diretamente interessados no resultado das eleições.

Isso torna os partidos fiscais especiais e deveria fazer com que eles se preocupassem em acompanhar bem de perto as etapas de preparação do processo eleitoral eletrônico, sobretudo.

– Exemplo prático, por favor.

Os partidos políticos, dentre vários outros sujeitos, são convocados para acompanhar alguns momentos importantes no processo eletrônico de votação. Eis alguns desses momentos: o próprio **desenvolvimento**

dos sistemas que serão utilizados pela Justiça Eleitoral, inclusive com acesso ao código-fonte dos programas; as **cerimônias oficiais de preparação das urnas para as eleições** e **as auditorias de funcionamento das urnas eletrônicas** nas condições normais de uso; **totalização e apuração**, com amplo acesso aos documentos, sistemas e dados.[15]

– E eles não fazem isso?

Eu não tenho dados de todo o Brasil para afirmar algo nesse sentido. Mas há uma questão objetiva que posso pontuar. **Antes de uma agremiação partidária criticar o processo eletrônico adotado pelo Brasil, seria ideal que ela acompanhasse de perto, efetivamente, todas as etapas do processo eletrônico, catalogando e apresentando, posteriormente, as eventuais falhas encontradas.**

Veremos em tópicos abaixo que, inclusive, no ano anterior às eleições, o TSE sempre abre uma espécie de competição para que pessoas apresentem falhas do processo eletrônico e assim a Justiça Eleitoral possa corrigi-las.

– E como eu posso verificar, por exemplo, se o partido com o qual eu simpatizo está acompanhando essas etapas?

A **cerimônia que prepara as urnas eletrônicas para as eleições é pública**. É a **Cerimônia de Carga de Urnas**. Faça um teste. Nas próximas eleições, informe-se junto ao seu cartório eleitoral quando e onde essa solenidade irá ocorrer e aparece lá!

– Eu posso?

Claro! Eu disse que é um ato público. Daí, aproveite e conte quantos partidos políticos acompanharão esse momento. Acho que vai se surpreender com o resultado.

O que eu quero dizer é o seguinte: **as críticas ao sistema eletrônico de votação brasileiro feitas por partidos políticos ou candidatos não devem ser vazias.**

Diferentemente da sociedade civil, **eles possuem acesso mais facilitado a todas as etapas e sistemas desse processo e têm o dever de**

15. Basta ver as resoluções específicas que tratam sobre esses temas no site do TSE.

conhecer tudo isso com profundidade. Não se entra em um jogo sem saber de suas regras.

É curioso, por exemplo, que muitos partidos e candidatos não critiquem ou questionem o resultado do pleito quando ganham, mas levantam uma série de questionamentos, inclusive já respondidos pela própria Justiça Eleitoral, quando perdem ou se sentem ameaçados em eleições futuras.

> – Entendi! Gostei. Fala mais...

Não. Vamos adiante. Ao longo deste livro verá, aos poucos, como os partidos políticos são chamados a atuar na fiscalização do pleito.

8.2. Ordem dos Advogados do Brasil e fiscalização do processo eleitoral

A Ordem dos Advogados do Brasil é chamada para atuar como fiscal em várias etapas do processo eleitoral. Em especial nas etapas de fiscalização e auditoria do sistema eletrônico de votação, bem como em atos gerais do processo eleitoral, para acompanhar, principalmente, a preparação das urnas, sua auditoria e a totalização do resultado.[16]

Os advogados de partidos e candidatos, por exemplo, podem fiscalizar as mesas receptoras de votos, desde que possuam procuração.

> – Eu já acompanhei uma eleição, aqui na minha região, da Ordem dos Advogados do Brasil. Por coincidência, elas ocorreram com a utilização das urnas eletrônicas.

Bem lembrado. Nós vimos, quando eu apresentei as funções atípicas da Justiça Eleitoral, que ela empresta urnas eletrônicas para a sociedade. Afinal, as urnas são de todos nós. São as eleições parametrizadas.[17]

---

16. Basta ver as resoluções específicas que tratam sobre isso veiculadas no site do TSE e dos TRE's.

17. "A Eleição parametrizada foi um empreendimento idealizado em 1997, pela equipe técnica do Tribunal Superior Eleitoral. Tem a finalidade de treinar mesários, eleitores e corpo técnico da Justiça Eleitoral, fora da época de eleições, e fazer a divulgação do equipamento – a Urna Eletrônica e o Sistema Web – além de colocar à disposição do contribuinte um sistema de eleição comprovadamente rápido, seguro e imune a fraudes. [...] A Eleição parametrizada é uma forma rápida, segura e eficiente de planejar e executar uma eleição, utilizando a urna eletrônica com os parâmetros de uma eleição não oficial, fazendo assim, a divulgação e a interação do eleitor com o voto eletrônico, além do exercício e consolidação

Uma das instituições mais famosas que se valem dessas urnas em seu processo eleitoral é justamente a Ordem do Advogados do Brasil. Isso, inclusive, aumenta a credibilidade dessas máquinas.

É claro que, para além da Ordem, cada advogado exerce papel fundamental no processo eleitoral brasileiro, ao acompanhar clientes nas mais diversas etapas e procedimentos.

8.3. Defensoria Pública e fiscalização do processo eleitoral

Quando falamos das Normas Fundamentais do Direito Eleitoral, no subtópico do Acesso à Justiça Eleitoral, nós vimos a importância da atuação da Defensoria Pública para auxiliar pessoas que precisam de advogados na esfera eleitoral, mas não possuem condições financeiras.

– Lembro disso. Vimos que a Defensoria Pública da União deve realizar essa tarefa. Eis o que ficou anotado:

LEI COMPLEMENTAR 80/94 E PROCESSO ELEITORAL

Art. 14. A Defensoria Pública da União atuará nos Estados, no Distrito Federal e nos Territórios, junto às Justiças Federal, do Trabalho, **Eleitoral**, Militar, Tribunais Superiores e instâncias administrativas da União.

§ 1º A Defensoria Pública da União deverá firmar convênios com as Defensorias Públicas dos Estados e do Distrito Federal, para que estas, em seu nome, atuem junto aos órgãos de primeiro e segundo graus de jurisdição referidos no caput, no desempenho das funções que lhe são cometidas por esta Lei Complementar.

Exato. E vimos que os convênios entre a Defensoria Pública da União e as Defensorias Públicas dos Estados não ocorrem de forma tão ampla.[18]

Mas eu quero, agora, pontuar outra importante atividade de fiscalização do processo eleitoral, não relacionada às campanhas eleitorais ou ao processo eletrônico.

É uma função que pode ser desempenhada pela Defensoria Pública.

Ela deve diligenciar para garantir que pessoas em situação de vulnerabilidade tenham acesso ao alistamento eleitoral e ao exercício do voto.[19]

---

da cidadania". BRASIL. TRE-DF. Eleições Parametrizadas. Disponível em: <https://www.tre-df.jus.br/eleicoes/eleicoes-parametrizadas >. Acesso em 22 jul. 2021.

18. Para uma análise mais detida sobre isso, confira: MINAMI, Marcos Youji. *Ondas de Acesso à Justiça Eleitoral*. Revista Brasileira de Direito Processual, v. 83, p. 145-166. Belo Horizonte: Fórum, 2013.
19. É uma aplicação do conceito de *custos vulnerabilis*: "O 'Custos Vulnerabilis' ou, em português, o guardião dos vulneráveis, é uma intervenção constitucional da Defensoria Pública,

– Exemplo, professor.

Vou citar três grupos de pessoas como exemplo: presos provisórios, adolescentes internados e pessoas em situação de rua.

Sobre o preso provisório e os adolescentes internados, veja, por exemplo, esse art. 39, da Res. TSE 23.669/2021:[20]

> Art. 39. As juízas e os juízes eleitorais, sob a coordenação dos TREs, deverão disponibilizar seções em estabelecimentos penais e em unidades de internação tratadas pelo Estatuto da Criança e do Adolescente (ECA), a fim de que as presas e os presos provisórios(as), e os(as) adolescentes custodiados(as) em unidades de internação tenham assegurado o direito constitucional ao voto.

– E qual artigo de lei da legislação eleitoral trata das pessoas em situação de rua?

O detalhe é esse. Essas pessoas, em muitas das vezes, não possuem documentação nem nunca se alistaram eleitores. São excluídos socialmente e politicamente. Não há artigos de lei sobre isso.

É comum que defensores públicos atuem para regularizar a situação documental dessas pessoas. Nesse contexto, é preciso pensar em como alistá-las e incluí-las na esfera da participação política.

– Mas não sei se basta alistá-los, professor. É preciso mais para integrá-los. Se eles não possuem nem um teto, como esperar uma consciência política da parte deles?

---

enquanto órgão autônomo, no seu interesse institucional em prol dos vulneráveis. O traço marcante de tal forma interventiva é defesa do seu próprio interesse finalístico-institucional, distinguindo-se assim de outras formas de atuação do Estado Defensor. A aplicação do instituto ocorre potencialmente nas mais diversas áreas de atuação da Defensoria Pública nas quais a instituição possa impulsionar direitos dos vulneráveis e direitos humanos, incluindo aí a formação de precedentes". Entrevista de Maurilio Casas Maia, disponível em: < https://www.anadep.org.br/wtk/pagina/materia?id=43319 >. Acesso em 31 out. 2021. A ideia está desenvolvida em livro específico que atribui a Maurílio Casas Maia a criação da locução *custos vulnerabilis* para deixar claro que "à Defensoria Pública cabe a missão constitucional de defesa dos vulneráveis e, por outro lado, ao Ministério Público, a defesa da ordem jurídica. Missões distintas, portanto" (GONÇALVES FILHO, Edilson Santana; ROCHA, Jorge Bheron; MAIA, Maurílio Casas. *Custos vulnerabilis: a defensoria pública e o equilíbrio nas relações político-jurídicas dos vulneráveis.* Belo Horizonte: CEI, 2020, p. 50).

20. Dispôs sobre os atos gerais do processo eleitoral para as Eleições 2022. Veja, para cada eleição, as resoluções aplicáveis nos sites do TSE e TRE's.

Isso mesmo. Você tem toda a razão.

Não vamos resolver isso aqui, mas eu posso pontuar o problema. Prometo que, neste livro, quase todas as suas perguntas e as de nossos leitores serão respondidas. Infelizmente, para algumas, eu não tenho as respostas. Pelo menos não por enquanto. Mas fica a provocação.

É uma mania de professor: provocar perguntas na esperança de que alguém se sinta instigado a respondê-las. Vamos adiante.

8.4. A sociedade civil na fiscalização do processo eleitoral brasileiro

Como disse, em época de eleição, a Justiça Eleitoral disponibiliza um aplicativo para que qualquer pessoa possa denunciar ilícitos à Justiça Eleitoral e ao MPE.

Um exemplo disso, é um sistema chamado de Pardal. Veja:

NOTÍCIA SOBRE O SISTEMA PARDAL

"O aplicativo existe desde 2014, mas foi aprimorado ao longo de cada pleito e, para as Eleições 2020, existem diversas novidades a fim de tornar o seu uso ainda mais funcional.

O objetivo principal é facilitar o trabalho de apuração por parte dos Tribunais Regionais Eleitorais (TREs) e do Ministério Público Eleitoral, que podem contar com os cidadãos para atuar como fiscais da eleição no combate à corrupção eleitoral"[21]

– Que bacana. E como mais o cidadão pode participar?

Pelos canais da ouvidoria de cada Tribunal Regional Eleitoral, do Tribunal Superior Eleitoral e dos Ministérios Públicos Estaduais ou Federal. É preciso que essas instituições mantenham canais diretos e constantes de contato com a população.

– Que bacana. E como mais o cidadão pode participar?

Você está perguntando, sinceramente, ou apenas está repetindo pergunta para me pregar uma peça?

21. BRASIL. TSE. Notícia de 22 nov., 2020. Disponível em: <https://www.tse.jus.br/imprensa/noticias-tse/2020/Setembro/aplicativo-pardal-permite-denunciar-irregularidades-em-campanhas >. Acesso em 31 out. 2021.

– É pergunta sincera...

Pois bem. Como eu disse, os mesários são os verdadeiros responsáveis pelas eleições. Eles estão na linha de frente na realização prática do pleito e, por causa disso, podem – e devem – identificar possíveis irregularidades. Expliquei mais sobre isso no tópico sobre os mesários.

– Que bacana. E como mais o cidadão pode participar?

Vamos lembrar o que vimos sobre a Junta Eleitoral: órgão colegiado que verifica os trabalhos de apuração. Além do magistrado eleitoral, essa junta conta com a participação de pessoas do povo. É outra maneira de participação popular na fiscalização da lisura do pleito.

– Lembro disso: "cidadãos de notória idoneidade" compõem as juntas.

Que bacana. E como mais o cidadão pode participar?

Os candidatos são fiscais por excelência do processo eleitoral. Mas veremos isso quando discutirmos as ações eleitorais específicas de eleição.

– Que bacana. E como mais o cidadão pode participar?

Eu acho que você está tirando onda comigo.

– Professor, é sério. Como mais o cidadão pode participar?

Pouco se fala disso, mas os servidores da Justiça Eleitoral também são fiscais constantes do processo eleitoral e devem apontar qualquer irregularidade que identificarem internamente, principalmente relacionadas ao processo de votação eletrônico.

Há uma peculiaridade na Justiça Eleitoral, as cortes do TRE e do TSE são todas formadas por membros temporários. Não há magistrado eleitoral de carreira. **O único efetivo humano fixo na Justiça Eleitoral é formado, justamente, pelos seus servidores**. Eles são escolhidos não por questões pessoais ou crenças, mas por concurso público. Isso garante um quadro muito plural, com servidores dos mais variados espectros políticos. **A esses servidores cabe um eterno dever de zelar pela lisura**

do pleito, não apenas por dever funcional, mas para garantir a própria sobrevivência da instituição.

– Que bonito isso. E como mais o cidadão pode participar?

Acho que está bom, por enquanto.

– Está bem. Mas eu confesso: estava apenas perguntando repetidamente por pirraça. Acabei aprendendo mais coisas. Há males que vêm para o bem.

;-)

8.5. Eleições brasileiras aos olhos do mundo

As nossas eleições são acompanhadas por vários países e organizações não governamentais internacionais.

Confira abaixo:

> **ONGs estrangeiras e eleições brasileiras**
>
> **Notícia:** "Além de contar com a participação de diversas instituições do país, as eleições brasileiras também são acompanhadas por representantes de diversas organizações estrangeiras, que, ao final do processo, produzem relatórios com todas as informações colhidas durante os pleitos. No começo do mês de junho, desembarcaram no país cinco observadores das organizações não governamentais (ONGs) Transparencia Electoral e Conferencia Americana de Organismos Electorales Subnacionales por la Transparencia Electoral (Caoeste). O grupo, formado por integrantes de El Salvador, México, Estados Unidos e Brasil, seguiu até o município de Petrolândia (SC) para acompanhar o andamento do pleito suplementar na cidade, realizado no último dia 13"[22]
>
> **Entidades internacionais e eleições brasileiras**
>
> **Notícia:** "Nesta segunda-feira (12), duas entidades internacionais - Transparencia Electoral (TransparenciaAL) e a Conferencia Americana de Organismos Electorales, Subnacionales por la Transparencia Electoral (Caoeste) - se posicionaram sobre a confiança do trabalho desempenhado pela Justiça Eleitoral do Brasil. 'Deixamos claro que, desde a implantação do sistema eleitoral eletrônico em 1996, nunca foi documentado episódio de fraude, e os candidatos derrotados desde então aceitaram

22. BRASIL. TSE Notícia de 24 jun. 2021. Disponível em: < https://www.tse.jus.br/imprensa/noticias-tse/2021/Junho/observadores-internacionais-acompanham-eleicoes-Brasileiras >. Acesso em 31 out. 2021.

o resultado. A instituição do sufrágio é sustentada pela confiança dos eleitores. Portanto, expressamos o nosso apoio à instituição eleitoral do Brasil e exorta os atores políticos a assumir a responsabilidade em suas declarações', destacou nota da Caoeste"[23]

Organização dos Estados Americanos e eleições brasileiras

Notícia: "A alta taxa de comparecimento dos brasileiros às seções eleitorais no último domingo (15) e a disponibilização de equipamentos de proteção individual [...], suficiente para atender mesários, servidores da Justiça Eleitoral e eleitores foram alguns dos destaques que a Missão de Observação Eleitoral da Organização dos Estados Americanos (MOE/OEA) apontou no Relatório Preliminar sobre o primeiro turno das Eleições Municipais. [...] Catorze observadores internacionais da OEA de nove nacionalidades acompanharam as eleições brasileiras em cinco cidades – São Paulo, Rio de Janeiro, Brasília, Goiânia e Valparaíso (GO) – e analisaram aspectos técnicos do processo eleitoral. Entre eles estavam a organização e a tecnologia eleitoral, o financiamento político, a justiça, a participação política das mulheres, de representantes de povos indígenas e de afrodescendentes"[24]

– Professor, isso tudo é muito lindo, mas se o nosso sistema é tão maravilhoso, por qual razão esses outros países não utilizam a nossa urna eletrônica?

Essa pergunta é um clássico e a resposta é um pouco demorada. Havendo tempo, podemos conversar sobre isso, mas precisamos prosseguir.[25]

23. BRASIL. TSE Notícia de 13 jul. 2021. Disponível em: < https://www.tse.jus.br/imprensa/noticias-tse/2021/Julho/entidades-internacionais-de-transparencia-eleitoral-ressaltam-confianca-nas-urnas-eletronicas >. Acesso em 31 out. 2021.
24. BASIL. TSE. Notícia de 19 nov. 2021. Disponível em: < https://www.tse.jus.br/imprensa/noticias-tse/2020/Novembro/oea-destaca-atuacao-do-tse-nas-eleicoes-durante-pandemia-e-cita-201csistema-mais-veloz-de-resultados-oficiais-na-regiao201d >. Acesso em 31 out. 2021.
25. Para um debate sobre isso, confira o epílogo do livro.

PARTE 5

Quais os grandes atores do processo eleitoral brasileiro?

9. PARTIDOS POLÍTICOS NO BRASIL

9.1. Partidos políticos e pluralismo político

Vamos direto ao assunto. Eis o que é um partido político, segundo alguns doutrinadores:

DOUTRINA: PARTIDO POLÍTICO
"...é um grupo social de relevante amplitude destinado à **arregimentação coletiva**, em **torno de ideias e de interesses**, para levar seus membros a **compartilharem do poder decisório nas instâncias governativas**"[1]
"É uma forma de **agremiação** de um grupo social que se propõe **organizar, coordenar e instrumentar a vontade popular** com o fim de **assumir o poder para realizar seu programa de governo**"[2]
"Os partidos políticos podem ser conceituados como **associações privadas** que se organizam em torno de **programas sociais, políticos e ideológicos**, visando a **conquista do poder**"[3]

– Professor! Estou aqui! Quando vai interagir com a audiência? O nome desse livro não é "Monólogos de Direito Eleitoral".

Nossa, que atrevimento!

– Desculpa... Acho que exagerei mesmo, né!

1. RIBEIRO, Fávila. Direito eleitoral. 4ª ed. Rio de Janeiro: Forense, 1996, p. 211. Grifo nosso.
2. SILVA, José Afonso da. Comentário contextual à constituição. 7. ed. São Paulo: Malheiros, 2010, p. 238. Grifo nosso.
3. SEREJO, Lourival. *Programa de direito eleitoral.* Belo Horizonte: Del Rey, 2006, p. 57. Grifo nosso.

Eu apresentei logo os conceitos acima para termos algo para começar a trabalhar. Me diz, agora, a partir deles, quais os elementos principais de um partido político?

– Agora ficou fácil, pois os conceitos mostrados estão até grifados! Acho que os elementos principais desses conceitos são:

a) necessidade de um grupo de pessoas;

b) ideias ou objetivos em comum e

c) levar essas ideias ou objetivos para o governo!

Perfeito!

Mas esses conceitos ainda carecem de um último detalhe.

Já vimos a importância do **pluralismo político** para a nossa democracia.[4] Você lembra disso?

– Claro! É, inclusive, um dos fundamentos do nosso Estado Democrático de Direito.

Exato! Isso está no artigo primeiro de nossa constituição.

Por isso, além de tudo o que foi dito sobre os partidos políticos, é importante compreender **que eles são essenciais na concretização do pluralismo no nosso país**.

Essa é, por exemplo, uma das razões para a proibição das candidaturas avulsas como regra.

– O que é mesmo candidatura avulsa?

É uma candidatura sem filiação partidária, candidatura solitária, que só é permitida aos militares, como ainda veremos. E, mesmo no caso dos militares, que não podem se filiar, ainda há a necessidade de sua indicação por partido ou coligação.

4. Nesse contexto, cabem as conclusões de Manoel Carlos de Almeida Neto: "não obstante os defeitos inerentes ao sistema partidário Brasileiro, hoje, os partidos políticos são absolutamente indispensáveis ao processo democrático, não apenas porque expressam múltiplos interesses e aspirações dos mais variados grupos sociais, mas, principalmente, porque são fundamentais para a formação de líderes políticos e seleção de candidatos aos cargos populares de natureza eletiva" (ALMEIDA NETO, Manoel Carlos de. *Direito eleitoral regulador*. 1 ed. São Paulo: editora revista dos Tribunais, 2014, p. 207).

– Uma andorinha só não faz verão.

Rs. É por aí mesmo. Em todo o caso, veremos o que o militar deve fazer caso queira se candidatar no capítulo sobre "Condições de Elegibilidade".

Vamos adiante!

Como eu estava dizendo, o partido político encarrega-se de assimilar e catalogar as demandas sociais e transformá-las em demandas políticas.

Exemplo, *please*!

– Ei, Professor... Essa fala é minha!

Rs.

Imagine que um grupo grande de policiais anseie por aumento em suas remunerações ou por melhoria nas suas condições de trabalho. É possível que um determinado partido assimile essa demanda e a leve para o debate político.

– E se esse partido já estiver no poder?

Talvez, então, essa demanda já seja prioridade em sua agenda de governo.

– E se o partido no poder não entender que isso é prioridade e preferir investir em educação?

Isso não vai impedir o debate do tema no executivo ou legislativo. Um partido de oposição, por exemplo, pode assumir essa bandeira e tentar emplacar essa ideia junto ao governo ou pode tentar a eleição de seus candidatos prometendo lutar por essa causa.

Os partidos, como um todo, ainda possuem um relevante papel na fiscalização do governo e dos mandatários em geral. Isso é muito perceptível, por exemplo, quando vemos a atuação de partidos de oposição, que não ocupam cargos no executivo ou que possuem minoria de parlamentares nas assembleias.

OS DIVERSOS PAPÉIS DOS PARTIDOS POLÍTICOS
Importante canal para catalisar as demandas dos diversos grupos sociais
É um dos grandes responsáveis (embora não seja o único) pela concretização do pluralismo político
Agente de transformação, quando está na situação ou possui maioria nas assembleias ou câmaras
Agente de fiscalização, quando está na oposição
Mantém o diálogo sobre as questões sociais permanentemente aberto

9.2. Autonomia partidária

Vamos consultar o Código Civil.

> – Sério? Mas, até agora, só estávamos consultando a Constituição e as demais leis eleitorais!

Calma! Vai entender a razão disso. Veja:

> **Código Civil:**
>
> Art. 44. São pessoas jurídicas de direito privado:
>
> I - as associações;
>
> II - as sociedades;
>
> III - as fundações.
>
> IV - as organizações religiosas;
>
> **V - os partidos políticos.**
>
> VI - as empresas individuais de responsabilidade limitada.
>
> [...]
>
> **§ 3º Os partidos políticos serão organizados e funcionarão conforme o disposto em lei específica.**

> – Professor, como eu já disse, eu acho que o senhor recebe por página. Poderia ter colocado só o inciso do partido político, né? Não sei por qual razão copiou o artigo inteiro.

Há uma explicação para o que eu fiz.

É importante que perceba uma coisa: o partido político está ali, perto das associações, sociedades empresárias e fundações.

> – Não entendi. Qual a repercussão prática disso?

Para você perceber o seguinte: **o partido político é pessoa jurídica de direito privado, com autonomia que deve ser assegurada.**

– Bacana. Mas eu insisto: qual a repercussão prática disso?

A intervenção da Justiça Eleitoral nos partidos políticos deve ser a mínima possível.

– Então eles são livres?

Sim e não. Eles são livres na criação, estabelecimento de normas internas e funcionamento, mas pelo menos duas situações autorizam pedido de providências junto à Justiça Eleitoral em assuntos relacionados aos partidos políticos.

A primeira delas ocorre quando há **inobservância de dispositivos da Constituição e dos regramentos específicos da atividade partidária**. Desobediência às regras de arrecadação e gastos de recursos, por exemplo.

A outra situação que autoriza providências pela seara jurisdicional especial ocorre quando **os atos partidários junto aos seus filiados ou diretórios repercutem de maneira indevida no processo eleitoral e na participação política de seus agremiados em algumas situações.**

Um exemplo é a ausência de repasse dos recursos do Fundo Partidário aos diretórios. Observe:

> **Precedente:** "O TSE já decidiu que a ausência de repasse dos recursos do Fundo Partidário aos diretórios estaduais configura irregularidade grave, que enseja a desaprovação das contas, pois inviabiliza a existência dos órgãos inferiores da agremiação e prejudica a realização das campanhas eleitorais".[5]

– E o que não autorizaria, por exemplo, a interferência da Justiça Eleitoral?

Um pedido de anulação de convenção eleitoral motivada por questões partidárias internas. Confira:

> **Precedente:** "In casu, considerando que a intervenção se justifica em situações excepcionais, de modo a garantir o respeito à autonomia partidária e ao modelo federativo e descentralizado sob o qual se constituem os partidos políticos, e na linha do ilustrado parecer ministerial, **a possibilidade de anulação de convenções estaduais, distrital ou municipais**

5. TSE. PCA nº 16752, Acórdão, Rel. Min. Sergio Silveira Banhos, DJE 03/05/2021.

com base em mera contrariedade a 'interesses partidários' representa elevado grau de subjetividade que extrapola os limites fixados pelo art. 7º, § 2º, da Lei nº 9.504/97".[6]

– Tem mais exemplos?

Sim. Já se entendeu que a **Justiça Eleitoral não é competente para avaliar sanção de partido dada a filiado**, a não ser que isso tenha ocorrido com o propósito não de punir, mas de afastar o parlamentar da vida política de forma indevida.[7]

Também já se entendeu que **o descumprimento de prazo estatutário que estabelece um prazo específico entre a publicação de edital e a realização da convenção partidária não pode ser questionada por outro partido**, pois isso é uma questão interna dele.[8]

– Entendi. Mas onde encontramos, na legislação, os limites de liberdade do Partido Político?

Podemos começar procurando esse tema na própria Constituição. Veja:

ARTIGO 17, CONSTITUIÇÃO FEDERAL, SOBRE OS PARTIDOS POLÍTICOS
É livre a criação, fusão, incorporação e extinção de partidos políticos "É assegurada aos partidos políticos **autonomia** para definir sua estrutura interna e estabelecer regras sobre escolha, formação e duração de seus órgãos permanentes e provisórios [...], devendo seus estatutos estabelecer normas de disciplina e fidelidade partidária" (art. 17, § 1º)
▸ **Devem ser resguardados a soberania nacional, o regime democrático, o pluripartidarismo, os direitos fundamentais da pessoa humana e os preceitos abaixo.**

Confira apontamentos de Ezikelly Barros sobre essa autonomia partidária positivada no §1º, art. 17, da CF/1988:

6. TSE. Registro de Partido Político nº 2978239, Acórdão, Rel. Min. Tarcisio Vieira De Carvalho Neto, DJE, 03/11/2020.
7. "Embora seja competência da Justiça comum examinar eventual pedido de anulação da sanção aplicada, cabe à Justiça Eleitoral considerar o fato para aferir se houve propósito de alijamento político do parlamentar punido" (TSE. Pet. nº 060064166, Ac. Rel. Min. Tarcisio Vieira de Carvalho Neto, DJE 10/05/2021).
8. TSE. RESPE nº 060004168, Rel. Min. Sergio Silveira Banhos, PSESS 11/12/2020.

> **Doutrina** "concede aos partidos Brasileiros uma **ampla liberdade para a regulamentação das suas questões *internas corporis* ou intrapartidárias**. A positivação dessa norma no texto constitucional após experiências traumáticas de indevida intervenção estatal nas esferas internas das greis, foi uma grande conquista da sociedade Brasileira"[9]

Perceba que alguns parâmetros devem ser observados. Veja as repercussões disso:

ARTIGO 17, DA CONSTITUIÇÃO FEDERAL, SOBRE OS PARTIDOS POLÍTICOS

Preceitos a serem observados:	Repercussões:
Caráter Nacional	O partido deve ser criado com o apoio de eleitores pelo Brasil, nos termos do art. 7º da Lei dos Partidos Políticos Político (9.096/95) Evitam-se regionalismos extremos[10]
Proibição de recebimento de recursos financeiros de entidade ou governo estrangeiros ou de subordinação a estes	Isso evita que nossa soberania sofra riscos em sua integridade
Prestação de contas à Justiça Eleitoral	Parte da atividade partidária é financiada com recursos público e isso deve ser fiscalizado Verifica-se se não há, por exemplo, recebimento de recursos de fontes vedadas ou gastos ilícitos
Funcionamento parlamentar de acordo com a lei	Embora com liberdade em sua criação e funcionamento, os preceitos constitucionais e infraconstitucionais sobre os partidos devem ser observados

– Percebi. A Constituição parece que deixa mesmo claro que o partido possui bastante autonomia, mas, ao mesmo tempo, estabelece algumas balizas.

Isso mesmo... Entendeu tudo!

9. BARROS, Ezikelly. Autonomia partidária: uma teoria geral. São Paulo: Almedina, 2021. Destaquei.
10. Para uma explicação mais detalhada sobre o que significa "caráter nacional" e o problema de regionalismos, indicamos: SILVA, Virgílio Afonso da. Direito constitucional Brasileiro. 1. ed. 1. reimp. São Paulo: Editora da Universidade de São Paulo, 2021, p. 414.

9.3. Sistemas eletrônicos relacionados aos partidos políticos

– Como eu crio um partido político?
Se bem que já temos tantos né.
Aliás, professor, como eu sei quantos partidos temos no Brasil?

Calma!

Para saber quantos partidos estão registrados no TSE basta consultar por lá. O caminho é mais ou menos esse: **site do TSE ou algum TRE → Partidos → Partidos Políticos → Partidos Registrados no TSE.**

Em janeiro de 2022, por exemplo, existiam 33 partidos registrados.

– Nossa! São muito, né? E que site mais informativo!

Na verdade, existe um aplicativo na rede mundial de computadores desenvolvido pelo TSE apenas para gerenciar informações partidárias.

– Sério!

A Justiça Eleitoral costuma criar sistemas e siglas para as mais diversas coisas. Em alguns momentos, isso é até bastante confuso para o público.

– Por qual motivo isso ocorre?

Porque há uma infinidade de assuntos que merecem a atenção da Justiça Eleitoral: **cadastro de eleitores, partidos políticos, filiação partidária, urnas eletrônicas etc.**

Para facilitar a atuação em tantos temas, o Tribunal Superior Eleitoral e, por vezes, os próprios Tribunais Regionais Eleitorais desenvolvem sistemas específicos.

– Exemplos, por favor!

Ainda veremos vários ao longo de nossas conversas. Mas, apenas sobre o tema de partidos políticos, eu posso citar os seguintes sistemas:

ASSUNTO	SISTEMA E PREVISÃO NORMATIVA
Informações partidárias	Sistema SGIP: Sistema de Gerenciamento de Informações Partidárias[11]
Filiação Partidária	Sistema FILIA: Sistema para gerenciamento de publicidade de filiações partidárias [12]
Prestações de contas anuais e de eleição	Sistema SPCA: Sistema de Prestação de Contas Anual[13] Sistema SPCE: Sistema de Prestação de Contas Eleitorais[14] Sistema SICO: Veicula Informações de status de Contas Partidárias
Convenções Partidárias e Registro de Candidaturas	Sistema CANDex: sistema pelo qual são enviados à Justiça Eleitoral a ata da convenção partidária e os pedidos de registro de candidaturas
Criação de partidos políticos	Sistema SAPF: Sistema de Apoiamento a Partidos em Formação[15]

– Professor, pode esquecer os exemplos. Eu estava brincando!

Sei que parece complicado. Mas é que são muitas informações e, para facilitar a tratativa em tantos temas, esses sistemas facilitam muito.

– Deixa eu adivinhar, no site da Justiça Eleitoral há informação sobre todos esses sistemas, né?

Isso! Lá constam, inclusive, os manuais de todos eles.

– Ufa! Ainda bem. Tantos sistemas. E isso é apenas um assunto do Direito Eleitoral né!

Isso mesmo. O tema é bem amplo. Em todo o caso, para saber quantos partidos existem e a atual situação deles, basta consultar...

– Já sei! O site da Justiça Eleitoral.

Isso. Vamos adiante.

11. Instrução Normativa do TSE nº 3/2008.
12. Resolução do TSE nº 23.596/2019.
13. Resolução do TSE nº 23.604/2019.
14. Resolução do TSE nº 23.607/2019.
15. Resolução do TSE nº 23.571/2018.

9.4. Criação de partido

– Mas, afinal, como criar partido político?

Antes de verificarmos isso, preciso apresentar uma premissa.

– Professor, lembra-se que prometeu ser mais prático!

Calma! O que vou falar é importante para entender como fundar um partido político. Leia o artigo abaixo:

Lei dos Partidos Políticos (9.096/95), art. 7º, sobre criação de partidos	
Art. 7º O partido político, **após adquirir personalidade jurídica na forma da lei civil**, registra seu estatuto no Tribunal Superior Eleitoral. § 1º Só é admitido o registro do estatuto de partido político que tenha **caráter nacional [...]**	
Como saber se partido possui "caráter nacional"?	É aquele que comprova, no período de dois anos, o apoiamento de eleitores não filiados a partido político, correspondente a, pelo menos, **0,5% (cinco décimos por cento) dos votos dados** na **última eleição geral para a Câmara** dos Deputados, não computados os votos em branco e os nulos, distribuídos **por um terço, ou mais, dos Estados,** com um mínimo de 0,1% (um décimo por cento) do eleitorado que haja votado em cada um deles

– Que complicado, não entendi.

Um partido precisa de uma certa representatividade nacional para poder atuar. É o que a lei chama de "caráter nacional".

– E como saber isso! Quer dizer, até entendi que é preciso conseguir esse apoiamento estabelecido nesse artigo, mas como contar isso?

Lembra que eu disse que a Justiça Eleitoral possui sistema para tudo! Há um sistema para isso.

– Lembro sim, está aqui anotado: Sistema SAPF – Sistema de Apoiamento a Partidos em Formação.

Exato! Mas, vamos adiante. A premissa já foi apresentada.

Para criar um partido político, é preciso passar por quatro etapas:

COMO CRIAR PARTIDO POLÍTICO?

1. Constituir a pessoa jurídica de direito privado (aquisição da personalidade jurídica na forma da lei civil) no cartório competente do Registro Civil das Pessoas Jurídicas da capital federal
2. Conseguir o número de apoiadores (eleitores pelo Brasil que afirmem apoiar a criação daquele partido) exigidos pela legislação Isso é feito por sistema eletrônico específico: SAPF – Sistema de Apoiamento a Partidos em Formação, mediante senha disponibilizada pelo TSE
3. Conseguido o apoiamento mínimo de eleitores, ocorre a constituição dos Diretórios Regionais e Municipais, nos termos do estatuto do partido, com devido registro disso nos respectivos Tribunais Regionais Eleitorais
4. "Registrados os órgãos de direção estadual em, pelo menos, 1/3 (um terço) dos estados, o presidente nacional do partido político em formação deve solicitar o registro do estatuto e do respectivo órgão de direção nacional no Tribunal Superior Eleitoral"
▶ **Base normativa: Lei 9.096/95 e Res. TSE 23.571/2018**

9.5. Informações partidárias

Há um sistema específico, gerido pela Justiça Eleitoral, que permite a consulta da situação das agremiações e seus respectivos diretórios. É o **Sistema SGIP – Sistema de Gerenciamento de Informações Partidárias.**

– Qual tipo de informação posso conseguir nesse sistema?

Se um partido possui diretório estadual ou municipal, por exemplo. Quem são os membros desse diretório: presidente, secretário ou tesoureiro.

Veja o quadro:

SOBRE O SGPI

O que significa?	Sistema de Gerenciamento de Informações Partidárias
Como acesso?	Pelas páginas dos tribunais eleitorais (TSE ou TRE´s), na aba partido político
O que posso consultar?	Os delegados dos partidos Se existe e qual a composição e vigência dos diretórios nacionais, estaduais e municipais dos partidos políticos[16] Possibilita a emissão de certidões sobre as informações que ele veicula. Exemplo: certidão de composição e vigência de órgão partidário municipal.

16. Atualmente, há uma ADI pendente de julgamento que questiona, entre outras coisas, o prazo dos diretórios provisórios do §3º, art. 3º da Lei 9.096/95.

9.6. Filiação partidária e o problema da dupla filiação

9.6.1. Informações gerais e sistema FILIA

– Como saber se uma pessoa está filiada. É a Justiça Eleitoral quem controla isso?

Antes de mais nada, lembre-se que o partido é pessoa jurídica de direito privado. Leia isso:

LEI DOS PARTIDOS POLÍTICOS (9.096/95) SOBRE FILIAÇÃO PARTIDÁRIA
Art. 17. Considera-se deferida, para todos os efeitos, a filiação partidária, **com o atendimento das regras estatutárias do partido.**
▸ **Atenção: principal legislação sobre filiação partidária: Lei dos Partidos Políticos artigos 16 a 22-A**

– Entendi. Então são as regras do próprio partido que determinam como alguém se torna filiado.

Isso. E não podemos esquecer: a filiação é uma condição necessária para que alguém se candidate:

SOBRE FILIAÇÃO E CANDIDATURA (LEI 9.504/97, ART. 9º):
Para se candidatar, o eleitor deve: Votar na respectiva circunscrição à qual irá concorrer **É preciso que o candidato a candidato seja eleitor dessa localidade específica há, pelo menos, seis meses** E mais: **deve estar com filiação deferida pelo partido ao qual irá concorrer no mesmo prazo**[17]
▸ **Atenção! O partido político pode estabelecer prazo mínimo de filiação para concorrer em prazo maior do que seis meses**[18]

17. Lei das Eleições (9.504/97), art. 9º: "Para concorrer às eleições, o candidato deverá possuir domicílio eleitoral na respectiva circunscrição pelo prazo de seis meses e estar com a filiação deferida pelo partido no mesmo prazo".
18. Lei 9.096/95, art. 20: É facultado ao partido político estabelecer, em seu estatuto, prazos de filiação partidária superiores aos previstos nesta Lei, com vistas a candidatura a cargos eletivos. Parágrafo único. Os prazos de filiação partidária, fixados no estatuto do partido, com vistas a candidatura a cargos eletivos, não podem ser alterados no ano da eleição.

– Mas, na prática, como eu sei que alguém está filiado?

Existe um sistema elaborado pela Justiça Eleitoral que auxilia no controle das filiações partidárias. Veja:

ACESSO AO SISTEMA DE FILIAÇÃO PARTIDÁRIA
Página do TSE ou de qualquer Tribunal Regional Eleitoral A partir desses sites, o caminho a percorrer é mais ou menos esse: **Partidos → Filiação partidária → Sistema de filiação partidária → FILIA**

– Pode falar mais sobre esse tal de Sistema FILIA?

SISTEMA PARA GERENCIAMENTO DE PUBLICIDADE DE FILIAÇÕES PARTIDÁRIAS (FILIA)
Possibilita aos partidos políticos uma forma rápida e segura de publicizar quem são os seus filiados Permite que a Justiça Eleitoral verifique, comparando as listas de filiados dos partidos, se algum eleitor está filiado a mais de uma agremiação Permitir que os próprios eleitores verifiquem se são ou não filiados a alguma agremiação Verificar, pelo menos preliminarmente, se determinado candidato possui o tempo mínimo necessário de filiação partidária para que possa se candidatar
▶ **Para acesso público: o acesso é livre para a emissão de certidão de filiação**
▶ **Para Partidos Políticos lançarem filiados no sistema: necessária uma senha**

– Mas, espera, professor. Como eu consigo uma senha? Pode explicar melhor isso?

Sim. Há pelo menos três formas de acesso ao sistema. Veja abaixo.

MAIS INFORMAÇÕES SOBRE O FILIA

Quem acessa?	Informações auxiliares
Qualquer pessoa	**Módulo de consulta pública:** "Disponível na rede mundial de computadores, possibilita o acesso aos dados públicos dos filiados e permite a emissão e validação de certidão" (Resolução TSE nº 23.596/2019, art. 5º, I)

MAIS INFORMAÇÕES SOBRE O FILIA

Quem acessa?	Informações auxiliares
Partidos Políticos	**Módulo externo:** "De uso dos partidos políticos, permite o cadastramento de usuários do sistema, a inserção dos dados dos filiados no sistema e sua submissão à Justiça Eleitoral (Resolução TSE nº 23.596/2019, art. 5º, II)
Justiça Eleitoral	**Módulo interno:** "De uso obrigatório e exclusivo da Justiça Eleitoral, objetiva o gerenciamento das informações relativas a filiações partidárias, bem como o cadastramento de usuário e senha do representante nacional do partido político" (Resolução TSE nº 23.596/2019, art. 5º, III)

– Entendi. Por esse sistema FILIA, um partido pode informar seus filiados para a Justiça Eleitoral. Mas como o partido político consegue essa senha?

Vamos adiante que eu explico.

9.6.2. Filiação e submissão anual da lista de filiados

Os partidos políticos devem informar e atualizar, periodicamente, a lista de seus filiados para a Justiça Eleitoral, através de sistema específico. Eis as razões:

RAZÕES PARA A SUBMISSÃO DE FILIADOS À JUSTIÇA ELEITORAL:
Publicizar os filiados e permitir emissão de certidão de filiação
Acompanhar o prazo mínimo de filiação para fins de candidatura

Essa submissão é feita pelo **Sistema FILIA**.

Para entrar no sistema, os dirigentes dos partidos pedem o acesso para a Justiça Eleitoral, nos termos dos artigos 6º a 8º da Res. TSE n. 23.596/2019.

O sistema FILIA possui os seguintes níveis de acesso:

NÍVEIS DE ACESSO AO FILIA (ART. 6º, RES. TSE N. 23.596/2019)

Consulta	Permite a visualização dos dados dos filiados e de órgão partidário a ele vinculado
Operador	O operador pode realizar consulta e possui permissão para cadastrar a filiação, realizar exclusão e edição de dados de filiados da sua esfera ou de qualquer órgão partidário a ele vinculado
Administrador Nacional estadual ou regional Municipal ou zonal	O administrador faz consulta, faz tudo o que o operador faz e pode cadastrar ou descadastrar outros usuários, dos perfis administrador, operador ou consulta

– Então é o administrador quem consegue cadastrar as pessoas que podem usar o sistema em um partido!

Isso mesmo.

– E quem cadastra esse administrador?

O TSE cadastrará o presidente nacional do partido como **usuário administrador nacional do partido**. A partir dele, são cadastrados outros usuários nacionais, regionais e até municipais. Aqueles cadastrados regionalmente podem cadastrar outros estaduais, bem como os municipais.

– Entendi. O diretório com maior abrangência vai dando acesso aos diretórios de menor abrangência.

Isso! Perfeito! Eu não explicaria melhor. Isso tudo está no art. 8º da Res. TSE n. 23.596/2019.

– E quando ocorre a submissão desses filiados?

A submissão da lista de filiados ocorre pelo menos duas vezes por ano. Veja:

SOBRE A SUBMISSÃO DE LISTAS DE FILIADOS	
Quando ocorre?	Na segunda semana dos meses de abril e outubro de cada ano
Quem deve submeter?	O partido, por seus órgãos de direção municipal/zonal, estadual/regional ou nacional.
Para onde são envidas?	Para a Justiça Eleitoral, mediante sistema FILIA
Qual o objetivo disso?	Para arquivamento, publicação e cumprimento dos prazos de filiação para efeito de candidatura
O que consta nessa lista?	A relação atualizada dos nomes de todos os seus filiados na respectiva zona eleitoral, da qual constará, também, o número dos títulos eleitorais e das seções em que estão inscritos e a data do deferimento das respectivas filiações
Qual legislação?	Lei nº 9.096/1995, art. 19, caput Res. TSE nº. 23.596/2019, art. 19
E se um partido esquecer disso?	Será considerada a última submetida
E se um partido não informar filiado?	O prejudicado pode pedir que a Justiça Eleitoral intime o partido para apresentar uma lista especial com os dados do filiado não informado na lista ordinária
Alguma dica extra?	Sim. O Tribunal Superior Eleitoral costuma publicizar, anualmente, um cronograma com as datas de submissão e processamento das listas de filiado

9.6.3. O que acontece no caso de dupla filiação partidária (coexistência de filiações)

– Mas e se uma pessoa se filiar a mais de um partido? Aliás, isso é possível?

Isso não é permitido pela lei, embora possa acontecer na prática.

Eu, particularmente, já vi pessoas filiadas, ao mesmo tempo, em quatro partidos.[19]

– Que louco! E como se resolve?

19. MINAMI, Marcos Youji. O Devido Processo Legal no Procedimento de Dupla Filiação Partidária. Suffragium (TRE-CE), v. 5 n8, p. 75-96. Fortaleza: TRE-CE, 2009.

O Brasil não admite a dupla militância.

LEI DOS PARTIDOS POLÍTICOS (9.096/95) SOBRE DUPLA FILIAÇÃO

Art. 22. [...] Parágrafo único. Havendo coexistência de filiações partidárias, prevalecerá a mais recente, devendo a Justiça Eleitoral determinar o cancelamento das demais.
▸ **Se ocorrer: permanece a mais recente e cancelam-se as demais**

– Entendi. Se houver mais de uma filiação, prevalece a mais recente. O Sistema FILIA é quem deve identificar isso também né.

Exatamente.

– Mas essa pessoa com dupla filiação é avisada?

Sim. Veja:

PROCEDIMENTO DE REGULARIZAÇÃO DE COEXISTÊNCIA DE FILIAÇÃO PARTIDÁRIA (ARTS. 22 E 23, RES. TSE N. 23.596/2019)

O que ocorre quando a dupla filiação é identificada?	Serão expedidas, pelo TSE, notificações ao filiado e aos partidos envolvidos
Abre-se algum procedimento?	Sim. Autua-se um procedimento chamado: Filiação Partidária (FP), de competência do juízo eleitoral da zona de inscrição do filiado
Qual o prazo de resposta?	Vinte dias para resposta
E depois do Prazo?	Com ou sem resposta, abre-se vista ao MP, para manifestação em cinco dias
E depois?	Com ou sem manifestação do MP, prazo de cinco dias para decisão
O que acontece com as filiações até o dia da decisão?	Ficam pendentes de regularização, ou em uma situação conhecida como *sub judice*
▸ **Atenção: Se o magistrado identificar que houve algum ilícito na inclusão de determinado filiado na lista do partido, dará ciência do fato ao Ministério Público Eleitoral para as providências cabíveis**	

9.6.4. *O que fazer para deixar de ser filiado?*

Se alguém quer deixar de ser filiado, a lei dos partidos políticos é bem clara nesse aspecto:

O QUE FAZER PARA SE DESFILIAR (LEI DOS PARTIDOS (9.096/95), ART. 21)	
O filiado prepara uma comunicação escrita: a) ao órgão de direção municipal e b) ao Juiz Eleitoral da Zona em que for inscrito. Decorridos dois dias da data da entrega da comunicação, o vínculo torna-se extinto, para todos os efeitos	
Situações especiais (Art. 24, Res. TSE n. 23.596/2019)	
E se não houver comunicação à Justiça Eleitoral?	A filiação ainda será considerada
E se o filiado quiser ingressar imediatamente em outro partido?	Para cancelar imediatamente a filiação anterior, o interessado deverá comunicar o ingresso no novo partido ao juízo eleitoral de sua zona de inscrição
E se não houver mais diretório municipal ou zonal ou o filiado não encontrou o representante partidário?	O filiado apenas comunica a desfiliação ao juiz da zona eleitoral em que for inscrito, explicando a situação

– Entendi tudo, acho. Mas então uma pessoa somente deixa de ser filiado quando pede para sair do partido.

Não. Veja isso:

> **Hipóteses de cancelamento de filiação partidária:**
>
> **Lei dos Partidos (9.096/95), art. 22:** Art. 22. O cancelamento imediato da filiação partidária verifica-se nos casos de: I - morte; II - perda dos direitos políticos; III - expulsão; IV - outras formas previstas no estatuto, com comunicação obrigatória ao atingido no prazo de quarenta e oito horas da decisão; V - filiação a outro partido, desde que a pessoa comunique o fato ao juiz da respectiva Zona Eleitoral.

9.7. O desempenho dos partidos políticos: cláusula de desempenho (cláusula de barreira)

Abra para mim, por favor, o *site* da Justiça Eleitoral, consulte a aba Partidos Políticos e veja quantas agremiações temos atualmente.

– Nossa... mais de 30!

Pois é. Há muito questionamento em relação a isso.

Alguns defendem que é realmente necessário termos tantos partidos. Muitas são as correntes ideológicas e os tipos de interesse em jogo no Brasil. Outros, porém, entendem que essa quantidade de agremiações deveria ser revista.

Em todo o caso, com a Emenda Constitucional 97, de 2017, desmotiva-se a criação de pequenos partidos e a continuidade daqueles que não conseguem bom desempenho nas urnas.[20]

– E como isso ocorre?

FORMA DE LIMITAR A CRIAÇÃO OU MANUTENÇÃO DE PARTIDOS COM POUCO DESEMPENHO NAS URNAS
Limitar o acesso dos partidos ao tempo de propaganda gratuita no rádio e na televisão
Limitar o acesso dos partidos ao fundo partidário (Fundo Especial de Assistência Financeira aos Partidos Políticos)

Para obter os dois recursos acima, alguns requisitos são exigidos, nos termos do art. 17, § 3º da Constituição Federal:

> § 3º **Somente terão direito a recursos do fundo partidário e acesso gratuito ao rádio e à televisão**, na forma da lei, os partidos políticos que alternativamente:
>
> I - obtiverem, nas eleições para a **Câmara dos Deputados, no mínimo, 3% (três por cento) dos votos válidos**, distribuídos em pelo **menos um terço das unidades da Federação**, com um mínimo de **2% (dois por cento) dos votos válidos em cada uma delas**; ou
>
> II - tiverem elegido **pelo menos quinze Deputados Federais distribuídos em pelo menos um terço das unidades da Federação.**

20. Para uma análise da EC 97/2017 no contexto da autonomia partidária, a partir do curioso "embate" entre partidos políticos e o Tribunal Superior Eleitoral acerca do prazo de duração das comissões provisórias (o "caso das comissões provisórias"), veja: BARROS, Ezikelly. *Op. cit.*, tópico 3.4. É curioso perceber como o TSE agiu de maneira protagonista no tema da duração das comissões partidárias provisórias mediante resoluções, com uma resposta do Legislativo por Emenda Constitucional e Leis. A leitura provoca uma reflexão sobre dois temas: os limites do Poder Judiciário e a autonomia partidária.

Mas o enunciado acima, segundo a EC 97/2017, art. 3º, ainda não vale plenamente:

> Art. 3º O disposto no § 3º do art. 17 da Constituição Federal quanto ao acesso dos partidos políticos aos recursos do fundo partidário e à propaganda gratuita no rádio e na televisão aplicar-se-á a partir das eleições de 2030.

Até lá, é assim que se determina quem terá tempo de propaganda eleitoral gratuita e fundo partidário:

REQUISITOS PARA OBTER TEMPO DE PROPAGANDA GRATUITA E FUNDO PARTIDÁRIO[21]	
Após as eleições de 2018	Conseguir, nas eleições para a Câmara dos Deputados, no mínimo, 1,5% dos votos válidos, distribuídos em pelo menos 1/3 das unidades da Federação, com um mínimo de 1% dos votos válidos em cada uma delas Eleger pelo menos 9 Deputados Federais distribuídos em pelo menos 1/3 das unidades da Federação
Após as eleições de 2022	Conseguir, nas eleições para a Câmara dos Deputados, no mínimo, 2% dos votos válidos, distribuídos em pelo menos 1/3 das unidades da Federação, com um mínimo de 1% dos votos válidos em cada uma delas Eleger pelo menos 11 Deputados Federais distribuídos em pelo menos 1/3 das unidades da Federação
Após as eleições de 2026	Conseguir, nas eleições para a Câmara dos Deputados, no mínimo, 2,5% dos votos válidos, distribuídos em pelo menos 1/3 das unidades da Federação, com um mínimo de 1,5% dos votos válidos em cada uma delas Eleger pelo menos 13 Deputados Federais distribuídos em pelo menos 1/3 das unidades da Federação

– Em resumo, o partido que não consegue esse desempenho mínimo acima é extinto.

Atenção! Eu não disse isso. Quem não atinge o desempenho acima, fica sem tempo de rádio e televisão e sem os recursos do fundo partidário.

21. Atualmente, há uma ADI litispendente sobre esse tema, a de número 6063, ainda sem decisão.

– Ou seja, fica difícil funcionar sem grana e tempo de televisão. Na prática, o partido é anulado.

Nossa... Eu não disse isso.

– E como os partidos pequenos então fazem sem esses recursos de propaganda e financeiros?

Eles devem procurar formas diversas de manutenção que não dependam tanto do Fundo Partidário ou podem melhorar o seu desempenho nas urnas por alguma estratégia ou podem se unir de forma permanente ou definitiva com outros partidos. Veremos isso a seguir.

9.8. Dinâmica entre partidos: incorporação, fusão, coligação e federação de partidos

Vimos que a falta de desempenho do partido pode causar a perda de tempo de televisão e rádio (o que alguns chamam de direito de antena) e a perda do recebimento do fundo partidário. Para alguns menores, essas perdas inviabilizam a sua atividade, o que provoca algumas movimentações entre eles, que podem ser temporárias ou permanentes.

– Então agora estou entendendo por qual motivo partidos se juntam!

Há várias razões para os partidos se reunirem. O receio de sofrerem os impactos da cláusula de desempenho é uma dessas razões. São várias as dinâmicas possíveis. Vejamos isso agora.

9.8.1. Movimentações permanentes: fusão e incorporação de partidos

A legislação eleitoral autoriza uma série de dinâmicas entre os partidos.

Duas importantes movimentações permanentes que podem ocorrer entre eles são a fusão e a incorporação.

– Acho que o nome ajuda, né? Fusão, deve ser união de partidos diferentes para a criação de um novo partido. A incorporação, deve ser o caso de um partido "engolir" outro.

Engolir não é nada técnico, né? Vamos aperfeiçoar isso.

DINÂMICAS PERMANENTES ENTRE PARTIDOS (ART. 29, LPP)

Fusão	Dois ou mais partidos se unem para formar um novo partido. O novo partido deve assumir dívidas e compromissos dos partidos originários[22]
Incorporação	Um partido incorpora um ou mais partidos. O partido que incorpora permanece existindo e os partidos incorporados deixam de existir
▸ **São movimentações possíveis, desde que os partidos interessados nelas tenham obtido o seu registro definitivo do Tribunal Superior Eleitoral há, pelo menos, 5 (cinco) anos**[23]	

– Entendi. Então quando ocorre a fusão ou incorporação o partido fundido ou incorporado traz consigo todo o acervo de votos que recebe né... Ganham os dois.

Muita calma. Há uma regra específica para isso.

Veja:

> **LPP, art. 29, §7º:** Havendo fusão ou incorporação, devem ser somados exclusivamente os votos dos partidos fundidos ou incorporados obtidos na última eleição geral para a Câmara dos Deputados, para efeito da distribuição dos recursos do Fundo Partidário e do acesso gratuito ao rádio e à televisão.

Vamos ver detalhes de cada espécie de dinâmica entre partidos:

22. Sobre a assunção dos direitos e obrigações do outro partido, escreveu José Jairo: "ocorre incorporação quando um ou vários partidos são absorvidos por outro, que lhes sucede em todos os direitos e obrigações" (GOMES, José Jairo. Op. cit., p. 139).
23. Houve um questionamento sobre a constitucionalidade do §9°, art. 29, da Lei dos Partidos Políticos (Lei 9.096/95), em pelo menos duas oportunidades: ADI 5311 (06/07/2020) e ADI 6044 (08/03/2021). Nessas ações, o prazo mínimo de constituição dos partidos para que pudessem participar das movimentações acima (fusão e incorporação) foi considerado constitucional. Entre outros argumentos, considerou-se que esse prazo contribuiria para o fortalecimento de um controle quantitativo e qualitativo dos partidos políticos e impediria a proliferação de partidos sem expressão política ou a criação de "legendas de aluguel".

DETALHES NA FUSÃO E INCORPORAÇÃO DE PARTIDOS

Fusão	Os partidos que pretendem se fundir devem elaborar projetos comuns de estatuto e programa e realizar o registro desse novo partido A existência legal do novo partido tem início com o registro, no Ofício Civil competente da sede do novo partido, do estatuto e do programa, cujo requerimento deve ser acompanhado das atas das decisões dos órgãos competentes
Incorporação	Os partidos que serão incorporados devem deliberar, por maioria absoluta de votos, em seu órgão nacional de deliberação, sobre a adoção do estatuto e do programa de outra agremiação[24] Os partidos incorporados devem providenciar o cancelamento de seu registro perante o Ofício Civil competente

9.8.2. Movimentações temporárias: coligações e federações

9.8.2.1. Coligações Partidárias

Os Partidos Políticos podem se unir de forma bem precária, apenas no tempo da campanha, e de maneira mais demorada, para desenvolverem projetos comuns.

A união apenas para a campanha é bem conhecida. São as Coligações Partidárias, **autorizadas apenas para as eleições majoritárias.**[25]

A Coligação Partidária é uma união de partidos políticos que juntam forças em uma eleição para somarem recursos financeiros, agendas de luta, eventual tempo de propaganda gratuita no rádio e televisão. Como esse é um assunto mais ligado às corridas eleitorais, veremos mais detalhes sobre isso no capítulo sobre **"Escolha e Registro de Candidatos"**.

– Não pode dizer mais?

Posso sim: esse tema será tratado mais na frente.

– Tão engraçadinho esse professor. ☹

24. Curiosa é essa disposição da Emenda Constitucional 111/2021: "Art. 3º Até que entre em vigor lei que discipline cada uma das seguintes matérias, observar-se-ão os seguintes procedimentos: I - nos processos de incorporação de partidos políticos, as sanções eventualmente aplicadas aos órgãos partidários regionais e municipais do partido incorporado, inclusive as decorrentes de prestações de contas, bem como as de responsabilização de seus antigos dirigentes, não serão aplicadas ao partido incorporador nem aos seus novos dirigentes, exceto aos que já integravam o partido incorporado".
25. Art. 17, §1º, CF/1988.

9.8.2.2. Federações Partidárias

A Federação Partidária é assunto novo na legislação eleitoral brasileira.[26]

Trata-se de uma **união de dois ou mais partidos, não apenas durante a campanha, mas em período de, no mínimo, 4 anos, parar o desenvolvimento de projetos comuns.**

A confederação, "após sua constituição e respectivo registro perante o Tribunal Superior Eleitoral, atuará como se fosse uma única agremiação partidária" (LPP, art. 11-A).

– Nossa. 4 anos é muito tempo! E quem é que manda nesse tempo todo?

Veja os detalhes da federação:

SOBRE A FEDERAÇÃO PARTIDÁRIA (ART. 11-A, LPP)

Integrantes	Partidos com registro definitivo no Tribunal Superior Eleitoral
Período de duração	Os partidos federados deverão permanecer nessa situação por, no mínimo, 4 anos
Período de constituição	Poderá ocorrer a constituição até a data final do período de realização das convenções partidárias
Abrangência	A federação terá abrangência nacional, com registro no Tribunal Superior Eleitoral

– Então é como se os partidos tivessem se unido, formando um novo, mas com data de validade.

Exato. É um assunto novo que talvez precise de alguma regulamentação ou especificação. A federação deve possuir estatuto próprio e funcionar como um partido distinto daqueles que se federaram.

Segundo a LPP, art. 11-A, § 1º: "aplicam-se à federação de partidos todas as normas que regem o funcionamento parlamentar e a fidelidade partidária".

Isso não significa que os partidos que integram a federação perdem a sua identidade (LPP, art. 11-B, § 2º). O que ocorre é assunção de um compromisso comum: por um período específico, os partidos da federação vão focar nessa nova figura.

---

26. Novidade inaugurada pela Lei nº 14.208, de 2021, que alterou a Lei dos Partidos Políticos.

– E se alguém desistir?

Se pelo menos dois partidos permanecerem unidos, a federação permanecerá "até a eleição seguinte" (LPP. art. 11-B, §5º).

– Exemplos, please!

Até o dia desta nossa conversa, não há federações constituídas.

9.9. Fidelidade partidária e perda de mandato por desfiliação

A atuação do filiado contra as disposições do seu partido pode gerar consequências diversas a depender do que dispõe o estatuto do partido.

RESPONSABILIZAÇÃO DE FILIADO PELO PARTIDO (ART. 23, LPP)	
"A responsabilidade por violação dos deveres partidários deve ser apurada e punida pelo competente órgão, na conformidade do que disponha o estatuto de cada partido".	
Requisitos para a punição	Deve estar prevista, tipificada, no estatuto e deve ocorrer apenas em procedimento com direito a ampla defesa.

– Me diz exemplo de filiados que violam deveres partidários?

Isso é mais fácil de ser observado quando os filiados são eleitos.

Veja um caso curioso.

EXEMPLO DE DESOBEDIÊNCIA PARTIDÁRIA

Em 2019, o plenário da Câmara dos Deputados rejeitou a Proposta de Emenda à Constituição 135/19 (PEC do voto impresso). A PEC pretendia a implantação da obrigatoriedade "da expedição de cédulas físicas conferíveis pelo eleitor, a serem depositadas, de forma automática e sem contato manual, em urnas indevassáveis, para fins de auditoria".[27]

A proposta precisava de 308 votos favoráveis para avançar, mas foi derrotada, em primeiro turno, pois obteve 229 votos favoráveis e 218 contrários e uma abstenção.

– Nossa... então parece que a maioria dos partidos queria o voto impresso.

27. PEC 135/2019, parte do texto original.

Você não deveria comentar dentro de quadros. Mas vou deixar passar. **O grande detalhe é que 113 deputados desobedeceram às orientações de seus partidos e votaram contra a deliberação da agremiação.**[28]

–Puxa, então o resultado deveria ter sido bem diferente...

Isso mesmo. Basta fazer as contas.

– E qual é a punição desses desobedientes?

Isso depende das disposições estatutárias. Essas reprimendas por vezes nem ocorrem, mas pode haver até expulsão.

O grande problema no tema, com repercussões para além do âmbito interno do partido político, acontece justamente quando um parlamentar é expulso. Isso determina a necessidade de mudança de agremiação pelo político, com a consequente possibilidade de perda do seu mandato.

– Não entendi. Se alguém muda de partido ele perde o cargo?

Vamos por partes.

Vimos, ao estudar Sistemas Eleitorais, que, ao escolher um candidato ao cargo proporcional, realizamos duas escolhas:

SISTEMA PROPORCIONAL – UM VOTO, DUAS ESCOLHAS	
Primeira escolha	**Um partido político**
	Qual partido eu quero que tenha representação na casa legislativa?
Segunda escolha	Dentro do partido que escolhi, qual o **candidato de minha preferência?**

– Acho que lembro disso sim. Foi no começo do livro, né?

Sim. O leitor, se quiser, pode conferir esse capítulo depois.

28. Porta G1. Disponível em: < https://g1.globo.com/politica/noticia/2021/08/11/pec-do-voto-impresso-veja-quantos-deputados-seguiram-e-quantos-contrariaram-a-orientacao-do-partido.ghtml >. Acesso em 10 out. 2020.

O fato é que, quando se apuram os votos, primeiro se indica quantas cadeiras serão destinadas a cada partido, a partir da quantidade de votos que ele recebeu.

Somente depois disso é que os ocupantes dessas cadeiras são determinados.

– E qual a repercussão prática disso?

Se pensarmos dessa forma, de que a vaga não é necessariamente do candidato, mas do partido, talvez fique mais fácil entender isso:

PERDA DE MANDATO POR DESFILIAÇÃO (ART. 22-A, LPP)
Perderá o mandato o detentor de cargo eletivo que se desfiliar, sem justa causa, do partido pelo qual foi eleito
▸ **Há casos em que é possível a desfiliação sem a perda do mandato**

– Entendi.

Se fui eleito por causa dos votos recebidos pelo Partido X, se eu sair dele, nada mais natural do que "devolver" a vaga desse partido.

É por aí. Antes de continuarmos, confira o quadro abaixo para um contraponto.

Doutrina em destaque: argumentos pela inconstitucionalidade da perda de mandato por infidelidade partidária
A professora Eneida Desiree apresenta robustos argumentos no sentido de que a mudança de partido não pode gerar a perda de mandato e desconstrói a tese de que o mandato é do partido. Entre outros, ela apresenta as seguintes conclusões: a mudança de partido não gera desfalque importante no "patrimônio político" do partido; a Constituição exige a filiação para a candidatura, mas não para o exercício do cargo; a desfiliação não afrontaria a autenticidade eleitoral, pois o eleitor forma a convicção, na maioria dos casos, levando em consideração a pessoa do candidato. Ela também afirma que o art. 55, da Constituição, não veicula como hipótese de perda de mandato a mudança de partido.[29]

Em todo o caso, para perder o cargo, é preciso: **desfiliação partidária** e **ausência de uma causa justificável**, plausível.[30]

29. SALGADO, Eneida Desiree. *Op. cit.*, 2015, pp 109-154.
30. GOMES, José Jairo. Op. cit., p. 157.

Mas veja que há situações nas quais é possível ao mandatário permanecer no seu cargo, ainda que se desfilie do partido pelo qual foi eleito.

Não perdem o mandato se mudarem de partido
Quem se desfiliou do partido original **por justa causa** (LPP, art. 22-A)
Quem **estava filiado a partido sem grande desempenho** (CF/1988, art. 17, §5º)
Quando o **partido original anuir** (CF/1988, art. 17, §6º)
Justa causa para desfiliação sem a perda do mandato (LPP, art. 22-A)
Mudança substancial ou desvio reiterado do programa partidário
Grave discriminação política pessoal
Mudança de partido efetuada durante o período de trinta dias que antecede o prazo de filiação exigido em lei para concorrer à eleição, majoritária ou proporcional, ao término do mandato vigente
Fim ou fusão do partido e criação de nova sigla.

Vamos analisar algumas dessas hipóteses com mais cuidado.

Há situações previstas na lei consideradas "justa causa" para a mudança de partido. Se alguém, por exemplo, sofrer algum tipo de discriminação ou o partido ao qual está filiado não possui as mesmas características de outrora...

– ... outrora... que professor mais culto!

– Não entendi isso de "mudança de partido efetuada durante o período de trinta dias que antecede o prazo de filiação exigido em lei"

É a janela partidária. Veja a notícia:

NOTÍCIA DO TSE SOBRE JANELA PARTIDÁRIA[31]

A cada ano eleitoral, ocorre a chamada "janela partidária", **um prazo de 30 dias para que parlamentares possam mudar de partido sem perder o mandato**. Esse período acontece seis meses antes do pleito. [...] Mais recentemente, em 2018, o TSE decidiu que **só pode usufruir da janela partidária a pessoa eleita que esteja no término do mandato vigente**. Ou seja, vereadores só podem migrar de partido na janela destinada às eleições municipais, e deputados federais e estaduais naquela janela que ocorre seis meses antes das eleições gerais.

31. TSE. Portal. Disponível em: <https://www.tse.jus.br/imprensa/noticias-tse/2021/Maio/entenda-o-que-e-janela-partidaria>. Acesso em 20 dez 2021.

Vimos que **o desempenho partidário nas urnas é muito relevante para que o partido receba verbas e tempo de antena**. O fato de alguém estar filiado a partido de baixo desempenho autoriza esse mandatário a buscar filiação em partido com maior desempenho sem sofrer a perda do mandato, nos termos da Constituição. Veja:

MUDANÇA DE PARTIDO COM MAIOR DESEMPENHO SEM A PERDA DE MANDATO (CF/1988, ART. 17, §5º)

"Ao eleito por partido que não preencher os requisitos previstos no § 3º deste artigo é assegurado o mandato e facultada a filiação, sem perda do mandato, a outro partido que os tenha atingido, não sendo essa filiação considerada para fins de distribuição dos recursos do fundo partidário e de acesso gratuito ao tempo de rádio e de televisão".

Por fim, pode ser que o partido original autorize a mudança do partido de seu filiado e, dessa forma, o mandato seja preservado. Essa é, inclusive, uma mudança recente ocorrida na Constituição Federal.

MUDANÇA DE PARTIDO SEM A PERDA DE MANDATO COM ANUÊNCIA DO PARTIDO ORIGINAL (CF/1988, ART. 17, §6º)

§ 6º Os Deputados Federais, os Deputados Estaduais, os Deputados Distritais e os Vereadores que se desligarem do partido pelo qual tenham sido eleitos perderão o mandato, salvo nos casos de anuência do partido ou de outras hipóteses de justa causa estabelecidas em lei, não computada, em qualquer caso, a migração de partido para fins de distribuição de recursos do fundo partidário ou de outros fundos públicos e de acesso gratuito ao rádio e à televisão[32]

– Bem. Se o mandato é do partido, então ele pode fazer o que quiser com ele.

Não é tão simples. É uma previsão constitucional que merece reflexão.

Quando um parlamentar ameaça deixar o seu partido político, **essa agremiação quer permanecer com a vaga desse mandatário afirmando**, entre outras coisas, **que precisa manter o quantitativo de cadeiras confiadas a ele**, partido político, **pelo povo**.

Mas, quando é do seu interesse, o partido **permite que o mandatário se desfilie sem questionar a cadeira que perderá**. Há uma contradição nessas situações.

Um último detalhe. A desfiliação de um candidato ao cargo majoritário não gera a perda de mandato. Vimos isso no capítulo sobre Sistemas Eleitorais. Essa conclusão é, inclusive, sumulada.

32. Incluído pela Emenda Constitucional nº 111, de 2021.

Enunciado n.º 67 da Súmula do TSE: A perda do mandato em razão da desfiliação partidária não se aplica aos candidatos eleitos pelo sistema majoritário.

9.10. Financiamento e prestação de contas dos partidos políticos

Os partidos podem receber recursos de, pelo menos, quatro grupos de fontes:

RECEITAS DOS PARTIDOS POLÍTICOS[33]

Ações próprias	Alienação ou locação de bens e produtos próprios Comercialização de bens e produtos Realização de eventos Empréstimos feitos em instituição financeira ou equiparados
Doações	Doações ou contribuições de pessoas físicas (naturais), com ou sem destinação específica para determinada campanha Doações de outras agremiações partidárias, destinadas ao financiamento de campanhas eleitorais e das despesas ordinárias do partido Doações de bens e serviços estimáveis em dinheiro
Fundos específicos (grande parte de recursos públicos)	**Fundo Especial de Financiamento de Campanha (FEFC)**: fundo público destinado aos partidos para as campanhas (art. 16-C, LE) **Fundo Especial de Assistência Financeira aos Partidos Políticos (Fundo Partidário):** fundo destinado principalmente à manutenção dos partidos (LPP, art. 38)
Outros	Sobras financeiras de campanha, recebidas de candidatos Rendimentos de aplicações financeiras

– Quantas fontes de recursos! E parte desse dinheiro é público.

Professor, de quanto dinheiro estamos falando especificamente?

Isso é verificável no site do TSE.

Vamos tomar como exemplo o Fundo Partidário distribuído no ano de 2020. É um fundo composto nos termos do art. 38, da Lei dos Partidos Políticos (LPP). **Em 2020, foram distribuídos R$ 836.940.341,84**

33. Res. TSE nº 23.604/2019, que regulamenta o disposto no Título III (finanças e contabilidade dos partidos), da Lei nº 9.096/95.

provenientes de dotação orçamentária e R$ 117.224.461,87, provenientes de multas eleitorais.[34]

– Nossa, quanto dinheiro. E ainda há outro fundo específico para financiar as campanhas?

Sim. Isso gerou (e ainda gera) muito debate. Afinal, as campanhas devem ou não possuir financiamento privado?

O Supremo Tribunal Federal decidiu, na ADI 4650/DF, entre outras coisas, que apenas as limitações legais de doação por empresas não seriam suficientes para "[...] **coibir, ou, ao menos, amainar, a captura do político pelo poder econômico".**[35] Em resumo: proibiu-se a doação de pessoas jurídicas para as campanhas eleitorais. Isso gerou uma diminuição nos recursos das campanhas. A consequência foi justamente a criação, pelo Congresso, desse Fundo Especial de Financiamento de Campanha (FEFC).

– Entendi. Pessoas jurídicas não podem doar, mas pessoas físicas podem, né?

O termo técnico é pessoa natural. No caso de doação de pessoa natural, há um detalhe. **A legislação apenas autoriza doações de pessoa natural em favor de campanhas no limite de 10% (dez por cento) do rendimento bruto auferido por essa pessoa no ano anterior ao da eleição** (art. 23, §1º, LE).

Há inclusive, um procedimento para apurar doações de pessoas naturais acima do limite permitido, proposta pelo Ministério Público, com as consequências abaixo:

CONSEQUÊNCIAS PARA AS DOAÇÕES QUE ULTRAPASSAREM OS LIMITES (LE, ART. 23, § 3º)[36]
Multa no valor de até 100% (cem por cento) da quantia em excesso
Consequência indireta: inelegibilidade (LC 64/90, art. 1º, I, *p*[37])
Se o ilícito é identificado em AIJE, a inelegibilidade é consequência direta (art. 22, LC 64/90)

34. TSE. Disponível em: < https://www.tse.jus.br/partidos/fundo-partidario-1 >. Acesso em 10 out. 2021.
35. BRASIL, STF, ADI 4650, Rel. Min Luiz Fux, DOU 4/03/2016.
36. Veja o capítulo "Captação ou gastos ilícitos de recursos", parte 7 do livro, para mais detalhes.
37. LC 64/90, art. 1º São inelegíveis: I - para qualquer cargo: "[...] p) a pessoa física e os dirigentes de pessoas jurídicas responsáveis por doações eleitorais tidas por ilegais por decisão

– Então pode doação, mas não pode de qualquer jeito. O que mais não pode?

Além da doação ilícita acima, eis as principais fontes vedadas:

FONTES VEDADAS AOS PARTIDOS POLÍTICOS (ART. 31, CPP)
Recursos de origem estrangeira
Recursos de entes públicos e pessoas jurídicas de qualquer natureza, ressalvadas as dotações orçamentárias do Fundo Partidário e do FEFC
Recursos de pessoa física que exerça atividade comercial decorrente de permissão
Recursos de autoridades públicas
▶ **O partido não pode receber, em nenhuma hipótese, recursos de origem não identificada**[38]

– São muitas fontes de recursos. Deve ser complicado administrar tudo isso.

E há um detalhe curioso. Existem contas bancárias específicas que devem ser abertas pelos partidos. Confira:

CONTAS BANCÁRIAS ESPECÍFICAS PARA MOVIMENTAÇÃO DOS RECURSOS
Conta específica para os recursos oriundos do Fundo Especial de Assistência Financeira aos Partidos Políticos (Fundo Partidário)
Conta "Doações para Campanha", para doações de pessoas naturais e de outras agremiações partidárias
Conta "Outros Recursos", para doações ou contribuições de pessoas naturais, sobras financeiras de campanha, recebidas de candidatos e recursos de ações próprias do partido
Conta para recursos destinados ao programa de promoção e difusão da participação política das mulheres (art. 44, V, da Lei nº 9.096/95)
Conta para movimentação do FEFC

– Nossa... há então destinação de gastos apenas para "programa de promoção e difusão da participação política das mulheres"! que bacana...

transitada em julgado ou proferida por órgão colegiado da Justiça Eleitoral, pelo prazo de 8 (oito) anos após a decisão [...]".

38. Res. TSE nº 23.604/2019, art. 13.

Sim e essa sua observação me fez lembrar uma informação importante.

Nas eleições realizadas de 2022 a 2030, os votos dados a candidatas ou a candidatos negros para a Câmara dos Deputados serão contados em dobro para fins de distribuição dos valores do FEFC aos partidos. Confira:

> **Res. TSE 23.605/19:** Art. 5º, § 3º-A: Para fins de distribuição entre os partidos políticos dos recursos do Fundo Partidário e do FEFC, **os votos dados a candidatas ou a candidatos negros para a Câmara dos Deputados nas eleições realizadas de 2022 a 2030 serão contados em dobro.**[39]

– Gostei disso. E é alteração recente, né?

Sim. Vamos retomar o assunto quando falarmos sobre as contas de campanha. Agora, estamos tratando apenas das contas normais de partido político.

Os gastos partidários podem ocorrer em quaisquer despesas ordinárias para a manutenção da agremiação e para a realização de seus objetivos. Contudo, **a legislação estabeleceu a necessidade de investimentos específicos, como o que você apontou**. Leia:

GASTOS PARTIDÁRIOS (ART. 44 DA LEI Nº 9.096/95):

- Gastos gerais com estrutura física e com recursos humanos
- Alistamento e campanhas eleitorais
- Propaganda doutrinária e política e criação e manutenção de instituto ou fundação de pesquisa e de doutrinação e educação política
- Criação e manutenção de programas de promoção e difusão da participação política das mulheres
- Contratação de serviços de consultoria e atuação contábil e jurídica
- Custeio de impulsionamento de conteúdo, incluída a priorização paga de conteúdos resultantes de aplicações de busca na internet

O órgão partidário deve manter rigorosa contabilização dos recursos que recebe e dos gastos que realiza. Anualmente devem prestar contas à Justiça Eleitoral.

– Anualmente?

Sim. Trata-se da prestação de contas anuais de partidos.

39. Emenda Constitucional nº 111/2021, art. 2º.

9.10.1. Prestação de Contas Anuais dos Partidos Políticos

Vimos que grande parte dos recursos partidários é de origem pública. Parte do Fundo Partidário e todo o Fundo Especial de Financiamento de Campanha é público. Para evitar desperdício de dinheiro público e demais irregularidades, os partidos devem apresentar, anualmente, prestação de contas de seus gastos. É algo que deve acontecer a nível nacional, estadual e municipal.

Uma premissa que precisa ficar clara: **as prestações de campanha de partidos político e candidatos não se confundem com as prestações de contas anuais dos partidos políticos.**

– E onde vamos estudar as prestações de contas de campanha?

Veja o capítulo sobre o tema "arrecadação e gatos de recursos em campanha", na parte 6 do livro.

Caso você seja contratada como advogada de partido, ou queira saber, na prática, como funciona a prestação de contas anuais, precisa prestar atenção nesses detalhes:

PASSOS NECESSÁRIOS PARA COMPREENDER E REALIZAR PRESTAÇÃO DE CONTAS ANUAIS	
Principal legislação para conhecer	Lei dos Partidos Políticos, nº 9.096/1995, na parte de finanças. Res. Tse nº 23.604/2019, que regulamenta a lei acima na parte de finanças partidárias[40]
Sistema eletrônico para conhecer	Sistema SGIP: Sistema de Gerenciamento de Informações Partidárias[41] Sistema SPCA: Sistema de Prestação de Contas Anual[42] Sistema SICO: Sistema de Prestação de Contas
Pessoas envolvidas	Diretório do Partido Político Representante do partido político Tesoureiro do partido político
▶ **Os portais da Justiça Eleitoral (TSE e TRE's) possuem essas informações**	

40. Veja os atos normativos mais específicos no portal do TSE, na parte de Partidos Políticos, aba Contas Partidárias
41. Instrução Normativa do TSE nº 3/2008.
42. Resolução do TSE nº 23.604/2019.

- **Postulação**

PRIMEIROS PASSOS (ART. 28, RES. TSE 23.604/2019)

Prazo	até 30 de junho do ano subsequente (art. 32, LPP)
Competência	Juízo eleitoral competente, para órgão definitivo municipal ou comissão provisória municipal ou zonal[43] TRE, para órgão estadual definitivo ou comissão estadual provisória TSE, para prestação de órgão nacional

SÃO OBRIGADOS A PRESTAR CONTAS

Órgãos partidários que, **no exercício financeiro de referência das contas, esteve vigente em qualquer período,** ainda que a vigência tenha sido recuperada durante o ano ou tenha sido perdida em parte do ano
▶ **A prestação de contas é obrigatória ainda que não haja o recebimento de recursos financeiros ou estimáveis em dinheiro, devendo o partido apresentar sua posição patrimonial e financeira apurada no exercício**

Se um diretório municipal, por exemplo, funcionou por apenas dois meses em determinado ano, deve prestar contas desse período.

– E se não houve nenhuma movimentação financeira, ainda que o partido tenha funcionado o ano inteiro?

Mesmo assim a legislação exige uma prestação de contas nesse sentido. Há o preenchimento de uma "declaração de ausência de movimentação de recursos no período".[44]

Veja o que diz a LPP sobre isso:

> **Ausência de movimentação (LPP, art. 32, §4º):** § 4º Os órgãos partidários municipais que não hajam movimentado recursos financeiros ou arrecadado bens estimáveis em dinheiro **ficam desobrigados de prestar contas à Justiça Eleitoral e de enviar declarações de isenção, declarações de débitos e créditos tributários federais ou demonstrativos contábeis à Receita Federal do Brasil, bem como ficam dispensados**

43. O juiz da zona eleitoral. Havendo mais de um, aquele designado pelo respectivo TRE.
44. Art. 28, §4º, Res. TSE 23.604/2019.

da certificação digital, exigindo-se do responsável partidário, no prazo estipulado no caput deste artigo, a apresentação de declaração da ausência de movimentação de recursos nesse período.

– Eu entendi que se não houve movimentação, basta uma declaração sobre isso. Mas como faz isso na prática?

Isso é bem interessante. Não apenas essa declaração de ausência de prestação de contas, mas **todas as prestações são feitas de maneira eletrônica, pelo SPCA, ou seja, Sistema de Prestação de Contas Anual**. O acesso pode ser feito pelo *site* do Tribunal Superior Eleitoral. Também é possível encontrar nesse portal o guia para acesso ao sistema.

– Então o próprio sistema informa o que será necessário para essa prestação de contas?

Não. A legislação determina que outros documentos devem ser anexados digitalmente. Por exemplo, é preciso "instrumento de mandato outorgado pelo partido e pelos dirigentes partidários responsáveis para constituição de advogado para a prestação de contas".[45]

A Justiça Eleitoral realiza uma análise da prestação por um ente que a legislação chama de "equipe técnica".

– Nossa, há uma equipe técnica especializada?

Na verdade, são os servidores que acabam realizando essa tarefa. Costuma haver treinamento específico para isso.

Não vale a pena apresentar o procedimento com detalhe aqui, pois o SPCA e os manuais da Justiça Eleitoral auxiliam muito na prática. O que precisamos pontuar, neste momento, é o resumo do procedimento.

Confira:

45. Art. 29, §2º, II, Res. TSE 23.604/2019.

Resumo do Procedimento de Prestação de Contas Anuais por Partido Político

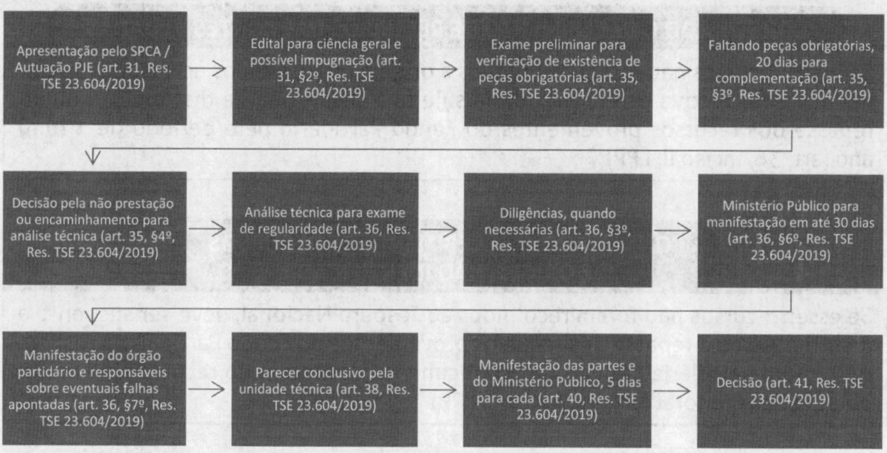

– E qual é o conteúdo dessa decisão? Ela diz que a prestação está regular?

Leia abaixo:

RESULTADOS POSSÍVEIS (ART. 45, RES. TSE 23.604/2019)

Aprovação	Quando regulares
Aprovação com ressalvas	Quando verificadas impropriedades de natureza formal, falhas ou ausências irrelevantes
Desaprovação, se:	Verificada irregularidade que comprometa a integralidade das contas Apresentados apenas parcialmente documentos e informações essenciais[46], e não seja possível verificar a movimentação financeira do órgão partidário Verificada declaração falsa de ausência de movimentação
Não prestação, se:	Mesmo intimados, o órgão partidário e os responsáveis permanecerem omissos ou as suas justificativas não forem aceitas Os documentos e informações essenciais[47] não forem apresentados, ou o órgão partidário deixar de atender às diligências determinadas que impeçam a análise das contas

46. Art. 29, §§ 1º e 2º, Res. TSE 23.604/19.
47. Art. 29, §§ 1º e 2º, Res. TSE 23.604/19.

E, antes que você pergunte, eis os principais resultados e sanções possíveis:

CONSTATADO O RECEBIMENTO DE RECURSOS DAS FONTES VEDADAS
Se esses recursos não foram devolvidos à origem ou recolhidos ao Tesouro Nacional fica a respectiva esfera partidária sujeita à suspensão da distribuição ou do repasse dos recursos provenientes do Fundo Partidário pelo período de 1 (um) ano (art. 36, inciso II, LPP)

CONSTATADO O RECEBIMENTO DE RECURSOS DE ORIGEM NÃO IDENTIFICADA
Se esses recursos não foram recolhidos ao Tesouro Nacional, deve ser suspensa a distribuição ou o repasse dos recursos provenientes do Fundo Partidário à respectiva esfera partidária até que o esclarecimento da origem do recurso seja aceito pela Justiça Eleitoral (art. 36, inciso I, LPP)

DECISÃO QUE CONCLUIR PELA NÃO PRESTAÇÃO
Acarreta a perda do direito ao recebimento da quota do Fundo Partidário, do Fundo Especial de Financiamento de Campanha Pode ocorrer a suspensão do registro ou da anotação do órgão partidário, mas somente se houver decisão, com trânsito em julgado, em processo regular que tenha assegurado ampla defesa (nos termos da ADI nº 6.032[48])
▸ **Se houve recebimento de algum dos fundos já citados, deve haver a devolução integral dos valores**

DECISÃO PELA DESAPROVAÇÃO
Sanção de devolução da importância apontada como irregular, pela respectiva esfera partidária, acrescida de multa de até 20% (art. 37, LPP)[49]
▸ **"A desaprovação da prestação de contas do partido não ensejará sanção alguma que o impeça de participar do pleito eleitoral" (art. 32, §5º, LPP)**

– Nossa, professor. São muitos detalhes. Não aprendi nada...

48. STF. ADI 6032, Rel. Min. Gilmar Mendes. DJE 22.05.2020. Ver art. 54-A e seguintes da Res. TSE 23.571/18.

49. A devolução deve ser feita pelo período de 1 (um) a 12 (doze) meses, e o pagamento deverá ser feito por meio de desconto nos futuros repasses de quotas do Fundo Partidário a, no máximo, 50% (cinquenta por cento) do valor mensal, desde que a prestação de contas seja julgada, pelo juízo ou pelo tribunal competente, em até 5 (cinco) anos de sua apresentação, vedada a acumulação de sanções (art. 37, § 3º, LPP).

Este não é um assunto para "decorar". Aliás, como todos os outros, este é um tema para se compreender. É preciso entender a estrutura do procedimento e saber onde localizar as informações importantes.

Últimos detalhes:

O primeiro é que **há um prazo de 5 anos para o julgamento das contas.**

O segundo é que, nos termos do art. 37, §2º, da LPP, **as sanções às esferas partidárias não tornam devedores ou inadimplentes os respectivos responsáveis partidários, ou seja, representante do órgão partidário e tesoureiro.**

> – Mas isso é um absurdo! Eles podem ter cometido até crime usando indevidamente o dinheiro público.

Calma! Ocorre que a prestação de contas possui um objetivo específico. A responsabilização dos responsáveis partidários deve ser feita em processo específico.

Veja:

SOBRE A RESPONSABILIZAÇÃO DOS REPRESENTANTES PARTIDÁRIOS

Ocorrerá a **responsabilização pessoal civil e criminal** dos dirigentes partidários **se for verificada irregularidade grave e insanável resultante de conduta dolosa** que importe enriquecimento ilícito e lesão ao patrimônio do partido (art. 37, § 13, LPP)

A apuração da responsabilização acima ocorrerá em **processos específicos e recaindo apenas sobre os dirigentes partidários** responsáveis pelo partido **à época dos fatos** e **não deve impedir** que a **esfera partidária respectiva receba recurso** do fundo partidário (art. 37, § 15, LPP)

9.11. Propaganda partidária

A propaganda partidária é uma das modalidades de propagada política. Veremos as outras quando estudarmos propaganda eleitoral.

> – Pode propaganda eleitoral por aplicativo de mensagem?

Calma! Vamos ver só mais na frente a propaganda eleitoral, na parte 6 do livro. Agora, vamos ver a propaganda partidária apenas.

PROPAGANDA PARTIDÁRIA

A *propaganda partidária* tem por objetivo veicular para a população: o programa dos partidos políticos e suas propostas, eventos e atividades congressuais além de posicionamentos político-comunitários[50]

Pelo que você leu acima, saberia dizer algum **exemplo de propaganda partidária**?

– Uma propaganda na televisão apresentando um determinado partido e convidando as pessoas a se filiar nesse partido, por exemplo?

Isso mesmo.

– Eu até lembro que, às vezes, a programação da televisão era interrompida para essa tal de propaganda partidária.

Esse acesso gratuito ao rádio e à televisão, que era previso na Lei dos Partidos (9.096/95) havia sido revogado. Veja essa pequena notícia que peguei do site do TSE:

NOTÍCIA DO TSE SOBRE A PROIBIÇÃO DA PROPAGANDA PARTIDÁRIA

"A Lei n°13.487, de 6 de outubro de 2017, em seu art. 5°, **extinguiu a propaganda partidária no rádio e na televisão a partir de 1º de janeiro de 2018**, ao revogar os arts. 45, 46, 47, 48, 49 e o parágrafo único do art. 52 da Lei dos Partidos Políticos, que regulamentavam tal assunto. Todos os pedidos de propaganda partidária para 2018 encaminhados ao TSE foram indeferidos, tendo em vista a perda do objeto"[51]

– Então, não pode propaganda partidária de nenhuma maneira!

Eu não disse isso.

Neste ano, 2022, a Lei 14.291/2022 restabeleceu a propaganda partidária gratuita no rádio e na televisão. Por causa disso, vou abrir um tópico apenas para isso.

50. BARRETO, Lauro. *Propaganda política & direito processual eleitoral: modalidades e normas da propaganda eleitoral.* Bauru, São Paulo: Edipro, 2004, p. 20.

51. TSE. Disponível em: <https://www.tse.jus.br/partidos/propaganda-partidaria>. Acesso em 21 mai. 2021. Esse tema, porém, ainda não está de todo resolvido, pois há um debate atual para que os partidos tenham novamente acesso às emissoras de rádio e TV para a transmissão de propaganda partidária. BRASIL. CÂMARA DOS DEPUTADOS. <https://www12.senado.leg.br/noticias/videos/2021/07/senado-aprova-mais-mudancas-nas-regras-eleitorais-a-partir-do-ano-que-vem>. Acesso em 16 jul. 2021.

Antes, vou falar de outra modalidade que era, e ainda é possível.

– Pode dizer logo um exemplo?

A propaganda partidária em *outdoor* feita por partido, sem conotação eleitoral.

– Mas isso não é propaganda eleitoral antecipada?

Nem estudamos ainda propaganda eleitoral antecipada. Em todo o caso, veja esse precedente:

> **Precedente sobre propaganda partidária por outdoor:** "O Tribunal de origem entendeu não caracterizada a propaganda eleitoral extemporânea, considerando ausente o pedido explícito de votos, porquanto a mensagem divulgada mediante outdoor teve como propósito estimular novas filiações ao partido [...] O uso de outdoors ou meios assemelhados para a veiculação de mensagens sem a mínima conotação eleitoral não se enquadra na vedação do art. 36, § 3º, da Lei 9.504/97"[52]

Por fim, a Lei dos Partidos Político, quando explicita a aplicação dos recursos do Fundo Partidário, autoriza o gasto com impulsionamento de conteúdo e a possibilidade de contratação de priorização paga de conteúdo em aplicações de busca. Em 2022, passou-se a autorizar, também, o uso de plataforma de compartilhamento de vídeos e redes sociais.

São modalidades virtuais de propaganda partidária que tendem a ganhar cada vez mais adesão.

Veja:

> Art. 44. Os recursos oriundos do Fundo Partidário serão aplicados:
>
> XI - no custeio de impulsionamento, para conteúdos contratados diretamente com provedor de aplicação de internet com sede e foro no País, **incluída a priorização paga de conteúdos resultantes de aplicações de busca na internet, inclusive plataforma de compartilhamento de vídeos e redes sociais**, mediante o pagamento por meio de boleto bancário, de depósito identificado ou de transferência eletrônica diretamente para conta do provedor, proibido, nos anos de eleição, no período desde o início do prazo das convenções partidárias até a data do pleito.[53]

52. TSE. AI. nº 060050143, Acórdão, Rel. Min. Admar Gonzaga, DJE 04/11/2019.
53. Redação dada pela Lei nº 14.291, de 2022.

– Eu não entendi isso de impulsionamento de conteúdo e priorização de conteúdo.

Veremos o tema quando conversarmos sobre propaganda eleitoral em espécie, na parte de propaganda eleitoral pela internet.

9.11.1. Propaganda partidária gratuita no rádio e televisão

Não se autoriza, no rádio e televisão, propaganda paga de partido político (LPP, art. 50-D).

A Lei nº 14.291, de 3 de janeiro de 2022, alterou a Lei dos Partidos Políticos (9.099/95) para dispor sobre a propaganda partidária gratuita no rádio e na televisão. A partir disso, atualmente, ela está autorizada, **por meios de inserções, em blocos de audiência**.

A disciplina dessas modalidades é encontrada a partir do art. 50-A, da 9.096/95.

Mas a lei foi feita a partir da **previsão antiga que permitia propaganda em bloco e em inserções para partidos políticos** e talvez tenha confundido conceitos como **propaganda em bloco, blocos de audiência** e **propaganda em inserção.**

– ...

Antes que pergunte, não há uma "teoria" sobre esses conceitos, mas, a partir de como os termos acima são entendidos na propaganda eleitoral, eis o que eles costumeiramente significam:

> **Propaganda em bloco:** realizada em programas contínuos, **normalmente em cadeia**, ou seja, com **veiculação, ao mesmo tempo, em todas as emissoras** de rádio ou televisão (veiculação em cadeia municipal, estadual ou nacional).
>
> **Por exemplo:** programa de 5 minutos a ser veiculado ao mesmo tempo em todas as emissoras de um meio de comunicação.

– Lembro disso! "Interrompemos a nossa programação normal para ..."

Isso mesmo. Veja os demais conceitos.

> **Propaganda por inserções:** realizada por pequenos trechos de programa (30 ou 60 segundos, por exemplo), distribuídos ao longo da programação, em intervalo ou intervalos específicos de audiência (blocos de audiência).

Por exemplo: 10 inserções por dia, de 30 segundos cada, distribuídos ao longo dos intervalos da programação entre 19h30 e 22h30. **Não é feita, normalmente, em cadeia.**

Blocos de audiência: intervalo de tempo da programação considerado como parâmetro para a veiculação de propaganda. Por exemplo: entre 19h30 e 22h30 da programação normal da emissora de rádio e televisão.

– Acho que entendi. Mas, por qual motivo o professor falou que a lei confundiu isso?

Leia o artigo 50-A, da Lei dos Partidos Políticos, que autoriza a propaganda partidária em rádio e televisão:

Art. 50-A. A propaganda partidária gratuita mediante **transmissão no rádio e na televisão será realizada entre as 19h30 (dezenove horas e trinta minutos) e as 22h30 (vinte e duas horas e trinta minutos), em âmbito nacional e estadual**, por iniciativa e sob a responsabilidade dos respectivos órgãos de direção partidária.

§ 1º As **transmissões serão em bloco**, em **cadeia nacional ou estadual, por meio de inserções de 30 (trinta) segundos, no intervalo** da programação normal das emissoras.

– Minami, pelo que entendi, a transmissão ocorrerá em cadeia nacional e estadual, ou seja, ao mesmo tempo, em inserções de 30 segundos, dentro do intervalo (bloco de audiência) entre 19h30 e 22h30. Não é isso?

É o que diz aí. Mas, me diz uma coisa: **como é que vão conseguir veicular, ao mesmo tempo, várias inserções de 30 segundos, no intervalo comercial da programação das rádios ou das emissoras de TV?** Eu teria de conseguir ajustar a programação de todas as emissoras de TV, por exemplo, para que os intervalos fossem veiculados ao mesmo tempo. Será que isso é possível?

– Entendi. E por qual motivo fizeram isso, então? E como é que resolve?

Uma possibilidade para esse texto é a seguinte. Antigamente, a propaganda partidária era aceita em rádio e TV nas duas modalidades: inserção e bloco. Mas isso havia sido revogado. Ao resgatarem essa possibilidade, fizeram a partir da redação da previsão antiga, daí talvez tenham misturado os conceitos. Veja:

PREVISÃO ANTIGA REVOGADA (LPP, ART. 45-A, § 1º)	PREVISÃO NOVA (LPP, ART. 50-A, § 1º)
§ 1º As transmissões serão **em bloco, em cadeia** nacional ou estadual, **e em inserções** de trinta segundos e um minuto, no intervalo da programação normal das emissoras. **Previa transmissão em bloco (em cadeia) e em inserções.** (Revogado pela Lei nº 13.487, de 2017)	§ 1º As transmissões **serão em bloco, em cadeia nacional ou estadual, por meio de inserções** de 30 (trinta) segundos, no intervalo da programação normal das emissoras. **Prevê apenas uma modalidade: em inserções. Mas será mesmo em cadeia?** (Incluído pela Lei nº 14.291, de 2022)

– Entendi. Realmente, parece que misturaram as coisas.

Mas pode ser que a intenção tenha sido a que está o texto: inserção de 30 segundos em cadeia nacional (ao mesmo tempo) em todas as emissoras.

– Mas isso é possível? O professor mesmo disse: será que todas as emissoras podem ajustar os intervalos para acontecerem ao mesmo tempo?

Uma emissora específica conseguiria ajustar a programação de todas as suas afiliadas pelo país ou pelo estado para transmitir inserção em cadeia. Mas receio que **isso não seria tão simples se a transmissão fosse em cadeia entre todas as emissoras de rádio ou TV.**

– E como faz, então?

Vamos conversar sobre o tema a partir de uma interpretação da lei.

O que talvez o texto tenha querido dizer foi o seguinte: "as **transmissões serão em blocos de audiência, entre 19h30 e 22h30**, em **âmbito nacional e estadual**, por meio de **inserções de 30 segundos**, no **intervalo da programação normal das emissoras**".

– Agora ficou compreensível.

Pois vamos partir dessa leitura.

- **Regras gerais:**

PROPAGANDA PARTIDÁRIA GRATUITA NO RÁDIO E NA TELEVISÃO (ART. 50-A, LPP)	
Bloco de veiculação	Entre 19h30 e 22h30
Abrangência	Nacional e estadual
Quem pede	O respectivo órgão partidário
Para quem se pede	Tribunal Superior Eleitoral, no caso de órgão de direção nacional Tribunal Regional Eleitoral, no caso de órgão de direção estadual "[...] que farão a necessária requisição dos horários às emissoras de rádio e de televisão" (LPP, art. 50-A, § 3º)
Período vedado	Nos anos de eleições, no segundo semestre
▶ **Havendo coincidência de data, a Justiça Eleitoral dará prioridade ao partido político que apresentou o requerimento primeiro**	

- **Detalhe das inserções:**

PROPAGANDA PARTIDÁRIA EM INSERÇÕES (ART. 50-A, §§ , LPP)	
Limite	Em cada rede até 10 inserções de 30 segundos por dia
Forma de veiculação	Entre 19h30 e 22h30, divididas proporcionalmente nos intervalos comerciais, da seguinte forma: Na primeira hora de veiculação, no máximo 3 inserções Na segunda hora de veiculação, no máximo 3 inserções Na terceira hora de veiculação, no máximo 4 inserções
Proibições	É vedada a veiculação de inserções sequenciais, observado obrigatoriamente o intervalo mínimo de 10 (dez) minutos entre cada veiculação
Frequência semanal	Inserções de diretórios nacionais: terças, quintas e sábados Inserções de diretórios estaduais: segundas, quartas e sextas
▶ **LPP, Art. 50-B, § 2º:** Do tempo total disponível para o partido político, **no mínimo 30% (trinta por cento) deverão ser destinados à promoção e à difusão da participação política das mulheres.**	

Além dos parâmetros acima, ainda há a previsão de conteúdos possíveis e proibidos nas inserções:

PROPAGANDA PARTIDÁRIA EM INSERÇÕES (ART. 50-A, § 1º, LPP)

Conteúdo permitido	Conteúdo proibido
Difundir seus programas Mensagens aos filiados sobre a execução do programa partidário, eventos relacionados e atividades congressuais do partido Divulgar a posição do partido sobre temas políticos e ações da sociedade civil Incentivar a filiação partidária e esclarecer o papel dos partidos na democracia brasileira Promover e difundir a participação política das mulheres, dos jovens e dos negros	Participação de pessoas não filiadas Divulgação de propaganda eleitoral e assemelhados, defesa de interesses pessoais ou de outros partidos Utilização de imagens ou de cenas incorretas ou incompletas, de efeitos ou de quaisquer outros recursos que distorçam ou falseiem os fatos ou a sua comunicação Utilização de matérias que possam ser comprovadas como falsas (*fake news*) Qualquer tipo de preconceito racial, de gênero ou de local de origem Atos que incitem a violência

– Só fiquei com uma dúvida. Como saber quanto tempo cada partido possui? E todos possuem direito?

A Lei dos Partidos Políticos parte do § 3º, art. 17, da Constituição Federal (**a cláusula de desempenho vista tópicos anteriores**) para concluir **quem terá direito ao acesso gratuito ao rádio e à televisão**. A partir disso, o tempo é atribuído na proporção da bancada eleita em cada eleição geral, nos seguintes termos:

Deputados Federais eleitos	**Tempo assegurado nas redes nacionais e igual tempo nas emissoras estaduais** (LPP, art. 50-B, § 1º)
Acima de 20	20 minutos por semestre para inserções de 30 segundos
Entre 10 e 20	10 minutos por semestre para inserções de 30 segundos
Até 9	5 minutos por semestre para inserções de 30 segundos

– E se alguém usar o tempo indevidamente?

Achei que não ia perceber isso.

Já houve casos de abusos na propaganda partidária. Os **partidos apresentavam uma propaganda com roupagem de propaganda partidária**, mas **com conteúdo, ainda que dissimulado, de propaganda eleitoral antecipada.** [54]

54. Para entender melhor essa situação, veja: MINAMI, Marcos Youji; MINAMI, Patrícia Vieira P. *O Abuso de Direito na Propaganda Partidária.* Suffragium (TRE-CE), v. 6 n.9, p. 38-46, 2010.

Havendo uso indevido do tempo concedido, será possível aquela medida processual chamada Representação, nos seguintes termos:

REPRESENTAÇÃO POR PROPAGANDA PARTIDÁRIA GRATUITA INDEVIDA (LPP, ART. 50-B)	
Legitimados	Partido político, federação ou Ministério Público Eleitoral
Competência	TSE nas inserções nacionais e TRE's nas inserções estaduais e distritais
Prazo	Encerra-se no último dia do semestre em que for veiculado o programa impugnado ou, se este tiver sido transmitido nos últimos 30 dias desse período, até o 15º dia do semestre seguinte Não há menção ao prazo de propositura
Punição	Cassação do tempo equivalente a 2 a 5 vezes o tempo da inserção ilícita, no semestre seguinte
Procedimento	Não há previsão (possibilidade de aplicação do procedimento da propaganda eleitoral irregular descrita na parte 8 do livro)
▶ **De decisão de TRE que julgar procedente representação cassando direito de transmissão de propaganda partidária caberá recurso para o TSE recebido com efeito suspensivo**	

9.11.2. Propaganda partidária e o Código Eleitoral projetado

No PLP 112/2021, há um título específico para a propaganda partidária. Veja parte dele:

> Art. 461. A propaganda partidária tem como finalidades: I - difundir os programas partidários; II - divulgar a posição do partido em relação a temas políticos, comunitários e ações da sociedade civil; III - incentivar a filiação partidária e esclarecer o papel dos partidos na democracia brasileira; IV - estimular a inclusão e a participação política de grupos minorizados e vulneráveis; V - transmitir mensagens aos filiados sobre a execução do programa partidário, dos eventos relacionados ao partido e das atividades congressuais do partido; VI - divulgar iniciativas legislativas e governamentais promovidas por partidos políticos e seus filiados [...].

Há, inclusive, menção à propaganda gratuita na televisão e rádio:

> Art. 462. **O partido político que preencha os requisitos constitucionais que asseguram o direito de acesso ao horário obrigatório e gratuito nas emissoras de rádio e televisão,** na proporção de sua bancada eleita em cada eleição geral, fará uso dessa prerrogativa nos seguintes

termos: I - o partido que tenha eleito acima de 20 (vinte) Deputados Federais terá assegurado o direito à utilização do **tempo total de 20 (vinte) minutos por semestre para inserções de 30 (trinta) segundos nas redes nacionais, e de igual tempo nas emissoras estaduais;** II - o partido que tenha eleito entre 10 (dez) e 20 (vinte) Deputados Federais terá assegurado o direito à utilização do tempo total de **10 (dez) minutos por semestre para inserções de 30 (trinta) segundos nas redes nacionais, e de igual tempo nas emissoras estaduais**; III - o partido que tenha eleito até 9 (nove) Deputados Federais terá assegurado o direito à utilização do tempo total de **5 (cinco) minutos por semestre para inserções de 30 (trinta) segundos nas redes nacionais, e de igual tempo nas redes estaduais.**

10. OS DIREITOS POLÍTICOS: A PARTICIPAÇÃO POLÍTICA

10.1. A essência dos Direitos Políticos

Lembra o que é política?

– Claro! Anotei!

"Política é palavra originada de pólis (politikós), que significa tudo o que se refere à cidade, ao que é urbano, civil, público, sociável e social".

Ótimo! Na nossa primeira conversa falamos disso, né?

– Sim, quando explicou a importância do Direito Eleitoral.

Já vimos também as normas fundamentais desse ramo jurídico e conversamos sobre quem realiza as eleições no Brasil...

– Nós, mesárias e mesários!

Rs. Você realmente se empolgou. Mas é isso mesmo.

Outro assunto também discutido: quem fiscaliza o processo eleitoral no Brasil.

E me diga uma coisa: qual sujeito é importante para assimilar os anseios sociais e tentar fazer deles realidade na vida das pessoas através do governo?

– Os partidos políticos!

E quem participa das eleições?

– Fácil: eleitoras, eleitores, candidatas e candidatos.

Exato! É o exercício dos Direitos Políticos. E o que são esses eles?

– Eita! Sobre o que não falamos, eu ainda não sei.

Veja esta lição:

> **Doutrina:** "A expressão ampla refere-se ao **direito de participação no processo político como um todo,** ao direito ao sufrágio universal e ao voto periódico, livre, direito, secreto e igual, à autonomia de organização do sistema partidário, à igualdade de oportunidade dos partidos".[55]

– Essa participação não inclui governar também?

Sim, sim. A participação pela candidatura faz parte dos direitos políticos. Veja essa outra abordagem, mais direta:

> **Doutrina:** "**Os direitos políticos são aqueles que credenciam o cidadão para exercer o poder** ou participar da escolha dos responsáveis pelo comando do Estado".[56]

– Venha cá, Minami, eu percebi uma coisa. Temas como eleição, direitos políticos e sufrágio universal acabam repercutindo na vida de tomo mundo, né?

Nossa! Você acabou acertando, em cheio, a essência dos direitos políticos!

– Professor! Assim eu fico encabulada... Mas eu me garanto mesmo, né?

Calma! Sei que foi sem querer.

55. MENDES, Gilmar Ferreira. Curso de direito constitucional. Gilmar Ferreira Mendes, Paulo Gustavo Gonet Branco. 7. ed. rev. e atual. São Paulo: Saraiva, 2012, p. 753.
56. PINTO, Djalma. Direito eleitoral: improbidade administrativa e responsabilidade fiscal – noções gerais. 5 ed. São Paulo: Atlas, 2010, p. 68.

– Chato!

Foco!

Os direitos políticos repercutem na vida da pólis. Por isso, eles possuem uma característica que os distinguem dos demais tipos de direito. Eles estão intimamente relacionados aos princípios da **soberania** e da **democracia representativa**.

– Agora eu quem digo: foco, professor! Qual é a repercussão prática disso que está falando?

Veja essa decisão do Ministro Carlos Ayres Britto, no TSE:

> **Precedente:** "E o bloco dos direitos políticos? Bem, esse é o que se define por um vínculo funcional mais próximo desses dois geminados proto-princípios constitucionais: o princípio da soberania popular e o princípio da democracia representativa ou indireta [...]. (N)ão são as pessoas que se servem imediatamente deles, princípios da soberania popular e da democracia representativa, mas eles é que são imediatamente servidos pelas pessoas. Quero dizer: **os titulares dos direitos políticos não exercem tais direitos para favorecer imediatamente a si mesmos, diferentemente, pois, do que sucede com os titulares de direitos e garantias individuais e os titulares de direitos sociais.**[57]

– Qual a repercussão prática disso que está falando?

Pronto. *Mode looping on.* Vamos lá.

Os direitos políticos, quando exercidos, repercutem na esfera jurídica não apenas do indivíduo, mas de todos os que vivem naquela determinada comunidade, cidade, estado ou mesmo país.[58] Quando você,

57. TSE. RO nº 1069. Acórdão. Rel. Min. Marcelo Ribeiro, Publicação: PSESS - Publicado em Sessão, Data 20/09/2006.

58. Importante salientar posicionamento crítico de Roberta Maia Gresta e Polianna Pereira dos Santos. Para elas, "[...] os direitos políticos, como liberdades públicas, assumem caráter coletivo em relação a seu modo de exercício e não a qualquer fundamento des-subjetivado. Tanto quanto os direitos civis, são concebidos subjetivamente: surgem e se desenvolvem sob o ideal de liberdade e com a finalidade de proteção do indivíduo ante as ingerências do Estado". Em apertada síntese, não se pode considerar os direitos políticos de forma estanque, apenas a partir de uma perspectiva pro societatis, desconsiderando-se as liberdades individuais. GRESTA, Roberta Maia; SANTOS, Polianna Pereira dos. "Direitos políticos como direitos da sociedade: crítica ao aprisionamento semântico dos direitos políticos". In: Anuario de Derecho Constitucional Latinoamericano. Año XXII, Bogotá, 2016.

por exemplo, deixa de votar por motivos pessoais, acaba afetando, diretamente, o resultado de uma eleição e isso repercute na vida de todo mundo.

– É verdade! Será que é por isso que, no Brasil, o voto é obrigatório?

Vamos falar sobre isso no próximo tópico.

10.2. Obrigatoriedade do voto

No Brasil, o voto é um direito, mas também um dever.

– Isso acho que todos sabem. Somos obrigadas a votar. Um pouco chato isso né.

Veja:

> **Obrigatoriedade do voto: §1º, art. 14, CF/1988**
>
> § 1º O alistamento eleitoral e o voto são:
>
> I - obrigatórios para os maiores de dezoito anos;
>
> II - facultativos para:
>
> a) os analfabetos;
>
> b) os maiores de setenta anos;
>
> c) os maiores de dezesseis e menores de dezoito anos.
>
> § 2º Não podem alistar-se como eleitores os estrangeiros e, durante o período do serviço militar obrigatório, os conscritos.

– Estou vendo. Está escrito ali: alistamento e voto obrigatórios para maiores de dezoito e facultativo para analfabetos, maiores de setenta anos e para quem possui entre dezesseis e dezoito anos. Não seria melhor ser facultativo para todo mundo?

Lembra do que falamos sobre a essência dos direitos políticos? O exercício deles repercute na vida de todo mundo.

– Então é por isso que somos obrigados a votar?

Isso é um bom argumento, mas não é tão simples. Este debate é muito demorado e talvez fuja do aspecto prático deste livro.

No Brasil, nos acostumamos a votar. Você, mesmo sendo jovem, já deve ter votado algumas vezes.

– Sim, sim... Ano sim, ano não, estamos votando.

Mesmo quem diz que não gosta de política, principalmente nos últimos anos, acaba se posicionando.

– Isso também é verdade. Nunca vi tanto debate sobre política no grupo de ZapZap da família.

Mas, professor, em países mais desenvolvidos, como os Estados Unidos, o voto não é obrigatório.

Não é tão simples comparar países tão distintos e realidades tão diversas. O modelo eleitoral americano é muito diferente do nosso.

– Mas eu acho que mesmo não sendo obrigatório, muita gente deve votar por lá.

Nos Estados Unidos, cada unidade da federação estabelece um critério de alistamento. Nem todo mundo se registra eleitor. E, mesmo assim, muitos dos que se registram, acabam não votando.

– Sério?

Veja essa matéria:

NOTÍCIA: FALTA DE INTERESSE PARA O ALISTAMENTO NOS EUA

Os norte-americanos não registrados alegam que não buscam o registro por motivos como falta de interesse, perda de prazos e acharem que não vão fazer diferença, conforme indicado pelo Censo. Já as explicações para os cidadãos registrados não participarem do pleito vão de falta de interesse, falta de tempo, problemas de saúde, problemas para se registrar, falta de transporte e até mesmo mau tempo[59]

– Nossa. Muitos acham "que não vão fazer diferença". E muitos não votam por "falta de interesse", mesmo registrados! Estou chocada.

59. CNN Brasil. < https://www.cnnBrasil.com.br/internacional/2020/10/15/a-importancia-da-taxa-de-abstencao-nas-eleicoes-presidenciais-dos-eua >. Acesso em 17 abr. 2021

A apatia política pode eleger governos não comprometidos com os anseios populares.

– Então acho que quando se obriga a votar, esse problema de falta de representatividade diminui, né?

Também não estou afirmando isso. Seria preciso um estudo minucioso para analisar os benefícios de um voto obrigatório. Talvez, por enquanto, seja mais interessante a manutenção do voto obrigatório.

– E o que acontece se eu não votar?

No capítulo sobre alistamento eleitoral discutiremos isso: consequências pela ausência de quitação eleitoral. Vamos adiante.

10.3. Titularidade dos direitos políticos

Nas nossas duas primeiras conversas vimos a diferença entre povo e cidadão.

– Acho que lembro disso: o conceito de povo é mais amplo do que o de cidadão.

Exatamente!

Quando se fala em povo, alguns aspectos normalmente são salientados, como vinculação a determinado território e a uma ordem jurídica, além da **possibilidade de participação dessas pessoas no processo político**.

- **Povo:** Vinculado a um território - Submetido a mesma Ordem Jurídica - **Possibilidade de participação nos assuntos do Estado**

– Então povo é quem vota! E ele é obrigado a votar!

Calma! Não se esqueça: nem todos do povo podem votar. Uma criança, por exemplo, não pode votar.

– Eita! É isso mesmo. Por isso que falamos em cidadania.

A cidadania confere a algumas pessoas a possibilidade de participação política. Elas se tornam eleitores e eleitoras e, em algumas situações, podem se candidatar.

- **Cidadão:** Aquele que se tornou eleitor após seu alistamento na Justiça Eleitoral

Vimos também que pela nossa Constituição **o sufrágio é universal, com voto direto e secreto, com valor igual para todos.**

– Lembro. Sufrágio como participação. A mais ampla possível!

Isso mesmo! Mas estou vendo que está consultando as suas anotações dos capítulos 2 e 3.

– Professor chato. Poderia deixar o leitor pensar que sou super aplicada!

Mas você é! Quer uma prova? Quais são os titulares do poder político? São todos que residem no nosso território, por exemplo?

– Acho que não. Parece que não é todo o povo que titulariza direitos políticos. Acho que preciso, pelo menos, alistar-me eleitor.

Isso mesmo. Aos poucos, vamos aprofundando o tema. Confira:

- **Os direitos políticos são titularizados por cidadãos**
- **Adquire-se a cidadania mediante alistamento eleitoral**
- **Documentalmente, comprova-se a cidadania com o título de eleitor válido**
- **Atualmente, o título de eleitor possui uma modalidade virtual: o aplicativo e-Título**

– Nossa... Eu posso verificar se sou titular de direito político por aplicativo de celular?

Bacana, né? Veremos isso com mais detalhes depois. Vamos adiante!

10.4. Direitos de participação: os direitos políticos positivos

A participação política deve ser a maior possível. Como ela pode acontecer?

– Eu posso participar votando, ou me candidatando.

Isso mesmo! Para o momento, é o que importa saber.

– Mas há mais formas de participação?

Sim. A constituição fala, por exemplo, na possibilidade de propositura de ação popular pelo cidadão e na possibilidade de lei por iniciativa popular. Veja:

> **CRFB/88, art. 5º [...]**
>
> **LXXIII - qualquer cidadão é parte legítima para propor ação popular** que vise a anular ato lesivo ao patrimônio público ou de entidade de que o Estado participe, à moralidade administrativa, ao meio ambiente e ao patrimônio histórico e cultural, ficando o autor, salvo comprovada má-fé, isento de custas judiciais e do ônus da sucumbência;
>
> **Art. 14. A soberania popular será exercida** pelo sufrágio universal e pelo voto direto e secreto, com valor igual para todos, e, nos termos da lei, **mediante: III - iniciativa popular.**

E não se esqueça da possibilidade de participação através dos partidos políticos.

– Entendi. Vamos estudar tudo isso?

Não. Vamos focar na participação relacionada às eleições, nos aspectos dos direitos políticos atinentes a esse fenômeno.

– Mas acho que já vimos isso, quando falamos sobre sufrágio universal, voto direito, secreto e com valor igual a todos!

Isso mesmo. Agora vamos aprofundar mais o tema.

Vamos tratar dos direitos políticos positivos.

Veja:

> **Doutrina:** "Os **direitos políticos positivos são expressão da soberania popular**, que se assenta no fato de que **todo poder emana do povo**, que

o **exerce por meio de representantes eleitos ou diretamente**, investindo o indivíduo das prerrogativas da cidadania, para o **exercício do sufrágio universal, como direito de votar e ser votado".**[60]

Os direitos políticos positivos correspondem ao conjunto de normas que garantem **a participação no processo político e nos órgãos governamentais**.

– Então quando eu disse que a participação pelo cidadão poderia ocorrer quando ele estivesse votando ou se candidatando eu estava falando dos direitos políticos positivos...

Exato!

Alguns até ressaltam esse aspecto como o núcleo essencial dos direitos políticos:

Doutrina: "O núcleo fundamental dos direitos políticos consubstancia-se no direito eleitoral de votar e ser votado, embora não se reduza a isso, mesmo quando se toma a expressão no seu sentido mais estreito". [61]

– Então são dois aspectos: votar e ser votado.

Isso mesmo. Por isso, os direitos políticos positivos se dividem em direitos políticos ativos e passivos.

10.5. Direitos políticos ativos: a participação pelo voto

Os direitos políticos ativos são normas relacionadas, principalmente, ao cidadão e a sua participação no processo político como **eleitor.**

– Lá vamos nós novamente: sufrágio universal, voto direito, secreto e igual. Já decorei!

Isso mesmo.

– Pode dar exemplo de limitação a esses direitos, professor?

60. CUNHA JR., Dirley da. Curso de direito constitucional. 5 ed. Salvador: Juspodivm, 2011, p. 787.
61. SILVA, José Afonso da. Curso de direito constitucional positivo, 23ª. ed., São Paulo: Malheiros Editores, 2004, pág. 345.

Procure no seu celular, naquele glossário eleitoral do site do TSE, o verbete "voto da mulher".

– Espera... Achei! Vou ler:

"Voto da mulher

A exclusão feminina da cena eleitoral foi generalizada, em todos os países, até meados do século passado. No Brasil, as mulheres obtiveram, em 1932, o direito de votar e de serem votadas – o *jus suffragii* e o *jus honorum*, como distinguiam os romanos".[62]

– Que horrível isso, né?

Mas aprendi uma coisa curiosa aqui. Então, normas que impedem a participação pelo voto violam esse jus suffragii. É bom aprender essas expressões porque às vezes isso aparece em decisões e em provas...

Isso mesmo! Mas não se esqueça: nem toda restrição é absurda. Novamente eu lembro da proibição de voto pelas crianças.

– Mas haveria então algum exemplo absurdo de violação ao jus suffragii atualmente?

Você gostou mesmo dessa expressão, né?

Imagine que se proibisse a um morador de rua a realização de seu alistamento eleitoral com a justificativa de que ele não possui comprovante de residência.

– Nossa. Que absurdo! Realmente, é um exemplo contemporâneo. Me diz mais.

As chamadas condições de alistabilidade serão vistas em conversa própria, não se preocupe. Vamos encerrar o tópico com as palavras de Dirley da Cunha Jr.:

Doutrina: "Em singela síntese, pode-se assegurar que a capacidade eleitoral ativa é capacidade de ser eleitor, de votar e eleger seu candidato".[63]

---

62. TSE. Glossário Eleitoral. Disponível em: <https://www.tse.jus.br/eleitor/glossario/termos--iniciados-com-a-letra-v >. Acesso em 18 abr. 2021.
63. CUNHA JR., Dirley da. Op. cit., p. 788.

10.6. Direitos políticos passivos: a participação pela candidatura

Veja o que ensina Dirley da Cunha Jr.:

> **Doutrina: "Os direitos políticos passivos investem o cidadão da capacidade eleitoral passiva, com o direito de ser votado ou de eleger-se, possibilitando-o de candidatar-se a mandato eletivo".[64]**

– Exemplos, please! Aplicação prática desse jus honorum!

Para alguém se candidatar, deve **preencher alguns requisitos**. São as **condições de elegibilidade**. Além disso, **não deve incorrer** em determinadas situações. São as **causas de inelegibilidade**.

– Deixa eu adivinhar! Nós vamos ter um momento específico para tratar desses temas.

Exato! Vamos falar, mais à frente, sobre como se tornar eleitor (alistabilidade) e como se tornar candidato (condições de elegibilidade e causas de inelegibilidade).

– Que chato. Nenhum exemplo!

Calma, posso dizer alguns. Para saber as condições de elegibilidade, por exemplo, basta ler o § 3º, art. 14, da nossa Constituição. Alguns exemplos dessas condições: **a nacionalidade brasileira, o pleno exercício dos direitos políticos, o alistamento eleitoral e o domicílio eleitoral na circunscrição, a filiação partidária e a idade mínima para ocupar cada cargo.**

– Isso eu sabia! ☹

Eu queria um exemplo mais diferente.

Talvez alguns requisitos exigidos no registro de candidatura possam ser considerados "exemplos diferentes". Imagine **impedir alguém de se candidatar por achar que seu nome de urna é ridículo.**

Isso me lembrou esse outro ponto: além das elegibilidades e inelegibilidades, ainda é **preciso o atendimento às formalidades do registro de candidatura.**

64. CUNHA JR., Dirley da. *Op. cit.*, p. 788.

– Exemplo de nome de urna ridículo, please!

Não perca nossas conversas futuras sobre registro de candidatura.

– Nossa. Nada é para agora!

Tudo a seu tempo!

Outro exemplo de possível limitação aos direitos políticos passivos: imagine um candidato com nome biológico masculino, mas que é reconhecido socialmente por nome feminino e que seja impedido de usar o nome social na sua campanha.

– Isso deve violar também a dignidade da pessoa humana!

Isso mesmo. Entendeu tudo!

10.7. Direitos políticos negativos: limitação à participação política

É possível que a participação no processo político seja limitada, ou mesmo impedida ou suspensa, em alguns casos.

"Exemplos, professor!"

– Eita, professor, eu ia pedir justamente isso!

Eu sabia!

– O senhor, às vezes, é muito engraçadinho, com essas palhaçadas.

É como diz a ilustre canção:

> **Canção popular:** "Rio de tudo, dou gargalhada, todo mundo devia ser assim, pois há um palhaço em você e um palhaço em mim".[65]

65. Mundo Bita. Palhaçada. Disponível em: <https://www.youtube.com/watch?v=QaUxZtCLoa8>. Acesso em 18 abr. 2021. Uma homenagem para o meu pequeno.

– KKKK
Não acredito que o senhor conhece isso. Acho que só quem convive com criança pequena sabe dessa música.

É uma homenagem aos papais e mamães leitores.

Mas, foco! O que vou apontar agora é muito relevante.

A LIMITAÇÃO À PARTICIPAÇÃO POLÍTICA PODE OCORRER NOS DIREITOS POLÍTICOS ATIVOS E PASSIVOS

Hipótese	Exemplo
Alguém pode ser impedido apenas de votar	Não atingiu a idade mínima, não se alistou
Alguém pode ser impedido apenas de se candidatar	Pode votar, mas não atingiu a idade para se candidatar para determinado cargo; pode votar, mas não se desincompatibilizou, é analfabeto
Alguém pode ser impedido, ao mesmo tempo, de votar e de se candidatar	Não se alistou, sofreu perda ou suspensão dos direitos políticos

– E alguém pode ser impedido apenas de se candidatar, mas sem ser impedido de votar?

Veremos que não no Brasil, pois o exercício do voto é pressuposto para a candidatura.

– Mais exemplos, por favor!

Nosso ordenamento suspende os direitos políticos de alguém que é condenado criminalmente, quando não há mais possibilidade de recursos, enquanto durarem os efeitos dessa condenação.

– Nossa! Uma limitação à possibilidade de se candidatar e mesmo de votar?

Isso mesmo. Limitação, portanto, aos direitos políticos ativos e passivos.

– Essas situações devem ser raras, então.

Nem tanto. Se alguém, por exemplo, deixar de votar por três pleitos consecutivos, terá a sua inscrição eleitoral cancelada. Não pode votar e nem ser votado.

– Nossa, eu acho que isso é bem comum. Tenho amigos que nunca votam.

Essas situações de restrição à participação política são analisadas nos direitos políticos negativos. Leia essa definição:

> **Doutrina:** "os **direitos políticos negativos** compreendem um **conjunto de normas constitucionais que limitam o exercício da cidadania**, quer **impedindo o gozo da capacidade eleitoral passiva** (inelegibilidades), quer **neutralizando os próprios direitos políticos positivos**, afetando tanto a capacidade eleitoral ativa como a capacidade eleitoral passiva (perda e suspensão)".[66]

– Eu acho isso tão sério... Limitar a capacidade eleitoral ativa ou passiva de uma pessoa é impedi-la de participação nas coisas da cidade. Isso não viola o princípio do sufrágio universal?

Sua preocupação é super pertinente, mas veja que é a própria constituição que restringe os direitos políticos. Confira:

É VEDADA A CASSAÇÃO DE DIREITOS POLÍTICOS, CUJA PERDA OU SUSPENSÃO SÓ SE DARÁ NOS CASOS DE

Cancelamento da naturalização por sentença transitada em julgado
Incapacidade civil absoluta
Condenação criminal transitada em julgado, enquanto durarem seus efeitos
Recusa de cumprir obrigação a todos imposta ou prestação alternativa (CF, art. 5º, VIII)
Improbidade administrativa (CF, art. 37, § 4º)

▸ **Art. 15 da CF/88**

– Então é possível a perda ou a suspensão dos direitos políticos...

Isso mesmo. Você saberia diferenciar um do outro?

– Bem... Eu acho que eu só posso perder o que eu já possuía. Então eu deixo de ter essa coisa para sempre.

66. CUNHA JR., Dirley da. Op. cit., p. 790.

Isso!

A perda é uma privação definitiva dos direitos políticos.

A suspensão é a impossibilidade temporária de exercício dos direitos políticos.

– E são apenas esses casos do artigo 15?

Na própria Constituição há outros casos. Vamos ver como é isso.

10.7.1. Cancelamento ou perda de naturalidade

Se uma pessoa deixa de ser brasileiro, perde os seus direitos políticos.

– Exemplo, professor!

O art. 75, da Lei 13.445/2017, explica que o "naturalizado perderá a nacionalidade em razão de condenação transitada em julgado por atividade nociva ao interesse nacional".

– Entendi. Então existe até uma lei que trata disso?

Sim. Essa que eu citei é a Lei de Migração. Em relação aos portugueses, basta consultar o Decreto 70.391/72.

– Então só se perde a nacionalidade nesses casos?

Não. A Constituição apresenta mais hipóteses de perda de nacionalidade:

SERÁ DECLARADA A PERDA DA NACIONALIDADE DO BRASILEIRO QUE ADQUIRIR OUTRA NACIONALIDADE
Exceções:
Quando há o **reconhecimento de nacionalidade originária** pela lei estrangeira
Quando há **imposição de naturalização**, pela norma estrangeira, ao brasileiro residente em estado estrangeiro, como condição para permanência em seu território ou para o exercício de direitos civis
▸ **CF/1988, art. 12, § 4º**

– E se alguém for morar no exterior, como faz?

Se a pessoa mantiver a sua inscrição eleitoral no Brasil, deverá justificar a cada eleição a sua ausência, caso não esteja no país no dia do pleito.

– Mas é possível transferir a inscrição eleitoral para o exterior?

Sim. Nesse caso, vota-se apenas para presidente.

– Onde?

Leia isto:

> "As seções eleitorais para o primeiro e o segundo turnos de votação funcionarão **nas sedes das Embaixadas, em Repartições Consulares ou em locais em que existam serviços do Governo brasileiro**. Excepcionalmente, o Tribunal Superior Eleitoral poderá autorizar a abertura de seção eleitoral fora desses locais".[67]

– Então quem mora no exterior ainda é obrigada a votar...

Perfeito! Há uma curiosidade nisso. Quem possui inscrição eleitoral no exterior está vinculado à Zona Eleitoral ZZ. É uma unidade que fica sob responsabilidade do Tribunal Regional Eleitoral do DF e que cuida dos eleitores no exterior.

Vamos seguir.

10.7.2. Incapacidade civil absoluta

Veja que a constituição estabelece que haverá suspensão dos direitos políticos daqueles com incapacidade civil absoluta.

– Como é isso?

Antigamente, o Código Civil estabelecia a incapacidade civil absoluta. Essa situação de incapacidade era estabelecida mediante processo de interdição.

67. BRASIL. Portal Consular. Disponível em: <http://www.portalconsular.itamaraty.gov.br/eleicoes-no-exterior>. Acesso em 18 abr. 2021.

– Para pessoas com deficiência cognitiva?

Sim e não.

Eram considerados absolutamente incapazes, além dos menores de dezesseis anos, aqueles que, por enfermidade ou deficiência mental, não tinham o necessário discernimento para a prática de atos da vida civil e aqueles que, mesmo por causa transitória, não podiam exprimir a sua vontade.

– E agora?

Editou-se a Lei 13.146/2015, a Lei Brasileira de Inclusão da Pessoa com Deficiência ou o Estatuto da Pessoa com Deficiência.

Essa lei revogou várias hipóteses de incapacidade civil absoluta, deixando apenas nessa situação os menores de dezesseis anos.

– Mas eles já não votavam...

Isso mesmo. **Atualmente, para além da situação dos menores de dezesseis anos, o Código Civil apenas trata de hipóteses de incapacidade civil relativa.**

– Professor, não sei se estou entendendo muito bem.

Atualmente, mesmo pessoas que não podem exprimir sua vontade não são consideradas absolutamente incapazes, **mas relativamente incapazes**. Veja:

> **Código Civil, Art. 4º**
>
> São incapazes, **relativamente a certos atos ou à maneira de os exercer**:
>
> I - os maiores de dezesseis e menores de dezoito anos;
>
> II - os ébrios habituais e os viciados em tóxico;
>
> III - aqueles que, por causa transitória ou permanente, não puderem exprimir sua vontade;
>
> IV - os pródigos.
>
> Parágrafo único. A capacidade dos indígenas será regulada por legislação especial.

– Entendi. Não existe mais incapacidade absoluta pelo Código Civil que impeça exercício de direitos políticos.

Então uma pessoa que, pelo menos aparentemente, não pode exprimir a sua vontade, não pode ser impedida de votar.

Em princípio, não.

– Eu acho que isso é bacana.

O próprio Estatuto da Pessoa com Deficiência explicita a possibilidade do exercício do direito ao voto. Veja:

> **Lei 13.146, de 2015 - Lei Brasileira de Inclusão da Pessoa com Deficiência (Estatuto da Pessoa com Deficiência).**
>
> Art. 76. O poder público deve garantir à pessoa com deficiência todos os direitos políticos e a oportunidade de exercê-los em igualdade de condições com as demais pessoas.
>
> § 1º À pessoa com deficiência será assegurado **o direito de votar e de ser votada**, inclusive por meio das seguintes ações:
>
> [...]
>
> **IV - garantia do livre exercício do direito ao voto e, para tanto, sempre que necessário e a seu pedido, permissão para que a pessoa com deficiência seja auxiliada na votação por pessoa de sua escolha.**

– Nossa, professor, que bacana a lei se preocupar com esse assunto!

E quando ela fala da curatela, os direitos políticos também não são esquecidos. Leia:

> Art. 85. A curatela afetará tão somente os atos relacionados aos direitos de natureza patrimonial e negocial.
>
> **§ 1º A definição da curatela não alcança o direito ao próprio corpo, à sexualidade, ao matrimônio, à privacidade, à educação, à saúde, ao trabalho e ao voto.**
>
> [...]

– Então podemos concluir que, atualmente, não é mais possível, em decisão de interdição, restringir o direito ao voto.

O atual Código Civil não deixa mais evidente essa possibilidade. Além disso, o Estatuto da Pessoa com Deficiência aponta a necessidade de se garantir esse direito. Esse Estatuto foi baseado na Convenção Internacional sobre os Direitos das Pessoas com Deficiência (CIDPD).

– Então há um documento internacional sobre o tema!

E mais... Essa convenção foi incorporada no nosso ordenamento pelo Decreto 9.949/2009 com status constitucional, nos termos do art. 5º, §3º da nossa Carta.

– Mas, professor... Sem querer ser de alguma maneira indelicada. Mas não há casos em que uma pessoa realmente não consegue exprimir a sua vontade?

Explica melhor.

– Eu conheço pessoas, na minha cidade natal, que não conseguem exprimir o que querem. Não entendem as consequências dos seus atos. Se o exercício dos direitos políticos afeta a todos, como vimos, em hipóteses muito excepcionais como essas, os direitos políticos não deveriam ser suspensos?

Muito boa a sua intervenção.

Para alguns autores, como José Jairo, poderia o magistrado, no caso concreto, verificando que não há discernimento de vontade pelo interditado, decidir pela impossibilidade de votar e oficiar a Justiça Eleitoral para tanto.

Veja:

> **Doutrina:** "Considerada a *força normativa* inerente à Constituição e a impossibilidade de seus preceitos serem restringidos por norma que lhe seja inferior, **impõe-se compreender que a suspensão de direitos políticos fulcrada no referido artigo 15, II, deve ser reservada apenas aos casos em que a pessoa se tornar completamente inapta a formar e expressar o seu querer**. Aqui, então, o juiz cível que decretar a interdição deverá comunicar esse fato à Justiça Eleitoral, de maneira que seja suspenso o alistamento do interditado, com sua consequente exclusão do rol de eleitores (CE, art. 71, II e §2º)".[68]

– Nossa... O tema é delicado, né?

68. GOMES, José Jairo. Op. cit., p. 17.

Isso mesmo. Mas é importante salientar que a Res. TSE 23.659/19 – que trata, entre outras coisas, do alistamento eleitoral – possui preceito direcionado apenas às pessoas com deficiência, incluindo os relativamente incapazes. Nela, impede-se a suspensão de direitos políticos amparada em incapacidade civil.

> Art. 14. É direito fundamental da pessoa com deficiência, inclusive a que for declarada relativamente incapaz para a prática de atos da vida civil, estiver excepcionalmente sob curatela ou tiver optado pela tomada de decisão apoiada, a implementação de medidas destinadas a promover seu alistamento e o exercício de seus direitos políticos em igualdade de condições com as demais pessoas.
>
> § 4º **A Justiça Eleitoral não processará solicitação de suspensão de direitos políticos amparada em deficiência, em decisão judicial que declare incapacidade civil** ou em documento que ateste afastamento laboral por invalidez ou fato semelhante.

– E eles podem se candidatar?

Veja esse caso:

> **Primeiro vereador autista do Brasil é eleito em São Paulo**[69]
>
> **Segundo apuração da Agência Pública, 19 candidatos autistas pleitearam cargos de vereador(a) pelo Brasil nas eleições municipais de 2020. Isso foi um passo praticamente inédito na história do nosso país e no ativismo do autismo. Foram candidaturas em várias legendas de todo o espectro político, como a UP, PCdoB, PDT, PTC e PSL.**
>
> **Inicialmente, nenhum dos 19 candidatos conseguiu vencer. Mas ocorreu uma exceção, em Guarulhos (SP). Jorginho Mota, do Partido Trabalhista Cristão (PTC), tinha recebido uma quantidade de votos suficientes para se eleger, mas teve problemas documentais na Justiça. Em 1 de dezembro, no entanto, sua candidatura foi deferida e ele assumirá em janeiro.**
>
> **Jorginho nasceu em 1977 e já tinha sido cogitado a ser candidato a vice-prefeito no cenário político de sua cidade. Além de autista, também é pai de autista e afirma em suas redes sociais que seu diagnóstico é recente. Guarulhos, de acordo com o IBGE, tem a 13º maior população do Brasil, com quase 1,4 milhão de habitantes.**

– Que história incrível! Arrepiei...

Vamos seguir.

69. Canal Autismo. Notícia 15.12.2020. < https://www.canalautismo.com.br/noticia/primeiro-vereador-autista-do-Brasil-e-eleito-em-sao-paulo/ >. Acesso em 19 abr. 2021.

10.7.3. Condenação criminal transitada em julgado, enquanto durarem seus efeitos

A condenação criminal com trânsito em julgado – ou seja, condenação que não aceita mais discussão – também enseja a suspensão de direitos políticos.

Ela permanece enquanto durarem os efeitos da condenação criminal. O texto da Constituição não deixa espaços para interpretações.

A SUSPENSÃO DOS DIREITOS POLÍTICOS PODE OCORRER NOS CASOS DE
Condenação criminal transitada em julgado, enquanto durarem seus efeitos
▸ **CF, art. 15, III**

– Mas como acontece na prática?

Veja:

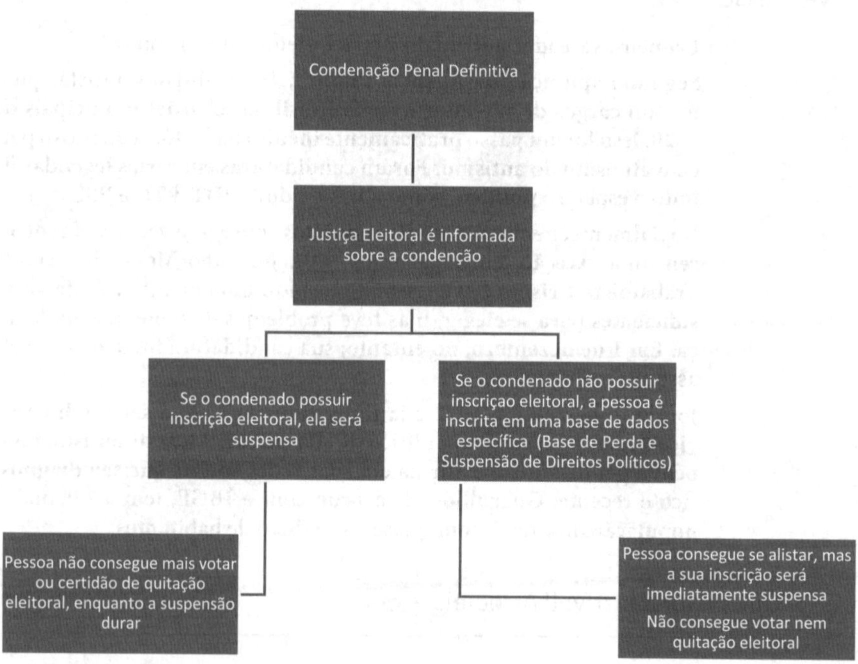

Quando a pena é cumprida, a inscrição é restabelecida ou o nome dessa pessoa é retirado da base de perda e suspensão de direitos políticos.[70]

– Entendi. E se uma pessoa cumpre a pena, mas a Justiça Eleitoral não é informada disso?

O prejudicado pode peticionar ao juiz eleitoral, informando e comprovando que cumpriu sua pena, pedindo a regularização de sua inscrição eleitoral.

– Mas e se houve, por exemplo, transação penal ou aquela suspensão do processo penal lá da lei dos juizados especiais?

Nossa..., você está afiada em penal, né?

Nas hipóteses do art. 76 ou 89 da Lei 9.099/95 não há condenação penal. Por isso, não há suspensão de direitos políticos.

– Existe a suspensão dos direitos políticos mesmo se o crime for culposo?

Sim. Veja que a Constituição não faz distinção em relação ao elemento subjetivo do tipo penal. Perceba que, mesmo se for o caso de condenações em crimes de menor potencial ofensivo, ainda assim, haverá a suspensão.

Um detalhe é importante:

Ainda que a sentença penal não diga nada sobre a suspensão dos direitos políticos, mesmo assim é possível que eles ocorram. Após a condenação, a Justiça Eleitoral deve ser informada dessa decisão para que os procedimentos acima sejam adotados.

– Faz sentido isso. Como o professor falou, a Constituição é bem clara nesse aspecto. Mas, me diz uma coisa: o que acontece se o condenado já é alguém eleito?

70. Veja o art. 11, da Res. TSE 23.659/21, que trata do alistamento e outros temas: "Art. 11. Os direitos políticos são adquiridos mediante o alistamento eleitoral, que é assegurado: [...] § 1º **A suspensão dos direitos políticos não obsta a realização das operações do Cadastro Eleitoral, inclusive o alistamento, logo após o qual deverá ser registrado o código ASE que indique o impedimento ao exercício daqueles direitos**". Grifei.

Se o mandatário é deputado federal ou senador, veja abaixo:

> **CF/1988**
>
> **Art. 55. Perderá o mandato o Deputado ou Senador:**
>
> **[...]**
>
> **IV - que perder ou tiver suspensos os direitos políticos;**
>
> **VI - que sofrer condenação criminal em sentença transitada em julgado.**
>
> **§ 2º Nos casos dos incisos I, II e VI, a perda do mandato será decidida pela Câmara dos Deputados ou pelo Senado Federal, por maioria absoluta, mediante provocação da respectiva Mesa ou de partido político representado no Congresso Nacional, assegurada ampla defesa.**
>
> **§ 3º Nos casos previstos nos incisos III a V, a perda será declarada pela Mesa da Casa respectiva, de ofício ou mediante provocação de qualquer de seus membros, ou de partido político representado no Congresso Nacional, assegurada ampla defesa.**

– Não entendi. Aplica o inciso IV ou o inciso VI? O § 2º ou o § 3º?

Como bem Lembra José Jairo, o último entendimento sobre o tema ocorreu em decisão pelo plenário do STF, no julgamento da Ação Penal n. 565/RO, nos dias 7 e 8/8/2013. Nessa decisão:

> **Precedente:** "por maioria dos votos, afirmou o Pretório Excelso competir à Casa Legislativa decidir sobre a eventual perda de mandato parlamentar (no caso, de senador), por força do disposto no artigo 55, VI, § 2º, da CF. **De maneira que o específico efeito atinente à perda de mandato político não decorre direta e automaticamente do ato jurisdicional.** É essa a interpretação tendencial daquela Corte Suprema".[71]

Em resumo, a perda de mandato deve ser decidida pela respectiva casa legislativa.

– E os demais cargos?

José Jairo lembra que, para deputados estaduais e distritais, por força do art. 27, § 1º, e 32, § 3º, da CF/1988, aplica-se o mesmo entendimento acima, ou seja, não há perda automática do mandato.

O mesmo jurista conclui que "no que concerne a vereadores e detentores de mandato executivo (prefeito, governador, presidente da

71. GOMES, José Jairo. *Op. cit.*, p. 21. Grifei.

República e seus respectivos vices) inexistem regras excepcionais como as dos aludidos artigos 27, § 1º, e 32, § 3º, e 55, §§ 2º e 3º, todos da Lei Maior. [...] **Em tais casos, o trânsito em julgado da condenação criminal implica privação de direitos políticos e perda de mandato**".[72]

O único detalhe é que seria necessário, nessas hipóteses, para o efetivo afastamento do eleito, uma declaração do respectivo órgão legislativo, que não decidiria sobre esse afastamento, apenas tornaria pública essa situação.

– Que confusão. Melhor continuarmos.

10.7.4. Recusa de cumprimento de obrigação a todos imposta ou prestação alternativa

Algumas obrigações impostas a todos, se não realizadas, podem ensejar a suspensão dos direitos políticos. É o que diz na Carta Maior:

A SUSPENSÃO DOS DIREITOS POLÍTICOS PODE OCORRER NOS CASOS DE
Recusa de cumprir obrigação a todos imposta ou prestação alternativa, nos termos do art. 5º, VIII[73]
▸ **CF, art. 15, IV**

O caso mais conhecido de obrigação imposta a todos e que precisa ser realizada para que não ocorra a suspensão dos direitos políticos é a prestação do serviço militar obrigatório.[74]

– Então a pessoa pode simplesmente deixar de prestar o serviço militar obrigatório?

No caso específico do serviço militar obrigatório, a própria Constituição autoriza que se deixe de prestar o serviço militar por imperativo de consciência ou objeção de consciência.

72. GOMES, José Jairo. *Op. cit.*, p. 22. Grifei.
73. CF 1988, art. 5º, VIII: "VIII - ninguém será privado de direitos por motivo de crença religiosa ou de convicção filosófica ou política, salvo se as invocar para eximir-se de obrigação legal a todos imposta e recusar-se a cumprir prestação alternativa, fixada em lei".
74. Outro exemplo comum é a participação como jurado. Essa convocação também é obrigatória.

Uma pessoa pode alegar, por exemplo, justificativa religiosa, política ou filosófica para deixar de cumprir o serviço imposto a todos. **Mas veja que, nesse caso, ela precisa cumprir alguma prestação alternativa.**

Vejamos novamente a nossa Constituição:

> **Art. 143. O serviço militar é obrigatório nos termos da lei.**
>
> **§ 1º Às Forças Armadas compete, na forma da lei, atribuir serviço alternativo aos que, em tempo de paz, após alistados, alegarem imperativo de consciência, entendendo-se como tal o decorrente de crença religiosa e de convicção filosófica ou política, para se eximirem de atividades de caráter essencialmente militar.**

– E como é que acontece isso?

Bem, há um procedimento administrativo na autoridade militar e essa prestação é estabelecida.[75] Caso ela não seja realizada, ocorre a suspensão dos direitos políticos por decisão administrativa informada à Justiça Eleitoral.

10.7.5. Improbidade administrativa

Confira o texto constitucional abaixo, sobre a suspensão dos direitos políticos por improbidade administrativa:

CONSTITUIÇÃO FEDERAL, ART. 37, §4º

§ 4º Os atos de **improbidade administrativa** importarão a **suspensão dos direitos políticos**, a perda da função pública, a indisponibilidade dos bens e o ressarcimento ao erário, **na forma e gradação previstas em lei**, sem prejuízo da ação penal cabível.

– Nossa... Se eu contei direito, são, pelo menos, quatro punições:

1. a suspensão dos direitos políticos;
2. a perda da função pública;
3. a indisponibilidade dos bens e
4. o ressarcimento ao erário.

75. Há uma lei específica para isso: Lei n. 8.239/1991: "Regulamenta o art. 143, §§ 1º e 2º da Constituição Federal, que dispõem sobre a prestação de Serviço Alternativo ao Serviço Militar Obrigatório".

Isso mesmo. E ainda é possível uma ação penal contra o condenado em improbidade, a depender da situação. Para o nosso assunto, vamos direto ao que interessa. **Aquele condenado em improbidade administrativa terá, em regra, os seus direitos políticos suspensos.**[76]

– Como acontece isso? É automático?

A suspensão de direitos políticos não é consequência automática da condenação acima, ou seja, ela não depende apenas do fato jurídico: **condenação em atos de improbidade.**

Se fosse consequência automática, ainda que a decisão não tratasse dessa suspensão, ela ocorreria.

– Pode ser mais claro, por favor?

É preciso que a **suspensão de direitos políticos conste expressamente na condenação por improbidade administrativa.**[77]

– Mas, no caso das condenações penais, vimos que nem precisa da referência expressa de "suspensão dos direitos políticos" no dispositivo. Isso seria um efeito automático desse tipo de decisão.

Por qual motivo, na hipótese da condenação por ato de improbidade administrativa, precisa constar a suspensão de direitos políticos expressamente na decisão?

Os autores não costumam tratar do tema especificamente nessa perspectiva eleitoral, mas eu acho que sei...

– Nossa, que professor convencido...

Mas foi você quem perguntou! E a razão é simples. Vamos lá.

O texto constitucional determina que a suspensão deve ocorrer "na forma e gradação previstas em lei".

---

76. Para saber mais sobre a natureza dessas consequências da improbidade administrativa e parâmetros para a sua aplicação, a partir de um estudo sobre punições não penais em processos judiciais, indica-se: MERÇON-VARGAS, Sarah. *Teoria do processo judicial punitivo não penal.* Salvador: Editora Juspodivm, 2018.
77. GARCIA, Emerson; ALVES, Rogério Pacheco. *Improbidade administrativa.* 9 ed. São Paulo: Saraiva, 2017, p. 706; NEVES, Daniel Amorim Assumpção; OLIVEIRA, Rafael Carvalho Rezende de. 2 ed. Rio de Janeiro: Forense; São Paulo: Método, 2014, p. 221.

Veja que, no caso da condenação penal, a Constituição estabelece o prazo dessa suspensão: **enquanto durarem os efeitos da condenação penal.**

No caso da condenação por improbidade administrativa, é preciso **recorrer à legislação** que regulamenta essa situação (a **Lei n. 8.429/1992**), para **saber a "forma e gradação" da suspensão.**[78]

Nessa lei, em seu artigo 12, consta justamente o período da suspensão, que vai depender da hipótese de condenação por atos de improbidade:

Condenações por atos de improbidade (arts. 9 a 11, da Lei 8.429/1992) ▸ **Atenção: apenas condutas dolosas**	**Tempo de suspensão**
Atos de improbidade administrativa que **importam enriquecimento ilícito** (art. 9) Art. 9º Constitui ato de improbidade administrativa importando em enriquecimento ilícito auferir, mediante a **prática de ato doloso**, qualquer tipo de vantagem patrimonial indevida em razão do exercício de cargo, de mandato, de função, de emprego ou de atividade nas entidades referidas no art. 1º desta Lei, e notadamente [...]	**Até 14 anos**[79]
Atos de improbidade administrativa que **causam lesão ao erário** (art. 10) Art. 10. Constitui ato de improbidade administrativa que causa lesão ao erário qualquer **ação ou omissão dolosa**, que enseje, efetiva e comprovadamente, perda patrimonial, desvio, apropriação, malbaratamento ou dilapidação dos bens ou haveres das entidades referidas no art. 1º desta Lei, e notadamente [...]	**Até 12 anos**[80]

78. Sobre o tema, vale a leitura do seguinte julgado: "Uma vez que o pleno exercício dos direitos políticos é pressuposto para o exercício da atividade parlamentar, determinada a suspensão de tais direitos, é evidente que essa suspensão alcança qualquer mandato eletivo que esteja sendo ocupado à época do trânsito em julgado da sentença condenatória. É descabido restringir a aludida suspensão ao mandato que serviu de instrumento para a prática da conduta ilícita. STF - AP 396 QO, Rel.: Min. Cármen Lúcia, Tribunal Pleno. DJE-196 4/10/2013" (BRASIL. STJ. REsp 1813255/SP, Rel. Ministro Herman Benjamin, Segunda Turma, julgado em 03/03/2020. DJE 04/09/2020).
79. Antes da reforma da Lei de Improbidade Administrativa, em 2021, o prazo era de 8 a 10 anos.
80. Antes da reforma da Lei de Improbidade Administrativa, em 2021, o prazo era de 5 a 8 anos.

Condenações por atos de improbidade (arts. 9 a 11, da Lei 8.429/1992) ▶ **Atenção: apenas condutas dolosas**	**Tempo de suspensão**
Atos de improbidade administrativa que **atentam contra os princípios da administração pública** (art. 11) Art. 11. Constitui ato de improbidade administrativa que atenta contra os princípios da administração pública a ação ou omissão dolosa que viole os deveres de honestidade, de imparcialidade e de legalidade, caracterizada por uma das seguintes condutas [....]	**Não há mais pena de suspensão dos direitos políticos nessa hipótese**[81]

Perceba o seguinte: como a duração da suspensão não é um prazo fixo, mas algo que deve ser ajustado, a depender do caso, é preciso, então, que a decisão de improbidade estabeleça qual é esse prazo de duração.

– Mas há, ali, uma hipótese de improbidade administrativa sem a pena de suspensão dos direitos políticos. E isso pode?

A Constituição não diz, expressamente, que improbidade gera suspensão de direitos políticos?

Quer dizer que se alguém atentar contra os princípios da administração pública, de forma dolosa, violando os deveres de honestidade, imparcialidade e legalidade, mesmo condenado por causa disso, ainda pode se candidatar? Que coisa!

O tema é bem delicado.

Na ADI 6678/DF, que questiona alguns preceitos da redação antiga da Lei de Improbidade, o Ministro Gilmar Mendes conclui existirem:

> **Precedente:** "**dois parâmetros constitucionais relevantes** para conformação do tema pelo legislador ordinário: (1) **a suspensão dos direitos políticos constitui exceção** no sistema constitucional pátrio; (2) **a suspensão dos direitos políticos,** enquanto penalidade aplicada em virtude da prática de atos de improbidade, **deve ser objeto de gradação pelo legislador**".[82]

Pelo que se depreende da decisão, é necessária uma gradação na punição aos atos de improbidade que não se restrinja apenas a critérios

81. Antes da reforma da Lei de Improbidade Administrativa, em 2021, o prazo era de 3 a 5 anos.
82. STF. ADI 6678. Rel. original Min. Marco Aurélio. Rel. Atual Min. André Mendonça. Dec. Monocrática Min. Gilmar Mendes. DJE nº 198, divulgado em 04/10/2021.

temporais de aplicação das penas (suspender direitos políticos por mais ou menos tempo, por exemplo). Além disso, seria possível, a depender da situação, outras punições que não a suspensão de direitos políticos, sempre excepcional.

O Min. Gilmar Mendes cita, inclusive, conclusões extraídas do PL 2.505/2021, que resultou na Lei 14.230/2021, que alterou a Lei de Improbidade Administrativa e retirou a possibilidade de suspensão de direitos políticos nessa hipótese mencionada por você, a do art. 11:

> **Motivos para alteração legal:** "Perseguindo o desiderato de proporcionalidade entre ato e sanção, consequências jurídicas e ofensividade do ato, **o anteprojeto inova criando a possibilidade de que atos ímprobos de baixa ofensividade sejam apenados de forma distinta** daqueles atos ofensivos a uma maior gama de valores da administração pública ou que causem prejuízos relevantes. **Sem prejuízo do ressarcimento**, devido, atos de baixa relevância serão apenados **com multa, sem suspensão de direitos políticos** ou proibições de relacionamento com o poder público ou desligamento da função ou do cargo público".[83]

Pelas considerações acima, e pelas alterações realizadas na Lei de Improbidade, fica parecendo que a sanção de suspensão de direitos políticos seria uma pena desproporcional para as condenações pelas hipóteses do artigo 11 dessa lei.

– Mas, professor, estou lendo aqui o artigo 11 dessa Lei de Improbidade.

Ela fala em condutas como "frustrar, em ofensa à imparcialidade, o caráter concorrencial de concurso público, de chamamento ou de procedimento licitatório, com vistas à obtenção de benefício próprio, direto ou indireto, ou de terceiros" ou "deixar de prestar contas quando esteja obrigado a fazê-lo, desde que disponha das condições para isso, com vistas a ocultar irregularidades". Fala também em nepotismo.

Em que mundo essas pessoas vivem? Desde quando essas situações são "atos ímprobos de baixa ofensividade"? Não seria interessante evitar que essas pessoas se candidatem por um tempo? Será que esse legislador contrataria uma pessoa dessas aí para administrar a sua casa?

83. Justificativa do PL 2.505/2021 (n. anterior: PL 10.887/2018), que gerou alterações na Lei de Improbidade Administrativa. Disponível em: < https://www.camara.leg.br/ >. Acesso em 8 jan. 2021.

Eu apenas apresentei como as coisas são. Eu tendo a concordar com você. **Não é à toa que, por exemplo, a Constituição Federal fala, em seu art. 14, § 10 º, sobre a necessidade de causas de inelegibilidade para proteger a probidade administrativa e a moralidade para exercício de mandato.**

Mas não cabe, neste livro, discussões maiores sobre isso. Fica a provocação para o debate. Para avançarmos, só mais uma informação. A Lei de Improbidade Administrativa ainda possui os seguintes preceitos relacionados aos direitos políticos:

> Art. 20. A perda da função pública e **a suspensão dos direitos políticos só se efetivam com o trânsito em julgado da sentença condenatória.**
>
> Art. 18-A. **A requerimento** do réu, na fase de cumprimento da sentença, o **juiz unificará eventuais sanções** aplicadas com outras já impostas em outros processos, tendo em vista a eventual continuidade de ilícito ou a prática de diversas ilicitudes, observado o seguinte:
>
> Parágrafo único. **As sanções de suspensão de direitos políticos** e de proibição de contratar ou de receber incentivos fiscais ou creditícios do poder público observarão **o limite máximo de 20 (vinte) anos.**
>
> Art. 12 [...]
>
> § 10. Para efeitos de contagem do prazo da sanção de suspensão dos direitos políticos, **computar-se-á retroativamente o intervalo de tempo entre a decisão colegiada e o trânsito em julgado da sentença condenatória.**

10.7.6. Outras hipóteses constitucionais de limitação à participação política

Além das hipóteses estudadas, há outras situações, também constitucionais, que impedem a participação política em maior ou menor medida. São duas:

O conscrito...[84]

> – Já sei: aquele que foi convocado para o serviço militar.

Exato!

E a outro hipótese é a de impedimento de participação em pleitos pela inelegibilidade.[85] Há dois capítulos nesta parte do livro sobre esse tema.

---

84. CF/1988, art. 14, § 2º: "Não podem alistar-se como eleitores os estrangeiros e, durante o período do serviço militar obrigatório, os conscritos".
85. CF/1988, art. 14, §§ 7º, 8º, 9º e LC 64/90 (Leis das Inelegibilidades).

11. ALISTAMENTO ELEITORAL: TORNANDO-SE CIDADÃO.

11.1. Cadastro Eleitoral

11.1.1. Apresentando o Cadastro Eleitoral

Lembra daquela história de que a Justiça Eleitoral só trabalha na época de eleições?

– Sim. Já ouvi falarem isso.

Mas nós já vimos várias atividades não relacionadas diretamente às eleições ou ao período de corrida eleitoral e que são bem importantes e corriqueiras em anos não eleitorais. Vamos conversar sobre uma delas agora: como os eleitores ingressam no Cadastro Eleitoral.

– Eu não entendo o que ainda precisamos saber sobre isso.
Nós já vimos quem é que deve votar quando estudados direitos políticos.

Há muito mais coisa interessante para aprendermos sobre o cadastro de eleitores.

– Desculpa, professor, mas não sei como esse tema pode ser interessante.

Você sabia que o Cadastro Eleitoral compreende um enorme banco de dados dos eleitores brasileiros?

– Assunto chato!

E você sabia que no cadastro há dados biográficos e biométricos?

– Chato!

Sabia que uma pessoa pode pedir para constar o seu nome social no título de eleitor e o gênero ao qual se identifica, e não aquele presente em seus documentos? Sabia que a legislação de alistamento pensou até nas comunidades indígenas e quilombolas?

– Está bem, acho que agora me interessei.

Vamos por partes, então. Veja:

O QUE CONSTA NO CADASTRO ELEITORAL

Dados Biográficos	Nome, filiação, endereço, escolaridade etc.
Dados Biométricos	Foto, registro de digitais e coleta digital da assinatura "Na biometria – ou cadastro biométrico –, a Justiça Eleitoral faz a coleta e a inclusão de sua impressão digital, sua assinatura e sua foto, pra serem usados na votação e impedir que outras pessoas votem por você"[86]
Dados relacionados às eleições	Zona eleitoral, local de votação, seção, histórico de situações eleitorais, status dos direitos políticos

– Eu lembro que quando me alistei como eleitora houve uma coleta de minhas digitais.

A Justiça Eleitoral possui uma base de dados unificada dos brasileiros bem completa.

Observação: Em tempos excepcionais, como na época da pandemia de Covid-19, a coleta de dados biométricos fica suspensa e o atendimento é feito, na medida do possível, por meios remotos. Cada Tribunal Regional Eleitoral, a partir de seu *site*, disponibiliza informações ao seu público sobre como o atendimento está ocorrendo.

11.1.2. Sigilo dos dados do Cadastro Eleitoral (LGPD e Justiça Eleitoral)

– Os dados do Cadastro são públicos?

Veja o quadro abaixo, sobre o sigilo dos dados do eleitor:

86. BRASIL. Portal da Justiça Eleitoral. Disponível em: <https://www.justicaeleitoral.jus.br/biometria/>. Acesso em 25 abr. 2021.

SOBRE OS DADOS DOS ELEITORES NO CADASTRO ELEITORAL	
Legislação sobre o sigilo dos dados do eleitor	Res. TSE nº 23.659/2021 e o Provimento da Corregedoria Geral Eleitoral (CGE/TSE) n.º 6/2006
Quem pode acessar esses dados?	"O acesso a informações constantes do Cadastro Eleitoral por instituições públicas e privadas e por pessoas físicas se dará conforme a Lei Geral de Proteção de Dados [...]" (art. 10, Res. TSE nº 23.659/2021)
Situações que autorizam o compartilhamento de dados do eleitor	"Informações sobre filiação, data de nascimento, profissão, estado civil, grau de escolaridade, telefone e endereço não serão fornecidas, **salvo se o pedido for feito**: a) **pelo eleitor** sobre seus dados pessoais; b) **por autoridade judicial e pelo Ministério Público**, quando a utilização dos dados cadastrais estiver vinculada às atividades funcionais de quem os solicitar; c) por **órgão de direção nacional** de partido político (acesso apenas às informações de seus filiados); d) por **autoridade policial** (mediante número do inquérito policial cuja investigação se refira a crime de lavagem de dinheiro); e) por **instituições autorizadas** pelo TSE (desde que haja interesse de ambas as partes)"[87]

– Então é possível que outras pessoas, além do próprio eleitor, tenham acesso a esses dados...

Sim. Mas veja que as hipóteses são bem restritas, e a Justiça Eleitoral realmente leva a sério a Lei Geral de Proteção de Dados, a Lei 13.709/2018.

– E, pelo que entendi, os dados dos eleitores só são acessados por outras pessoas nessas hipóteses do quadro acima, né?

Isso mesmo. E veja que **são situações muito específicas**. Normalmente, esses pedidos, a não ser aqueles feitos pelo próprio eleitor, passam pelo juiz eleitoral responsável pela respectiva zona eleitoral para análise dos requisitos legais para o compartilhamento desses dados. Vamos adiante.

87. BRASIL. Site institucional do TSE. Disponível em: <https://www.tse.jus.br/eleicoes/processo-eleitoral-Brasileiro/cadastro-de-eleitores/informacoes-do-cadastro-eleitoral >. Acesso em 25 abr. 2021.

11.1.3. Requerimento de Alistamento Eleitoral, operações possíveis no Cadastro Eleitoral e legislação sobre o tema

O alistamento eleitoral é feito mediante o preenchimento de um formulário eletrônico conhecido como **RAE – Requerimento de Alistamento Eleitoral** – e pela coleta de dados biométricos como a foto, as impressões digitais e a assinatura também coletada digitalmente.

– E se alguém já possuir uma inscrição eleitoral, mas quiser mudar algum dado?

No momento de preenchimento eletrônico do formulário RAE, são possíveis as seguintes operações: alistamento, transferência e revisão. Outra possibilidade no atendimento é o de segunda via de Título Eleitoral.

É na revisão que o eleitor poderá alterar seus dados.

– Explica cada um, please!

Vou explicar. Antes, vamos ver mais algumas informações importantes.

O Alistamento Eleitoral está disciplinado no Código Eleitoral, Lei 4.737, mas de forma muito incipiente, pois essa lei é de 1965.

– Mas essa lei nunca foi alterada?

Sim, o Código Eleitoral sofreu algumas alterações, mas isso não foi o suficiente para atualizar esse assunto do alistamento.

Atenção para o que vou dizer.

RESOLUÇÃO DE LEITURA OBRIGATÓRIA PARA QUEM VAI ESTUDAR ALISTAMENTO
Resolução 23.659/2021 do Tribunal Superior Eleitoral
▶ **Atenção: Não começar os estudos deste tema pelo Código Eleitoral**

– Que curioso. O tema é importante para as eleições, mas não estudamos ele pelo Código Eleitoral, e sim por essa Res. TSE 23.659/2021!

Isso mesmo.

Veja abaixo as principais operações possíveis no Cadastro e que estão detalhadas nessa resolução que apresentei:

OPERAÇÕES NO CADASTRO ELEITORAL

Alistamento	Para a primeira inscrição ou nas hipóteses de inscrição anterior cancelada por determinação judicial
Transferência	Para alteração de município, com ou sem alteração dos demais dados do eleitor
Revisão	Para alteração de local de votação no mesmo município, ainda que haja mudança de zona eleitoral Para alteração de dados pessoais ou regularização de inscrição eleitoral
Segunda via	Para a solicitação de outra via física do título eleitoral Essa operação está cada vez mais em desuso, uma vez que o título agora existe na modalidade virtual, pelo aplicativo E-título

11.2. Alistamento

11.2.1. Obrigatoriedade e facultatividade

– Professor, eu li aqui o título deste tópico. Mas acho que podemos pular esta parte. Não há muito o que fazer. O eleitor comparece a um cartório eleitoral com seus documentos e se alista eleitor. Pronto. Assunto resolvido.

Não é tão simples.

Vamos por partes. Lembra quem é **obrigado a se alistar e votar**?

– Acho que sim.

Vamos relembrar:

OBRIGATORIEDADE DO VOTO: ARTIGO 14 DA CONSTITUIÇÃO.

Devem se alistar e votar, obrigatoriamente	Os maiores de 18 anos
São facultados	Os analfabetos, os maiores de setenta e os maiores de 16 e menores de 18

Veja que, **se uma pessoa pode votar a partir dos 16 anos, ela pode se alistar ainda com quinze anos.**

– Interessante! Não havia pensado nisso. Mas, nesse caso, a pessoa só se alista se quiser, né?

Isso mesmo.

CURIOSIDADE: ALISTAMENTO AOS 15 ANOS

Antes, uma pessoa somente poderia se alistar com 16 anos completos. Isso fez com que algumas pessoas que teriam 16 no dia da eleição, mas ainda estavam com 15 no dia do alistamento, não conseguissem tirar seu título. Em 1994, uma jovem de 15 anos não conseguiu se alistar, mesmo informando que faria 16 naquele ano de eleição e antes do pleito. Ela solicitou que o Tribunal Superior Eleitoral (TSE) revisse o seu caso e houve uma mudança de entendimento pela Justiça Eleitoral. Veja essa notícia:

"Os jovens brasileiros de 15 anos que completarão 16 anos até o dia 5 de outubro de 2014, data do primeiro turno das próximas eleições, podem tirar a primeira via do seu título de eleitor, desde que o faça no ano eleitoral. Isso porque a Constituição Federal, em seu artigo 14, prevê o voto facultativo aos jovens que tenham 16 anos completos no dia do pleito. A regra começou a valer em 1994, depois que a estudante Renata Cristina Rabelo Gomes, então com 15 anos de idade, solicitou que o Tribunal Superior Eleitoral (TSE) revisse seu entendimento sobre o tema para que fosse concedido o título eleitoral aos jovens nessa faixa etária"[88]

– Que bacana... Gostei dela!

Como eu disse, a partir da data em que a pessoa completa quinze anos, ela já pode se alistar.[89] Claro que só vai poder votar aos dezesseis. Entre dezesseis e dezoito, o voto será facultativo. Vamos ver algumas outras situações especiais dessa facultatividade.

11.2.2. Algumas facultatividades especiais: pessoas indígenas e com deficiência

O Brasil possui muitas realidades.

Por exemplo: você acha que a comunidade indígena é obrigada a votar?

88. TSE. Disponível em: < https://www.tse.jus.br/imprensa/noticias-tse/2013/Outubro/jovem-eleitor-adolescentes-com-16-anos-incompletos-podem-tirar-o-titulo >. Acesso em 21 ago. 2021.
89. Res. TSE 23.659/21, art. 30.

– Eu acho que sim. São brasileiros como todos nós. A não ser que eles sejam analfabetos ou maiores de setenta anos, ou jovens entre dezesseis e dezoito anos.

Veja bem... eles devem se alistar, sim.

Mas **há situações de comunidades indígenas isoladas que recebem tratamento peculiar**. Veja esta notícia:

NOTÍCIA DO TSE: ALISTAMENTO E COMUNIDADES INDÍGENAS

"[...] o Tribunal Superior Eleitoral (TSE) assegurou o alistamento eleitoral facultativo aos índios que, segundo o Estatuto do Índio, sejam considerados isolados e em vias de integração.

Pela decisão, os índios alfabetizados devem se inscrever como eleitores, mas não estão sujeitos ao pagamento de multa pelo atraso no alistamento eleitoral"[90]

– Interessante. Então, quem for considerado vivendo em comunidade isolada, não é obrigado a se alistar, mas, em alguns casos, se não se alistar, não haverá multa. Saída bem inteligente.

Mas, atenção: não cabe à Justiça Eleitoral dizer quem se enquadra nesta ou naquela situação. Veja este artigo, da Res. 23.659/19:

> Art. 13. É direito fundamental da pessoa indígena ter considerados, na prestação de serviços eleitorais, sua organização social, seus costumes e suas línguas, crenças e tradições.
>
> [...]
>
> **§ 2º No tratamento de dados das pessoas indígenas, não serão feitas distinções entre "integradas" e "não integradas", "aldeadas" e "não aldeadas", ou qualquer outra que não seja autoatribuída pelos próprios grupos étnico-raciais.**

Veja outros pontos interessantes, do mesmo artigo:

> **§ 3º Não se exigirá a fluência na língua portuguesa para fins de alistamento, assegurando-se a cidadãos e cidadãs indígenas, o uso de suas línguas maternas e processos próprios de aprendizagem.**

90. TSE. Disponível em: <https://www.tse.jus.br/imprensa/noticias-tse/2018/Abril/facilitar-o--voto-de-povos-indigenas-e-preocupacao-da-justica-eleitoral?>. Acesso em 25 abr. 2021.

§ 4º A pessoa indígena ficará dispensada da comprovação do domicílio eleitoral quando o atendimento prestado pela Justiça Eleitoral ocorrer dentro dos limites das terras em que habita ou quando for notória a vinculação de sua comunidade a esse território.

§ 5º É assegurado à pessoa indígena indicar, no prazo estipulado pela Justiça Eleitoral para cada pleito, local de votação, diverso daquele em que está sua seção de origem, no qual prefere exercer o voto, desde que dentro dos limites da circunscrição da eleição.

§ 6º O previsto neste artigo aplica-se, no que for compatível**, a quilombolas e integrantes de comunidades remanescentes.**

– Parece que pensaram em tudo. As comunidades quilombolas, por exemplo, também estão previstas aí.

Outra situação bastante comum é a de pessoas que não podem se alistar ou votar, por alguma razão específica e bem peculiar.

O art. 3º, da Res. TSE n.º 23.659/2021, autoriza a emissão de uma certidão atestando a **isenção de sanção** "decorrente do não cumprimento das obrigações eleitorais de alistamento ou de comparecimento às urnas, **em razão de deficiência ou condição que torne impossível ou demasiadamente oneroso o cumprimento daquelas obrigações".**

– Nossa, como isso é específico... Me dá um exemplo disso.

Se alguém não consegue se deslocar com facilidade, nem mesmo por cadeira de rodas, por exemplo, pode pedir para que um representante ou procurador informe isso ao magistrado, solicitando a certidão acima.

– Entendi. Parece que pensaram em tudo.

Vamos adiante!

11.2.3. Domicílio eleitoral

Para se alistar, o eleitor deve possuir domicílio eleitoral no município pretendido.

– Isso é o mesmo que domicílio civil?

Não mesmo.

O conceito de domicílio eleitoral é mais amplo. Veja essa decisão:

PRECEDENTE DO TSE: DOMICÍLIO ELEITORAL

"A jurisprudência desta Corte há muito consolidou o entendimento de que '**o conceito de domicílio eleitoral é mais elástico do que no Direito Civil e se satisfaz com a demonstração de vínculos políticos, econômicos, sociais ou familiares'** (REspe 374-81, rel. Min. Marco Aurélio, red. para o acórdão Ministro Dias Toffoli, DJe de 4.8.2014)"[91]

Recentemente, a Res. 23.659/2021 apresentou o conceito de domicílio eleitoral, em seu art. 23:

> **Art. 23. Para fins de fixação do domicílio eleitoral no alistamento e na transferência, deverá ser comprovada a existência de vínculo residencial, afetivo, familiar, profissional, comunitário ou de outra natureza que justifique a escolha do município.**

– Ó paí, ó. Esse domicílio é bem amplo mesmo.

No Direito Civil não há essa história de vínculo político, econômico etc.

Nossa... Muito diferente o Direito Eleitoral!

É, sim.

– Exemplo, por favor, exemplo!

Uma pessoa pode querer votar em um município porque, embora não more nele, trabalha ali. Ou possui alguma propriedade na cidade. Isso é decidido por cada juiz eleitoral. Já se aceitou vínculo eleitoral porque os parentes do eleitor, e não ele mesmo, moravam em uma cidade. Seria o vínculo familiar.

– Mas, professor, como é que se comprova esse domicílio eleitoral?

Recentemente, em um encontro para discutir temas de Direito Eleitoral, organizado pela Escola Judiciária Eleitoral (EJE) do TSE, em parceria com a Academia Brasileira de Direito Eleitoral e Político (ABRADEP),[92]

91. TSE. REspe nº 5166, Acórdão, Rel. Min. Admar Gonzaga. DJE 03/04/2019.
92. https://abradep.org/.

uma relevante associação que estuda e difunde e promove o Direito Eleitoral, debateu-se sobre o domicílio eleitoral e chegaram ao seguinte enunciado:

ENUNCIADO 2 DAS JORNADAS DE DIREITO ELEITORAL DO TSE

A comprovação de domicílio, tanto para fins de alistamento como de transferência, poderá ser feita mediante um ou mais documentos dos quais se infira que o eleitor reside na localidade ou mantém com ela vínculo afetivo, familiar, político, profissional, patrimonial, comunitário, de naturalidade ou negócios; nesses casos, fica dispensada a prova de residência em nome próprio, podendo ser apresentado documento em nome de terceiro.

– Acho que respondeu o que perguntei...Se eu conseguir uma prova documental desse vínculo, então está resolvido. Tipo o comprovante de residência no nome de minha mãe...

Exato! Vamos adiante, então!

11.2.4. Nome social e identidade de gênero

Outro ponto relevante no assunto alistamento é o do nome social. Observe:

Nome Social: art. 16, da Res. TSE 23.659/2021

Art. 16. É **direito fundamental da pessoa transgênera**, preservados os dados do registro civil, **fazer constar do Cadastro Eleitoral seu nome social e sua identidade de gênero**.

§ 1º Considera-se nome social a **designação pela qual a pessoa transgênera se identifica e é socialmente reconhecida**.

§ 2º Considera-se identidade de gênero a atitude individual que diz respeito à forma como cada pessoa se percebe e se relaciona com as representações sociais de masculinidade e feminilidade e como isso se traduz em sua prática social, sem guardar necessária relação com o sexo biológico atribuído no nascimento.

§ 3º É vedada a inclusão de alcunhas ou apelidos no campo destinado ao nome social no Cadastro Eleitoral.

Exemplos, por favor!

– Professor, eu quem peço exemplos. Mas eu entendi e nem preciso de exemplos! Basta pensar o caso de uma pessoa que possui documento de identidade com nome masculino, mas se identifica do gênero feminino, se apresentando socialmente com nome feminino. Então ela pode pedir para constar o nome socialmente divulgado.

Exatamente! Nas eleições de 2020, 9.985 eleitores declararam nome social no Brasil.[93]

11.2.5. Fases do alistamento

O alistamento é feito em duas fases: qualificação e inscrição (Art. 42, Lei nº 4.737/65, Código Eleitoral).

QUALIFICAÇÃO ELEITORAL PARA O ALISTAMENTO
O indivíduo fornece informações e documentos que comprovam o preenchimento dos requisitos necessários ao alistamento, como a nacionalidade e a idade mínima

– Mas não precisa comprovar também a prestação do serviço militar?

Sim. E há casos de dispensa também.[94] Veja o quadro:

A apresentação de certificado de quitação militar é obrigatória para pessoas do gênero masculino e conscrito (convocado para o serviço militar)
Não precisa apresentar o certificado de quitação militar
Quando **ainda não tenha se iniciado o período de conscrição**, mesmo se o alistando possui 18 **Após 31 de dezembro do ano que o alistando completar 45 anos**

93. BRASIL. Porta da Justiça Eleitoral. Eleições em Números. Disponível em <https://www.justicaeleitoral.jus.br/ >. Acesso em 6 de maio de 2021.

94. Res. TSE 23.659/21, art. 35: A apresentação de certificado de quitação militar somente é obrigatória para alistandos do gênero masculino que pertençam à classe dos conscritos. [...] § 2º Pode se alistar eleitor, independentemente da apresentação do certificado de quitação correspondente, o brasileiro para o qual: a) ainda não tenha se iniciado o período de conscrição, ainda que, completados 18 anos, esteja em curso o prazo de apresentação ao órgão de alistamento militar; e **b) após 31 de dezembro do ano que completar 45 anos, tenha findado o período de conscrição, mesmo que permaneça sujeito ao serviço militar obrigatório, nos termos da legislação militar.**

DOCUMENTOS ACEITOS PARA O ALISTAMENTO (ART. 34, RES. TSE 23.659/21)

Um ou mais dos seguintes documentos de identificação
Carteira de identidade ou emitida por órgão criado por lei federal, controlador de exercício profissional
Certidão de nascimento ou de casamento expedida no Brasil ou registrada em repartição diplomática brasileira e transladada para o registro civil, conforme a legislação própria
Documento público do qual se infira ter o requerente a idade mínima de 15 anos
Documento congênere ao registro civil, expedido pela Fundação Nacional do Índio (FUNAI)
Documento do qual se infira a nacionalidade brasileira, originária ou adquirida
Publicação oficial da Portaria do Ministro da Justiça e o documento de identidade nos termos da lei[95] para os portuguesas que tenham obtido o gozo dos direitos políticos no Brasil
▶ **É possível a exigência de mais de um dos documentos ao mesmo tempo caso os dados necessários ao alistamento não constem em apenas um deles**

– Entendi. Serve passaporte?

Serve, sim. E se o indivíduo já possuir CPF, deve levar também.

Aliás, isso me faz lembrar que **uma pessoa não pode ter mais de uma inscrição eleitoral.**

– Tem lógica. É como ter duas identidades ou dois registros de CPF, né? E serve carteira de trabalho para se alistar?

Serve, sim. Por que tanta fixação com os documentos? Você já tem título de eleitor!

– Mas eu sou curiosa, professor!

Vamos adiante! Após a qualificação, cria-se um requerimento ao juiz. Tudo ocorre em formulários eletrônicos.

Após o deferimento, está concluída a segunda etapa do alisamento: a inscrição.

95. Arts. 22 do Decreto nº 3.927, de 2001, e 5º da Lei nº 7.116, de 1983.

– E eu já saio com o título de eleitor? Sou cidadã nesse momento?

O que costuma ocorrer é o seguinte.

Já após a qualificação, e quando não há nenhuma dúvida sobre os documentos ali apresentados, o título é de pronto emitido. Posteriormente, as inscrições realizadas são submetidas ao juiz eleitoral para deferimento final.

– E se ele não concordar com uma ou outra inscrição?

Ela é cancelada, ou seja, não chega nem a ser processada. O indivíduo, nesse caso, será avisado de que a sua inscrição não deu certo.

– Entendi. Professor, e será que pode fazer alistamento com carteira de estudante?

Puxa, vida. Você ainda está nessa? Claro que não, né!? A carteira de estudante não é considerada documento oficial para fins de alistamento.

Sem mais perguntas sobre isso...

– Isso é censura. Mas tudo bem, eu supero. Nós mulheres somos fortes.

Drama! Drama!

Uma última informação. Essa decisão do magistrado sobre o deferimento ou não da inscrição eleitoral é recorrível. Aliás, não é apenas a inscrição eleitoral pode ser deferida ou indeferida. A transferência de eleitor também. E essa decisão também é recorrível. Veja:

Quando a inscrição ou transferência é deferida Art. 57, Res. TSE 23.659/21	**Podem recorrer, em 10 dias:** Qualquer partido político e o MPE, após a disponibilização da listagem do alistamento[96]
Se a inscrição é indeferida Art. 58, Res. TSE 23.659/21	**Podem recorrer, em 5 dias:** O eleitor ou a eleitora, após serem notificados O MPE, após a disponibilização da listagem dos alistamentos realizados

96. Res. TSE 23.659/19: Art. 54. Será disponibilizada aos partidos políticos, em sistema específico, e ao Ministério Público Eleitoral, mediante ofício, nos dias 1º e 15 de cada mês ou no primeiro dia útil que lhes seguir, listagem contendo as inscrições eleitorais paras as quais houve requerimento de alistamento ou transferência deferido ou indeferido.

– Mas que coisa! Por qual motivo um partido político implicaria com a inscrição ou transferência de alguém?

Vou responder com um caso fictício.

ANÁLISE DE CASO

Imagine que determinado partido político queira lançar alguém para concorrer em uma cidade ou estado, mesmo sem que essa pessoa tenha qualquer relação com aquele local. Por vezes, um político está um pouco "sem credibilidade eleitoral" em sua localidade de origem e "foge" para concorrer em outros lugares. Nesse caso, ele tenta forjar um vínculo eleitoral nesse outro local, pois sabe que não ganharia mais eleições em sua cidade natal.

– Entendi. Mas as pessoas encontram jeito para tudo, né?

Infelizmente, sim. Mas não tão comum vermos uma impugnação de alistamento ou transferência. Vamos adiante.

11.2.6. Ausência de alistamento

– O que acontece se alguém não se alistar? Paga uma multa, né?

Isso mesmo. É preciso consultar cada TRE para saber o valor dessa multa. Normalmente, ela não é de valor muito elevado. Veja:

SOBRE A MULTA PARA QUEM NÃO SE ALISTAR (ART. 33, RES. TSE 23.659/21)

Quem paga	Quem não paga
Brasileiro nato, nascido em território nacional, que não se alistar até os 19 anos Brasileiro nato, nascido em território nacional ou no exterior, filho de brasileiro ou brasileira registrada em repartição diplomática brasileira, que não se alistar até os 19 anos Naturalizado, maior de 18 anos, que não se alistar até um ano depois de adquirida a nacionalidade brasileira	Brasileiro nato, nascido em território nacional, que requerer sua inscrição eleitoral até o 151º dia anterior à eleição subsequente à data em que completar 19 anos Brasileiro nato, nascido em território nacional ou nascido no exterior, filho de brasileiro ou brasileira registrada em repartição diplomática brasileira, que requerer sua inscrição eleitoral até o 151º dia anterior à eleição subsequente à data em que completar 19 anos Quem se alfabetizou após os 18 anos Quem se declarar, sob as penas da lei, seu estado de pobreza

– Entendi nada. Por qual razão há esse marco temporal de "151 dias antes da eleição"?

É o fechamento do cadastro. Vamos ver isso agora.

11.2.7. Fechamento do Cadastro Eleitoral

Nos anos eleitorais ocorre um fenômeno curioso: o Cadastro Eleitoral é "congelado".

– Congelada estou eu, ainda sem entender nada.

Para a realização das eleições, é muito importante saber o quantitativo de eleitores e os demais dados relacionados a eles.

Esse **quantitativo define, por exemplo, quantas urnas serão necessárias, quais os dados devem constar nos cadernos de votação, quantos e quais eleitores devem votar em cada local de votação etc.**

– Isso parece bem lógico, professor.

Sim, sim.

E é por isso que, a partir de determinada data, o cadastro eleitoral "congela". Não se permitem mais inscrições ou transferências. A partir desses dados "congelados", toda a eleição é preparada.

– E quando é isso?

> **Fechamento do Cadastro Eleitoral: art. 91, da Lei das Eleições (9.504/97)**
>
> **Art. 91. Nenhum requerimento de inscrição eleitoral ou de transferência será recebido dentro dos cento e cinquenta dias anteriores à data da eleição.**

– Entendi. Seis meses!

Então, seis meses antes das eleições, não é mais possível se alistar eleitor.

Mas, e se alguém precisar, por exemplo, de uma certidão de quitação eleitoral nesse período?

– E se alguém precisar de alistamento eleitoral para realizar uma matrícula? Sabia que as vezes pedem isso? Que absurdo esse artigo aí.

Calma! Como esse fechamento de cadastro...

– Venha cá, fechamento de cadastro é outro nome para o "congelamento" do cadastro?

Sim. É um nome mais "técnico" para esse "congelamento" do Cadastro Eleitoral. É o tempo que medeia entre a impossibilidade de alistamento, transferência e revisão, até a reabertura dessas atividades no Cadastro.

– "Medeia"... O professor fala tão bonito.

Foco! (Eu nem sei se falei certo isso, mas vamos adiante!)

Como o fechamento do cadastro eleitoral não ocorre por culpa deles, dos eleitores, então a todos que precisarem de algum tipo de serviço da Justiça Eleitoral, como alistamento ou quitação de multa eleitoral, por exemplo, serão fornecidas certidões de quitação temporária, informando que o eleitor está quite, temporariamente, até que o acesso ao cadastro de eleitores seja restabelecido.

11.3. Transferência, revisão e segunda via do título de eleitor

Além do alistamento, outras operações são possíveis no Cadastro Eleitoral, como a transferência, a revisão e a segunda via do título de eleitor.

> **Sobre a transferência (art. 37, Res. TSE 23.659/21)**
>
> Art. 37. A transferência será realizada quando a pessoa desejar **alterar seu domicílio eleitoral, em conjunto ou não com eventual retificação de dados ou regularização de inscrição cancelada**, e for encontrado em seu nome, em município diverso ou no exterior, número de inscrição regular, suspensa ou, se cancelada, por motivo que permita sua reutilização.

– Não entendi quase nada. Mas acho que li rápido.

Ocorre a transferência quando o eleitor já possui inscrição eleitoral e pretende alterar o município onde vota – o seu domicílio eleitoral.

Por exemplo, voto em São Paulo, na Capital, e peço para votar em Fortaleza, ou Juazeiro do Norte, no Ceará.

– Entendi! Muito mais simples.

Essa transferência pode ocorrer também com alguma atualização de outros dados além do endereço, como o nome, profissão etc.

Outra situação possível é a alteração dos dados do eleitor, sem a alteração do domicílio eleitoral. É a operação de **Revisão dos Dados do Eleitor**.

> **Sobre a revisão (art. 39, Res. TSE 23.659/21)**
>
> Art. 39. Será realizada a operação de revisão quando a pessoa necessitar:
>
> I - **alterar o local de votação no mesmo município**, ainda que não haja mudança de zona eleitoral;
>
> II - **retificar os dados** pessoais; ou,
>
> III - nas hipóteses em que for permitida a reutilização do número de inscrição, regularizar a situação de inscrição cancelada.

– Não entendi. Mudar local de votação não é alterar o domicílio eleitoral?

Perceba o seguinte: se, por exemplo, eu moro em Fortaleza, no Ceará, que possui várias zonas eleitorais, eu posso alterar meu endereço e local de votação e, mesmo assim, continuar eleitor de Fortaleza.

– Entendi. Se eu permaneço no mesmo município, então é uma revisão.

Por fim, uma opção em desuso é o da expedição de segunda via do Título Eleitoral.

– Como assim, em desuso?

É que o Título Eleitoral está migrando para uma versão digital: o e-título.

– Tipo um aplicativo?

Isso mesmo. Mas não vamos nos demorar nisso.

11.4. Fiscalização do Cadastro Eleitoral

Tanto o Ministério Público quanto os partidos políticos podem fiscalizar o Cadastro Eleitoral.

– Mas o que é que pode dar errado nele?

Alistamentos fraudulentos, transferências suspeitas, por exemplo.

Além disso, se houver alguma restrição ao alistamento indevido ou alguém tenha sido impedido de realizar a transferência de sua inscrição sem razões adequadas, é possível que isso também seja questionado.

Veja esse artigo da Res. TSE 23.659/21:

> Art. 75. Os partidos políticos, por suas delegadas e seus delegados, poderão:
>
> I - acompanhar os requerimentos de alistamento, transferência, revisão, segunda via e quaisquer outros, bem como a emissão e entrega de via física de títulos eleitorais, previstos nesta Resolução;
>
> II - requerer cancelamento de inscrição eleitoral com fundamento em inobservância de requisito legal, observado o procedimento previsto nos arts. 63 a 65 desta Resolução;
>
> III - examinar, mediante assinatura de termo de confidencialidade dos dados pessoais a que tenha acesso, sem perturbação dos serviços e na presença de servidor ou servidora, os documentos relativos às operações de alistamento, transferência, revisão, segunda via e revisão de eleitorado, deles podendo requerer cópia, de forma fundamentada à autoridade judiciária, sem ônus para a Justiça Eleitoral.

– Mas qual o procedimento a ser adotado se alguma dessas irregularidades forem apontadas?

Procedimento para apuração de irregularidades no Cadastro Eleitoral[97]

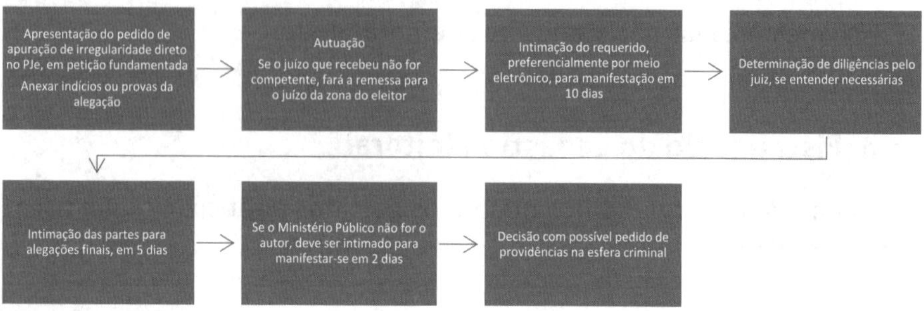

Sobre o PJe:

PROCESSO JUDICIAL ELETRÔNICO, OU PJE

"é um **sistema de tramitação de processos judiciais** cujo objetivo é atender às necessidades dos diversos segmentos do Poder Judiciário brasileiro (Justiça Militar da União e dos Estados, Justiça do Trabalho e Justiça Comum, Federal e Estadual)"[98]

11.5. Batimento de dados e duplicidade e pluralidade de inscrições eleitorais

– Muito curioso o nome deste tópico, professor.

Leia isto:

BATIMENTO DE DADOS (RES. TSE 23.659/21)

Art. 77. O batimento consiste em procedimento que compara dados mantidos nos cadastros do Tribunal Superior Eleitoral, com a finalidade de aferir se cada pessoa mantém apenas uma única inscrição eleitoral.

Objetivos:

- **Identificar situações que exijam averiguação**
- **Expurgar inconformidades e outras irregularidades de inscrições eleitorais**

– Ainda não entendi. Como assim, "expurgar inconformidades"?

97. Art. 63 e seguintes da Res. TSE 23.659/21.
98. http://www.pje.jus.br/wiki/index.php/P%C3%A1gina_principal. Acesso em 5 mai. 2020.

Veja o quadro abaixo:

INCONFORMIDADES NO CADASTRO ELEITORAL (RES. TSE 23.659/21, ART. 78)

Tipo de inconformidade	Causa
Duplicidade Suspeitas de que uma única pessoa possui duas inscrições eleitorais	Pode ter havido uma inscrição indevida, por equívoco no atendimento, ou tentativa maliciosa de obtenção de uma segunda inscrição eleitoral
Pluralidade Suspeitas de que uma única pessoa possui três ou mais inscrições eleitorais	Pode ter havido apenas inscrições indevidas, por equívoco no atendimento, ou tentativa maliciosa de obtenção de múltiplas inscrições eleitorais
Incoincidências Os dados biométricos coletados em atendimento de transferência ou revisão eleitoral não coincidiram com os dados já constantes do cadastro em atendimento anterior do suposto mesmo eleitor	Indica um possível equívoco de atendimento ou a utilização indevida de dados da pessoa por outrem

– Então, abre-se um procedimento para analisar isso?

O batimento é automático. É realizado antes do processamento definitivo de qualquer atendimento. Após o batimento, há uma comunicação eletrônica ao juízo eleitoral relacionado à inscrição identificada em alguma situação acima. Também há uma notificação automática ao eleitor para que, sendo o caso, ele peça a regularização da sua situação. As inscrições com inconformidades não são liberadas para processamento.

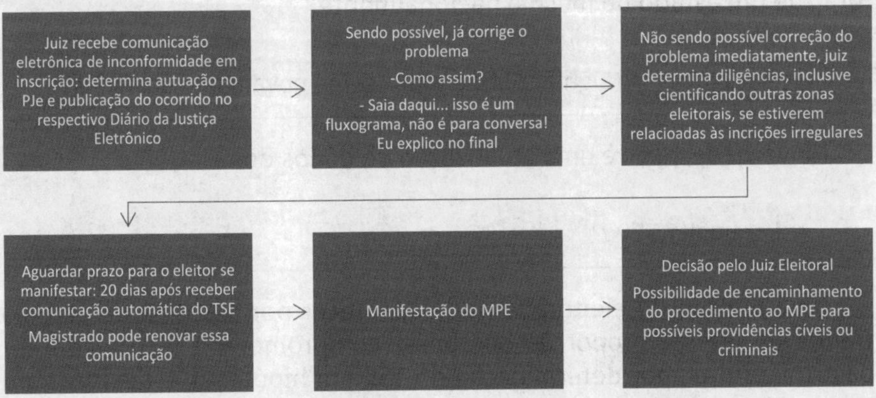

O magistrado pode, de pronto, identificar que a pluralidade, por exemplo, ocorreu porque eleitores com mesmo nome de mãe e data de nascimento são gêmeos, afinal, essa informação é coletada no momento do atendimento.

Quando se identifica uma pessoa com mais de uma inscrição, deve-se fazer o cancelamento recair, preferencialmente (Res. TSE 23.659/21, art. 87):

Art. 87. Identificada situação em que a mesma pessoa possua duas ou mais inscrições eleitorais liberadas ou regulares, agrupadas ou não pelo batimento de dados biográficos, o cancelamento recairá, preferencialmente, na seguinte ordem:
I - na **inscrição mais recente**, efetuada contrariamente às instruções em vigor; II - na **inscrição que não corresponda ao domicílio eleitoral** do eleitor ou da eleitora; III - na **inscrição que não foi utilizada para o exercício do voto pela última vez**; IV - **na mais antiga**.

– E quando não se sabe quem é quem, ou seja, e quando as dúvidas permanecem?

Todas as inscrições são canceladas (art. 88, Res. TSE 23.659/21).

11.6. Revisão de eleitorado

Revisar é inspecionar, examinar com cuidado.

Por vezes, ocorrem revisões em todo o eleitorado de uma zona eleitoral, de um estado ou mesmo nacionalmente.

– Mas o que isso significa? Que todos serão novamente alistados?

Na verdade, ocorre uma atualização de dados dos eleitores.

– Por qual motivo?

Uma revisão de eleitorado pode acontecer por suspeita de alguma fraude de grande proporção que possa comprometer a higidez do Cadastro Eleitoral, por determinação do TSE em hipóteses específicas, ou por alguma mudança no processo eleitoral que exija a convocação dos eleitores para uma atualização de seus dados.

– Pode dar exemplos?

O mais famoso caso de revisão de eleitorado na história recente da Justiça Eleitoral é a convocação dos eleitores para uma atualização de seus dados e para o cadastramento de seus dados biométricos e biográficos...

– Já sei... Para que as pessoas pudessem votar com a digital!

Para que a sua identificação como eleitor pudesse ser feita também com o reconhecimento biométrico... Isso mesmo.

Sobre a revisão a partir de suspeita de fraude, veja este artigo:

> **Res. TSE 23.659/19, art. 104, sobre revisão do eleitorado**
>
> Art. 104. **Se na correição do eleitorado for comprovada a fraude em proporção que comprometa a higidez do Cadastro Eleitoral**, o tribunal regional eleitoral, comunicando a decisão ao Tribunal Superior Eleitoral, ordenará a revisão do eleitorado, obedecidas as instruções contidas nesta Resolução e as recomendações que subsidiariamente baixar.

Sobre a revisão por determinação do TSE, leia:

> **Res. TSE 23.659/19, art. 105, sobre revisão do eleitorado**
>
> Art. 105. **O Tribunal Superior Eleitoral poderá**, de ofício, **determinar a revisão do eleitorado** do município, observada a conveniência e a disponibilidade de recursos, quando:
>
> I - o **total de transferências ocorridas no ano em curso seja 10% superior ao do ano anterior**;
>
> II - o **eleitorado for superior ao dobro da população entre dez e quinze anos, somada à de idade superior a setenta anos** do território daquele município; e
>
> III - o **eleitorado for superior a 80% da população projetada** para aquele ano pelo Instituto Brasileiro de Geografia e Estatística (IBGE).

Essa revisão deve ocorrer com a fiscalização do Ministério Público e a sua disciplina consta na Res. TSE 23.659/19, na seção II, a partir do art. 108.

ETAPAS DA REVISÃO

Preparação	Indicação do juízo eleitoral que presidirá a revisão Abertura de procedimento para registro de todas as etapas e ocorrências Identificação do eleitorado que passará por revisão Identificação dos recursos materiais e humanos para o atendimento Identificação da capacidade diária de atendimento da unidade para avaliar eventuais repercussões, inclusive financeiras, da revisão Preparação dos sistemas eletrônicos de agendamento, atendimento e processamento dos dados
Convocação do eleitorado	É necessária grande divulgação informando, entre outras coisas, período, área de abrangência, documentos que serão exigidos Um dos maiores desafios de qualquer revisão é conseguir a adesão constante e em massa do público para evitar filas nos últimos dias
Encerramento dos trabalhos	Cientificação do Ministério Público dos atendimentos realizados e das inscrições que serão canceladas Cancelamento das inscrições dos eleitores que não compareceram

– E para quem não compareceu, é o fim de sua cidadania para sempre?

Claro que não, né? Quem teve inscrição cancelada por revisão, basta comparecer, a qualquer tempo, ao cartório eleitoral ou setor de atendimento ao público de seu município e pedir a regularização da inscrição.

– Menos mau, né?

11.7. Casos de cancelamento e exclusão: art. 71, do Código Eleitoral

Leia isto:

PRINCIPAIS CAUSAS DE CANCELAMENTO DE INSCRIÇÃO ELEITORAL
Quando ocorre a suspensão ou perda dos direitos políticos do eleitor[99]
Inscrição identificada em inconsistência não resolvida
Inscrição de eleitor que não compareceu à revisão
Quando o eleitor deixar de votar em 3 (três) eleições consecutivas
Quando ocorre o falecimento do eleitor

99. Veja CF/1988, art. 15.

Algumas situações que geram o cancelamento são definitivas, outras reversíveis.

– O falecimento é definitivo, né, claro.

O cancelamento pelo motivo de falecimento é definitivo, a não ser que tenha ocorrido algum equívoco nesse lançamento.

– Exemplo, *please*?

Quando alguém falece, deve ter a sua inscrição excluída do Cadastro Eleitoral.

Parte desse problema é resolvido de forma quase automática, **através de cruzamentos constantes de dados da Justiça Eleitoral e dos dados do Instituto Nacional do Seguro Social, o INSS.**

– Como assim? O INSS informa à Justiça Eleitoral quem morreu? Isso é automático?

Sim. Veja:

CRUZAMENTO DE DADOS ENTRE O TSE E O INSS (INSTITUTO NACIONAL DO SEGURO SOCIAL)[100]	
Objetivo	identificar eleitores com registro de falecimento no INSS
O que ocorre	inscrição envolvida em óbito é excluída.

– Esse Cadastro Eleitoral é algo vivo mesmo. São muitas coisas acontecendo.

Os cartórios de registro civil também informam óbitos ocorridos aos cartórios eleitorais. Se a inscrição de alguém falecido não for excluída por ausência de informação pelo INSS, haverá uma outra oportunidade para isso.

100. Res. TSE n. 22.166/2006: "Estabelece providências a serem adotadas em relação a inscrições identificadas como de pessoas falecidas, mediante cruzamento entre dados do cadastro eleitoral e registros de óbitos fornecidos pelo Instituto Nacional de Seguridade Social (INSS)".

Se algum registro de óbito foi informado indevidamente, faz-se um requerimento ao juiz eleitoral, que deve averiguar a situação e decidir, podendo restabelecer essa inscrição.

– Que curioso! Isso já ocorreu?

Leia o caso verídico abaixo.

CASOS CURIOSOS: QUANDO O MORTO APARECE PARA VOTAR

Uma vez eu cheguei ao cartório eleitoral, durante um dia de eleição municipal, e um outro servidor me pediu para falar com um eleitor que aguardava no balcão triste, pois havia tentado votar, mas o seu nome não constava no caderno de votação de sua seção eleitoral.

Ao consultar o nome do eleitor no Cadastro Eleitoral, verifiquei a informação ASE 019, que significa: **Atualização da Situação do Eleitor (ASE) 019: falecimento**.

– Nossa! Que coisa...

Não comente nos quadros!!!!

– Vai, professor, termina a história!

Entendendo o receio de meus colegas de trabalho em ter com o eleitor, aproximei-me dele e, com todo do cuidado, falei para ele: "Sr. Fulano, não me leve a mal, mas aqui consta que o senhor está morto". "Mas eu estou vivo! Estou aqui! Acredite em mim, por favor! Estou vivo!".

Eu disse que entendia e acreditava nele e que iríamos preencher um requerimento ao juiz, pedindo a averiguação daquela inconsistência.

Mas o mais curioso é que, ao nosso lado, havia um radialista que estava cobrindo as eleições com entradas ao vivo no seu programa, diretamente daquele cartório eleitoral. Ouvindo aquela nossa conversa, ele entrou no ar falando: "atenção caros ouvintes, e vocês já viram morto ir votar? Estou com um caso aqui!".

– E como tudo se resolveu?

O cartório havia informado indevidamente o nome daquele eleitor. A inscrição depois foi restabelecida. Vamos adiante!

12. CONDIÇÕES DE ELEGIBILIDADE

12.1. Aspectos gerais e previsão normativa das condições de elegibilidade

Vimos o que é preciso para alguém se tornar eleitor.

> – Para alcançar a cidadania! Tema relacionado aos direitos políticos ativos: a participação pelo voto!

Você está relendo os diálogos passados em casa, não é?

> – Sim, sim. É uma leitura muito leve e até divertida!

Muito obrigado!

> – Pena que talvez eu seja uma personagem fictícia, criada pelo professor ao escrever este livro. Então meus elogios nem valem tanto assim!

Eita, menina! Foco!

Vamos agora ver o que é preciso para alguém se tornar candidato.

> – Já vimos isso. São os direitos políticos passivos: a participação pela candidatura.[101]

Sim, vimos a classificação. Agora, vamos ver o tema na prática.

Para alguém se candidatar, precisa atender a alguns pressupostos indicados em nossa Constituição. Precisa alcançar o que se costuma chamar de **capacidade eleitoral passiva ou capacidade de ser eleito**. Leia:

CAPACIDADE ELEITORAL PASSIVA

"A capacidade eleitoral passiva é um ***status jurídico*** (situação jurídica subjetiva) que se adquire pelo **preenchimento de condições estabelecidas** na **Constituição Federal e na lei infraconstitucional**. Estas condições se dividem em ***positivas*** e ***negativas***, justamente porque *devem estar presentes e devem estar ausentes*, respectivamente. Isso quer dizer que o indivíduo **deve possuir as condições positivas e não incidir nas negativas**. As tais condições positivas denominam-se ***elegibilidade*** e as negativas ***inelegibilidades***"[102]

---

101. Veja o capítulo sobre os Direitos Políticos.
102. RODRIGUES, Marcelo Abelha; JORGE, Flávio Cheim. *Manual de direito eleitoral*. São Paulo: Editora Revista dos Tribunais, 2014, p. 57.

– Enrolou foi tudo na minha cabeça... Elegibilidade, inelegibilidade... Parece um trava-línguas: "um ninho de inelegibilidade, com sete inelegibilidadezinhas"...

Foco, porque o assunto é sério! Vamos aos poucos.

Alguém é elegível quando se adequa aos requisitos constitucionais e infraconstitucionais necessários para a candidatura.

– Exemplo, por favor!

Para alguém se candidatar, um dos requisitos é que essa pessoa esteja no pleno exercício dos seus direitos políticos.

– Entendi. Só isso?

Calma, calma. Vamos por partes.

Veja o artigo abaixo da Constituição:

Art. 14 [...] **§ 3º São condições de elegibilidade, na forma da lei:**
I - a nacionalidade brasileira; II - o pleno exercício dos direitos políticos; III - o alistamento eleitoral; IV - o domicílio eleitoral na circunscrição; V - a filiação partidária; VI - a idade mínima de: a) trinta e cinco anos para Presidente e Vice-Presidente da República e Senador; b) trinta anos para Governador e Vice-Governador de Estado e do Distrito Federal; c) vinte e um anos para Deputado Federal, Deputado Estadual ou Distrital, Prefeito, Vice-Prefeito e juiz de paz; d) dezoito anos para Vereador.

– Parece simples. Tenho uma dúvida. Uma certidão de quitação eleitoral já é uma prova de que alguém está no pleno exercício dos seus direitos políticos?

Vamos entender isso já, já.

12.2. Nacionalidade brasileira e idade mínima

Diz o §3º, do artigo 14, que para concorrer é preciso a nacionalidade brasileira.

> – Isso parece bem óbvio. Para concorrer, o candidato precisa ser brasileiro.

Não é tão simples.

Vamos, primeiro, falar dos Portugueses.

Veja o artigo abaixo da nossa Constituição:

ART. 12, CF/1988, QUE TRATA DA NACIONALIDADE

§ 1º Aos portugueses com residência permanente no País, se houver reciprocidade em favor de brasileiros, serão atribuídos os direitos inerentes ao brasileiro, salvo os casos previstos nesta Constituição.

> – Então o português pode se candidatar no Brasil?

Na verdade, essa questão é resolvida no alistamento.

> – Como assim?

Ao se alistar, o português deve comprovar a condição de igualdade.

> – Como assim?

Leia o que diz o site do Governo do Brasil sobre a condição de igualdade:

CONDIÇÃO DE IGUALDADE

É um benefício concedido a cidadãos portugueses que residem no Brasil, desde que o requeiram, pois não é automático, e que lhes garante a igualdade de direitos e deveres com os brasileiros[103].

103. BRASIL. Site do Governo do Brasil. Disponível em: <https://www.gov.br/pt-br/servicos/obter-a-igualdade-de-direitos-para-cidadao-portugues>. Acesso em 2 maio 2021.

– Então o português pede esse reconhecimento no Brasil e, quando consegue, pode se alistar, mas como ele consegue esse reconhecimento?

No mesmo site que te informei, há um link para realizar esse pedido.

– Entendi.

Vamos Adiante.

Há dois tipos de brasileiros, conforme o artigo 12 da nossa Constituição.

– Isso eu sei: os natos e os naturalizados.

Exatamente!

Alguns cargos eletivos são privativos de brasileiros natos:

Cargos privativos de brasileiro nato (CF/1988, art. 12, § 3º)	Presidente e Vice-Presidente da República Presidente da Câmara dos Deputados Presidente do Senado Federal Ministro do Supremo Tribunal Federal Carreira diplomática Oficial das Forças Armadas Ministro de Estado da Defesa

Se ler esse artigo com mais atenção, verá uma coisa curiosa.

SÃO PRIVATIVOS DE BRASILEIROS NATOS CARGOS DE
Todo **aquele que possa se tornar presidente**, ainda que de forma acidental e episódica
Pessoas que **representam nosso país** (carreira diplomática)
Pessoas em **altos postos nas Forças Armadas e Defesa**

– Acho que tem lógica, mas o que é "episódica"?

Algo que ocorre pontualmente, às vezes de forma acidental, ocasional, isolada.

– Custava nada ser logo direto, né? Então, um ministro do supremo pode se tornar presidente?

Veja:

PODEM ASSUMIR A PRESIDÊNCIA: ARTIGO 80 DA CONSTITUIÇÃO

Art. 80. Em caso de impedimento do Presidente e do Vice-Presidente, ou vacância dos respectivos cargos, serão sucessivamente chamados ao exercício da Presidência o Presidente da Câmara dos Deputados, o do Senado Federal e o do Supremo Tribunal Federal.

– Gostei! Muito curioso isso.

O mesmo artigo 14 que eu citei explica a **idade mínima para cada cargo eletivo**:

ART. 14, §3º - IDADE MÍNIMA PARA CADA CARGO.

35 anos - Presidente e Vice-Presidente da República e Senador

30 anos - Governador e Vice-Governador de Estado e do Distrito Federal

21 anos - Deputado Federal, Deputado Estadual ou Distrital, Prefeito, Vice-Prefeito e juiz de paz

18 para Vereador

– Bem simples. Basta a leitura desse parágrafo. Vamos adiante!

Não é tão simples.

– Imaginei!

É que há quatro momentos cruciais relacionados à candidatura:

Data do registro de candidatura, data da eleição, data da diplomação dos eleitos e data da posse.

– Entendi. Então essa idade deve ser alcançada em qual momento?

A data a se considerar é, em regra, a **data da posse**. A lei das eleições resolve:

Lei 9.504/97

Art. 11.

§ 2º A idade mínima constitucionalmente estabelecida como condição de elegibilidade é verificada tendo por referência a data da posse, salvo quando fixada em dezoito anos, hipótese em que será aferida na data-limite para o pedido de registro.

– Acho isso certo.

A pessoa precisa ter aquela idade dita na constituição quando assumir o cargo, ou seja, a data da posse.

Mas não entendi por qual motivo, para o caso de vereador, a data a ser considerada é a do registro de candidatura.

Quando alguém se candidata, já se submete a uma série de regramentos jurídicos relacionados à sua campanha. Já se sujeita aos regramentos de prestação de contas e às possíveis infrações penais e administrativas de ilícitos de campanha, por exemplo.

– E qual a relação disso com o fato de que o candidato a vereador deve possuir 18 anos na data do registro?

É que esse candidato, após o registro, já pode sofrer sanções de natureza civil e penal. Além disso, o candidato assume uma série de obrigações, deve chefiar sua equipe, contratar advogado etc. Para tudo isso, **o ideal é que o candidato já tenha atingido a maioridade no momento do registro**. Imagine como seria complicado punir um candidato com 17 anos, que só faria 18 na data da posse.

– Perfeito. Tem razão! Adiante...

Calma. Há outro detalhe relacionado à data da posse.

A Emenda Constitucional nº 111, de 2021, alterou os artigos 28 e 82 da Constituição. A partir de 2026, a posse não será mais no primeiro dia do ano após eleição:

CARGO	DATA DA POSSE
Presidente e Vice	5 de janeiro após a eleição
Governador e Vice	6 de janeiro após a eleição

Os eleitos em 2022 tomarão posse em 1º de janeiro de 2023, e **seus mandatos durarão até a posse de seus sucessores, em 5 e 6 de janeiro de 2027**, conforme acima, ou seja, as alterações da EC só valem a partir das eleições de 2026

12.3. Pleno exercício dos direitos políticos

Para alguém se candidatar, exige-se dele o pleno exercício dos direitos políticos.

> – Acho que já vimos isso. Basta uma certidão de quitação eleitoral que eu posso expedir no site do TSE.

Exatamente! E pelo aplicativo e-título, também é possível saber a situação do eleitor.

> – Certo. Vamos adiante!

Calma! Há alguns problemas que ocorrem demais e que precisamos verificar e saber como lidar com eles.

Veja o que diz a lei sobre a quitação eleitoral:

A CERTIDÃO DE QUITAÇÃO ELEITORAL ABRANGERÁ EXCLUSIVAMENTE[104]
A plenitude do gozo dos direitos políticos
O regular exercício do voto
O atendimento a convocações da Justiça Eleitoral para auxiliar os trabalhos de eleição
A inexistência de multas não pagas aplicadas, em caráter definitivo, pela Justiça Eleitoral
A apresentação de contas de campanha eleitoral

> – Nossa, há muitas coisas aí. Achei que era apenas necessário votar para estar quite com a Justiça Eleitoral!

Não, não.

Há algumas situações bem comuns que impedem a quitação eleitoral e que podem ser resolvidas antes do registro de candidaturas.

A seguir, vou pontuar esses problemas e, antes que você pergunte, já vou dizer como resolvê-los.

104. Lei 9.504/97 (Lei das Eleições), art. 11, § 7º.

PROBLEMAS QUE IMPEDEM A QUITAÇÃO ELEITORAL

Problemas comuns	Como resolver
Ausência de comparecimento às convocações da Justiça Eleitoral para atuar como mesário, equipe de apoio às eleições etc.	**Justificando a ausência ou pagando a respectiva multa** arbitrada pelo juiz eleitoral, caso não exista justificativa ou ela não seja aceita
Existência de multa eleitoral não adimplida	**Pagando a multa ou parcelando** o débito
Ausência de prestação de contas, caso o candidato a candidato já tenha sido candidato anteriormente, mas não prestou contas dessa candidatura	Havendo **decisão reconhecendo a ausência de prestação de contas**, o **eleitor não poderá obter certidão de quitação até o fim da legislatura da eleição ao qual concorreu** e não prestou contas[105] Ao final desse prazo, a regularização pode ocorrer, desde que o eleitor faça requerimento nesse sentido e apresente as contas[106]

12.3.1. Observações sobre o parcelamento das multas eleitorais

– Curiosa essa possibilidade de parcelar a multa.

Isso é expresso na legislação:

> **LE, art. 11, § 8º, III**
>
> **III - o parcelamento das multas eleitorais é direito dos cidadãos e das pessoas jurídicas e pode ser feito em até sessenta meses, salvo quando o valor da parcela ultrapassar 5% (cinco por cento) da renda mensal, no caso de cidadão, ou 2% (dois por cento) do faturamento, no caso de pessoa jurídica, hipótese em que poderá estender-se por prazo superior, de modo que as parcelas não ultrapassem os referidos limites.**

105. Se você veio para esta nota, essa deve ser a sua situação. Infelizmente não há muito o que fazer. Mesmo que você peça a regularização, o inadimplente de contas permanece sem quitação eleitoral até o prazo acima. Isso está bem explicado no capítulo sobre "arrecadação e aplicação de recursos em campanha" no tópico "prestação de contas de campanha".

106. Veja o art. 80, da Res. TSE 23.607/2019: Art. 80. A decisão que julgar as contas eleitorais como não prestadas acarreta: I - ao candidato, o impedimento de obter a certidão de quitação eleitoral até o fim da legislatura, persistindo os efeitos da restrição após esse período até a efetiva apresentação das contas; [...] § 1º Após o trânsito em julgado da decisão que julgar as contas como não prestadas, o interessado pode requerer, na forma do disposto no § 2º deste artigo, a regularização de sua situação para: I - no caso de candidato, evitar que persistam os efeitos do impedimento de obter a certidão de quitação eleitoral após o fim da legislatura.

Mas a previsão do parcelamento não significa que ele será sempre concedido nos moldes acima. É preciso analisar o caso concreto. Veja abaixo.

CASO CURIOSO: INDEFERIMENTO DE PARCELAMENTO DE MULTA ELEITORAL EM MAIS DE 60 MESES

Já se decidiu que o parcelamento do art. 11, § 8º, III, da Lei 9.504/97, não possui caráter absoluto. Veja esse caso:
"A hipótese dos autos – em que o agravante fora condenado ao pagamento de multa de R$ 1.505.456,05 – é peculiar em virtude da disparidade entre seu patrimônio, superior a 22 milhões de reais, e sua renda mensal, de R$ 4.150,05. [...] Correto o TRE/GO ao deferir o parcelamento conforme a regra do limite de 60 meses, pois, a prevalecer a tese do agravante de que seria necessário observar o teto de 5% de sua renda, 'o valor mensal da parcela seria de R$ 207,50 e [...] somente poderia ser quitado em 604 (seiscentos e quatro) anos'" [107]

– É cada uma viu...

- Vou ignorar os seus comentários dentro dos quadros informativos...

Uma última informação relacionada ao parcelamento. Veja o enunciado de súmula abaixo. É bem autoexplicativo.

> **Enunciado n.º 50, da Súmula do TSE:** O pagamento da multa eleitoral pelo candidato ou a comprovação do cumprimento regular de seu parcelamento após o pedido de registro, mas antes do julgamento respectivo, afasta a ausência de quitação eleitoral.

12.4. Alistamento eleitoral, domicílio eleitoral e filiação partidária

Veja as informações abaixo:

PARA SE CANDIDATAR, O ELEITOR PRECISA (LEI 9.504/97, ART. 9º)
Votar na respectiva circunscrição à qual irá concorrer
Ser eleitor dessa localidade específica há, pelo menos, seis meses
Estar com filiação deferida pelo partido ao qual irá concorrer no mesmo prazo[108]
▶ **Atenção! O partido político pode estabelecer prazo mínimo de filiação para concorrer em prazo maior do que seis meses**[109]

107. TSE. REspe nº 1414, Acórdão. Rel. Min. Luis Felipe Salomão. DJE 04/06/2021.
108. Lei das Eleições (9.504/97), art. 9º: "Para concorrer às eleições, o candidato deverá possuir domicílio eleitoral na respectiva circunscrição pelo prazo de seis meses e estar com a filiação deferida pelo partido no mesmo prazo".
109. Lei 9.096/95, art. 20: É facultado ao partido político estabelecer, em seu estatuto, prazos de filiação partidária superiores aos previstos nesta Lei, com vistas a candidatura a cargos

– Parece lógico. Vou concorrer justamente na localidade onde voto.

O candidato deve ser eleitor no local onde quer concorrer e deve ter filiação nesse mesmo local há, pelo menos, seis meses. Sem complicação!

Aliás, volta e meia falamos sobre partidos políticos e sobre filiação partidária, né?

Isso!

Lembre-se: um dos fundamentos de nossa República é justamente o pluralismo político e já vimos a importância disso.[110] Djalma Pinto, vai além, explicando que essa filiação é mais do que uma exigência formal, mas serve até mesmo como o primeiro filtro para afastar da política pessoas mal-intencionadas. Veja:

SOBRE A FILIAÇÃO COMO UM PRIMEIRO FILTRO PARA EVITAR ILICITUDES:

"A filiação, portanto, mais do que uma simples exigência para o registro da candidatura, representa uma prerrogativa assegurada aos partidos para que façam uma triagem, excluindo da indicação para a disputa pelo poder aqueles que representam uma ameaça ao Estado de Direito, pela vocação ditatorial que exibem ou pela familiaridade com a corrupção, demonstrada em passagem anterior por cargos públicos"[111]

– Nossa, professor. Que bacana! Mas acho que esse filtro não está funcionando não.

Não diga isso. Não tome o todo pela parte. O fato é que a filiação permite um controle não apenas prévio, mas *a posteriori*, para fiscalizar o político desonesto.

– Como assim?

Se algum político eleito comete barbaridades, o seu respectivo partido político pode tomar medidas contra ele.

Por isso que é tão grave a situação de um político que permanece sem partido, embora isso seja relativamente comum.

eletivos. Parágrafo único. Os prazos de filiação partidária, fixados no estatuto do partido, com vistas a candidatura a cargos eletivos, não podem ser alterados no ano da eleição.

110. Veja tópico sobre Pluralismo Político no capítulo 1.

111. PINTO, Djalma. *Elegibilidade e inelegibilidades.* São Paulo: Atlas, 2008, p. 18.

– Mas, como assim? Se a pessoa só pode se eleger se estiver filiada, como pode haver político sem partido?

É que há casos de pessoas que são eleitas por uma agremiação, mas se desfiliam no curso do mandato, permanecendo um tempo sem partido.

– Mas eu achava que o mandato era do partido. Vimos isso no capítulo de partidos políticos.

É que o STF já decidiu que a fidelidade partidária não se aplica aos cargos que se submetem ao sistema majoritário. Veja:

PRECEDENTE: FIDELIDADE PARTIDÁRIA E CARGOS MAJORITÁRIOS

"Na ADI nº 5.081, sob a minha relatoria, o STF entendeu que as regras sobre fidelidade partidária e perda do mandato eletivo não se aplicam aos candidatos eleitos pelo sistema majoritário, adotado para a eleição de Presidente, Governador, Prefeito e Senador, em razão de esse sistema possuir lógica e dinâmica diversas do sistema proporcional"[112]

– Então, por exemplo, um presidente, prefeito ou governador podem até ficar um tempão sem partido?

Sim, embora eu entenda haver um equívoco nesse entendimento por tudo o que já vimos: importância do pluralismo político etc. Mas o fato é que a filiação é exigida na hora da candidatura.

Leia abaixo:

LEGISLAÇÃO: DOMICÍLIO ELEITORAL E CANDIDATURA

Lei 9.504/97 (Lei das Eleições)

Art. 9º Para concorrer às eleições, o candidato deverá possuir domicílio eleitoral na respectiva circunscrição pelo prazo de seis meses e estar com a filiação deferida pelo partido no mesmo prazo.

Parágrafo único. Havendo fusão ou incorporação de partidos após o prazo estipulado no caput, será considerada, para efeito de filiação partidária, a data de filiação do candidato ao partido de origem.

112. Registro de Partido Político nº 155473, Acórdão, Rel. Min. Luís Roberto Barroso, DJE 09/05/2019.

– Só pode se candidatar quem estiver filiado. Se isso é uma regra, deve existir exceção.

Você está certa, dessa vez. É o caso do militar.

O militar da ativa não pode exercer atividade político partidária, mas é elegível desde que tenha seu nome escolhido na convenção realizada pela agremiação pela qual pretende concorrer.

DOUTRINA: CRÍTICA SOBRE A ATUAÇÃO POLÍTICA DO MILITAR

"quem detém as armas para defesa da sociedade não deve envolver-se com política. A política convive permanentemente com a paixão. O uso das armas, por sua vez, exige sempre serenidade, equilíbrio e rigoroso cumprimento da lei. Não pode, assim, a força de que dispõe o Estado, para garantir a segurança dos cidadãos e manter a ordem, ser colocada a serviço de qualquer agremiação política. Não deve o aparato policial ficar à mercê das conveniências partidárias do agente vinculado à facção detentora do poder". (PINTO, Djalma. Elegibilidade e inelegibilidades. São Paulo: Atlas, 2008, p. 36.)

– Esse Djalma Pinto só fala coisa bacana! Concordo com ele.

Ele é muito bom mesmo.

O militar deve ser indicado por algum partido, ou seja, deve ser escolhido em convenção e é esse partido quem apresentará a candidatura do militar.

Veja o quadro abaixo sobre o militar:

SOBRE A CANDIDATURA DO MILITAR

Militar pode ser eleito?	Se for alistável, sim
E quando ele não é alistável?	Durante o período do serviço militar obrigatório, por exemplo É o conscrito
E se ele for alistável, precisa se filiar?	Não **Militar não pode se filiar**
Então se candidata sem partido?	Ele não se filia, mas deve ser indicado por algum partido, filiação ou coligação que apresentará o seu registro
Mas ele continua atuando como militar?	**CRFB/88, Art. 14, §8º, I, II:** **Se contar menos de dez anos de serviço, deverá afastar-se da atividade** **Se contar mais de dez anos de serviço, será agregado pela autoridade superior e, se eleito, passará automaticamente, no ato da diplomação, para a inatividade**

– Espera, espera, professor. Complicou. O que é "ser agregado"?

A agregação é um afastamento temporário do serviço militar.[113]

DESDE QUANDO O MILITAR DEVE SE AFASTAR DE SUAS ATIVIDADES?

Veja a resposta a uma consulta realizada ao TSE

"In casu, questiona-se **qual o momento em que o militar elegível que não exerce função de comando deverá estar afastado de suas atividades para concorrer a cargo eletivo.**

[...]

Consulta respondida na linha de que **o militar elegível que não ocupe função de comando deverá estar afastado do serviço ativo no momento em que for requerido o seu Registro de Candidatura**"[114]

– Acho que entendi tudo. Vamos adiante!

Sim, mas vamos a uma pequena revisão antes.

REVISÃO SOBRE CONDIÇÕES DE ELEGIBILIDADE

O que são condições de elegibilidade?	Condições mínimas que uma pessoa deve atender para poder se candidatar
Onde encontro isso?	Estão dispostas na Constituição (art. 14, §3º)
Quais são elas?	A nacionalidade brasileira, o pleno exercício dos direitos políticos, o alistamento eleitoral O candidato deve ser eleitor da circunscrição eleitoral na qual pretende concorrer, possuir filiação partidária e a idade mínima que o cargo recomenda
Alguma dica extra?	**A certidão de quitação eleitoral comprova a nacionalidade brasileira (ou condição de reciprocidade do português), o pleno exercício dos direitos políticos, o alistamento e a circunscrição eleitoral a qual pertence o candidato a candidato** A sua ausência, por si só, não significa que uma candidatura está inviabilizada. É preciso analisar se o que impede a sua emissão é algo possível de resolução facilmente, como o pagamento de uma multa

113. Veja, por exemplo, o art. 82, da Lei 6.880/80, o Estatuto dos Militares das Forças Armadas. Para os militares estaduais, é importante consultar a legislação específica.
114. Consulta nº 060106664, Acórdão, Rel. Min. Napoleão Nunes Maia DJE 14/03/2018.

INFORMAÇÃO MUITO IMPORTANTE PARA OS ADVOGADOS!

Se você foi contratado por um candidato ou partido para acompanhar uma eleição, uma das primeiras coisas que deve fazer é verificar a situação do órgão partidário (atual composição e vigência, além de possíveis omissões em prestações de contas) e dos candidatos (certidão de quitação eleitoral e filiação partidária) para os quais irá trabalhar e dos demais participantes da eleição (concorrentes, para as impugnações)

Isso tudo é verificável no site oficial da Justiça Eleitoral (TSE ou TRE específico)

13. CAUSAS DE INELEGIBILIDADE: ASPECTOS GERAIS E INELEGIBILIDADES CONSTITUCIONAIS

13.1. Previsão normativa das inelegibilidades

Para dirigir, você precisa implementar algumas condições: ter 18 anos e ser habilitado, por exemplo. Mas, por vezes, mesmo com as condições acima, alguém pode ser impedido de conduzir.

> – Eu sei um exemplo: quando suspendem a minha habilitação por dirigir sob a influência de álcool.

Exato. Em resumo: para dirigir é preciso **implementar condições** e **não incorrer em nenhum dos impedimentos legais.**

A mesma coisa acontece ao se candidatar. **Não basta a observância das condições de elegibilidade**. É preciso que o candidato a candidato **não incorra em nenhum impedimento**, as chamadas **causas de inelegibilidade**.

> – Acho que vimos algo sobre isso quando estudamos direitos políticos negativos.
>
> Isso é muito sério: impedir alguém de se candidatar.

Por isso, as inelegibilidades são estabelecidas: ou pela Constituição, ou em lei complementar conforme determinação da própria Carta. Atualmente, temos uma específica para o assunto: a Lei Complementar 64/90 (ou Lei das Inelegibilidades). Confira abaixo:

FONTE DAS INELEGIBILIDADES (ONDE ELAS ESTÃO PREVISTAS?)	
Constitucionais	CF/1988, art. 14, §§ 4º a 7º
Infraconstitucionais	LC 64/90
▸ É a própria Constituição quem determina que apenas por Lei Complementar pode haver o estabelecimento de inelegibilidades: CF/1988, Art. 14, § 9º[115]	

Eis as inelegibilidades constitucionais:

INELEGIBILIDADES CONSTITUCIONAIS, CF/1988, ART. 14, § § 4º A 8º
São inelegíveis os **inalistáveis e os analfabetos**
O Presidente da República, os Governadores de Estado e do Distrito Federal, os Prefeitos e quem os houver sucedido, ou substituído no curso dos mandatos poderão ser **reeleitos para um único período subsequente**
Para **concorrerem a outros cargos**, o Presidente da República, os Governadores de Estado e do Distrito Federal e os Prefeitos devem **renunciar aos respectivos mandatos até seis meses antes do pleito**
São inelegíveis, no **território de jurisdição do titular**, o cônjuge e os parentes consanguíneos ou afins, até o segundo grau ou por adoção, do Presidente da República, de Governador de Estado ou Território, do Distrito Federal, de Prefeito ou de quem os haja substituído dentro dos seis meses anteriores ao pleito, salvo se já titular de mandato eletivo e candidato à reeleição
O **militar alistável é elegível, atendidas as seguintes condições:**
I - se contar menos de dez anos de serviço, deverá afastar-se da atividade
II - se contar mais de dez anos de serviço, será agregado pela autoridade superior e, se eleito, passará automaticamente, no ato da diplomação, para a inatividade

– Vamos ver cada hipótese dessas? E as inelegibilidades infraconstitucionais?

Neste capítulo, **apenas veremos as inelegibilidades constitucionais.** As infraconstitucionais merecem capítulo específico. Antes, porém, vou te apresentar algumas classificações dessas inelegibilidades.

115. CF/1988, Art. 14, § 9º: "lei complementar estabelecerá outros casos de inelegibilidade e os prazos de sua cessação, a fim de proteger a probidade administrativa, a moralidade para exercício de mandato considerada vida pregressa do candidato, e a normalidade e legitimidade das eleições contra a influência do poder econômico ou o abuso do exercício de função, cargo ou emprego na administração direta ou indireta".

13.2. Classificação das Inelegibilidades

– Professor, mas essas classificações são relevantes?

Sim. Eu vou apresentar a classificação, exemplificar, e, abaixo, **apontar a utilidade prática da classificação.**

– Excelente! O melhor professor de todos!

QUANTO À ABRANGÊNCIA
Inelegibilidade absoluta: é uma situação que impede a candidatura a qualquer cargo eletivo **Exemplo:** o analfabeto não pode se candidatar a nenhum cargo
Inelegibilidade relativa: trata-se de situação que impede a candidatura para determinados cargos ou em determinadas circunstâncias **Exemplo:** o prefeito não pode se candidatar para uma terceira reeleição consecutiva, mas pode se candidatar para vereador, por exemplo, desde que renuncie até seis meses antes do pleito
Aspecto prático importante
Se a inelegibilidade é relativa, o candidato a candidato não está totalmente afastado da possibilidade de se candidatar

QUANTO AO MOMENTO DE OCORRÊNCIA
Inelegibilidade pré-existente: impedimento que existia mesmo antes do período de registro de candidatura **Exemplo:** alguém que não estava quite com a Justiça Eleitoral desde antes do pedido de registro de candidatura. Estava devendo uma multa, por exemplo
Inelegibilidade superveniente: impedimento que surgiu no período entre o registro de candidaturas e a data da eleição **Exemplo:** Depois do registro e antes da eleição ocorreu o trânsito em julgado de decisão contra o candidato a candidato por crime contra o meio ambiente (art. 1º, I, e, da LC 64/90)
Aspecto prático importante
As inelegibilidades supervenientes podem ser questionadas mesmo depois da diplomação em uma medida chamada de **Recurso Contra a Expedição de Diploma (RCED)**[116]

116. Basta consultar capítulo específico sobre o tema na parte 8 do livro.

QUANTO À NATUREZA (PREVISÃO NORMATIVA DA INELEGIBILIDADE)

Inelegibilidades constitucionais: estão previstas na Constituição Federal **Exemplo:** são inelegíveis os inalistáveis e os analfabetos
Inelegibilidades infraconstitucionais: são aquelas apresentadas na Lei Complementar 64/90, a Lei das Inelegibilidades **Exemplo:** condenação pela Justiça Eleitoral, transitada em julgado, em processo de apuração de abuso do poder econômico ou político em campanha eleitoral (LC 64/90, art. 1º, I, d)
Aspectos práticos importantes
As inelegibilidades, em regra, devem ser questionadas logo após a apresentação do registro de candidaturas, mediante uma medida chamada de Impugnação ao Requerimento de Registro de candidaturas (**ou AIRC**) Algumas inelegibilidades podem ser questionadas mesmo depois do momento acima, pelo **Recurso Contra a Expedição de Diploma (RCED).** São as inelegibilidades constitucionais, que não precluem, e as infraconstitucionais, se supervenientes Isso é importante especialmente para advogados que devem monitorar as situações de inelegibilidade não apenas durante o período de registro de candidaturas, pois elas podem acontecer entre o fim do registro e até as eleições A decisão de deferimento de uma candidatura não significa que ela não posa mais ser questionada

QUANTO AO PREJUDICADO

Inelegibilidade direta: impede que o próprio envolvido no fato previsto como uma inelegibilidade concorra em uma eleição **Exemplo:** alguém que não possui quitação eleitoral não pode concorrer
Inelegibilidade indireta ou reflexa: situação que incide ou é causada por uma pessoa, mas provoca o impedimento de terceiros **Exemplo:** veja o §7º, art. 14, da CF/1988: "§ 7º São inelegíveis, no território de jurisdição do titular, o cônjuge e os parentes consanguíneos ou afins, até o segundo grau ou por adoção, do Presidente da República, de Governador de Estado ou Território, do Distrito Federal, de Prefeito ou de quem os haja substituído dentro dos seis meses anteriores ao pleito, salvo se já titular de mandato eletivo e candidato à reeleição"
Aspectos práticos importantes
O estudo dessas inelegibilidades deve ser feito com uma pesquisa sempre atual da jurisprudência dos tribunais eleitorais, pois são muitas as situações possíveis e o tema é constantemente revisitado Não adianta analisar decisões antigas sobre essas situações

13.3. Inalistáveis e analfabetos (inelegibilidade absoluta)

Agora é o momento de analisar as hipóteses específicas de inelegibilidades constitucionais.

A Constituição é bem direta ao estabelecer que **não podem ser eleitos os inalistáveis e os analfabetos (CF/1988, art. 14, §4º)**.

> – O analfabeto não pode se candidatar para nada? Mas isso não é um preconceito? Na cidade da minha avó eu conheci alguns analfabetos muito mais sabidos do que a maioria das pessoas que eu conheço!

É uma escolha política do próprio constituinte. Nada diz contra os não alfabetizados. Mas é preciso analisar isso em perspectiva ampla.

O gestor público assume uma série de compromissos e pode ser responsabilizado por suas ações. Deve assinar uma série de documentos, expedientes etc. Isso inviabiliza o exercício da função por quem ainda não tenha sido alfabetizado.

> – Mas o que é o analfabeto? É quem não sabe ler ou escrever? E se a pessoa sabe assinar o seu nome, é analfabeto?

Se você pesquisar pela rede mundial de computadores, verá que há vários critérios para se definir isso...

> – Pela internet... Basta dizer assim, professor.

Está bem. Há vários critérios, se você pesquisar pela *web*.

Há quem considere o analfabeto aquele que não sabe ler nem escrever ou mesmo aquele que sabia, mas se esqueceu.

Também consideram o não alfabetizado quem apenas assina o seu próprio nome, porque decorou os signos gráficos que representam esse nome, sem entender o que eles são.

São pessoas que, pela falta de oportunidade, não conseguem ler textos nem se expressar pela escrita.

> – Puxa vida, isso é mais complexo do que eu pensava.
>
> Mas como é que o juiz eleitoral saberá distinguir, afinal, quem é analfabeto?

Os magistrados acabam realizando simples testes com o candidato a candidato para saber se, afinal, ele é alfabetizado. Mas não podem realizar provas para saber se o candidato possui uma ampla compreensão de texto. Há casos de magistrados que realizaram verdadeiros vestibulares para o candidato, para saber se ele sabia interpretar textos, o que é um abuso e até demonstra preconceito para com pessoas que escrevem e conseguem ler, embora possam ter uma compreensão diferente, se comprados a determinado magistrado, sobre o que um texto significa na prática.

– Nossa, nunca pensei que isso acontecesse! Então magistrados faziam uma espécie de instrução para saber se uma pessoa sabia ou não se expressar pela escrita?

Sim. Isso acabou chegando ao TSE e uma jurisprudência se formou no sentido de que o analfabetismo deve ser interpretado da forma menos restritiva ao acesso a cargos eletivos possível. Veja:

PRECEDENTE EM DESTAQUE DO TSE SOBRE INELEGIBILIDADE E ANALFABETISMO

RO nº 060247518, Ac., Rel. Min. Luís Roberto Barroso, Publicado em Sessão: 18/09/2018
Principais conclusões:
"As causas de inelegibilidade, dentre as quais se inclui o analfabetismo previsto no art. 14, § 4º, da CF/1988, **devem ser interpretadas restritivamente**" "A interpretação do art. 14, § 4º, da CF/1988 não pode ignorar a realidade social brasileira, de precariedade do ensino e de elevada taxa de analfabetismo, que alcança, ainda, cerca de 7% da população brasileira. **Interpretação rigorosa desse dispositivo, além de violar o direito fundamental à elegibilidade e os princípios democrático e da igualdade, dificultaria a ascensão política de minorias e excluiria importantes lideranças do acesso a cargos eletivos"** **"A aferição da alfabetização deve ser feita com o menor rigor possível. Sempre que o candidato possuir capacidade mínima de escrita e leitura, ainda que de forma rudimentar, não poderá ser considerado analfabeto para fins de incidência da inelegibilidade em questão"** "**deve-se admitir a comprovação dessa capacidade por qualquer meio hábil.** O teste de alfabetização, contudo, somente pode ser aplicado: (i) sem qualquer constrangimento; e (ii) de forma a beneficiar o candidato, suprindo a falta de documento comprobatório, vedada a sua utilização para desconstituir as provas de alfabetização apresentadas" "No caso, o candidato, com deficiência visual adquirida, comprovou sua alfabetização por meio de declaração de escolaridade de próprio punho, firmada na presença de servidor da Justiça Eleitoral. Ficou demonstrado, portanto, que possui capacidade mínima de leitura e escrita" **"Não há que se exigir alfabetização em braille de candidato deficiente visual para fins de participação no pleito"**

– Que julgado interessante! São muitos pontos abordados!

Então é aceita uma declaração de punho feita na presença de alguém da Justiça Eleitoral.

E não se exige que o deficiente visual saiba braille.

Adorei o julgado!

Um último ponto.

Por vezes, alguém consegue burlar a candidatura e se candidata e até se elege mesmo sem ter sido alfabetizado. Alguém que conseguiu esse feito não se livra de comprovar que é alfabetizado, caso concorra novamente. Veja esse enunciado de súmula do TSE:

> **Enunciado n.º 15, da Súmula do TSE:** O exercício de mandato eletivo não é circunstância capaz, por si só, de comprovar a condição de alfabetizado do candidato.

– Mas e os inalistáveis, quem são? Já sei! As crianças.

As crianças realmente não podem se alistar.

Mas também não podem se alistar os estrangeiros nem os conscritos.

– Mas se o estrangeiro adquirir a nossa cidadania, poderá se alistar e concorrer a cargos eletivos, né!

Sim, desde que não concorra a cargos exclusivos aos brasileiros natos.

E nós já vimos a situação do cidadão português, lembra?

– Sim! Vimos isso no tópico sobre a "Nacionalidade brasileira" quando falamos sobre Condições de Elegibilidades.

Outro caso conhecido de pessoas que não podem se alistar é o do conscrito, enquanto presta o serviço militar obrigatório.

– Professor, e se a pessoa pode se alistar eleitor, mas não o faz? Ele não pode concorrer também, né? Acho que a pergunta é besta.

Na verdade, isso me ajuda a explicar a diferença entre o inalistável e o inalistado.

INALISTÁVEL	INALISTADO
Aquele que, por algum motivo, temporário ou permanente não pode se alistar	Aquele que, embora possa se alistar, não o faz por qualquer razão

Veja julgados importantes sobre o tema:

PRECEDENTES SOBRE O TEMA
Desnecessidade do teste de alfabetização quando existem outros elementos que comprovam não ser o candidato analfabeto[117]
"A jurisprudência do TSE é no sentido de que 'a Carteira Nacional de Habilitação para dirigir gera a presunção da escolaridade necessária ao deferimento do registro de candidatura'"[118]

13.4. Reeleição e inelegibilidade para um terceiro mandato consecutivo: evitando a perpetuação no poder

Uma das inelegibilidades mais famosas é a que impede um terceiro mandato sucessivo para os cargos do executivo.

Veja o que diz a Constituição.

SOBRE A REELEIÇÃO: ART. 14, §5º, CF/1988
O Presidente da República, os Governadores e os Prefeitos e **quem os houver sucedido ou substituído** no curso dos mandatos **poderão ser reeleitos para um único período** subsequente

Vamos por partes.

A regra é: o titular do poder executivo somente poderá ser reeleito para um único período subsequente.

E não apenas o titular, mas quem os houver substituído[119] ou sucedido.

– Professor, qual a diferença entre sucessão ou substituição?

Vou pedir ajuda a Virgílio Afonso da Silva. Veja o quadro:

117. TSE. REspe nº 8864, Acórdão, rel. Min. Gilmar Mendes. DJE 11/09/2014.
118. TSE. AgR no RO nº 4459-25, rel. Min. Marco Aurélio. Ementário Temático do TSE.
119. Existe um debate em relação à substituição. A simples substituição temporária equivale a um mandato? É o que veremos.

IMPEDIMENTO AO EXERCÍCIO DO CARGO	VACÂNCIA DO CARGO
Decorre de uma "impossibilidade temporária de cumprir os deveres do cargo, causada, dentre outras razões, por doenças ou férias"[120]	Decorre "de uma impossibilidade definitiva, causada, por exemplo, pela morte, renúncia ou perda do cargo [...]"[121]
Caráter temporário **Caso de substituição**	**Caráter permanente** **Caso de sucessão**

Mas veja que nas duas hipóteses quem substituiu ou sucedeu também fica inelegível.

– Exemplos, please!

Vou pedir ajuda novamente a Virgílio Afonso da Silva. Vejamos os exemplos dele.

EXEMPLO DE SUCESSÃO E INELEGIBILIDADE
"*Sucessão e inelegibilidade.* Suponha que, em 2004, João e Joana tenham sido eleitos prefeito e vice-prefeita de um município para o período 2005-2008. Em 2006, ou seja, no curso do mandato, João morre e Joana o sucede. Em 2008, Joana candidata-se à prefeitura e é eleita. Em 2012, pretende candidatar-se mais uma vez. Ela alega que foi eleita prefeita uma única vez, em 2008, já que em 2004 ela havia sido eleita vice-prefeita"[122]

ELEIÇÕES 2004 (2005-2008)	ELEIÇÕES 2008 (2009-2012)	ELEIÇÕES 2012 (2013-2016)
Exerceu o cargo: Joana	Exerceu o cargo: Joana	Impedimento para Joana
Joana, a vice, **sucede** o titular Equivale a um mandato	Joana é eleita titular Segundo mandato	Joana impedida para um terceiro mandato de titular

Nesse caso, há inelegibilidade, pois quando Joana sucedeu a João, isso contou como um mandato e, por isso, somente poderia ser prefeita uma única vez subsequente.

120. SILVA, Virgílio Afonso da. *Op. cit.*, p. 449.
121. SILVA, Virgílio Afonso da. Op. cit., p. 449.
122. SILVA, Virgílio Afonso da. Op. cit., pp. 301-302.

– Entendi. Tranquilo.

Outro exemplo:

EXEMPLO DE SUBSTITUIÇÃO E INELEGIBILIDADE

"*Substituição e inelegibilidade*. Suponha que, em 2004, Josefa e José tenham sido eleitos prefeita e vice-prefeito de um município para o período 2005-2008. Ao longo de todo o mandato, por razões de saúde, Josefa teve que ser substituída diversas vezes por José. Em 2008, José candidata-se à prefeitura e é eleito. 2012, pretende candidatar-se mais uma vez"[123].

ELEIÇÕES 2004 (2005-2008)	ELEIÇÕES 2008 (2009-2012)	ELEIÇÕES 2012 (2013-2016)
José, o vice, substitui o titular várias vezes **Só conta como mandato se essa substituição ocorreu nos 6 meses que antecederam a eleição de 2008** Nesse caso, equivaleria a um mandato	**José é eleito titular** Só será considerado segundo mandato consecutivo **se a substituição no período 2005/2008 ocorreu nos 6 anteriores às eleições de 2008**	José será impedido de concorrer a prefeito somente **se a substituição no período de 2005/2008 ocorreu nos 6 meses antes das eleições de 2008**

– Complicou foi tudo. Não entendi essa coisa dos "6 meses antes das eleições".

No caso acima, deveria haver inelegibilidade, pois José substituiu Josefa, ainda que temporariamente, e esse exercício do cargo seria suficiente para contar como um mandato para fins de reeleição.

– Como assim, deveria haver?

Esse vice-prefeito, por exemplo, substituiu o titular apenas de forma temporária. Isso já não conta como se ele tivesse exercido aquele mandato?

123. SILVA, Virgílio Afonso da. Op. cit., p. 302.

Vamos por partes.

Exercer o mandato, para fins de reeleição, não significa "exercer o cargo por quatro anos".

– Isso eu entendi.

Até porque se alguém sucede o outro porque o titular morreu, ainda que no último ano de governo, por exemplo, isso já contaria como "um mandato" para fins de reeleição.

O que gera dúvida é a substituição, que é o exercício apenas temporário no cargo.

Embora a Constituição não aponte qualquer diferença nas consequências em relação à substituição ou sucessão para efeitos de reeleição[124], veja o que se entende atualmente sobre o tema:

ENTENDIMENTO SOBRE SUBSTITUIÇÃO E REELEIÇÃO: ATENTAR PARA O MOMENTO EM QUE OCORRE A SUBSTITUIÇÃO

"A compreensão jurisprudencial estabelecida no TSE é, como regra, no sentido de que:

(i) se o vice (ou outro agente na linha sucessória**) substitui o titular antes dos 6 (seis) meses que antecedem a eleição**, ele pode se candidatar ao cargo de titular e, se eleito, poderá ser candidato à reeleição no pleito futuro; ou

(ii) se o vice (ou outro agente na linha sucessória) assume o mandato de titular **por sucessão a qualquer tempo** ou por **substituição dentro dos 6 (seis) meses anteriores ao pleito**, ele poderá se candidatar, mas, **se for eleito, não poderá ser candidato à reeleição no período seguinte**"[125]

Ou, de forma mais explicada:

124. Como bem apontado aqui: SILVA, Virgílio Afonso da. Op. cit., pp. 302-303.

125. TSE. REspe nº 060007827. Rel. Min. Tarcisio Vieira De Carvalho Neto. DJE 18/03/2021. Veja também esse Acórdão do STF, de 31.5.2019, no AgR-ED-RE nº 1.131.639 e acórdão do TSE, de 14.12.2016, no REspe nº 10975: "a substituição do chefe do Executivo pelo vice ou por outro da cadeia sucessória quando ocorre fora do período dos seis meses anteriores ao pleito não tem o condão de configurar o exercício efetivo de mandato para efeito de reeleição".

SOBRE REELEIÇÃO DE MANDATÁRIO

Chefe do executivo	Se exerceu o cargo por duas vezes, não pode concorrer a um terceiro mandato consecutivo, **ainda que em localidade diversa da qual exerceu os seus mandatos**
Considerando que a reeleição só é possível para um segundo mandato consecutivo,[126] temos	
Vice e sucessão	**A sucessão (situação definitiva)** corresponde a um mandato para fins de reeleição, não importa se ocorra no início ou no fim do mandato (mesmo que por poucos dias) ou O vice que **sucedeu a qualquer tempo** poderá concorrer ao cargo de chefe do executivo para o **mandato seguinte** e, se eleito, isso será considerado uma reeleição
Vice e substituição	**A substituição (situação temporária)** apenas conta como um mandato para fins de reeleição se ocorreu **nos seis meses anteriores ao pleito** ou O vice que **substituiu nos seis meses antes da eleição** poderá concorrer ao cargo de chefe do executivo e, se eleito, isso será considerado uma reeleição

– Entendi. Então eu preciso ver, no caso da substituição, se ela aconteceu nos seis meses antes da eleição.

Isso!

– Eu não entendi uma coisa. O professor disse que o chefe do executivo não pode concorrer para um terceiro mandato consecutivo mesmo em outro lugar?

Isso mesmo.

Veja esse entendimento do STF:

126. Ensina José Jairo Gomes: "a chapa vitoriosa nas eleições é sempre formada por um titular e um vice. A eleição e a reeleição subsequente de uma chapa tornam seus integrantes inelegíveis para um terceiro mandato para os mesmos cargos. Destarte, nem o titular nem o vice poderão concorrer aos mesmos cargos pela terceira vez consecutiva" (GOMES, José Jairo. Op. cit., p. 261).

SOBRE A TERCEIRA ELEIÇÃO SEGUIDA, MAS EM MUNICÍPIO DIFERENTE

"O princípio republicano condiciona a interpretação e a aplicação do próprio comando da norma constitucional, de modo que a reeleição é permitida por apenas uma única vez. **Esse princípio impede a terceira eleição não apenas no mesmo município, mas em relação a qualquer outro município da federação.** Entendimento contrário tornaria possível a figura do denominado "prefeito itinerante" ou do "prefeito profissional", o que claramente é incompatível com esse princípio, que também traduz um postulado de temporariedade/alternância do exercício do poder. Portanto, ambos os princípios – continuidade administrativa e republicanismo – condicionam a interpretação e a aplicação teleológicas do art. 14, § 5º, da Constituição. O cidadão que exerce dois mandatos consecutivos como prefeito de determinado município fica inelegível para o cargo da mesma natureza em qualquer outro município da federação"[127]

– Nossa! Prefeito profissional ou itinerante! Nunca pensei que existisse isso!

Isso mesmo. O prefeito reeleito não pode concorrer em outra cidade.

Mas já se entendeu que o parente do prefeito reeleito poderia se candidatar em outro município, por vezes até em uma cidade vizinha.

Veja esse caso:

DECISÃO SOBRE PARENTE DE PREFEITO REELEITO

"No julgamento do REspe nº 192-57/AL, de relatoria do Ministro Luís Roberto Barroso, DJe de 12.8.2019, ficou consignado que '**o cônjuge e os parentes de prefeito reeleito não são inelegíveis para o mesmo cargo em outra circunscrição eleitoral, ainda que em município vizinho'**, ocasião em que foi **sinalizada a necessidade de revisitação futura do tema**"[128]

Perceba a ressalva: **"sinalizada a necessidade de revisitação futura do tema"**

– Deixa eu ver se entendi. O prefeito já reeleito não pode se candidatar para prefeitura em outra cidade, mas seu parente pode.

Isso mesmo.

Há também casos em que um mesmo grupo familiar tenta se manter no executivo. Por exemplo: uma pessoa da família Minami exerceu o cargo de prefeito (primeiro mandato da família Minami), depois, o cunhado dessa pessoa o sucedeu (segundo mandato da família Minami). Este

---

127. STF. RE 637485 / RJ, Relator: Min. GILMAR MENDES, Publicação: 21/05/2013, Tribunal Pleno. Grifamos. Reafirmado, recentemente, não se aceitando interpretação extensiva dessa conclusão: REspe nº 19257, Rel. Min. Luís Roberto Barroso, DJE 12/08/2019.

128. TSE. REspe nº 060027831, Acórdão, Rel. Min. Tarcisio Vieira De Carvalho Neto. Publicado em Sessão, Data 11/12/2020.

último não poderia se candidatar para reeleição, pois a perpetuação de um mesmo grupo familiar no executivo também não é aceita. Veja:

> **Precedente: "A Constituição Federal veda a perpetuação de uma mesma pessoa ou mesmo grupo familiar na condução do Executivo, por mais de duas eleições, em prestígio à pluralidade e diversidade democrática".**[129]

– Professor, por qual motivo existe a reeleição?

Não vimos em algum momento que a alternância de poder caracteriza o princípio republicano?[130]

Atenção! Nós vimos que é preciso que se oportunize essa alternância, mas não que ela deve necessariamente ocorrer sempre.

São coisas distintas.

O fato é que a nossa Constituição entendeu que só seria adequada a **reeleição** para os **mandatários do executivo uma única vez**.

Infelizmente, as razões para isso e as críticas a essa opção fogem um pouco dos nossos objetivos para o momento.[131]

– Diz só uma única justificativa para a reeleição, por favor!

Há quem diga que com apenas um mandato não daria tempo para o desenvolvimento de um plano de governo de modo adequado. A reeleição ajudaria nisso, pois permitiria essa continuidade de modo que o mandatário pudesse desenvolver o quer pretendeu quando foi eleito.

– Entendi. Faz sentido. E qual a justificativa para não se permitir a reeleição sem limites?

Com a palavra, o TSE:

DECISÃO DO TSE SOBRE REELEIÇÃO

"Nos termos do § 5º, art. 14 da Constituição Federal, é possível a reeleição dos chefes do Poder Executivo para um único mandato subsequente, o que se fundamenta no postulado da continuidade administrativa, bem como no princípio republicano, que impede a perpetuação de uma mesma pessoa ou grupo no poder consagrando, assim, a temporariedade e a alternância do exercício do mandato"[132]

129. TSE. REspe nº 060028671, Acórdão, rel. Min. Alexandre de Moraes. DJE 04/06/2021.
130. Veja o tópico sobre as "Justificativa para o Direito Eleitoral Brasileiro".
131. Um ponto de partida para quem quiser entender esse debate é estudar a Emenda Constitucional n. 16 de 1997 e seus desdobramentos.
132. TSE. Consulta nº 060046320, Acórdão, Rel. Min. Sergio Silveira Banhos, Publicação: DJE - Diário da justiça eletrônica, Data 13/08/2020.

Mas quero verificar se você está mesmo atenta. Há impedimento para alguém **exercer três vezes o cargo** de chefe do executivo?

– Não pode, né professor. Acabamos de ver isso.

Errou! O que é **proibido** é o exercício de **três mandatos consecutivos** para a chefia do executivo.

– É mesmo! Caí na pegadinha!

E é possível alguém **se candidatar três vezes consecutivas**?

– Não erro mais. Não pode, né professor. Acabamos de ver isso.

Errou! O que é proibido é o **exercício de três mandatos para a chefia do executivo consecutivos**. Concorrer sem levar a pessoa pode quantas vezes quiser. Isso é comum, aliás.

– ...

Veja, para encerrar:

NÃO É POSSÍVEL	É POSSÍVEL
Exercer o cargo de chefe do executivo por mais de dois mandatos consecutivos	O **vice** pode concorrer a **outros cargos sem** necessidade de **renúncia**,[133] **desde que** não tenha substituído o titular nos 6 meses antes do pleito
O chefe do executivo que se reelegeu não pode concorrer a vice **Razão:** ele poderia assumir a titularidade nessa terceira vez, o que equivaleria ao exercício de 3 mandatos seguidos	O **vice reeleito** que **não substituiu** nos 6 meses antes do pleito **pode concorrer ao cargo de titular**
Vice não pode concorrer a terceiro mandato consecutivo **de vice**	**Vice reeleito que assume** no segundo mandato a titularidade (de forma definitiva, ou temporária nos 6 meses antes da eleição), pode concorrer para o cargo de titular apenas mais uma vez consecutiva
O vice que sucede não é mais vice, torna-se o titular **Para fins de inelegibilidade: exercício temporário do vice fora dos 6 últimos meses não possui relevância**	

133. O não exercício do cargo pelo vice já equivale à sua desincompatibilização.

13.5. Desincompatibilização para a candidatura em cargo diverso ao já ocupado

Caso o **chefe do executivo** queira se candidatar a outro cargo – um presidente que queira concorrer ao senado, por exemplo –, deverá renunciar ao seu mandato **até seis meses antes do pleito**.

Ele faz isso pois é incompatível, nessa situação, permanecer no cargo e concorrer a outro.

O afastamento para evitar a inelegibilidade é o que chamamos de desincompatibilização.

Veja:

SOBRE DESINCOMPATIBILIZAÇÃO: CF/1988, ART. 14, §6º:

Para concorrerem a **outros cargos**, o Presidente, os Governadores e os Prefeitos **devem renunciar** aos respectivos mandatos **até seis meses antes do pleito.**

EXPLICANDO MELHOR A DESINCOMPATIBILIZAÇÃO:

"Ato de desligamento voluntário de cargo, emprego ou função pública, de natureza temporária ou definitiva. Na seara eleitoral, os candidatos que ocupem determinados cargos elencados na lei são obrigados a desincompatibilizar-se para fins de evitar a inelegibilidade"[134]

– Certo. Mas, se essa pessoa precisa se desincompatibilizar, é porque não é compatível que permaneça no poder caso queira concorrer a outro cargo.

Por qual motivo consideram que existe incompatibilidade aí?

Uma das razões para a desincompatibilização é **impedir que alguém, ao mesmo tempo, mantenha o acesso à máquina pública e ao poder político como um todo e realize campanha**. Pretende-se dificultar o uso indevido do poder político em campanha.

Na parte 7 do livro há capítulos apenas para lidar com isso: condutas vedadas e abuso do poder político.

– Entendi. Faz muito sentido.

134. TAVARES, André Ramos; ALMEIDA, Renato Ribeiro de. *Participe! eleições, partidos políticos e ideologias de A a Z.* São Paulo: Editora Liquet, 2020, p. 59.

– Mas o prefeito, por exemplo, que quer reeleição, não deveria também se desincompatibilizar? Ele também continua ocupando cargo público e concorrendo.

O problema aí talvez seja anterior: se a reeleição é desejável ou não. É uma opção do constituinte que devemos aceitar.[135]

– Mas podemos questionar, né? Por que será que há essa diferença no tratamento?

Uma das justificativas possíveis para isso é a seguinte: afastar o candidato à reeleição ao cargo de titular do executivo, ainda que temporariamente, poderia, de alguma forma, prejudicar a continuidade do projeto político desenvolvido por aquele que pretende a reeleição. Prestigiaram o princípio da continuidade administrativa.[136]

– O professor pensa em todas as possibilidades, né? Não sei se concordo.

Alguns doutrinadores também não concordam, como você.[137]

Mas vamos voltar ao nosso assunto.

Veja o quadro abaixo.

SOBRE DESINCOMPATIBILIZAÇÃO DO CHEFE DO EXECUTIVO	
Quando possível a reeleição (um único período subsequente)	Não precisa se desincompatibilizar para concorrer a ela (CF/1988, art. 14, §5º)
Para concorrer a outro cargo	deve renunciar até seis meses antes do pleito (desincompatibilizar) (CF/1988, art. 14, §6º)

135. Veja ADI 1805.

136. Sobre a continuidade da atividade administrativa, Celso Antônio Bandeira de Mello escreveu: "o interesse público que à Administração incumbe zelar encontra-se acima de quaisquer outros e, para ela, tem o sentido de dever, de obrigação. Também por isso não podem as pessoas administrativas deixar de cumprir o próprio escopo, noção muito encarecida pelos autores. São obrigadas a desenvolver atividades contínua, compelidas a perseguir suas finalidades públicas" (MELLO, Celso Antônio Bandeira de. *Curso de direito administrativo.* 33 ed. São Paulo: Malheiros, 2016, p. 84).

137. Com posicionamento contrário à ausência de desincompatibilização para a reeleição, inclusive afirmando que essa situação "se trata de um dos mais expressivos casuísmos do Direito pátrio": GOMES, José Jairo. *Op. cit.*, p. 261.

Sei que já falamos muito sobre o vice, mas é interessante reforçar o que vimos, na perspectiva da desincompatibilização:

SOBRE DESINCOMPATIBILIZAÇÃO DO VICE
Em regra, **não precisa se desincompatibilizar para concorrer a nenhum cargo**, pois ele não está em exercício de poder Se o vice **suceder (caráter definitivo) o titular a qualquer tempo**, **torna-se titular do executivo (aplica-se o quadro passado)**
Se o vice **substituir (caráter temporário) o titular nos últimos seis meses** do mandato **será considerado titular**, por isso: Poderá se candidatar ao cargo de chefe do executivo, sem se desincompatibilizar, para a eleição seguinte (se ganhar, considera-se que houve reeleição) Não poderá se candidatar a outro cargo nas eleições seguintes, pois será considerado chefe do executivo que não se desincompatibilizou

– Interessante o vice não precisa se desincompatibilizar para concorrer a outros cargos.

O não exercício do cargo pelo vice já equivale à sua desincompatibilização.

– Nossa... Faz sentido.

Veja o que diz o §2º, do art. 1º, da LC 64/90 (Lei das Inelegibilidades):

> § 2º O Vice-Presidente, o Vice-Governador e o Vice-Prefeito poderão candidatar-se a outros cargos, preservando os seus mandatos respectivos, desde que, nos últimos 6 (seis) meses anteriores ao pleito, não tenham sucedido ou substituído o titular.

– E os titulares do legislativo, para se candidatarem, precisam de desincompatibilizar?

Não. E não há limites para a sua reeleição.[138]

Mas, atenção: se o legislador (vereador, por exemplo), substituiu o prefeito nos seis meses que antecedem ao pleito, torna-se inelegível.

138. TSE. "Regras para a candidatura de quem já ocupa cargo político-eletivo". Disponível em: < https://www.tse.jus.br/o-tse/escola-judiciaria-eleitoral/publicacoes/revistas-da-eje/artigos/regras-para-a-candidatura-de-quem-ja-ocupa-cargo-politico-eletivo >. Acesso em 20 nov. 2021.

– Já sei. Isso equivale ao exercício de um mandato. Acho que ele poderia concorrer ao cargo de prefeito, mas aí contaria como reeleição.

Isso mesmo. Adiante!

13.6. Inelegibilidade reflexa (ou indireta): evitando o abuso no uso da coisa pública e a perpetuação política de grupos familiares

Vamos direto ao ponto:

CONSTITUIÇÃO FEDERAL SOBRE INELEGIBILIDADE REFLEXA: CF/1988, ART. 14, §7º:

São inelegíveis, **no território de jurisdição do titular**: o **cônjuge e os parentes consanguíneos ou afins, até o segundo grau ou por adoção**, do Presidente, de Governadores e de Prefeitos ou de quem os **haja substituído dentro dos seis meses anteriores ao pleito**, salvo se já titular de mandato eletivo e candidato à reeleição.

– Espera, Minami. Não sei se estou entendendo.

Dentro de um território governado por alguém, seus parentes não podem se candidatar, é isso?

Simplificando, é isso. A não ser que essa pessoa já seja titular de cargo eletivo e esteja tentando reeleição. Vereador que vai tentar se reeleger, por exemplo.

– Ali diz assim: no território de jurisdição do titular. O governante exerce jurisdição? Não entendi.

Na verdade, é melhor compreender esse trecho da Constituição assim: na "circunscrição eleitoral" do titular.[139]

A circunscrição eleitoral é país, estado ou Distrito Federal e município.

Veja:

139. Acórdão do TSE, de 18.9.2008, no REspe nº 29730: "o vocábulo jurisdição deve ser interpretado no sentido de circunscrição, nos termos do art. 86 do CE/1965, de forma a corresponder à área de atuação do titular do Poder Executivo".

SOBRE CIRCUNSCRIÇÃO ELEITORAL[140]	
País	Na eleição para presidente e vice-presidente da República
Estado ou o Distrito Federal	"Nas eleições para governador e vice-governador, senador, deputado federal e deputado estadual, a circunscrição é o estado – ou o Distrito Federal, nos pleitos em que são eleitos os deputados distritais e os deputados federais, os senadores, o governador e o vice-governador do DF"
Município	Nas eleições para os cargos de prefeito, vice-prefeito e vereador

– E o que é parente por afinidade mesmo?

Se eu sou casado, por exemplo, os parentes de minha esposa são meus parentes por afinidade.

Veja esse quadro:

SOBRE PARENTESCO PARA FINS DE INELEGIBILIDADE REFLEXA	
Cônjuge	Considera-se o cônjuge e o companheiro (união estável)
Parentes consanguíneos ou afins[141] até 2º grau	Pais, sogros, avós, sogros-avós, filhos, genros e noras, netos, genros-netos e noras-netas, irmãos, cunhados

– Acho que estou entendendo.

Mas por qual motivo existe essa proibição de candidatura?

Perceba que tanto a reeleição indefinida, quanto a necessidade de desincompatibilização, pretendem evitar o uso da máquina pública para beneficiar candidaturas, direta ou indiretamente.

Também há uma constante preocupação na perpetuação de grupos familiares no poder.

É a situação aqui.

140. Extraído de: TSE. Glossário. Disponível em: < https://www.tse.jus.br/imprensa/noticias-tse/2020/Fevereiro/glossario-esclarece-o-que-e-circunscricao-eleitoral >. Acesso em 22 ago. 2021.

141. Veja o Código Civil, art. 1.595: "Art. 1.595. Cada cônjuge ou companheiro é aliado aos parentes do outro pelo vínculo da afinidade. § 1º O parentesco por afinidade limita-se aos ascendentes, aos descendentes e aos irmãos do cônjuge ou companheiro. § 2º Na linha reta, a afinidade não se extingue com a dissolução do casamento ou da união estável".

RAZÕES PARA A INELEGIBILIDADE DO §7º, ART. 14, DA CF/1988

Evita-se o uso da máquina pública indevidamente em uma campanha
Evita-se a perpetuação no poder de uma mesma família
Evita-se a quebra da igualdade entre os concorrentes

O constituinte entendeu por bem evitar, por exemplo, que um presidente use a máquina pública para que um parente seu se eleja. Mesmo que isso não aconteça diretamente, pode haver uma quebra na igualdade de condições entre candidatos com parentes já titulares do executivo naquela circunscrição e os demais concorrentes.

– E se for o parente de um governador?

A lógica é a mesma.

– Mas o parente do governador pode concorrer em outro estado...

Sim, pois a possível influência desse governador, direta ou indireta, em tese, não atinge outros estados.

– Mas, professor.

E se um governador usar da máquina pública para tentar forçar os eleitores do seu estado a votarem para determinado presidente, parente seu. Isso também não seria abusivo?

Sim, mas um estado apenas não elege um presidente.

Mas o uso da máquina pública indevidamente pode ser punido com cassação e até inelegibilidade para os envolvidos.[142]

– Entendi. Mas e se, por exemplo, a esposa de um prefeito de separa dele. Nesse caso, ela poderá se candidatar à vereadora, ou mesmo para prefeita, por exemplo?

Essa pergunta é boa. O desfazimento do vínculo durante o mandato não exclui a inelegibilidade para eleições que possam ocorrer nesse período. Veja esse enunciado de súmula do STF:

142. Veja os artigos 73 e seguintes da Lei das Eleições (9.504/97) e artigo 22 da Lei das Inelegibilidades (LC 64/90). Veja, ainda, a parte deste livro que trata dos ilícitos que podem ocorrer nas eleições, incluindo as condutadas vedadas aos agentes públicos e o abuso de poder político.

> **Enunciado n.º 18 da Súmula Vinculante do STF:** A dissolução da sociedade ou do vínculo conjugal, no curso do mandato, não afasta a inelegibilidade prevista no § 7º do artigo 14 da Constituição Federal.

Recentemente, o STF se deparou com o tema, novamente, e meio que modificou o seu entendimento sobre a interpretação do enunciado sumular acima.[143]

– Legal... lá vem babado.

Até julho de 2021, **o entendimento era de que se a esposa de um prefeito se separasse de fato dele, no curso do primeiro mandato, mas com divórcio consolidado apenas no curso do segundo mandato, ela não poderia concorrer à prefeitura**. Isso equivaleria a uma mesma família sendo conduzida pela terceira vez consecutiva ao poder executivo.[144]

O entendimento agora é o seguinte: **"a ex-esposa do prefeito reeleito que dele se separou no curso do primeiro mandato e finalizou o divórcio no curso do segundo mandato, a partir de agora, poderá concorrer ao mesmo cargo majoritário nas eleições imediatamente seguintes".** [145]

Em votação bem debatida, a conclusão do Min. Alexandre de Moraes foi no sentido de que o enunciado sumular 18 não se aplica a esse caso, pois se a ex-esposa se separa de prefeito no seu mandato 1, mesmo que o divórcio apenas tenha ocorrido no mandato 2 desse prefeito reeleito, é como se, neste segundo mandato, não houvesse mais vínculo entre os ex-cônjuges. Desse modo, nada impede que essa ex-esposa possa concorrer ao cargo de prefeito para o mandato seguinte.

– Que confusão. Mas acho que entendi.

143. Não consegui acesso ao julgado, mas o Conjur relatou que o Min. Alexandre de Moraes teria apontado que "o que vincula é o verbete, não o caso julgado" (CONJUR. Disponível em: < https://www.conjur.com.br/2021-jul-01/tse-reinterpreta-sumula-stf-veda-eleicao-ex-conjuge >. Acesso em 20 nov. 2021.), em relação à interpretação do enunciado 18, da Súmula do STF. Na verdade, os enunciados de súmula não são interpretados como enunciados de lei. As decisões que fundamentaram os verbetes devem sim ser consideradas. Basta ver o art. 489, V, do CPC/2015.

144. Esse era o entendimento do TSE, quando respondeu uma consulta (n. 1.463), concluindo que: "a ex-esposa do prefeito reeleito separada de fato no curso do primeiro mandato e divorciada no curso do segundo mandato não poderá candidatar-se ao referido cargo majoritário".

145. CONJUR. Disponível em: < https://www.conjur.com.br/2021-jul-01/tse-reinterpreta-sumula-stf-veda-eleicao-ex-conjuge >. Acesso em 20 nov. 2021.

– E, professor Minami, se eu sou um prefeito, mas meu filho quer concorrer à vereança pela primeira vez e eu não quero atrapalhar isso, como eu afasto essa inelegibilidade reflexa?

O titular do executivo deve renunciar ao cargo que ocupa, pelo menos 6 meses antes do pleito. Se fizer isso, seus parentes não estão mais inelegíveis.

– Seria uma desincompatibilização.

Exatamente! Entendeu tudo!

– E esse seu parente poderia concorrer a qualquer cargo, mesmo o do titular?

Muita calma. Lembra que nós vimos que é preciso evitar a continuidade no poder de uma mesma família[146].

– Acho que sim. Mas sem exemplo eu acabo esquecendo.

Que indireta. Veja:

2008	2012	2016
Governador da família Minami renuncia nos seis meses antes das eleições de 2012 (desincompatibilização) para que seu parente possa se candidatar Seu parente se candidata ao cargo de governador	Parente é eleito e exerce cargo de governador	Parente não pode se candidatar à reeleição, pois seria considerado terceiro mandato de uma mesma família
Família Minami no poder	Família Minami no poder (segundo mandato)	Não é possível terceiro mandato seguido da mesma família

146. TSE. REspe nº 060028671, Acórdão, rel. Min. Alexandre de Moraes. DJE 04/06/2021: "a Constituição Federal veda a perpetuação de uma mesma pessoa ou mesmo grupo familiar na condução do Executivo, por mais de duas eleições, em prestígio à pluralidade e diversidade democrática".

– Entendi. Muito sofisticado tudo isso! Então, se nesse exemplo o governador da família Minami já estivesse no seu segundo mandato, seu parente não poderia concorrer à sua reeleição.

Isso mesmo!

Seria assim:

2008	2012	2016
Governador da família Minami exerce seu mandato completo	Governador da família Minami renuncia nos seis meses antes das eleições de 2016 (desincompatibilização) para que seu parente possa se candidatar Seu parente não pode se candidatar ao cargo de governador	Se o parente de Minami pudesse ocupar o cargo de governador, teríamos um terceiro mandato de uma mesma família
Família Minami no poder	Família Minami no poder (segundo mandato)	Não é possível terceiro mandato seguido da mesma família

– Professor, e se o parente é, por exemplo, vice-prefeito ou vice-governador, e quer se candidatar ao cargo de titular, pode?

Dependendo do grau de parentesco, cai no impedimento da regra constitucional:

São **inelegíveis, no território de jurisdição do titular**: o cônjuge e os parentes consanguíneos ou afins, até o segundo grau ou por adoção, do titular do executivo. A regra só é afastada para o "titular de mandato eletivo candidato à reeleição". O vice, no caso que perguntou, não pretende reeleição.

– Acho que devo estudar tudo isso várias vezes. São muitos detalhes.

Veja esse quadro resumo:

INELEGIBILIDADE REFLEXA (CF/1988, ART. 14, §7º)	
Parentesco considerado: cônjuge e os parentes consanguíneos ou afins, até o segundo grau ou por adoção	
É inelegível, pois seu parente é presidente ou o substituiu seis meses antes do pleito	**Alguém que quer se candidatar a governador, senador, deputado federal ou estadual, prefeito ou vereador**
É inelegível, pois seu parente é governador ou o substituiu seis meses antes do pleito	**Alguém que quer se candidatar a senador, deputado federal ou estadual, prefeito ou vereador no mesmo estado**
É inelegível, pois seu parente é prefeito ou o substituiu seis meses antes do pleito	**Alguém que quer se candidatar a vereador no mesmo município**
▶ Em todos esses casos, alguém que já é titular de cargo eletivo pode disputar a reeleição	

Enunciado nº 6, da Súmula do TSE: São inelegíveis para o cargo de Chefe do Executivo o cônjuge e os parentes, indicados no § 7º do art. 14 da Constituição Federal, do titular do mandato, salvo se este, reelegível, tenha falecido, renunciado ou se afastado definitivamente do cargo até seis meses antes do pleito.

Enunciado nº 12, da Súmula do TSE: São inelegíveis, no município desmembrado, e ainda não instalado, o cônjuge e os parentes consanguíneos ou afins, até o segundo grau ou por adoção, do prefeito do município--mãe, ou de quem o tenha substituído, dentro dos seis meses anteriores ao pleito, salvo se já titular de mandato eletivo.

14. CAUSAS DE INELEGIBILIDADE INFRACONSTITUCIONAIS

14.1. Uma breve apresentação das inelegibilidades e sua previsão no Código Eleitoral projetado

A primeira coisa que você precisa saber é a seguinte: há uma tendência a uma tolerância cada vez menor na permissão de que pessoas envolvidas previamente em ilicitudes graves possam concorrer às eleições.

– Então, o que a pessoa fez no passado pode interferir na sua candidatura.

Isso mesmo! É o que se chama de: **análise da vida pregressa do candidato.**

Isso está consagrado em texto constitucional.

> **CF/88, art. 14**
>
> § 9º Lei complementar estabelecerá outros casos de inelegibilidade e os prazos de sua cessação, a fim de proteger a probidade administrativa, **a moralidade para exercício de mandato considerada vida pregressa do candidato**, e a normalidade e legitimidade das eleições contra a influência do poder econômico ou o abuso do exercício de função, cargo ou emprego na administração direta ou indireta.

– Exemplo!

Imagine que alguém tenha comprado mil votos e que isso não tenha afetado o resultado das eleições. Antigamente, se isso fosse constatado, essa pessoa até poderia perder o mandato por ter comprado votos, mas isso não significava, necessariamente, que ela ficaria inelegível.

– E isso significava...?

Que ela poderia concorrer às eleições seguintes. Esse indivíduo saia da corrida que participou comprando votos, mas poderia participar da próxima.

– Mas se ela havia comprado votos, mesmo que poucos, como confiar que essa mesma pessoa iria administrar uma cidade sem cometer outras safadezas?

Esse argumento foi levantado por muita gente.

Mas, mesmo assim, era comum pessoas que haviam cometido infrações em eleições ou outro tipo de ilícitos se candidatarem posteriormente sem problemas.

Mesmo quando alguns eram julgados pela Justiça Eleitoral, a legislação determinava o seu afastamento da vida pública eletiva por apenas 3 anos. Para conferir isso, é só ver a redação original da Lei das Inelegibilidades (LC 64/90). Isso permitia que pessoas condenadas por ilicitudes em campanha, ou relacionadas à coisa pública, por exemplo, pudessem retornar rapidamente às disputas eleitorais.

– Que absurdo, viu! Essa pessoa deveria ser afastada definitivamente. Quer dizer... Não sei. Também as pessoas podem se arrepender, né? E eu nem sei se temos punições perpétuas aqui.

Ao longo do tempo foram tantos os casos de pessoas evolvidas em ilícitos e escândalos pouco antes do seu pedido de candidatura que houve um movimento popular para dificultar ou impedir a sua viabilidade em tais circunstâncias.

– Já sei! A Lei da Ficha Limpa. Eu sabia essa viu. Uma lei que começou com um clamor do povo por mais moralidade nas eleições! Eu sabia dessa...

Calma, calma! É isso mesmo. A Lei da Ficha Limpa tentou trazer mais rigor para as hipóteses de inelegibilidade. Antes de continuar, vamos para o nosso quadro "curiosidades!".

MOMENTO CURIOSIDADES: SOBRE A "LEI DA FICHA LIMPA"

"A Lei da Ficha Limpa foi fruto de uma campanha popular, exigindo que se levasse em consideração a vida pregressa dos candidatos. Lançada em abril de 2008 pelo Movimento Combate à Corrupção Eleitoral (MCCE), significou uma resposta à insatisfação provocada pela atitude pouco republicana de muitos candidatos, cujas ações se notabilizavam pela afronta às leis penais. A bandeira em defesa da ética na política foi erguida, à época, por 43 entidades, representando os mais diversos segmentos sociais, como, por exemplo, a Conferência Nacional dos Bispos do Brasil (CNBB), a Ordem dos Advogados do Brasil (OAB), a Associação Nacional dos Procuradores da República (ANPR), entre outras. Segundo dados do próprio *site* do MCCE, no dia 29 de setembro de 2009, ou seja, um ano e cinco meses após o início da campanha, foi entregue ao presidente da Câmara dos Deputados, Michel Temer, o Projeto de Lei, juntamente com 1 milhão e 300 mil assinaturas presenciais, atendendo plenamente ao requisito para apresentação de proposta de lei de iniciativa popular, a exigir subscrição do requerimento por, pelo menos, 1% do eleitorado brasileiro"[147]

– Bacana! O povo conseguiu uma importante conquista.

Mas há um detalhe aí.

Já havia outros projetos de lei no Congresso Nacional, pelo menos desde 1993, tentando dar mais rigor à Lei Complementar 64/90, mesmo que de forma muito tímida. A tramitação dessas leis, contudo, não avançava e esses projetos ficaram anos sem qualquer movimentação. Quando o clamor social que originou a LC 135/2010 ganhou expressiva proporção e veiculação midiática, outros projetos menores de alteração da LC 64/90 surgiram no Congresso e o que deveria ter sido uma lei de iniciativa popular acabou se tornando um anexo de um antigo projeto de lei de 1993 (PL 168/1993).

147. PINTO, Djalma; BRAID, Elke. Comentários à Lei da Ficha Limpa. São Paulo: Atlas, 2014, p. 1.

– Mas isso é injusto... Então, alguns parlamentares se aproveitaram do movimento da Lei da Ficha Limpa para apresentar projetos de alteração da LC 64/90 e ficar com os louros!

Olha só, é você quem está falando que eles se aproveitaram. Em todo o caso, se você pesquisar qual foi o Projeto de Lei que originou a Lei da Ficha Limpa, verá o PL 168, de 1993, que não frutificou por mais de quinze anos até que veio o movimento de moralidade como requisito para o registro de candidaturas.

– Mas, afinal, qual o efeito prático dessa Lei da Ficha Limpa?

Veremos agora. Vamos começar com o comparativo abaixo:

COMO ERA ANTES	COMO É HOJE
Antigamente, pela leitura da legislação eleitoral, principalmente a Lei Complementar 64/90 na redação original, alguns constatavam que, pelo cometimento de alguns ilícitos em campanha, **apenas era possível retirar essa pessoa daquela corrida eleitoral específica** (compra de votos, por exemplo)[148]	Atualmente, a Lei Complementar 64/90, que trata das inelegibilidades, deixa bem evidente quais são os casos que tornam o eleitor inelegível Alguns desses casos abrangem situações que, antigamente, apenas permitiam retirar o candidato do cargo ao qual haviam sido eleitos, sem proibir a sua participação em eleições futuras

– Acho que estou entendendo mais ou menos.

Perfeito. Mas vamos então esquecer um pouco desse assunto da Lei da Ficha Limpa e "começar do começo".

SOBRE INELEGIBILIDADE E PREVISÃO LEGISLATIVA
As inelegibilidades somente podem ser atribuídas pela nossa Constituição ou por Lei Complementar

148. Basta ver livros da época. Como exemplo: GOMES, José Jairo. Direito Eleitoral. 2. ed. Belo Horizonte: Del Rey, 2008, p. 405. Houve, inclusive, quem defendesse, naquela época, que se a decisão reconhecendo a compra de votos ocorresse depois da eleição, apenas a partir do art. 41-A, da Lei 9.504/97, não poderia o candidato ser cassado, pois isso seria uma espécie de inelegibilidade, ainda que para aquele específico caso (CÂNDIDO, Joel J. Direito eleitoral Brasileiro. 12ª ed. Bauru: EDIPRO, 2006, p. 501). O leitor, talvez, não entenda bem o que aqui se colocou, pois ainda iremos estudar as chamadas representações especiais. Mas fica o registro de que, em lições a seguir, isso ficará mais claro. O que importa destacar agora é: com o passar dos anos, experimenta-se uma tendência a menor tolerância a desmandos durante a campanha.

– Acho justo. É algo muito sério impedir alguém de participar.

Exatamente. Vou citar, novamente, o art. 14, § 9º, da Constituição:

> CF/88, art. 14
>
> § 9º Lei complementar estabelecerá outros casos de inelegibilidade e os prazos de sua cessação, a fim de **proteger a probidade administrativa, a moralidade para exercício de mandato considerada vida pregressa do candidato, e a normalidade e legitimidade das eleições contra a influência do poder econômico ou o abuso do exercício de função, cargo ou emprego na administração direta ou indireta.**

– Nossa, são muitas hipóteses!

Podemos simplificar

– Por favor!

Veja:

SITUAÇÕES QUE IMPEDEM ALGUÉM DE CONCORRER POR UM BOM TEMPO (INELEGIBILIDADE POR 8 ANOS)
Violação à moralidade para o exercício do mandato (levando em consideração a vida pregressa do candidato)
Violação à probidade administrativa
Violação à igualdade ou à lisura em corridas eleitorais passadas e tentativa de escapar de inelegibilidade

– Parece simples.

Mas não é. As hipóteses específicas de inelegibilidade são complicadas de se entender, porque estão **muito espalhadas e desorganizadas na LC 64/90, a Lei das Inelegibilidades.**

Por isso, **antes de discutirmos cada situação que impede candidaturas futuras, eu as cataloguei em "grandes grupos" de ilicitudes** para facilitar uma compreensão preliminar do tema e ajudar na memorização.

Sempre que você quiser desistir de estudar inelegibilidades, basta voltar ao quadro abaixo para sistematizar o assunto na sua mente. Daí, pode partir para as hipóteses específicas.

Para aprender inelegibilidades, primeiro, assimile as situações a seguir:

Além das previsões em legislação que suspendem direitos políticos, alguém é impedido de concorrer se		Espécie de inelegibilidade
Cometeu ilicitudes cíveis relacionadas às eleições ou tentou escapar de inelegibilidade (LC 64/90, art. 1º, I, alíneas: d, j, k, n, p)	**Não concorreu honestamente em eleições passadas**	Absoluta
Cometeu ilicitudes cíveis no âmbito da coisa pública (LC 64/90, art. 1º, I, alíneas: b, c, f, g, h, l, o, q)	**Não cuidou da coisa pública**	Absoluta
Foi condenado em determinados crimes (LC 64/90, art. 1º, I, alínea e)	**Cometeu alguns tipos de crimes**	Absoluta
Foi responsável pela liquidação judicial de alguns tipos de estabelecimentos ou foi proibido de exercer determinadas atividades (LC 64/90, art. 1º, I, alíneas: i, m)	**Atuação profissional indevida ou conduta incompatível**	Absoluta
Não se desvinculou de determinadas atividades (LC 64/90, art. 1º, II a VII)	**Não se desincompatibilizou**	Relativa

– Então, são só cinco hipóteses?

Não concorreu honestamente em eleições passadas, não cuidou da coisa pública, cometeu alguns tipos de crimes, não soube administrar, não se desincompatibilizou.

Muito fácil. Achei que fossem muitos casos.

Não é tão simples. **Eu simplifiquei para começar a complicar. Lembre-se: sempre que ficar complicado, volte aqui e releia esse quadro para retornar às hipóteses específicas.**

– Entendi. Simplificar para depois complicar. Gostei... Minami, você é super!

Aliás, professor Minami, reparei uma coisa. Esses "grandes grupos" de ilicitudes, meio que encaixam naquelas razões de inelegibilidade previstas na Constituição:

Justificativas constitucionais para as inelegibilidades (CF, art. 10, § 9º)

"(P)roteger a probidade administrativa, a moralidade para exercício de mandato considerada vida pregressa do candidato, e a normalidade e legitimidade das eleições contra a influência do poder econômico ou o abuso" da função pública

Verdade! Eu não havia percebido. Uma das suas melhores observações!

Mais lembretes: como visto no capítulo passado, **as inelegibilidades absolutas impedem a candidatura para quaisquer cargos** e as **inelegibilidades relativas se aplicam para cargos ou situações específicas**. Apenas um dos grupos acima é de inelegibilidades relativas.

> – Minami, venha cá, não vai falar nada do Código Eleitoral projetado em relação a esse assunto? Achava que estava no título do tópico.

Bem lembrado. Pelo PLP 112/2021, o quadro acima permanece com poucas alterações. Veja como ele pode ficar:

INELEGIBILIDADES INFRACONSTITUCIONAIS NO CÓDIGO ELEITORAL PROJETADO (PLP 112/2021)

Além das previsões em legislação que suspendem direitos políticos, alguém é impedido de concorrer se		Espécie de inelegibilidade
Cometeu ilicitudes cíveis relacionadas às eleições (Art. 170, IV, XIV, X, XII)	**Não concorreu honestamente em eleições passadas**	Absoluta
Cometeu ilicitudes cíveis no âmbito da coisa pública (Art. 170, II, III, VI, VII, VIII, XI, XIII)	**Não cuidou da coisa pública**	Absoluta
Foi condenado em determinados crimes (Art. 170, V)	**Cometeu alguns tipos de crimes**	Absoluta
Foi proibido de exercer determinadas atividades (Art. 170, IX)	**Atuação profissional indevida**	Absoluta
Não se desvinculou de determinadas atividades até 2 de abril do ano eleitoral (Art. 165)	**Não se desincompatibilizou**	Relativa

14.2. Inelegibilidade decorrente de ilicitudes relacionadas às eleições (art. 1º, I, alíneas: d, j, k, n, p)

Inelegibilidades absolutas: LC 64/90, art. 1º, I, alíneas: d, j, k, n, p

Se alguém foi **condenado pela Justiça Eleitoral, definitivamente (trânsito em julgado)** ou por **órgão colegiado**, por **ilicitudes relacionadas às eleições**, ou **tentou fugir de inelegibilidade**, será afastado da vida política eletiva por 8 anos.

– Exemplos!

Calma! A previsão normativa para as hipóteses sobre as quais estamos falando estão indicadas no começo deste tópico.

– E se elas acontecerem com alguém essa pessoa não poderá concorrer a nenhum cargo?

Não. O artigo 1º da lei que citei explica, no seu inciso I, que essa **inelegibilidade atinge a candidatura para qualquer cargo**. É justamente um daqueles casos de **inelegibilidade absoluta**.

– Mas como é isso na prática?

Vamos começar.

14.2.1. Inelegibilidade e condenações pela Justiça Eleitoral

São três situações neste tópico:

- **Situação 1.**

CONDENAÇÃO POR ABUSO DO PODER ECONÔMICO OU POLÍTICO (LC 64/90, ART. 1º, I, "D")

Alguém será impedido de concorrer se	Observações
Existe contra ele **condenação pela Justiça Eleitoral, transitada em julgada ou proferida por órgão colegiado,** em **processo de apuração de abuso do poder econômico ou político**	Essa inelegibilidade ocorre para a eleição na qual essas pessoas concorreram ou foram diplomadas, bem como para as que se realizarem nos 8 (oito) anos seguintes
Exemplo: gera inelegibilidade condenações por distribuição indiscriminada de combustível[149], por uso de recursos financeiros provenientes de fonte vedada[150] ou pelo aumento de remuneração de servidor em período vedado	
Equivalente no Código Eleitoral projetado (PLP /2021): art. 170, IV Destaque: **"Para a eleição na qual concorrem ou tenham concorrido, bem como para as que se realizarem nos 8 (oito) anos seguintes, contados de 1° de janeiro do ano subsequente"** **Inclusão do requisito da "gravidade"**	

149. TSE. Agravo de Instrumento nº 60735, Acórdão, Rel. Min. Luís Roberto Barroso, Publicação: DJE - Diário da justiça eletrônica, Tomo 108, Data 15/06/2021.
150. TSE. RO 2653–08, rel. Min. Henrique Neves da Silva. DJE de 5.4.2017.

O abuso do poder político e o abuso do poder econômico serão estudados na parte 7 deste livro. Para saber sobre esses temas, é lá que o leitor deve seguir.

A partir da condenação nesses ilícitos nos moldes acima, surge a inelegibilidade "para a eleição na qual essas pessoas concorreram ou foram diplomadas, bem como para as que se realizarem nos 8 (oito) anos seguintes".

Perceba que no Código Eleitoral projetado muda o termo inicial dessa inelegibilidade.

Isso vai acarretar a revisão do enunciado de súmula abaixo:

> **Enunciado nº 19 da Súmula do TSE:** O prazo de inelegibilidade decorrente da condenação por abuso do poder econômico ou **político tem início no dia da eleição em que este se verificou e finda no dia de igual número no oitavo ano seguinte** (art. 22, XIV, da LC nº 64/90).

- **Situação 2.**

CORRUPÇÃO ELEITORAL, ILICITUDE NAS CONTAS E CONDUTAS VEDADAS (LC 64/90, ART. 1º, I, "J")	
Alguém será impedido de concorrer se	**Observações**
Existe contra ele **condenação pela Justiça Eleitoral, transitada em julgada ou, proferida por órgão colegiado, por corrupção eleitoral, por captação ilícita de sufrágio, por doação, captação ou gastos ilícitos de recursos de campanha ou por conduta vedada aos agentes públicos em campanhas eleitorais que impliquem cassação do registro ou do diploma**	Essa inelegibilidade dura 8 anos a contar da eleição que gerou a condenação pela Justiça Eleitoral
Exemplo: gera inelegibilidade compra de votos, distribuição de cestas básicas em troca de votos, não retirar publicidade institucional no sítio eletrônico da administração pública no período vedado[151], doação de pessoa natural em montante acima do que é permitido pela lei	
Equivalente no Código Eleitoral projetado (PLP /2021): art. 170, IV Destaques: **A condenação por fraude eleitoral é hipótese para inelegibilidade** **"Para a eleição na qual concorrem ou tenham concorrido, bem como para as que se realizarem nos 8 (oito) anos seguintes, contados de 1° de janeiro do ano subsequente"** **Inclusão do requisito da "gravidade"**[152]	

151. TSE. RO nº 060010891, Acórdão, Rel. Min. Tarcisio Vieira De Carvalho Neto, Publicação: DJE - Diário da justiça eletrônica, Tomo 96, Data 27/05/2021.

152. O elemento da gravidade já era exigido nas condenações por abuso do poder econômico ou político (LC 64/90), mas, pelo texto expresso da Lei das Eleições, não é requisito necessário

– Professor, eu fico achando que alguns ilícitos que acontecem aceitam, ao mesmo tempo, várias dessas hipóteses de inelegibilidade.

Você tem razão.

É que **algumas situações** se enquadram, ao mesmo tempo, **em duas ou mais hipóteses de ilícitos.**

Uma captação ilícita de sufrágio, por exemplo, pode ser entendida como abuso do poder econômico ou corrupção eleitoral. Uma conduta vedada, pode ser enquadrada também como abuso do poder político.

Talvez por isso o Código Eleitoral Projetado tenha unido as hipóteses acima no mesmo inciso.

– Quando vamos estudar esses ilícitos mesmo?

Na parte 7 do livro veremos: **captação ilícita de sufrágio** (art. 41-A, LE); **doação, captação ou gastos ilícitos de recursos de campanha** (arts. 23 e 30-A, LE), **condutas vedadas aos agentes públicos em campanhas eleitorais** (arts. 73 e seguintes, LE), **abusos do poder econômico, político, corrupção e fraude eleitoral, além do uso indevido dos meios de comunicação social**.

Na parte 8, veremos o procedimento para apurá-los.

Aproveitando o tema:

> **Enunciado n.º 69, da Súmula do TSE:** Os prazos de inelegibilidade previstos nas alíneas j e h do inciso I do art. 1º da LC nº 64/90 têm termo inicial no dia do primeiro turno da eleição e termo final no dia de igual número no oitavo ano seguinte.
>
> **Enunciado n.º 70 da Súmula da TSE:**

para outros ilícitos, como a captação ilícita de sufrágio ou as condutas vedadas. É elemento que vem sendo exigido pelos tribunais eleitorais nos últimos anos o que, para alguns, significa uma maior dificuldade na condenação em ilícitos eleitorais por violação à Lei das Eleições, pois se requer requisito que essa lei não apresenta. O Código projetado, em vários momentos, se apropria desse entendimento jurisprudencial. É preciso um amplo debate sobre o tema antes da aprovação do projeto. Para provocar um contraponto, eis conclusões de Luiz Carlos dos Santos Gonçalves e Marcelo Issa, criticando o Código projetado neste aspecto, mas apenas no contexto da captação ilícita: "quais os critérios para a "gravidade" dessa prática? A compra de um único voto já não é grave o suficiente, como hoje reconhece o Tribunal Superior Eleitoral (TSE)?" (GONÇALVES, Luiz Carlos dos Santos; ISSA, Marcelo. "Anotações sobre as inelegibilidades no projeto de novo Código Eleitoral". CONJUR. 7 ago. 2021. Disponível em: <https://www.conjur.com.br/2021-ago-07/opiniao-inelegibilidades-projeto-codigo-eleitoral#author>. Acesso em 30 jan 2022).

O encerramento do prazo de inelegibilidade antes do dia da eleição constitui fato superveniente que afasta a inelegibilidade, nos termos do art. 11, § 10, da Lei nº 9.504/97.

- **Situação 3.**

CONDENAÇÃO POR DOAÇÃO ILÍCITA PARA CAMPANHA (LC 64/90, ART. 1º, I, "P")

Alguém será impedido de concorrer se	Observações
Existe contra ele, pessoa física, ou dirigente de pessoas jurídicas, **condenação pela Justiça Eleitoral, transitada em julgada ou, pelo menos, proferida por órgão colegiado,** por **doações eleitorais tidas por ilegais**	Essa inelegibilidade ocorre pelo prazo de 8 anos após a decisão
Exemplo: Gera inelegibilidade condenações por doação recebida por pessoa jurídica ou pessoa natural quando viola o art. 23, § 1º da LE	
Equivalente no Código Eleitoral projetado (PLP /2021): art. 170, XII Destaque: **Observação: não bastará a condenação. Delas se deve extrair "ao menos indício de abuso de poder econômico"**	

Nós veremos, no capítulo sobre "arrecadação e aplicação de recursos em campanha", quais são esses casos de doação ilícita.

– Adianta algo aqui, por favor.

Pessoa jurídica não pode realizar doação para campanha[153] **e há um limite para doação por pessoa natural** (física).[154]

Não basta que se reconheça a doação irregular em uma prestação de contas apresentada por partido ou candidato, por exemplo. **É preciso que esse doador tenha sido condenado. Somente condenado nos termos acima ele é impedido de se candidatar.**

Um detalhe: há quem defenda que o montante doado deve ser considerável para que a inelegibilidade se aplique.

– Mas isso não está escrito aí, né?

Não mesmo. Mas acho você precisa ter acesso ao máximo de informações possíveis. Nesse sentido, não deixe de perceber a alteração mencionada no quadro acima, apresentada pelo Código Eleitoral projetado, caso ele passe.

153. Art. 31, Res. TSE 23.607/19.
154. Art. 23, Lei das Eleições.

14.2.2. Inelegibilidade para pessoas que tentam burlar inelegibilidade

– Que confusão esse título.

São duas hipóteses.

- **Situação 1.**

TENTATIVA DE BURLAR INELEGIBILIDADE (LC 64/90, ART. 1º, I, "K")	
Será inelegível	**Observações**
o presidente, o governador, o prefeito e os membros do legislativo **que renunciaram ao mandato após o oferecimento de representação** ou **petição capaz de autorizar a abertura de processo** que **pudesse resultar na perda do mandato** por infringência a dispositivo da Constituição Federal, da Constituição Estadual, da Lei Orgânica do Distrito Federal ou da Lei Orgânica do Município (LC 64/90, art. 1º, I, "k")	**Essa inelegibilidade alcança as eleições que se realizarem durante o período remanescente do mandato para o qual essa pessoa foi eleita e se estende aos 8 (oito) anos subsequentes ao término da respectiva legislatura**
Equivalente no Código Eleitoral projetado (PLP /2021): art. 170, XIV	

– Não entendi. Por qual motivo alguém renunciaria? E qual a relação disso com inelegibilidade ou com a fraude ao processo eleitoral?

Se um mandatário sabe de possível futura condenação que o impedirá de participar de pleitos futuros, ele pode tentar fugir dessa situação.

Antigamente, alguns mandatários de cargos eletivos que respondiam a procedimentos que poderiam gerar cassação, justamente para escapar dela e possível inelegibilidade, renunciavam. Agora, se tentarem isso, ficarão inelegíveis de todo o jeito.

– Entendi. Então eles renunciavam para tentar burlar a legislação eleitoral.

Talvez por outras razões, inclusive. Mas, para os efeitos de inelegibilidade, o que importa é que essa renúncia era capaz de livrá-los dela.

Por vezes, a renúncia não é para escapar de uma cassação nem possui intenção de burla à lisura do processo eleitoral.

Pode ser que a pessoa esteja renunciando para se candidatar. É por isso que existe a previsão do §5º, art. 1º, da LC 64/90:

> § 5º A renúncia para atender à desincompatibilização com vistas a candidatura a cargo eletivo ou para assunção de mandato não gerará a inelegibilidade prevista na alínea *k*, a menos que a Justiça Eleitoral reconheça fraude ao disposto nesta Lei Complementar.

– Professor, mas a pessoa talvez queira escapar da possível futura condenação e, por isso, vai inventar que quer se candidatar para poder renunciar.

Boa sacada. É por isso que muitos defendem que **se essa desincompatibilização for fraudulenta, deve ser aplicada a inelegibilidade acima.**[155] O problema é a prova disso.

- **Situação 2:**

TENTATIVA DE BURLAR INELEGIBILIDADE (LC 64/90, ART. 1º, I, "N")	
Será inelegível	**Observações**
Existe, contra o candidato a candidato **condenação, transitada em julgada, ou, pelo menos, proferida por órgão colegiado, em razão de terem desfeito ou simulado desfazer vínculo conjugal ou de união estável para evitar caracterização de inelegibilidade** (LC 64/90, art. 1º, I, "n")	**Essa inelegibilidade dura pelo prazo de 8 (oito) anos após a decisão que reconhecer a fraude**
Equivalente no Código Eleitoral projetado (PLP /2021): art. 170, X	

– Professor, é isso mesmo? Há casos de pessoas que fingem se separar para concorrer?

Sim, sim. Era uma situação muito comum.

– Nossa. Acontece de tudo mesmo viu.

Lembre-se que o §7º, do art. 14, da Constituição Federal é quem trata dessa inelegibilidade reflexa.[156]

---

155. GOMES, José Jairo. *Op. cit.*, p. 318.
156. CF/1988. Art. 14. §7º São inelegíveis, no território de jurisdição do titular, o cônjuge e os parentes consanguíneos ou afins, até o segundo grau ou por adoção, do Presidente da

– Sim. Vimos isso no capítulo passado.

Muitas pessoas forjavam separação para se livrar desse parágrafo. Há mesmo quem defenda que "se o casal for apanhado, na Vara de família, tentando uma separação ou divórcio fraudado ou simulado, a decisão judicial de indeferimento do pedido também será suficiente para incidência da inelegibilidade".[157]

– Então se alguém suspeita de uma separação, deve investigar o candidato a candidato inclusive na vara de família?

Exatamente!

14.3. Inelegibilidade decorrente de ilicitudes ou desmandos na administração pública (art. 1º, I, alíneas: b, c, f, g, h, l, o, q)

Inelegibilidades absolutas: LC 64/90, art. 1º, I, alíneas: b, c, f, g, h, l, o, q

Há uma diretriz bem clara definida pela Lei das Inelegibilidades:

Quem agiu de maneira indevida enquanto esteve no exercício de funções públicas a ponto de ter sido cassado, condenado, demitido, teve contas rejeitadas por ato grave etc., deve ser afastado da vida pública eletiva por um período. Essa pessoa fica inelegível por 8 anos.

– Qualquer deslize já autoriza isso?

Não. As inelegibilidades precisam de previsão legal. Por isso, a Lei das Inelegibilidades detalha em quais situações pessoas que agiram de forma indevida em atividades públicas devem ficar inelegíveis.

– Não há nenhuma "regra geral" para isso? é qualquer deslize?

República, de Governador de Estado ou Território, do Distrito Federal, de Prefeito ou de quem os haja substituído dentro dos seis meses anteriores ao pleito, salvo se já titular de mandato eletivo e candidato à reeleição.

157. CASTRO, Edson de Resende. *Op. cit.*, p. 346.

Pela leitura conjunta da legislação que trata sobre a coisa pública, e a partir do que se tem decidido sobre o tema, principalmente após a alteração da Lei de Improbidade Administrativa (Lei 8.429/1992, alterada pela Lei 14.230/2021), **talvez se afirme que é preciso que essa conduta tenha sido dolosa ou que tenha havido gravidade na situação.**

Mas é complicado levar isso às últimas consequências.

Embora a maioria das situações que geram as inelegibilidades tratadas a seguir digam respeito a condutas dolosas e/ou graves, não é um requisito que se observa em todas elas. Mas isso não é um debate para este momento.

A seguir, veremos quatro grandes situações.

DE FORMA SIMPLIFICADA, SÃO INELEGÍVEIS POR 8 ANOS
Membros do legislativo e executivo cassados
Agentes públicos com contas rejeitadas por ilícitos graves
Agentes públicos condenados por desonestidades no âmbito da coisa pública
Demissão ou afastamento do serviço público por processo judicial ou administrativo

14.3.1. Membros do legislativo e executivo cassados

SÃO INELEGÍVEIS (LC 64/90, ART. 1º, I, "B" E "C")	OBSERVAÇÕES
Os **membros do legislativo que perderam seus mandatos** por violação aos incisos I e II, do art. 55, da Constituição Federal[158], e dispositivos equivalentes nas Constituições Estaduais e Leis Orgânicas dos Municípios e do Distrito Federal (LC 64/90, art. 1º, I, "b")	Essa inelegibilidade incide nas eleições que se realizarem durante o período remanescente do mandato para o qual foram eleitos e **nos oito anos seguintes ao término da legislatura**
Os **membros do executivo estadual, distrital e municipal que perderam seus mandatos** por violação aos dispositivos de suas Constituições Estaduais e Leis Orgânicas dos Municípios e do Distrito Federal (LC 64/90, art. 1º, I, "c")	Essa inelegibilidade incide nas eleições que se realizarem durante o período remanescente do mandato para o qual foram eleitos e **nos oito anos seguintes ao término do mandato ao qual tenham sido eleitos**
▸ **Equivalente no Código Eleitoral projetado (PLP /2021): art. 170, II e III** ▸ **Prazo: "nos 8 (oito) anos subsequentes à data da decisão que decretar a perda do mandato eletivo"**	

158. CF/1988: Art. 54. Os Deputados e Senadores não poderão: I - desde a expedição do diploma: a) firmar ou manter contrato com pessoa jurídica de direito público, autarquia, empresa

– Nossa, muito cansativo esse tema! Estou pensando seriamente em deixar o professor sozinho com o nosso leitor e retornar só no capítulo seguinte.

Cansativo é fazer esses quadros. Mas pode nos deixar sem problemas. Pontos mais específicos como as inelegibilidades são justamente os mais cobrados em concursos públicos, por exemplo. Também são aqueles que, na prática, despertam muitas dúvidas. Sem você, é uma a menos na concorrência para o nosso querido leitor.

– ... Vou ficar. Estava só brincando.

Força! Estamos apenas no começo das inelegibilidades.

As hipóteses acima cuidam da situação de **políticos que perderam o mandato por violarem preceitos constitucionais ou lei orgânica específica**. Eu coloquei as hipóteses mencionadas da Constituição Federal nas notas de rodapé. Não cabe o estudo delas aqui. Estou apenas apontando uma de suas consequências: a inelegibilidade.

Em relação ao período de duração da inelegibilidade, é importante fazer alerta trazido por José Jairo Gomes, sobre o momento a partir do qual se contam os "oitos anos seguintes ao término da legislatura" para o senador cassado. Nesse caso, deve-se considerar o final da segunda legislatura, lembrando que o senado é cargo ocupado por duas legislaturas.[159]

– E cadê o presidente? Ele não fica inelegível se perder o mandato?

Não há menção a ele aí porque, no caso dele, essa inelegibilidade está prevista na Constituição, quando trata do processo de *Impeachment*:

---

pública, sociedade de economia mista ou empresa concessionária de serviço público, salvo quando o contrato obedecer a cláusulas uniformes; b) aceitar ou exercer cargo, função ou emprego remunerado, inclusive os de que sejam demissíveis "ad nutum", nas entidades constantes da alínea anterior; II - desde a posse: a) ser proprietários, controladores ou diretores de empresa que goze de favor decorrente de contrato com pessoa jurídica de direito público, ou nela exercer função remunerada; b) ocupar cargo ou função de que sejam demissíveis "ad nutum", nas entidades referidas no inciso I, "a"; c) patrocinar causa em que seja interessada qualquer das entidades a que se refere o inciso I, "a"; d) ser titulares de mais de um cargo ou mandato público eletivo.

Art. 55. Perderá o mandato o Deputado ou Senador: I - que infringir qualquer das proibições estabelecidas no artigo anterior; II - cujo procedimento for declarado incompatível com o decoro parlamentar.

159. Para a justificativa, veja: GOMES, José Jairo. *Op. cit.*, p. 280.

CF/88

Art. 52. Compete privativamente ao Senado Federal:

I - **Processar e julgar o Presidente e o Vice-Presidente da República nos crimes de responsabilidade** [...];

Parágrafo único. Nos casos previstos nos incisos I e II, funcionará como Presidente o do Supremo Tribunal Federal, **limitando-se a condenação, que somente será proferida por dois terços dos votos do Senado Federal, à perda do cargo, com inabilitação, por oito anos, para o exercício de função pública**, sem prejuízo das demais sanções judiciais cabíveis.

– Foi o que aconteceu com a Presidenta Dilma?

Sim. Mas no caso dela houve uma peculiaridade. Ali, não se considerou a "inabilitação, por oito anos, para o exercício de função pública" como efeito direto da condenação. Houve uma votação apenas para analisar esse aspecto. Por conta disso, ela perdeu o cargo, mas se manteve elegível.

14.3.2. Agentes públicos com contas rejeitadas

SÃO INELEGÍVEIS (LC 64/90, ART. 1º, I, "G")	OBSERVAÇÃO
Aqueles com **contas relativas ao exercício de cargos ou funções públicas rejeitadas por irregularidade insanável que configure ato doloso de improbidade administrativa**, e por **decisão irrecorrível do órgão competente** [...] **[...] salvo se esta houver sido suspensa ou anulada pelo Poder Judiciário**	Essa inelegibilidade incide nas eleições que acontecerem nos 8 anos seguintes, contados a partir da data da decisão, aplicando-se o disposto no inciso II do art. 71[160] da CF/1988, a todos os ordenadores de despesa, sem exclusão de mandatários que houverem agido nessa condição
LC 64/90, art. 1º, § 4º-A. A inelegibilidade prevista na alínea g do inciso I do caput deste artigo não se aplica aos responsáveis que tenham tido suas contas julgadas irregulares sem imputação de débito e sancionados exclusivamente com o pagamento de multa.[161]	
▸ **Equivalente no Código Eleitoral projetado (PLP /2021): art. 170, VII** ▸ **Prazo: "desde a condenação ou o trânsito em julgado até o transcurso do prazo de 8 (oito) anos"**	

160. "Art. 71. O controle externo, a cargo do Congresso Nacional, será exercido com o auxílio do Tribunal de Contas da União, ao qual compete: II - julgar as contas dos administradores e demais responsáveis por dinheiros, bens e valores públicos da administração direta e indireta, incluídas as fundações e sociedades instituídas e mantidas pelo Poder Público federal, e as contas daqueles que derem causa a perda, extravio ou outra irregularidade de que resulte prejuízo ao erário público".

161. Parágrafo 4º-A acrescido pelo art. 2º da LC nº 184/2021.

– Nossa. Nem sei como o professor poderia simplificar isso ou mesmo dar exemplos.

Nem tudo é "simplificável". O detalhe aqui é ler com cuidado o preceito.

Imagine, por exemplo, que um mandatário do executivo, após o exercício do mandato, apresentou suas contas e elas foram rejeitadas em decisão definitiva. Essa rejeição pode ensejar essa inelegibilidade.

Não é qualquer rejeição de contas, mas **rejeição "por irregularidade insanável"**.

– Exemplo de irregularidade insanável?

Descumprir a lei das licitações, por exemplo. Veja:

> **Precedente:** "Consta da moldura fática do acórdão vergastado que as contas do candidato, referentes ao período em que exerceu o cargo de presidente da Câmara Municipal de Mucambo/CE (exercício de 2013), foram rejeitadas em decisão irrecorrível da Corte de Contas Estadual, tendo em vista, **dentre outras máculas, a não realização de procedimento licitatório, que constitui, por si só, irregularidade insanável** caracterizadora, em tese, de ato doloso de improbidade administrativa apta à restrição do *jus honorum* pelo art. 1º, I, g, da Lei Complementar nº 64/90".[162]

> **Precedente:** "a ausência ou a dispensa indevida de licitação configura irregularidade insanável e ato doloso de improbidade administrativa, apta a atrair a inelegibilidade da alínea g do inciso I do art. 1º da LC nº 64/1990".[163]

Além disso, **não é preciso uma decisão em processo de improbidade administrativa**. Basta que exista situação que se "configure ato doloso de improbidade administrativa". Isso pode ser aferido, por exemplo, em acórdão de tribunais de contas.

Nesse sentido:

> **Precedente:** "É possível aos órgãos da Justiça Eleitoral depreender do inteiro teor do acórdão do Tribunal de Contas **a existência de ato doloso de improbidade administrativa**".[164]

162. TSE. REspe nº 060011384, Ac. Rel. Min. Carlos Horbach, DJE 04/11/2021.
163. TSE. RO 0604731-31, Rel. Min. Luís Roberto Barroso, PSESS em 23.10.2018.
164. TSE. ARE nº 060026779, Acórdão, Rel. Min. Mauro Campbell Marques, DJE 28/09/2021.

Por fim, a decisão do órgão de contas deve ser irrecorrível.

– Então cabe a quem queira aplicar essa inelegibilidade – ou o legitimado para impugnar candidatura, ou o magistrado, no momento de decidir – verificar tudo isso.

Exato! Nessa tarefa, a página eletrônica do TSE ajuda muito, com a ferramenta de consulta de jurisprudência.

Aproveitando o tema:

> **Enunciado n.º 41, da Súmula do TSE:** Não cabe à Justiça Eleitoral decidir sobre o acerto ou desacerto das decisões proferidas por outros Órgãos do Judiciário ou dos Tribunais de Contas que configurem causa de inelegibilidade.
>
> **Entendimento sobre a alínea "g" acima:** "Para o fim da inelegibilidade da alínea g, não se exige dolo específico, mas apenas genérico, que se caracteriza quando o administrador assume os riscos de não atender aos comandos constitucionais e legais que pautam os gastos públicos" (TSE. REspe. nº 060014668, Rel. Min. Luis Felipe Salomão, DJE 03/05/2021).

14.3.3. Agentes públicos condenados por desonestidade no âmbito da coisa pública

São duas hipóteses.

- **Situação 1:**

SÃO INELEGÍVEIS	OBSERVAÇÕES
Os detentores de cargo público **condenados por beneficiarem a si ou a terceiros, pelo abuso do poder econômico ou político** (LC 64/90, art. 1º, I, "h")[165]	Essa inelegibilidade incide na eleição na qual esses agentes concorreram ou tenham sido diplomados, bem como para as que se realizarem nos 8 (oito) anos seguintes.
Atenção: para essa inelegibilidade é preciso condenação **com trânsito em julgado** (não cabe mais recurso dessa condenação) **ou decisão proferida por órgão judicial colegiado**	
▸ **Não há equivalente no Código Eleitoral projetado PLP /2021**	

165. "h) os detentores de cargo na administração pública direta, indireta ou fundacional, que beneficiarem a si ou a terceiros, pelo abuso do poder econômico ou político, que forem condenados em decisão transitada em julgado ou proferida por órgão judicial colegiado, para a eleição na qual concorrem ou tenham sido diplomados, bem como para as que se realizarem nos 8 (oito) anos seguintes".

– Isso é repetido.

Parece, mas não é. **As condenações pelo abuso do poder político e econômico que analisamos lá atrás eram proferidas pela Justiça Eleitoral.**

Perceba que, no caso da alínea "h", **a condenação não precisa ser oriunda** dessa justiça especializada.

> **Precedente:** "Para a caracterização da inelegibilidade prevista na alínea h do inciso I do art. 1º da LC 64/90, exige-se que o agente público – que tenha se aproveitado dessa condição para beneficiar a si ou a terceiros – **tenha sido condenado por abuso de poder político ou econômico realizado com a finalidade eleitoral, seja pela Justiça Comum, seja pela Justiça Eleitoral**".[166]

– É verdade. Aqui só fala em detentores de cargos públicos "condenados". Não especifica quem condena.

Em todo o caso, normalmente, essas condenações ocorrem em ações de improbidade administrativa, que é a próxima hipótese. Talvez por isso não exista previsão semelhante a essa no Código Eleitoral projetado.

- **Situação 2:**

SÃO INELEGÍVEIS	OBSERVAÇÕES
"Os que forem **condenados à suspensão dos direitos políticos [...] por ato doloso de improbidade administrativa que importe lesão ao patrimônio público e enriquecimento ilícito"** (LC 64/90, art. 1º, I, "l")[167]	Desde a condenação ou o trânsito em julgado até o transcurso do prazo de **8 (oito) anos após o cumprimento da pena**
Atenção: para essa inelegibilidade é preciso condenação **com trânsito em julgado** (não cabe mais recurso dessa condenação) **ou decisão proferida por órgão judicial colegiado**	

166. TSE. REspe. nº 13077, Acórdão, Rel. Min. Napoleão Nunes Maia Filho, DJE 22/09/2017.
167. "l) os que forem condenados à suspensão dos direitos políticos, em decisão transitada em julgado ou proferida por órgão judicial colegiado, por ato doloso de improbidade administrativa que importe lesão ao patrimônio público e enriquecimento ilícito, desde a condenação ou o trânsito em julgado até o transcurso do prazo de 8 (oito) anos após o cumprimento da pena"

▸ **Equivalente no Código Eleitoral projetado (PLP /2021): art. 170, VIII**[168]

Destaque: mudança no termo final[169]

▸ **Termo final alterado: "desde a condenação ou o trânsito em julgado até o transcurso do prazo de 8 (oito) anos"**

Veja que aqui se exige **condenação em improbidade administrativa que tenha também concluído pela suspensão de direitos políticos**. Não basta a condenação em improbidade administrativa.

Para haver inelegibilidade é preciso: 1. condenação em improbidade administrativa; 2. **sanção de suspensão dos direitos políticos** aplicadas nessa decisão; 3. condenação deve ter sido por **ato doloso de improbidade administrativa que importe lesão ao patrimônio público e enriquecimento ilícito**. 4. decisão definitiva ou por órgão colegiado.

Veja abaixo posicionamento dos TSE nesse sentido.

> **Entendimento sobre a alínea "l"**: "requisitos de incidência desta alínea: a) condenação por ato de improbidade administrativa que importe, simultaneamente, lesão ao patrimônio público e enriquecimento ilícito; b) presença de dolo; c) decisão definitiva ou proferida por órgão judicial colegiado; e d) sanção de suspensão dos direitos políticos".[170]

– Espera lá. Já vimos suspensão dos direitos políticos em caso de improbidade administrativa!

Isso mesmo. Por isso, para entender melhor essa alínea "l", é preciso retornar um pouco neste livro.

- Caro leitor, para entender melhor o assunto, é preciso ler sobre improbidade administrativa e suspensão de direitos políticos no capítulo sobre "Direitos Políticos" na parte de limitação à participação política ou "Direitos Políticos Negativos".

168. O Código projetado traz como requisito decisão "por ato doloso de improbidade administrativa que importe, **concomitantemente**, lesão ao patrimônio público e enriquecimento ilícito". Com críticas em relação à necessidade dessas duas situações concomitantes, veja: GONÇALVES, Luiz Carlos dos Santos; ISSA, Marcelo. Op. cit. Eis parte das críticas: "[...] é injustificável que uma conduta que cause dano deliberado ao erário não gere inelegibilidade, desde que seu agente não tenha lucrado com isso. Da mesma maneira, como justificar que alguém que enriqueceu ilicitamente graças a sua atuação funcional possa se candidatar, somente pelo fato de que não causou prejuízo ao erário?"

169. Para críticas em relação a isso, veja: GONÇALVES, Luiz Carlos dos Santos; ISSA, Marcelo. Op. cit.

170. Ac. TSE, de 21.2.2017, no REspe nº 10049.

– Eu não gosto quando o professor fala com o leitor e não fala comigo. Ainda abre um quadro. Eu nunca mereci um quadro só pra mim! E precisava repetir tanto a palavra "político"? Espero que o revisor do texto reclame.

Você e suas coisas. Pela gracinha, e para facilitar a vida do leitor, vou colocar um quadro abaixo demonstrando que **nem toda condenação em improbidade administrativa, atualmente, gera suspensão de direitos políticos**:

Condenações por atos de improbidade (arts. 9 a 11, da Lei 8.429/1992) ▶ **Atenção: apenas condutas dolosas**	**Suspensão Direitos Políticos**
Atos de improbidade administrativa que **importam enriquecimento ilícito** (art. 9) Art. 9º Constitui ato de improbidade administrativa importando em enriquecimento ilícito auferir, mediante a **prática de ato doloso**, qualquer tipo de vantagem patrimonial indevida em razão do exercício de cargo, de mandato, de função, de emprego ou de atividade nas entidades referidas no art. 1º desta Lei, e notadamente [...]	**Até 14 anos**[171]
Atos de improbidade administrativa que **causam lesão ao erário** (art. 10) Art. 10. Constitui ato de improbidade administrativa que causa lesão ao erário qualquer **ação ou omissão dolosa**, que enseje, efetiva e comprovadamente, perda patrimonial, desvio, apropriação, malbaratamento ou dilapidação dos bens ou haveres das entidades referidas no art. 1º desta Lei, e notadamente [...]	**Até 12 anos**[172]
Atos de improbidade administrativa que **atentam contra os princípios da administração pública** (art. 11) Art. 11. Constitui ato de improbidade administrativa que atenta contra os princípios da administração pública a ação ou omissão dolosa que viole os deveres de honestidade, de imparcialidade e de legalidade, caracterizada por uma das seguintes condutas [....]	**Não há mais pena de suspensão dos direitos políticos nessa hipótese**[173]

– Se existe condenação em improbidade que não gera suspensão dos direitos políticos, então eu não posso, nesses casos, aplicar essa alínea "l".

171. Antes da reforma da Lei de Improbidade Administrativa, em 2021, o prazo era de 8 a 10 anos.
172. Antes da reforma da Lei de Improbidade Administrativa, em 2021, o prazo era de 5 a 8 anos.
173. Antes da reforma da Lei de Improbidade Administrativa, em 2021, o prazo era de 3 a 5 anos.

Exato. Entendeu tudo.

Aproveitando o tema:

> **Enunciado n.º 19, da Súmula do TSE:** O prazo de inelegibilidade decorrente da condenação por abuso do poder econômico ou político tem início no dia da eleição em que este se verificou e finda no dia de igual número no oitavo ano seguinte (art. 22, XIV, da LC nº 64/90).
>
> **Enunciado n.º 69, da Súmula do TSE:** Os prazos de inelegibilidade previstos nas alíneas j e h do inciso I do art. 1º da LC nº 64/90 têm termo inicial no dia do primeiro turno da eleição e termo final no dia de igual número no oitavo ano seguinte.

14.3.4. Demissão ou afastamento do serviço público por processo judicial ou administrativo

São três situações.

- **Situação 1:**

SÃO INELEGÍVEIS (LC 64/90, ART. 1º, I, "O")	OBSERVAÇÕES
"Os que **forem demitidos do serviço público em decorrência de processo administrativo ou judicial**"	Essa inelegibilidade ocorre pelo "prazo de 8 (oito) anos, contado da decisão, **salvo se o ato houver sido suspenso ou anulado pelo Poder Judiciário"** (LC 64/90, art. 1º, I, "o")
Equivalente no Código Eleitoral projetado (PLP /2021): art. 170, XI	

– É curioso que as vezes aparece "salvo" isso ou aquilo, né?

Você percebeu bem. Uma das formas de se defender em uma impugnação a registro de candidaturas alegando inelegibilidade é justamente verificando se algumas dessas exceções acontece.

Aqui não há muito o que falar. A alínea "o" é bem direta. **Demissão em serviço público por conta de processo administrativo ou judicial: inelegibilidade como consequência.**

> **Entendimento sobre alínea "o":** a inelegibilidade de que trata esta alínea é aplicável aos militares a que se impuserem sanções que, a qualquer título, produzam efeitos análogos à demissão.[174]

174.Ac. TSE, de 18.12.2018, no RO nº 060079292.

- **Situação 2:**

A segunda hipótese de inelegibilidade deste tópico diz respeito aos oficiais militares **(frise-se, apenas os oficiais)** que se tornam inelegíveis quando não podem mais ocupar essa patente nem a sua atividade pela indignidade, uma punição militar específica.

Confira:

SÃO IMPEDIDOS DE CONCORRER:
"Os que forem declarados indignos do oficialato, ou com ele incompatíveis [...]" (LC 64/90, art. 1º, I, "f")
Esse impedimento dura 8 (oito) anos
Equivalente no Código Eleitoral projetado (PLP /2021): art. 170, IV

A Constituição trata disso conforme abaixo:

> CF/1988, art. 142, § 3º, VI: **o oficial só perderá o posto e a patente se for julgado indigno do oficialato** ou com ele incompatível, por decisão de tribunal militar de caráter permanente, em tempo de paz, ou de tribunal especial, em tempo de guerra;

Perdendo o posto e a patente pela indignidade, torna-se o oficial inelegível. A Lei 6.880/80, o Estatuto dos Militares, trata disso no art. 120. [175]

- **Situação 3:**

Leia:

MAGISTRADOS E MEMBROS DO MP INELEGÍVEIS (LC 64/90, ART. 1º, I, "Q")
São inelegíveis "os magistrados e os membros do Ministério Público que **forem aposentados compulsoriamente** por decisão sancionatória, que tenham **perdido o cargo por sentença ou que tenham pedido exoneração ou aposentadoria voluntária na pendência de processo administrativo disciplinar**"
Essa inelegibilidade dura 8 (oito) anos
Equivalente no Código Eleitoral projetado (PLP /2021): art. 170, XIII

175. Veja: Art. 120. Ficará sujeito à declaração de indignidade para o oficialato, ou de incompatibilidade com o mesmo, o oficial que:
I - for condenado, por tribunal civil ou militar, em sentença transitada em julgado, à pena restritiva de liberdade individual superior a 2 (dois) anos; II - for condenado, em sentença transitada em julgado, por crimes para os quais o Código Penal Militar comina essas penas acessórias e por crimes previstos na legislação especial concernente à segurança do Estado; III - incidir nos casos, previstos em lei específica, que motivam o julgamento por Conselho de Justificação e neste for considerado culpado; e IV - houver perdido a nacionalidade brasileira.

– Espera, professor. Tem uma coisa interessante que me deixou intrigada. Ali, diz que se o juiz ou o promotor pedirem para sair enquanto houver processo administrativo, eles ficam inelegíveis?

Sim. Isso é feito justamente para impedir que alguém tente burlar a lei, pedindo exoneração para evitar condenação que o tornaria inelegível.

– Mas e se a pessoa apenas quis sair mesmo de suas atividades?

Perceba que, nesse caso, a legislação não apresenta quaisquer exceções. Não há aqui aquela palavrinha que você mencionou acima: "salvo".

14.4. Inelegibilidade decorrente de condenações criminais (art. 1º, I, alínea *e*)

Inelegibilidade absoluta:
LC 64/90, art. 1º, I, alínea e

Quando estudamos direitos políticos, vimos que a **condenação criminal com trânsito em julgado suspende os direitos políticos** do condenado.

– Lembro disso, sim. Acho que isso está na Constituição, né?

Exato! Veja:

> **Constituição, direitos políticos e condenação criminal: CF/88, art. 15, III**
>
> **Art. 15. É vedada a cassação de direitos políticos, cuja perda ou suspensão só se dará nos casos de:**
>
> **III - condenação criminal transitada em julgado, enquanto durarem seus efeitos**

Se os direitos políticos de alguém são suspensos, ele não pode nem votar, nem se candidatar.

Veja que o inciso III, do art. 15, explica que essa **suspensão ocorre "enquanto durarem os efeitos da condenação"**, ou seja, até o cumprimento da pena e consequente extinção de punibilidade.

– Perfeito. Entendi tudo. Podemos ir para o próximo tópico.

Calma! Não é tão simples.

Há casos em que, mesmo quando há o cumprimento da pena na esfera penal, ainda ocorre o impedimento à candidatura, pelo prazo de 8 anos.

– Nossa! Por qual motivo isso acontece?

É uma escolha do legislador.

Em algumas situações, o fato que gerou a condenação foi considerado tão grave que, mesmo após o cumprimento da pena, esse indivíduo não deve ser aceito como gestor público ou legislador durante algum tempo.

– Então, deixa ver se eu entendi. Em alguns crimes, mesmo que a pessoa já tenha cumprido a sua pena, ela não pode se candidatar.

Isso mesmo. Nesses casos, a inelegibilidade acontece "**desde a condenação** até o transcurso do prazo de **8 (oito) anos após o cumprimento da pena**".

⚠ **Atenção!**

O Código Eleitoral projetado muda isso consideravelmente ao estabelecer que a inelegibilidade para esses casos dura: "desde a condenação até o transcurso do prazo de 8 (oito) anos".[176]

– Nossa, professor. Mudou muito mesmo, porque se esse Código passar esse prazo final não será mais contado a partir do cumprimento da pena, mas da condenação. Nem sei se concordo. Tenho que matutar sobre isso.

Mas vamos pensar no agora. Quais são essas hipóteses tão graves?

A lei das inelegibilidades estabelece isso (LC 64/90, art. 1º, I, e). São muitas hipóteses que podem ser mais bem compreendidas se catalogadas como eu fiz abaixo:

176. Art. 170, V, PLP 112/2021.

SÃO INELEGÍVEIS DESDE A CONDENAÇÃO CRIMINAL ATÉ O TRANSCURSO DO PRAZO DE 8 (OITO) ANOS APÓS O CUMPRIMENTO DA PENA (LC 64/90, ART. 1º, I, E)	
Crimes de muita gravidade, que despertam um clamor social	Tráfico de entorpecentes e drogas afins, racismo, tortura, terrorismo e hediondos Redução à condição análoga à de escravo Crime contra a vida e a dignidade sexual Crime por organização criminosa, quadrilha ou bando
Crimes contra o patrimônio	Crime contra o patrimônio privado, o sistema financeiro, o mercado de capitais e os previstos na lei que regula a falência e crime de lavagem ou ocultação de bens, direitos e valores
Crimes relacionados à seara eleitoral	Crime eleitorais, para os quais a lei comine pena privativa de liberdade
Crimes que prejudiquem diretamente bens e interesses públicos	Crime contra a economia popular, a fé pública, a administração pública e o patrimônio público Crimes contra o meio ambiente e a saúde pública Crime de abuso de autoridade, nos casos em que houver condenação à perda do cargo ou à inabilitação para o exercício de função pública
Necessária a condenação definitiva ou decisão de órgão judicial colegiado	
Não se aplica inelegibilidade aos crimes culposos, de menor potencial ofensivo ou aos crimes de ação penal privada (LC 64/90, art. 1º, § 4º)	
Equivalente no Código Eleitoral projetado (PLP /2021): art. 170, V Destaque: Essa inelegibilidade não se aplica também aos casos em que a pena tenha sido substituída pela restritiva de direitos[177]	

– Ufa, professor. Essa alínea só falta não acabar! Espero que não cobrem isso em prova. É impossível de decorar!

Sim, sim. São muitas hipóteses. Por isso facilita, primeiro, você aprender os grandes grupos que eu cataloguei, para depois estudar as hipóteses específicas.

Ao fim e ao cabo, eis as hipóteses que geram inelegibilidade: crimes considerados de enorme gravidade, contra o patrimônio privado, relacionados à seara eleitoral ou que violem bens e o interesse público.

177. Para críticas a essa mudança, com bons argumentos: GONÇALVES, Luiz Carlos dos Santos; ISSA, Marcelo. Op. cit.

Aproveitando o tema acima:

> **Enunciado n.º 59, da Súmula do TSE:** O reconhecimento da prescrição da pretensão executória pela Justiça Comum não afasta a inelegibilidade prevista no art. 1º, I, e, da LC nº 64/90, porquanto não extingue os efeitos secundários da condenação.
>
> **Enunciado n.º 60, da Súmula do TSE:** O prazo da causa de inelegibilidade prevista no art. 1º, I, e, da LC nº 64/90 deve ser contado a partir da data em que ocorrida a prescrição da pretensão executória e não do momento da sua declaração judicial.
>
> **Enunciado n.º 61, da Súmula do TSE:** O prazo concernente à hipótese de inelegibilidade prevista no art. 1º, I, e, da LC nº 64/90 projeta-se por oito anos **após o cumprimento da pena, seja ela privativa de liberdade, restritiva de direito ou multa**.

14.5. Inelegibilidade decorrente de responsabilização por algumas liquidações judiciais ou da proibição no exercício de determinadas atividades (art. 1º, I, alíneas: i, m)

Inelegibilidades absolutas: LC 64/90, art. 1º, I, alíneas: i, m

As duas últimas situações de inelegibilidades são bem específicas. Eu não saberia classificá-las em uma categoria única.

– Por isso que o título desse tópico só falta não acabar.

Exato. Desculpa. Veja as hipóteses.

- **Situação 1:**

São as inelegibilidades decorrentes de responsabilização pela liquidação judicial de alguns tipos de estabelecimentos financeiros. Confira:

SÃO IMPEDIDOS DE CONCORRER
"os que, em estabelecimentos de crédito, financiamento ou seguro, que tenham sido ou estejam sendo objeto de processo de liquidação judicial ou extrajudicial, hajam exercido, nos 12 (doze) meses anteriores à respectiva decretação, cargo ou função de direção, administração ou representação" (LC 64/90, art. 1º, I, "i")
▶ **Esse impedimento dura enquanto essas pessoas não forem exoneradas de qualquer responsabilidade**
▶ **Não há equivalente no Código Eleitoral projetado: PLP /2021**

– Realmente, isso é muito específico, professor. Nem vou pedir exemplo. Aliás, eu nem entendi por qual motivo alguém fica inelegível nesse caso.

Veja a lição de José Jairo.

> **Doutrina:** "Desnecessário dizer que a liquidação de instituições financeiras pode acarretar danos a um grande número de pessoas, além do risco gerado para a estabilidade do sistema financeiro em seu conjunto. Normalmente, situações como essa são acompanhadas de grande alvoroço no mercado".[178]

– Faz sentido. Há uma grande repercussão social nesse caso.

E perceba uma coisa. Imagine que alguém levou um banco à falência. Você queria essa pessoa administrando a sua cidade?

– Acho que não.

Não estou dizendo que essa pessoa, necessariamente, é um incompetente que levaria a cidade às ruínas. Mas o legislador entendeu por bem não permitir o acesso aos cargos eletivos nas situações acima, talvez pelas questões apontadas.

– Professor, mas eu acho que é mais fácil "quebrar" uma cidade do que um banco.

Kkkk. Provavelmente você tem razão.

Vamos para o último caso.

- **Situação 2.**

São as inelegibilidades decorrentes da proibição no exercício de determinadas atividades. Leia:

SÃO IMPEDIDOS DE CONCORRER:
"os que forem excluídos do exercício da profissão, por decisão sancionatória do órgão profissional competente, em decorrência de infração ético-profissional" (LC 64/90, art. 1º, I, "m")
▶ **Esse impedimento dura 8 (oito) anos, salvo se a decisão acima houver sido anulada ou suspensa pelo Poder Judiciário**
▶ **Equivalente no Código Eleitoral projetado (PLP /2021): art. 170, IX**

178. GOMES, José Jairo. *Op. cit.*, p. 312.

– Professor, acho que encontrei uma categoria para enquadrar esses três casos: inelegibilidade decorrente de incompetência, exercício indevido de profissão ou conduta incompatível com ela.

Gostei. Acho que é por aí mesmo.

– Então muda o título desse tópico!

Não! Vamos adiante.

– O professor é delicado igual a papel de enrolar prego.

14.6. Desincompatibilidades infraconstitucionais específicas (art. 1º, incisos II a VII)

Inelegibilidades relativas:
LC 64/90, art. 1º, II a VII

▸ **Equivalente no Código Eleitoral projetado (PLP /2021): art. 165**

Vimos o que é desincompatibilização no capítulo passado e estudamos as desincompatibilidades constitucionais.

DESINCOMPATIBILIZAÇÃO:

"Ato de desligamento voluntário de cargo, emprego ou função pública, de natureza temporária ou definitiva. Na seara eleitoral, os candidatos que ocupem determinados cargos elencados na lei são obrigados a desincompatibilizar-se para fins de evitar a inelegibilidade"[179]

O assunto deste tópico é, seguramente, um dos mais complicados de apresentar deste livro, pois não há uma lógica específica que determine em qual prazo alguém deve se afastar de uma função pública, por exemplo, para concorrer.

179. TAVARES, André Ramos; ALMEIDA, Renato Ribeiro de. *Op. cit.*, p. 59.

A Lei das Inelegibilidades (LC 64/90) ora fala em 6 meses, ora fala em 4 meses, ora fala em 3 meses.

Além disso, há prazos específicos para cada cargo: presidente, senador, deputado etc.

– Ou seja, eu não vou aprender nunca. Só decorando ou consultando a lei.

Se alguém te contratar para analisar uma inelegibilidade, basta concentração, saber onde procurar o tema e verificar os últimos entendimentos da Justiça Eleitoral sobre o caso que você quer resolver.

Mas vamos aos poucos. Primeiro, veremos algumas regras gerais.

Vou repetir algo que eu já falei antes:

Uma das razões para a desincompatibilização é **impedir que alguém, ao mesmo tempo, mantenha o acesso à máquina pública e ao poder político como um todo e realize campanha.** Pretende-se dificultar o uso indevido do poder político em campanha.

Na parte 7 do livro há capítulos apenas para lidar com isso: condutas vedadas aos agentes públicos em campanha e abuso do poder político.

Para aprender as situações de afastamento necessárias à candidatura, é só seguir um roteiro super básico:

ROTEIRO BÁSICO PARA IDENTIFICAR DESINCOMPATIBILIDADES

1. Verificar se alguém se enquadra em alguma das situações **de vínculo ou outro tipo de relação com a administração pública**, direta ou indireta, de forma permanente ou temporária, e que impede a candidatura, nos termos da LC 64/90, art. 1º, Incisos II a VII
2. Verificar o prazo mínimo para se afastar dessa situação antes da eleição

É a partir do roteiro acima que iremos discutir os principais casos que determinam afastamento.

– E eu já vi que ali está a previsão normativa do tema.

Isso mesmo. Você sempre atenta, né? **O assunto está previsto na Lei Complementar 64/90, art. 1º, Incisos II a VIII.**

14.6.1. Situações específicas de desincompatibilização

- **Cargo pretendido: Presidência**

Para concorrer para presidência é preciso, primeiramente, ler, com cuidado, o art. 1º, II, LC 64/90.

Os dois prazos **principais** para se ter em mente em relação ao afastamento de funções para se candidatar à presidência são os seguintes: **6 meses e 3 meses**. É importante aprender bem essas hipóteses, pois elas acabam por servir de base para os afastamentos aos demais cargos.

– Então, se eu aprender bem essa situação de afastamento para presidente, eu me preparo para os demais cargos. Entendi.

Veja:

AFASTAMENTOS NECESSÁRIOS PARA A CANDIDATURA À PRESIDÊNCIA (LC 64/90, ART. 1º, II)

Afastamento **definitivo:** pelo menos **6 meses antes do pleito** (art. 1º, II, a, LC 64/90)	Cargos ou altas funções de confiança ou assemelhados, como Ministros de Estado, chefes de órgão de assessoramento, o chefe do estado-maior das Forças Armadas, o advogado-geral da União, os chefes do estado-maior e os comandantes do Exército, Marinha e Aeronáutica Magistratura Mandatários de outros cargos eletivos Demais situações previstas no art. 1º, II, a, LC 64/90
Afastamento: **3 meses antes do pleito** (art. 1º, II, alínea l, LC 64/90)	Servidores públicos, estatutários ou não, dos órgãos ou entidades da Administração direta ou indireta da União, dos Estados, do Distrito Federal, dos Municípios e dos Territórios, inclusive das fundações mantidas pelo Poder Público, garantido o direito à percepção dos seus vencimentos integrais
Afastamentos com prazos diversos: demais alíneas do art. 1º, II, da LC 64/90 (b, d, e, f, g, h, i, j, l)	Hipótese importante: servidores que atuam na parte de lançamento, arrecadação ou fiscalização de tributos. Prazo de afastamento é de 6 meses (art. 1º, II, d, da LC 64/90)

– Por qual motivo não unifica esse prazo para 6 meses em todas as situações?

Perceba que, no caso dos servidores públicos efetivos ou estatutários, como eles continuam recebendo, seria muito ruim ao interesse público um afastamento de 6 meses para a candidatura. Talvez por isso esse prazo menor.

O prazo de 3 meses para afastamento do servidor público é o menor prazo desses de afastamento para a candidatura e costuma ser aplicado em todos os demais cargos.

Veja, por exemplo, esse caso de registro de candidatura para o cargo de prefeito:

> **Precedente:** "ELEIÇÕES 2016. **REGISTRO DE CANDIDATURA. DEFERIMENTO. CANDIDATO A PREFEITO.** [...] Esta Corte vem decidindo **pela necessidade de desincompatibilização, no prazo de 3 (três) meses antes do pleito**, de membros de Conselho Municipal, **equiparando-os à categoria de servidor público**".[180]

Sobre a situação dos servidores públicos, veja esses entendimentos jurisprudenciais, retirados da página do TSE que apresenta a LC 64/90:

> Não exigência de sujeição ao prazo de três meses para militar que não exerce função de comando, devendo afastar-se a partir do deferimento do registro de candidatura" (Ac. TSE, de 25.10.2016, no REspe nº 30516)
>
> **É necessária a desincompatibilização de servidor público cedido para a Câmara dos Deputados, mesmo que o servidor esteja lotado em cargo de localidade diversa do pleito, tendo em vista a potencial influência na circunscrição da eleição** (Ac. TSE, de 24.10.2019, no AgR-RO nº 060076396)
>
> **Precedente:** "Se o **servidor exerce suas atividades em outro município, não se opera a regra de incompatibilidade,** de modo que a natureza da atividade desenvolvida pelo servidor público é indiferente para a determinação do afastamento".[181]

Aproveitando o tema acima:

> **Enunciado n.º 5, da Súmula do TSE:** Serventuário de cartório, celetista, não se inclui na exigência do art. 1º, II, l, da LC nº 64/90.
>
> **Enunciado n.º 54, da Súmula do TSE:** A desincompatibilização de servidor público que possui cargo em comissão é de três meses antes do pleito e pressupõe a exoneração do cargo comissionado, e não apenas seu afastamento de fato.

Esses afastamentos para presidente são replicados para os casos de candidaturas aos cargos de governador e vice.

- **Cargo pretendido: Governador e vice**

SÃO INELEGÍVEIS PARA GOVERNADOR E VICE-GOVERNADOR DE ESTADO E DO DISTRITO FEDERAL (LC 64/90, ART. 1º, III)
a) os inelegíveis para os cargos de Presidente e Vice-Presidente da República especificados na alínea a do inciso II deste artigo e, no tocante às demais alíneas, quando se tratar de repartição pública, associação ou empresas que operem no território do Estado ou do Distrito Federal, observados os mesmos prazos

180. REspe nº 28641, Acórdão, Rel. Min. Tarcisio Vieira De Carvalho Neto, DJE 15/08/2017.
181. REspe nº 060009051, Acórdão, Rel. Min. Edson Fachin, DJE 23/11/2021.

SÃO INELEGÍVEIS PARA GOVERNADOR E VICE-GOVERNADOR DE ESTADO E DO DISTRITO FEDERAL (LC 64/90, ART. 1º, III)

b) até 6 (seis) meses depois de afastados definitivamente de seus cargos ou funções:
1. os chefes dos Gabinetes Civil e Militar do Governador do Estado ou do Distrito Federal;
2. os comandantes do Distrito Naval, Região Militar e Zona Aérea;
3. os diretores de órgãos estaduais ou sociedades de assistência aos Municípios;
4. os secretários da administração municipal ou membros de órgãos congêneres;

- **Cargo pretendido: Prefeito e vice**

Fora as situações especiais, como a dos servidores, que devem se afastar no prazo de 3 meses antes do pleito, os afastamentos para concorrer ao cargo de prefeito são de 4 meses.

SÃO INELEGÍVEIS PARA PREFEITO E VICE-PREFEITO (LC 64/90, ART. 1º, IV)

a) no que lhes for aplicável, por identidade de situações, os inelegíveis para os cargos de Presidente e Vice-Presidente da República, Governador e Vice-Governador de Estado e do Distrito Federal, observado o prazo de 4 (quatro) meses para a desincompatibilização;
b) os membros do Ministério Público e Defensoria Pública em exercício na Comarca, nos 4 (quatro) meses anteriores ao pleito, sem prejuízo dos vencimentos integrais;
c) as autoridades policiais, civis ou militares, com exercício no Município, nos 4 (quatro) meses anteriores ao pleito.

- **Demais Cargos**

Os afastamentos para os demais cargos partem das situações já vistas acima.

SÃO INELEGÍVEIS PARA O SENADO FEDERAL (LC 64/90, ART. 1º, V)

a) os inelegíveis para os cargos de Presidente e Vice-Presidente da República especificados na alínea a do inciso II deste artigo e, no tocante às demais alíneas, quando se tratar de repartição pública, associação ou empresa que opere no território do Estado, observados os mesmos prazos
b) em cada Estado e no Distrito Federal, os inelegíveis para os cargos de Governador e Vice-Governador, nas mesmas condições estabelecidas, observados os mesmos prazos

SÃO INELEGÍVEIS PARA A CÂMARA DOS DEPUTADOS, ASSEMBLEIA LEGISLATIVA E CÂMARA LEGISLATIVA (LC 64/90, ART. 1º, VI)

No que lhes for aplicável, por identidade de situações, os inelegíveis para o Senado Federal, nas mesmas condições estabelecidas, observados os mesmos prazos

SÃO INELEGÍVEIS PARA A CÂMARA MUNICIPAL (LC 64/90, ART. 1º, VI)
a) no que lhes for aplicável, por identidade de situações, os inelegíveis para o Senado Federal e para a Câmara dos Deputados, observado o prazo de 6 (seis) meses para a desincompatibilização
b) em cada Município, os inelegíveis para os cargos de Prefeito e Vice-Prefeito, observado o prazo de 6 (seis) meses para a desincompatibilização

14.6.2. Desincompatibilização no Código Eleitoral projetado

O Código Eleitoral projetado, PLP 112/2021, apresenta apenas dois grandes grupos de prazos de desincompatibilização.

No artigo 165, II, do texto original, (sempre lembrando que a numeração dos artigos inevitavelmente deve mudar e o próprio teor deles), há a previsão para o prazo de desincompatibilização dos agentes públicos: **"até o primeiro dia posterior à sua escolha em convenção"**. Segundo o projeto, essas convenções devem ocorrer entre 20 de julho a 5 de agosto do ano eleitoral (PLP/2021, art. 175).

> **PLP 112/2021, art. 165**
>
> II - **até o primeiro dia posterior à sua escolha em convenção**, em se tratando de exercício de **cargo, emprego ou função de qualquer natureza, remunerada ou não, em órgãos ou entidades da administração** pública direta, autárquica ou fundacional, bem como em empresas públicas e em sociedades de economia mista e suas subsidiárias, no âmbito da União, dos Estados, do Distrito Federal e dos Municípios.

As demais hipóteses ficam para o inc. I do art. 165. Eis os destaques.

Para concorrer, o cidadão deverá demonstrar que se desincompatibilizou do exercício de suas funções, independentemente da circunscrição, até o dia 2 de abril do ano das eleições, nas seguintes hipóteses
O código projetado elenca várias situações de pessoas no exercício de cargo ou função de direção em empresas ou entes diversos com algum relacionamento, direto ou indireto, com a administração pública (o leitor precisa consultar o texto)
"exercício de cargo, emprego, função ou qualquer outro vínculo contratual de apresentador ou de comentador em programas de rádio ou de televisão mantidos por empresas concessionárias e permissionárias de serviço de radiodifusão sonora e de sons e imagens"[182]
"agentes públicos, inclusive Ministro de Estado, Secretários de Estado, Secretários Municipais e os impedidos de exercer atividade político-partidária"[183], com algumas exceções

182. PLP 112/2021, art. 165, I, "e".
183. PLP 112/2021, art. 165, I, "f".

PARTE 6

O que acontece durante a corrida eleitoral?

15. PREPARAÇÃO DE UMA ELEIÇÃO

Quando eu falo a palavra "eleição", o que vem na sua mente em primeiro lugar?

– Essa é fácil: candidatos, partidos, eleitores, o que vimos agora sobre elegibilidade e inelegibilidade...

Certo. E o que mais?

– Espera. Já sei... As ações eleitorais, fiscalização de eleição. Pronto. Falei tudo.

Quase.

Este tópico é para acrescentar outros aspectos estruturais e humanos necessários para a ocorrência das eleições. São aspectos normalmente não tão discutidos.

Vamos começar.

15.1. Conhecendo os atos gerais de preparação e realização das eleições

Existe uma resolução expedida, normalmente em ano anterior à eleição, especificando ações necessárias para a realização de uma eleição. São os "atos gerais do processo eleitoral para as eleições".

Para as eleições de 2022, por exemplo, essa resolução é de a nº 23.669/2021.

São quatro grandes temas disciplinados:

RESOLUÇÃO SOBRE OS ATOS GERAIS DO PROCESSO ELEITORAL	
Tema	**Momento de ocorrência**
Preparação das Eleições	Antes do dia da eleição
Votação e fiscalização dos trabalhos eleitorais	Dia da eleição
Apuração e totalização das eleições	Logo após o encerramento das seções eleitorais e a diplomação
Procedimentos com as urnas após as eleições	Após a eleição

Como ainda estamos começando o estudo dos acontecimentos da corrida eleitoral, neste capítulo, veremos o primeiro tema.

Sobre os três últimos, conversaremos apenas no encerramento desta parte 6 do livro.

– Mas sobre o que fala a resolução nessa parte de "preparação das eleições". Isso é muito vago. É Tipo uma lista? 1. Comprar urnas; 2. Não esquecer de convocar juízes; 3. Mandar cartinhas de mesários etc.

Não é bem isso. Confira aqui os temas:

RESOLUÇÃO DE ATOS GERAIS DE ELEIÇÃO, PARTE DE "PREPARAÇÃO DAS ELEIÇÕES"
Sistemas de informática utilizados em eleição
Preparação das Mesas Receptoras de Votos (MRV) e Mesas Receptoras de Justificativa (MRJ)
Preparação dos locais de votação e locais de justificativa
Transporte de eleitores no dia da eleição
Transferências temporárias de eleitores
Preparação do voto no exterior
Preparação das urnas eletrônicas
Material de votação e justificativa

– Qual a repercussão prática de se saber as informações acima? Vamos ver tudo isso agora?

Não vamos ver tudo agora. Apresentei o panorama e, agora, pontuarei apenas alguns destaques.

A repercussão de se saber os temas acima é grande para quem realmente vai atuar nas eleições.

Se você vai acompanhar uma campanha como advogado de partido ou candidato, por exemplo, precisa saber os pontos práticos de preparação, realização e, principalmente, fiscalização das eleições. É nessa resolução que irá encontrar o que precisa.

Quando o candidato ganha as eleições, uma das primeiras coisas que pergunta à sua equipe jurídica é sobre a diplomação. É aqui o regramento dessa etapa.

Nos municípios onde acontece transporte de eleitores sob a fiscalização da Justiça Eleitoral, por exemplo, é aqui que o regramento deve ser buscado.

– Como assim transporte de eleitores?

Haverá um tópico sobre isso. Deixa eu encerrar o raciocínio.

Se você é juiz eleitoral, servidor da Justiça Eleitoral, ou membro do Ministério Público, precisa saber qual o regramento para os acontecimentos acima e se preparar para cada etapa que ocorrerá em sua respectiva unidade.

Nem tudo irá acontecer em todas as unidades, mas só conferindo a resolução acima para saber sobre isso. Uma das primeiras leituras de quem atua profissionalmente em eleições, incluindo quem as prepara, é a resolução de atos de eleição juntamente com o calendário eleitoral.

– E se eu só estudo para concurso? Não é o meu caso, mas pode ser que algum leitor esteja nessa situação.

Os artigos mencionados são bem importantes nesse caso, pois abordam os destaques da resolução que comentei.

Vamos começar.

15.2. Locais de votação especiais e transferências temporárias

O Ministério Público deve acompanhar o cumprimento das normas que garantem o voto aos presos provisórios e aos adolescentes em unidade de internação. A Defensoria Pública também pode atuar nesse sentido.

A disciplina do tema ocorre justamente na resolução sobre atos gerais de eleição. Eis um exemplo, tendo como base as eleições de 2022:

> **Res. TSE 23.669/21, art. 39.** As juízas e os juízes eleitorais, sob a coordenação dos TREs, deverão disponibilizar seções em estabelecimentos penais e em unidades de internação tratadas pelo Estatuto da Criança e do Adolescente (ECA), a fim de que as presas e os presos provisórios(as), e os(as) adolescentes custodiados(as) em unidades de internação tenham assegurado o direito constitucional ao voto.

Também deve ser garantido tratamento especial às pessoas com **deficiência ou mobilidade reduzida, que podem pedir transferência temporária**:

> **Res. TSE 23.669/21, art. 55.** A eleitora ou o eleitor com deficiência ou mobilidade reduzida que não tenha solicitado transferência para seções eleitorais aptas ao atendimento de suas necessidades até 4 de maio de 2022 poderá solicitar transferência temporária, no período estabelecido no art. 29, para votar em qualquer seção à sua escolha e conveniência.

– 4 de maio de 2022 deve ser aquele dia do fechamento do cadastro eleitoral sobre o qual falamos no capítulo de alistamento, né?

Isso mesmo. No alistamento, revisão ou transferência, esses eleitores podem escolher a seção mais adequada à sua situação. Se não conseguiram fazer isso até o fechamento do cadastro, nas eleições gerais, podem pedir a transferência temporária para votar, mas apenas para o cargo de presidente, em outro local que entendam mais adequados à sua situação. Normalmente isso acontece entre julho e agosto.

– É aquele voto em trânsito!

Isso mesmo. **Há outros casos de voto em trânsito.**[1] Estou vendo apenas os mais especiais. Ele também é aplicável ao eleitor indígena, aos quilombolas e aos integrantes de comunidades remanescente. Confira:

1. Veja, para as eleições de 2022, o art. 27, da Res. TSE 23.669/21. Além dos casos acima, podem votar em trânsito: eleitores em trânsito no território nacional; integrantes das Forças Armadas, da Polícia Federal, Polícia Rodoviária Federal, Polícia Ferroviária Federal, Polícia Civil, Polícia Militar, Polícia Penal Federal, Estadual e Distrital, dos Corpos de Bombeiros Militares e das Guardas Municipais, que estiverem em serviço por ocasião das eleições; mesárias, mesários e pessoas convocadas para apoio logístico e juízas e juízes eleitorais, servidoras e servidores da Justiça Eleitoral e promotoras e promotores eleitorais.

Res. TSE 23.669/21, art. 56. À eleitora e ao eleitor indígena, aos quilombolas e aos integrantes de comunidades remanescentes, é assegurada a transferência temporária para local de votação diverso da sua seção de origem, à sua escolha e conveniência, sem prejuízo da previsão para o fornecimento de transporte, nos termos do art. 21, parágrafo único, desta Resolução.

15.3. Sobre os mesários e demais recursos humanos necessários para uma eleição

– Não entendi este tópico. Pensei que já havíamos conversado sobre ele.

Você está certa e fico feliz que tenha lembrado.

Abri o tópico para direcionar aqueles que tenham aberto o livro ou consultado o índice apenas neste capítulo sobre "preparação de eleições" buscando informações sobre os mesários.

- Caro leitor, caso tenha chegado aqui sem ler os capítulos passados, os mesários mereceram capítulo exclusivo na parte 3 do livro sobre "quem realiza as eleições no Brasil". Boa leitura!

– O professor abriu um quadro só para falar com o leitor. Eu nunca mereci um quadro. ☹

- Exagerada. Eis um quadro para você.

15.4. Comissão de transporte de eleitores no dia da eleição

Existe uma lei, da década de 70, seguida até hoje quase sem alterações, tratando sobre o transporte e alimentação de eleitores no dia da eleição. É a Lei 6.091/74, ou Lei Etelvino Lins.[2]

– Não entendi.

2. Dispõe sobre o fornecimento gratuito de transporte, em dias de eleição, a eleitores residentes nas zonas rurais, e dá outras providências.

Na década de 70, como havia uma dificuldade de deslocamento em geral, e ausência de transporte público, editou-se uma lei transferindo para a Justiça Eleitoral, a pedido de interessados, a responsabilidade pelo transporte e alimentação dos eleitores no dia da eleição.

– Transporte de eleitores eu até entendo, mas alimentação?

Como eu disse, a lei é de outra época.

O receio era de que cabos eleitorais realizassem transporte de eleitor indevido e, no trajeto, cooptassem esse eleitor para votar em candidatos específicos.

– E isso não aconteceria mais hoje?

Eu não disse isso. Calma.

O fato é que é possível pedir atuação da Justiça Eleitoral para auxiliar no transporte de eleitores nos termos abaixo:

> **Res. TSE 23.669/21, art. 21**. O transporte de eleitoras e de eleitores realizado pela Justiça Eleitoral somente será feito dentro dos limites territoriais do respectivo município e quando, **das zonas rurais para os locais de votação, distar pelo menos 2 (dois) quilômetros** (Lei nº 6.091/1974, art. 4º, § 1º).
>
> **Parágrafo único. É assegurado o fornecimento de transporte, nos termos desta Resolução, à população de aldeias indígenas, quilombolas e integrantes de comunidades remanescentes, para viabilizar o exercício do voto.**

– Professor, por qual motivo escolheram esse patamar de "2 quilômetros"?

Como eu disse, a lei que fundamenta o artigo acima é da década de 70. Ela merece ser revista. Fica parecendo que os locais de votação se concentram na parte urbana e os eleitores da parte rural apenas teriam esses locais como opção.

Mas **várias zonas eleitorais, com áreas rurais, possuem locais de votação nessa parte rural**.

Além disso, há zonas rurais que são atendidas por transporte público que acaba nem rodando no dia da eleição, ou funcionam com a frota reduzida, por receio de algum tipo de multa ou punição pela Justiça Eleitoral. Na verdade, seria interessante uma reunião com quem realiza transporte público ordinário na zona rural para que, no dia da eleição, ele não apenas ocorresse, mas fosse incentivado.

– Eu não estou sabendo nem perguntar sobre o tema.

A melhor interpretação do artigo acima é a seguinte: **o eleitor da zona rural deve ter garantido transporte caso não exista, em até 2 quilômetros de sua residência, nenhum local de votação e, além disso, não exista transporte regular público na localidade.**

O ideal seria a revisão dos critérios acima e a reavaliação de como o problema deve ser tratado.

Para situações especiais relacionadas à população de aldeias indígenas, quilombolas e integrantes de comunidades remanescentes, talvez existam locais de votação que distam menos de 2 quilômetros, mas que, mesmo assim, são inacessíveis por alguma barreira geográfica, como rios. Casos assim mereceriam atenção distinta, mas não são albergadas pela lei.

– Ainda não entendi se essa comissão de transporte de eleitores é boa ou ruim.

Ela é mal disciplinada. O PLP 112/2021, projeto de lei que pode resultar no próximo Código Eleitoral, tratou do tema praticamente repetindo a lei da década de 70. Espero que o Senado reflita sobre isso.

Só para mudarmos de tema, vou apresentar a razão pela qual o transporte de eleitores sob responsabilidade da Justiça Eleitoral é inviabilizado em muitas zonas eleitorais pelo Brasil.

Muitos dos veículos usados para o transporte de eleitor pertencem ao poder público.

> **Res. TSE 23.669/21, art. 24.** Os veículos e as embarcações, devidamente abastecidos e tripulados, **de uso da União, dos estados e municípios e de suas respectivas autarquias e sociedades de economia mista, excluídos os de uso militar, ficarão à disposição da Justiça Eleitoral para o transporte gratuito de eleitoras e eleitores** [...].

São veículos que podem ser usados, desde que não interrompam serviços públicos essenciais:

> Parágrafo único. **Excetuam-se do disposto neste artigo os veículos e as embarcações em número justificadamente indispensável ao funcionamento de serviço público insusceptível de interrupção.**

O detalhe é que esses mesmos veículos e embarcações são necessários para a realização da própria eleição

As zonas eleitorais em cidades do interior não possuem, na maioria, veículos próprios e precisam requisitá-los da administração pública para uso pela equipe de eleição e deslocamento entre a zona eleitoral e os locais de votação. Sem esses transportes a eleição não é possível.

– Acho que entendi já a sinuca.

Em conclusão: **a criação da comissão de transporte deve observar, pelo menos, três premissas:**

a. Identificação do problema (ausência de transporte) e pedido de providências à Justiça Eleitoral com bastante antecedência (para eleições 2022, até 23 de agosto);

b. Não existência, em até 2 quilômetros da residência do eleitor de zona rural, de nenhum local de votação e, além disso, não existência de transporte regular público na localidade;

c. Não podem ser usados para transporte de eleitores embarcações e veículos públicos necessários aos trabalhos de eleição, como apoio de locais de votação.

– E se não sobrar nenhum veículo público?

Essa parece ser a realidade de muitas cidades. Como eu disse, o tema merece reflexão.

15.5. Considerações sobre os locais de votação

No ano de eleição, por determinação do juiz eleitoral, ocorre uma publicação com a designação dos lugares que funcionarão como locais de votação.[3]

Os locais de votação abrigam as mesas receptoras de votos (MRV) e as mesas receptoras de justificativas (MRJs).

Dessa designação, é possível questionamento. Veja, por exemplo, o que diz a resolução de atos de eleição para 2022:

3. Código Eleitoral, art. 135: Funcionarão as mesas receptoras nos lugares designados pelos juízes eleitorais 60 (sessenta) dias antes da eleição, publicando-se a designação.

> **Res. TSE 23.669/21, art. 14, § 4º:** Da designação dos locais de votação, qualquer partido político ou federação de partidos poderá reclamar à juíza ou ao juiz eleitoral, dentro de 3 (três) dias a contar da publicação, devendo a decisão ser proferida dentro de 2 (dois) dias (Código Eleitoral, art. 135, § 7º).

– E alguém reclama sobre isso?

Eu nunca vi. Quem, por vezes, aponta algum detalhe sobre a escolha do local são os responsáveis por eles. Antes da designação acima, eles precisam ser comunicados:

> **Res. TSE 23.669/21, art. 15:** Anteriormente à publicação dos locais designados para o funcionamento das mesas receptoras de que trata o art. 14 desta Resolução, as juízas e os juízes deverão comunicar às chefias das repartições públicas, às proprietárias, aos proprietários, às arrendatárias, aos arrendatários, às administradoras e aos administradores das propriedades particulares a determinação de que deverão ser os respectivos edifícios, ou parte deles, utilizados para a votação (Código Eleitoral, art. 137).

– Qualquer local serve?

Veja esses detalhes sobre os locais que devem ser escolhidos:

LOCAIS DE VOTAÇÃO (ART. 135, CÓDIGO ELEITORAL)

Preferencias	Proibidos
Preferência aos edifícios públicos Imóveis particulares podem ser usados na ausência, insuficiência ou inadequação dos locais públicos O proprietário do imóvel particular não pode se negar a cedê-los	Propriedade pertencente a candidata ou candidato, a integrante de diretório de partido político ou de federação de partidos, a delegada ou delegado de partido político ou de federação de partidos, a autoridade policial, bem como de seus parentes

- **Não pode haver seção eleitoral em fazenda, sítio ou qualquer propriedade rural privada, mesmo existindo prédio público no local**
- **Os danos nos bens decorrentes do uso como locais de votação serão ressarcidos**

Em algumas situações, essas proibições devem ser analisadas com cuidado. Há escolas particulares, por exemplo, que já funcionam como locais de votação por vários anos (situação pré-existente) e, em determinado pleito, um de seus donos ou parentes se candidata ou se vincula a partido. É preciso verificar se, em casos assim, proibir a continuidade daquele local não trará prejuízos ao eleitorado.

– Entendi. Faz sentido. E a acessibilidade, ela é levada em consideração?

Sim. Veja:

> **Res. TSE 23.669/21, art. 15:** Os TREs deverão expedir instruções às juízas e aos juízes eleitorais para orientá-los na escolha dos locais de votação, de maneira a **garantir acessibilidade às pessoas com deficiência ou com mobilidade reduzida**, inclusive em seu entorno e nos sistemas de transporte que lhe dão acesso (Código Eleitoral, art. 135, § 6º-A).

– Entendi. E há algum detalhe mais prático, alguma coisa mais específica que a lei não tenha tratado?

Que coisa. Curiosa, você, né? Mas acho que posso apontar um aspecto sim.

Por vezes, os locais de votação funcionam em espaços públicos, como escolas, que não possuem iluminação ou ventilação adequadas. Isso deve ser identificado com antecedência para que os problemas estruturais sejam analisados e resolvidos.

Se é ruim para o eleitor, que entra em seção sem ventilação e iluminação apenas para votar, imagina como se sente o mesário que passa o dia inteiro no local?

– E se os problemas de ventilação adequada ou iluminação forem antigos, tipo daqueles que não há muito o que fazer?

Infelizmente, é uma situação comum. O ideal é que se procure, junte aos setores competentes, a reforma ou adaptação do local.

– Mas uma prefeitura, por exemplo, é obrigada a ter salas em condições de ventilação e iluminação adequadas para a Justiça Eleitoral? Isso é preocupação da prefeitura ou da Justiça Eleitoral?

⚠ Atenção!

Se uma sala de aula não possui as condições mínimas de conforto para um mesário trabalhar nas eleições durante um único dia, como ela possui condições para que várias crianças estudem lá todos os dias?

– ...

Nossa, Minami! É verdade.

Não devemos pensar o problema na perspectiva da Justiça Eleitoral.

Se a sala não apresenta condições dignas de se estudar, ela não será digna de comportar uma seção eleitoral.

Nesse caso, é de se questionar, inclusive, como aquela escola está autorizada a funcionar. É algo a ser averiguado com antecedência e participação do Ministério Público, Eleitoral ou não.

Há situações de escolas públicas que funcionam por vários pleitos seguidos sem condições adequadas aos mesários.

– Que coisa! Então isso significa que as crianças estão estudando em locais insalubres durante todo esse tempo.

Pequenos detalhes que provocam muitos questionamentos.

Minami, vamos inaugurar uma campanha pública aqui neste livro:

Escola digna

"Se a sala de aula não é salubre para o mesário trabalhar um dia, como é salubre para a criança estudar todo dia"?

Muito bom! Gostei. Podemos encaminhar essa sugestão depois para a Justiça Eleitoral ou para o Ministério Público.

– Professor, não é possível que eles não tomem conhecimento dessa proposta quando esse livro estiver circulando.

Em todo o caso, há uma série de detalhes que precisam ser levados em consideração pela equipe que organiza a eleição.

Veja alguns deles no quadro que segue.

LOCAIS DE VOTAÇÃO

Alguns pontos de preocupação	Algumas ações possíveis
Acessibilidade	O ideal não é uma seção ou lugar acessível, mas que todos sejam igualmente acessíveis
Energia elétrica inconstante ou ausente	Verificar soluções com os responsáveis do local e a companhia de energia elétrica da região
Ventilação, iluminação e/ ou equipamentos sanitários comprometidos	Verificar soluções com os responsáveis do local Por vezes, instâncias deliberativas maiores devem ser acionadas, como o próprio chefe do executivo Os respectivos TRE´s podem auxiliar, a depender do caso
Posicionamento do sol	Em ano anterior ao eleitoral, visitar o local, no mês de outubro e no período da tarde, para analisar a incidência do sol e consequências
Espaços de aglomeração	Locais muito grandes, que permitem aglomeração, devem receber cuidado especial
Acesso ao local	Verificar a possível necessidade de interdição da rua Verificar a logística de acesso dos veículos ou embarcações que irão entregar e recolher as urnas
Segurança das urnas	Verificar se há sala segura no local para guardar a urna quando ela pernoita no local

– Professor, como assim "posicionamento do sol"? O que é possível fazer em relação a isso, mudar o sol de lugar?

Engraçadinha. No próximo capítulo, você só participa se os seus pais assinarem a observação que vou colocar na sua agenda de estudante.

Com antecedência, é possível resolver ou amenizar problemas decorrentes da incidência do sol: refletir sobre o direcionamento de filas, providenciar barreiras térmicas em algumas situações (plantas são ótimas para isso), evitar algumas salas de aulas específicas em locais com muitas opções.

O calor traz desconforto ao mesário. Muitos desistem de atuar após um pleito em locais insalubres. Além disso, excesso de temperatura deixa os ânimos de quem fica esperando nas filas mais acirrados.

Evidentemente, nem sempre haverá o que fazer.

– Uma árvore não cresce em um ano.

Algumas espécies de casuarina resolvem isso. Vamos prosseguir.

15.6. Urnas eletrônicas e cerimônia de carga de urnas

Um dos momentos mais importantes nos preparativos de eleição é a cerimônia de preparação ou de carga de urnas.

– Acho que já vimos o que significa a carga de urna.

Sim, já conversamos sobre isso.

Na **carga de urna os dados da eleição são inseridos nela**. **É a preparação da urna eletrônica para as eleições.** Atribuir uma carga é atribuir um peso. Na cerimônia de carga, a urna recebe o "peso da respectiva eleição".

São, pelo menos, duas etapas, cada uma delas com várias ações.

Vamos simplificar tudo aqui. Os detalhes do que veremos devem ser conferidos na resolução...

– Já sei: resolução sobre os atos gerais do processo eleitoral.

Isso mesmo. Vou usar, como exemplo, a Res. TSE 23.669/21, das eleições de 2022.

A primeira etapa de preparação das urnas é a de **geração de mídias**. Essas mídias são espécies de cartões de memória e pen drives que servirão para alimentar as urnas eletrônicas com os dados e programas de eleição.

Geração das Mídias para Uso e Preparação das Urnas (Res. TSE 23.669/21, art. 78 e seguintes)

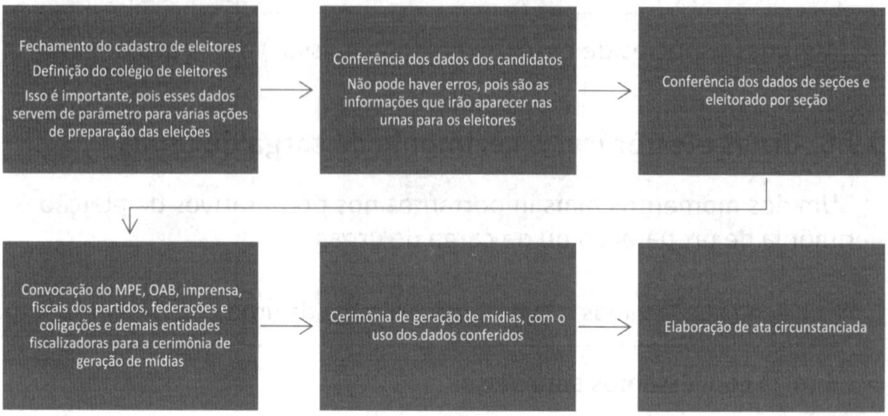

Com essas mídias, realiza-se a **cerimônia pública de preparação das urnas**. Confira:

Cerimônia de Preparação das Urna ou Cerimônia de Carga de Urnas (Res. TSE 23.669/21, art. 83 e seguintes)

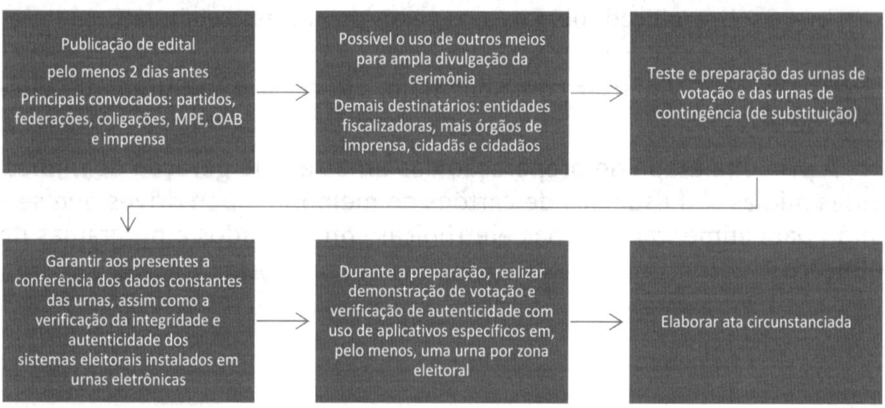

Fim do capítulo.

– Não vai falar sobre a segurança do processo eleitoral?

Não. Fugiria um pouco dos objetivos do livro. No site do TSE há muitas informações sobre isso. **Quem sabe em outro momento, se sobrar páginas.**[4] Mas essa resolução mencionada apresenta os sistemas usados e os procedimentos adotados. É um bom ponto de partida.

16. CONSIDERAÇÕES SOBRE O CALENDÁRIO ELEITORAL

Caro leitor, o assunto deste capítulo parece simples, mas repercute muito em tudo o que veremos de agora em diante.

> – Eita, professor. Espera... Eu estou aqui!
> Não precisa falar com o nosso leitor diretamente. Não me leve a mal... Eu gosto do nosso público, mas eu acho que tenho a preferência na sua atenção, né? Afinal, o livro é diálogos entre professor e aluna...

Tão ciumenta! Pois está bem.

Os preparativos da corrida eleitoral começam bem antes da campanha propriamente dita. São muitos acontecimentos ocorrendo ao mesmo tempo e todos eles possuem data certa de começo e fim. Para organizar todas essas ações, há uma resolução específica sobre o Calendário Eleitoral para cada eleição. Para as eleições de 2022, por exemplo, é a Res. TSE 23.674/2021.

Observe:

PARA NÃO ERRAR DATAS NO PROCESSO ELEITORAL

Consulte a resolução sobre o Calendário Eleitoral da respectiva eleição em qualquer site da Justiça Eleitoral (TRE´s ou TSE)
▸ **A resolução do Calendário Eleitoral não "cria" as datas para os eventos do processo eleitoral sem qualquer critério, mas consolida, de forma organizada e calendarizada, os eventos de eleição a partir da legislação eleitoral**

Para essa calendarização, a premissa é uma informação básica.

As eleições ocorrem no **primeiro domingo de outubro**, em primeiro turno, e no **último domingo de outubro**, em segundo turno, se houver, **do ano anterior ao do término do mandato dos cargos que serão escolhidos no pleito.**[5]

4. Nota do editor: veja o epílogo do livro.
5. Artigos 28, 29, II e 77 da Constituição Federal de 1988.

Essa data é um marco para vários atos de eleição, que são estabelecidos a partir dela. Veja esses exemplos considerando as eleições de 2022:

6 meses antes das eleições:

> **2 de abril – sábado:** Data até a qual todos os partidos políticos e federações que pretendam participar das eleições devem ter obtido registro de seus estatutos no Tribunal Superior Eleitoral (Lei nº 9.504/1997, art. 4º).
>
> Data até a qual pretensas candidatas e candidatos a cargo eletivo nas eleições devem ter **domicílio eleitoral na circunscrição na qual desejam concorrer e estar com a filiação deferida** pelo partido, desde que o estatuto partidário não estabeleça prazo superior.[6]
>
> Data até a qual o Presidente da República, as Governadoras ou os Governadores de Estado e do Distrito Federal e as Prefeitas e os Prefeitos devem **renunciar aos respectivos mandatos, caso pretendam concorrer a outros cargos.**[7]

151 dias antes do dia da eleição é uma data importante para a Justiça Eleitoral e para o cidadão brasileiro:

> **Último dia para a eleitora ou o eleitor solicitar operações de alistamento, transferência e revisão (Lei nº 9.504/1997, art. 91, caput).**
>
> Último dia para utilização do serviço de pré-atendimento via internet, para requerimento de operações de alistamento, transferência e revisão para eleitoras e eleitores no Brasil e no exterior.
>
> **Para as eleições de 2022, isso será no dia 4 de maio, uma quarta-feira.**

– Lembro disso. É aquele tal de fechamento de cadastro que vimos no capítulo sobre Alistamento Eleitoral.

Isso mesmo. De qualquer modo, o calendário é bem extenso e pode ser consultado facilmente na página de qualquer tribunal eleitoral. É uma ferramenta que não pode ser desconsiderada por quem atua em campanha.

– Pode dar mais exemplos de acontecimentos importantes que constam nesse calendário eleitoral? Só mais alguns, please!

Está bem. Vou exemplificar apresentando algumas datas relevantes relacionadas à propaganda eleitoral.

---

6. Lei nº 9.504/1997, art. 9º, caput e Lei nº 9.096/1995, art. 20, caput e Res. TSE nº 23.609, art. 10 e Res. TSE nº 23.609, art. 10.
7. Constituição Federal, art. 14, § 6º e Res. TSE nº 23.609, art. 13.

16.1. Datas e acontecimentos importantes relacionados à propaganda eleitoral

A seguir, algumas datas importantes relacionadas à propaganda eleitoral. Vou considerar as eleições de 2022[8] como exemplo, mas essas datas meio que se repetem em todas as eleições, tomando como base o dia das eleições.

16.1.1. Datas e eventos diversos que antecedem a campanha

15 de maio: início da arrecadação prévia de recursos por financiamento coletivo.[9]

– São aquelas lives de arrecadação de dinheiro que nós vimos, né?

Isso mesmo. Estudamos isso no capítulo sobre arrecadação e aplicação de recursos em campanha.

2 de julho (3 meses antes): proibição de propaganda institucional, a não ser nas exceções legais (veja o capítulo sobre condutas vedadas, na parte 7 deste livro).[10] **(Gestores públicos, leiam a nota de rodapé)**

5 de julho: início de propaganda intrapartidária, para escolher quem deve ser indicado candidato.[11]

6 de agosto: início de proibições para emissoras de rádio e televisão.[12] **(Gestores de emissoras, leiam a nota de rodapé)**

---

8. Informações extraídas da minuta de calendário eleitoral aprovada como Calendário Eleitoral para as Eleições de 2022.
9. Data a partir da qual é permitida a campanha de arrecadação prévia de recursos na modalidade de financiamento coletivo, observadas a vedação a pedido de voto e as regras relativas à propaganda eleitoral na internet (Lei nº 9.504/1997, art. 22-A, § 3º e Res. TSE nº 23.610/2019, art. 3º, § 4º).
10. Data a partir da qual é vedado aos(às) agentes públicos(as) das esferas administrativas cujos cargos estejam em disputa na eleição (Lei nº 9.504/1997, art. 73, VI, b e c, e § 3º): I – com exceção da propaganda de produtos e serviços que tenham concorrência no mercado, autorizar publicidade institucional dos atos, programas, obras, serviços e campanhas dos órgãos públicos federais, estaduais ou municipais, ou das respectivas entidades da administração indireta, salvo em caso de grave e urgente necessidade pública, assim reconhecida pela Justiça Eleitoral [...]
11. Lei nº 9.504/1997, art. 36, § 1º e Res. TSE nº 23.610/19, art. 2°, §1°.
12. Data a partir da qual é vedado às emissoras de rádio e de televisão, em sua programação normal e em seu noticiário (Lei nº 9.504/1997, art. 45, I, III, IV, V e VI; vide ADI nº 4.451 e Res. TSE nº 23.610/1, art. 43): I – transmitir, ainda que sob a forma de entrevista jornalística, imagens de realização de pesquisa ou de qualquer outro tipo de consulta popular de natureza eleitoral em que seja possível identificar o(a) entrevistado(a) ou em que haja manipulação de dados; II – veicular propaganda política; III - dar tratamento privilegiado

Destaques: proibição de tratamento privilegiado a candidata(o) e veiculação de propaganda política.

12 de agosto: data limite para a divulgação da tabela com a representatividade da Câmara dos Deputados e do Congresso Nacional pelo TSE, que definirá o tempo de televisão de partidos e federações.[13]

15 de agosto: Data a partir da qual não será permitida a realização de enquetes relacionadas ao processo eleitoral e caberá o exercício do poder de polícia contra a sua divulgação.[14]

16.1.2. O começo da campanha: 16 de agosto

A campanha propriamente dita começa no dia 16 de agosto:

Data a partir da qual será permitida a propaganda eleitoral, inclusive na internet.[15]

Data a partir da qual, até as 22h (vinte e duas horas) do dia 1° de outubro de 2022, poderá haver distribuição de material gráfico, caminhada, carreata ou passeata, acompanhadas ou não por carro de som ou minitrio.[16]

Data a partir da qual, até 30 de setembro de 2022, serão permitidas a divulgação paga, na imprensa escrita, e a reprodução na internet do jornal impresso, de até 10 (dez) anúncios de propaganda eleitoral, por veículo, em datas diversas, para cada candidata ou candidato, no espaço máximo, por edição, de 1/8 (um oitavo) de página de jornal padrão e de 1/4 (um quarto) de página de revista ou tabloide.[17]

– Eu não entendo. Eu achava que podia campanha antes. Muitos pré-candidatos começam a campanha bem antes, inclusive pela internet.

Isso ocorre porque a nossa legislação autoriza manifestação ampla mesmo antes do período de propaganda, a partir de alguns parâmetros. É o que alguns chamam de propaganda antecipada permitida.

---

a candidata, candidato, partido político, federação ou coligação; IV – veicular ou divulgar filmes, novelas, minisséries ou qualquer outro programa com alusão ou crítica a candidata, candidato, partido político, federação ou coligação, mesmo que dissimuladamente, exceto programas jornalísticos ou debates políticos; V – divulgar nome de programa que se refira a candidata ou candidato escolhido(a) em convenção, ainda quando preexistente, inclusive se coincidente com seu nome ou nome escolhido para constar da urna eletrônica, hipótese em fica proibida sua divulgação, sob pena de cancelamento do respectivo registro.

13. Res. TSE nº 23.610/19, art. 44, §6°.
14. Lei n° 9.504/1997, art. 33, § 5º, c.c. o art. 36 e Res. TSE nº 23.600/19, art. 23.
15. Lei nº 9.504/1997, arts. 36, caput, e 57-A e Res. TSE nº 23.610/19, arts. 2° e 27.
16. Lei nº 9.504/1997, art. 39, §§ 9º e 11 e Res. TSE nº 23.610/19, art. 16.
17. Lei nº 9.504/1997, art. 43, caput e Res. TSE nº 23.610/19, art. 42.

– Exemplo do que pode, por favor.

Basicamente, se a pessoa não pedir votos, pode se manifestar livremente.

Mas há um tópico o capítulo sobre propaganda eleitoral só para falar disso: o que é possível antes do dia 16 de agosto.

16.1.3. Datas que antecedem o primeiro turno

3 DIAS ANTES[18]	2 DIAS ANTES[19]	1 DIA ANTES[20]
29 de setembro	**30 de setembro**	**1º de outubro**
Fim do horário eleitoral gratuito do primeiro turno Último dia para comícios e uso de aparelhagem de som fixa em eventos (entre 8 e 24h) O comício de encerramento de campanha pode ser prorrogado por mais 2 h Último dia para a realização de debate no rádio e na televisão, admitida sua extensão até as 7h (sete horas) do dia 30 de setembro de 2022[21]	Fim da propaganda paga, na imprensa escrita e reprodução na internet de jornal impresso	Último dia para propaganda por alto-falantes (entre 8 e 22h) Último dia para distribuição de material gráfico e de eventos como caminhada, carreata ou passeata, acompanhados ou não de carro de som ou mini trio

– Puxa, só lendo essas datas e essa contagem regressiva já dá um frio na barriga. Imagina como fica o coração de quem está em campanha.

E de quem está preparando toda a eleição também. Realmente, é um evento bem emocionante, com muitos detalhes.

18. Código Eleitoral, art. 240, parágrafo único e Lei nº 9.504/1997, art. 39, §§ 4º e Res. TSE nº 23.610/19, art. 15, § 1º.
19. Lei nº 9.504/1997, art. 43, caput e Res. TSE nº 23.610/19, art. 42.
20. Lei nº 9.504/1997, art. 39, §§ 3º e 5º, I; Lei nº 9.504/1997, art. 39, §§ 9º e 11 e Res. TSE nº 23.610/19, art. 16.
21. Res. TSE nº 21.223/2002 e Res. TSE nº 23.610/19 art. 46, IV.

16.1.4. Entre o primeiro e segundo turnos

Logo após o primeiro turno, é preciso começar a propaganda para o segundo turno:

> **3 de outubro (1 dia após o primeiro turno)**[22]**:**
>
> Retorno da propaganda em geral: uso de alto-falantes, das 8h às 22h, distribuição de materiais, eventos como um todo (carreata, passeata etc.) e propaganda paga na imprensa escrita.
>
> **7 de outubro:** retorno da propaganda eleitoral gratuita relativa ao segundo turno até 2 dias antes do segundo turno.[23]

16.1.5. Datas que antecedem o segundo turno

3 DIAS ANTES[24]	2 DIAS ANTES[25]	1 DIA ANTES[26]
27 de outubro	**28 de outubro**	**29 de outubro**
Último dia para comícios e uso de aparelhagem de som fixa em eventos (entre 8 e 24h) O comício de encerramento de campanha pode ser prorrogado por mais 2 h	Último dia para o horário eleitoral gratuito no rádio e TV Fim da propaganda paga, na imprensa escrita e reprodução na internet de jornal impresso Último dia para a realização de debates no rádio e na televisão, não podendo ultrapassar o horário de meia-noite	Último dia para propaganda por alto-falantes (entre 8 e 22h) Último dia para distribuição de material gráfico e de eventos como caminhada, carreata ou passeata, acompanhados ou não de carro de som ou mini trio

22. Lei nº 9.504/1997, art. 39, §§ 3º, 9º e 11; Código Eleitoral, art. 240, parágrafo único, e Lei nº 9.504/1997, art. 39, §§ 9º e 11 e Res. TSE nº 23.610/19, art. 16; Lei nº 9.504/1997, art. 43, caput e Res. TSE nº 23.610/19, art. 42.
23. Lei nº 9.504/1997, art. 49, caput, e art. 51, § 2º e Res. TSE nº 23.610/19, art. 60.
24. Código Eleitoral, art. 240, parágrafo único, e Lei nº 9.504/1997, art. 39, § 4º e Res. TSE nº 23.610/19, arts. 5º e 15, § 1º.
25. Lei nº 9.504/1997, art. 49, caput, e art. 51, § 2º e Res. TSE nº 23.610/19, art. 60; Lei nº 9.504/1997, art. 43, caput e Res. TSE nº 23.610/19, art. 42; Res. TSE nº 22.452/2006 e Res. TSE nº 23.610/19, art. 46, IV).
26. Lei nº 9.504/1997, art. 39, §§ 3º e 5º, I; Lei nº 9.504/1997, art. 39, §§ 9º e 11 e Res. TSE nº 23.610/19, art. 16.

16.1.6. Retirada das propagandas após eleição

Após as eleições, normalmente 30 dias depois do pleito, os atores do processo devem diligenciar para removerem as propagandas...

– Deixar a cidade como era antes!

Esse é o espírito.

1° de novembro (2 dias após o segundo turno): Último dia para as candidatas, os candidatos, os partidos políticos, as federações e as coligações **removerem as propagandas relativas ao primeiro turno** das eleições e promoverem a restauração do bem em que afixada, se for o caso.[27]

29 de novembro (30 dias após o segundo turno): Último dia para as candidatas, os candidatos, os partidos políticos, as federações e as coligações **removerem as propagandas relativas ao segundo turno** das eleições e promoverem a restauração do bem em que afixada, se for o caso.[28]

17. ARRECADAÇÃO E APLICAÇÃO DE RECURSOS EM CAMPANHA

Um dos pontos sensíveis de qualquer campanha é a arrecadação de recursos.

– Mas nós já vimos como os partidos arrecadam dinheiro...

Isso mesmo. Acontece que a arrecadação dos partidos não é direcionada, necessariamente, às eleições. Ela é pensada para a sua própria manutenção.

Nas **campanhas,** há **arrecadações específicas**, com **regras** dispondo, inclusive, sobre a **aplicação desses recursos**. Além disso, **os próprios candidatos podem arrecadar recursos.**

Toda essa movimentação financeira deve ser apresentada à Justiça Eleitoral. São as **Prestações de Contas de Campanha Eleitoral.**

Mas, vamos por partes.

– Pode o candidato arrecadar dinheiro realizando aquelas lives, aqueles shows pela internet?

27. Res. TSE nº 23.610/19, art. 121.
28. Res. TSE nº 23.610/19, art. 121.

Calma, jovem... Precisamos aprender algumas coisas antes de responder uma pergunta como essa.

A arrecadação de recursos para campanhas eleitorais apenas pode acontecer com a observância de alguns requisitos.

O tema é disciplinado pela Res. TSE 23.607/19 que "dispõe sobre a arrecadação e os gastos de recursos por partidos políticos e candidatos e sobre a prestação de contas nas eleições".

Veja cuidados iniciais abaixo.

PRÉ-REQUISITOS PARA ARRECADAR EM CAMPANHA (ART. 3º, RES. TSE 23.607/19)

Para os candidatos	Para os partidos
O requerimento do registro de candidatura	O registro ou a anotação do órgão partidário junto à Justiça Eleitoral
A inscrição no Cadastro Nacional da Pessoa Jurídica (CNPJ)	A inscrição no Cadastro Nacional da Pessoa Jurídica (CNPJ)
A abertura de conta bancária específica destinada a registrar a movimentação financeira de campanha	A abertura de conta bancária específica destinada a registrar a movimentação financeira de campanha
Emissão de recibos eleitorais (para doações estimáveis em dinheiro e doações pela internet)	A emissão de recibos de doação na forma regulamentada pelo Tribunal Superior Eleitoral nas prestações de contas anuais

– Como assim? Candidato possui CNPJ? Mas ele não é pessoa física?

O candidato recebe um CNPJ para a sua campanha. Veja:

CNPJ PARA AS CAMPANHAS ELEITORAIS

"O candidato deverá ir à RFB pessoalmente emitir o seu CNPJ?

R: Não. A atribuição do CNPJ para candidatos é automática, a partir do pedido de registro de candidatura inserido no Sistema de Candidaturas (Cand). Os dados registrados no Cand são aqueles encaminhados automaticamente à RFB para cadastro no CNPJ. Portanto, deve-se ter o cuidado de que esses dados estejam corretos" [29]

– Parece que esse assunto é rico em detalhes.

Acertou... Por causa disso, não temos como esgotá-lo aqui. Vamos salientar as principais informações. Contudo, para alguns temas, será necessária uma consulta mais atenta à legislação e aos manuais e vídeos

29. TSE. Disponível em: < https://www.tre-ce.jus.br/eleicao/eleicoes-2020/prestacao-de-contas-eleicoes-2020 >. Acesso em 8 nov. 2021.

informativos sobre as prestações de contas de campanha disponibilizados no site da Justiça Eleitoral.

São tantos detalhes que, normalmente, são veiculados materiais para que partidos, candidatos, advogados, tesoureiros de agremiações e contadores possam aprender como realizar a prestação de contas.

– Contadores? Danou-se...

Serviços de contabilidade nessa parte são tão importantes quanto os serviços advocatícios. Vamos adiante.

17.1. Recursos destinados às campanhas

Veja:

PRINCIPAIS RECURSOS DESTINADOS AO FINANCIAMENTO DE CAMPANHAS[30]

Ações próprias	**Recursos dos próprios** dos **candidatos**
	Recursos próprios dos **partidos políticos**, desde que identificada a sua origem e que sejam provenientes de doações de pessoas naturais efetuadas aos partidos políticos, obtidas, inclusive, mediante comercialização de bens, serviços ou promoção de eventos de arrecadação; de contribuição dos seus filiados e de rendimentos decorrentes da locação de bens próprios dos partidos políticos
Doações	**Doações financeiras ou estimáveis em dinheiro de pessoas naturais**, obtidas, inclusive, mediante comercialização de bens ou serviços ou promoção de eventos de arrecadação realizados diretamente pelo candidato ou pelo partido político
	Doações de outros partidos políticos e de outros candidatos
Fundos específicos[31]	**Fundo Partidário**
	Fundo Especial de Financiamento de Campanha (FEFC)

– Acho que vimos isso quando conversamos sobre os partidos políticos. Além do Fundo Partidário, os partidos recebem esse tal de Fundo Especial de Financiamento de Campanha. Muita folga, né? Pronto, falei.

30. Res. TSE nº 23.604/2019, que regulamenta o disposto no Título III (finanças e contabilidade dos partidos), da Lei nº 9.096/95. Res. TSE 23.607/19, art. 15.
31. Fundos formados, em grande parte, por recursos públicos.

Calma... Lembre-se que o partido político não possui fins econômicos. Não é fácil a arrecadação dos recursos necessários para a manutenção das suas atividades. Também já vimos que as doações aos partidos foram limitadas. Eles não podem mais receber doações de pessoas jurídicas.

– Sim, sim. Lembro que falamos sobre tudo isso. Mas eu confesso que preciso estudar um pouco mais para formar um juízo de valor sobre o financiamento público de partidos e de campanhas eleitorais.

A questão é mesmo muito complexa. Mas vamos analisar como as coisas são, e não como elas talvez pudessem ser, para não fugirmos do tema da nossa conversa.[32]

– Pode arrecadar dinheiro realizando aquelas lives, aqueles shows pela internet?

Nossa... você quando encasqueta com uma coisa! Foco...

17.2. Fundo Especial de Financiamento de Campanhas (FEFC)

Uma das fontes de recursos dos partidos políticos é proveniente de dotações orçamentárias da União em ano eleitoral: o Fundo Especial de Financiamento de Campanha (FEFC).

Como esse é um tema diretamente relacionado às eleições, a disciplina dele é na Lei das Eleições, em seus artigos 16-C e 16-D. Não adianta procurar isso na Lei dos Partidos Políticos.[33] Sobre o tema também há a Res. TSE 23.605/19.

– Já desisti de tentar decorar tanta resolução. Mas eu fiquei curiosa em relação a esse FEFC, Minami. Afinal, de quanto dinheiro estamos falando?

É possível consultar isso no *site* do Tribunal Superior Eleitoral.

32. Sobre o tema, vale a leitura da ADI 4650 do STF, que discutiu o financiamento de campanha por empresas, decidindo pela impossibilidade: STF. ADI 4650, Rel. Luiz Fux, Tribunal Pleno, DJe 24/02/2016.

33. No PLP 112/2021, possível próximo Código Eleitoral, o tema do Fundo Partidário estará regulado na parte que trata dos partidos políticos e o FEFC na parte de arrecadação e aplicação de recursos em campanhas eleitorais.

Para as eleições de 2020, foram distribuídos: R$ 2.034.954.823,96.[34]

– Puxa vida... É isso mesmo? Nem sei dizer esse número. São quantas casas decimais: uma, duas, três... Dois bilhões de reais... Será que está certo?

Esse é o valor oficial informado no *site* do TSE.

– Quase um bilhão de Fundo Partidário e mais 2 bilhões de Fundo Especial de Campanha... E os partidos e candidatos ainda podem arrecadar para a sua campanha de forma privada...quanto dinheiro, né? Eu imagino, então, quanto deve custar uma eleição.

Nas eleições de 2020, o custo estimado inicial foi de cerca de 647 milhões de reais, segundo informações também do portal do Tribunal Superior Eleitoral[35]. Mas, certamente, o custo final foi bem maior.

– Quanta diferença!

E como esse dinheiro do FEFC é distribuído?

DIVISÃO DO FEFC (ART. 16-D, LE)	
48%	entre os partidos na proporção do número de representantes na Câmara dos Deputados na última eleição geral
35%	entre os partidos na proporção do percentual de votos válidos obtidos pelas siglas que tenham pelo menos um representante na Câmara
15%	entre os partidos na proporção do número de representantes no Senado[36]
2%	divididos igualmente entre todos os partidos registrados no TSE

34. TSE. Disponível em: < https://www.tse.jus.br/eleicoes/eleicoes-2020/prestacao-de-contas/fundo-especial-de-financiamento-de-campanha-fefc >. Acesso em 10 out. 2020.
35. TSE. Disponível em: < https://www.tse.jus.br/imprensa/noticias-tse/2020/Outubro/eleicoes-2020-custo-do-pleito-deve-girar-em-torno-de-r-647-milhoes >. Acesso em 10 out. 2020.
36. Marcos Ramayana apresenta fortes argumentos pela inconstitucionalidade do art. 16-D, entre outras razões, por incluir, como parâmetro de distribuição, o quantitativo de representantes do Senado Federal: "a inovação não se afigura simétrica e está inserida no âmbito da resoluta inconstitucionalidade, por afastar o parâmetro da isonomia, ou 'igualdade de chances' na representação popular como fiel critério democrático, pois é a efetiva representação do partido político na Câmara dos Deputados, com base no resultado das eleições, que deve ser considerada, garantindo-se, assim, um grau razoável de igualdade político e financeira" (RAMAYANA, Marcos. *Direto eleitoral.* 17 ed. Rio de Janeiro: Impetus, 2019, p. 155).

Um detalhe curioso do tema é o seguinte: nas eleições realizadas de 2022 a 2030, os votos dados a candidatas ou a candidatos negros para a Câmara dos Deputados serão contados em dobro para fins de distribuição dos valores do FEFC aos partidos. Confira:

> **Res. TSE 23.605/19:** Art. 5º, § 3º-A: Para fins de distribuição entre os partidos políticos dos recursos do Fundo Partidário e do FEFC, **os votos dados a candidatas ou a candidatos negros para a Câmara dos Deputados nas eleições realizadas de 2022 a 2030 serão contados em dobro.**[37]

– Interessante isso. Acho que já havia mencionado isso quando falamos sobre os partidos políticos lá atrás. Quem tiver mais votos para candidatas e candidatos negros receberá mais! Mas como garantir que, dentro do partido, eles irão investir na candidatura dessas pessoas?

Os recursos do FEFC **somente ficam à disposição após a definição dos critérios para a sua distribuição dentro do partido**. São balizas que devem ser aprovadas pela maioria absoluta dos membros de direção nacional.[38] Dentro desses parâmetros, é preciso observar os seguintes percentuais de distribuição:

PERCENTUAIS OBRIGATÓRIOS DE DISTRIBUIÇÃO DAS VERBAS DO FEFC (RES. TSE 23.605/19)	
Para as candidaturas femininas	O percentual corresponderá a proporção dessas candidaturas em relação a soma das candidaturas masculinas e femininas do partido, não podendo ser inferior a 30% (trinta por cento)
Para as candidaturas de pessoas negras	O percentual corresponderá à proporção de: a) mulheres negras e não negras do gênero feminino do partido b) homens negros e não negros do gênero masculino do partido

– Bacana! Espero que isso aumente nossa representatividade e as das pessoas negras.

Perceba que como estamos falando de verba pública de valor considerável, há, aqui, uma das justificativas para a prestação de contas dos

37. Emenda Constitucional nº 111/2021, art. 2º.
38. Lei nº 9.504/1997, art. 16-C, § 7º.

gastos de campanha eleitoral. Veremos que outra razão é para evitar o abuso do poder econômico.

Em todo o caso, exige-se a **abertura de uma conta corrente exclusiva para a movimentação do FEFC**. Isso facilita a fiscalização dessa quantia.

– Se pudesse arrecadar dinheiro com eventos virtuais tipo lives, talvez nem precisasse de tanto dinheiro público.

Desisto... vamos falar sobre isso no próximo tópico.

17.3. Doações de pessoas naturais (físicas)

– Não entendi esses parênteses no título.

É que a legislação trata os indivíduos como "pessoas físicas", mas o Código Civil nos ensina que eles são pessoas naturais.

– Então é um "rigor terminológico".

Hahaha. Isso mesmo. O fato é que as pessoas naturais podem realizar doações de forma individual ou coletiva. Podem, ainda, ceder bens o realizar serviços para candidatos ou partidos. Veja:

DOAÇÕES DE PESSOAS NATURAIS (TERCEIROS) OU DE RECURSOS PRÓPRIOS, INCLUSIVE PELA INTERNET (RES. TSE 23.607/19, ART. 21)	
Transação bancária	Obrigatoriedade da identificação do CPF do doador
Doação ou cessão temporária de bens e/ou serviços estimáveis em dinheiro	Necessário demonstrar que o doador é proprietário do bem ou é o responsável direto pela prestação de serviços
Instituições que promovam técnicas e serviços de financiamento coletivo por meio de sítios da internet, aplicativos eletrônicos e outros recursos similares	São os chamados financiamentos coletivos ou *crowdfundings*[39], que devem obedecer a um regramento bem específico (art. 23, IV, LE e Res. sobre arrecadação e gastos eleitorais)

39. Acórdão do TSE, de 8.5.2018, na Cta nº 060023312: Crowdfunding designa o apoio de uma iniciativa por meio da contribuição financeira de um grupo de pessoas; Acórdão do TSE, de 17.4.2018, na Cta nº 060413774: as instituições que pretendam intermediar a arrecadação de doações devem ser constituídas como pessoas jurídicas, não podendo ser associações de fato ou sociedades de fato.

DOAÇÕES DE PESSOAS NATURAIS (TERCEIROS) OU DE RECURSOS PRÓPRIOS, INCLUSIVE PELA INTERNET (RES. TSE 23.607/19, ART. 21)

▶ **Todos os recursos recebidos, incluindo estimáveis em dinheiro, cessão de bens e valores de financiamento coletivo devem possuir origem identificada**

– Então, não pode a realização de lives? Só pode essa vaquinha coletiva? E o que é "serviço estimável em dinheiro"?

Por partes.

Se alguém não possuir dinheiro para doar, mas quiser realizar algum serviço em benefício de uma campanha, essa prestação de serviços será contabilizada como doação de "serviço estimável em dinheiro".

Em relação às *lives*, vou abrir um tópico para explicar melhor isso em sua homenagem.

Antes, só mais uma informação:

> **Res. TSE. 23.607/19, Art. 21:** § 1º As doações financeiras de valor igual ou superior a R$ 1.064,10 (mil e sessenta e quatro reais e dez centavos) só poderão ser realizadas mediante transferência eletrônica entre as contas bancárias do doador e do beneficiário da doação ou cheque cruzado e nominal. § 2º O disposto no § 1º aplica-se também à hipótese de doações sucessivas realizadas por um mesmo doador em um mesmo dia.

17.3.1. Eventos de arrecadação de recursos e financiamento coletivo (lives de arrecadação e crowdfunding)

Preciso antecipar algo que veremos com mais detalhes nas conversas sobre propaganda eleitoral. A Lei das Eleições assim delibera:

> **Art. 39. A realização de qualquer ato de propaganda partidária ou eleitoral, em recinto aberto ou fechado, não depende de licença da polícia.**

Mas:

> **§ 7º É proibida a realização de showmício e de evento assemelhado para promoção de candidatos, bem como a apresentação, remunerada ou não, de artistas com a finalidade de animar comício e reunião eleitoral.**[40]

40. Res. TSE 23.610/19, art. 17: Parágrafo único. A proibição de que trata o caput deste artigo não se estende: II - às apresentações artísticas ou shows musicais em eventos de arrecadação de recursos para campanhas eleitorais previstos no art. 23, § 4º, V, da Lei nº 9.504/1997. Veja capítulo sobre propaganda eleitoral.

– Eu lembro disso. Acho até que esses showmícios não podem já faz um tempo, né?

Sim.

Mas, nas eleições de 2020, por causa da impossibilidade de aglomeração de pessoas, o assunto ganhou novas cores. Houve uma consulta ao TSE, realizada pelo Partido Socialismo e Liberdade (PSOL), para saber se seria possível a participação de candidatos em eventos virtuais não remunerados.

Esses eventos são justamente essas transmissões ao vivo de artistas pela internet...

– As lives!

Isso mesmo. As *lives* com artistas e candidatos foram batizadas de "livemício".

Veja o que se entendeu sobre isso:

LIVES ELEITORAIS OU "LIVEMÍCIOS": PRECEDENTE PELA IMPOSSIBILIDADE

"[...] A realização de eventos com a presença de candidatos e de artistas em geral, transmitidos pela internet e assim denominados como 'lives eleitorais', equivale à própria figura do showmício, ainda que em formato distinto do presencial, tratando-se, assim, de conduta expressamente vedada pelo art. 39, § 7º, da Lei 9.504/97"[41]

– Então a minha ideia de arrecadar dinheiro com lives furou.

Calma... Esse tema voltou aos tribunais.

Determinado candidato foi impedido de realizar uma *live* de arrecadação de fundos para a sua campanha e pediu providências junto ao TSE. Decidiu-se que seria possível a realização do evento de arrecadação, desde que não houvesse pedido expresso de votos. Nesse caso, também se entendeu que eventual descumprimento à legislação eleitoral deveria ser analisado *a posteriori*.

41. TSE. CONSULTA nº 060124323, Acórdão, Rel. Min. Luis Felipe Salomão. DJE 23/09/2020.

LIVES PARA ARRECADAÇÃO DE RECURSOS PARA CAMPANHAS: PRECEDENTE PELA POSSIBILIDADE

"Em juízo superficial, a apresentação do cantor, organizada no formato descrito, a princípio pode, em tese, ser amparada pela regra do art. 23, § 4º, V, da Lei 9.504/97, segundo o qual é permitido a candidatos e legendas comercializarem bens ou serviços, ou, ainda, promoverem eventos de arrecadação para a campanha"[42]

O STF também se manifestou nesse sentido, na ADI 5.970, que pedia, entre outras coisas, a inconstitucionalidade do §7º, art. 39, da LE citada acima.

Decidiu-se pela impossibilidade de showmícios, mas se entendeu que artistas podem participar de eventos para arrecadação de recursos.

PARTICIPAÇÃO DE ARTISTAS EM EVENTOS DE ARRECADAÇÃO: PRECEDENTE PELA POSSIBILIDADE

"O Tribunal, por maioria, julgou parcialmente procedente a ação direta, para conferir interpretação conforme à Constituição ao art. 23, § 4º, inc. V, da Lei nº 9.504/1997, visando incluir no seu escopo a **possibilidade de realização de apresentações artísticas ou shows musicais em eventos de arrecadação de recursos para campanhas eleitorais** [...]"[43]

– Que reviravolta! Então a minha ideia é boa. É possível lives para arrecadar recursos.

Em tese, sim. Mas veja que não se pode, nesse evento, pedido de voto. Quando conversarmos sobre propaganda eleitoral, veremos o que pode ou não ser considerado propaganda eleitoral antecipada irregular.

E outro detalhe. Os eventos de arrecadação de recursos são bem regulados pela legislação eleitoral. Os doadores devem ser pessoas naturais...

– Pessoas físicas!

Já que insiste.

Os doadores devem ser pessoas físicas devidamente identificadas.

Os eventos de arrecadação estão previstos na LE, art. 23, §4º, V:

> **Art. 23. Pessoas físicas poderão fazer doações em dinheiro ou estimáveis em dinheiro para campanhas eleitorais, obedecido o disposto nesta lei.**

42. BRASIL. TSE. Tutela Cautelar Antecedente nº 060160003, Acórdão, Rel. Min. Luis Felipe Salomão. Publicado em Sessão, Data 05/11/2020.
43. STF. ADI 5970. Rel. Min. Dias Toffoli. Plenário, 07.10.2021.

> **§ 4º As doações de recursos financeiros somente poderão ser efetuadas na conta mencionada no art. 22 desta lei por meio de:**
>
> **V - comercialização de bens e/ou serviços, ou promoção de eventos de arrecadação realizados diretamente pelo candidato ou pelo partido político.**

Esses eventos são possíveis desde 15 de maio do ano eleitoral:

> Lei das Eleições (9.504/97), Art. 22-A, § 3º:
>
> § 3º Desde o dia 15 de maio do ano eleitoral, é facultada aos pré-candidatos a arrecadação prévia de recursos na modalidade prevista no inciso IV do § 4º do art. 23 desta Lei, mas a liberação de recursos por parte das entidades arrecadadoras fica condicionada ao registro da candidatura, e a realização de despesas de campanha deverá observar o calendário eleitoral.

Se esses eventos de arrecadação ocorrerem no formato virtual, o ideal é que alguma instituição especializada em financiamento coletivo pela *internet* participe disso.

O financiamento coletivo (ou *crowdfunding*) é possível como fonte de renda para as campanhas, mas ele é muito bem regulado pela LE, art. 23, §4º, IV:

> [...]
>
> **§ 4º As doações de recursos financeiros somente poderão ser efetuadas na conta mencionada no art. 22 desta lei por meio de:**
>
> **IV - instituições que promovam técnicas e serviços de financiamento coletivo por meio de sítios na Internet, aplicativos eletrônicos e outros recursos similares [...]**

São vários requisitos listados para a realização dessa modalidade de arrecadação.

Veja alguns:

PRINCIPAIS CUIDADOS NA REALIZAÇÃO DE FINANCIAMENTOS COLETIVOS (RES. TSE 23.607/19, ART. 22)
Cadastro prévio de entidades realizadoras na Justiça Eleitoral[44], que estabelecerá algumas regras para a arrecadação e prestação de contas
Identificação obrigatória, incluindo nome e CPF, de cada doador e de quanto foi doado
Publicização de lista, em sítio eletrônico, dos doadores e respectivas doações
Emissão de recibo com envio imediato para a Justiça Eleitoral
Não receber recursos de fontes vedadas
Observância do calendário eleitoral

44. O cadastro das entidades é feito pelo *site* da Justiça Eleitoral, na aba da respectiva eleição. Normalmente, o tema é veiculado na parte de prestação de contas de eleição.

– São muitos detalhes.

Sim. E perceba que é importante a identificação de quem está doando, entre outras coisas, para evitar doações por pessoas jurídicas.

Na hipótese de realização de *lives* para arrecadação, o ideal é que a recepção das quantias doadas seja feita nos moldes acima, com a intermediação de uma dessas entidades que trabalhem com financiamento coletivo.

17.3.2. Doações acima do limite permitido por pessoa natural

– Uma pessoa jurídica não pode realizar doações para campanhas. Isso eu entendi. Eu estava pensando aqui se não seria possível driblar essa proibição.

Por exemplo: o que impede uma pessoa física de doar fortunas entregues a ela por empresas para repassarem a candidatos? Em outras palavras: e se uma pessoa jurídica realizar doações por meio de "laranjas"?

A lei pensou nisso e estabeleceu limites para essas doações.

LIMITE DAS DOAÇÕES POR PESSOAS NATURAIS (LE, ART. 23, § 1º)
10% (dez por cento) dos rendimentos brutos auferidos pelo doador no ano anterior à eleição
▶ **As pessoas naturais podem realizar doações estimáveis em dinheiro, mas não se aceita que participem de eventos do tipo showmícios, autorizando-se, contudo, a sua participação em eventos de arrecadação**[45]

No capítulo sobre "captação ou gastos Ilícitos de campanha" veremos o que fazer contra pessoa física que tenha doado acima do limite permitido.

– Pessoa física. Gostei!

45. "O Tribunal, por maioria, julgou parcialmente procedente a ação direta, para conferir interpretação conforme à Constituição ao art. 23, § 4º, inc. V, da Lei nº 9.504/1997, visando incluir no seu escopo a possibilidade de realização de apresentações artísticas ou shows musicais em eventos de arrecadação de recursos para campanhas eleitorais" STF. ADI 5970. Plenário, 07.10.2021 (Sessão realizada por videoconferência - Resolução 672/2020/STF).

17.4. Fontes vedadas e recursos de origem não identificada

Veja:

FONTES VEDADAS NO FINANCIAMENTO DE CAMPANHAS (RES. TSE 23.607/19, ART. 31)

Vedação para partido político e candidato receber, direta ou indiretamente, doação em dinheiro ou estimável em dinheiro, inclusive por meio de publicidade de qualquer espécie, procedente de:

- **Pessoas jurídicas**
- **Origem estrangeira**
- **Pessoa física permissionária de serviço público**

Perceba que não é possível nem doações estimáveis em dinheiro pelos sujeitos acima. Sei que vai pedir exemplos.

– Na verdade, professor, acho que eu sei dar exemplos.

Uma empresa não pode doar dinheiro, nem emprestar os seus carros ou funcionários para trabalharem na campanha de alguém.

Exatamente! Não pode, também, doar imóveis para o funcionamento do comitê, por exemplo.

– Mesmo que a empresa seja do candidato?

A legislação não excepciona. Então, mesmo se a empresa pertencer ao candidato, é preciso muito cuidado por ele e por sua assessoria para que não se misturem as coisas.

Para tentar burlar a proibição acima, por vezes, há a dissimulação dos recursos recebidos. Para evitar isso, não é possível a utilização de recursos de origem não identificada.

EXEMPLOS DE RECURSOS DE ORIGEM NÃO IDENTIFICADA (PARA LISTA COMPLETA, VEJA: RES. TSE 23.607/19, ART. 32)

Ausência de identificação do doador, ou identificação incorreta

Ausência de identificação do doador originário, em doações financeiras recebidas de outros candidatos ou partidos políticos

Informação de inscrição no CPF inválida do doador, pessoa natural, ou do CNPJ, quando o doador for candidato ou partido político

O uso de valores não identificados em campanha configura ilícito grave. É o famoso "caixa dois". No capítulo sobre arrecadação e gastos ilícitos em campanha veremos o que fazer nesse caso.

– Mas e se alguém recebe quantias, mas não sabe quem mandou, o que é que ele faz?

Veja:

> **Res. TSE 23.607/19:** Art. 32. Os recursos de origem não identificada não podem ser utilizados por partidos políticos e candidatos e devem ser transferidos ao Tesouro Nacional por meio de Guia de Recolhimento da União (GRU).

– Entendi. Isso parece meio atrasado, né: GRU. Bastava mandar um PIX para o Tesouro Nacional.

17.5. Gastos eleitorais

Os gastos eleitorais se submetem a um controle quantitativo, qualitativo e formal.

Controle quantitativo	A legislação estabelece o valor máximo de custo de uma campanha
Controle qualitativo	A legislação estabelece o que são gastos eleitorais
Controle formal	A legislação estabelece a forma de recepção e movimentação dos recursos

– Muto justo, né? Afinal, aquele FEFC é composto de dinheiro nosso.

Isso. E esse rigor todo é necessário para se evitar o abuso do poder econômico em campanhas eleitorais.

17.5.1. Limites dos gastos em campanhas eleitorais

A primeira coisa para se destacar em relação aos gastos eleitorais, é que há um teto para eles estabelecido por lei. Os parâmetros são mais ou menos esses:

Lei das Eleições: Art. 18-C. O limite de gastos nas campanhas dos candidatos às eleições para prefeito e vereador, na respectiva circunscrição, será equivalente ao limite para os respectivos cargos nas eleições de 2016, atualizado pelo Índice Nacional de Preços ao Consumidor Amplo (IPCA), aferido pela Fundação Instituto Brasileiro de Geografia e Estatística (IBGE), ou por índice que o substituir.

– Deve ser muito complicado calcular isso.

Não precisa. O TSE, normalmente, divulga essa informação em seu *site.*

– Mas ali apenas consta o limite de gastos para as campanhas municipais.

Muito bem notado. Para as eleições presidenciais, o Congresso Nacional, costuma estabelecer esse valor. A partir dessa lei, o TSE edita portaria dando maior publicidade disso:

Res. TSE 23.607/19: Art. 4º Os limites de gastos de campanha serão definidos em lei e divulgados pelo Tribunal Superior Eleitoral. § 2º A Presidência do Tribunal Superior Eleitoral publicará portaria até 20 de julho do ano das eleições para divulgação dos limites de gastos de campanha.

– E se essa lei não vier? Gasta quanto quiser?

Excelente observação!

Para as eleições de 2018, isso foi feito pela Lei nº 13.488/2017. Para 2022, decidiu-se que, mesmo sem lei estabelecendo esse valor, o TSE poderia editar a portaria acima.

TSE. CTA 0600547-50, decidida em 7/12/2021: "O Tribunal, por unanimidade, conheceu da consulta, exclusivamente em relação ao item 2, para respondê-la afirmativamente, no sentido de que, inexistindo lei específica que disponha sobre teto de gastos de campanha para as eleições de 2022, ato regulamentar do TSE poderá dispor a respeito [...]"

– E o que acontece se alguém gastar mais do que deveria?

Fiz um quadro sobre isso. São duas consequências possíveis.

PUNIÇÕES PARA O DESCUMPRIMENTO DO LIMITE DE GASTOS (LE, ART. 18-B)
Multa no valor correspondente a 100% (cem por cento) da quantia que ultrapassar o limite estabelecido
Possibilidade de apuração da ocorrência de abuso do poder econômico e aplicação de suas consequências

17.5.2. Gastos eleitorais

Sobre o controle qualitativo, basta consultar a Res. TSE 23.607/19, que trata dos gastos eleitorais a partir do art. 35.[46]

– Facilita um pouco, Minami. Fala aí como que pode gastar.

Está bem. São os seguintes os grupos de gastos:

GASTOS	EXEMPLOS
Propaganda eleitoral	Materiais diversos de campanha, como impressos, carros de som para atos de campanha nos termos da lei, despesas para realização de comícios Publicidade em geral, incluindo produção de jingles, vinhetas e slogans Produção de material para programas no rádio, na televisão ou na internet, inclusive os destinados à propaganda gratuita Despesas com páginas na internet e com o impulsionamento de conteúdos nos termos da lei
Estruturas físicas	Aluguel de locais para a promoção de atos de campanha e despesas em geral de instalação e manutenção de comitês e serviços necessários às eleições
Transporte e gastos com pessoal	Despesas com transporte em geral e com recursos humanos para as campanhas
Multas	Multas aplicadas, até as eleições, aos candidatos e partidos políticos por infração do disposto na legislação eleitoral
Diversos	Realização de pesquisas eleitorais Doações para outros partidos políticos ou outros candidatos Correspondências e despesas postais

46. Com base no art. 26, da Lei das Eleições.

– Não entendi a parte de "impulsionamento de conteúdo".

Veremos isso no capítulo de propaganda eleitoral.

E isso me lembra uma coisa. Sempre que a propaganda eleitoral for feita fora dos parâmetros legais, os gastos com essa veiculação devem ser considerados como gastos irregulares de campanha.

– Exemplo, please?

Veremos, no capítulo de propaganda eleitoral, que não é possível, em uma praça pública, por exemplo, a veiculação de propaganda mediante cavaletes. Se essa propaganda vedada for realizada, o gasto com ela é ilícito.

Há dois gastos acima que merecem um destaque.

O primeiro deles está relacionado à contratação de pessoal para prestação de serviços de militância e de mobilização de rua nas campanhas eleitorais.

A legislação limita esse quantitativo, a depender do número de eleitores do município ou do tipo de eleição.

– Acho muito justo, professor. Imagine se alguém precisasse de 3 mil votos para ser eleito! Bastava contratar 3 mil pessoas! Afinal, acho que a possibilidade dessas pessoas votarem nesse candidato é imensa.

Na verdade, nem precisa contratar tudo isso para o exemplo que você falou. Se considerarmos que cada contratado pode, em tese, resultar em três votos (o seu e de dois familiares), bastaria contratar mil pessoas.

Os critérios numéricos para essa contratação estão na Res TSE 23.607/19, art. 41, ou a partir do art. 100-A, da Lei das Eleições.

– Nada para ajudar nesse tema, professor?

O TSE costuma fazer os cálculos desses limites e divulgá-los.

Veja o exemplo abaixo, das eleições de 2018 e a partir do eleitorado da época:

UF	Município com maior eleitorado	Limite de contratação do município de maior eleitorado	Presidente e Senado	Governador	Deputado Federal	Deputado Estadual
CE	Fortaleza	2.045	2.045	4.090	1.432	716
BA	Salvador	2.098	2.098	4.196	1.469	735
SP	São Paulo	9.324	9.324	18.648	6.527	3.264

– Entendi. E qual o outro gasto que merece atenção?

Vamos analisar o enunciado normativo abaixo:

> **Res. TSE 23.607/19, art. 35:**
>
> § 11. **Os gastos com combustível são considerados gastos eleitorais** apenas na hipótese de apresentação de documento fiscal da despesa do qual conste o CNPJ da campanha, **para abastecimento de**:
>
> I - **veículos em eventos de carreata, até o limite de 10 (dez) litros por veículo, desde que** feita, na prestação de contas, a indicação da quantidade de carros e de combustíveis utilizados por evento;

– Não entendi. Então, os partidos e candidatos podem pagar combustível para os eleitores participarem de carreatas... A lei permite isso? Isso não é uma espécie de "compra de votos"?

Vamos por partes.

Essa distribuição de combustível para participação em carreatas não está sendo considerada ilícita, desde que não ocorra de forma indiscriminada e que não ocorra pedido explícito de votos. Vejamos alguns precedentes.

PRECEDENTES SOBRE DISTRIBUIÇÃO DE COMBUSTÍVEIS EM CARREATAS

"Conforme iterativa jurisprudência desta Corte Superior, é lícita a distribuição de combustível vinculada à participação dos beneficiários em carreata, desde que a distribuição não seja feita de forma indiscriminada e que não ocorra pedido de votos"[47]

"A teor da jurisprudência desta Corte, a entrega de combustível a eleitores que participarem de carreata apenas configurará captação ilícita de sufrágio se houver, conjuntamente, pedido explícito ou implícito de votos"[48]

47. TSE. AI nº 060066386. Acórdão. Rel. Min. Edson Fachin. DJE 01/07/2020.
48. TSE. REspe nº 53865. Acórdão. Rel. Min. Luis Felipe Salomão. DJE 16/03/2020.

– Professor, eu não entendi. Se um candidato entrega combustível para alguém participar de sua carreata, não está pedindo implicitamente voto?

Pois é. Esses precedentes são ruins e esse tema merecia uma análise mais cuidadosa pelas cortes eleitorais. Mas a legislação eleitoral autoriza isso.

A participação em eventos políticos deveria ser espontânea. Quando se autoriza o abastecimento de carros de eleitores, isso acaba privilegiando o poder econômico. As maiores carreatas serão aquelas de candidatos com maior poder econômico.

– Professor, isso não está certo. Na cidade de minha avó, formam-se filas e mais filas intermináveis de carros nos postos de combustível que vão abastecer dizendo que vão participar desses comícios. Mas quem é que garante que esse pessoal não quer apenas encher o tanque? Até acaba o combustível em alguns postos. Isso deveria ser proibido. Como é que se controla isso?

Como eu disse, o tema é delicado. É muito complicado, por exemplo, comprovar abuso do poder econômico pela dificuldade da colheita de provas nessa situação que você mencionou.

– Então não há solução?

Na parte 7 do livro, veremos como combater: captação e gastos ilícitos em campanha e os abusos em eleição, como o do poder econômico. Na parte 8, veremos os procedimentos possíveis contra essas situações.

Em tese, no caso de distribuição de combustível abusiva, a depender do caso, pode-se pensar em medidas como a Ação de Investigação Judicial Eleitoral (AIJE), Ação de Impugnação ao Mandato Eletivo (AIME) ou Representação por arrecadação e gastos indevidos (art.30-A, da Lei das Eleições).

Como eu disse, veremos tudo isso ainda.

– E o MPE pode fazer alguma coisa?

Pode sim. Ele é legitimado para todas as ações acima mencionadas.

Além disso, uma forma de se combater não apenas distribuição indiscriminada de combustível, mas outros abusos, é justamente pela realização de um trabalho prévio de inteligência, pelo Ministério Público Eleitoral,[49] atuando, por exemplo, junto aos postos de combustíveis para que essa distribuição aconteça com algum controle e que isso seja documentado de forma a possibilitar o cotejo dos gastos efetivos com aqueles informados nas prestações de contas de campanha.

Também é possível medidas para apurar o tipo penal do art. 299, do Código Eleitoral.[50]

– Mas, Minami, parece que as decisões que você mostrou acima dificultam a conclusão de que há abusos nesses casos.

Sim, mas há precedentes que já concluíram pela distribuição ilícita, quando ela aconteceu sem controle. Em determinado município, **considerou-se abusiva a entrega gratuita e ostensiva de gasolina**, abarcando vários veículos, em valores de R$ 20,00 a R$ 40,00 cada, **faltando apenas oito dias para as eleições, bastando que os eleitores portassem adesivos de propaganda do beneficiado**, em município de pequeno porte, omitindo-se isso no "ajuste contábil de campanha".[51]

– Bem. Então, ainda há esperança. Mas que isso está errado, está...

17.5.3. Formalidades no controle de gastos eleitorais

Vimos que há requisitos para a arrecadação de quantias destinadas às campanhas.

Em relação aos gastos, algumas formalidades devem ser observadas também. Veja:

49. No capítulo sobre o Ministério Público Eleitoral, vimos alguns procedimentos possíveis ao MPE para lidar com os ilícitos: Procedimento Preparatório Eleitoral (PPE), Procedimento Investigatório Criminal (PIC) e Procedimento Administrativo.
50. "Para a caracterização do crime previsto no art. 299 do Código Eleitoral é imprescindível a demonstração do dolo específico do agente, consistente na finalidade de obter ou dar voto ou prometer abstenção mediante a entrega ou promessa de uma benesse ou vantagem a um eleitor, o que não restou suficientemente demonstrado. 3. Para a caracterização do crime previsto no art. 299 do Código Eleitoral, não basta desqualificar a versão defensiva sobre a distribuição de combustíveis para participação em carreata, sendo necessário provar que a conduta teve como finalidade a corrupção do eleitor". TSE. AI nº 9389, Acórdão, Rel. Min. Edson Fachin. DJE 27/05/2021.
51. TSE. AI nº 53757, Acórdão, Rel. Min. Jorge Mussi. DJE 16/08/2019.

DATA DE INÍCIO DE GASTOS DE CAMPANHA E ALGUMAS FORMALIDADES (RES. TSE 23.607/19, ART. 36)

Os gastos de campanha por partido político ou candidato somente poderão ser **efetivados a partir da data da realização da respectiva convenção partidária**

A **efetivação é a data da contratação, e não a data do pagamento**

Os gastos de preparação da campanha poderão ser contratados a partir da data efetiva da realização da respectiva convenção partidária

O **efetivo desembolso financeiro** depende da **obtenção do número de inscrição no CNPJ**, da **abertura de conta bancária específica** para a movimentação financeira de campanha e da **emissão de recibos eleitorais**

– Nossa... quantos detalhes!

Há muito mais. Na verdade, estou apenas pontuando alguns. O ideal é a leitura atenta da resolução específica para a arrecadação e gastos de recursos em campanha.

– Já sei... Basta consultar o site do TSE.

Outro ponto importante: **a movimentação financeira deve ser completamente rastreável, identificável**. É por isso que ela deve ocorrer em contas bancárias.

Veja:

FORMA DE REALIZAÇÃO DOS GASTOS ELEITORAIS (ART. 38, RES. TSE 2022)

Cheque nominal cruzado

Transferência bancária que identifique o CPF ou CNPJ do beneficiário

Débito em conta

Cartão de débito da conta bancária

PIX, somente se a chave utilizada for o CPF ou o CNPJ

▶ **Ressalvados os gastos de pequeno vulto: despesas individuais que não ultrapassem o limite de meio salário-mínimo, vedado o fracionamento de despesa**

– Pode até PIX! Que moderno. Mas para qualquer gasto é preciso observar toda essa formalidade? E se eu tiver de pagar o rapaz que pintou um muro do comitê e cobrou cem reais para isso. Eu não posso pagar isso em dinheiro vivo?

É por isso que ali consta a ressalva para os gastos considerados "de pequeno vulto". Para eles, é possível a utilização de uma reserva em dinheiro, conhecida como **fundo de caixa.**[52]

Mesmo assim, esse **fundo de caixa** deve corresponder ao máximo de **2% (dois por cento) dos gastos contratados na campanha.**

Além disso, o fundo de caixa deve ter **transitado previamente pela conta bancária específica da campanha**, para que se identifique a sua origem.

É devido a essa necessidade de se identificar a origem e o destino dos recursos que se exige, por exemplo, que em todo material de campanha eleitoral impresso conste o número de inscrição no CNPJ ou o número de inscrição no CPF do responsável pela confecção e de quem a contratou, bem como a respectiva tiragem.[53]

17.6. Prestação de contas de campanha

A prestação de contas sobre arrecadação e gastos de campanha está prevista também na Res. TSE 23.607/19, a partir do art. 45.

– Minami, são muitos detalhes de arrecadação e gastos. Ainda existe essa prestação de contas? Não é muita burocracia para concorrer?

Eu já escutei muitos candidatos e representantes de partidos me falarem isso. Acontece que é preciso uma sindicância sobre como as contas são financiadas e como o dinheiro foi gasto para evitar, entre outras coisas, abuso de poder econômico na campanha. Muitos reclamam do excesso de regras e dizem que a legislação é complicada.

– Eles não estão com razão? É muita coisa mesmo para aprender.

Entenda uma coisa. Essas pessoas pretendem se tornar ou legisladores ou chefes do executivo. Se eleitos, vão lidar diretamente com a coisa pública. Mais do que isso: vão ditar os rumos da coisa pública em temas complexos como orçamento e execução das políticas públicas. Se um candidato não consegue administrar as contas de sua própria campanha, como conseguirá lidar com as complexas prestações de contas dos seus atos como mandatário de cargo eletivo? **Como alguém quer, por exemplo, tornar-se um legislador, para elaborar leis, se não entende e cumpre as leis das regras do jogo da própria campanha? Como um prefeito,**

52. Art. 39, Res. TSE 23.607/19.
53. Lei das Eleições (9.504/1997), art. 38, § 1º.

por exemplo, vai deixar o município com contas saneadas se nem nas contas de campanha conseguiu fazer isso?

– ...

Sem palavras. Me pegou nessa. Tem razão. Isso serve até como uma espécie de estágio do que ele vai enfrentar, né? Me convenceu.

Todos devem prestar contas? Até os candidatos que perderam ou não gastaram nada?

Calma apressada.

Devem prestar contas:

a. **O candidato**

b. **Os órgãos partidários, ainda que constituídos sob forma provisória: nacionais, estaduais, distritais e municipais.**

– Até os candidatos que perderam ou não gastaram nada?

Quem renunciou, desistiu de candidatura, foi substituído ou teve o registro indeferido deve prestar contas em relação ao período em que participou do processo eleitoral, mesmo que não tenha realizado campanha (art. 45, § 6º).

– Até os candidatos que perderam ou não gastaram nada?

Você e essa mania de ficar repetindo pergunta. Mas o que você apontou é bem importante.

Mesmo sem movimentação de recursos de campanha, financeiros ou estimáveis em dinheiro, deve o partido político e o candidato prestarem contas na forma da Res. TSE 23.607/19.

É importante lembrar que o candidato é diretamente responsável pela sua campanha. A administração financeira da campanha é feita ou por ele, ou por pessoa designada por ele.

É preciso prestar contas dos recursos repassados pelo partido, inclusive os relativos à quota do Fundo Partidário ou do Fundo Especial de Financiamento de Campanha (FEFC), recursos próprios ou doações de pessoas físicas.

– Mas se a pessoa não entende nada de finanças, como é que faz?

É por isso que dois profissionais são importantes nessa etapa. O contador e o advogado:

> **Res. TSE 23.607/19, art. 45:** § 4º A arrecadação de recursos e a realização de gastos eleitorais devem ser acompanhadas por profissional habilitado em contabilidade desde o início da campanha, o qual realizará os registros contábeis pertinentes e auxiliará o candidato e o partido na elaboração da prestação de contas, observando as normas estabelecidas pelo Conselho Federal de Contabilidade e as regras estabelecidas nesta Resolução. § 5º É obrigatória a constituição de advogado para a prestação de contas.

Se a prestação for de órgão partidário, os responsáveis pela veracidade das informações das contas serão o presidente, o tesoureiro do partido político e o profissional habilitado em contabilidade.

– Mas o partido já não presta contas todos os anos?

Sim, mas dos gastos ordinários do partido, para a sua manutenção e para ações fora do período de corrida eleitoral. Por isso, ele deve prestar contas dos gastos de campanha.

As prestações de contas de campanha devem ser feitas pelos órgãos partidários, em todas as suas esferas, **dos recursos arrecadados e aplicados exclusivamente em campanha, ou da sua ausência, perante**:

COMPETÊNCIA PARA ANÁLISE E JULGAMENTO DE CONTAS (RES. TSE 23.607/19, ART. 46)

Eleições municipais	Respectiva zona eleitoral
Eleições federais, estaduais ou distritais	Respectivo tribunal regional eleitoral
Eleições presidenciais	Tribunal Superior Eleitoral
Em municípios com mais de uma zona eleitoral, verificar resolução do respectivo TRE para saber qual será o responsável pela análise e julgamento de contas	

– Já sei. Deve ter sistema para isso.

E tem mesmo, mas o processo tramita pelo Processo Judicial Eletrônico (PJE):

> **Art. 46, § 1º**: A prestação de contas deve ser encaminhada por intermédio do Sistema de Prestação de Contas de Campanha Eleitoral (SPCE), que fará automaticamente a autuação e a integração no Processo Judicial Eletrônico (PJE).

– E deve ter manual de instruções sobre tudo isso no site da Justiça Eleitoral...

Perfeito. Você já entendeu como a Justiça Eleitoral funciona, né?

Um dos maiores problemas sobre prestação de contas de campanha é o desconhecimento dos candidatos com menos experiência dessa exigência. Por vezes, eles se submetem à corrida eleitoral e são informados pelo partido ou coligação de que não precisam se preocupar com prestação de contas, pois o órgão partidário cuidará de tudo. Infelizmente, isso nem sempre acontece e há muitos casos de prestações omissas ou prestadas sem os requisitos legais.

– E quando a prestação deve ocorrer, depois da campanha?

Durante a campanha, já há a exigência de apresentação de algumas informações sobre as contas. O fato de haver um sistema intermediando esse envio de dados facilita nisso.

Prestações de Contas Parciais:

Res. TSE 23.607/19, art. 47. Os partidos políticos e os candidatos são obrigados, durante as campanhas eleitorais, a enviar por meio do SPCE à Justiça Eleitoral, para divulgação em página criada na internet para esse fim:

I - os dados relativos aos recursos financeiros recebidos para financiamento de sua campanha eleitoral, em até 72 (setenta e duas) horas contadas do recebimento;

II - relatório parcial discriminando as transferências do Fundo Partidário e do Fundo Especial de Financiamento de Campanha (FEFC), os recursos financeiros e os estimáveis em dinheiro recebidos, bem como os gastos realizados.

A Res. TSE 23.607/19 explica isso e outros aspectos da prestação parcial com detalhes.

Ela deve ser encaminhada pelo SPCE, pela internet, **entre os dias 9 a 13 de setembro do ano eleitoral**, "dela constando o registro da movimentação financeira e/ou estimável em dinheiro ocorrida desde o início da campanha até o dia 8 de setembro do mesmo ano" (art. 47, § 4º).

– E essas informações prestadas são divulgadas?

Sim. No dia 15 de setembro, do ano eleitoral, o TSE divulga em sua página essas prestações de contas parciais de campanha.

Essas prestações parciais enviadas pelo SPCE são recebidas e autuadas automaticamente no Processo Judicial Eletrônico (PJe). O prestador de contas recebe o número do processo judicial eletrônico autuado pelo próprio SPCE. A partir disso, deve providenciar a juntada da procuração de seu advogado, que deve acompanhar essa tramitação (art. 48, Res. TSE 23.607/19).

– E o que se faz? Já começa a analisar essa prestação?

Sim, é possível. Mas a resolução sobre o tema também autoriza o sobrestamento desses processos para aguardar as prestações finais.

PRAZO PARA AS PRESTAÇÕES DE CONTAS FINAIS
Referentes ao primeiro turno: até o 30º dia posterior à realização das eleições
Referentes ao segundo turno: até o 20º dia posterior à sua realização, apresentando-se a movimentação financeira referente aos dois turnos
▶ **Prestações finais são juntadas às parciais, se houver**

– Como é a elaboração e tramitação dessa prestação?

A elaboração e transmissão é explicada na Res. 23.607/19, a partir do artigo 53. É nesse diploma que os interessados encontrarão informações sobre os dados e os documentos necessários. O procedimento, basicamente, é assim:

Tramitação da prestação de contas (Res. TSE 23.607/19, art. 53 e ss)

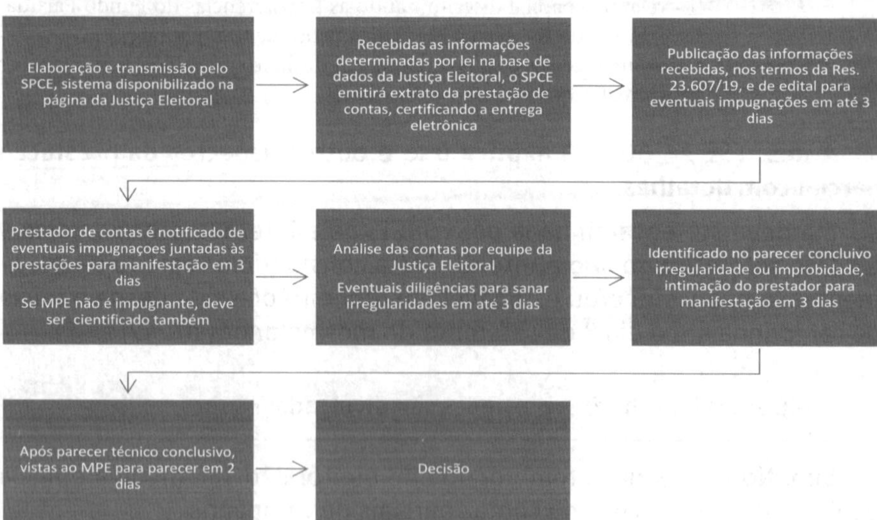

Para gastos de até R$ 20.000,00 ou ausência de gastos, a Justiça Eleitoral adotará sistema simplificado de prestação de contas. Além disso, nas eleições para prefeito e vereador em municípios com menos de 50 mil eleitores, a prestação de contas será feita pelo sistema simplificado (Lei 9.504/1997, art. 28, § 11).

– Qual a diferença?

Res. TSE 23.607/19: Art. 63. O sistema simplificado de prestação de contas se caracteriza pela análise informatizada e simplificada da prestação de contas.

– Fiquei com uma dúvida. Esse "parecer técnico" vincula o magistrado?

Boa pergunta. Rodrigo Cavalcante possui estudo específico sobre as prestações de contas de campanha e pode falar melhor sobre isso.

Doutrina sobre o parecer da unidade técnica em prestação de contas de campanha: "[...] não existe obrigação legal para manifestação técnica, porquanto ausente qualquer menção para tanto, na LE; segundo, não está o magistrado nem obrigado a ouvir unidade técnica, muito menos vinculado à manifestação que contiver nos atos, embora a resolução de regência traga um 'iter' para a análise técnica, inclusive com manuseio de sistemas"[54]

– Então nem precisa de parecer.

Eu não disse isso. Rodrigo Cavalcante inclusive aponta que a resolução que trata de prestação de contas de campanha traz a previsão desse parecer, **concluindo que se trata de um documento "[...] instrutivo ou informativo, ainda que muito importante ao convencimento do juiz".**[55]

– Entendi. É uma espécie de guia para o magistrado.

E o que acontece se as contas são desaprovadas? E mais, o que acontece se não há prestação de contas?

Cada pergunta dessas merece um tópico.

54. CAVALCANTE, Rodrigo Ribeiro. *Eleições 2020: arrecadação, despesas e prestação de contas eleitorais, sentença e consequências.* Curitiba: Íthala, 2020, p. 52.
55. CAVALCANTE, Rodrigo Ribeiro. *Op. Cit.* p. 54.

17.6.1. *Ausência na prestação de contas*

Não havendo a prestação de contas, ocorre o seguinte.

Omissão na prestação de contas (Res. TSE 23.607/19, art. 49, § 5º)

Identificação e informação dos omissos em até 3 dias do fim do prazo de prestação → Autuação da informação no PJE na classe Prestação de Contas, se não havia prestação parcial já autuada → Juntada pela unidade técnica da Justiça Eleitoral de extratos eletrônicos e outros documentos mencioados na Res. 23.607/19, art. 49, § 5º → Candidato com prestação parcial já autuada será intimado para prestar contas finais em 3 dias e o omisso é citado para prestar contas no mesmo prazo → Abertura de vistas ao MPE para parecer em 2 dias → Permanecendo a omissão, contas são julgadas não prestadas

– Quais as consequências dessa decisão de contas não prestadas?

Confira:

CONSEQUÊNCIAS DE CONTAS ELEITORAIS NÃO PRESTADAS (ART. 80, RES. 23.607/19)	
Ao candidato	**O impedimento de obter a certidão de quitação eleitoral até o fim da legislatura**, persistindo os efeitos da restrição após esse período até a efetiva apresentação das contas
Ao partido político	A perda do direito ao recebimento da quota do Fundo Partidário, do Fundo Especial de Financiamento de Campanha A suspensão do registro ou anotação do órgão partidário, após decisão, com trânsito em julgado, precedida de processo regular que assegure ampla defesa (STF ADI nº 6032, j. em 05.12.2019)
▸ **Mesmo que o candidato peça a regularização da situação, ficará sem quitação eleitoral até o final da legislatura para a qual concorreu**	

– Que sério, né? A pessoa então fica sem conseguir concorrer durante pelo menos 4 anos.

Certo. Mesmo que peça a regularização, a ausência de quitação eleitoral dura até o final da legislatura respectiva. E depois desse prazo, enquanto não pedir regularização, não conseguirá quitação eleitoral.

Essa pessoa não fica apenas sem concorrer. Ela não possuirá quitação eleitoral. Não vai conseguir, por exemplo, assumir em concurso público ou realizar atos da vida civil que exijam quitação eleitoral.

– Que drástico. É isso mesmo?

Eu vou repetir: é importante conhecer as regras do jogo antes de jogá-lo.

– Como pede a regularização?

Veja o que se faz:

Breve roteiro do pedido de regularização de ausência de prestação de contas (art. 80 Res. TSE 23.607/19)

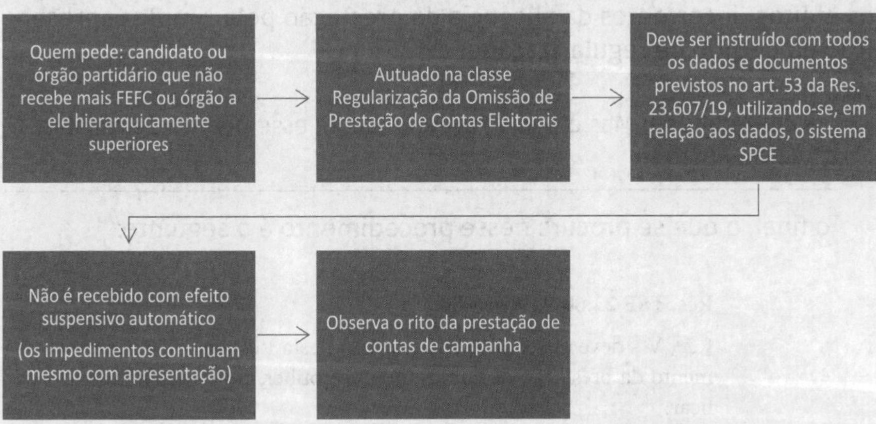

Atenção aos advogados: não se trata de um pedido de prestação de contas fora do prazo, mas sim de pedido de "Regularização da omissão de prestação de contas eleitorais". (Res. TSE 23.607/19, art. 80, § 2º II).

– O que isso significa na prática?

A prestação de contas fora do prazo, por si só, não causa as mesmas consequências da ausência da prestação. Ela surge quando, por exemplo, alguém perde o prazo, ou não apresenta as contas, e, após cientificado para corrigir o problema, protocola a prestação.

A ausência de prestação é a desídia total na prestação, mesmo após a ciência do omisso para corrigir o problema. Em tese, nem seria preciso uma comunicação processual para isso, pois, ao se candidatar, os envolvidos na corrida eleitoral confirmam que conhecem as regras do jogo, dentre elas, as que tratam das contas de campanha.

A mera apresentação do pedido de regularização não elide os efeitos estudados decorrentes da ausência de prestação.

– Elidir é eliminar né?

Sim. Foco aqui.

Atenção aos juízos competentes para a apreciação: a legislação estabelece que a simples apresentação do pedido de regularização de contas não possui efeito suspensivo automático (Res. TSE 23.607/19, art. 80, § 2º IV).

O efeito prático, antes que pergunte, é o seguinte: não há a cessação dos efeitos decorrentes da ausência da prestação pela simples apresentação do pedido de regularização.

– Entendi tudo. Mas o que se pretende com esse pedido de regularização então?

Ao final, o que se procura nesse procedimento é o seguinte:

> **Res. TSE 23.607/19, art. 80:**
>
> § 2º, V - deve observar o rito previsto nesta Resolução para o processamento da prestação de contas, no que couber, com a finalidade de verificar:
>
> a) eventual existência de recursos de fontes vedadas;
>
> b) eventual existência de recursos de origem não identificada;
>
> c) ausência de comprovação ou irregularidade na aplicação de recursos oriundos do Fundo Partidário e/ou do Fundo Especial de Financiamento de Campanha (FEFC);
>
> d) outras irregularidades de natureza grave.

– E quando a pessoa ou o partido conseguem finalmente "limpar" o seu nome?

Quando há o pagamento de possíveis valores devidos e após o cumprimento das sanções que decorrem das irregularidades nas contas (Res. TSE 23.607/19, art. 80, §§).

Por exemplo, se o FEFC foi usado indevidamente e isso foi constatado, apenas com a devolução dos valores é que se pode pensar no levantamento da situação de inadimplência.

17.6.2. A importância da prestação de contas no combate a ilícitos eleitorais

A ausência de contas pode decorrer de simples desleixo ou pode significar indícios de ocultação de ilícitos em campanha.

A desaprovação também pode gerar consequências para além do processo de prestação de contas.

– Veremos essas consequências neste livro?

Sim. Na parte 7, conversaremos sobre quais os ilícitos podem acontecer em campanha.

Dentre esses ilícitos, alguns estão diretamente relacionadas às finanças nas campanhas, como o abuso do poder econômico e a arrecadação e gastos ilícitos em campanha, com destaque para o chamado "caixa 2" ou uso de quantia não declarada.

Esses ilícitos podem autorizar ações específicas que veremos na parte 8 do livro.

– Exemplo dessas medidas, por favor. Se souber, claro...

Que atrevimento. Mas, vamos lá.

Até a diplomação dos eleitos, é possível uma medida contra o abuso do poder econômico, incluindo a arrecadação e gasto sem escrituração ("caixa dois"). É a **Ação de Investigação Judicial Eleitoral (AIJE) (LC 64/90, art. 22).**

Mesmo depois da diplomação, são possíveis medidas como a **Representação por Arrecadação e Gasto Ilícito em Campanha (art. 30-A, LE) e a Ação de Impugnação ao Mandato Eletivo (AIME),** que é fundada em abuso do poder econômico, corrupção ou fraude.

Outra medida cabível contra cidadão não candidato é uma representação eleitoral contra aqueles que tenham doado acima do limite permitido (art. 23, § 3º, LE).

Como eu disse, essas medidas processuais serão vistas na parte 8, que cuida dos procedimentos cíveis cabíveis em uma eleição.

Outro detalhe: **a depender do tipo de condenação nas demandas acima, pode acontecer a inelegibilidade dos envolvidos nos ilícitos.**

– Lembro que vimos essas inelegibilidades, já.

Sim, na parte 5 do livro.

A AIJE, por exemplo, causa inelegibilidade como consequência direta.

A inelegibilidade não surge, necessariamente, de condenações em ações de prestação de contas. Contudo, a análise de contas de campanha (ou a ausência de prestação) pode auxiliar, direta ou indiretamente, em outros processos cujas condenações resultam em inelegibilidade, desde que se enquadrem nas hipóteses abaixo:

ALGUÉM SERÁ IMPEDIDO DE CONCORRER NAS SEGUINTES HIPÓTESES
Condenação por abuso do poder econômico ou político (LC 64/90, art. 1º, I, d) Existe contra ele **condenação pela Justiça Eleitoral, transitada em julgada ou, pelo menos, proferida por órgão colegiado**, em **processo de apuração de abuso do poder econômico ou político**
Corrupção eleitoral, ilicitude nas contas e condutas vedadas (LC 64/90, art. 1º, I, j) Existe contra ele **condenação pela Justiça Eleitoral, transitada em julgada ou, pelo menos, proferida por órgão colegiado, por corrupção eleitoral, por captação ilícita de sufrágio, por doação, captação ou gastos ilícitos de recursos de campanha ou por conduta vedada aos agentes públicos em campanhas eleitorais que impliquem cassação do registro ou do diploma**
Condenação por doação ilícita para campanha (LC 64/90, art. 1º, I, p) Existe contra ele, pessoa física, e os dirigentes de pessoas jurídicas, **condenação pela Justiça Eleitoral, transitada em julgada ou, pelo menos, proferida por órgão colegiado**, por **doações eleitorais tidas por ilegais**

– Então, deixa eu ver se entendi. Além da desaprovação, total ou parcial das contas, e eventuais consequências específicas do processo de contas, são possíveis as ações e consequências acima.

Sim, desde que as hipóteses de cabimento delas seja identificada. O que acontecer nas contas pode servir de prova total, parcial, ou mesmo como indícios fortes de ilícitos eleitorais.

– E o que gera desaprovação afinal? Fiquei curiosa.

Vamos ver isso agora.

17.6.3. Desaprovação em prestação de contas eleitorais e consequências

As informações que eu vou apresentar a seguir partem de estudo feito por Rodrigo Cavalcante, um grande especialista do tema de contas de campanha, que, em livro específico,[56] realizou **importante levantamento sobre as situações que podem gerar a desaprovação de contas.**

São elas:

- **Doações recebidas de pessoa física acima do limite do que podem doar** e **uso de recursos próprios do candidato ou candidata** em valor **acima de 10% (dez por cento) dos limites previstos** para gastos de campanha no cargo em que concorrer (Res. TSE 23.607/19, art. 27).

  Destaque: Resulta no pagamento de multa no valor de até 100% (cem por cento) da quantia em excesso, pelo doador. Possibilidade de apuração do abuso do poder econômico do candidato beneficiado.

- **Pagamento de gastos eleitorais com recursos não provenientes das contas específicas abertas por determinação legal** para movimentação financeira pelos órgãos partidários, candidatas e candidatos. (Res. TSE 23.607/19, art. 14)

  Destaque: Possibilidade de apuração do abuso do poder econômico do candidato beneficiado.

- **Arrecadação de recurso sem o trânsito por conta específica aberta por determinação legal** (Res. TSE 23.607/19, art. 14, § 2º).

  Destaque: Possibilidade de apuração do abuso do poder econômico do candidato beneficiado.

- **Arrecadação de verbas por cartão de crédito sem atendimento aos requisitos legais.**

  Destaque: Esses requisitos constam na Res. 23.616/2010, arts. 4º a 6º.

56. CAVALCANTE, Rodrigo Ribeiro. *Op. cit.*, capítulo 4.

- **Gasto de recursos além do limite estabelecido.**

  Destaque: Resulta no pagamento de multa no valor equivalente a 100% da quantia que exceder o limite estabelecido com recolhimento no prazo de cinco dias úteis contados da intimação da decisão judicial (Res. TSE 23.607/19, art. 6º). A resolução deixa expressa a possibilidade de aplicação das consequências pelo abuso do poder econômico, sem prejuízo de outras sanções cabíveis.

- **Recebimento de recursos de fontes vedadas.** Também resulta na devolução dos valores indevidamente recebidos.

  Destaque: Se houve benefício do candidato, ainda que temporário, decorrente do uso dos recursos ilícitos recebidos, além da possível desaprovação das contas, é possível apurar abuso do poder econômico ou o manejo da Representação por captação ou gastos ilícitos em campanha fundado no art. 30-A da Lei das Eleições (Res. TSE 23.607/19, art. 31, § 9º).

- **Uso indevido ou sem comprovação dos recursos do Fundo Partidário e/ou do Fundo Especial de Financiamento de Campanha (FEFC).**

  Destaque: Necessário, nesse caso, a devolução do valor correspondente ao Tesouro Nacional no prazo de 5 dias após o trânsito em julgado, sob pena de remessa dos autos à representação estadual ou municipal da Advocacia-Geral da União, para fins de cobrança (Res. TSE 23.607/19, art. 79, § 1º).

- **Ausência de informação de recursos recebidos,** por meio de sistema específico (SPCE), **para divulgação pela Justiça Eleitoral** (Res. TSE 23.607/19, art. 47, § 7º).
- **Uso de documentos sem validade fiscal** para comprovação das despesas financeiras em campanha (Res. TSE 23.607/19, art. 59)
- **Assunção de dívidas fora dos parâmetros permitidos** (Res. TSE 23.607/19, arts. 33, § 3º e 34).
- **Descumprimento das normas legais para arrecadação e aplicação de recursos** (Res. TSE 23.607/19, art. 74, § 5º).

  Destaque: Pode gerar a perda do direito ao recebimento da quota do Fundo Partidário do ano seguinte e apuração e aplicação das sanções por abuso do poder econômico.

- **Apresentação intempestiva da prestação de contas parcial ou a sua entrega de forma que não corresponda à efetiva movimentação de recursos** (Res. TSE 23.607/19, art. 47, § 6º).

– São muitas situações.

Sim. E não podemos esquecer as consequências possíveis discutidas no tópico anterior. Com isso, terminamos este capítulo.

– Não seria melhor detalhar mais tudo isso? E as hipóteses de aprovação de contas? E não existe aprovação parcial? Muitas dúvidas ainda.

Existe a aprovação com ressalva. Contudo, para o momento, basta o que vimos.

Qualquer aprofundamento, eu recomendo para você e para o nosso leitor o livro de Rodrigo Cavalcante sobre arrecadação, despesas e prestação de contas eleitorais que deve ser atualizado para as próximas eleições.[57]

18. ESCOLHA E REGISTRO DE CANDIDATOS

O registro de candidaturas mescla vários assuntos:

PRIMEIROS CUIDADOS PRÁTICOS NO REGISTRO DE CANDIDATURAS

O que preciso saber		**Como me preparar**
Assuntos jurídicos relevantes	Direitos Políticos Passivos Direitos Políticos Negativos Elegibilidade e inelegibilidades	Verificar capítulos sobre esses temas na parte 5 deste livro
Sistema eletrônico específico	Sistema Eletrônico de Candidaturas na versão dos partidos políticos: CANDex	Baixar e ler manual do sistema CANDex nas páginas eletrônicas da Justiça Eleitoral (TSE ou TRE´s)
Demais temas relevantes	Convenções partidárias Cuidados relacionados aos participantes da corrida eleitoral Formalidades do Registro	Lendo este capítulo

57. CAVALCANTE, Rodrigo Ribeiro. *Op. cit.*. Caro leitor, verifique, no momento de aquisição do livro indicado, se já existe versão mais atualizada dele.

– Então eu preciso revisar esses temas jurídicos e preciso saber usar esse sistema eletrônico e preciso aprender este capítulo. É muita coisa.

Calma! Vamos ver cada aspecto do registro agora. O quadro acima é apenas um lembrete do que é preciso saber para encarar o registro de candidatos, principalmente na prática. Vamos começar.

18.1. Convenções partidárias e cuidados relacionadas à ata da convenção

CUIDADO PRELIMINAR: LEITURA DA RES. TSE 23.609/2019, ESPECÍFICA SOBRE ESCOLHA E REGISTRO DE CANDIDATURAS
A resolução está disponível no site da Justiça Eleitoral
Corresponde a um compilado da legislação eleitoral sobre o tema, atualizado com eventuais entendimentos jurisprudenciais recentes

Antes de registrar os seus candidatos, os partidos devem escolher, dentre os seus filiados, quem deve concorrer. Isso ocorre em uma reunião específica. Veja:

CONVENÇÕES PARTIDÁRIAS
As reuniões de um partido ou federação entre seus filiados para deliberar sobre as mais diversas coisas são normalmente conhecidas como convenções[58]

– Então, convenção é uma reunião entre os filiados.

Isso!

Para as eleições, há uma convenção específica para **deliberar e homologar sobre os candidatos que serão indicados a concorrer** e **definir sobre possíveis coligações**. São as **Convenções para a Escolha de Candidatos.**

58. "As convenções partidárias em sentido lato são responsáveis pela aprovação dos estatutos dos partidos políticos e o seu programa partidário [...], pela definição dos candidatos que representarão os partidos nas eleições, bem como a realização de coligação com outros partidos para disputar as eleições" (RODRIGUES, Marcelo Abelha; JORGE, Flávio Cheim. Manual de direito eleitoral. São Paulo: Editora Revista dos Tribunais, 2014, p. 187).

CONVENÇÕES PARTIDÁRIAS PARA ESCOLHA DE CANDIDATOS	
O que são?	Reunião entre os filiados para deliberar sobre escolha e substituição dos candidatos e sobre eventual formação de coligações
Qual a previsão legislativa?	Lei das Eleições (9.504/97), artigos 7º a 9º, Res. TSE 23.609/2019, arts. 6º a 8º
Quem delibera sobre as convenções?	As normas para a escolha e substituição dos candidatos e para a formação de coligações serão estabelecidas no estatuto do partido ou federação, observando o que dispõe a legislação eleitoral (art. 7º, Lei 9.504/97)
Em quais instâncias de poder as convenções ocorrem[59]?	**Nacional**, para escolha de candidatos para os cargos de presidente e vice **Regional**, para a escolha de candidatos aos cargos de governador e vice, deputado federal, estadual, distrital e senadores e seus suplentes **Municipal**, para a escolha de candidatos aos cargos de prefeito e vice e vereador
Quem deve participar?	Os filiados do partido, votando aqueles autorizados pelo estatuto partidário **Observação:** "A convenção da federação ocorrerá de forma unificada, dela devendo participar todos os partidos políticos que tenham órgão de direção partidária na circunscrição"[60]
Quais modalidades?	Presencial, virtual ou híbrida
Quando devem ocorrer?	**Entre 20 de julho e 5 de agosto do ano em que se realizarem as eleições** (art. 8º Lei 9.504/97)
Como registrar a reunião?	A convenção é registrada em **ata lavrada em livro próprio, aberto e rubricado pela Justiça Eleitoral** **Observação:** Possível usar, ao invés do livro ata, "Módulo Externo do Sistema de Candidaturas (CANDex), registrando-se diretamente no sistema as informações relativas à ata e à lista das pessoas presentes"[61]
▶ **A Justiça Eleitoral não precisa (nem deve) participar dessa reunião** ▶ **Partido e Federações possuem autonomia**	

59. Em relação ao lugar físico, a Lei das Eleições autoriza que as convenções ocorram em prédios públicos (Lei nº 9.504/1997, art. 8º, § 2º).
60. Res. TSE 23.609/19, art. 6º, §2º-A.
61. Res. TSE 23.609/19, art. 6º, §3º-A.

– Não lembro o que é federação.

É a união de dois ou mais partidos, não apenas durante a campanha, mas em período de, no mínimo, 4 anos, parar o desenvolvimento de projetos comuns. Veja o capítulo sobre Partidos Políticos.

– Professor Minami, se a legislação das eleições já trata desse tema, por qual motivo ainda é preciso mais uma resolução sobre o registro de candidatos?

Como já vimos quando estudamos "Fontes do Direito Eleitoral", há várias situações que podem mudar, de eleição para eleição, como o sistema eletrônico que trata do registro de candidaturas, que, atualmente, é o CANDex.

MÓDULO EXTERNO DO SISTEMA DE CANDIDATURAS (CANDEX)
Sistema que possibilita registrar as informações da convenção e enviar os seguintes dados à Justiça Eleitoral: **a ata da convenção partidária** e os **pedidos de registro de candidaturas**
▶ **Uso obrigatório para a realização de todos os tipos de pedido de registro**

– Entendi. Então, existe um sistema apenas para o registro de candidaturas?

Sim, e tudo começa com o registro das convenções.

Os partidos se reúnem, registram a reunião em um documento: **a ata da convenção**. Normalmente, exige-se que tanto essa ata quanto a relação de presentes sejam digitadas no CANDex, o módulo externo do Sistema de Candidaturas.

– Não entendi isso de "módulo externo".

A Justiça Eleitoral também opera esse sistema, mas no seu módulo interno. Para a Justiça Eleitoral, o sistema é apenas CAND (módulo interno). Para os partidos, a versão a ser acessada é o CANDex (módulo externo).

– Mas e essa exigência de se abrir um livro e levar para rubricar esse livro na Justiça Eleitoral? Isso é um livro físico? Papel mesmo? Não entendi isso. Ainda se usa papel para registrar coisas importantes?

A ideia original é a seguinte: o partido adquire um livro físico, que nada mais é do que uma espécie de caderno, e leva esse livro para o magistrado eleitoral rubricar as páginas em branco.

Isso acontece desde quando não havia a informatização de hoje. Antigamente, até os livros contábeis dos partidos políticos eram levados ao juiz eleitoral para que ele rubricasse. Em tempos de documentos eletrônicos, essa exigência é um tanto anacrônica, por isso a seguinte atualização, que consta na Resolução sobre o registro:

> **Res. TSE 23.609/19, art. 6º, §3º-A: "independentemente da modalidade da convenção, o livro-ata físico poderá ser substituído pelo Módulo Externo do Sistema de Candidaturas (CANDex), registrando-se diretamente no sistema as informações relativas à ata e à lista das pessoas presentes".**

Se não houve o registro direto da ata, **ela deve ser digitada** no CANDex.

– Por qual motivo não escaneiam isso apenas? Precisa mesmo digitar tudo?

Sim, é preciso **digitar**.

A **digitação dos dados, ao invés da digitalização**, evita arquivos pesados nos bancos de dados da Justiça Eleitoral e **facilita muito na publicização do documento e no momento de consultá-la**.

– E quem pode consultar isso?

Todo mundo. Veja:

PUBLICIDADE DA ATA

Após digitar a ata no CANDex, deve-se enviar o arquivo gerado para a Justiça Eleitoral **até o dia seguinte ao da convenção**

O próximo passo é a publicização das atas na internet para quem quiser consultar

A Lei das Eleições determina que a **ata** seja **publicada em vinte e quatro horas** (Lei nº 9.504/1997, art. 8º)

- **As atas podem ser consultadas em página do TSE**
- **Veja: "Divulgação Candidaturas" ou "DivulgaCandContas" nos sites de busca**

– Quanta burocracia! Essa ata deve ser supercomplicada de preencher.

Pelo contrário. Veja isso:

INFORMAÇÕES IMPORTANTES PARA CONSTAR NA ATA DA CONVENÇÃO (23.609/19, ART. 7º)	
Dados sobre a convenção	Local, data e hora do evento Informações de quem presidiu a convenção
Dados sobre os candidatos a candidatos escolhidos	Quais cargos serão disputados A relação dos candidatos escolhidos para disputar esses cargos com seus dados, como o nome, o número e nome de campanha, a inscrição eleitoral, o CPF, o gênero e demais informações solicitadas pelo sistema
Informações sobre o partido ou coligação	Nome da coligação, se já definido, e o nome dos partidos e das federações que a compõem O representante do partido, federação ou da coligação
Ocorrências da convenção	Ocorrências do evento, lista de presentes, resumo da ata e declaração de veracidade das informações
▶ **"A convocação ou presidência da convenção por pessoa com direitos políticos suspensos, por si só, não torna inválida a ata ou os atos nela registrados"**[62]	

Importante!

Nas eleições para os cargos proporcionais, há uma exigência de que os partidos não apresentem candidatos de apenas um gênero;

Para as vagas apresentadas, cada partido político preencherá o mínimo de 30% (trinta por cento) e o máximo de 70% (setenta por cento) para candidaturas de cada gênero.

– Gostei desse alerta! Pode explicar melhor essa divisão de gêneros?

Mais à frente, neste mesmo capítulo, veremos isso com detalhes.

– Professor, como eu consigo acessar esse CANDex? Como é o uso dele?

No site da Justiça Eleitoral, normalmente, há instruções sobre isso e, inclusive, manuais para *download*.

62. Res. TSE 23.609/19, art. 7º, Parágrafo único.

– Professor Minami, não se chateie, mas, para falar a verdade, acho que esses detalhes sobre essa ata são questões mais administrativas e sem muita repercussão prática, né?

Não é tão simples. Você não percebeu uma grande sutileza.

A ata deve ser enviada em até 24 horas pelo sistema próprio da Justiça Eleitoral.

Vimos que a **ata** deve ser **publicizada em vinte e quatro horas** (Lei nº 9.504/1997, art. 8º). Eis a razão para os partidos enviarem o arquivo da ata gerado no CANDex **até o dia seguinte ao da convenção**.

Quando esses dados se tornam públicos, todos os envolvidos nas eleições podem começar a trabalhar.

– Já! Como assim?

Não se esqueça de que a campanha é super-rápida. Partidos, candidatos, Ministério Público, a Justiça Eleitoral e até a imprensa devem se precaver e antecipar o que puderem de atividades. Deixar acumular tarefas durante a campanha é um dos maiores erros que se pode cometer. A publicização da ata meio que inicia uma contagem regressiva para todos. Durante a campanha, cada dia, cada hora, cada momento é importante. Veja o quadro:

QUANDO AS ATAS COMEÇAM A SER PUBLICADAS, PARTIDOS, MINISTÉRIO PÚBLICO, JUSTIÇA ELEITORAL E A IMPRENSA PODEM REALIZAR AS SEGUINTES AÇÕES

Partidos Políticos e Federações	Podem começar a acompanhar os possíveis candidatos concorrentes, verificando a sua adequação às exigências legais para a candidatura Sabendo os candidatos concorrentes, os partidos e candidatos podem organizar melhor a sua própria estratégia de campanha
Ministério Público	Pode começar a analisar os nomes indicados pelos partidos para fiscalizar, por exemplo, a adequação de quantitativo de gênero e possíveis problemas nas elegibilidades ou ocorrências de inelegibilidades dos participantes
Justiça Eleitoral	Como as atas são publicadas antes do envio pelos partidos dos registros, a Justiça Eleitoral saberá, com antecedência, quantos registros de candidatura irá analisar e isso ajuda na organização das equipes e dos trabalhos de apreciação e julgamento dos registros
Imprensa	Pode começar levantar informações sobre os candidatos e divulgar essas candidaturas para a população Pode começar a organizar debates

– Puxa vida. São muitas coisas que podem ser realizadas já a partir dessas atas. Que curioso!

Tem mais dicas?

Apenas mais algumas relacionadas a aspectos práticos sobre o CANDex.

DICAS PRÁTICAS RELEVANTES PARA PARTIDOS E CANDIDATOS
Os presentes na convenção devem deixar de fácil consulta o número da inscrição eleitoral e do CPF, pois isso pode ser exigido pelo sistema CANDex
O ideal é a instalação de uma impressora no computador que irá operar o CANDex, caso seja preciso impressão de documentos como, por exemplo, a lista de presentes para a assinatura ou a própria ata da convenção
"O Sistema CANDex, disponível nos sítios eletrônicos dos tribunais eleitorais, deve ser usado por meio de chave de acesso obtida por partidos e federações no Sistema de Gerenciamento de Informações Partidárias (SGIP)" (Res. TSE 23.609/19, art. 6º, §6º) A forma de acesso ao CANDex deve estar disponibilizada no site da Justiça Eleitoral[63] O ideal é não deixar para a última hora o acesso ao sistema
A partir do envio da ata, é possível começar a elaboração dos requerimentos de registro de candidatura Os documentos dos candidatos e partidos, como foto, certidões etc., devem ser separados e digitalizados o quanto antes

– Lembro que conversamos sobre esse SGIP no capítulo sobre partidos políticos.

Isso mesmo. Boa lembrança.

18.3. Cuidados relacionados aos partidos: regularidade dos diretórios e formação de coligações

Passada a etapa de convenção, é chegado o momento de preparar o registro.

Em regra, ninguém pode concorrer sem estar filiado a partido político.[64]

63. Deve haver, ainda, um manual com as instruções para os partidos.
64. Sobre os militares e a desnecessidade de filiação, veja capítulo sobre Condições de Elegibilidade.

Se determinado partido pretende lançar candidatura, precisa estar **regularizado perante a Justiça Eleitoral** e com **diretório constituído**. Veja:

ART. 4º DA LEI DAS ELEIÇÕES (9.504/97)

Requisitos mínimos para o partido	Até seis meses antes do pleito, **deve ter registrado seu estatuto no Tribunal Superior Eleitoral**, conforme o disposto em lei
	Até a data da convenção, **deve possuir órgão de direção constituído na circunscrição**, de acordo com o respectivo estatuto

– "Prof." Minami, então, se eu fui contratada como advogada de partido que pretende lançar candidato, preciso verificar essas situações.

Isso. E nós vimos como verificá-las, quando falamos sobre Partidos Políticos.

Lá, nós discutimos como checar a regularidade de um partido e se existe diretório nacional, regional ou municipal constituído. Veja:

CUIDADOS PRELIMINARES PELOS ADVOGADOS QUE VÃO ACOMPANHAR PARTIDOS QUE PRETENDEM LANÇAR CANDIDATOS

Tipo de cuidado	Como verificar
Verificar a regularidade do partido	Sistema SGIP (Sistema de Gerenciamento de Informações Partidárias), nos *sites* da Justiça
Verificar constituição partidária na circunscrição eleitoral específica[65]	Sistema SGIP (Sistema de Gerenciamento de Informações Partidárias), nos *sites* da Justiça Eleitoral
Verificar se o partido está regular nas prestações de contas	Sistema SICO – Veicula Informações de status de Contas Partidárias
Outros cuidados	Alertar sobre o quantitativo de candidatos que devem ser apresentados e sobre a distribuição das candidaturas entre gêneros
Importante lembrar do disposto no **art. 32, §5º, da Lei dos Partidos:** **"A desaprovação da prestação de contas do partido não ensejará sanção alguma que o impeça de participar do pleito eleitoral"**[66]	

65. Como vimos no tópico sobre Partidos Políticos, o partido informa a constituição de seus órgãos de direção constituídos em cada circunscrição por um sistema eletrônico específico (arts. 35 a 42 da Resolução do TSE n.º 23.571/2018).

66. É importante verificar se o partido está ausente de prestação de contas. Caso isso aconteça, pode ocorrer a suspensão do respectivo órgão partidário e isso pode ser entendido como fato que impede a participação do partido político.

– Tem como revisar como eu encontro esses sistemas?

Nas **páginas institucionais da Justiça Eleitoral, como a do Tribunal Superior Eleitoral** (www.tse.jus.br), há informações sobre tudo o que é relacionado às eleições. Normalmente, é bem intuitivo a forma de se encontrar isso. Basta ir clicando nos caminhos indicados.

Deve ser algo como: **Partidos > Partidos Políticos > Informações Partidárias ou Contas Partidárias.**

– É mesmo. Eu já havia esquecido. Estou vendo aqui pelo meu celular. Por esse caminho eu já vi o "Sistema de Gerenciamento de Informações Partidárias" (SGIP) e o Sistema de Informações de status de Contas Partidárias (SICO)

E o que é isso mesmo de "distribuição entre gêneros"?

Veremos isso a seguir.

18.3.1. Coligações partidárias

Os **partidos dentro de uma mesma circunscrição podem formar coligações para disputar eleições majoritárias.**

CONSTITUIÇÃO FEDERAL SOBRE COLIGAÇÕES (ART. 17, §1º)
Constituição assegura a possibilidade de coligações nas eleições majoritárias
Proíbe coligações nas eleições proporcionais
Não há obrigatoriedade de vinculação entre as candidaturas em âmbito nacional, estadual, distrital ou municipal
Federação partidária pode participar de coligação como se partido fosse

– O que são eleições majoritárias?

Vimos isso faz tempo né. Ganha quem levar a maioria de votos. É o sistema utilizado para as eleições aos cargos do executivo e para o senado. Essa maioria pode ser simples ou absoluta. Releia o capítulo sobre "Sistemas Eleitorais" para mais detalhes.

O fato é que as coligações são possíveis para os cargos apurados pelo sistema majoritários.

– Entendi. Por exemplo, prefeito, governador etc., né?

Isso. Essas **coligações podem escolher seu nome livremente, desde que não se refira a número de candidato nem contenha pedido de voto** (Lei 9.504/97, art. 6º, §1º-A).[67]

– E esses partidos se unem para ganhar mais força? O que significa na prática isso?

A coligação é uma união estratégica de forças para a disputa. Os partidos coligados somam recursos, tempo de campanha da propaganda eleitoral no rádio e TV. Somam os nomes mais importantes de cada partido e atraem mais votos ao grupo formado etc. Atualmente também é possível dizer que a coligação "agrega seguidores diversos", pois quem "segue", nas redes sociais, um candidato ou partido que se coliga, acaba aderindo às ideias da coligação.

– Entendi. Deve ser tipo jogos vorazes. No final, só deve haver um. Mesmo assim, durante a disputa, eles unem forças.

Nem sei se entendi. Prefiro nem comentar. Para o momento, apenas é importante frisar que, uma vez coligados, é como se todos os seus partidos integrantes fossem apenas um.

Isso significa uma coisa: **os assuntos relacionados à eleição que a coligação irá disputar somente podem ser tratados pela coligação, e não por cada partido em separado**. A coligação nem precisa de anuência dos partidos que a compõem para ajuizar uma representação eleitoral.[68]

A coligação deve "funcionar como um só partido no relacionamento com a Justiça Eleitoral e no trato dos interesses interpartidários" (Lei

67. 9.504/97, art. 6º, § 1º "A coligação terá denominação própria, que poderá ser a junção de todas as siglas dos partidos que a integram, sendo a ela atribuídas as prerrogativas e obrigações de partido político no que se refere ao processo eleitoral, e devendo funcionar como um só partido no relacionamento com a Justiça Eleitoral e no trato dos interesses interpartidários" e "§ 1º-A. A denominação da coligação não poderá coincidir, incluir ou fazer referência a nome ou número de candidato, nem conter pedido de voto para partido político".
68. "A legitimidade da Coligação para ajuizar representações que impliquem perda de diplomas independe da anuência dos partidos que a compõem". TSE. REspe nº 41395, Acórdão, Rel. Min. Herman Benjamin, Rel. desig. Min. Rosa Weber. DJE 27/06/2019.

9.504/97, art. 6º, §1º). Episodicamente, é como se houvesse apenas um ente, e não vários coligados.

– Episodicamente... que bonito! E o que raios é "ente" mesmo?

Foco, menina! Veja o quadro abaixo:

SOBRE COLIGAÇÕES PARTIDÁRIAS

O que é	Reunião de partidos políticos e federações para a disputa do pleito em cargos majoritários (CF/1988, art. 17, §1º)
Motivo da coligação	União de recursos financeiros, capital político, agendas políticas, tempo de propaganda eleitoral
O que faz	Age como se fosse um só partido, inclusive perante a Justiça Eleitoral
Quem representa a coligação	Os partidos integrantes da coligação devem designar um representante, com atribuições equivalentes às de presidente de partido político, nos assuntos de eleição (art. 6º, §3º, III, Lei das Eleições, 9.504/97) Os partidos coligados podem indicar delegados para representar a coligação. São possíveis: três delegados perante o Juízo Eleitoral; quatro, perante o TRE e cinco, perante o Tribunal Superior Eleitoral.
Cuidados práticos	Um partido coligado não poderá ajuizar demanda sozinho É a coligação, a partir de seu representante, quem deve ajuizar ações eleitorais
O que os partidos coligados podem fazer sozinhos?	Apenas questionar a validade da própria coligação (entre a data da convenção e o prazo final para a impugnação de registro de candidatura)[69] Já se admitiu partido coligado sozinho ingressar com pedido de direito de resposta[70]
Quem paga a multa aplicada a candidato de partido coligado?	Não é a coligação Trata-se de responsabilidade solidária entre os candidatos e os respectivos partidos Não alcança os demais partidos, ainda que integrantes de uma mesma coligação (art. 6º, §5º, Lei das Eleições, 9.504/97)

69. Art. 6º, §4º, Lei das Eleições, 9.504/97.

70. "Entendimento assentado pela ilustrada maioria, vencidos os Ministros Edson Fachin, Napoleão Nunes Maia Filho e Relator, no sentido de que, nas representações sobre direito de resposta, não se aplica o disposto no art. 6º, § 4º, da Lei nº 9.504/1997, sendo possível às agremiações coligadas atuação isolada perante a Justiça Eleitoral" (TSE. RP nº 060092341, Acórdão, Rel. Min. Carlos Horbach, PSESS 28/08/2018).

18.3.2. Quantitativo de candidatos por partido

Agora é o momento de uma das questões mais delicadas do registro. Acho que vai gostar deste tema. Vamos ver o quantitativo máximo de candidatos que cada partido ou coligação pode requerer.

QUANTITATIVO DE CANDIDATOS PARA OS CARGOS MAJORITÁRIOS
Um candidato a titular de cargo executivo, com seu respectivo vice Um candidato ao Senado Federal, com dois suplentes, quando a renovação for de um terço Dois candidatos, com dois suplentes cada, se a renovação for de dois terços (Constituição Federal, art. 46, §§ 1º a 3º)
▶ O registro de candidato a presidente, governador, prefeito e seus respectivos vices se fará sempre em chapa única e indivisível, ainda que resulte da indicação de coligação (Código Eleitoral, art. 91, caput), e as candidaturas para o senado devem vir acompanhadas das candidaturas dos respectivos suplentes

Para os cargos proporcionais, a questão é mais delicada.

– O que são mesmo cargos proporcionais?

Para entender esse assunto, reveja nossa conversa sobre "Sistemas Eleitorais". Concorrem pelo sistema proporcional os vereadores e deputados (estaduais, federais e distritais). Confira:

QUANTITATIVO DE CANDIDATOS PARA OS CARGOS PROPORCIONAIS (ART. 10, LEI 9.504/97)
"Cada partido político ou federação poderá registrar candidatas e candidatos para a Câmara dos Deputados, a Câmara Legislativa, as Assembleias Legislativas e as Câmaras Municipais **no total de até 100% (cem por cento) do número de lugares a preencher mais 1 (um)**" (Res. TSE 23.609/19, art. 17)[71]

– Entendi. O professor disse que eu ia gostar desse tema. Não achei nada demais.

Calma! A parte que você vai gostar vem agora.

71. Para saber o número de lugares a preencher, veja artigos 45, 27 e 29 da Constituição Federal e o capítulo sobre Sistemas Eleitorais.

18.3.3. Cotas de gênero

Para evitar candidaturas de apenas um gênero para os cargos proporcionais, a legislação eleitoral determina uma distribuição de, pelo menos, 30% e 70% entre candidaturas masculinas e femininas (Lei nº 9.504/1997, art. 10, § 3º).

São as chamadas **cotas de gênero.**[72]

– Professor, vamos ser francos né. Isso acontece para evitar que apenas homens se candidatem. Nós mulheres precisamos de mais do que isso. Deveria haver uma quantidade mínima de cadeiras no legislativo para as mulheres.

Pode explicar essa divisão melhor?

Sim. Não tenho como questionar isso. Leia:

LEI DAS ELEIÇÕES, § 3º, ART. 10, DA LEI N.º 9.504/97

"Do número de vagas resultante das regras previstas neste artigo, cada partido político ou federação preencherá o mínimo de 30% (trinta por cento) e o máximo de 70% (setenta por cento) para candidaturas de cada gênero" (Res. TSE 23.609/19, art. 17, § 2º)

▶ **No cálculo de vagas acima, qualquer fração resultante será igualada a 1 (um) no cálculo do percentual mínimo estabelecido para um dos gêneros e desprezada no cálculo das vagas restantes para o outro (Ac.TSE no REspe nº 22.764)**[73]

– Espera. Deixa eu ver se entendi. Por exemplo, se forem 14 candidatos a serem apresentados, teremos 4,2 para um gênero e 9,8 para o outro.

O percentual mínimo é 4,2. Nesse caso, qualquer fração deve ser igualada a 1 e a quantidade final deve ser 5. E desprezo a fração do percentual máximo, resultando no número 9. A distribuição, então, deve ser de 9 para um gênero e 5 para o outro.

72. Nas lições de Andrade, Gresta e Santos: "as cotas de gênero surgem como modelo de ação afirmativa em nível mundial com o fim de reduzir ou compensar o desequilíbrio de entre as candidaturas e, sobretudo, a eleição de homens e mulheres, baseada num contexto em que as mulheres são culturalmente formadas para desenvolver habilidades no âmbito privado, enquanto aos homens é histórica e culturalmente reservado o âmbito público" (ANDRADE NETO, João; GRESTA, Roberta Maia; SANTOS, Polianna Pereira. "Fraude à cota de gênero como fraude à lei: Os problemas conceituais e procedimentais decorrentes do combate às candidaturas femininas fictícias". *In: Tratado de Direito Eleitoral: Abuso do poder e perda do mandato* / organizadores: Walber de Moura Agra e outros. 1 ed. Belo Horizonte: Fórum, 2018, v. 7, p. 239-281).

73. Art. 17, §3º, da Res. TSE 23.609/2019.

Exatamente.

– São muitos detalhes.

Atenção! Lembra daquele sistema que eu disse, o CANDex? Ele realiza esses cálculos de distribuição de cargos entre gêneros automaticamente.

– Menos mal, né?
Tenho uma pergunta delicada. Como fazer para os casos em que alguém é biologicamente de um gênero, mas se compreende do outro gênero?

Já vimos algo nesse sentido quando estudamos alistamento e nome social. Vamos revisar:

> **Nome Social: art. 16, da Res. TSE 23.659/2021:** Art. 16. É direito fundamental da pessoa transgênera, preservados os dados do registro civil, **fazer constar do Cadastro Eleitoral seu nome social e sua identidade de gênero**.
>
> § 1º Considera-se nome social a designação pela qual a pessoa transgênera se identifica e é socialmente reconhecida.
>
> § 2º Considera-se identidade de gênero a atitude individual que diz respeito à forma como cada pessoa se percebe e se relaciona com as representações sociais de masculinidade e feminilidade e como isso se traduz em sua prática social, sem guardar necessária relação com o sexo biológico atribuído no nascimento.
>
> § 3º É vedada a inclusão de alcunhas ou apelidos no campo destinado ao nome social no Cadastro Eleitoral.

– Que bacana! E o que acontece se o percentual de gênero não for corrigido?

Se o partido, intimado a corrigir esse percentual, não o fizer, ocorrerá o indeferimento de seu DRAP.[74]

74. Art. 17, §6º, Res. TSE 23.609/2019: "§ 6º A extrapolação do número de candidaturas ou a inobservância dos limites máximo e mínimo de candidaturas por gênero é causa suficiente para o indeferimento do pedido de registro do partido político ou da federação (DRAP), se esta(e), devidamente intimada(o), não atender às diligências referidas no art. 36 desta Resolução".

De forma prática: todas as candidaturas daquele partido ou federação não serão aceitas.

Isso também ocorrerá se houver uma extrapolação na quantidade de pretendentes à candidatura, caso não haja a correção desse defeito.

– Entendi. Todas as candidaturas caem. Mas o que é DRAP mesmo?

É o Demonstrativo de Regularidade de Atos Partidários.

Uma candidatura não é feita de forma avulta. Nas candidaturas para o sistema proporcional, por exemplo, é preciso que um partido ou federação as apresentem. Se há problema nesse órgão partidário, ou se ele descumpre pontos relevantes do registro, como a cota de gêneros, todas as candidaturas vinculadas a esse órgão caem.

Mas veremos isso quando conversarmos sobre os aspectos procedimentais do registro, ainda neste capítulo.

Antes, eu preciso deixar claro para o leitor, principalmente se for representante ou advogado de partido, que há uma tolerância cada vez menor para quem tenta burlar o quantitativo de gênero. Uma das formas de fazer isso é por candidaturas fictícias.[75] Veja esse artigo:

> **Res. TSE 23.609/19, art. 20, § 5º:** A conclusão, nas ações referidas no § 1º deste artigo, pela utilização de candidaturas femininas fictícias, acarretará a anulação de todo o DRAP e a cassação de diplomas ou mandatos de todas as candidatas e de todos os candidatos a ele vinculados, independentemente de prova de sua participação, ciência ou anuência, com a consequente retotalização dos resultados e, se a anulação atingir mais de 50% (cinquenta por cento) dos votos da eleição proporcional, a convocação de novas eleições.

Vamos estudar como isso é feito na prática mais na frente.

COMO COMBATER A FRAUDE NA COTA DE GÊNERO

a. No Registro de Candidaturas, impugnando o problema: veja o capítulo sobre "Ação" de Impugnação ao Registro de Candidaturas (AIRC)

b. Em uma medida chamada Ação de Impugnação ao Mandato Eletivo (AIME): veja os capítulos sobre Corrupção e Fraude Eleitoral (parte 7) e o específico sobre AIME (parte 8)

75. Fenômeno descrito e abordado na obra: LAENA, Roberta. *Fictícias: candidaturas de mulheres e violência política de gênero*. Fortaleza: Editora Radiadora, 2020.

18.4. Candidaturas coletivas

Há uma forma de candidatura, não reconhecida expressamente por lei, consistente no compromisso feito entre um grupo de pessoas que pretende levar a sua agenda de interesses e luta para uma casa legislativa e percebe que, apenas em grupo, ou mais facilmente em grupo, conseguirá atingir esse objetivo.

O grupo escolhe um dos integrantes para se candidatar nos termos da lei, mas, uma vez que essa pessoa assuma o mandato, deve exercê-lo a partir das diretrizes do grupo. A ideia é o exercício do mandato coletivamente. É a candidatura coletiva.

– Mas, pelo que entendi, isso é tudo feito informalmente.

Para a Justiça Eleitoral, quem vai concorrer é o candidato que se registrou. Os demais vão apoiá-lo e fazer de tudo para que ele ganhe. Como será o exercício do mandato, é algo ajustado entre os participantes desse coletivo social, desde que não violem as diretrizes da respectiva casa legislativa.

– Que curioso. E como as pessoas sabem disso?

Como o tema não é legislado, não há fórmula pronta para isso. Redes sociais, eventos públicos, propaganda eleitoral etc.

– Mas se essa candidatura não é "oficial", como é que isso será veiculado na propaganda?

Para essas eleições, o nome do grupo pode ser mencionado na urna. Veja:

> **Res. TSE 23.609/19, art. 25**
>
> § 2º No caso de candidaturas promovidas coletivamente, a candidata ou o candidato poderá, na composição de seu nome para a urna, apor ao nome pelo qual se identifica individualmente a designação do grupo ou coletivo social que apoia sua candidatura, respeitado o limite máximo de caracteres.
>
> § 3º É vedado o registro de nome de urna contendo apenas a designação do respectivo grupo ou coletivo social.
>
> § 4º Não constitui dúvida quanto à identidade da candidata ou do candidato a menção feita, em seu nome para urna, a projeto coletivo de que faça parte.

– Interessante. É tipo um reconhecimento legal de uma candidatura não reconhecida legalmente.

Não sei se posso afirmar que é uma candidatura "não reconhecida legalmente". Elas não existem expressamente na legislação eleitoral, se é isso que quis dizer, mas não há impedimento jurídico para promoção coletiva da candidatura.[76] É complicado para o ordenamento tentar conter fenômenos políticos sociais espontâneos.

É possível que se diga que a candidatura coletiva enfraquece o pluralismo político, refletido, entre outras coisas, na exigência de filiação partidária para a candidatura. Mas é o contrário.

O modelo de candidatura por coletivo de pessoas demonstra que o pluralismo é forte no Brasil. As pessoas estão encontrando maneiras diversas para associação e manifestação, realizando ações inovadoras. Fazendo isso, elas provocam o debate sobre o formato jurídico proposto tradicionalmente para o desenvolvimento e exercício do poder político. Estão conseguindo, ainda que de forma tímida, fora dos trilhos convencionais, alcançar as vias deliberativas de poder. Isso desperta para uma necessidade de reinvenção do modelo adotado pelos partidos políticos para veicular ideias e angariar adeptos e engajamento político social.

– Espera... Muita informação para assimilar.

O Min. Edson Fachin justificou assim a inclusão dos parágrafos acima na resolução do registro:

> "A chamada candidatura coletiva representa apenas um formato de promoção da candidatura, que permite à pessoa que se candidata destacar seu engajamento em movimento social ou em coletivo. Esse engajamento

76. O professor Dalmo Dallari entende pela inconstitucionalidade desse modelo. Entre outros pontos, ele aponta que o acordo de fato entre os integrantes não seria jurídico e que "(o) mandato para representar o povo numa das instituições da República só pode ser concedido a uma determinada pessoa, sendo, portanto, necessariamente individual. É o que dispõem as normas constitucionais e legais brasileiras que fixam as regras para a prática do sistema representativo". Além disso, para ele, seria evidente o caráter estritamente individual dos direitos eleitorais da cidadania "[...] não havendo qualquer dispositivo que permita o agrupamento de eleitores para transformar os respectivos direitos individuais num direito coletivo". (DALLARI, Dalmo de Abreu. "Mandato coletivo é inconstitucional" *In*. Portal Jota. Disponível em: < https://www.jota.info/opiniao-e-analise/colunas/diretos-humanos-e-constituicao/mandato-coletivo-e-inconstitucional-28092018>. Acesso em 15 jan. 2022.

não é um elemento apto a confundir o eleitorado, mas, sim, a esclarecer sobre o perfil da candidata ou do candidato"[77]

– Mas isso é efetivamente usado?

Sim, já temos casos em alguns estados. Como exemplo, veja essa notícia de uma candidatura coletiva que logrou êxito nas urnas nas eleições de 2020 em Fortaleza, no Ceará:

> **Notícia: "Adriana Gerônimo, Louise Anne de Santana e Lila M. Salu formam trio eleito ontem (15), com 9.824 votos, para ocupar uma das 43 cadeiras da Câmara Municipal.** Uma assistente social e líder comunitária, uma professora, uma educadora popular. Uma católica, uma evangélica, uma "do terreiro". Duas filiadas a partido político, uma independente. Todas nascidas e criadas na periferia de Fortaleza. Adriana Gerônimo Vieira Silva, 30; Louise Anne de Santana, 30; e Lila M. Salu, 32, formam a 'Nossa Cara': primeira candidatura coletiva de Fortaleza, eleita com 9.824 votos, nesse domingo (15). As três, juntas, ocuparão cadeira única na bancada do PSOL na Câmara Municipal de Fortaleza, dividindo por três todos os deveres, as decisões, o espaço na tribuna e o salário. Este último, aliás, foi alvo de críticas nas ruas, durante a campanha. "As pessoas diziam: 'Três pessoas? Três salários? Por isso o Brasil não vai pra frente!', e tínhamos que explicar que não seria assim", relembra Adriana, que oficialmente, "nos termos burocráticos", é quem ocupa o cargo".[78]

– Sem palavras. Gostei muito dessa informação. Não sei se isso funciona, porque não estudei o assunto. Mas a ideia é muito legal, Minami. Nunca pensei que fosse me emocionar em um livro de Direito Eleitoral, ainda mais falando de registro de candidatos.

O tema é empolgante porque é diferente e apresenta alternativas ao modelo de exercício de poder político tradicionalmente conhecido. Mas não podemos perder o horizonte de vista. Há várias questões que precisam ser discutidas sobre as candidaturas coletivas.

A professora Eneida Desiree, por exemplo, é favorável a esse modelo de candidatura, mas aponta questões que merecem debate.

77. TSE. Inst nº 0600748-13.2019.6.00.0000/DF. Rel Min. Edson Fachin.
78. Diário do Nordeste. Portal. "'Nossa Cara': conheça como funcionará o primeiro mandato coletivo em Fortaleza". *Notícia de 16 nov.* 2020. Disponível em: <https://diariodonordeste.verdesmares.com.br/politica/nossa-cara-conheca-como-funcionara-o-primeiro-mandato-coletivo-em-fortaleza-1.3011904>. Acesso em: 14 jan. 2022.

– Tipo?

Os demais integrantes do coletivo não prestam contas de campanha. Isso pode trazer desequilíbrio na disputa. "A dinâmica partidária pode sofrer abalos com enfraquecimento de sua coesão interna, ainda mais quando não se observar a filiação ao mesmo partido de todas as pessoas que compõem o coletivo".[79] É preciso que o eleitorado saiba efetivamente que escolhe um coletivo e quem pertence a ele. A candidatura coletiva não impede a participação, nos grupos, de inelegíveis. E mais:

> **Doutrina:** "Não há posse do coletivo: há posse de uma pessoa, aquela que pediu o registro, cuja foto apareceu na urna, que recebeu o diploma. Apenas essa pessoa terá prerrogativas e sujeições estabelecidas constitucionalmente, terá inviolabilidade e imunidades parlamentares, terá a possibilidade de participar em comissões, de se manifestar na tribuna, de votar, de propor projetos e requerimentos, de receber remuneração. [...] Não há nenhuma garantia para as demais pessoas que integram o coletivo de que suas vozes serão ouvidas, que sua opinião será considerada na tomada de postura de quem titulariza o mandato. Não há nenhum direito à voz ou ao voto, nem participação em comissão. Não há possibilidade de divisão do tempo de fala".[80]

– Entendi. Acho que precisamos refletir sobre essas coisas que ela apontou. Mas eu ainda acho a ideia bacana e vou estudar mais o tema. Quem sabe não me elejo dessa forma.

Vou ficar na torcida. Em todo o caso, já falamos demais disso. Eu apenas ia pontuar por alto o assunto e acabei me empolgando também. Vamos adiante.

18.5. Cuidados relacionados aos candidatos

Vimos o que deve ser levado em consideração pelo partido, federação ou coligação que apresenta candidatura. É o momento de analisar os cuidados relacionados aos candidatos especificamente.

79. SALGADO, Eneida Desiree. "O modelo democrático brasileiro, representação política e o desafio dos mandatos coletivos" *In: Direito constitucional brasileiro: teoria da constituição e direitos fundamentais.* Vol. 1. Coord. Clèmerson Merlin Clève. 2. ed. rev., atual. e ampl. São Paulo: Thomson Reuters Brasil, 2021. Livro eletrônico.
80. SALGADO, Eneida Desiree. "O modelo democrático brasileiro, representação política e o desafio dos mandatos coletivos" *Op. cit.*

18.5.1. Requisitos de registrabilidade

Deixando de lado agora o debate sobre candidaturas coletivas, só é possível a candidatura para quem possui as **condições de elegibilidade** e **não incorre em nenhuma das causas de inelegibilidade**.

Mas a candidatura também requer uma série de formalidades a serem atendidas e que são concentradas e verificadas na **etapa de Registro de Candidaturas**.

– Então, mesmo com elegibilidade e inelegibilidade resolvidas, pode ser que alguém ainda seja impedido de concorrer?

Sim, **se não atender aos requisitos formais necessários ao registro**, como, por exemplo, os critérios relacionados ao nome de urna, número de candidatura, os requisitos para a foto que deve constar na urna etc. Veremos que há mais detalhes.

Os partidos também precisam seguir uma série de parâmetros como, vimos: a apresentação de um quantitativo de candidatos nos limites autorizados por lei e a necessidade de observância de distribuição das suas candidaturas entre os dois gêneros, observados critérios específicos.

Esses aspectos são conhecidos por alguns como requisitos de registrabilidade. A seguir, veremos questões relacionadas não apenas às condições de elegibilidade, ou às causas de inelegibilidade. Conversaremos também sobre essas formalidades que tornam uma candidatura viável. Não há uma lista específica sobre quais seriam esses tais requisitos de registrabilidade. A legislação nem adota essa nomenclatura.

– E qual a repercussão então dessa informação na prática?

Entender que não seguir os detalhes trazidos pela legislação eleitoral relacionados à candidatura pode significar o indeferimento do registro.

18.5.2. Quitação eleitoral e filiação partidária

Antes de começarmos este tópico, leia esse artigo:

ART. 9º DA LEI DAS ELEIÇÕES (9.504/97)	
Requisitos mínimos para os candidatos	Deve possuir **domicílio eleitoral** na respectiva circunscrição pelo prazo de **seis meses**
	Deve estar com a **filiação deferida** pelo partido no mesmo prazo

– E não precisa de quitação eleitoral?

Precisa sim. A ausência de quitação impede a participação política pela candidatura. Veja, abaixo, o que é possível fazer, preliminarmente, quando se analisa um possível futuro candidato:

AÇÕES PRELIMINARES PARA ANALISAR A VIABILIDADE DE UMA CANDIDATURA

Quitação eleitoral	Retirar a certidão de quitação eleitoral nos sites da Justiça Eleitoral o pelo aplicativo e-título
Filiação partidária e tempo mínimo de filiação partidária[81]	Consultar a filiação partidária no Sistema de Filiação Partidária – FILIA
Tempo mínimo de alistamento eleitoral na circunscrição pretendida	Conferir data no título eleitoral, quando impresso, ou na certidão de quitação do aplicativo e-título

– Muitos desses dados são conhecidos pela própria Justiça Eleitoral, né? A quitação eleitoral, por exemplo.

Perfeito. Veja:

> **Art. 28, Res. TSE 23.609/19:** "Os requisitos legais referentes à filiação partidária, ao domicílio eleitoral, à quitação eleitoral e à inexistência de crimes eleitorais são aferidos com base nas informações constantes dos bancos de dados da Justiça Eleitoral, sendo dispensada a apresentação de documentos comprobatórios pelos requerentes".

– Legal. Já reduz a burocracia. Mas e se a Justiça Eleitoral não identifica quitação eleitoral ou ausência de filiação, por exemplo, então já há o indeferimento do registro?

Não, pois algumas situações podem depender de outros fatores que não estão nos bancos de dados eleitorais para a sua aferição. Sei que quer exemplo.

81. "Havendo fusão ou incorporação de partidos políticos após o prazo estabelecido no caput, deve ser considerada, para efeito de filiação partidária, a data de filiação do candidato ao partido político de origem" (Lei nº 9.504/1997, art. 9º, parágrafo único).

A filiação partidária, por exemplo, pode ser provada por outros meios, caso não exista registro de filiação ou tempo mínimo de filiação nos bancos de dados da Justiça Eleitoral.

Pode existir um registro de inadimplência de multa eleitoral no momento do ajuizamento do registro, mas o candidato devedor talvez consiga, depois disso, pagar ou parcelar o débito antes do julgamento.

– Aproveitando esse exemplo. E o que acontece se o candidato não possui quitação eleitoral?

Já vimos isso no capítulo sobre **"Condições sobre Elegibilidade"**. Vimos o que é quitação eleitoral e o que fazer quando uma pessoa não está quite com a Justiça Eleitoral.

– Resume aqui, please?

Não. Consulte lá. Deixa de preguiça!

18.5.3. Elegibilidade e inelegibilidades

Se alguém pretende concorrer, deve atender a todas as condições de elegibilidade e não incorrer em nenhuma das causas de inelegibilidade.

– Mas já vimos tudo isso, né! Só faltou não acabar essa nossa conversa.

Sim. Eu abri este tópico aqui porque, talvez, alguém esteja lendo este livro para aprender apenas o assunto do registro de candidaturas e tenha pulado os capítulos que tratam das elegibilidades e das inelegibilidades. Para entender esses temas eis os capítulos:

CAPÍTULOS DE LEITURA NECESSÁRIA
Condições de elegibilidade
Causas de inelegibilidade: aspectos gerais e inelegibilidades constitucionais
Causas de inelegibilidades infraconstitucionais

18.5.4. Número do candidato

O número do candidato é muito relevante, afinal, é esse o número que irá aparecer na urna eletrônica ao eleitor. Veja:

ART. 15, LEI DAS ELEIÇÕES (9.504/97), SOBRE O NÚMERO DO CANDIDATO

Cargo	Número de campanha
Presidente, governador e prefeito Respectivos vices	Número identificador do partido político do titular
Senador e os seus suplentes	Número identificador do partido político do titular **seguido de um algarismo à direita**
Deputado federal	Número identificador do partido político do candidato **acrescido de dois algarismos à direita**
Deputado estadual, distrital e vereador	Número identificador do partido político do candidato **acrescido de três algarismos à direita**
▸ **Candidato lançado por federação: número identificador considerado será o do partido ao qual estiver filiado (Res. TSE 23.609/19, art. 14, p.u.)**	

– Entendi. Os candidatos não escolhem os dois primeiros números, pois é o número do partido. Mas e quem escolhe os números restantes? Se eu fosse concorrer para vereador eu ia querer "123". Fácil de decorar.

Normalmente, esses números são identificados por sorteio, quando mais de uma pessoa quer o mesmo número. A não ser, por exemplo, que algum candidato já seja conhecido por determinado número e vá concorrer ao mesmo cargo pelo mesmo partido. Nesse caso, ele terá a preferência. Os mandatários do legislativo possuem também preferência nos números que concorreram.

– Eu até entendo por qual motivo os candidatos ao executivo devem concorrer com o número do partido. Senador acho que não há problema, pois são somente três números.

Mas os demais candidatos, deputados e vereadores, deveriam poder escolher o número inteiro.

Calma! Não se esqueça do que vimos no capítulo de Sistemas Eleitorais. Quando se vota nos cargos de deputado (federal, estadual, distrital) e vereador, na verdade, são duas escolhas que são feitas: escolhe-se o partido e, dentro desse partido, escolhe-se um candidato. Além disso, a conversão de votos em mandatos para esses cargos ocorre pelo sistema proporcional. Veja:

SISTEMA PROPORCIONAL

Primeira escolha	**Um partido político**
Segunda escolha	Dentro do partido que escolhi, qual o **candidato de minha preferência**? São justamente os números que são acrescidos ao número do partido

– Espera professor, por favor! Pode revisar mais?

Os dois primeiros números para os cargos eleitos pelo sistema proporcional são tão importantes que o eleitor pode votar apenas no partido. É o voto de legenda. Mas tudo isso está bem explicado no capítulo sobre Sistemas Eleitorais.

18.5.5. Nome de campanha

Outro ponto importante é o nome da campanha, ou o nome de urna. Lembra que em cada eleição há uma série de nomes curiosos dos candidatos?

– Lembro sim. Estou vendo aqui no meu celular alguns: "Doidim do Som", Fabão Potência", "Tabajara do Site".

Pois é. Esse nome que será usado na campanha é o mesmo que será veiculado na urna eletrônica. É o nome da urna.

– "Grete Cover", "Helio Perereca", "Cheiro Verde".

Sim, sim, eu sei que você entendeu.

– Há algum regramento para o nome da urna?

Sim.

REGRAS GERAIS PARA O NOME DA URNA (ART. 25, RES. TSE 23.609/19)
No máximo 30 (trinta) caracteres, incluindo-se o espaço entre os nomes
Pode usar prenome, sobrenome, cognome, nome abreviado, apelido ou nome pelo qual o candidato é mais conhecido
Não pode estabelecer dúvida quanto à identidade do candidato
Não pode atentar contra o pudor e nem ser ridículo ou irreverente
Não pode usar expressão ou siglas pertencentes a qualquer órgão da administração pública
▸ **Novidade: pode fazer referência à grupo ou coletividade que apoia a candidatura**

– Fiquei com uma dúvida. Os nomes que eu citei no começo deste tópico são todos nomes reais, de candidatos que concorreram. Eu, particularmente, não vejo tanto problema neles, mas será que são ridículos ou irreverentes? Aliás, o que é um nome ridículo ou irreverente?

É um critério muito subjetivo. Esses nomes que apresentou, por exemplo, são bem peculiares. Nomes assim, nós sabemos, são frequentes nas campanhas pelo Brasil. A análise é de caso a caso. Eu não teria como apresentar balizas para isso.

– Certo, mas me diz um caso então de nome de urna usando "expressão ou de siglas pertencentes a qualquer órgão da administração pública".

Vamos ver, no estudo das impugnações ao registro, que o INSS já impugnou candidatura de uma pessoa que queria concorrer com o nome "fulado no INSS".

– Realmente, Minami. Acontece de tudo nas eleições.

18.5.6. Fotografia, dados pessoais e demais formalidades relacionadas ao candidato

Outro ponto importante é a fotografia que deve ser anexada a um formulário eletrônico chamado Requerimento de Registro de Candidaturas (RRC).

Normalmente, há uma série de parâmetros a serem observados para essa foto e seu desatendimento prejudica o pedido de registro. Eles são apresentados na resolução sobre o registro de candidaturas (n.º 23.609/19).

Outra fonte de consulta do que deve ser feito é o manual sobre o sistema CANDex disponível no *site* do Tribunal Superior Eleitoral.

> **Sobre a foto:** "frontal (busto), com trajes adequados para fotografia oficial, assegurada a utilização de indumentária e pintura corporal étnicas ou religiosas, bem como de acessórios necessários à pessoa com deficiência; vedada a utilização de elementos cênicos e de outros adornos, especialmente os que tenham conotação de propaganda eleitoral ou que induzam ou dificultem o reconhecimento do candidato pelo eleitor" (Res. TSE 23.609/19 art. 27, d)

– Que barato. Muitos detalhes que nunca imaginei.

Além da foto, outros documentos podem ser solicitados para o pedido de registro:

PRINCIPAIS DOCUMENTOS QUE PODEM SER SOLICITADOS NO REGISTRO DO CANDIDATO
Relação de bens, uma série de certidões criminais (Justiça Federal e Estadual), prova de alfabetização e de desincompatibilização, quando for o caso
Documento oficial de identificação, título de eleitor, CPF
Nas candidaturas ao cargo de chefe do executivo, o candidato deve anexar as propostas defendidas
▶ **Alguns desses dados podem se tornar públicos, respeita da a LGPD, no que aplicável**[82]

– Propostas defendidas? Sério?

Sim. Para os cargos do executivo isso é exigido.[83] **É bem bacana consultar isso na internet, no site de divulgação de candidaturas.** Há as propostas passadas por lá. Ali também constam os dados dos candidatos. São informações que não devem ser desprezadas. Verificando eleições passadas, por exemplo, é possível acompanhar a evolução patrimonial

82. Lei Geral de Proteção de Dados Pessoais (LGPD), Lei 13.709/2018.
83. Não é demais lembrar o alerta de Eneida Desiree: "A previsão normativa parece inócua. [...] As propostas de campanha de um candidato a Presidente da República dificilmente dependem apenas de sua vontade para que sejam realizadas. Em um país democrático, é o Parlamento o lugar de elaboração das regras jurídicas que determinam a ordem social, a ordem econômica e as relações de trabalho, por exemplo". SALGADO, Eneida Desiree. *Princípios constitucionais eleitorais.* Curitiba: UFPR, 2010, p. 69.

de candidatos que apenas vivem do serviço público. Se há um aumento exagerado desse patrimônio, isso pode servir de indícios para possíveis ilicitudes no desempenho da função pública.

– Mas essa pessoa pode ter recebido uma herança, né?

Por isso que eu disse "indícios".

– Minami, eu percebi uma coisa. Alguns dos documentos que o professor mencionou são de conhecimento da própria Justiça Eleitoral. Por exemplo, o candidato precisa juntar a quitação eleitoral?

Se são dados armazenados pela própria Justiça Eleitoral, não é preciso anexar **documentos de comprovação** no momento do pedido de registro.

– Exemplos, please!

Eu sabia que ia pedir. Exemplos: **filiação partidária, domicílio eleitoral, quitação eleitoral e prova de inexistência de crimes eleitorais.**

Vamos adiante.

– Professor, por falar em foto de candidato, tenho uma dúvida. Claro, só responda se puder (e souber, né). Mas por qual motivo as pessoas não conseguem visualizar a foto do candidato ou acabam vendo a foto de outra pessoa?

Se tivermos tempo, vou explicar alguns desses mitos. Mas agora, foge do assunto. Vamos adiante.

18.6. Aspectos sobre a apresentação do procedimento de registro de candidatura

18.6.1. Competência

O juízo competente para a apreciação dos pedidos de registro consta no art. 18, da Res. TSE 23.609/19.[84] Mas, depois de tudo o que conversamos, é algo muito intuitivo:

84. Código Eleitoral, artigo 89.

COMPETÊNCIA PARA OS PEDIDOS DE REGISTRO E RESPECTIVAS IMPUGNAÇÕES

Juízo competente	Cargo
Tribunal Superior Eleitoral	Presidente e vice-presidente
Tribunais Regionais Eleitorais	Governador e vice-governador Senador e suplentes Deputado federal, estadual ou distrital
Juízos eleitorais	Prefeito e vice-prefeito Vereador

Observações

- O registro de candidatos a presidente e vice-presidente, a governador e vice-governador e a prefeito e vice-prefeito serão feitos sempre em chapa única e indivisível
- O registro de candidatos ao cargo de Senador se fará com os respectivos suplentes

– E se houver mais de um juízo competente em um mesmo município? Imagino que isso acontece, por exemplo, em cidades com vários juízes eleitorais.

Impressionante você ter percebido isso!

– Que absurdo? Eu sou inteligente, viu!

Foco!

Nesse caso, **nas eleições municipais, em municípios com mais de um juiz eleitoral, os Tribunais Regionais Eleitorais devem expedir resoluções para determinar qual deles será competente para o registro.**

18.6.2. Formulários eletrônicos: DRAP e RRC

Vamos direto ao ponto.

O PEDIDO DE REGISTRO DE CANDIDATURA DEVE CONTER

Um conjunto de documentos demonstrando que o partido, federação ou aqueles que formam uma coligação estão regulares, nos termos da legislação **É o Demonstrativo de Regularidade de Atos Partidários (DRAP)**
Junto a esse DRAP, vinculam-se os pedidos de registro de candidatura daquele partido: é o **Requerimento de Registro de Candidatura (RRC)**

▶ **Os formulários são preenchidos eletronicamente pelo sistema de Candidaturas disponível no site do TSE (CANDex)**

– Olha aqui, professor! Achei outro nome de urna curioso: "Chupeta do Gás".

Puxa vida, foco! Eu já havia esquecido esse assunto dos nomes para urna.

Presta atenção: deve haver o preenchimento, pelo partido, federação ou coligação, de um formulário DRAP por cargo pleiteado.

No caso das candidaturas majoritárias, o formulário DRAP será constituído pelo pedido de registro do titular com os respectivos vices ou suplentes.

É obrigatório, nesses casos, a apresentação de vice ou suplente, a depender do caso.

– Acho que não entendi bem.

Você não se concentra, acontece isso. Observe:

> **Exemplo:** Nas eleições municipais, haverá um DRAP para prefeito, com o RRC do candidato a prefeito e a vice (chapa única), e haverá um DRAP para os candidatos a vereador, vinculado a todos os pedidos de registro dos vereadores daquele partido.

– E se os partidos não seguirem essa lógica?

Lembra que é feito tudo por sistema eletrônico? Ele não deixa o partido errar, pois vai apresentando as opções de preenchimento. Além disso, há um manual disponível nos *sites* oficiais da Justiça Eleitoral para consulta.

– Perfeito. Mas pode me explicar melhor o que consta em cada formulário desses?

Sim. Vamos adiante.

A Res. TSE 23.609/19, que trata do registro de candidatura, explica bem o que consta no DRAP e em cada RCC.

PRINCIPAIS INFORMAÇÕES CONSTANTES NO DRAP (RES. TSE 23.609/19, ART. 23)
Cargo pleiteado Nome e sigla do partido político Nome da coligação (para cargos majoritários) ou federação, partidos que as compõem e dados dos seus representantes Datas das convenções Lista do nome e número dos candidatos
Dados para futuras comunicações processuais: citações, intimações ou demais comunicações da Justiça Eleitoral
Telefone móvel com aplicativo de mensagens instantâneas Endereço eletrônico Endereço físico completo Endereço do comitê central de campanha Telefone fixo Endereço eletrônicos do partido político ou da coligação ou seus perfis sociais
▶ **Atenção: o partido ou coligação deve manifestar ciência de que lhe incumbe acessar o mural eletrônico e os meios de comunicação eletrônicos informados para saber sobre o recebimento de citações, intimações, notificações e comunicações da Justiça Eleitoral e devem manter os dados de comunicação atualizados**

– O que é telefone fixo?

Eu vou fingir que não sei para não denunciar a minha idade. Vamos adiante. Depois você pesquisa na internet.

– E é sério que as comunicações são feitas por aplicativos de mensagem?

Sim. Por aplicativo de mensagem e por mural eletrônico. Vimos isso no capítulo sobre calendário eleitoral e comunicações no período de campanha.

– Foi mesmo, lembrei. Os partidos e candidatos precisam ficar acompanhando publicações no mural eletrônico, na página do respectivo tribunal eleitoral, e as intimações que recebem nos aplicativos de mensagem.

Eles não reclamaram disso?

Quando os partidos, coligações, federações e candidatos entram na corrida, devem preencher uma declaração aceitando as regras do jogo. Aliás, **os candidatos precisam saber que se submetem a uma série de obrigações quando se candidatam:**

PRINCIPAIS INFORMAÇÕES CONSTANTES NO RRC[85]
Dados pessoais do candidato
Qualificação completa, incluindo inscrição eleitoral; nome social declarado no Cadastro Eleitoral, se for o caso; data e local de nascimento, gênero, cor ou raça, escolaridade, estado civil, se é pessoa com deficiência e qual o tipo etc.
Dados para futuras comunicações processuais: citações, intimações etc.
Telefone móvel com aplicativo de mensagens instantâneas Endereço eletrônico e endereço físico completo e atualizado Telefone fixo e endereço do comitê central de campanha e endereço fiscal para atribuição de CNPJ
Dados do candidato relacionados à eleição
Partido, cargo pleiteado, número e nome de campanha Informação se é candidato à reeleição, qual cargo eletivo que ocupa e a quais eleições já concorreu Páginas de internet pessoais, de candidato e eventuais redes sociais[86]
O candidato deve manifestar ciência de que
Deverá prestar contas à Justiça Eleitoral, mesmo se, futuramente, a sua candidatura se mostrar inviável ou ocorra renúncia, desistência ou substituição Seus documentos relacionados ao registro serão publicizados, nos termos da LGPD **Precisa acessar o mural eletrônico e os meios informados de contato para saber sobre citações, intimações e comunicações da Justiça Eleitoral, devendo manter seus dados atualizados** Declaração de ciência que seus dados informados serão utilizados para atualizar os seus dados no Cadastro Eleitoral
▶ **Atenção: é preciso uma autorização do candidato ao partido ou coligação para concorrer**

– Curioso. O candidato precisa autorizar a sua candidatura ao partido? Isso não está implícito?

85. Art. 24 da Res. TSE 23.608/2019.
86. Isso terá repercussão no tema da Propaganda Eleitoral. Veja o tópico sobre: Propaganda Eleitoral Digital (internet, redes sociais etc.), no capítulo de Propaganda Eleitoral.

Isso ocorre para evitar que partidos submetam os nomes de seus filiados como candidatos sem que eles saibam. Infelizmente, isso já ocorreu várias vezes.

Perceba que vários documentos devem ser anexados, como o documento de identidade e o comprovante de escolaridade.

Os documentos gerados eletronicamente contarão com vias físicas que podem ser requeridas para consultas em caso de alguma dúvida.

– O que acontece se o partido não guardar esses documentos?

Se eles forem importantes para sanar dúvidas que apareçam durante o registro e a Justiça Eleitoral requerer sua apresentação para conferência da veracidade de informações lançadas em algum RRC, **eventual desatendimento desse pedido será compreendido como ausência de autorização pelo filiado para o requerimento da candidatura**.

– Exemplo, por favor.

> **Exemplo:** se a Justiça Eleitoral percebe que a foto apresentada não atende aos requisitos legas, pois foi retirada das redes sociais do candidato, ou se trata, aparentemente, de foto de outra pessoa, ela pode pedir a apresentação do formulário físico RRC assinado pelo candidato. A não apresentação disso acarreta o **não conhecimento do RRC respectivo**.

Isso **poderá acarretar, inclusive, uma alteração nos percentuais de gênero** que falamos acima. O RRC não conhecido não entra no cômputo desses percentuais. O MPE deve ser cientificado para eventuais providências contra os possíveis fraudadores. Como eu disse, há pouca tolerância nesse tema.

Veja essa decisão:

> **Precedente:** "[...] A fraude na cota de gênero de candidaturas representa afronta à isonomia entre homens e mulheres que o legislador pretendeu assegurar no art. 10, § 3º, da Lei 9.504/97 - a partir dos ditames constitucionais relativos à igualdade, ao pluralismo político, à cidadania e à dignidade da pessoa humana [...]"[87]

Mas veja que é **conferido ao partido, federação ou coligação, uma oportunidade para corrigir esse defeito**.

87. TSE. REspe nº 19392, Acórdão, Rel. Min. Jorge Mussi, DJE 04/10/2019.

REVISÃO IMPORTANTE

Se o DRAP não estiver regular, todas os pedidos vinculados a ele são indeferidos[88]

Veja a figura abaixo[89]:

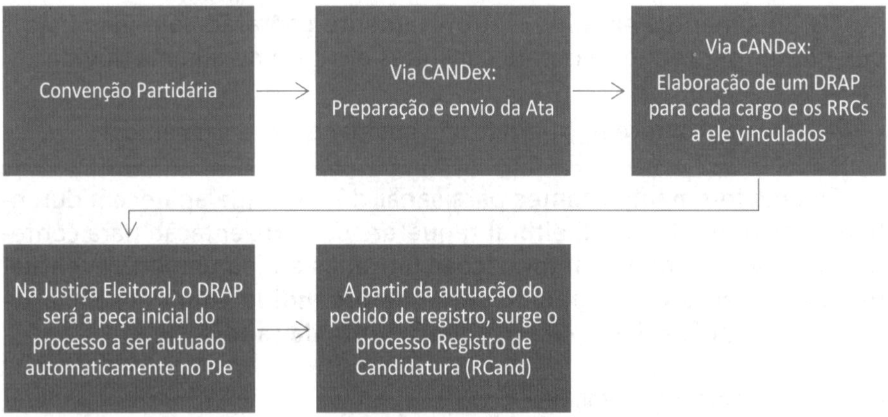

Um ponto curioso do registro, e que liga os temas dos formulários eletrônicos (DRAP, RRC, RRCI) ao tema competência, é a prevenção do juízo para o registro.

– Prevenção? Acho que lembro o que é...

Doutrina: "Prevenção é a fixação da competência de um entre os juízes igualmente competentes para dada causa, com exclusão dos demais".[90]

Trata-se de um fato: um juiz chegou a um processo antes dos demais. Por conta disso, outros temas que tenham relação àquele processo devem ser analisados pelo mesmo juiz para, principalmente: evitar decisões conflitantes e racionalizar a tramitação processual.

– Lembrei. Podemos continuar.

88. Veja art. 48, da Res. TSE n. º 23.609/2019: "Art. 48. O indeferimento do DRAP é fundamento suficiente para indeferir os pedidos de registro a ele vinculados".
89. Elaborado a partir do manual do CANDex.
90. DINAMARCO, Cândido R. *Instituições de direito processual civil: volume I*. 9. ed. São Paulo, Malheiros, 2017, p. 821.

Um DRAP está relacionado a, pelo menos, dois temas: **o partido, coligação ou federação ao qual ele se refere**, e as **candidaturas a esses entes relacionadas.**

Nos termos da legislação eleitoral, cada DRAP que for chegando, torna o juiz prevento para eventuais assuntos relacionados a ele:

> **Res. TSE 23.609/19:** Art. 32. Na autuação, serão adotados os seguintes procedimentos:
>
> § 3º A distribuição dos processos de registro principiará por sorteio dos DRAPs à medida que forem sendo apresentados, ressalvada a existência de DRAP do qual conste o mesmo partido ou a mesma federação, para o mesmo cargo ou para cargo diverso, proporcional ou majoritário, ou de RRC ou RRCI distribuído anteriormente, hipótese em que estará preventa(o) a juíza, o juiz, a relatora ou o relator que tiver recebido o primeiro processo.

– Eu acho que entendi, mas eu tive que ler doze vezes.

Basta pensar assim.

O primeiro juiz que receber um processo de registro relacionado a um ou mais partidos, ou por via de RRC, ou por via de DRAP, ficará prevento para os demais processos seguintes relacionados àqueles mesmos partidos.

> **Exemplo:** Se chegar um DRAP de um partido X e houver distribuição ao juiz Dr. Zezé, futuro RRCI ou RRC (ou mesmo DRAP apresentado novamente) relacionados a esse mesmo partido X devem ir para o Dr. Zezé.

– O que é RRCI?

Vamos ver isso logo mais. Antes, preciso só falar do prazo para o registro.

18.6.3. Prazo para o pedido registro

PRAZO PARA A ENTREGA DOS PEDIDOS DE REGISTRO DE CANDIDATURA
Até as 19 (dezenove) horas do dia 15 de agosto do ano em que se realizarem as eleições (Lei n.º 9.504/1997, art. 11, *caput*)

Já vimos que esses pedidos de registro devem ser compostos de formulários e documentos submetidos eletronicamente: **DRAP e os seus respectivos RRCs.**

– São muitas letrinhas! Como essa Justiça Eleitoral gosta de letrinhas! TSE, FILIA, CANDex, RRC, DRAP.

Olha, professor, achei outro nome curioso de candidato: "Tetelpontocom".

Você não está prestando atenção. Depois vai ficar me pedindo para repetir explicação ou pedindo exemplo de coisa óbvia.

– Está bem, desculpa! Vou perguntar coisa séria, então.

O que acontece se o partido não conseguir cumprir o prazo acima?

A data limite é o dia 15 de agosto. Contudo, como essa submissão é eletrônica, pode ocorrer de algum partido ou coligação não conseguir realizá-la. Por conta disso, resolveu-se separar o último dia de entrega previsto em lei para o recebimento da mídia, presencialmente, pela Justiça Eleitoral, para quem não conseguiu transmitir o registro pela internet.

– Então o prazo geral vai até 16 de agosto?

Não. Atenção!

A solução adotada é a seguinte:

DETALHAMENTO DO PRAZO PARA A ENTREGA DOS PEDIDOS DE REGISTRO DE CANDIDATURA	
Até 8 horas do dia 15 de agosto do ano da eleição[91]	Prazo normal, submissão pela *internet*
Dia 15, último dia do prazo, até 19 horas	Das 8 às 19, aqueles que não conseguiram enviar o pedido via internet, devem procurar a Justiça Eleitoral para a entrega, em mídia, do requerimento

– Como assim "em mídia"?

É que se os partidos ou coligações não conseguiram enviar os pedidos, devem gerar o pedido e levar esse arquivo gerado para a Justiça Eleitoral dar o recebimento.

91. Art. 19, Res. TSE 23.609/2019.

– Entendi. Para enviar pela internet, o partido ou coligação terá até a manhã do dia 15. Para quem não conseguir fazer esse envio, poderá ir pessoalmente à Justiça Eleitoral, até 19 horas do dia 15.

Isso mesmo.

– E se alguém ficar de fora? Se o partido esquecer de informar algum candidato a candidato?

É o próximo tópico.

18.6.4. Requerimento de Registro de Candidatura Individual (RRCI)

Após a entrega dos pedidos de registro, há a publicação de um edital com aqueles candidatos que fizeram esse requerimento, para a ciência de todos, no Diário da Justiça Eletrônico (Código Eleitoral, art. 97, § 1º).

Se o partido ou coligação deixar de indicar candidato escolhido em convenção, é possível o pedido individual em formulário denominado **Requerimento de Registro de Candidatura Individual (RRCI) no prazo de até dois dias após a publicação desse edital mencionado.**

> **Res. TSE 23.609/19:** Art. 29. Na hipótese de o partido político, a federação ou a coligação não requerer o registro de candidatura de pessoas escolhidas em convenção, estas podem fazê-lo no prazo máximo de até 2 (dois) dias após a publicação do edital relativo às candidaturas apresentadas pelo respectivo partido político ou pela respectiva coligação no Diário da Justiça Eletrônico (DJe) (Lei nº 9.504/1997, art. 11, § 4º).

– Então aqui há outro prazo para propor um registro de candidato. Porque se o prejudicado só sabe que não foi incluído no requerimento nesse edital, pode ser que isso ocorra depois do dia 15 de agosto do ano da eleição.

Isso mesmo.

Há outro detalhe. Com a apresentação de um requerimento individual, publica-se edital relacionado apenas a esse pedido, e o prazo para a impugnação desse requerimento individual conta desse novo edital (Res. TSE 23.609/19, art. 34).

O procedimento será o da "Ação" de Impugnação ao Registro de Candidaturas (AIRC), tratado na parte 8 do livro.

Outros detalhes do RRCI:

Como instruir o RRCI?	Com os mesmos documentos e formalidades do requerimento normal, o RRC (arts. 27 e 28 da Res. TSE 23.609/19)
Onde fazer?	Deve ser elaborado no Sistema CANDex e gravado em mídia
Como entregar?	Exclusivamente pela entrega da mídia à Justiça Eleitoral, até as 19h (dezenove horas) dos dois dias seguintes à publicação do edital que não constou o nome do requerente do RRCI
Se não houver DRAP apresentado?	O respectivo partido político, federação ou coligação será intimado, de ofício, pela Justiça Eleitoral, para fazê-lo em 3 dias

18.6.5. Vagas remanescentes

Pode ser que, durante a convenção, não se alcance o número máximo possível de indicação de candidatos possíveis, por várias razões. A legislação eleitoral autoriza que essas **vagas remanescentes** sejam preenchidas posteriormente:

> **Res. TSE 23.609/19, art. 17:** § 7º No caso de as convenções para a escolha de candidatas e candidatos **não indicarem o número máximo previsto no caput deste artigo, os órgãos de direção dos respectivos partidos políticos ou da federação poderão preencher as vagas remanescentes, requerendo o registro em até 30 (trinta) dias antes do pleito**

– Isso é muito específico!

Sim. É uma situação usada, por vezes, estrategicamente, pois os partidos podem "segurar" candidaturas para apresentação posterior, a depender da estratégia que adotarem. Não podemos esquecer, contudo, que o quantitativo de gênero sempre deve ser respeitado, mesmo com a ocupação posterior dessas vagas remanescentes.

18.7. Resumo de toda a fase de escolha e registro de candidatos

É o momento de conversar sobre toda a fase de registro e descobrir, na prática, como ele é feito. Antes disso, para aqueles que já conhecem o procedimento e querem apenas revisar, ou precisam de rápida noção de todo ele, pois estão com prazo apertado para lidar com o assunto na prática, segue um *quadrograma* com um resumo analítico do que veremos e, logo após esse roteiro, um resumo sintético através de fluxograma. Eis a fonte normativa: artigos 6 º e seguintes, da Res. TSE 23.609/19.

– Professor, não existe "quadrograma"... Eu nunca ouvi falar disso!

Então eu inventei. Agora existe. Foco!

18.7.1. *Resumo analítico da fase de escolha e registro de candidaturas*

CONVENÇÕES PARTIDÁRIAS (ARTIGOS 6 E SEGUINTES RES. TSE 23.609/2019)

Atenção! Instruções do quadrograma abaixo: os quadros azuis devem ser lidos primeiro
Eles bastam, se estiver com pressa, ou só quiser revisar

Realizar convenção partidária e registrar tudo em ata **20 de julho a 5 de agosto do ano das eleições**	Pode ocorrer de forma física, virtual ou híbrida A convenção da federação ocorrerá de forma unificada, ou seja, com todos os partidos que tenham órgão de direção na circunscrição Atenção: aprender como usar o Sistema de Candidaturas (CANDex) a partir de manual disponibilizado nos sites dos TRE´s ou TSE

CANDex acessado por chave de acesso obtida no Sistema de Gerenciamento de Informações Partidárias (SGIP)	**Digitar a ata da convenção e lista dos presentes no Módulo Externo do Sistema de Candidaturas (CANDex)**	O livro-ata físico pode ser substituído pelo Módulo Externo do Sistema de Candidaturas (CANDex) com o registro direto dos dados da convenção e dos presentes (Res. 23.609, art. 6º, § 3º)

Não sendo possível transmissão virtual, gravar dados em mídia e entregar na Justiça Eleitoral (Res. 23.609, art. 6º, § 5º) Não deixar para o último momento	**Transmitir, via *internet*, ata pelo sistema CANDex** **Até o dia seguinte da realização da convenção**	Não há sanção expressa pelo descumprimento desse prazo

A Lei das Eleições determina que a ata seja publicada em vinte e quatro horas (Lei nº 9.504/1997, art. 8º) As atas podem ser consultadas em página do TSE: basta procurar por "Divulgação de Candidaturas e de Prestação de Constas" ou acessar https://divulgacandcontas.tse.jus.br	**Os dados das convenções são publicizados**

REGISTRO DE CANDIDATURAS SEM IMPUGNAÇÕES (ARTIGOS 19, 31 E SEGUINTES RES. TSE 23.609/2019)

Pedidos de registro realizados e transmitidos pelo sistema CANDex **Até 19h de 15 de agosto do ano eleitoral**	Sistema CANDex e instruções disponíveis no site do TSE Não há ajuizamento de pedido de registro diretamente no PJe **Transmissão pela internet: até 8h de 15 de agosto** Entrega presencial da mídia à Justiça Eleitoral: até 19h do mesmo dia

Recepção dos pedidos pela Justiça Eleitoral e autuação no PJe na classe RCand	O Demonstrativo de Regularidade de Atos Partidários (DRAP) e seus documentos constituirão o processo principal Os Requerimentos de Registro de Candidatura (RRC) vinculados a ele constituirão os processos de cada candidato

Fornecimento do CNPJ de campanha em até três dias	Dados são validados pela Justiça Eleitoral e encaminhados à Receita Federal para fornecimento, em até 3 dias úteis, do número no CNPJ que será utilizado em campanha

Publicação de Edital, no DJe, dos registros de candidatura apresentados	Justiça Eleitoral providencia, após validação preliminar, publicação contendo os pedidos de registro para ciência dos interessados no DJe Os registros solicitados também são divulgados na página do DivulgaCandContas, da Justiça Eleitoral

Possível impugnar DRAP e RRC Procedimento da AIRC será visto à parte	**Impugnação ao Registro de Candidatura (AIRC) em até 5 dias do edital**	A Impugnação ao Registro de Candidaturas é protocolada no respectivo registro, pelo PJe **Não há ajuizamento de uma nova ação**

Cidadão noticiante não vira parte Veja o procedimento da AIRC	**Possível Notícia de Inelegibilidade em até 5 dias do edital por qualquer cidadão**	O Ministério Público Eleitoral é cientificado da notícia e é ele quem assume o ponto levantado para debate, e não o cidadão noticiante

O RRCI deve ser instruído com as mesmas informações e documentos do RRC	**Apresentação de Requerimento de Registro de Candidatura Individual pelos prejudicados em até 2 dias do edital**	O RRCI é apresentado por quem é escolhido em convenção, mas não se pede o registro dessa pessoa Exclusivamente pela entrega da mídia à Justiça Eleitoral, até 19h do último dia do prazo indicado no quadro ao lado, com posterior publicação de novo edital

Considerar na informação: a situação jurídica do órgão partidário, a realização da convenção, a legitimidade do subscritor para representar o órgão partidário, a observância dos percentuais de gênero e quantitativo de candidatos	**Após prazo de impugnação, informação nos autos do DRAP pela secretaria apontando possíveis falhas**	Não se indica prazo específico para essa informação Res. 23.609/19, art. 35
Considerar na informação: a **situação jurídica do órgão** partidário, a realização da **convenção**, a **legitimidade do subscritor** para representar o órgão partidário, a observância dos **percentuais de gênero** e **quantitativo** de candidatos	**Após prazo de impugnação, informação nos autos do DRAP, pela secretaria, apontando possíveis falhas**	Não se indica prazo específico para essa informação Res. 23.609/19, art. 35, I
Considerar na informação: a regularidade do **preenchimento** do pedido, a verificação das condições de **elegibilidade**, a regularidade da **documentação obrigatória**, a validação do **nome e do número** com o qual concorre, do **cargo**, do **partido** político, do **gênero** e da qualidade técnica da **fotografia**, na urna eletrônica	**Após prazo de impugnação ou apresentação de pedido individual, informação nos autos do RRC ou RRCI, pela secretaria, apontando possíveis falhas**	Não se indica prazo específico para essa informação Res. 23.609/19, art. 35, II
Intimações dos participantes da campanha eleitoral são **feitas eletronicamente, pelo Mural Eletrônico,** entre 15 de agosto e 19 de dezembro do ano eleitoral (Res. 23.609/19, art. 38) Cabe aos interessados o acesso ao Mural Eletrônico	**Diligências para sanar eventuais irregularidades apontadas em até 3 dias**	A intimação dos requeridos **pode ocorrer sem determinação pelo juízo**
Ainda que não tenha ocorrido impugnação ou notícia de inelegibilidade O problema pode ter sido apontado na informação do cartório eleitoral Neste momento, MPE apenas fala sobre o impedimento não impugnado	**Identificado algum impedimento não impugnado, 3 dias para manifestação do interessado, seguidos de 2 dias para manifestação pelo MPE**	A regularidade da candidatura é matéria de ordem pública, juiz pode determinar essa intimação de ofício

Abertura de vista ao MPE ocorre sem necessidade de determinação pelo juízo A intimação pessoal do MPE será feita **exclusivamente por expediente no PJe** com abertura automática e imediata do prazo processual	**Não havendo impugnação, ou após prazo para resolução de pendências apontadas, manifestação pelo MPE em dois dias**	Após o prazo, com ou sem manifestação, autos são conclusos para decisão

O indeferimento do DRAP acarreta o indeferimento dos pedidos de registro a ele vinculados Publicação da sentença no Mural Eletrônico e comunicação ao Ministério Público por expediente no PJe	**Decisão em 3 dias após a conclusão** **Prazo para recurso somente após o prazo acima**

18.7.2 Resumo sintético do procedimento de registro

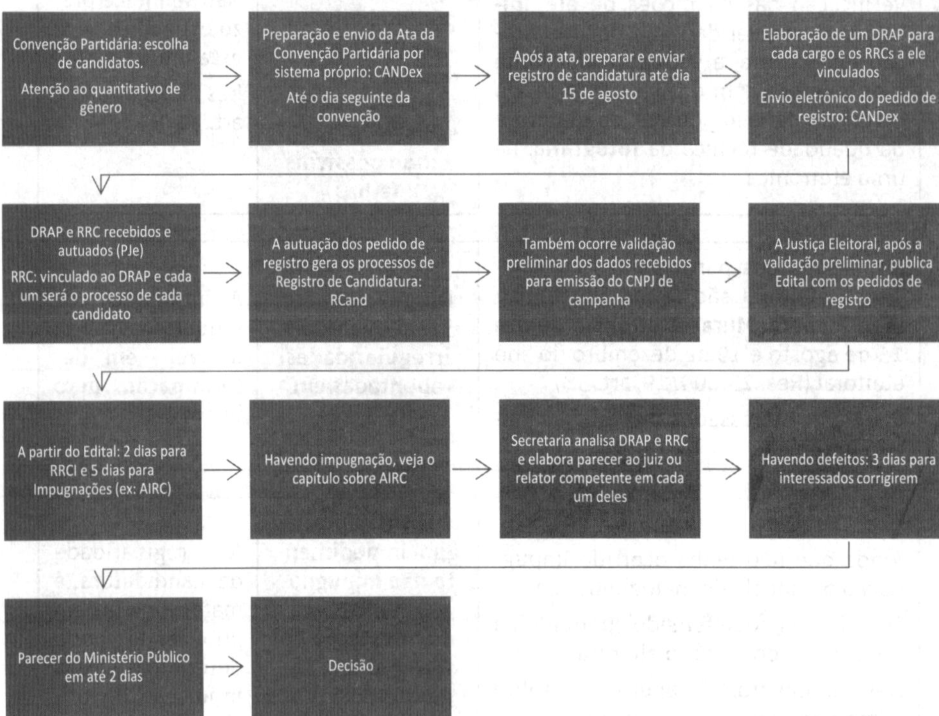

18.8. Aspectos sobre o processamento do Pedido de Registro

18.8.1. Recebimento e autuação

Os pedidos de registro são feitos pelo CANDex e, na Justiça Eleitoral, são recebidos, autuados e distribuídos pelo PJe...

– Espera lá. PJe? Talvez até tenha falado disso, mas eu não lembro agora.

Vamos por parte.

O **PJe é o sistema eletrônico de processamento de feitos utilizado pela Justiça Eleitoral.**

Na própria página institucional desse sistema há uma definição.

PROCESSO JUDICIAL ELETRÔNICO, OU PJE

"é um **sistema de tramitação de processos judiciais** cujo objetivo é atender às necessidades dos diversos segmentos do Poder Judiciário brasileiro (Justiça Militar da União e dos Estados, Justiça do Trabalho e Justiça Comum, Federal e Estadual)"[92]

Os processos de registro tramitam por esse sistema. Na verdade, eles são autuados na classe **Registro de Candidaturas** ou **RCand** da forma abaixo:

> **Res. TSE 23.609/19:** Art. 32. Na autuação, serão adotados os seguintes procedimentos:
>
> § 1º O DRAP e os documentos que o acompanham constituirão o processo principal dos pedidos de registro de candidatura.
>
> § 2º Cada RRC e os documentos que o acompanham constituirão o processo de cada candidato.
>
> [...]
>
> **§ 4º Serão associados no PJe e distribuídos por prevenção:**
>
> I - os processos das candidatas e dos candidatos (RRC e RRCI), em relação ao DRAP do partido, da federação ou da coligação ao qual são vinculadas ou vinculados;
>
> II - os processos dos candidatos a vice e suplentes, em relação aos titulares da chapa majoritária, os quais tramitarão de forma independente.

92. http://www.pje.jus.br/wiki/index.php/P%C3%A1gina_principal. Acesso em 5 mai. 2020.

– E depois?

Há um **processo principal**, constituído pelo **DRAP e os documentos** que o acompanham, e o **processo de cada candidato**, formado pelo **RRC e seus documentos**.

18.8.2. Emissão de CNPJ de campanha

Ao receber os pedidos, a **Justiça Eleitoral (JE) deve validar preliminarmente esses dados**, sem uma cognição exauriente pelo órgão julgador, que só deve ocorrer no julgamento final do registro. Trata-se apenas da verificação preliminar do que foi apresentado.

– Essa validação deveria ser feita automaticamente. Não é tudo por sistemas?

Mas essa etapa inicial é muito automatizada mesmo.

Essa validação mínima é feita para que possa ser **autorizada à Receita Federal o fornecimento, em até 3 (três) dias úteis**, do número de registro no **CNPJ para o candidato**. Ele somente poderá realizar gastos de campanha com esse CNPJ, nos termos do art. 22-A da Lei nº 9.504/97 (Lei das Eleições).

– CNPJ eu sei o que é. Finalmente, letrinhas que eu conheço!

Vou ignorar sua observação.

Outra coisa importante, é a divulgação dos pedidos de registros recebidos naquela página que eu já mencionei: DivulgaCandContas. As propostas dos candidatos ao executivo, por exemplo, podem ser vistas por lá.

18.8.3. Publicação de edital

Recebidos os pedidos, há a **publicação de edital contendo esses requerimentos para ciência dos interessados no DJe (Diário de Justiça Eletrônico)**.

– Mas já não ocorreu a publicização daquela ata da convenção? Aqui haverá nova publicização? Por qual motivo?

Veja as razões:

O QUE ACONTECE APÓS A PUBLICAÇÃO DO EDITAL DE REQUERIMENTOS DE REGISTRO	
2 dias RRCI	Abre-se prazo de até 2 dias para aqueles que não foram incluídos no pedido de registro, mas foram escolhidos em convenção, ingressarem com Requerimento de Registro de Candidaturas Individual, RRCI (Lei nº 9.504/1997, art. 11, § 4º)
5 dias AIRC	Abre-se prazo de até 5 dias para impugnações aos pedidos de registro ou notícias de inelegibilidade (veja capítulo sobre "Ação" de Impugnação ao Registro de Candidaturas)

– Então haverá outro capítulo apenas para tratar da impugnação ao registro?

Exato. É melhor não perdermos o foco agora.

18.8.4. Parecer preliminar e diligências

Após o edital, inicia-se uma análise mais aprofundada dos pedidos de registro pela secretaria do respectivo órgão competente para julgar candidaturas.

Tomando como base a resolução que trata do registro (Res. TSE 21.609/19), posso afirmar que o juiz deve ser informado, pelo menos, das seguintes situações:

PRINCIPAIS PONTOS PARA ANALISAR DO DRAP
A situação jurídica do partido político na circunscrição
Se houve realização da convenção
A legitimidade do subscritor para representar o partido político ou a coligação
O quantitativo de candidatos e a observância da distribuição de gênero

PRINCIPAIS PONTOS PARA ANALISAR DO RRC OU RRCI
A regularidade do preenchimento do pedido
A verificação das condições de elegibilidade e eventuais inelegibilidades
A regularidade da documentação apresentada
Nome e número de campanha, cargo, partido político, gênero e qualidade técnica da fotografia, na urna eletrônica

Ocorrendo quaisquer falhas ou omissões, inclusive havendo **indícios de que há candidaturas requeridas sem autorização**, intima-se **o partido político, a coligação ou o candidato para manifestação e correção de defeitos.**

O prazo para isso é de 3 dias.

– E se o servidor não identificar nenhum problema, mas o magistrado perceber algo errado?

Como o registro é questão de ordem pública, ele deve apontar eventuais defeitos, mesmo que não ocorra quaisquer impugnações ao respectivo registro, permitindo ao interessado que se manifeste sobre esses problemas em até 3 dias.

Depois da manifestação do partido, federação, coligação, candidata ou candidato, o Ministério Público Eleitoral deve ser intimado para se manifestar no prazo de 2 (dois) dias. A seguir, o processo segue para decisão.

18.8.5. Etapa decisória (em competência originária)

Após a manifestação das partes e MPE, ocorre a decisão.

– Nem acredito que acabou. Pode fazer um super resumo?

Calma, há algumas coisas para apontar.

A decisão acontece em até 3 dias após a conclusão.

O DRAP deve ser decidido antes dos pedidos dos candidatos, RRC ou RRCI. Essa decisão deve ser registrada nesses respectivos pedidos. Se o DRAP for indeferido, os demais processos vinculados a ele são prejudicados.

> **Res. TSE 23.609/19:** Art. 48. O indeferimento do DRAP é fundamento suficiente para indeferir os pedidos de registro a ele vinculados.

– E se recorrerem do DRAP, mas os outros pedidos individuais ainda estiverem em andamento?

Enquanto não há o trânsito em julgado do DRAP, os demais pedidos a ele vinculados continuam tramitando normalmente (Res. TSE 23.609/19, art. 48, § 1º). **Podem até ser deferidos.** Contudo, como esses pedidos dependem do trânsito em julgado do DRAP, ficam aguardando a decisão desse recurso e são considerados pedidos de candidaturas "indeferidos com recurso", ou seja, ficam na situação sub judice.

– Vou ler novamente, mais devagar, para ver se entendi.

Se a decisão de indeferimento do DRAP é confirmada em sede recursal, todos os registros a ele vinculados são prejudicados, mesmo aqueles que já foram julgados procedentes.

– Entendi. Por isso que esses pedidos vinculados, mesmo julgados procedentes, ficam na situação sub judice.

Exato. Só há trânsito em julgado dos processos de candidatos de registro de candidatura com o efetivo trânsito em julgado nos DRAP's aos quais são vinculados.

Os pedidos dos cargos majoritários (cargos do executivo, titular e vice e senadores, com os suplentes) são decididos na mesma oportunidade, mas o resultado de um não prejudica, necessariamente, o resultado do outro.

O que se decidir em um processo de candidato de uma chapa, deve ser certificado no outro da mesma chapa.

> **Res. TSE 23.609/19:** Art. 50. § 2º A análise dos requisitos individuais da candidatura de cada componente da chapa não influirá na decisão das demais candidaturas que a compõem.

– Então o vice pode ser indeferido e o titular deferido? E como é que fica?

Isso pode acontecer sim. Daí, abre-se prazo para a substituição do candidato indeferido, assunto a ser visto nos próximos tópicos. Mas é possível que se tente reverter essa situação em via recursal.

– Puxa vida. Pode ser um risco esperar, né?

Excepcionalmente, já se decidiu pela manutenção de um prefeito no cargo, mesmo após indeferimento definitivo do registro de seu vice ocorrido depois do pleito. Nesse caso, houve deferimento do registro do vice em primeira instância e indeferimento em segunda instância seis dias antes do pleito, quando já não era possível a substituição.

– Mas, nessa situação, não deveria ter caído a chapa toda, mesmo com a decisão tendo ocorrido depois do pleito?

Sim. Mas, nesse caso, a decisão final foi para "reconhecer a dissociação da chapa para os efeitos do voto, ratificando a validade total das eleições, de modo a assegurar a permanência no cargo do Prefeito".[93]

Entendeu-se, nessa decisão, que a indivisibilidade da chapa poderia ser relativizada, em certos casos, para salvaguardar a soberania popular.

O tema ainda deve ser enfrentado no STF, no RE 1204876, de relatoria do Min. Nunes Marques. Essa questão é tão importante que vou deixar o precedente aqui.

> **Precedente sobre excepcional quebra da indivisibilidade da chapa:** "[...] apontam-se 5 (cinco) circunstâncias que amparam a excepcionalidade do dogma da indivisibilidade da chapa: e.1. o indeferimento do registro de candidatura somente ocorreu em segunda instância, na sequência de uma decisão favorável prolatada pelo juiz de primeiro grau (i.e., em 2.9.2016), circunstância suficiente para que se presuma a boa-fé na permanência no pleito, frente à expectativa de resgate do primeiro provimento; e.2. a chapa majoritária estava com seu registro deferido no prazo fatal para a substituição de candidatos; e.3. a rejeição do registro foi declarada às vésperas do certame (i.e., 26.9.2016), seis dias antes do pleito, excluindo-se do espectro de ação da formação política a possibilidade de substituição da candidata recusada; e.4. o registro indeferido versa sobre condição de elegibilidade da Vice, cujo papel na captação de votos é, como se sabe, político e socialmente irrelevante; e.5. não se tem notícia nos autos de ultraje à axiologia eleitoral, de modo que a opinião afirmada nas urnas é fruto inconteste da livre vontade da comunidade envolvida"[94]

– Como assim, "o papel do vice na captação de votos é político e socialmente irrelevante"? Eu não concordo com isso de jeito nenhum!

Pois é. Há um equívoco nessa conclusão. Fico feliz que tenha percebido. Mas não é momento para debater isso.

Outro detalhe é que as **eventuais impugnações ou notícias de inelegibilidade são julgadas na mesma decisão do respectivo pedido de**

93. TSE. REspe nº 8353, Acórdão, Rel. Min. Herman Benjamin, Rel. desig. Min. Luiz Fux, DJE 14/09/2018.
94. TSE. REspe nº 8353, Acórdão, Rel. Min. Herman Benjamin, Rel. desig. Min. Luiz Fux, DJE 14/09/2018.

registro do candidato e **pode haver o indeferimento do registo mesmo que não tenha havido impugnação.**[95]

– Mas, claro, deve haver contraditório sobre esse ponto não impugnado.

Isso mesmo. Você está superatenta.

– Nem tanto, mestre... Nem tanto.

18.8.6. Etapa recursal em registro de candidatura

O registro pode começar em juiz eleitoral ou diretamente em tribunal eleitoral, a depender do caso.

– O registro de presidente começa no TSE?

Isso. Seria um exemplo de decisão do TSE em competência originária. Cada situação dessas inaugura um regime recursal específico, mas com algo em comum: **3 dias para recurso com contrarrazões no mesmo prazo.** Vamos analisar cada situação.

18.8.6.1. Recurso de decisão em registro por juiz eleitoral

Veja o fluxograma abaixo, sobre a decisão e recurso em registro que começa em juiz eleitoral (prefeito, vice e vereadores):[96]

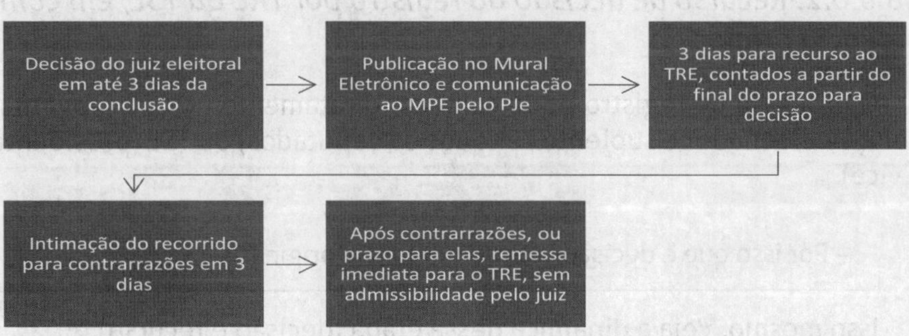

95. Veja o § 1º, art. 50, Res. TSE 23.609/19: § 1º Ainda que não tenha havido impugnação, o pedido de registro deve ser indeferido quando constatado pelo juízo competente a existência de impedimento à candidatura, desde que assegurada a oportunidade de manifestação prévia, nos termos do art. 36 desta Resolução.
96. Art. 58 e seguintes, Res. TSE 23.609/19.

– O recurso vai para o TRE "sem admissibilidade". O que é isso mesmo?

É que alguém pode pensar que o juiz eleitoral deve realizar uma análise prévia do recurso antes da remessa para o TRE para saber, por exemplo, se os requisitos de admissibilidade recursal estão presentes. Mas a resolução estabelece que a remessa é imediata, ou seja, não há essa análise.

Uma coisa que não fica clara é a possibilidade de recurso contra as decisões interlocutórias ocorridas na fase de registro.

– Não entendi nada.

Eu vou discutir o regime das interlocutórias no processo eleitoral no Capítulo "Uma introdução ao contencioso cível eleitoral", tópico: "Recorribilidade das interlocutórias no processo eleitoral".

Sobre o prazo de 3 dias, veja isso:

> **Enunciado n.º 10, da súmula do TSE:** No processo de registro de candidatos, quando a sentença for entregue em cartório antes de três dias contados da conclusão ao juiz, o prazo para o recurso ordinário, salvo intimação pessoal anterior, só se conta do termo final daquele tríduo.

Vamos continuar.

18.8.6.2. Recurso de decisão do registro por TRE ou TSE, em competência originária

O processo de registro pode começar diretamente no TRE (governador e vice, senador e suplentes e todos os deputados) ou TSE (presidente e vice).

– Por isso que é decisão "em competência originária"!

Isso mesmo. Veja a dinâmica dessa etapa (decisão e recurso): [97]

97. Art. 60 e seguintes, Res. TSE 23.609/19.

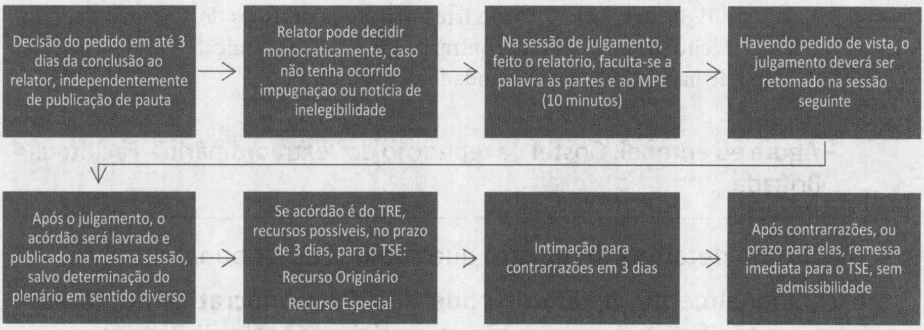

Quando há a decisão pelo colegiado do TRE, cabem os seguintes recursos:

RECURSOS DAS DECISÕES DO TRE EM REGISTRO, EM COMPETÊNCIA ORIGINÁRIA (ART. 63, RES. TSE 23.609/19)

Recurso Ordinário para TSE	Quando versar sobre inelegibilidade (CF/88, art. 121, § 4º, III)
Recurso Especial para TSE	Quando versar sobre condições de elegibilidade (CF/88, art. 121, § 4º, I e II)

> **Enunciado nº 64, da Súmula do TSE:** Contra acórdão que discute, simultaneamente, condições de elegibilidade e de inelegibilidade, é cabível o recurso ordinário.

– E se a decisão é do TSE?

Não há instância recursal ordinária de decisão do **Tribunal Superior Eleitoral** em competência originária, pois ela já é a corte que profere **a última palavra em matéria eleitoral.**

– Eu achava que era o STF quem dava a última palavra. E eu fiquei confusa com essa última observação.

O STF é a última palavra em matéria constitucional.

Quando o TSE julga registro de presidente e vice, em regra, trata-se de decisão irrecorrível, **a não ser que, extraordinariamente, seja possível encaixar um Recurso Extraordinário para o Supremo Tribunal Federal**, para se buscar a última palavra sobre o tema, não em matéria eleitoral, mas em matéria constitucional:

CF/88, art. 121: § 3º São irrecorríveis as decisões do Tribunal Superior Eleitoral, salvo as que contrariarem esta Constituição e as denegatórias de habeas corpus ou mandado de segurança.

– Agora eu entendi. Gostei da repetição do "extraordinário". Facilitou. Brigada.

Um último detalhe em registro que começa em tribunal.

Excepcionalmente, **o relator pode decidir monocraticamente esse registro, se não houve impugnação ou notícia de inelegibilidade.**

Res. TSE 23.609/19: Art. 62. O relator poderá decidir monocraticamente os pedidos de registro de candidatura nos quais não tenha havido impugnação e/ou notícia de inelegibilidade.

§ 1º O julgamento monocrático também é cabível nos casos de indeferimento da petição inicial da impugnação, nas hipóteses previstas no Código de Processo Civil.

[...]

§ 3º Da decisão proferida nos termos deste artigo caberá agravo interno, no prazo de 3 (dias) dias, assegurado o oferecimento de contrarrazões em igual prazo.

– Acho que agiliza, né? E cabe recurso dessa decisão. Legal.

Sim, agiliza. Isso ocorre nos casos mais simples, sem questionamentos sobre a candidatura. E, mesmo nessa hipótese, como se trata de processo em tribunal, quando um dos membros decide sozinho, deve caber recurso para o colegiado confirmar ou não essa decisão. **É o Agravo Interno no prazo de 3 dias.**

18.8.6.3. Tramitação nos tribunais dos recursos de decisão sobre registro

Vamos ver agora alguns aspectos da tramitação dos recursos nos tribunais, a partir da Res. TSE 23.609/19, artigos 64 e seguintes.

– O que vamos ver agora se aplica a qualquer tipo de recurso sobre registro no TRE e TSE?

Não. Mas nem precisa decorar. Se há recurso que deve ser encaminhado "extraordinariamente" ao STF, **a tramitação desse Recurso Extraordinário para é um pouco diferente,** porque requer uma etapa extra,

passando pelo presidente do TRE respectivo, para apreciar a admissibilidade ou não desse tipo de recurso.

Mas isso é muito excepcional. Vamos ver o que ocorre normalmente.

A distribuição dos recursos nos tribunais deve observar a prevenção, ou será feita por sorteio, conforme determinação legal.

– Sorteio eu entendi. Critério aleatório. Mas por qual motivo se aplica regras de prevenção aqui?

O objetivo principal para isso é agregar, para o mesmo relator, processos com alguma relação entre eles, para evitar decisões conflitantes, ou para racionalizar a gestão processual.

É por isso que são relatados, em regra, pela mesma pessoa, processos que tratam de registro de prefeito e vice do mesmo município ou de governador e vice do mesmo estado. Todas as situações que disciplinam o sorteio e a prevenção estão no art. 64, da Res. TSE 23.609/19.[98]

Após distribuição, começa a tramitação do recurso no tribunal.

É importante salientar que **a legislação autoriza decisão monocrática em recurso, ou seja, proferida sozinha pelo relator, em algumas situações** (art. 66, Res. TSE 23.609/19).

– Isso é um absurdo! Se eu vou para o tribunal, eu quero uma decisão com toda a galera.

Olha a informalidade! O que acontece é que a autorização para isso faz sentido. Imagine que um tribunal eleitoral (TRE ou TSE) já tivesse decidido como resolver determinada situação várias vezes.

Se um relator identifica que a situação que chegou para julgamento é a mesma já decidida anteriormente (caso repetido, portanto), ou que existe até enunciado de súmula sobre o tema, mandar esse processo para o colegiado seria perda de tempo, pois já se sabe qual a resposta para aquele caso.

---

98. Res. TSE 23.609/19: Art. 64. Recebidos os autos no tribunal, a distribuição do recurso se fará: I - por prevenção: a) ao relator do recurso do mesmo município que primeiro tiver chegado ao TRE ou ao TSE, quando se tratar de RRC, RRCI ou DRAP relativo ao cargo de prefeito ou vice-prefeito; b) ao relator do recurso do mesmo estado que primeiro tiver chegado ao TSE, quando se tratar de RRC, RRCI ou DRAP relativo ao cargo de governador ou vice--governador; c) ao relator do recurso interposto no DRAP, quando se tratar de registro de candidato indeferido exclusivamente em função do indeferimento daquele; d) nas demais hipóteses legais; II - por sorteio, nos demais casos. § 1º A prevenção indicada no inciso I, c, será fixada pelo registro de candidato se este aportar no tribunal antes do respectivo DRAP e se aplicará aos demais RRCs e RRCIs com mesma causa de indeferimento.

– Faz sentido, mas pode dar exemplo?

Há um enunciado de súmula que impede discutir, em registro de candidatura, o seguinte:

> **Enunciado nº 52 da Súmula do TSE:** Em registro de candidatura, **não cabe examinar o acerto ou desacerto da decisão que examinou, em processo específico, a filiação partidária do eleitor.**

Se o relator identifica que o recurso quer desfazer a decisão do juiz eleitoral que indeferiu candidatura aplicando justamente o enunciado acima, ele poderia resolver sozinho a situação, pois já há entendimento consolidado sobre o tema.

– Faz sentido mesmo. Então, se eu me sinto prejudicada, eu não posso fazer nada nesse caso?

Há duas possíveis soluções: informar ao tribunal que sabe de enunciado de súmula em questão, ou de entendimento em recurso repetitivo, mas que pretende, justamente, provocar a revisão desses entendimentos (superação de precedente), ou tentar demonstrar que o seu caso específico não se ajusta àquele relacionado ao precedente ou enunciado de súmula aplicado (distinção de precedente).

– Acho que entendi.

Eu não posso aprofundar aqui, pois fugiríamos do assunto.[99] Talvez em uma próxima edição.

O relator pode julgar, monocraticamente, nos seguintes casos:

1: **Não conhecimento** do recurso inadmissível, prejudicado ou que não tenha impugnado especificamente os fundamentos da decisão recorrida.

2: **Negar provimento** ao recurso que for contrário a súmula do STF, do TSE ou de tribunal superior ou a acórdão dessas cortes em julgamento de recursos repetitivos.

99. Para compreender a dinâmica dos precedentes no Direito Brasileiro e sobre revisão e superação de precedente: MACÊDO, Lucas Buril de. *Precedentes judiciais e o direito processual civil.* 3 ed. Salvador: Juspodivm, 2019 e PEIXOTO, Ravi. *Superação do precedente e segurança jurídica.* Salvador: Juspodivm, 2015.

3: **Dar provimento** ao recurso se a decisão recorrida for contrária a súmula do STF, do TSE ou de tribunal superior ou acórdão dessas cortes em julgamento de recursos repetitivos.

Não ocorrendo nenhuma dessas hipóteses, o processo será julgado pelo colegiado. Sobre a dinâmica dos recursos em tribunal, confira:

Distribuição do recurso (sorteio ou prevenção, nos termos da lei) → Secretaria Judiciária abre vista ao MPE pelo prazo de 2 dias. Conclusão ao relator → Não sendo caso de decisão monocrática pelo relator, apresentação do processo para julgamento em 3 dias pelo colegiado

É importante lembrar que o TRE, ora decide um processo em competência originária, ora em competência recursal.

Exemplo de decisão TRE em competência originária: decisão em registro de governador e vice.

Exemplo de decisão TRE em competência recursal: decisão de recurso em registro de prefeito julgado por juiz eleitoral.

– Me desculpa, Minami. Mas agora me confundi toda com essa história de competência recursal e originária. Não sei mais o que cabe de quê.

Eu resolvo isso. Basta ler o quadro abaixo:

RECURSOS DOS ACÓRDÃOS DOS TRIBUNAIS ELEITORAIS EM REGISTRO DE CANDIDATURA

Acórdão do TRE Competência originária (julgando registro pela primeira vez)	**Recursos ao TSE (art. 63, Res. 23.609/19):**[100] Recurso Ordinário, quando versar sobre **inelegibilidade** Recurso Especial, quando versar sobre **condições de elegibilidade** Recurso Ordinário, contra acórdão que discute, simultaneamente, condições de elegibilidade e de inelegibilidade
Acórdão do TRE Competência recursal (julgando recurso de registro)	**Recurso Especial Eleitoral para o Tribunal Superior Eleitoral** (CF/88, art. 121, § 4º, I e II) Para decisões proferidas contra disposição expressa da Constituição ou de lei ou quando ocorrer divergência na interpretação de lei entre dois ou mais tribunais eleitorais

100. Lei Complementar nº 64/1990, art. 11, § 2º.

RECURSOS DOS ACÓRDÃOS DOS TRIBUNAIS ELEITORAIS EM REGISTRO DE CANDIDATURA	
Acórdão do TSE **Qualquer caso**	**Recurso Extraordinário para o Supremo Tribunal Federal** (CF/88, 121, § 3º, e Código Eleitoral, art. 281, caput) Caso a decisão contrarie a CF/1988
▸ **Prazo de 3 dias para razões e contrarrazões**	

– Entendi. E de decisão do TSE, cabe aquele recurso extraordinário, né! É aquela hipótese de encaminhamento do recurso para o presidente do TRE para analisar se admite ou não o recurso antes de mandar para o STF.

Isso mesmo. Vamos adiante.

Enunciados de súmula do TSE sobre a fase recursal:

- **Enunciado nº 24:** Não cabe recurso especial eleitoral para simples reexame do conjunto fático-probatório.
- **Enunciado nº 25:** É indispensável o esgotamento das instâncias ordinárias para a interposição de recurso especial eleitoral.
- **Enunciado nº 26:** É inadmissível o recurso que deixa de impugnar especificamente fundamento da decisão recorrida que é, por si só, suficiente para a manutenção desta.
- **Enunciado nº 27:** É inadmissível recurso cuja deficiência de fundamentação impossibilite a compreensão da controvérsia.
- **Enunciado nº 28:** A divergência jurisprudencial que fundamenta o recurso especial interposto com base na alínea b do inciso I do art. 276 do Código Eleitoral somente estará demonstrada mediante a realização de cotejo analítico e a existência de similitude fática entre os acórdãos paradigma e o aresto recorrido.
- **Enunciado nº 29:** A divergência entre julgados do mesmo Tribunal não se presta a configurar dissídio jurisprudencial apto a fundamentar recurso especial eleitoral.
- **Enunciado nº 30:** Não se conhece de recurso especial eleitoral por dissídio jurisprudencial, quando a decisão recorrida estiver em conformidade com a jurisprudência do Tribunal Superior Eleitoral.
- **Enunciado nº 31:** Não cabe recurso especial eleitoral contra acórdão que decide sobre pedido de medida liminar.
- **Enunciado nº 32:** É inadmissível recurso especial eleitoral por violação à legislação municipal ou estadual, ao Regimento Interno dos Tribunais Eleitorais ou às normas partidárias.
- **Enunciado nº 36:** Cabe recurso ordinário de acórdão de Tribunal Regional Eleitoral que decida sobre inelegibilidade, expedição ou anulação de diploma ou perda de mandato eletivo nas eleições federais ou estaduais (art. 121, § 4º, incisos III e IV, da Constituição Federal).

18.9. Candidatura *sub judice*

O candidato cujo registro ainda está **pendente de julgamento em segunda instância pode realizar todos os atos de campanha, inclusive a propaganda gratuita no rádio e na televisão, se for o caso**. É a candidatura sub judice. O seu nome também deve ir para a urna eletrônica enquanto a sua situação não é resolvida.

– E quando é que o candidato deixa de ser sub judice?

Segundo o art. 51, Res. TSE 23.609/19, **com o trânsito em julgado ou a partir da decisão colegiada do Tribunal Superior Eleitoral**, mesmo que ainda pendente de decisão de eventuais embargos.

– Deve ter gente que embarga só para querer ganhar tempo, né?

E outro detalhe.

Pode ser que alguém tenha sido considerado inelegível por decisão em outro processo, como, por exemplo, condenação em improbidade. Se, nesse outro processo, houver decisão afastando a condenação, a inelegibilidade cai e, por consequência, a situação sub judice.

18.10. Renúncia, falecimento, cancelamento e substituição de candidato

Além da decisão de indeferimento da candidatura, **algumas situações acontecem e aquele que pediu o registro acaba nem concorrendo: renúncia, falecimento e pedido de cancelamento do registro**. Esses fatos podem ou não fazer com que a respectiva composição partidária peça a substituição do candidato originalmente submetido para registro.

Veja os quadros:

RENÚNCIA (ART. 69, RES. TSE 23.609/19)	
Como fazer?	Em documento datado, com firma reconhecida por tabelião ou assinado na presença de servidor da Justiça Eleitoral, que certificará o fato
Onde apresentar?	No juízo originário de registro, com juntada aos autos do pedido de registro do respectivo candidato, para homologação e atualização da situação do candidato no Sistema de Candidaturas
E em registro com recurso?	Pedido deve ser autuado na classe Petição (Pet) e, após homologação, a decisão será comunicada, mediante peticionamento no PJe, nos autos do pedido de registro em que estiver tramitando
▶ **Renúncia homologada impede que o renunciante volte a concorrer ao mesmo cargo na mesma eleição**	

FALECIMENTO DE CANDIDATO (ART. 70, RES. TSE 23.609/19)	
O que ocorre?	Quando devidamente comprovado nos autos, determina-se o lançamento da situação de falecido e a atualização da situação da candidatura no CAND

PEDIDO DE CANCELAMENTO DE REGISTRO (ART. 71, RES. TSE 23.609/19)	
Até quando?	O partido político poderá requerer até a data da eleição o cancelamento do registro do candidato que dele for expulso
▶ **Requer expulsão em processo que tenha assegurado ampla defesa**	

As situações acima autorizam a substituição do candidato.

É importante lembrar, contudo, que há momentos nos quais não é mais possível a substituição, pela proximidade do pleito ou, mesmo quando possível, há casos nos quais não dá mais tempo para alterar foto e nome do candidato na urna.

– Como assim? Eu vou votar em uma pessoa, mas vai aparecer a foto de outra?

Não é bem assim. Você vai apertar o número de um candidato e vão aparecer os dados que foram incluídos na urna, no momento de sua preparação. **Vai aparecer o candidato regular daquele momento, ainda que sub judice**. Contudo, se depois desse dia ele foi substituído, nem sempre é possível alterar essa situação nas urnas.

> **Res. TSE 23.609/19:** Art. 72, § 5º Se ocorrer substituição após a geração das tabelas para elaboração da lista de candidatos e preparação das urnas, o substituto concorrerá com o nome, número e a fotografia do substituído.

– Que coisa. Talvez por isso tem gente que reclama que votou em uma pessoa e apareceu a foto de outra.

Exatamente. Essa é uma das explicações. Se der tempo, falo das outras razões para isso.

– E quando ocorre a substituição?

SUBSTITUIÇÃO DE CANDIDATO (ART. 72, RES. TSE 23.609/19)	
Quando é possível?	Quando houver candidato indeferido, cancelado ou cassado, ou que renunciou ou faleceu após o termo final do prazo do registro
Quem substitui?	Verificar a forma estabelecida no estatuto do órgão partidário
Até quando?	**Em até 10 dias do fato**, incluindo anulação de convenção, **ou da notificação** do partido ou da federação **da decisão judicial que deu origem à substituição** Somente deve ser efetivada se o novo pedido for apresentado **até 20 dias antes do pleito, exceto no caso de falecimento**, que pode ocorrer depois disso O prazo de substituição para o candidato que renunciar é contado a partir da homologação da renúncia
Como fazer?	Via CANDex e transmitido via internet, em regra Excepcionalmente, mediante entrega na Justiça Eleitoral
▸ **É preciso respeitar na substituição, sob pena de indeferimento, os limites mínimo e máximo das candidaturas de cada gênero**	

– Que coisa. E como todos ficam sabendo disso?

Res. TSE 23.609/19: Art. 72, § 6º Na hipótese de substituição, cabe ao partido político, à federação ou à coligação dar ampla divulgação ao fato, para esclarecimento do eleitorado, além da divulgação pela Justiça Eleitoral.

Bem, era isso que eu queria falar sobre registro.

18.11. Enunciados de súmula do TSE relacionados ao tema de registro de candidatura

- **Enunciado nº 03 da Súmula do TSE:** No processo de registro de candidatos, não tendo o juiz aberto prazo para o suprimento de defeito da instrução do pedido, pode o documento, cuja falta houver motivado o indeferimento, ser juntado com o recurso ordinário.
- **Enunciado nº 04, da Súmula do TSE:** Não havendo preferência entre candidatos que pretendam o registro da mesma variação nominal, defere-se o do que primeiro o tenha requerido.
- **Enunciado nº 10:** No processo de registro de candidatos, quando a sentença for entregue em cartório antes de três dias contados da conclusão ao juiz, o prazo para o recurso ordinário, salvo intimação pessoal anterior, só se conta do termo final daquele tríduo.

- **Enunciado nº 11:** No processo de registro de candidatos, o partido que não o impugnou não tem legitimidade para recorrer da sentença que o deferiu, salvo se se cuidar de matéria constitucional.
- **Enunciado nº 15:** O exercício de mandato eletivo não é circunstância capaz, por si só, de comprovar a condição de alfabetizado do candidato.
- **Enunciado nº 20:** A prova de filiação partidária daquele cujo nome não constou da lista de filiados de que trata o art. 19 da Lei nº 9.096/95, pode ser realizada por outros elementos de convicção, salvo quando se tratar de documentos produzidos unilateralmente, destituídos de fé pública.
- **Enunciado nº 43:** As alterações fáticas ou jurídicas supervenientes ao registro que beneficiem o candidato, nos termos da parte final do art. 11, § 10, da Lei n° 9.504/97, também devem ser admitidas para as condições de elegibilidade.
- **Enunciado nº 45:** Nos processos de registro de candidatura, o Juiz Eleitoral pode conhecer de ofício da existência de causas de inelegibilidade ou da ausência de condição de elegibilidade, desde que resguardados o contraditório e a ampla defesa.
- **Enunciado nº 49:** O prazo de cinco dias, previsto no art. 3º da LC nº 64/90, para o Ministério Público impugnar o registro inicia-se com a publicação do edital, caso em que é excepcionada a regra que determina a sua intimação pessoal.
- **Enunciado nº 49:** O prazo de cinco dias, previsto no art. 3º da LC nº 64/90, para o Ministério Público impugnar o registro inicia-se com a publicação do edital, caso em que é excepcionada a regra que determina a sua intimação pessoal.
- **Enunciado nº 50:** O pagamento da multa eleitoral pelo candidato ou a comprovação do cumprimento regular de seu parcelamento após o pedido de registro, mas antes do julgamento respectivo, afasta a ausência de quitação eleitoral.
- **Enunciado nº 50:** O pagamento da multa eleitoral pelo candidato ou a comprovação do cumprimento regular de seu parcelamento após o pedido de registro, mas antes do julgamento respectivo, afasta a ausência de quitação eleitoral.
- **Enunciado nº 51:** O processo de registro de candidatura não é o meio adequado para se afastarem os eventuais vícios apurados no processo de prestação de contas de campanha ou partidárias.
- **Enunciado nº 52:** Em registro de candidatura, não cabe examinar o acerto ou desacerto da decisão que examinou, em processo específico, a filiação partidária do eleitor.
- **Enunciado nº 55:** A Carteira Nacional de Habilitação gera a presunção da escolaridade necessária ao deferimento do registro de candidatura.
- **Enunciado nº 58:** Não compete à Justiça Eleitoral, em processo de registro de candidatura, verificar a prescrição da pretensão punitiva ou executória do candidato e declarar a extinção da pena imposta pela Justiça Comum.

19. PESQUISAS ELEITORAIS

Uma pesquisa eleitoral não pode ser feita de qualquer maneira. Ela segue um rigor científico para que possa ter credibilidade e não induzir ninguém a erro.

– Então a Justiça Eleitoral atua neste momento né, na fiscalização de todos esses critérios científicos. Uma pesquisa só será aceita se ela autorizar não é isso?

Não é bem assim. Vamos entender tudo.

Além da Lei das Eleições, há uma resolução específica para tratar deste tema, é a **Resolução do TSE n.º 23.600/2019**, que disciplina os procedimentos relativos ao registro e à divulgação de pesquisas de opinião pública, realizadas para conhecimento público, relativas às eleições ou aos candidatos.

INFORMAÇÕES PRELIMINARES SOBRE PESQUISAS ELEITORAIS (ART. 2º, RES. TSE 23.600/19)	
A partir de quando é possível divulgar pesquisa?	A qualquer momento, porém, a partir de 1º de janeiro do ano eleitoral, ela precisa ser registrada no TSE antes da divulgação
Quem deve registrar a pesquisa?	Entidades e empresas que realizarem pesquisas de opinião pública relativas às eleições ou aos candidatos
Como faz o registro?	Pelo Sistema de Registro de Pesquisas Eleitorais (PesqEle), disponível no site do TSE
Quando deve ser feito o registro?	Até 5 dias antes da divulgação da pesquisa
Por qual motivo?	Para permitir a verificação dos parâmetros e requisitos legais dessa pesquisa, proibida censura prévia
E se não registrar, mas divulgar?	Multa para o responsável de R$ 53.205,00 a R$ 106.410,00
▶ **Divulgar pesquisa fraudulenta é crime, punível com detenção de seis meses a um ano e multa no valor de R$ 53.205,00 a R$ 106.410,00** (Lei nº 9.504/1997, arts. 33, § 4º, e 105, § 2º)	

– Que coisa. É isso mesmo o valor dessa multa?

Sim. É uma das mais altas da legislação eleitoral.

– E vamos ver outro sistema? Como a Justiça Eleitoral gosta de sistema né.

Cada sistema demonstra como a atividade eleitoral é ampla e otimiza o exercício dessa atividade. Aliás, vamos ver o que é isso de PesqEle.

19.1. Sistema de Registro de Pesquisas Eleitorais (PesqEle)

O registro e acompanhamento de pesquisas pelos interessados é feito integralmente na modalidade virtual, pela internet, na página da Justiça Eleitoral em um sistema conhecido como PesqEle (Sistema de Registro de Pesquisas Eleitorais). Não é preciso instalar nada no computador de quem quiser submeter um registro ou acompanhar uma pesquisa registrada. Basta acessar a página institucional do PesqEle e pronto.

– E quais dados devem ser informados no PesEle?

Basta verificar o artigo 2º da Res. TSE 23.600/2019.

As entidades e as empresas que realizarem pesquisas de opinião pública relativas às eleições ou aos candidatos, para conhecimento público, **são obrigadas, para cada pesquisa, a registrar várias informações. Eis algumas delas:**

A partir do art. 2º, Res. TSE 23.600/19:
Contratante da pesquisa e seu número de inscrição no CPF ou CNPJ
Valor e origem dos recursos despendidos na pesquisa, ainda que realizada com recursos próprios
Metodologia e período de realização da pesquisa e indicação do estado ou Unidade da Federação, bem como dos cargos aos quais se refere a pesquisa
Plano amostral e ponderação quanto a gênero, idade, grau de instrução, nível econômico do entrevistado e área física de realização do trabalho a ser executado, bem como nível de confiança e margem de erro, com a indicação da fonte pública dos dados utilizados
Quem pagou pela realização do trabalho com o respectivo número de inscrição no CPF ou no CNPJ e cópia da respectiva nota fiscal
Nome do estatístico responsável pela pesquisa

– São muitas informações. Então a Justiça Eleitoral analisa tudo isso detalhadamente? Inclusive esse tal de nível de confiança e margem de erro? Aliás, qual a diferença entre os dois?

Muita calma, vamos por partes.

Segundo a própria página institucional da Justiça Eleitoral, ela "não realiza qualquer controle prévio sobre o resultado das pesquisas, tampouco gerencia ou cuida de sua divulgação, atuando conforme provocada por meio de representação".[101]

Ou seja, o registro, uma vez feito, permite que alguns legitimados possam questioná-la, caso entendam que a pesquisa não atende aos requisitos legais. Para verificar isso, esses legitimados analisam os dados da pesquisa registrada.

PERCEBA QUE A ENTIDADE OU EMPRESA QUE QUISER REALIZAR UMA PESQUISA, DEVE TER, PELO MENOS, TRÊS PREOCUPAÇÕES

Apontar quem contratou a pesquisa

Indicar quanto ela custou

Identificar os parâmetros da pesquisa e sua base científica

A partir desses dados, os legitimados a questionar as pesquisas terão material para realizar a fiscalização.

Se, por exemplo, uma empresa não especifica de forma adequada a metodologia ou aponta uma margem de erro que não condiz com os demais dados, ela poderá ser auditada pelos interessados.

De forma bem resumida, o registro de uma pesquisa nada mais é do que uma maneira de publicizar, para a coletividade e para os atores da corrida eleitoral, que, em breve, serão divulgados os resultados de uma pesquisa e quais os seus parâmetros para que eventuais interessados possam verificar a regularidade disso.

– E o que é margem de erro e nível de confiança?

Sabia que não ia esquecer disso.

101. TSE. Página oficial. Pesquisas Eleitorais – Eleições 2020. Disponível em: <http://www.tse.jus.br/eleicoes/pesquisa-eleitorais/pesquisas-eleitorais-eleicoes-2020>. Acesso em 12 jan. 2022.

Amostra

Uma pesquisa, para fazer essa espécie de "retrato da opinião pública", não pode consultar todo mundo. Então, por uma série de cálculos, o estatístico responsável pela equipe determina a quantidade de pessoas que devem ser pesquisadas. Esse número é muito menor do que a quantidade de eleitores do Brasil e representa apenas uma amostra dela. Por exemplo, em determinada pesquisa para as eleições de 2018, foram entrevistadas 4260 pessoas em um universo de mais de 140 milhões de eleitores. Veja que, por aqui, já percebemos que a chance de alguém ser entrevistado é mínima. É quase a mesma chance de se ganhar na loteria. Por essa razão, muita gente nunca foi entrevistada. Isso não significa que a pesquisa não é válida. A amostra é determinada a partir de critérios científicos para refletir, na maior medida possível, o todo. Aliás, nesse contexto, a amostra precisa espelhar, em termos proporcionais, o perfil do eleitor como um todo. Se, por exemplo, temos 52% de eleitores mulheres no Brasil, a amostra precisa refletir esse mesmo percentual.

Margem de Erro

A margem de erro demonstra um índice esperado de erro a ser observado no resultado da pesquisa feita em determinada amostra. Se, por exemplo, em uma pesquisa, o resultado diz que 30% dos entrevistados daquela amostra escolheram um candidato e a margem de erro é de 2%, isso significa que, na verdade, o que se está veiculando é um intervalo, ou seja, a porcentagem de escolha para aquele candidato, na verdade, é entre 28% e 32%.

– Quanta informação. Entendi... por isso a mídia diz que, por exemplo, a margem de erro é de X% para mais ou para menos!

Isso mesmo. Falta só dizer uma coisa.

Nível de confiança

Diz respeito à confiabilidade da pesquisa nos seguintes termos. Se o nível de confiança é de 97%, isso significa que se aquela mesma pesquisa fosse realizada 100 vezes, o resultado seria o mesmo 97 vezes. Vamos seguir.

19.2. Algumas peculiaridades do registro de uma pesquisa

Vimos que "**o registro de pesquisa será obrigatoriamente realizado via internet, por meio do PesqEle**" (art. 4º Res. TSE 23.600/19).

As entidades ou empresas de pesquisa devem se cadastrar no próprio sistema, fornecendo uma série de informações e documentos (art. 5º Res. TSE 23.600/19), como o nome de pelo menos um de seus responsáveis legais, razão social ou denominação, CNPJ, telefone que disponha e aplicativo de mensagem instantânea etc.

– Espera... É isso mesmo? Então as comunicações com a empresa de pesquisa podem ser por mensagem instantânea?

Isso mesmo. Veja:

> **Res. TSE 23.600/19, art. 13, § 4º**
>
> "[...] a empresa responsável pela realização da pesquisa será **notificada por meio de mensagem instantânea** para disponibilizar o acesso aos documentos solicitados, ressalvada a hipótese de impossibilidade técnica, oportunamente certificada, caso em que se tentará a notificação, sucessivamente, por e-mail e por correspondência".

Depois do registro de uma pesquisa, haverá a emissão de um recibo eletrônico com o resumo das informações e seu número de identificação (Art. 7º, Res. TSE 23600/2019). É justamente esse número que deve ser veiculado no momento da divulgação.

– E depois que a entidade ou empresa registra uma pesquisa, é possível alterá-la?

Sim, sim. Nos termos do Art. 8º da resolução: "O registro da pesquisa poderá ser alterado desde que não expirado o prazo de 5 (cinco) dias para a divulgação do seu resultado".

19.3. Informações obrigatórias na divulgação da pesquisa

A pesquisa precisa ser registrada até cinco dias antes de sua divulgação. Sobre esse período, veja o que a Resolução estabelece em seu §2º, art. 2º:

> Art. 2º [...]
>
> § 2º Na contagem do prazo de que cuida o caput, não devem ser consideradas as datas do registro e a da divulgação, de modo que entre estas transcorram integralmente 5 (cinco) dias.

Além disso, quando ela é divulgada, algumas informações são obrigatórias.

INFORMAÇÕES DE DIVULGAÇÃO OBRIGATÓRIA (RES. TSE 23.600/19, ART. 10)

INFORMAÇÕES DE DIVULGAÇÃO OBRIGATÓRIA (RES. TSE 23.600/19, ART. 10)
O período de realização da coleta de dados
A margem de erro
O nível de confiança
O número de entrevistas
O nome da entidade ou da empresa que a realizou e, se for o caso, de quem a contratou
O número de registro da pesquisa

– São muitas informações. É preciso divulgar tudo isso?

Sim, caso contrário a divulgação é considerada irregular e até já concluíram pela aplicação de multa nesses casos:

> **Precedente:** "A pena prevista no art. 33, § 3º, da Lei nº 9.504/97 aplica-se, não apenas à pesquisa não registrada, como também àquela que, supostamente registrada, não obedeça aos requisitos do art. 6º, parágrafo único, da Res. TSE nº 21.576, por força do seu art. 7º. [...]"[102]

– Quem faz pesquisa é obrigada a divulgá-la?

Não. "O registro de pesquisas eleitorais não implica obrigatoriedade de divulgação de seus resultados" (TSE. Res. 23.600/19, art. 10, § 2º).

– Essa pesquisa pode ser divulgada até no dia da eleição?

Sim, sim. A resolução é muita clara nesse sentido:

> Art. 11. As pesquisas realizadas em data anterior ao dia das eleições poderão ser divulgadas a qualquer momento, inclusive no dia das eleições, desde que respeitado o prazo de 5 (cinco) dias previsto no art. 2º e a menção às informações previstas no art. 10 desta Resolução.

– Entendi. Então, mesmo sendo divulgada no dia das eleições, a pesquisa deve ter sido realizada com, pelo menos, cinco dias de antecedência, ou seja, não há pesquisa realizada no dia das eleições!

102. TSE, Ac. de 3.8.2009 no ARESPE nº 25828, rel. Min. Joaquim Barbosa; no mesmo sentido o Ac. de 4.9.2007 nos EARESPE n° 24932, rel. Min. Gerardo Grossi.

Calma, calma, jovem. Pode sim. Veja que o art. 11 apenas restringe o limite de cinco dias às pesquisas realizadas em datas anteriores ao dia das eleições. Ocorre que, para divulgar levantamento de intenção de voto realizado no dia das eleições, alguns parâmetros devem ser observados:

> **Art. 12. A divulgação de levantamento de intenção de voto efetivado no dia das eleições somente poderá ocorrer:**
>
> **I - na eleição para a Presidência da República, após o horário previsto para encerramento da votação em todo o território nacional;**
>
> **II - nos demais casos, a partir das 17 (dezessete) horas do horário local.**

A pesquisa eleitoral pode até ser divulgada durante o horário eleitoral gratuito, mas precisa indicar tudo o que já comentamos acima: período de realização, margem de erro etc. (Res. TSE 23.600/19, art. 14).

> **Res. TSE 23.610/19 (Resolução da Propaganda Eleitoral)**
>
> Art. 78. Na divulgação de pesquisas, no horário eleitoral gratuito, devem ser informados, com clareza, o período de sua realização e a margem de erro, não sendo obrigatória a menção aos concorrentes, desde que o modo de apresentação dos resultados não induza o eleitor em erro quanto ao desempenho do candidato em relação aos demais.

19.4. Fiscalização das pesquisas e impugnações ao registro e divulgação

– Até agora compreendi tudo, quem pode registrar uma pesquisa, onde isso é feito, como ela deve ser divulgada. O que não sei é o seguinte: e se essa legislação não for observada, o que acontece?

A pesquisa e a sua divulgação devem seguir uma série de parâmetros que conferem segurança jurídica aos atores do processo eleitoral e permitem identificar quem não os seguiu, para que possam responder por eventuais falhas.

– Eu posso pedir para ver apenas os parâmetros de uma pesquisa, mesmo sem encontrar nada errado na sua divulgação?

Sim. É possível peticionar para pedir:

> "acesso ao sistema interno de controle, verificação e fiscalização da coleta de dados das entidades e das empresas que divulgarem pesquisas de opinião relativas às candidatas, aos candidatos e às eleições, incluídos

os referentes à identificação de entrevistadoras e entrevistadores e, por meio de escolha livre e aleatória de planilhas individuais, mapas ou equivalentes, confrontar e conferir os dados publicados, preservada a identidade das pessoas entrevistadas" (Res. TSE 23.600/19, art. 13, caput)

§ 2º Além dos dados de que trata o caput, poderá o interessado ter acesso ao relatório entregue ao solicitante da pesquisa e ao modelo do questionário aplicado, para facilitar a conferência das informações divulgadas.

– Como é isso na prática?

FISCALIZAÇÃO NOS PARÂMETROS LEGAIS DA PESQUISA ART. 13 E SEGUINTES, RES. TSE 23.600/19

O que pode ser analisado	Parâmetros da pesquisa como um todo, nos termos da lei
Quem pode fiscalizar	Ministério Público, candidatas e candidatos, partidos políticos, coligações e federações de partidos
Juízo competente	Nas **eleições gerais, o tribunal eleitoral competente para o registro de candidatura** do cargo objeto da pesquisa, com distribuição a um dos juízes auxiliares Nas **eleições municipais, o juízo eleitoral definido como competente** pelo respectivo Tribunal Regional Eleitoral[103]
Formalidades da propositura	Realiza-se pedido pelo Sistema Processo Judicial Eletrônico (PJe), com indicação do número de identificação da pesquisa Autuação na classe Petição (Pet)
Consequência	Disponibilização de acesso aos dados e documentos solicitados
▶ **Prática de qualquer ato que vise retardar, impedir ou dificultar a ação fiscalizadora em pesquisa eleitoral: crime com detenção de seis meses a um ano, alternativa de prestação de serviços à comunidade pelo mesmo prazo e multa no valor de R$ 10.641,00 a R$ 21.282,00 (Lei nº 9.504/1997, arts. 34, § 2º, e 105, § 2º)**	

103. Não é necessariamente o mesmo juízo competente para os temas da propaganda eleitoral, a não ser em municípios com um único juízo eleitoral.

– A própria Justiça Eleitoral, de ofício, ou seja, sem provocação, não pode fiscalizar esses dados?

Não, não. Lembra que uma das características do Judiciário é a sua imparcialidade? Se ele, sem provocação, questionar um desses problemas, depois, quando tiver de decidir sobre a causa, terá sua imparcialidade comprometida. Aliás, isso me lembrou de te informa uma coisa:

> **Art. 10 Res. TSE 23.600/19**
>
> § 1º A Justiça Eleitoral não realiza qualquer controle prévio sobre o resultado das pesquisas, tampouco gerencia ou cuida de sua divulgação.

– Mas para que serve o registro da pesquisa? Não é para que os problemas sejam identificados e tratados?

O registro da pesquisa serve para concentrar as informações sobre elas em um lugar que permita a sua fiscalização pelos interessados, para que possam verificar a presença de tudo o que é indicado na Lei das Eleições (ou no art. 2º da Resolução 23.600/2019) como a metodologia, o período de realização da pesquisa, a indicação do contratante e o valor da pesquisa etc.

A Justiça Eleitoral não pode questionar, por exemplo, por qual motivo aquela pesquisa é muito cara ou muito barata, ou criticar determinado questionário, alegando que ele não é muito científico. Essa fiscalização de conteúdo, por assim dizer, é feita pelos legitimados citados.

O registro da pesquisa fornece um repositório oficial para que os legitimados acima possam fiscalizá-la.

Além da fiscalização em relação aos parâmetros é possível impugnação do registro ou da divulgação de pesquisa, que deve ser protocolizada na classe Representação (Rp).

– Não era na classe (Pet)? Me perdi.

Na classe Petição (Pet) protocola-se o pedido de acesso aos dados da pesquisa. Na classe Representação (Rp), protocola-se impugnação à pesquisa quando se identificam problemas nela. Confira

IMPUGNAÇÃO DO REGISTRO OU DIVULGAÇÃO (REPRESENTAÇÃO EM PESQUISA ELEITORAL) ART. 15 E SEGUINTES, RES. TSE 23.600/19	
O que pode ser analisado	O registro ou a divulgação de pesquisas eleitorais fora dos parâmetros legais
Quem pode impugnar	Ministério Público, candidatas e candidatos, partidos políticos, coligações e federações de partidos
Juízo competente	Nas **eleições gerais, o tribunal eleitoral competente para o registro de candidatura** do cargo objeto da pesquisa, com distribuição a um dos juízes auxiliares Nas **eleições municipais, o juízo eleitoral definido como competente** pelo respectivo Tribunal Regional Eleitoral[104]
Formalidades da propositura	Realiza-se pedido pelo Processo Judicial Eletrônico (PJe), na classe Representação (Rp)
Procedimento	O mesmo das representações eleitorais por propaganda indevida (Res. TSE 23.608/19)
Consequências possíveis	Multa e, a depender do caso, "considerando a relevância do direito invocado e a possibilidade de prejuízo de difícil reparação, poderá ser determinada a suspensão da divulgação dos resultados da pesquisa impugnada ou a inclusão de esclarecimento na divulgação de seus resultados" (art. 16, § 1º)
▶ **Divulgação de pesquisa sem o prévio registro nos termos legais: multa aos responsáveis de R$ 53.205,00 a R$ 106.410,00**	

– Essa multa é muito elevada. Eu sempre me impressiono. Mas, também, eu sou tão desprovida de recursos! O mínimo é de 53 mil reais... Não pode aplicar menos do que isso não?

Nunca vi acontecer. Veja a decisão recente abaixo. Por uma questão simples, a multa foi dentro dos patamares acima e não foi reduzida.

> **Precedente:** "Levando em conta o pequeno período de divulgação do recurso 'Stories' do Instagram utilizado pelo Representado, entendo que o valor da multa eleitoral a ele aplicável deve ser fixado no montante mínimo legal, ou seja, R$ 53.205,00 (cinquenta e três mil, duzentos e cinco reais), não havendo fundamento legal, ademais, para redução desse valor a montante inferior ao mínimo legal".[105]

104. Não é necessariamente o mesmo juízo competente para os temas da propaganda eleitoral, a não ser em municípios com um único juízo eleitoral.

105. TSE. AgReg em REspe nº 060143422. Rel. Min. Tarcisio Vieira De Carvalho Neto, DJE 26/09/2019. No mesmo julgado: "Já decidiu esta Corte que 'os princípios da proporcionalidade e da razoabilidade são inaplicáveis para reduzir o valor da multa imposta na espécie,

19.5. Enquetes e poder de polícia em pesquisas eleitorais

No capítulo seguinte veremos que o juiz eleitoral possui poder de polícia em alguns assuntos de propaganda eleitoral.

– Fala mais, please!

PODER DE POLÍCIA E JUSTIÇA ELEITORAL

Durante as eleições, o magistrado eleitoral responsável pela fiscalização da propaganda eleitoral, pode exercer **atividade de intervenção nos acontecimentos relacionados à campanha eleitoral, mesmo sem provocação de ninguém,** quando **verificar propagandas eleitorais em descordo com as prescrições legais**

É o exercício de poder de polícia pelo juiz eleitoral

– Mas, então, no poder de polícia da propaganda eleitoral, a Justiça Eleitoral pode agir de ofício para combater pesquisa ilícita?

Pesquisa eleitoral não é propaganda eleitoral. O juízo que trata de um tema pode nem ser o mesmo que trata de outro.

PROPAGANDA ELEITORAL	PESQUISA ELEITORAL
A propaganda eleitoral quer convencer, angariar votos Por exemplo: mostrar qualidades de uma pessoa para que todos votem nela	**A pesquisa eleitoral é feita para informar** Por exemplo: mostrar eventual intenção de votos de uma população, a partir de parcela dela

– Mas tem gente que vota a partir das pesquisas.

Isso é uma outra questão. O que a população vai fazer com a informação da pesquisa não é problema da agência que a realiza. O que não pode acontecer é uma pesquisa com dados mascarados para veicular uma suposta tendência do eleitor, induzindo a sociedade ao erro.

A atuação de poder de polícia não ocorre em temas de pesquisa eleitoral, mas sim nos casos de propaganda eleitoral.

uma vez que não se admite a fixação da multa em valor aquém do mínimo legal (AgR-AI nº 32389/RJ, Rel. Min. Henrique Neves, DJe de 21.10.2014)'".

– Mas Minami, você acabou de dizer que uma pesquisa pode ser impedida de ser veiculada.

Sim, mas por provocação, nos autos de uma representação, e não de ofício pelo magistrado.

– E se um magistrado sabe de uma irregularidade em pesquisas, ele não pode fazer nada?

Ele informa ao Ministério Público, que deve analisar quais providências são cabíveis.

Na atuação do poder de polícia, o magistrado deve ser o mais comedido possível, para evitar arbitrariedades. **Não é possível, por exemplo, "proibir a publicação de nenhuma pesquisa eleitoral, ainda que sob a alegação do exercício do Poder de polícia".**[106]

Na resolução específica sobre pesquisas eleitorais, a única menção a poder de polícia diz respeito a enquetes. Mas, mesmo assim, **enquete não é pesquisa.**

Antes que pergunte o que é enquete:

> Art. 23. É vedada, a partir da data prevista no caput do art. 36 da Lei nº 9.504/1997, a realização de enquetes relacionadas ao processo eleitoral.
>
> **§ 1º Entende-se por enquete ou sondagem o levantamento de opiniões sem plano amostral, que dependa da participação espontânea do interessado, e que não utilize método científico para sua realização, quando apresentados resultados que possibilitem ao eleitor inferir a ordem dos candidatos na disputa.**

– Ou seja, tipo uma consulta pública sem "critérios científicos".

Sim. Por vezes, até com caráter lúdico ou recreativo. Não é intenção da enquete expressar o todo, a partir de uma parte, por critérios científicos. Como não há parâmetros legais para a enquete, ela não é confiável e pode ser adulterada ou induzida, por exemplo.

A realização de enquete relacionada ao processo eleitoral é proibida a partir de 16 de agosto do ano eleitoral.

106. TSE. Recl. nº 357, Rel. Min. Caputo Bastos, 29/10/2004.

– Quero ver é controlar isso em tempos de redes sociais.

Talvez por isso não existe previsão de multa para esse caso, mas pode acontecer uma ordem de retirada da veiculação. Com ou sem provocação. Aqui, pode o poder de polícia, por expressa determinação da Res. TSE 23.600/19, no art. 23:

> § 2º A partir da data prevista no caput deste artigo, cabe o exercício do poder de polícia contra a divulgação de enquetes, com a expedição de ordem para que seja removida, sob pena de crime de desobediência, sem prejuízo de eventual representação cabível.

Mas se a enquete for apresentada como "Pesquisa Eleitoral", será tratada como "pesquisa de opinião pública sem registro na Justiça Eleitoral".

ENQUETE RELACIONADA AO PROCESSO ELEITORAL PROIBIDA A PARTIR DE 16 DE AGOSTO DO ANO ELEITORAL	
Se ocorrer	Será determinada a sua retirada Não cabe multa
Se a enquete for apresentada como "Pesquisa Eleitoral"	Será tratada como "pesquisa de opinião pública sem registro na Justiça Eleitoral" Cabe representação por pesquisa sem os requisitos legais Aqui, é possível aplicação de multa
Competência para remoção de enquete	Será competente para o exercício do poder de polícia contra a divulgação de enquetes o juízo da fiscalização eleitoral
Competência para os casos de pesquisa eleitoral	Verificar resoluções específicas de cada TRE em municípios com mais de um juízo eleitoral
▸ **Em todos os casos, a depender do que se divulgue, outras medidas são possíveis** ▸ **Exemplo: medidas contra injúria, calúnia, difamação ou notícia falsa**	

19.6. O compartilhamento de pesquisas eleitorais

– Venha cá, mas e se eu só compartilhar uma pesquisa indevida?

Olha só esse julgado:

> **Precedente:** "Na linha da orientação firmada nesta Corte Superior, '[...] **a norma proibitiva abrange ambas as condutas (divulgar ou compartilhar),** haja vista que a lei busca evitar que seja tornada pública pesquisa que não obedeça às exigências legais, pouco importando eventual divulgação prévia (REspe nº 546-95/SP, Rel. Min. Herman Benjamin, DJe de 27.10.2017)'"[107]

Se alguém divulga pesquisa indevida, mesmo que esteja apenas compartilhando, será considerado responsável. Veja:

> Art. 21. Os responsáveis pela publicação da pesquisa não registrada ou em desacordo com as determinações legais, inclusive o veículo de comunicação social, poderão arcar com as consequências da publicação, **mesmo que estejam reproduzindo matéria veiculada em outro órgão de imprensa.**
>
> Art. 22. As penalidades previstas nesta Resolução não obstam eventual propositura de ações eleitorais ou de outras ações cabíveis nos foros competentes.

– Nossa, já sei que não pode nem compartilhar. Mas não pode compartilhar nem pelo WhatsApp? Isso não seria uma espécie de "rede particular de comunicação"?

Aqui precisa ter muita calma. Há um recente julgado do TSE que tenta esclarecer o assunto:

> "Ferramentas como o WhatsApp e assemelhadas (Telegram, Viber, Hangouts, Skype, Chaton, Line, Wechat, Groupme) podem apresentar feições diversas, a saber, de cunho privado ou público, ao viabilizarem a interação individual ou por meio de conversas em grupos e até por videoconferências. [...] Diante dos desafios impostos por essa nova sociedade informacional, **o julgador deverá aferir se houve, em cada caso, um legítimo direito de expressão e comunicação ou se, por outro lado, a informação foi veiculada com intuito de interferir no comportamento do eleitorado**, se teve a aptidão para levar ao 'conhecimento público' o resultado da pesquisa eleitoral e, dessa forma, interferir ou desvirtuar a legitimidade e o equilíbrio do processo eleitoral. Para tanto, poderá basear-se em alguns **elementos ou sintomas denunciadores de que a divulgação dos dados extrapolou a esfera particular**, tais quais: i) **uso institucional ou comercial da ferramenta digital**; ii) **propensão ao alastramento de informações**; iii) **interesses e número de participantes do grupo**; iv) **finalidade e nível de organização e/ou institucionalização da ferramenta**; v) **características dos participantes**

107. TSE. AI nº 24435, Acórdão, Rel. Min. Tarcisio Vieira De Carvalho Neto, DJE 05/08/2019.

e, principalmente, do criador ou responsável pelo grupo, pela mídia ou rede social, uma vez que, a depender do seu grau de liderança ou da atuação como formador de opinião, aumenta a potencialidade da informação para atingir um público diversificado, em ambiente propício à manipulação dos interlocutores".[108]

– Então é preciso analisar mais do que apenas o compartilhamento em si.

Sim. Se for naquele grupo da família, *por exemplo*, não é possível controle pelo Estado do que nele acontece.

19.7. Disposições penais relacionadas às pesquisas eleitorais

Além dos ilícitos cíveis, ainda há ilícitos penais relacionados às pesquisas eleitorais. Eis a previsão do art. 18, da Res. TSE n.º 23.600/2019:

> Art. 18. A divulgação de pesquisa fraudulenta constitui crime, punível com detenção de seis meses a um ano e multa no valor de R$ 53.205,00 (cinquenta e três mil, duzentos e cinco reais) a R$ 106.410,00 (cento e seis mil, quatrocentos e dez reais) (Lei nº 9.504/1997, arts. 33, § 4º, e 105, § 2º).

A punição acima não exclui a possibilidade de ocorrência da obrigatoriedade de veiculação dos dados corretos da pesquisa, no mesmo espaço, local, horário, página e com caracteres e outros elementos de destaque, de acordo com o veículo usado (Lei nº 9.504/1997, art. 34, § 3º).

Por fim, também é típica a conduta que vise retardar, impedir ou dificultar a fiscalização dos partidos políticos nos entes que realizam a pesquisa. É a previsão do art. 19 da Res. TSE n.º 23.600/2019.[109]

108. REspe. nº 41492, Acórdão de 06/03/2018, Rel. Min. Tarcisio Vieira De Carvalho Neto, DJE 02/10/2018.

109. Art. 19. "[..] a prática de qualquer ato que vise retardar, impedir ou dificultar a ação fiscalizadora dos partidos políticos constitui crime, punível com detenção de seis meses a um ano, com a alternativa de prestação de serviços à comunidade pelo mesmo prazo, e multa no valor de R$ 10.641,00 (dez mil, seiscentos e quarenta e um reais) a R$ 21.282,00 (vinte e um mil, duzentos e oitenta e dois reais) (Lei nº 9.504/1997, arts. 34, § 2º, e 105, § 2º)".

20. PROPAGANDA ELEITORAL

20.1. Tipos de propaganda política

– Pode propaganda por aplicativo de mensagem?

Calma! Vamos por partes.

Vejamos alguns significados para o verbete "propaganda":

SIGNIFICADOS DE *PROPAGANDA*, SEGUNDO O DICIONÁRIO[110]

"Ato ou efeito de **propagar**"

"**Disseminação de ideias, informação ou rumores** com o fim de **auxiliar ou prejudicar** uma instituição, causa ou pessoa"

"**Divulgação de mensagens** por meio de anúncios escritos, falados ou musicados **em veículos de comunicação** [...], **por um patrocinador identificável, visando influenciar** o público consumidor"

– Tem de tudo aí, professor Minami.

Divulgar, propagar, disseminar ideias. É possível ser mais objetivo?

Sim. Como vamos falar de propaganda eleitoral, podemos começar afirmando que ela é espécie do gênero *propaganda política*.

– Classificações etc. Chato, chato!

Você sempre impaciente. Veja isso:

PROPAGANDA POLÍTICA

A propaganda política gira em "**[...] torno da *polis*, ou da política, compreendida essa em seu sentido mais abrangente, de relações do cidadão com sua própria cidadania**"[111]

– Mas isso ainda é muito amplo.

Seu eu tomar como base o que o professor disse, toda a propaganda relacionada às coisas da cidade ou da cidadania é propaganda política.

---

110. Michaelis, *Dicionário Brasileiro da Língua Portuguesa*, 2015, versão eletrônica em aplicativo para celular.

111. CONEGLIAN, Olivar. *Propaganda eleitoral*. 13. ed. Curitiba: Juruá, 2016, p. 15.

A propaganda que passa na televisão sobre um programa de vacinação é propaganda política, então? E vamos estudar essa propaganda também?

A propaganda política possui várias formas de abordagem.[112]

Para este momento, vamos escolher um enfoque, a propaganda eleitoral.

Mas não custa nada conversarmos um pouco sobre as demais espécies.

A *propaganda política* se divide em:

PROPAGANDA POLÍTICA	
Propaganda partidária	A *propaganda partidária* tem por objetivo veicular[113] para a população: o programa dos partidos políticos e suas propostas, eventos e atividades congressuais além de posicionamentos político-comunitários
Propaganda intrapartidária	Direcionada aos próprios filiados em determinado momento e para determinados contextos, como a escolha, dentre os filiados, de quais serão os candidatos que devem concorrer ao pleito
Propaganda institucional	Realizada pelos entes públicos para informar a população sobre assuntos relevantes a todos, como feitos da administração, prestação de contas, convocação para concursos, informações sobre serviços públicos etc.
Propaganda eleitoral	A propaganda eleitoral é a disseminação de ideias, informações e dados verdadeiros com o objetivo principal de convencer o eleitor a votar em determinado candidato, partido ou coligação[114]

112. Para referenciar apenas algumas abordagens: CONEGLIAR, Olivar. Op. cit.; PEREIRA, Luiz Márcio; MOLINARO, Rodrigo. *Propaganda política: questões práticas relevantes e temas controvertidos de propaganda eleitoral.* Rio de Janeiro: Renovar 2014; BARRETO, Lauro. *Propaganda política & direito processual eleitoral: modalidades e normas da propaganda eleitoral.* Bauru, São Paulo: Edipro, 2004.
113. BARRETO, Lauro. *Op. cit.*, p. 20.
114. Excepcionalmente, a propaganda pode ser direcionada a convencer o eleitor sobre determinada proposta, como é o caso dos referendos ou plebiscitos. Mas é importante verificar se a consulta coincide com eleições municipais, nos termos do art. 14, §12, da CF/1988. Nesse caso, não haverá a possibilidade de utilização de propaganda gratuita no rádio e na televisão (CF/1988, art. 14, §13).

– Exemplos!

– Que susto! Eu já disse para não falar comigo aqui no rodapé! Já vimos exemplos disso em aulas passadas! Nós tivemos um plebiscito para deliberar se adotaríamos ou não uma

– Apenas quatro espécies, gostei.

Isso. Mas, como eu disse, o nosso foco é a propaganda eleitoral.

– A propaganda partidária nós já vimos, lá no capítulo sobre os partidos políticos.

Isso mesmo. Vamos apenas ver algumas peculiaridades das demais modalidades de propaganda política.

20.1.1. Propaganda intrapartidária em ano eleitoral

A propaganda intrapartidária é direcionada aos próprios filiados. A principal delas ocorre em ano eleitoral para a escolha, dentre os filiados de um partido, daqueles que serão os candidatos ao pleito que se aproxima.

– Nem precisa de exemplo, acho. Entendi!

Atenção para o que vou falar:

Vimos que a escolha dos candidatos ocorre durante a convenção partidária. A propaganda intrapartidária é possível justamente antes do período de convenções.

Veja:

ART. 36, LEI DAS ELEIÇÕES (9.504/97)

Propaganda eleitoral	Propaganda intrapartidária
Art. 36 Somente é permitida após o dia 15 de agosto do ano da eleição	art. 36, § 1º Permitida na quinzena anterior às convenções Não se autoriza rádio, televisão e outdoor

– Entendi. A propaganda intrapartidária ocorre na quinzena antes da convenção.

Mas uma coisa me chamou a atenção: a propaganda eleitoral somente é autorizada em agosto? Mas a eleição já não ocorre em outubro? Pode propaganda por aplicativo de mensagem?

---

monarquia parlamentar ou ficaríamos na república e se manteríamos o presidencialismo ou mudaríamos para o parlamentarismo. Isso foi em 1993. Em 2005, houve um referendo sobre a proibição da comercialização de armas de fogo e munições.

Menos ansiedade e mais paciência. Conversaremos sobre isso logo mais.

20.1.2. *Propaganda institucional e propaganda eleitoral*

– Não entendi por qual razão o professor reuniu dois assuntos em um tópico.

Calma, apressada.

Vamos revisar o que vimos sobre propaganda institucional e eleitoral:

Propaganda institucional	Realizada pelos entes públicos para informar a população sobre assuntos relevantes a todos, como feitos da administração, prestação de contas, convocação para concursos, informações sobre serviços públicos etc.
Propaganda eleitoral	É a disseminação de ideias, informações e dados verdadeiros com o objetivo principal de convencer o eleitor a votar em determinado candidato, partido ou coligação[115]

A propaganda institucional é muito importante. **As pessoas precisam saber o que o seu governo está fazendo ou precisam de informação sobre os serviços públicos de sua cidade, por exemplo.**

Ocorre que **o uso indevido da propaganda institucional pode causar favorecimentos indesejados.**

Em certa medida, a depender do momento em que ela é feita, ou do seu conteúdo, é uma propaganda que pode resultar em promoção ilícita de alguém em época de eleição.

Viola-se a probidade, a moralidade e a impessoalidade da administração pública, além da igualdade de condições na corrida eleitoral.

115. Excepcionalmente, a propaganda pode ser direcionada a convencer o eleitor sobre determinada proposta, como é o caso dos referendos ou plebiscitos.

– Exemplos!

– Que susto! Eu já disse para não falar comigo aqui no rodapé! Já vimos exemplos disso em aulas passadas! Nós tivemos um plebiscito para deliberar se adotaríamos ou não uma monarquia parlamentar ou ficaríamos na república e se manteríamos o presidencialismo ou mudaríamos para o parlamentarismo. Isso foi em 1993. Em 2005, houve um referendo sobre a proibição da comercialização de armas de fogo e munições.

– Entendi.

Então o professor apresentou, ao mesmo tempo, a propaganda eleitoral e a propaganda institucional para que eu percebesse os problemas na utilização da propaganda institucional como uma forma de propaganda eleitoral indevida.

Exato... Entendeu tudo!

A propaganda eleitoral irregular é algo reprovável. Mas a propaganda institucional indevida é muito mais grave. Ela pode configurar conduta vedada a agente público e abuso do poder político e econômico. Na seara cível pode ocorrer, ainda, improbidade administrativa.

– Mas ela também é propaganda eleitoral irregular, né?

O grande detalhe é esse. A propaganda institucional indevida não é atacada como se fosse propaganda eleitoral indevida. É um problema bem mais sério. Contra ela, manejam-se medidas como uma representação fundada em conduta vedada (73 e ss., LE) ou uma Investigação Judicial Eleitoral (AIJE) fundada em abuso do poder político (art. 22, LC 64/90). Não cabe, por exemplo, poder de polícia, mas medidas, dentro das ações mencionadas, para fazer cessar o ilícito, inclusive antes mesmo do registro de candidaturas. Vamos ver isso melhor nas partes 7 e 8 do livro. Confira:

Propaganda Institucional indevida	Propaganda Eleitoral indevida
Exemplo: servidor público ou titular do executivo candidato à reeleição faz uma propaganda de governo, com recursos públicos, veiculando um serviço público não para informar a sociedade, mas para se promover	**Exemplo:** pintura em muro de propriedade privada com propaganda eleitoral ou panfleto sem o CNPJ do candidato ou tiragem
O uso indevido de propaganda institucional **pode causar a retirada de alguém da corrida eleitoral** (cassação do registro ou diploma) **e até mesmo impedir que essa pessoa participe de outras eleições** (inelegibilidade) Pode iniciar medidas contra improbidade administrativa	Propaganda **irregular pode gerar ordem para correção ou retirada da propaganda** indevida e, em alguns casos, cabe até **multa** A depender das circunstâncias, pode ser enquadrada não como propaganda irregular, mas como ilícito mais grave, como o abuso do poder econômico ou político

Propaganda Institucional indevida	Propaganda Eleitoral indevida
Para cessar o ilícito: requerer medidas, ainda que em tutela provisória, em Representação Especial ou AIJE[116] **Não autoriza atuação de ofício**	**Para cessar o ilícito:** requerer providencias pelos canais de denúncia eventualmente disponíveis ou por representação fundada em propaganda irregular **Autoriza atuação de ofício**
▶ **Veja partes 7 e 8 deste livro**	▶ **Veremos as consequências da propaganda irregular neste capítulo**

20.2. Propaganda eleitoral como a etapa de debate do processo eleitoral

– E então, pode propaganda por aplicativo de mensagem?

Espera, apressada! Não é o momento para isso.

Agora, quero pontuar um detalhe muito importante. Veja:

Podemos considerar o processo eleitoral como um conjunto de atividades (preparação de urnas, treinamento de mesários etc.) e procedimentos (registro de candidaturas, ações eleitorais etc.) que instrumentalizam o exercício do voto pelo povo

↓

O objetivo final do processo eleitoral é o resultado das eleições livre de fraudes e abusos

↓

A Justiça Eleitoral não escreve a norma final do processo eleitoral: o resultado das eleições

É o próprio titular do poder, o povo, quem redige essa norma ao votar

– Que bonito! Mas acho que já vimos isso. Não entendi a relação desse fluxograma com a propaganda eleitoral.

116. CPC, art. 497, parágrafo único.

É que o processo eleitoral é muito peculiar.[117] No contexto acima, **a propaganda eleitoral pode ser compreendida como a grande etapa de debate que possibilita a escolha dos candidatos pelo povo.**

– Nossa! É verdade. Então a propaganda ganha muito mais importância do que eu pensava.

Presta atenção.

O contraditório, no sentido clássico, já foi entendido como resultante de uma situação de sujeitos em um processo que se encontram em constante contradição recíproca,[118] pois autor e réu querem coisas distintas. Por causa disso, **os envolvidos em um processo devem se manifestar, para tentar resolver essas contradições.**

Mas podemos entender o contraditório no sentido de um **diálogo necessário para a tomada de decisões que repercutem na vida de quem participa desse diálogo.**

O contraditório é a participação e a possibilidade de, com essa participação, influenciar quem decide.[119]

Nesse sentido, a propaganda eleitoral serve como um grande momento de debate, como uma etapa de contraditório do processo eleitoral.

– Consequências práticas, please!

Veja:

117. Para mais informações sobre o processo eleitoral na perspectiva acima: MINAMI, Marcos Youji. Do conceito de processo eleitoral brasileiro/ Dissertação de conclusão de curso (Mestrado). Orientador: Prof. Dr. Fredie Didier Jr. Universidade Federal da Bahia. Salvador, 2013.

118. CARNELUTTI, Francesco. *Sistema de direito processual civil. Vol II.*/ Tradução: Hiltomar Martins Oliveira. 1. ed. São Paulo: Classic Book, 2000, p. 92.

119. DIDIER JR., Fredie. *Curso de direito processual civil. Vol. 1.* 19. ed. Salvador: Editora Juspodivm, 2017, p. 92. Indica-se, ainda, pela repercussão que encontrou na doutrina, a compreensão de Fazzalarri de processo como procedimento em contraditório: FAZZALARI, Elio. Insti-tuições de direito processual. Tradução de Elaine Nassif – da 7ª edição italiana (1994). Campinas: Bookseller, 2006, pp.32-33.

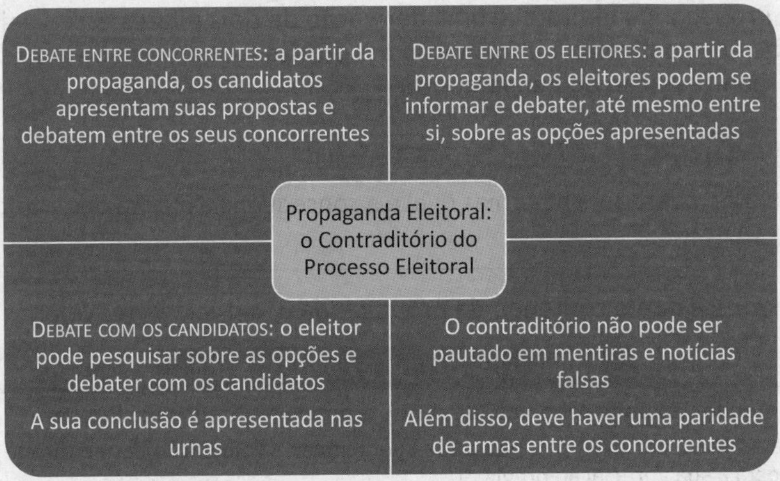

Perceba que a tolerância cada vez menor a mentiras espalhadas em eleições dialoga muito bem com a construção acima. Como formar um debate entre os atores do processo eleitoral se as informações compartilhadas não são verídicas?[120]

– Muito interessante. Uma pequena ideia e tantas repercussões. Adorei!

Não vou ficar envaidecido porque você também é uma ideia: uma aluna fictícia criada por mim...

– Professor, não me lembra disso. Vamos adiante!

20.3. Forma, modo de veiculação e conteúdo da propaganda eleitoral

– Já que o título do tópico é "forma da propaganda", pode propaganda por aplicativo de mensagem?

Nossa... quando você implica com algo, parece uma vitrola quebrada... Vamos chegar nisso, ainda.

120. É importante apontar que a própria decisão do processo cível não eleitoral pode ser rescindida quando "for fundada em prova cuja falsidade tenha sido apurada em processo criminal ou venha a ser demonstrada na própria ação rescisória" (CPC, art. 966, VI)

A Propaganda Eleitoral é uma derivação de dois pilares essenciais da Democracia: o **direito à informação** e o **direito à liberdade de consciência e manifestação do pensamento.**

> – Mais teoria... (E não sei o que é vitrola)
>
> Não quero ser chata, mas qual é a consequência prática dessa informação?

Significa que o conteúdo da propaganda é, *a priori*, livre. Veja:

SOBRE O CONTEÚDO DA PROPAGANDA
O conteúdo não pode ser objeto de controle prévio realizado pelo Estado O magistrado, por exemplo, não pode condicionar a veiculação de um direito de resposta à sua apreciação prévia
▶ **Isso não significa que eventuais ilicitudes decorrentes da propaganda não possam ser punidas**

> – Eu entendi: não pode haver censura prévia.

Além disso, proíbe-se o anonimato e a propaganda eleitoral deve ser verídica.

> – Isso é até meio evidente. Como alguém pode escolher bem a partir de uma mentira?

Nenhuma escolha pode ser livre e legítima quando baseada em mentiras. A mentira sabota a ideia de propaganda eleitoral como o momento do contraditório do processo eleitoral, de debate entre os envolvidos.

O conteúdo, *a priori*, não passa por controle. Problemas de conteúdo são punidos *a posteriori*.

A legislação estabelece uma série de regras sobre a forma da propaganda. Ela não é livre.

> – Como assim a forma não é livre?

Eu não posso, por exemplo, confeccionar panfleto do candidato a cargo do Executivo sem colocar o nome do vice, "de modo claro, legível e em **tamanho não inferior a 30%** (trinta por cento) do nome do titular" (Lei 9.504/97, art. 36, § 4º). Veremos tudo isso mais na frente.

> – Se mandar fazer santinho de prefeito sem mencionar o vice e sem respeitar esse tamanho então minha propaganda pode ser controlada...

Apenas nesse aspecto, sim. Veja que o problema não é de conteúdo, mas de forma.

Além de parâmetros sobre a forma, **a legislação determina o modo de veiculação da propaganda**. Não pode, por exemplo, propaganda eleitoral paga na televisão. Não pode propaganda em bem público, como regra.

> – Forma e modo de veiculação. Acho que estou entendendo. Setorizando as informações fica mais fácil de entender.
>
> Mas qual é a razão desses parâmetros? Por que não libera geral?

Esses parâmetros surgem principalmente por duas razões.

Isso acontece para se manter uma **igualdade de condições entre os participantes** e para que os **eleitores tenham todas as informações necessárias** para realizarem a sua escolha.

Propagandas que possam comprometer a igualdade de participação entre os candidatos, como as propagandas muito caras (outdoor, por exemplo), **veiculadas sem igualdade de condições** (por isso que o modo de veiculação é padronizado) e **propagandas que não tornem pública toda a informação importante** para os eleitores (como o nome do vice ou suplente) **não são aceitas**.

Para evitar esses problemas, a legislação estabelece vários requisitos de forma e meio de veiculação que devem ser observados. Para facilitar, podemos enquadrar tudo isso em uma categoria: aspectos formais da propaganda eleitoral.

> – Acho que estou entendendo. Tem como revisar?

Veja:

SOBRE O CONTEÚDO DA PROPAGANDA

Observações	É possível controle?
Proibição de censura ou necessidade de licença prévia (art. 5º, IX e art. 220, §2º da CRFB/88) Vedado o anonimato O responsável pela propaganda responderá por quaisquer danos materiais, morais ou à imagem eventualmente provocados por ela (art. 5º, IV e V) Propagandas mentirosas ou criminosas serão punidas	Controle de conteúdo é possível, mas apenas após a veiculação Exemplo: alguém que tenha caluniado outra pessoa deve sofrer as consequências disso Não é possível poder de polícia contra o conteúdo

SOBRE A FORMA E MODO DE VEICULAÇÃO DA PROPAGANDA (ASPECTOS FORMAIS)

Observações	É possível controle?
Para que o eleitor seja devidamente informado e para possibilitar o equilíbrio de oportunidades entre os candidatos do prélio, a forma da propaganda é estabelecida em lei, ou seja, a forma se submete ao princípio da legalidade Os meios utilizados para a sua veiculação são previstos e regulamentados pela legislação	É possível poder de polícia contra uma propaganda eleitoral realizada em desrespeito à forma legal e ao modo de veiculação Exemplo: impedir a circulação de panfletos de propaganda de candidato a governador que não veicule o nome do vice

– Ainda não entendo bem isso de "poder de polícia" na propaganda.

É o assunto do próximo tópico.

20.4. Brevíssimas considerações sobre o poder de polícia na propaganda eleitoral

Leia abaixo:

PODER DE POLÍCIA E JUSTIÇA ELEITORAL

Durante as eleições, o magistrado eleitoral responsável pela fiscalização da propaganda eleitoral pode exercer **atividade de intervenção nos acontecimentos relacionados à campanha eleitoral, mesmo sem provocação de ninguém**, quando **verificar propagandas eleitorais em descordo com as prescrições legais na sua forma ou modo de veiculação** É o exercício de poder de polícia pelo juiz eleitoral

- **Atividade administrativa realizada pela Justiça Eleitoral para fiscalizar e impedir propaganda eleitoral em desacordo com a legislação eleitoral em algumas situações**

– Exemplos, please.

Determinar a retirada de propaganda em local público ou de uso comum. Diligenciar para impedir veiculação de propaganda impressa sem os requisitos obrigatórios, como o número do candidato, a tiragem ou o CNPJ ou CPF do responsável pela confecção e de quem a contratou.

Em todo o caso, eu apenas estou apresentando o tema aqui.

O poder de polícia e seu procedimento será tratado em capítulo próprio na parte 8 do livro.

Para o momento, o único aspecto que quero acentuar sobre o tema é o seguinte:

LIMITES DO PODER DE POLÍCIA

Art. 41, §2º, da Lei das Eleições:

"O poder de polícia se restringe às providências necessárias para inibir práticas ilegais, vedada a censura prévia sobre o teor dos programas a serem exibidos na televisão, no rádio ou na internet"

- **Ações mais drásticas como busca e apreensão, investigação sobre abusos, estabelecimentos de multas, não ocorrem no exercício do poder de polícia, mas dentro das ações eleitorais que combatem ilícitos como as representações especiais ou a Ação de Investigação Judicial Eleitoral (AIJE)**
- **Mesmo nos casos de aplicação de multa em propaganda eleitoral irregular, há a necessidade de um procedimento prévio: a Representação por Propaganda Irregular**

– Agora ficou confuso. O que são essas representações especiais mesmo?

Tudo a seu tempo. Lembre-se: este capítulo é para tratar das regras de propaganda eleitoral. **Os procedimentos para combater os ilícitos eleitorais, inclusive a sequência de atos jurídicos do poder de polícia, estão na parte 8 deste livro.** Lá, por exemplo, vou explicar melhor o seguinte enunciado de súmula:

> **Enunciado n.º 18 da Súmula do TSE:** Conquanto investido de poder de polícia, não tem legitimidade o juiz eleitoral para, de ofício, instaurar

procedimento com a finalidade de impor multa pela veiculação de propaganda eleitoral em desacordo com a Lei nº 9.504/97.

– E qual é a razão prática deste tópico, então?

Apresentar as seguintes ideias.

CUIDADOS NO EXERCÍCIO DO PODER DE POLÍCIA
Não pode ser utilizado como pretexto para impedir propaganda válida
Deve se ater aos aspectos formais da propaganda, e não ao conteúdo da propaganda
Não autoriza censura prévia de conteúdo de propaganda
Não pode ser usado como fundamento para que o juiz determine, de ofício, medidas contra ilícitos eleitorais que não são de propaganda e que, por isso, precisam de provocação dos interessados

20.5. Propaganda irregular, propaganda criminosa, abuso do poder econômico, político ou do uso dos meios de comunicação social

A propaganda eleitoral, se regular, não pode ser tolhida.

A sua veiculação é protegida não apenas pelo interesse do candidato, mas porque é direito da população ter acesso àquela informação.

– Já sei... É aquela história de que a propaganda é o contraditório do processo eleitoral.

Sim. É por aí. Veja:

PROPAGANDA REGULAR
Atende aos requisitos exigidos por lei e **é irrepreensível em sua forma e conteúdo**
Tratamento legal
É especialmente protegida pela legislação
Constitui crime eleitoral o ato de inutilizar, alterar ou perturbar meio de propaganda devidamente empregado[121]
Não poderá ser objeto de multa nem cerceada sob alegação do exercício do poder de polícia ou de violação de postura municipal (art. 41 da Lei das Eleições)

121. Veja, no Código Eleitoral: Art. 331. Inutilizar, alterar ou perturbar meio de propaganda devidamente empregado: Pena - detenção até seis meses ou pagamento de 90 a 120

A propaganda ilícita, por sua vez, recebe diversos tipos de tratamento, a depender da gravidade da ilicitude praticada.

A partir das prescrições normativas eleitorais, uma determinada situação pode ser enquadrada como propaganda irregular, como ilícitos mais graves a exemplo da compra de voto (captação ilícita de sufrágio) ou os abusos em eleição e até mesmo como crime.

– Então, um mesmo acontecimento pode ser considerado propaganda irregular e propaganda abusiva!

Calma.

Em perspectiva prática, o ideal é analisar o fato que se reputa ilícito e verificar qual é o tratamento legal para aquela ilicitude. Isso permite ao advogado, por exemplo, o correto enquadramento do que pretende combater.

Já sei que vai perguntar como fazer para identificar cada situação.

Veja:

PROPAGANDA IRREGULAR
Não atende aos parâmetros estabelecidos pela legislação eleitoral
Tratamento legal
É sobre a **propaganda irregular, na forma (incluindo modo de veiculação),** que o juiz eleitoral exerce o poder de polícia, devendo, nos termos do art. 41, §2º, da Lei n. 9.504/97, adotar as medidas necessárias para cessar ou corrigir os problemas identificados Autoriza Representação relativa à propaganda irregular disciplinada na Res. TSE 23.608/19

– Então o poder de polícia é isso? "Uma medida para fazer cessar ou para corrigir uma propaganda irregular"?

É por aí. Mas acabamos de ver o assunto. Basta revisar. Deixa apenas eu completar essa parte da explicação. Preciso, agora, falar sobre situações graves que podem ser confundidas com ilícitos sobre propaganda eleitoral.

dias-multa; Art. 332. Impedir o exercício de propaganda: Pena - detenção até seis meses e pagamento de 30 a 60 dias-multa.

EXEMPLOS DE ILÍCITOS CÍVEIS ELEITORAIS GRAVES
Captação ilícita de sufrágio (compra de voto), condutas vedadas aos agentes públicos, ilícitos nas finanças da campanha, abusos do poder político, econômico ou no uso dos meios de comunicação
Tratamento legal
A depender do caso, são objeto, principalmente, das seguintes medidas:[122] Representação contra ilícitos financeiros em campanha (30-A, 9.504/97), captação ilícita de sufrágio (41-A, 9.504/97) e condutas vedadas a agentes públicos (73 e ss, 9.504/97) Ação de Investigação Judicial Eleitoral – AIJE (arts. 19 e 22 da LC 64/90) Ação de impugnação ao mandato eletivo – AIME (art. 14, § 10, CF/1988)
▸ **As consequências das medidas acima são graves, como a cassação de registro e do diploma, podendo gerar inclusive inelegibilidade pela LC 64/90**

– Exemplos, please.

Se alguém oferece cesta básica para outra pessoa em troca de votos, não é um problema de propaganda, mas de captação ilícita de sufrágio (compra de votos). Usar propaganda institucional para se promover não é um problema de propaganda eleitoral irregular, mas de uso indevido da máquina pública.

– Estou entendendo. Há casos graves que não se enquadram em propaganda irregular, mas em algo mais sério.

Isso mesmo. Saber essas situações é importante para que se escolha o caminho certo, legalmente previsto, para combater cada ilícito.

– Já sei! Ainda vamos ver todas essas situações. Tudo é para depois mesmo.

Isso mesmo, afobada. Por favor, me deixa encerrar esta parte.

122. Sem prejuízo de possíveis medidas criminais eleitorais.

PROPAGANDA ELEITORAL E CRIMES ELEITORAIS
Atenção! Há comportamentos proibidos relacionados, direta ou indiretamente, à propaganda eleitoral, que são considerados crimes eleitorais
Tratamento legal
O combate a essas propagandas deve partir do Ministério Público Eleitoral, mesmo que por provocação de partidos e candidato Se o juiz eleitoral tomar conhecimento de um crime eleitoral, deve dar ciência do fato imediatamente ao Ministério Público Eleitoral
▶ **Exemplo: é crime usar na propaganda eleitoral "símbolos, frases ou imagens, associadas ou semelhantes às empregadas por órgão de governo" (art. 40, Lei 9.504/97)**

Antes de continuar, vamos a um quadro de pequenas dicas aos profissionais que atuam na seara eleitoral:

CATEGORIA PROFISSIONAL	CUIDADO AO AGIR
Advogados	Antes de preparar uma peça, verifique se a conduta se enquadra em propaganda eleitoral, ilícitos mais graves, ou mesmo se é um caso de crime eleitoral Cuidado ao pedir, por exemplo, ações do juiz eleitoral no exercício de poder de polícia, quando o caso é de abertura de investigação para apurar crime eleitoral Outro erro comum: pedir busca e apreensão de brindes que estão sendo distribuídos indevidamente, como cestas básicas, no exercício de poder de polícia
Membros do Ministério Público	Não pedir para a equipe de fiscalização de irregularidade de propaganda eleitoral agir em ações de investigação ou combate aos ilícitos graves, ou ações de polícia judiciária, como busca e apreensão[123]
▶ **Não confundir ação de polícia com ação de fiscalização em propaganda eleitoral** ▶ **Buscas e apreensões, investigações, impedimento de carreatas ou grandes eventos, por exemplo, são ações perigosas e que transcendem a constatação de propaganda irregular**	

123. Nesse sentido, a Corregedoria do TRE-CE, por exemplo, em provimento sobre as rotinas do poder de polícia para as eleições de 2020 no âmbito do TRE dispôs que: "É vedado aos servidores dos cartórios eleitorais e aos fiscais de propaganda realizar diligências com o fim específico de apurar infrações penais ou participar de operações de competência exclusiva das forças policiais, ainda que a requerimento dos interessados ou do Ministério Público Eleitoral" (Art. 10, § 4º, Provimento CRE-CE Nº 10/2020).

– Entendi tudo. Podemos começar a falar sobre o que pode ou não pode em propaganda? Queria saber se pode propaganda em aplicativo de mensagem.

Estamos chegando lá.

20.6. Observações gerais sobre o início da propaganda eleitoral: 16 de agosto

A propaganda eleitoral é permitida após o dia 15 de agosto do ano da eleição (art. 36 da Lei 9.504/97).

– Entendi. Só pode fazer propaganda eleitoral do dia 16 de agosto em diante.

Minami, por qual motivo existe uma data para começar a campanha?

Isso ocorre para possibilitar **igualdade de oportunidades entre candidatos e partidos políticos na corrida eleitoral.**

– Tipo uma corrida. Todos devem largar no mesmo momento?

Exatamente!

Outro ponto importante: **a propaganda eleitoral implica gastos. É preciso um controle sobre a data de início da propaganda eleitoral e, por consequência, sobre a data de início dos gastos com a campanha. É uma forma de evitar o abuso do poder econômico.**

A partir do dia 16 de agosto, os competidores do prélio eleitoral estão autorizados a realizar suas propagandas e a fazer pedido de votos com uso de todas as plataformas e veículos admitidos em lei, exceto o rádio e televisão.

– "Prélio" ... que nome feio. Parece nome de inimigo de filme.

Mas não pode usar rádio e televisão? Não entendi. Mas não falamos lá atrás sobre as datas daquela propaganda gratuita que assistimos na televisão?

O uso dos meios de comunicação de massa é permitido apenas para o horário eleitoral gratuito. Mas não preocupe. Veremos isso com detalhes mais na frente!

– Entendi. Dia 16 pode tudo, menos aquela propaganda gratuita, que começa depois.

Isso. Pode tudo, dentro dos limites legais.

PERÍODO DA PROPAGANDA ELEITORAL

No momento, precisamos saber apenas que: **de um modo geral (portanto, existem exceções) a propaganda eleitoral inicia no dia 16 de agosto e, de um modo geral, ela se encerra na véspera da Eleição!**

– E se ela ocorrer antes desse período?

Como eu disse, "uma ruma" de gente faz isso, propaganda antes desse dia permitido.

Vamos ver o que pode e o que não pode antes desse período.

20.6.1. O que é possível antes de 16 de agosto do ano de eleição

20.6.1.1. Enquete é possível, até o dia 15 de agosto

ANTES DO COMEÇO DA PROPAGANDA ELEITORAL, ENQUETES RELACIONADAS AO PROCESSO ELEITORAL SÃO PERMITIDAS[124]

Enquete é um levantamento de opiniões sem muito rigor científico, ou seja, sem considerar os requisitos de uma pesquisa como o plano amostral e que apenas colhe informações espontâneas das pessoas

- **Elas somente são proibidas no período da campanha (art. 33, §5º, Lei das Eleições)**

– E a pesquisa, pode?

Sim, vimos isso no capítulo passado.

124. Uma observação. Pelo projeto de próximo Código Eleitoral, a enquete estaria vedada a partir de 1º de junho do ano de eleição. Projeto de Código Eleitoral (PLP, 112/2021) e enquete: Art. 589. É vedada, a partir de 1º de junho, a realização de enquetes relacionadas ao processo eleitoral. [...] §3º A depender do meio utilizado para a realização e divulgação da enquete, e do correspondente alcance estimável, a violação da regra prevista no caput sujeita os responsáveis, mediante representação, a multa no valor de R$1.000,00 (mil reais) a R$60.000,00 (sessenta mil reais).
Art. 591. As multas previstas no título não obstam a apuração de abuso de poder e uso indevido dos meios de comunicação social, assim como eventuais ações de natureza penal.

20.6.1.3. Propaganda intrapartidária é possível

A propaganda intrapartidária é possível. Mas, atenção: nesse caso, não é possível a utilização de rádio, televisão ou *outdoor*.

> LE, art. 36, § 1º: "(a)o postulante a candidatura a cargo eletivo é permitida a realização, na quinzena anterior à escolha pelo partido, de propaganda intrapartidária com vista à indicação de seu nome, vedado o uso de rádio, televisão e outdoor".

20.6.1.4. Manifestação e participação em eventos, desde que não ocorra pedido de votos

– Se pode "manifestação e participação em eventos", então pode propaganda eleitoral antes do dia 16, né? Porque nenhum pré-candidato participaria de evento sem mencionar a sua campanha ou intenção de concorrer.

Não havendo pedido de votos...[125]

– Pode até mesmo participar de programa de televisão?

Isso mesmo. De rádio também. Mas as emissoras precisam dar a mesma oportunidade para os demais pré-candidatos.

– Pelo que estou vendo, pode tudo, desde que não se peça votos.

Vamos aprofundar um pouco.

O art. 36-A, da Lei das Eleições, é a base para o que pode ou não, antecipadamente:

> Art. 36-A. Não configuram propaganda eleitoral antecipada, desde que não envolvam pedido explícito de voto, **a menção à pretensa candidatura, a exaltação das qualidades pessoais dos pré-candidatos e os**

125. "com a regra permissiva do art. 36-A da Lei nº 9.504, de 1997, na redação dada pela Lei nº 13.165, de 2015, retirou-se do âmbito de caracterização de propaganda antecipada a menção à pretensa candidatura, a exaltação das qualidades pessoais de pré-candidatos e outros atos, que poderão ter cobertura dos meios de comunicação social, inclusive via internet, desde que não haja pedido expresso de voto" (TSE. Rp nº 294-87/DF, Rel. Min. Herman Benjamin, DJe de 9.3.2017. No mesmo sentido: TSE. AI. nº 924, Rel. Min. Tarcisio Vieira De Carvalho Neto, DJE - 22/08/2018).

seguintes atos, que poderão ter cobertura dos meios de comunicação social, inclusive via Internet

– Internet liberada!

Isso. E, pelos incisos do art. 36-A que eu citei, pode o seguinte:

Também é permitido ao candidato a candidato, desde que não peça voto:

Realizar encontros, seminários ou congressos, em ambiente fechado e a expensas dos partidos políticos, para tratar da organização dos processos eleitorais, discutir políticas públicas, planos de governo ou alianças partidárias;

A realização de prévias partidárias;

A divulgação de atos de parlamentares e debates legislativos, desde que não se faça pedido de votos;

A divulgação de posicionamento pessoal sobre questões políticas, inclusive nas redes sociais;

A realização, a expensas de partido político, de reuniões de iniciativa da sociedade civil, de veículo ou meio de comunicação ou do próprio partido, em qualquer localidade, para divulgar ideias, objetivos e propostas partidárias;

Campanha de arrecadação prévia de recursos nos termos da lei.

– Muita coisa. Tem como resumir?

Você é a "senhora resumo e exemplos", né? Veja:

EM RESUMO, É PERMITIDO AO CANDIDATO A CANDIDATO, DESDE QUE NÃO PEÇA VOTO
Dizer que pretende se candidatar
Exaltar suas qualidades pessoas
Participar em programas de televisão ou rádio, entrevistas, debates, aparição na internet, manifestação em redes sociais
Participar de encontros

– Afinal, o que não pode?

Vamos ver agora. Antes, preciso citar alguns entendimentos de precedentes sobre o tema, que eu retirei do próprio portal do TSE:

Pedido explícito de voto pode ser identificado pelo uso de determinadas "palavras mágicas", como "apoiem" e "elejam".[126]

A configuração da propaganda eleitoral extemporânea, positiva ou negativa, **exige a presença de pedido explícito de votos ou "de não votos"**.[127]

Configura **propaganda eleitoral antecipada** a realização de **carreata** às **vésperas do período eleitoral** com **reprodução de jingle** de campanha e **presença de candidatos**.[128]

Não caracteriza propaganda eleitoral antecipada a **divulgação de enquete na rede social Instagram** que se limita à mera exposição de projeto para possível candidatura sem pedido explícito de votos.[129]

Não caracteriza propaganda eleitoral extemporânea a **veiculação de jingle ou o pedido de votos realizado em ambiente restrito de aplicativo WhatsApp**.[130]

– Me desculpe, professor, mas essa história de "palavrinhas mágicas" me parece uma grande bobagem. Pode tudo, mas não pode pedir votos. É claro que a pessoa que se manifesta sobre sua candidatura quer o voto, né?

O que vai mudar se alguém disser: "vote em mim" ou "apoie fulano"?

Pois é. Não cabe discutir isso aqui, pois precisamos manter o foco, mas uma leitura dos precedentes sobre propaganda antecipada e da lei, ao longo dos últimos anos, demonstra uma tendência para que isso mude e a pré-campanha seja cada vez mais permissiva.

O problema não é o que se pode falar ou não, mas o abuso do poder político, econômico e a influência disso na campanha.

Mas eu apenas apresentei como é o tratamento atual do tema na lei e pela Justiça Eleitoral.

Vamos adiante.

126. Acórdão do TSE, de 14.11.2019, nos ED-AI nº 060003326 e, de 30.10.2018, no AgR-REspe nº 2931.
127. Acórdão do TSE, de 25.11.2021, no AgR-REspEl nº 060002747.
128. Acórdão do TSE, de 18.11.2021, no AgR-REspe nº 060003828.
129. Acórdão do TSE, de 9.9.2021, no AgR-REspE nº 060007690.
130. Acórdão do TSE, de 1º.7.2021, no AgR-ARespE nº 060004981 e, de 7.5.2019, no REspe nº 13351.

20.6.1.5. Veiculação de eventos de arrecadação

É autorizado, a partir de 15 de maio do ano eleitoral, uma espécie de vaquinha pela *internet* para arrecadar recursos para a campanha. O regulamento desse tipo de financiamento está no art. 22-A e 23, §4º, IV, da Lei das Eleições (9.504/97).

– Já vimos isso, né, em tópicos passados. Falamos até sobre aquelas lives para arrecadação.

Exatamente!

O leitor deve consultar o assunto, nesta parte 6 do livro, no capítulo sobre "arrecadação e aplicação de recursos em campanha", no tópico "eventos de arrecadação".

20.6.1.6. Indiferentes eleitorais e o abuso dissimulado do poder econômico ou político

É possível a realização de manifestações ou ações que envolvam os futuros pré-candidatos, desde que não exista relação com o pleito: o chamado indiferente eleitoral.

– Até comecei entendendo. Mas me perdi nesse tal de indiferente eleitoral.

INDIFERENTE ELEITORAL

O TSE já entendeu que "[...] atos publicitários desprovidos de viés eleitoral consistem em 'indiferentes eleitorais', que se situam fora da alçada desta Justiça Especializada e, justamente por isso, não se submetem às proscrições da legislação eleitoral"[131]

– Exemplo, please. Só entendo com exemplo!

131. TSE. REspe nº 060094906, Acórdão, 1 Min. Edson Fachin, Publicação: DJE - Diário da justiça eletrônica, Tomo 91, Data 12/05/2020.

Situações já entendidas como indiferentes eleitorais:[132]

Veicular, "por meio de *outdoor*, propaganda do programa de televisão gospel apresentado por pré-candidato, com a foto deste, ausente o pedido explícito de votos"[133].

Veicular, "por meio de *outdoor*, que ficou exposto pelo período de dois meses próximos às eleições, mensagem de felicitações relativa ao Dia das Mães à população", no qual constava o nome do pré-candidato, mas não havia pedido explícito de votos.

Uma observação importante.

Por vezes, um indiferente eleitoral é inofensivo à lisura das eleições quando considerado sozinho. Uma manifestação de apoio e até adesivos em pequena quantidade feitos artesanalmente por simpatizantes de um possível futuro candidato talvez possam ser considerados inofensivos.

Mas é necessário analisar se aquele indiferente ocorre em quantidade e circunstâncias fora do razoável, em diversas localidades, podendo significar uso abusivo do poder econômico dissimulado.

– E como identificar isso?

Quando conversamos sobre o Ministério Público Eleitoral, vimos aquele Procedimento Preparatório Eleitoral. Uma das formas é a catalogação, pelo MPE, de indiferentes que, em conjunto, podem significar uso abusivo de recursos em campanha. Uma ação conjunta de inteligência identificaria isso.

O abuso dissimulado pode acontecer também com o uso da máquina pública, principalmente de quem pretende a reeleição. Vamos conversar mais sobre isso no tópico sobre os abusos do poder político e econômico na parte 7 do livro.

132. Pesquisado na jurisprudência do TSE. Critério de consulta de jurisprudência: "indiferente eleitoral".

133. Desculpe, leitor, eu perdi a referência.

– Que feio, professor. Nem devia ter mencionado, então.

– Já falei para não comentar em nota de rodapé. A ausência da referência não atrapalha aqui.

20.6.2. O que não é possível antes de 16 de agosto do ano de eleição: propaganda eleitoral antecipada não autorizada

– Minami, afinal, como saber se a propaganda antecipada é ilícita, já que vimos que quase tudo é possível, desde que não se peça voto?

Veja:

A PROPAGANDA ANTECIPADA É CONSIDERADA ILÍCITA SE:[134]
Possui caráter eleitoral (não é um indiferente eleitoral)
e
Além disso, deve ser observado um dos três parâmetros abaixo:
Existe pedido explícito de voto ou
Utiliza-se de formas de propaganda proscritas (banidas ou proibidas) durante o período oficial de propaganda ou
Há a violação ao princípio da igualdade de oportunidades entre os candidatos

Já sei que você quer exemplos! Nem precisa pedir!

–☺

Veja esses casos:

Pré-candidato realizou carreata, em período de pré-campanha, sem pedir votos, mas ressaltando suas qualidades pessoais. O TSE considerou que não houve, nesse caso, propaganda irregular, pois a carreata é permitida em campanha:

Precedente: "No caso, o Tribunal de origem concluiu que: (i) foram realizados em 05.08.2018 **carreata e discurso público sem controle de entrada e saída de populares**; (ii) os candidatos tinham inequívoco conhecimento dos eventos, conforme divulgação em rede social; e (iii) houve '**menção à pretensa candidatura e exaltação das qualidades pessoais**'. [...] Não se extrai do acórdão a existência de pedido explícito de voto, nem é possível concluir que o evento atingiu grandes dimensões, tampouco que houve alto dispêndio de recursos na sua realização, ao ponto de desequilibrar a disputa. Ademais, os meios relacionados, quais sejam, **carreata, discurso e divulgação em mídia social, não são vedados em período de campanha.** [...] Ante a ausência de: (i) pedido explícito de votos; (ii) utilização de meios proscritos; e (iii) mácula ao princípio da igualdade de oportunidades, não se verifica a configuração de propaganda eleitoral antecipada nos termos do art. 36-A da Lei nº 9.504/1997".[135]

134.TSE. AI nº 060080586, Acórdão, Rel. Min. Luís Roberto Barroso, DJE 10/05/2021.
135.TSE. AI nº 060080586, Acórdão, Rel. Min. Luís Roberto Barroso, DJE 10/05/2021.

– Pode citar mais exemplos de "propaganda proscrita"?

EXEMPLO DE PROPAGANDA PROSCRITA (PROIBIDA):

Utilização de outdoor, pintura em muro, propaganda em bem público. Se não podem durante a campanha, não podem antes dela.

– Mas, professor, afinal de contas deve ser muito difícil controlar essa propaganda antecipada proibida, né?

É muito importante a atuação do Ministério Público nessa etapa, não apenas para analisar se está ocorrendo propaganda antecipada proibida,[136] mas também para avaliar e investigar possíveis abusos antes mesmo do começo da corrida eleitoral. Vamos ver mais sobre isso no próximo tópico.

– E qual a é sanção de uma propaganda antes do período?

Veja:

PROPAGANDA REALIZADA ANTES DO PERÍODO DETERMINADO

A propaganda eleitoral realizada antes do período determinado pela Lei é considerada propaganda irregular extemporânea antecipada e será punida com multa aplicável ao responsável pela sua divulgação e ao beneficiário, desde que comprovado o seu prévio conhecimento

A multa pode variar a depender do caso concreto

Segundo o art. 36, §3º, da Lei das Eleições, **o valor da multa poderá ser arbitrado entre R$5.000,00 e R$25.000,00** ou, caso o gasto com a propaganda tenha sido maior que o limite máximo, a multa pode ser arbitrada em valor equivalente

– O que é mesmo prévio conhecimento?

136. Nesse sentido, veja essas palavras de Edson de Resende: "A experiência de longos anos na atividade eleitoral, com várias eleições municipais (que são as que realmente demandam uma atenção especial), mostra que o Promotor Eleitoral deve dar início à sua atuação muito antes da deflagração oficial da campanha. [...] São adesivos, faixas, cartazes, outdoors, aparições em programas de rádio e TV, exposição na imprensa escrita etc., que já sinalizam para a sua candidatura e podem caracterizar a irregularidade do art. 36, §3º, da Lei n. 9.504/97, a chamada 'propaganda extemporânea', se não estiverem dentro dos contornos do art. 36-A" (CASTRO, Edson de Resende. Op. cit., p. 98).

O candidato apenas pode ser responsabilizado, em regra, se souber da irregularidade eleitoral ou se, após tomar conhecimento dela, nada fez.

Veja o artigo abaixo da Lei das Eleições:

PRÉVIO CONHECIMENTO

Art. 40-B. A representação relativa à propaganda irregular deve ser instruída com prova da autoria ou do prévio conhecimento do beneficiário, caso este não seja por ela responsável.

Parágrafo único. A responsabilidade do candidato estará demonstrada se este, intimado da existência da propaganda irregular, não providenciar, no prazo de quarenta e oito horas, sua retirada ou regularização e, ainda, se as circunstâncias e as peculiaridades do caso específico revelarem a impossibilidade de o beneficiário não ter tido conhecimento da propaganda

Vamos ainda aprender o que são essas representações, mas o candidato apenas deve ser punido se ficar demonstrado que ele sabia da propaganda.

Eis o prévio conhecimento.

– Mas e se ele não sabia mesmo?

No mais das vezes, ele é notificado da propaganda para que faça alguma coisa em relação a ela. Retire a propaganda, por exemplo. Ou corrija, se for alguma questão formal.

– Entendi. Daí, se ele não corrigir ou retirar, então está configurado que ele sabia.

Isso mesmo... Fico impressionado com a sua sagacidade.

– Menos, né, professor...

20.6.3. Abuso do poder político ou econômico e propaganda antecipada

Ações de pré-candidatos antes do período permitido podem desequilibrar o pleito.

– Mas as pessoas possuem liberdade de manifestação!

O problema não é o que as pessoas falam, mas o uso abusivo do poder econômico e do poder político. As condutas pré-campanha podem significar a ocorrência desses abusos.

> **Exemplo:** Imagine alguém detentor de mandato eletivo que utiliza a máquina pública para realizar pré-campanha. Imagine, por exemplo, um governador ou prefeito que aproveitam uma inauguração para falarem de seu interesse, ainda que de forma indireta, em permanecer no cargo.

– Mas já é possível alguma medida contra alguém que eu nem sei se será candidato?

Se alguém usa a máquina pública de forma indevida, já é possível que sejam tomadas medidas cíveis contra essa pessoa. É um caso de improbidade administrativa.

Na seara eleitoral, o promotor eleitoral pode juntar fatos, provas, materiais e indícios que comprovem o abuso do poder econômico ou político para ajuizar, no momento certo, a medida adequada contra o infrator, como a Ação de Investigação Judicial Eleitoral (AIJE). Nós veremos que a AIJE somente é possível após o registro, mas ela pode discutir fatos que ocorreram antes dele.

Veremos os abusos na parte 7 deste livro e a AIJE, na parte 8.

– Lembro que vimos isso quando falamos do MPE. Há aquelas providências que podem ser tomadas mesmo em época sem campanha, como o Procedimento Preparatório Eleitoral (PPE), né?

Exato! Quando conversarmos sobre os abusos da campanha na parte 7 deste livro, veremos mais sobre isso.

Veja esse precedente:

PRECEDENTE: PROPAGANDA ANTECIPADA ABUSIVA

"A propaganda eleitoral antecipada massiva, mesmo que não implique violação explícita ao art. 36-A da Lei nº 9.504/1997, pode caracterizar ação abusiva, sob o viés econômico, a ser corrigida por meio de ação própria. [...] **A produção de farto material de pré-campanha e de campanha, no período imediatamente anterior ao eleitoral e com o investimento de grande quantia de dinheiro, caracteriza o abuso do poder econômico** descrito no art. 22, XIV, da LC nº 64/1190 e, por consequência, implica a cassação de todos os beneficiários bem como a decretação da inelegibilidade dos diretamente envolvidos, porquanto possui gravidade capaz de comprometer a lisura do pleito"[137]

137. TSE. RO nº 060161619, Acórdão, Rel. Min. Og Fernandes, DJE 19/12/2019.

– Então, pode ser que um gasto antecipado com propaganda, se considerado individualmente, nem seja assim tão grave, mas, quando esse gasto é analisado dentro de um contexto, talvez tenha ocorrido abuso do poder econômico.

Isso mesmo. Nesse caso, o meio para combater esse ilícito é a Ação de Investigação Judicial Eleitoral (AIJE). Veremos os abusos na parte 7 do livro e a AIJE na parte 8.

– Certo. Cada vez mais percebo a importância de um Ministério Público atuante no contexto eleitoral.

20.7. Requisitos gerais da propaganda

20.7.1. Fontes normativas do assunto propaganda eleitoral

No capítulo de "Fontes do Direito Eleitoral" eu já expliquei como localizar, na legislação, os temas de Direito Eleitoral. Agora vou apenas fazer um pequeno quadro de ajuda, específico para o tema de Propaganda Eleitoral.

Para resolver assuntos relacionados à propaganda eleitoral, consulte, principalmente:

PRINCIPAIS DIPLOMAS NORMATIVOS PARA RESOLVER ASSUNTOS DE PROPAGANDA ELEITORAL	
Lei das Eleições: Lei 9.504/97	Apresenta as regras de propaganda eleitoral, horário eleitoral e condutas ilícitas em campanha É a base do assunto
Resolução do TSE nº 23.610/2019	Trata da propaganda eleitoral, do horário eleitoral e das condutas ilícitas em campanha eleitoral, **organizando a Lei das Eleições e atualizando os temas conforme decisões recentes** da Justiça Eleitoral
Resolução do TSE nº 23.608/2019	Trata, entre outras coisas, das representações, ou seja, **das medidas processuais que devem ser tomadas no combate à propaganda irregular**, incluindo providências no poder de polícia do juiz eleitoral e pedidos de direito de resposta
Código Eleitoral	Principalmente no caso de propaganda não tolerada (CE, arts. 222, 237 e 243, I a X)

PRINCIPAIS DIPLOMAS NORMATIVOS PARA RESOLVER ASSUNTOS DE PROPAGANDA ELEITORAL	
Legislação não eleitoral de apoio	Marco Civil da Internet: Lei 12.965/2014 Lei Geral de Proteção de Dados Pessoais (LGPD): Lei 13.709/2018 Devem ser usadas como apoio no tema de propaganda por meio digital ou tratamento de dados pessoais em campanhas
▶ **Havendo divergência entre a Lei e Resolução do TSE, é a Lei quem deve prevalecer**	

20.7.2. Identificação dos partidos e candidatos nas propagandas

Independentemente do veículo utilizado, é importante observar **a forma como os partidos e candidatos são identificados.**

Veja:

CARGOS QUE SE ELEGEM ATRAVÉS DO SISTEMA PROPORCIONAL: VEREADORES E DEPUTADOS FEDERAIS E ESTADUAIS
Deverá constar, além do nome e número do candidato a referência ao seu Partido Político através da indicação de sua legenda (CE, art. 242)
Exemplo:
MINAMI 99999 Partido X (ou PX)

CARGOS QUE SE ELEGEM ATRAVÉS DO SISTEMA MAJORITÁRIO: PRESIDENTE, GOVERNADORES, PREFEITOS E SENADORES
A menção ao Partido Político poderá assumir duas formas: a) Quando houver coligação ou federação, é obrigatório mencionar a denominação dessa coligação e, **obrigatoriamente, todas as legendas partidárias que a integram** (LE, art. 6º, §2º)[138] b) Quando o Partido Político disputa sozinho, é obrigatório mencionar a sua legenda junto aos dados do candidato (CE, art. 242) **Além do nome do candidato** deverão constar os **nomes dos candidatos a vice ou a suplentes** de senador, de modo claro, legível e em **tamanho não inferior a 30%** (trinta por cento) do nome do titular (Lei 9.504/97, art. 36, § 4º)

138. Res. TSE 23.610/19, Art. 11, parágrafo único: "no caso de coligação integrada por federação partidária, deve constar da propaganda o nome da federação e de todos os partidos políticos, inclusive daqueles reunidos em federação".

Exemplo de propaganda para presidente:	MINAMI 99 Vice: Luffy Coligação Professores Unidos (P1, P2, P3)
Exemplo de COMO NÃO FAZER:	Para presidente: MINAMI 99 Vice: Luffy

– Poxa! São muitos detalhes... Mas, para que isso tudo? Não bastava o nome e o número do candidato? Para que partido e coligação?

Lembra da nossa premissa: a propaganda é um direito à informação do eleitor.

Para fazer a sua escolha de forma consciente, o eleitor precisa estar informado quanto ao **Partido** a que pertence o seu candidato, às **bandeiras políticas e sociais que serão defendidas** por ele e toda a **carga ideológica que aquele candidato representa.**

– É aquela velha história do pluralismo político?

Isso mesmo. Vivemos em uma Democracia Partidária: o voto em um candidato é, antes de tudo, o voto em um Partido Político.

Outra premissa importante para entendermos por qual motivo as informações acima são importantes: compreender nosso Sistemas Eleitorais.

No capítulo sobre Sistemas Eleitorais, vimos que, nas eleições pelo **sistema proporcional,** o **eleitor escolhe, com um só voto: a bandeira política que terá direito a uma cadeira na casa legislativa e, dentro desse partido, qual candidato deve ocupá-la**.

– Lembro disso. Aliás, é interessante como esse assunto dos Sistemas Eleitorais repercute em tantos temas: partidos políticos, registro de candidaturas, propaganda...

É por isso que é um dos primeiros capítulos deste livro.

No sistema majoritário, que aceita coligações, é importante que o eleitor saiba os partidos que apoiam determinado candidato, quais bandeiras se uniram para elegê-lo, pois assim ele terá uma boa ideia das agendas políticas que serão prioridades. É o caso das eleições para os cargos de chefe do executivo.

E o eleitor também precisa saber quem eventualmente substituirá ou sucederá o seu candidato, se eleito, no cargo. Afinal, vice e suplentes não são apenas decorativos, né?

– Vou nem questionar. Acho que nos últimos anos nós brasileiros vimos como é importante saber quem é o vice.

20.7.3. *Detalhes formais específicos*

Alguns detalhes formais relevantes:

TIPO DE PROPAGANDA	CUIDADO ESPECÍFICO
Material impresso	Art. 38, §1º, Lei 9.504/97: Todo material impresso de campanha eleitoral **deverá conter CNPJ** ou **CPF** do **responsável pela confecção e de quem a contratou** **Respectiva tiragem**
Propaganda na televisão	Res. TSE 23.610/21, art. 48, §4º: Deverá utilizar, entre outros recursos, subtitulação por meio de legenda aberta, janela com intérprete de **Libras e audiodescrição**, sob responsabilidade dos partidos políticos, das federações e das coligações, nos parâmetros legais
▸ **A propaganda só poderá ser feita em língua nacional (CE, art. 242)**	
▸ **A propaganda não deve empregar meios publicitários destinados a criar, artificialmente, na opinião pública, estados mentais, emocionais ou passionais**	

– Eu entendi o uso de LIBRAS. Mas o que é audiodescrição?

Audiodescrição é a descrição do ambiente, de quem está falando, do que é apresentado na tela, para as pessoas com deficiências visuais. É traduzir a imagem com palavras.

A propaganda por **LIBRAS** é direcionada, principalmente, **para quem não escuta, mas visualiza.**

A **audiodescrição** é para quem **não visualiza, mas escuta.**

Um grande ponto aqui, e que precisa ser resolvido pelo Tribunal Superior Eleitoral, talvez até por resposta a alguma consulta, está relacionado à **audiodescrição em propaganda com pouco tempo disponível para o candidato** e nas **inserções**. A audiodescrição não precisa ser demorada e pode ser objetiva, mas ela pode comprometer propagandas que possuem apenas segundos.

– Mas ela é exigência legal, Minami. Cada participante precisa se adequar tecnicamente a isso... E ela pode ser bem rapidinha!

Sei que é uma exigência legal, mas perceba que a questão aqui não é formal apenas (e nem técnica), mas de conteúdo, pois a audiodescrição utiliza de tempo de propaganda eleitoral e o uso desse tempo é direito fundamental do candidato e da população. Por outro lado, há o direito fundamental das pessoas com deficiência visual.

– Entendi. E como resolver, então?

Enquanto não há deliberação pelo TSE, talvez uma forma seja discutir isso com os envolvidos da campanha, durante a elaboração do acordo sobre o Horário Eleitoral Gratuito em rádio e TV (veja tópicos seguintes). É interessante, para esse debate, a participação de representantes da sociedade civil que entendam do tema.

– Entendi. São muitos detalhes... E esse CNPJ? E essa tiragem?

Se uma determinada propaganda causar dano a alguém, é preciso saber o responsável por ela.

O responsável, identificado como contratante, poderá ser acionado a reparar esse dano. Mas como mensurar o valor a ser indenizado? Ora, a tiragem é uma excelente baliza que ajudará o judiciário a fixar o valor da eventual indenização por danos materiais, morais ou à imagem!

– Muito coerente isso, professor!

Além disso, o registro dessa informação possibilita à Justiça Eleitoral e ao Ministério Público Eleitoral, dentro das competências de cada um, realizarem o controle de gastos de campanha através de batimento com o que será registrado posteriormente na respectiva prestação de contas dos candidatos e dos Partidos Políticos.[139]

139. Para saber mais sobre arrecadação e gastos, veja artigos 17 a 32 da Lei das Eleições (9.504/97) e o capítulo sobre o tema nesta parte 6 do livro.

– O que é essa propaganda que cria estado mental, emocional ou parcial?

Propagandas que veiculam algo como: "eu tenho medo!"; "se não votarmos em fulano, nossa cidade vai se acabar!" etc.

Mas essa exigência deve ser interpretada com cuidado para não "inviabilizar a publicidade das candidaturas ou embaraçar a crítica de natureza política, devendo-se proteger, no maior grau possível, a liberdade de pensamento e expressão".[140]

Veja:

PRECEDENTE DO TSE[141]: ESTADO EMOCIONAL, MENTAL E PASSIONAL

"Sendo objetivo da propaganda – ou pelo menos da boa propaganda – exatamente gerar nos seus destinatários os mais variados estados mentais, emocionais ou passionais, impõe-se ao intérprete especiais cautelas na exegese do art. 242 do Código Eleitoral de 1965, sob pena de ser inviabilizada a publicidade das candidaturas"

"Utilização de sinais gráficos – emoticons – que simplesmente expressam desaprovação do candidato, em manifestação albergada pelas liberdades constitucionais de expressão e de opinião, fundamentais para o debate eleitoral nos regimes democráticos"

– Gostei. ☺

20.8. Propaganda por candidato *sub judice*

A legislação eleitoral autoriza atos de propaganda **mesmo se o pedido tempestivo de registo de candidaturas ainda não estiver julgado**; ou, **mesmo indeferido, houver contra essa decisão recurso pendente**. É a candidatura *sub judice*:

> Res. TSE 23.610/2019:
>
> Art. 25. A candidata ou o candidato cujo pedido de registro esteja sub judice ou que, protocolado no prazo legal, ainda não tenha sido apreciado pela Justiça Eleitoral **poderá efetuar todos os atos relativos à sua campanha eleitoral**, inclusive utilizar o horário eleitoral gratuito, para sua propaganda, na rádio e na televisão.[142]

140. TSE. Res. 23.610/2019, art. 10, §1º.
141. TSE. Rp. nº 060104469, Rel. Min. Carlos Horbach, Publicado em Sessão, 20/09/2018.
142. Lei nº 9.504/1997, arts. 16-A e 16-B.

> Parágrafo único. A cessação da condição sub judice se dará na forma estipulada pela resolução que dispõe sobre a escolha e o registro de candidatas e candidatos para as eleições.

– Interessante. O candidato pode até participar do horário eleitoral gratuito, né?

Agora, para que usar "tempestivo", né, professor? Custava dizer: pedido protocolado no prazo.

20.9. Propagandas não toleradas

A lista de propagandas não toleradas é imensa.

EM RESUMO, NÃO É POSSÍVEL EM PROPAGANDA ELEITORAL (ART. 22, RES 23.610/2019)
Veiculando preconceitos de qualquer forma ou quaisquer outras formas de discriminação ou depreciando a condição de mulher ou estimulando a sua discriminação
Caluniando, difamando ou injuriando qualquer pessoa
Desrespeitando os símbolos nacionais, incitando guerra, violência para a subversão do regime e da ordem política e social, incitando atentado contra pessoas ou bens e instigando à desobediência coletiva ao cumprimento da lei de ordem pública
Provocando animosidade entre as Forças Armadas ou contra elas ou delas contra a sociedade
Perturbando o sossego público ou prejudicando a higiene e a estética urbana
Implicando o oferecimento, promessa ou solicitação de dinheiro, dádiva, rifa, sorteio ou vantagem de qualquer natureza ou por meio de impressos ou de objeto que pessoa inexperiente ou rústica possa confundir com moeda

Pela importância do tema, vou apontar aqui as principais hipóteses com o texto original integral da resolução:

> Art. 22. Não será tolerada propaganda, respondendo a pessoa infratora pelo emprego de processo de propaganda vedada e, se for o caso, pelo abuso de poder:[143]

143. Código Eleitoral, arts. 222, 237 e 243, I a X; Lei nº 5.700/1971 e LC 64/90, art. 22.

– Agora estou entendendo melhor a função da resolução. Ela consolida o que está espalhado, né?

– Eu disse isso várias vezes. E você não aprende que não pode conversar aqui embaixo...

> I - **que veicule preconceitos de origem, etnia, raça, sexo, cor, idade, religiosidade, orientação sexual, identidade de gênero e quaisquer outras formas de discriminação, inclusive contra pessoa em razão de sua deficiência.**
>
> [...]
>
> V - de instigação à desobediência coletiva ao cumprimento da lei de ordem pública;
>
> VI - que implique oferecimento, promessa ou solicitação de dinheiro, dádiva, rifa, sorteio ou vantagem de qualquer natureza;
>
> VII - **que perturbe o sossego público, com algazarra ou abuso de instrumentos sonoros ou sinais acústicos, inclusive aqueles provocados por fogos de artifício;**
>
> [...]
>
> IX - **que prejudique a higiene e a estética urbana;**
>
> X - que caluniar, difamar ou injuriar qualquer pessoa, bem como atingir órgãos ou entidades que exerçam autoridade pública;
>
> [...]
>
> XII - **que deprecie a condição de mulher ou estimule sua discriminação em razão do sexo feminino, ou em relação à sua cor, raça ou etnia.**[144]

– Tá difícil... Como é que uma propaganda não vai provocar algazarra? Imagine se os partidos, por exemplo, vão realizar comício sem fogos de artifício.

Pois é. Estou apresentando a legislação como ela é. Se isso é factível, vai depender de cada realidade.

Mas é interessante como a população, cada vez mais, torce o nariz para algumas situações que, antigamente, eram tidas como atrativas de votos. O exemplo disso é o uso de fogos de artifício, carros de som ou propagandas que poluem visualmente a cidade. Atualmente, condutas como essas podem afastar parte dos eleitores, ao invés de atraí-los.

– Carro de som é o fim dos tempos: repetindo aqueles jingles de campanha sem parar.

Já, já, veremos que isso não é mais possível atualmente.

144. A partir da alteração do Código Eleitoral feita pela Lei 14.192/21, que "estabelece normas para prevenir, reprimir e combater a violência política contra a mulher".

– Interessante essa hipótese: "...que deprecie a condição de mulher ou estimule sua discriminação em razão do sexo feminino, ou em relação à sua cor, raça ou etnia". Essa previsão consta em Resolução apenas ou isso também consta no Código Eleitoral ou na Lei das Eleições? Pergunto isso porque essas leis são tão antigas... Será que isso é preocupação antiga?

É uma previsão que veio a partir da Lei 14.192, de agosto de 2021, tentando estabelecer algumas "normas para prevenir, reprimir e combater a violência política contra a mulher".

– Eu sabia. Antes tarde do que nunca! Fala mais sobre isso, please.

Não posso fugir do tema, mas essa lei apresentou mudanças pontuais na legislação eleitoral e partidária. Pelo seu art. 2º, é possível entender a razão.

> **Lei 14.192/21:** Art. 2º Serão garantidos os direitos de participação política da mulher, vedadas a discriminação e a desigualdade de tratamento em virtude de sexo ou de raça no acesso às instâncias de representação política e no exercício de funções públicas.
>
> Parágrafo único. As autoridades competentes priorizarão o imediato exercício do direito violado, conferindo especial importância às declarações da vítima e aos elementos indiciários.

– Bacana.

Minami, me diz então o que acontece contra quem realiza propaganda proibida?

Se alguém for ofendido por calúnia, injúria ou difamação, poderá pedir providências penais eleitorais e cíveis:

> Art. 23. O ofendido por calúnia, difamação ou injúria, sem prejuízo e independentemente da ação penal competente, poderá demandar, no juízo cível, a reparação do dano moral, respondendo por este o ofensor e, solidariamente, o partido político deste, quando responsável por ação ou omissão, e quem quer que, favorecido pelo crime, haja de qualquer modo contribuído para ele.[145]

145. Código Eleitoral, art. 243, § 1º.

Além disso, o Código Eleitoral parece autorizar uma ação para anular a votação feita a partir de propaganda não tolerada. A própria Res. TSE 23.610/19 aponta os artigos que fundamentam isso: Código Eleitoral, arts. 222, 237 e 243, I a X. O art. 222 parece autorizar uma medida para anular a votação quando viciada por emprego de propaganda ou captação vedada por lei.

> Art. 222. É também anulável a votação, quando viciada de falsidade, fraude, coação, uso de meios de que trata o art. 237, ou emprego de processo de propaganda ou captação de sufrágios vedado por lei.

– Por que "parece autorizar"? Afinal, pode ou não pode alguma medida contra essas propagandas não toleradas?

Não é comum defenderem isso na doutrina: uma "ação de nulidade de votação por propaganda não tolerada". Edson de Resende chega a afirmar que parte das propagandas listadas no art. 243, do Código Eleitoral, não possuem sanção, pelo menos não de natureza eleitoral.[146]

– E não se faz nada? Que absurdo! É o fim da linha mesmo. Por isso que as coisas estão como estão...

Calma.

Primeiro: **é possível pedir providências contra a imediata cessação de propaganda não tolerada pelo poder de polícia, se for caso que autorize poder de polícia**. Veremos o procedimento para o poder de polícia na Parte 8 do livro.

Algumas das propagandas não toleradas são também ilícitos que autorizam medidas tipificadas na legislação eleitoral. Esses ilícitos estão na parte 7 do livro.[147]

Um exemplo disso é a propaganda "que implique oferecimento, promessa ou solicitação de dinheiro, dádiva, rifa, sorteio ou vantagem de qualquer natureza". Se presentes os elementos da captação ilícita de sufrágio, aplica-se a correspondente representação.

146. CASTRO, Edson de Resende. *Op. cit.*, p. 464.

147. Res. TSE 23.610/19, Art. 10, § 3º: "Sem prejuízo das sanções pecuniárias específicas, os atos de propaganda eleitoral que importem abuso do poder econômico, abuso do poder político ou uso indevido dos meios de comunicação social, independentemente do momento de sua realização ou verificação, poderão ser examinados na forma e para os fins previstos no art. 22 da Lei Complementar nº 64, de 18 de maio de 1990".

– E como fazer, na prática, para saber o que é ilícito grave e qual medida contra ela?

Eu já disse. Os ilícitos graves estão disciplinados na parte 7 do livro e os procedimentos contra eles, na parte 8.

Se um candidato, por exemplo, gasta uma quantidade absurda de recursos em propaganda vedada, não contabiliza isso, ou usa a máquina pública em campanha, ainda mais para fazer o que é vedado, pode incorrer nos ilícitos de abuso do poder econômico e político ou nas condutas vedadas.

– Então, nesse caso, haveria uma medida prevista contra isso.

Exato. Entendeu tudo.

– Exemplo, por favor.

Se o ilícito de propaganda viola preceitos da Res. TSE 23.610/2019 que trazem sanção como a multa, por exemplo, cabe uma Representação por Propaganda Irregular. Um exemplo seria propaganda eleitoral por pintura em muro incitando violência ou desobediência às instituições. Veremos que pintura em muro é propaganda irregular em bem particular que aceita multa.

Mas pode ser que não exista punição específica na Resolução de Propaganda Eleitoral. Nesse caso, verifica-se se o ilícito, no caso concreto, a depender da gravidade e dimensão, não pode ser enquadrado em uma das hipóteses de cabimento das Representações Especiais, Ação de Investigação Judicial Eleitoral (AIJE) ou Ação de Impugnação ao Mandato Eletivo (AIME) que estão explicadas na parte 8 do livro.

MEDIDAS NO COMBATE A PROPAGANDA NÃO TOLERADAS DO ART. 22, RES. TSE 23.610/2019
Providências no poder de polícia
Verificar se há sanções penais ou cíveis não eleitorais contra elas
Se não houver punição específica na legislação eleitoral sobre propaganda eleitoral, ou se ela é insuficiente, verificar se a propaganda não tolerada também se enquadra em captação ilícita de sufrágio, abusos do poder econômico ou político, condutas vedadas ou uso indevido dos meios de comunicação social

20.10. Propaganda eleitoral em geral: propagandas em meios físicos e reuniões presenciais

20.10.1. Sedes de partidos e comitês de campanha

Os partidos, coligações, candidatas e candidatos, normalmente, precisam de um espaço físico para concentrar seu material de campanha, coordenar a equipe que irá trabalhar durante a corrida eleitoral...

– Já sei. É o comitê eleitoral.

Perfeito. Há um regramento específico para isso.

Antes de prosseguirmos, só um alerta. Veja a seguir:

Sede de partido político ou de diretório partidário	Estrutura física cujo **funcionamento não ocorre apenas em época de eleição** Pode ou não servir como comitê ou base de apoio para comitê de campanha para candidatos
Comitê de campanha	Estrutura física que **funciona apenas durante uma eleição específica** Serve de apoio a coligações, federações, partidos, candidatas e candidatos na realização de suas campanhas A legislação confere tratamento diferenciado entre o comitê central (principal) e os demais comitês
▸ **Normalmente, no requerimento de registro de candidatura, é preciso informar o endereço do comitê central de campanha**	

Essas informações, incluindo o endereço do comitê central de campanha, serão informadas no Requerimento de Registro de Candidatura (RRC) e no Demonstrativo de Regularidade de Atos Partidários (DRAP). A diferença acima é relevante para o que veremos abaixo:

PROPAGANDA EM COMITÊ ELEITORAL	
Sede de comitê de Partido Político e Federação	É possível inscrever, na fachada da sede e suas e dependências, "o nome que os designe, pela forma que melhor lhes parecer"[148]
Sede de comitê central de campanha	É possível a designação do partido, coligação ou federação, bem como o nome e o número de candidato, em dimensões que não excedam a 4m² (quatro metros quadrados) Não é possível a justaposição de propagandas menores que ultrapassem o limite acima estabelecido
Demais comitês de campanha	Só é possível a divulgação dos dados da candidatura observando o limite de 0,5m² (meio metro quadrado)[149] Não é possível a justaposição de propagandas menores que ultrapassem o limite acima estabelecido
▸ **A propaganda eleitoral realizada no interior de comitês não se submete a limites máximos, desde que não haja visualização externa**[150]	

20.10.2. Uso de alto-falantes, amplificadores de som, trio elétrico, carro de som e assemelhados

ALTO-FALANTES OU AMPLIFICADORES DE SOM[151]	
Permitido	Entre as 8 e 22 horas De 16 de agosto até a véspera da eleição (1 dia antes) **Atenção!** A aparelhagem de som utilizada em comícios é possível entre 8 e 24h até 3 dias antes da eleição No comício de encerramento, o uso pode ser prorrogado por mais 2h
Proibido	**Não pode haver instalação e uso de equipamentos de som em distância inferior a 200m de:** Sedes dos Poderes (executivo, legislativo e executivo), tribunais, quartéis e outros estabelecimentos militares Hospitais e casas de saúde Escolas, bibliotecas públicas, igrejas e teatros, quando em funcionamento

148. Código Eleitoral, art. 244.
149. Art. 37, § 2º, da Lei nº 9.504/1997.
150. Res. TSE 23.610/19, art. 14, § 5º.
151. Lei nº 9.504/1997, parágrafos do art. 39.

– E aqueles irritantes carros de som, pode ou não pode?

Segue um quadro sobre isso.

CARRO DE SOM E MINITRIO[152]	
Permitido	Apenas em carreatas, caminhadas e passeatas ou durante reuniões e comícios
Proibido	Passar de 80dB (oitenta decibéis) de nível de pressão sonora, medido a 7m (sete metros) de distância do veículo
▸ Atenção: **trios elétricos**, em campanhas eleitorais, **apenas para a sonorização de comícios**	

– O que se considera como trio elétrico?

Veja as definições trazidas pela legislação:

Definições legais:

Carro de som: qualquer veículo, motorizado ou não, ou ainda tracionado por animais, que use equipamento de som com potência nominal de amplificação de, no máximo, 10.000W (dez mil watts) e que transite divulgando jingles ou mensagens de candidatos;

Minitrio: veículo automotor que use equipamento de som com potência nominal de amplificação maior que 10.000W (dez mil watts) e até 20.000W (vinte mil watts);

Trio elétrico: veículo automotor que use equipamento de som com potência nominal de amplificação maior que 20.000W (vinte mil watts).

152. Lei nº 9.504/1997, parágrafos do art. 39.

20.10.3. Reuniões Públicas (comícios, carretas, passeatas etc.)

LIBERDADE PARA REUNIÕES PÚBLICAS DE CAMPANHA ELEITORAL[153]	
Não dependem de autorização ou licença prévia, nem da polícia ou da Justiça Eleitoral É preciso apenas uma comunicação à Polícia Militar, com pelo menos 24h de antecedência	
Para que serve a comunicação?	Para que se garanta, segundo a prioridade do aviso, o direito contra quem pretenda usar o local no mesmo dia e horário Serve, também, para eventuais providências necessárias, como o controle de tráfego
Atenção!	A comunicação não é para a Justiça Eleitoral, que apenas é acionada para decidir eventuais dúvidas sobre quem possui preferência no uso de determinado espaço público
Proibido	Showmício e evento assemelhado, presencial ou transmitido pela internet, para promoção de candidatas e candidatos e a apresentação, remunerada ou não, de artistas com a finalidade de animar comício e reunião eleitoral[154]
▸ **É possível apresentações artísticas ou shows musicais em eventos de arrecadação de recursos para campanhas eleitorais**[155]	

– Se o candidato for artista, ele para de trabalhar?

Não. As candidatas e os candidatos artistas, como cantoras e cantores, atrizes e atores, podem exercer as atividades normais de sua profissão durante o período eleitoral, menos em programas de rádio e TV ou animando comícios ou divulgando, ainda que de forma dissimulada, a sua candidatura.[156]

– E as reuniões, podem acontecer a qualquer horário?

Veja:

153. Lei nº 9.504/1997, parágrafos do art. 39.
154. STF: ADI nº 5.970/DF, j. em 7.10.2021, e TSE: CTA nº 0601243-23/DF, DJe de 23.9.2020.
155. Art. 23, § 4º, V, da Lei nº 9.504/1997.
156. Art. 17, I, Res. TSE 23.610/19.

PERÍODO POSSÍVEL PARA REUNIÕES PÚBLICAS DE CAMPANHA ELEITORAL[157]

Comícios	**Início:** 16 de agosto do ano da eleição, das 8h às 24h **Fim:** até 3 dias antes do pleito (o comício de encerramento da campanha pode ser prorrogado por mais 2 horas)
Distribuição de material, caminhada, carreta ou passeata	**Início:** 16 de agosto do ano da eleição, até as 22h **Fim:** até a véspera do pleito (1 dia antes), acompanhados ou não por carro de som ou minitrio

– Curioso. Eu achava que se avisava à Justiça Eleitoral. Mas então ela só é chamada a decidir caso as pessoas fiquem na dúvida de quem possui preferência... Mas acho que a questão é bem simples: ganha quem comunica primeiro.

Não é tão simples. Veja:

Estudo de caso: candidato tentando impedir a propaganda de outros

Vimos que é preciso comunicar (e não pedir autorização) à Polícia Militar da realização de evento. Quando mais de um candidato quiser realizar um ato de campanha no mesmo momento e lugar, terá preferência quem fizer a notificação primeiro. Normalmente, a principal e mais importante carreata de uma campanha é aquela realizada nos últimos dias de propaganda eleitoral permitida.

É uma prática comum partidos políticos ou candidatos, já no primeiro dia de propaganda eleitoral, informarem que irão realizar carreatas naqueles dias estratégicos, indicando todos os últimos dias de campanha, e que irão percorrer todas as principais ruas da cidade, dizendo que a carreata irá durar o dia inteiro. Isso impede que outros candidatos realizem atos políticos na véspera de eleição.

– Mas isso é sac*! Nossa... falei palavrão, né? Desculpa.

É que isso não pode... Se eu informar todos os dias, as principais ruas da cidade e o dia inteiro, eu impeço a propaganda do adversário!

Nesses casos, então, o juiz eleitoral responsável pela propaganda será chamado para resolver o problema. Normalmente, o que ocorre é um acordo entre os candidatos e partidos.

157. Veja o calendário eleitoral da respectiva eleição e a Lei nº 9.504/1997, parágrafos do art. 39.

20.10.4. *Propaganda em bens particulares*

Vamos direto ao ponto. A Lei das Eleições é taxativa sobre propaganda em bens particulares:

PROPAGANDA EM BENS PARTICULARES (RES. TSE 23.610/19, ART. 20; LE, ARTS. 37, §2º, E 38, § 4º)	
Proibido	Veiculação de material de propaganda eleitoral em bens particulares, **a não ser nos casos abaixo**
Permitido	Adesivo plástico em automóveis, caminhões, bicicletas, motocicletas e janelas residenciais, desde que não exceda a 0,5m² (meio metro quadrado) Em veículos, só pode usar adesivos micro-perfurados até a extensão total do para-brisa traseiro e, em outras posições, adesivos que não excedam a 0,5m² (meio metro quadrado), proibida a justaposição O limite máximo de 0,5m² (meio metro quadrado) não se aplica em relação ao para-brisa traseiro
▸ **A veiculação de propaganda eleitoral em bens particulares deve ser espontânea e gratuita, sendo vedado qualquer tipo de pagamento em troca de espaço para esta finalidade (Lei 9.504/97 , art. 37, §8º)**	

– Então, em bens particulares, só pode afixar esses adesivos.

O que é justaposição?

A justaposição é a junção de propagandas impressas em tamanho permitido, para formarem uma em tamanho não permitido, gerando um efeito visual único indesejado (efeito *outdoor*):

> **Res. 23.610/19, art. 20, § 1º:**
>
> § 1º A justaposição de propaganda cuja dimensão exceda a 0,5m² (meio metro quadrado) caracteriza publicidade irregular, em razão do efeito visual único, ainda que se tenha respeitado, individualmente, o limite previsto no inciso II deste artigo.

– Qual é a punição?

Não há punição pecuniária. Apenas se determina a retirada. Res. TSE 23.610/19, art. 20: "§ 5º Não incide sanção pecuniária na hipótese de propaganda irregular em bens particulares".

– Sem punição fica difícil de cumprirem, né?

Mas perceba uma coisa:

> **Detalhe: a propaganda em bem particular indevida pode configurar gasto irregular de campanha.** A depender da quantidade (e por isso é importante a tiragem), pode haver a gravidade necessária para enquadrar a conduta em abuso do poder econômico (art. 22, LC 64/90) ou gasto ilícito de campanha (art. 30-A, LE). Esses ilícitos estão explicados na parte 7 deste livro.

> – Mas, com certeza, em bens públicos não pode propaganda, né?
> E não é possível que não exista sanção para esse caso...

Vamos ver isso agora.

20.10.5. Propaganda em bens públicos, de uso comum e assemelhados

A propaganda em bem público é proibida, em regra.[158]

> – Quando tem "em regra" na frase, já sei que há exceções.
> Mas, afinal, o que é que se considera bem público? Praça, ônibus, escola? E a escola particular?

Acho que esse quadro ajuda na sua dúvida:

PROPAGANDA EM BENS DE USO COMUM OU ASSEMELHADOS (ART. 37, LE)	
Proibido	Nos bens cujo uso dependa de cessão ou permissão do poder público, ou que a ele pertençam, nos bens de uso comum, considerados aqueles nos quais a população em geral tem acesso **Exemplos de lugares proibidos:** **Bens de uso comum:** postes, sinalização de tráfego, viadutos, passarelas, pontes, paradas de ônibus etc. **Bens de acesso amplo:** ônibus, táxis, lojas, cinemas, academias, templos, ginásios, escolas etc., ainda que de propriedade privada[159]
Punição (art. 37, §1º, LE):	
▸ O infrator é notificado para remover a propaganda irregular e restaurar o bem público, se for o caso, no prazo de 48 horas ▸ O descumprimento gera multa que pode variar de R$ 2.000,00 a R$ 8.000,00	

158. Lei nº 9.504/1997, art. 37, § 2º.
159. Lei nº 9.504/1997, art. 37, § 4º.

⚠ **Atenção!**

Para a aplicação de multa, é necessária uma ação eleitoral específica: Representação Eleitoral (ou Representação fundada em propaganda eleitoral irregular). Veja o procedimento dela na parte 8 do livro.

O QUE PODE EM BENS DE USO COMUM OU ASSEMELHADOS (ART. 37, LE)

Mesas para distribuição de material de campanha

Bandeiras móveis ao longo de vias públicas que não dificultem o bom andamento do trânsito de pessoas e respeitem a acessibilidade

O que significa "bandeiras móveis"? São apresentadas entre 6h e 22h, ainda que nesse intervalo seus aparatos de sustentação estejam fixados em base ou suporte[160]

▶ **Nas dependências do Poder Legislativo, a veiculação de propaganda eleitoral fica a critério da Mesa Diretora**

– Não se chateie, mas eu ainda não entendi direito esses "bens de uso comum".

Veja: o Código Civil define o que são bens públicos no seu art. 99. E lá estão referidos os de uso comum do povo (tais como estradas, rios, praças).

Entretanto, a Lei das Eleições, no art. 37, §4º, estabelece que, além desses bens definidos no Código Civil, **também são considerados de uso comum, todos os bens privados a que a população em geral tem acesso, como os cinemas, os clubes, as lojas, os templos religiosos...** Mas essa ampliação do conceito é apenas para fins eleitorais. O objetivo é proteger a igualdade de oportunidades entre os candidatos!

E, claro, proteger o eleitor do assédio indevido da propaganda eleitoral. Imagina você ir ao cinema ou ao restaurante e ser obrigado a ver propaganda de candidatos no lugar dos *trailers*, ou entre as folhas do cardápio... um pouco demais, né?

– Ok! Entendi... Então, quando o assunto é bens públicos ou bens de acesso ao público em geral, não pode haver nenhuma propaganda, correto?

Lembre-se de que eu apontei algumas exceções.

– Então, na minha faculdade, por exemplo, nada de propaganda.

160. Lei nº 9.504/1997, art. 37, § 7º.

Opa... Você me lembrou de uma coisa.

– Claro que lembrei, sou criação da sua cabeça, né?

Foco.

Veja só o § 10, art. 19, da Res. TSE 23.610/19:

> O art. 37 da Lei nº 9.504/1997 **não autoriza a prática de atos judiciais ou administrativos pelos quais se possibilite, determine ou promova o ingresso de pessoas agentes públicas em universidades públicas e privadas, o recolhimento de documentos, a interrupção de aulas, debates ou manifestações de docentes e discentes universitários, a atividade disciplinar docente e discente e a coleta irregular de depoimentos dessas cidadãs e desses cidadãos pela prática de manifestação livre de ideias e divulgação do pensamento nos ambientes universitários ou em equipamentos sob a administração de universidades públicas e privadas e serventes a seus fins e desempenhos**. (ADPF nº 548/DF, DJe de 9.6.2020).

– Mas e se houver propaganda nas faculdades? Não se faz nada?

É um tema muito delicado. O artigo acima meio que repetiu decisão dada pelo STF na ADPF 548/DF. Nela, várias ações de juízes eleitorais pelo país foram questionadas.

– O que esses juízes fizeram?

Nas eleições de 2018, em diversos lugares do Brasil, juízes eleitorais determinaram diligências contra supostos atos de propaganda eleitoral irregular dentro de universidades públicas e privadas.

– Mas o que aconteceu nessas universidades? Conta mais, por favor!

No voto do Min. Celso de Mello, na ADPF citada, ele relata, por exemplo, que houve, entre outras coisas, decisão determinando busca e apreensão de materiais com conteúdo eleitoral ou político em associação de docentes; decisões proibindo eventos, como uma aula pública com o tema "esmagar o fascismo"; ou impedindo a realização de evento político denominado "Assembleia Geral Extraordinária contra o Fascismo, a Ditadura e o Fim da Educação Pública".

– Que babado. Fala mais, professor... O tema é muito delicado.

Não vou entrar em debate ou análise sobre isso, pois este livro tem perfil eminentemente prático. Em contexto prático, o que posso dizer é o seguinte. Veja parte da decisão do STF:

> **"declarar inconstitucional a interpretação dos arts. 24 e 37 da Lei n. 9.504/1997 que conduza à prática de atos judiciais ou administrativos pelos quais se possibilite, determine ou promova o ingresso de agentes públicos em universidades públicas e privadas, o recolhimento de documentos, a interrupção de aulas, debates ou manifestações de docentes e discentes universitários, a atividade disciplinar docente e discente e a coleta irregular de depoimentos desses cidadãos pela prática de manifestação livre de ideias e divulgação do pensamento nos ambientes universitários ou em equipamentos sob a administração de universidades públicas e privadas".**[161]

Nem tudo nessa decisão é poder de polícia em propaganda, pois não se pode cogitar, por exemplo, que se interrompam aulas, debates ou manifestações em universidades, sobre quaisquer temas, principalmente no pretexto de poder de polícia em propaganda eleitoral.

O trecho da decisão acima que toma como inconstitucional "a prática de atos judiciais ou administrativos pelos quais se possibilite, determine ou promova o ingresso de agentes públicos em universidades públicas e privadas" impossibilita o poder de polícia em propaganda nessas instituições. É preciso saber como os Tribunais Eleitorais irão assimilar essa nova realidade.

– Então, é esperar para ver.

Sim. Tenho dúvidas até mesmo se, por exemplo, algum reitor poderia ser intimado a impedir que, por exemplo, os alunos se manifestem politicamente. A universidade é um ambiente de debate e a liberdade deve preponderar por lá. É como disse a Min. Carmen Lúcia em seu voto:

> **Precedente:** "No caso em pauta, para além deste princípio magno garantidor de todas as formas de manifestação da liberdade, as providências adotadas feriram também a autonomia das universidades e a liberdade dos docentes e dos discentes. [...] Os atos questionados cercearam o princípio da autonomia universitária porque se dirigiram contra comportamentos e dados constantes de equipamentos havidos naquele ambiente e em manifestações próprias das atividades-fim a que se propõem as universidades. [...] A autonomia é o espaço de discricionariedade deixado constitucionalmente à atuação normativa infralegal de cada universidade para o excelente desempenho de suas funções constitucionais. Reitere-se: universidades são espaços de liberdade e de libertação pessoal e política. Seu título indica a pluralidade e o respeito às diferenças, às divergências para se formarem consensos, legítimos apenas quando decorrentes de manifestações livres.

161. STF. ADPF 548/DF. Res. Min. Carmen Lúcia. DJE 09/06/2020.

Discordâncias são próprias das liberdades individuais. As pessoas divergem, não se tornam por isso inimigas. As pessoas criticam. Não se tornam por isso ingratas. Democracia não é unanimidade. Consenso não é imposição, é conformação livre a partir de diferenças respeitadas".[162]

– Muitas emoções, viu?

Sim, sim. As próximas eleições serão bem interessantes.

Por fim, para encerrar este tópico, um outro ponto importante:

PROPAGANDA EM BEM PÚBLICO E CONDUTA VEDADA

A propaganda eleitoral em bem público pode significar um ilícito maior do que apenas propaganda irregular. Se um agente público está usando a máquina pública para favorecer alguém ou a si mesmo pode estar incorrendo em improbidade administrativa e pode ser enquadrado nas punições relacionadas às condutas vedadas a agentes públicos em época de campanha ou ao abuso do poder político.[163]

20.10.6. *Outdoor* e propaganda eleitoral

PROIBIDO: PROPAGANDA EM O*UTDOOR*, INCLUSIVE ELETRÔNICOS (LE, ART. 39, §8º)

Causa determinação de retirada imediata e Multa para: empresa responsável, partidos, coligações, federações, candidatas e candidatos

Valor de R$ 5.000,00 a R$ 15.000,00

Atenção:

A retirada da propaganda no *outdoor* não exclui a condenação ao pagamento da multa ao responsável por ela

Mesmo que o candidato notificado diga que não sabia do *outdoor*, é possível a sua responsabilização, a partir das circunstâncias do caso[164]

- **Equipamentos publicitários grandes ou a união de impressos de propaganda eleitoral menores de forma a causar um impacto visual grande (efeito *outdoor*) pode resultar na multa acima, a depender do caso concreto**[165]

162. STF. ADPF 548/DF. Res. Min. Carmen Lúcia. DJE 09/06/2020.

163. Res. TSE 23.610/19, Art. 10, § 3º: "Sem prejuízo das sanções pecuniárias específicas, os atos de propaganda eleitoral que importem abuso do poder econômico, abuso do poder político ou uso indevido dos meios de comunicação social, independentemente do momento de sua realização ou verificação, poderão ser examinados na forma e para os fins previstos no art. 22 da Lei Complementar nº 64, de 18 de maio de 1990". Veja capítulo sobre as Condutas Vedadas aos Agentes Públicos na parte 7 deste livro.

164. Res. 23.610/2019, art. 26: "§ 2º A caracterização da responsabilidade do candidato na hipótese do § 1º deste artigo não depende de prévia notificação, bastando a existência de circunstâncias que demonstrem o seu prévio conhecimento". É possível que as circunstâncias demonstrem que ele sabia ou tinha como saber do *outdoor*. Basta pensar, por exemplo, em *outdoor* na mesma avenida de localização do comitê central de campanha.

165. Lembrando que a lei não mais estabelece multa para propaganda em bem particular.

– Nunca entendi por qual motivo a propaganda por outdoor é proibida.

Havia um abuso no seu uso e uma dificuldade no controle desses abusos. As cidades ficavam lotadas de *outdoors* de candidatos. Além da poluição visual, apenas candidatos com mais potencial financeiro e que, muitas vezes, não declaravam esse tipo de propaganda em suas prestações, acabavam se beneficiando.

Com o tempo, proibiu-se o *outdoor*. Depois, qualquer propaganda equivalente. A lei proibia, por exemplo, qualquer propaganda que ultrapassasse 4 m².

Atualmente, o limite de tamanho aceito é bem menor: 0,5 m² (meio metro quadrado).

– Nossa... Nem saberia calcular isso.

Se você juntar, por exemplo, 6 livros deste aqui para formar um painel, é possível que esse painel ultrapassasse 0,5 m².

– Nossa. Então a propaganda deve ser pequena? Mas isso me deixou na dúvida.
Qual o tamanho da propaganda para ela ser considerada um outdoor?

A legislação não estabelece. Atualmente, um parâmetro que pode ser utilizado é o seguinte:

> **Res. TSE. 23.610/19, art. 14, § 1º:** As candidatas, os candidatos, os partidos políticos, as federações e as coligações poderão fazer inscrever, na sede do comitê central de campanha, a sua designação, o nome e o número da candidata ou candidato, **em dimensões que não excedam a 4m² (quatro metros quadrados)**.

20.10.7. Material impresso de propaganda eleitoral

– Cadê o quadro de "Permitido/Proibido"?

Calma! Você só quer a informação? Não quer nem conversar.

– *Please*, professor! Alguém lendo este livro agora deve estar com muita pressa, em plena época de campanha, precisando de informação.

Está certo. Veja:

PROPAGANDA ELEITORAL EM MATERIAL IMPRESSO (ARTIGOS 37 E 38 LE)	
Permitido	**Proibido**
Veicular propaganda eleitoral pela distribuição de folhetos, adesivos, volantes e outros impressos Os adesivos poderão ter a dimensão máxima de 0,5 m²	Juntar vários adesivos de propaganda de forma a ultrapassar 0,5m² (meio metro quadrado)
A distribuição de material gráfico é possível até as 22h do dia que antecede a eleição	
▶ **É possível, e até aconselhável, a confecção de material em braille**[166]	

– Caramba! São muitos detalhes

Há mais cuidados ao se determinar a confecção de material impresso.

CUIDADOS NA PROPAGANDA ELEITORAL POR IMPRESSOS (ARTIGOS 38, LE)	
Todo material impresso de campanha eleitoral deve conter	Número de CNPJ ou CPF do **responsável** pela confecção, bem como de quem **contratou** a fabricação do material Tiragem
Impresso que veicula propaganda de diversos candidatos ao mesmo tempo	Os gastos relativos a cada um deles devem constar na respectiva prestação de contas ou na prestação de quem arcou com os custos
▶ **O desrespeito a esses imperativos pode significar propaganda vedada e até mesmo abuso de poder econômico**[167]	

20.11. Propaganda eleitoral digital (*internet*, redes sociais etc.)

A propaganda realizada em meios virtuais assumiu grande protagonismo em campanha, principalmente a partir das eleições de 2018. A seguir, cada uma das modalidades permitidas será analisada.

166. Lei nº 9.504/1997, art. 38, e Convenção sobre os Direitos das Pessoas com Deficiência Decreto nº 6.949/2009, arts. 9º, 21 e 29.

167. Propaganda sem identificação de quem contratou pode significar, por exemplo, gasto de campanha não identificado.

20.11.1. Propaganda pela internet*: possibilidades e proibições gerais*

A partir do dia 16 de agosto do ano de eleição é permitida propaganda eleitoral na *internet*.

REGRA: POSSÍVEL PROPAGANDA PELA INTERNET, NA FORMA DA LEI, A PARTIR 16 DE AGOSTO (RES. TSE 23.610/19, ART. 27)	
Limites	**Manifestações feitas antes do dia 16**
"A livre manifestação do pensamento de pessoa eleitora identificada ou identificável na internet somente é **passível de limitação quando ofender a honra ou a imagem de candidatas, candidatos, partidos, federações ou coligações, ou divulgar fatos sabidamente inverídicos**[...]"[168]	Não há problemas em manifestações antes do dia 16 Essas manifestações de apoio ou crítica a partidos e candidatos são consideradas "próprias do debate democrático" e "regidas pela liberdade de manifestação"[169]
▶ **Em resumo, não pode: ofender honra, imagem ou divulgar *fake news***	

– Mais direto do que isso, impossível... Entendi.

Mas quando se diz que pode propaganda na internet, pode de tudo mesmo?

Calma. Veja as modalidades permitidas:

FORMAS PERMITIDAS DE PROPAGANDA ELEITORAL PELA NA INTERNET (LEI Nº 9.504/1997, ART. 57-B, I A IV)	
Em *site* do candidato, candidata, partido, coligação ou federação	Site informado à Justiça Eleitoral e hospedado, direta ou indiretamente, em provedor de aplicação de internet estabelecido no país
Por meio de mensagem eletrônica autorizada	Com cadastro gratuito dos destinatários (titulares dos dados), com observância da Lei Geral de Proteção de Dados[170]

168. Res. TSE 23.610/19, art. 27.

169. Art. 27, § 2º, Res. TSE 23.610/19.

170. Lei 13.709/2018. Principais cuidados necessários: consentimento do titular dos dados, facilidade de comunicação entre o controlador dos dados, impossibilidade de compartilhamento de dados sem consentimento do titular, proteção dos dados disponibilizados.

FORMAS PERMITIDAS DE PROPAGANDA ELEITORAL PELA NA INTERNET (LEI Nº 9.504/1997, ART. 57-B, I A IV)	
Por blogs, redes sociais, sites de mensagens instantâneas e aplicações assemelhadas, inclusive aplicativos de mensagens instantâneas	**Com conteúdo gerado e editado por Candidatas, candidatos, partidos, federações ou coligações sendo vedado:** disparos em massa de conteúdo **Qualquer pessoa natural sendo vedados:** contratação de impulsionamento e disparo em massa de conteúdo
Punição para a violação aos preceitos acima	
▸ Multa de R$ 5.000,00 a R$ 30.000,00 ou em valor equivalente ao dobro da quantia despendida, se esse cálculo superar o limite máximo da multa[171] ▸ Quem paga: usuário responsável pelo conteúdo e, quando comprovado seu prévio conhecimento, o beneficiário	

Os endereços eletrônicos dos atores do processo eleitoral usados em campanha devem ser informados à Justiça Eleitoral no RRC ou DRAP, "podendo ser mantidos durante todo o pleito eleitoral os mesmos endereços eletrônicos em uso antes do início da propaganda eleitoral".[172]

– Mas e as pessoas que não concorrem? Elas podem se manifestar, né? Aliás, já estão fazendo isso há muito tempo....

Sim. O cidadão não candidato pode, e deve, se manifestar. Pode elogiar e criticar candidata, candidato, partido, federação ou coligação.

> **Parte de notícia veiculada no site do TSE:**
>
> "Críticas e elogios em página pessoal: A publicação com elogios ou críticas a candidatas e candidatos, feitos por uma eleitora ou eleitor em página pessoal, não será considerada propaganda eleitoral. **Poderá haver a repercussão desse conteúdo, desde que não haja impulsionamento pago de publicações com o objetivo de obter maior engajamento".**[173]

Lembra do que não pode: ofender honra, imagem ou divulgar mentiras.

Também não pode:

171. Lei nº 9.504/1997, art. 57-B, § 5º.
172. Art. 57-B, § 1º, da Lei no 9.504/1997.
173. TSE. Notícia de 7 jan. 2022. Disponível em: < https://www.tse.jus.br/imprensa/noticias-tse/2022/Janeiro/materia-campanha>. Acesso em 10 jan. 2022.

PROIBIDO NA INTERNET	OBSERVAÇÕES
Propaganda paga	**Exceto:** impulsionamento na forma da lei, incluindo a priorização paga de conteúdos resultantes de aplicações de busca na internet
Propaganda em sites de pessoas jurídicas, com ou sem fins lucrativos, e em sites oficiais	**Ainda que gratuitamente** Sites oficiais ou hospedados por órgãos ou por entidades da administração pública direta ou indireta da União, dos Estados, do Distrito Federal e dos Municípios
Contratar personalidades digitais e assemelhados	**Não pode "a contratação de pessoas físicas ou jurídicas para que realizem publicações de cunho político-eleitoral** em seus perfis, páginas, canais, ou assimilados, em redes sociais ou aplicações de internet assimiladas, bem como em seus sítios eletrônicos"[174]
Mensagem sem consentimento do destinatário	Proibido disparo em massa de mensagens instantâneas sem consentimento da pessoa destinatária ou por ferramentas não fornecidas pelo provedor de aplicação
Atribuir propaganda eleitoral a terceiro Res. 23.610/19, art. 35	Multa de R$ 5.000,00 a R$ 30.000,00 para quem realizar propaganda eleitoral na internet atribuindo indevidamente sua autoria a terceiro, inclusive candidata, candidato, partido político, federação ou coligação

– Não pode contratar youtuber ou digital influencer? Que coisa!

Na verdade, eu só descobri essa profissão "digital influencer" agora.

– O professor é de outra época. Mas eu não sou tão atualizada assim. Eu não sei o que é esse "impulsionamento de conteúdo" ou "priorização paga de conteúdo"

Vamos ver isso agora.

20.11.2. Impulsionamento de conteúdo

Não pode haver propaganda paga na internet, a não ser por impulsionamento de conteúdo.

174. Res. TSE 23.610/19, art. 29, § 8º.

– Que eu ainda não sei o que é.

Porque não tem paciência. Veja:

IMPULSIONAMENTO DE CONTEÚDO	
O que é	É um mecanismo ou serviço contratado com os provedores de aplicação de internet para potencializar, aumentar, o alcance e a divulgação de uma informação disponibilizada para atingir usuários que, normalmente, não teriam acesso àquele conteúdo[175] É usar ferramenta digital para **expor conteúdo publicado para mais gente**
Quem pode contratar	**Exclusivamente: partidos, federações, coligações, candidatas, candidatos e administrador financeiro da campanha**[176]
Quem não pode	**Pessoa natural não pode impulsionar**[177]
O que pode impulsionar	Apenas para promover ou beneficiar candidatos ou agremiações, **vedada a realização de propaganda negativa** [178]
Punição pelo descumprimento da regras: multa de R$ 5.000,00 a R$ 30.000,00 ou em valor equivalente ao dobro da quantia despendida, se esse cálculo superar o limite máximo da multa **Quem paga:** responsável pela divulgação da propaganda ou pelo impulsionamento de conteúdos e, quando comprovado seu prévio conhecimento, o beneficiário	
▸ **Não é possível usar programas, ainda que gratuitos, não disponibilizados pelo provedor de aplicação de *internet* (gambiarras)**[179]	

175. Complementando: "impulsionar um conteúdo significa, de fato, ampliar o seu alcance e audiência mediante pagamento a um provedor de aplicação de internet. Em outras palavras, significa contratar um serviço cujo objetivo é expor determinado conteúdo já publicado (na forma gratuita; um conteúdo orgânico, portanto) a uma audiência mais ampla" (RAIS, Diogo. *Direito eleitoral digital/* Coord. Diogo Rais. Autores: Diogo rais, Daniel Falcão, André Giacchetta e Pamela Meneguetti. São Paulo: Thomson Reuters Brasil, 2020, p. 48).

176. Lei nº 9.504/1997, art. 57-C, caput.

177. Res. TSE 23.610/19, art. 28, IV, b. Segundo acórdão do TSE, de 27.11.2018, no R-RP nº 060158942: "o impulsionamento de propaganda na Internet por pessoa jurídica constitui violação a esta alínea e ao art. 57-C, que excepciona partidos políticos e coligações para tal prática".

178. Lei nº 9.504/1997, art. 57-C, § 3º.

179. Lei nº 9.504/1997, art. 57-B, § 3º.

O impulsionamento nada mais é do que uma forma de atingir um público diverso, que, normalmente, não veria aquela informação publicada.[180]

> **Exemplo: posto no Facebook, no meu perfil, uma manifestação minha sobre alguma proposta eleitoral e contrato o impulsionamento para atingir pessoas de determinada faixa etária que não seguem o meu perfil, ou de localidades onde não tenho ainda eleitorado formado.**

– Curioso. Então eu posso escolher um público-alvo que será exposto à minha postagem.

E eu não posso falar mal de alguém e impulsionar isso?

Isso mesmo.

Essa parte "vedada a realização de propaganda negativa" não consta na Lei das Eleições. No § 3º, art. 57-C, consta que o impulsionamento tem o "fim de promover ou beneficiar candidatos ou suas agremiações". Alguns precedentes entenderam que isso deveria ser interpretado como proibição de usar o impulsionamento para propaganda negativa.[181]

– Está certo, né? Porque eu não posso usar o impulsionamento para falar mentiras ou calúnias contra o adversário.

Falar mentiras e calúnias não é possível em nenhuma modalidade de propaganda, como vimos. Mas a resolução proíbe compartilhar mensagem negativa, mesmo que ela seja verdadeira.

Essa inovação da resolução é de constitucionalidade duvidosa.

Faz parte do debate democrático expor aspectos negativos dos adversários. Imagine, por exemplo, um candidato à reeleição. Ele já possui, como vantagem, a possibilidade de falar de suas conquistas no governo. Além disso, o seu adversário não poderá impulsionar informação

---

180. Como lembra Caio Guimarães, no impulsionamento de conteúdo, um grande objetivo é justamente a "segmentação do público-alvo da campanha escolhida para impulso não orgânico, você escolhe inclusive formatos customizados de atingimento, tais como idade; gênero; interesses e localização, ou, simplesmente, você pode deixar que os algoritmos das redes façam esse trabalho de escolha por você" (GUIMARÃES, Caio Silva. "O impulsionamento de conteúdo e a segmentação de dados no novo Código Eleitoral". Portal Migalhas. Disponível em: <https://www.migalhas.com.br/depeso/354616/o-impulsionamento-de-conteudo-e--segmentacao-de-dados-codigo-eleitoral>. Acesso em 4 jan. 2022).

181. Acórdão do TSE, de 1º.7.2021, no AgR-AREspE nº 060025485 e, de 9.9.2021, no AgR-AREspE nº 060026664: proibição de impulsionamento eletrônico de conteúdo negativo.

verdadeira sobre desacertos desse governo. O eleitor não terá todas as informações que precisa para escolher.

– Não havia pensado nisso. Mas será que não proibiram porque há dinheiro público financiando campanha?

Muito sagaz essa sua observação. Mas, se fosse assim, por exemplo, os investimentos em edição de vídeo de propaganda eleitoral, falando mal de candidatos não deveriam ser aceitos. O fato é que, como bem aponta José Jairo, "[...] não se pode olvidar que a promoção de candidatura pode se dar por comparação e críticas dirigidas aos adversários".[182]

Mas, vamos adiante. Alguns detalhes sobre o impulsionamento:

VERIFICAR SE HÁ RÓTULO ELEITORAL NO IMPULSIONAMENTO

Obrigatório:

Todo impulsionamento deverá conter, de forma clara e legível, o número de inscrição no Cadastro Nacional da Pessoa Jurídica (CNPJ) ou o número de inscrição no Cadastro de Pessoas Físicas (CPF) do responsável, além da expressão "Propaganda Eleitoral"[183]

É o que se chama de rótulo de dados ou rótulo eleitoral

"Considera-se cumprido o preceito normativo previsto no parágrafo 5º quando constante na propaganda impulsionada, **hiperlink contendo o CNPJ da candidata, candidato, partido, federação ou coligação responsável pela respectiva postagem**, entendendo-se por hiperlink o ícone integrante da propaganda eleitoral que direcione o eleitor para o CNPJ do responsável pelo conteúdo digital visualizado"[184]

– E como eu faço isso na prática?

Eu não vou dizer. A forma como eu sabia para impulsionar já deve ter mudado, pois isso está em constante aprimoramento.

– Dá só uma dica de como era, pelo menos.

182. GOMES, José Jairo. *Op. cit.*, p. 604. No mesmo sentido, mas sem reconhecer inconstitucionalidade no texto da resolução: "esta restrição não é positiva para o processo eleitoral [...] (a)o contrário, recebendo apenas informações positivas – e massivas, em razão do impulsionamento – o eleitor poderá ser levado ao equívoco de que o candidato só tem virtudes [...]" (CASTRO, Edson de Resende. Op. cit., p. 451).

183. Res. TSE 23.610/19, art. 29, § 5º.

184. Res. TSE 23.610/19, art. 29, § 5º-A

Vou apresentar um exemplo apenas a título ilustrativo. Não use como um "manual de impulsionamento". Não é o objetivo do livro.

Exemplo apenas ilustrativo: para impulsionar pelo Facebook uma forma de fazer era essa (pode ter mudado, ou pode não ser única): na aba "configurações do perfil", confirmar a identidade do usuário e colocar a razão para isso: "veicular anúncios sobre temas sociais, eleições ou política". Isso é feito para evitar, por exemplo, o uso de robôs (programas que geram impulsionamentos indevidos). Depois de confirmar a identidade, será possível usar a ferramenta "turbinar publicação" ou "impulsionar a postagem" em alguma publicação que já existe ou será criada. Seguindo as instruções do site, será preciso marcar a opção "categoria de anúncio especial". É essa opção que vai permitir criar o rótulo do tipo "propaganda eleitoral", com a inserção dos dados que a legislação exige.

– Entendi nada. E agora?

Não se preocupe. Leia isso:

PROVEDORES DE APLICAÇÃO QUE QUEREM PRESTAR SERVIÇO DE IMPULSIONAMENTO

Devem cadastrar dados previamente[185]	Obrigatório cadastro na Justiça Eleitoral[186] Somente as empresas cadastradas na Justiça Eleitoral poderão realizar os serviços de impulsionamento de propaganda eleitoral
Devem possuir canal de comunicação[187]	Res. TSE 23.610/19, art. 28, § 4º: O provedor de aplicação de internet deverá contar com canal de comunicação com seus usuários

– Sei. Então eu posso entrar em contato com o "canal de comunicação" do provedor. Se eu fosse candidato, eu ia era procurar vídeos no YouTube ensinando a fazer isso.

185. Res. TSE 23.610/19, art. 29, §§ 9º e 10.

186. Res. TSE 23.608/19: Art. 10. Até o dia 20 de julho do ano da eleição, as emissoras de rádio e televisão e os demais veículos de comunicação, inclusive provedores de aplicações de internet, deverão, independentemente de intimação, apresentar ao órgão da Justiça Eleitoral definido pelo tribunal eleitoral, em meio eletrônico previamente divulgado, **a indicação de seu(sua) representante legal, dos endereços de correspondência e e-mail e do número de telefone móvel que disponha de aplicativo de mensagens instantâneas pelos quais receberão ofícios, intimações ou citações,** e poderão, ainda, indicar procuradora ou procurador com ou sem poderes para receber citação, hipótese em que farão juntar a procuração respectiva.

187. Res. TSE 23.610/19, art. 28, § 4º.

Isso é bem típico da geração de vocês. Sempre procurando atalhos. Vamos adiante.

– Só pode usar Facebook?

Não.

> **Importante:** a partir de três parâmetros, Brito Cruz e outros autores[188] concluíram que o impulsionamento aceito pela lei eleitoral parte de situações com três elementos: a) **que o conteúdo esteja disponível a acessível na plataforma a qualquer usuário do serviço**; b) **que o mecanismo promova, a partir de pagamento, mais visibilidade dentro dessa mesma plataforma** e c) **que o formato de visibilidade desse conteúdo impulsionado é o mesmo dos demais conteúdos** (orgânicos).

Partindo dos parâmetros acima, o autores concluem que **seria possível impulsionamento, com a aplicação das balizas eleitorais, pelo Facebook, Twitter, Instagram, LinkedIn ou YouTube**.

Não são aceitos "mecanismos de publicidade direta de sites, como através de serviços de terceirização de venda de espaços publicitários, como o Google Adsense [...]" e inserção de banner de publicidade pelos responsáveis de página de web.[189]

– E eu posso impulsionar mesmo antes de começar a campanha?

Excelente pergunta. Veja este precedente:

> **Precedente:** "Desse modo, **se o impulsionamento eletrônico contratado por pessoa natural em período de campanha eleitoral é meio vedado, de igual forma é vedada a sua contratação por pretensos candidatos no período de pré-campanha, caso dos autos** [...]". [190]

Ou seja, não se pode impulsionar em pré-campanha, pois quem o faria é pessoa natural, que não pode contratar impulsionamento durante a

188. CRUZ, Brito et al. *Direito eleitoral na era digital*. Belo Horizonte: Letramento Casa do Direito, 2018, p. 62.
189. CRUZ, Brito et al. Op. cit., p. 62.
190. TSE. REspe nº 060009791, Rel. Min. Tarcisio Vieira De Carvalho Neto, DJE 26/05/2021. Grifei. Complementa o julgado: "conforme destacado no decisum agravado, 'A ressalva de impedimento para utilização do impulsionamento por pessoas naturais está relacionada à necessidade de controle dos gastos de campanha, de modo a possibilitar a fiscalização, pela Justiça Eleitoral, das quantias destinadas por cada candidato' (Rp nº 0600963-23, Rel. Min. Luis Felipe Salomão, PSESS em 13.9.2018)"

campanha. Vimos, quando estudamos propaganda antecipada, que meio de propaganda proibido em campanha, não pode em pré-campanha.

– Eu entendi, mas duvido controlarem isso.

Bem... Isso é um outro problema. Vamos adiante.

20.11.3. Priorização paga de conteúdo resultante de aplicações de busca

Autorizam-se, como impulsionamento, "a priorização paga de conteúdos resultantes de aplicações de busca na internet".[191]

Edson de Resende explica o seguinte:

> **Doutrina:** "Com isso, a busca que o cidadão faz pelo Google, p. ex., por um determinado assunto, não necessariamente querendo conhecer plataformas de campanha, poderá levá-lo à propaganda do candidato, bastando que este tenha postado algo a respeito e tenha contratado a priorização".[192]

20.11.4. Proibição do anonimato e direito de resposta

A manifestação na internet é livre, mas o anonimato é proibido.

Manifestações ofensivas e mentirosas autorizam o direito de resposta. Nós veremos o direito de resposta na parte 8 do livro. Haverá um capítulo apenas sobre isso e, nele, **um tópico com as especificidades do direito de resposta por ofensa veiculada em propaganda eleitoral pela internet**.

– Mas, se eu não sei quem é a pessoa, como eu posso pedir, por exemplo, para retirar o conteúdo que ela veiculou?

⚠ **Atenção:**

No capítulo sobre representações fundadas em propaganda irregular há um tópico apenas ensinando como pedir judicialmente a "localização de usuário não identificável imediatamente"

191. Lei nº 9.504/1997, art. 26, § 2º.
192. CASTRO, Edson de Resende. *Op. cit.*, p. 452.

Nesse mesmo capítulo falaremos sobre os cuidados necessários relacionados à remoção de conteúdo da internet.

20.11.5. Propagandas por mensagens em telemarketing ou disparos em massa

Proíbe-se propagada via telemarketing em qualquer horário.[193]

– Telemarketing eleitoral ninguém merece, né?

Disparo em massa de mensagens instantâneas sem consentimento da pessoa destinatária ou por ferramentas não fornecidas pelo provedor de aplicação também são proibidas.[194]

– Mas e aquelas mensagens que por vezes chegam no celular?

Há um preceito legal apenas para isso (Res. TSE 26.610/19: Art. 33).

Essas mensagens eletrônicas e instantâneas enviadas por candidatos e órgãos partidários, por qualquer meio, "deverão oferecer identificação completa da pessoa remetente, bem como dispor de mecanismo que permita à pessoa destinatária a solicitação de descadastramento e eliminação dos seus dados pessoais" em até 48 horas.

– E se me descadastro mas continuarem mandando depois disso?

Multa para os responsáveis no valor de R$ 100,00 (cem reais), por mensagem.

– E se for uma mensagem daquelas que recebemos dos nossos parentes no grupo da família? Compartilhamento em grupo de ZapZap é só o que acontece.

Mensagens privadas não são controladas pela legislação eleitoral.[195] Estudamos isso no tópico sobre o compartilhamento de pesquisas eleitorais.[196]

193. Res. TSE 23.610/19, art. 34, I; STF, ADI no 5.122/DF, DJe de 20.2.2020.
194. Res. TSE 23.610/19, art. 34, II.
195. Res. TSE 26.610/19, art. 34, § 1º.
196. REspe. nº 41492, Acórdão de 06/03/2018, Rel. Min. Tarcisio Vieira De Carvalho Neto, DJE 02/10/2018.

Mas, atenção! Uma coisa é o uso de ferramentas de mensagens instantâneas entre particulares: grupo da família, da escola etc. Outra coisa é **usar programas de forma ilícita para compartilhar mensagens inverídicas em massa**. Isso é uso abusivo dos meios de comunicação. Veremos o tratamento disso na parte 7 do livro, no capítulo específico sobre esse tema.

20.12. Propaganda eleitoral na imprensa

PROPAGANDA NA IMPRENSA (RES. TSE 23.610/19, ART. 42)

Permitido	Propaganda paga na imprensa escrita e a reprodução na internet do jornal impresso, até a antevéspera da eleição (dois dias antes)
Limites	Até 10 anúncios de propaganda eleitoral, por veículo, em datas diversas, para cada candidato, no espaço máximo, por edição, de 1/8 de página de jornal padrão e de 1/4 de página de revista ou tabloide Deve constar do anúncio, de forma visível, o valor pago pela inserção
▶ Descumprimento gera multa para os responsáveis pelos veículos de divulgação e para candidatos e órgãos partidários de R$ 1.000,00 a R$ 10.000,00 (ou o equivalente ao gasto da divulgação da propaganda paga, se este for maior)	
Observação: Na página de jornais com versão impressa[197]	Possível reprodução virtual das páginas do jornal impresso que possuem propaganda paga autorizada na forma da lei

É importante não esquecer a liberdade editorial desses meios de comunicação.

> **Res. TSE 23.610/19, art. 42, § 4º: Não caracterizará propaganda eleitoral a divulgação de opinião favorável** a candidata, candidato, partido político, federação ou coligação pela imprensa escrita, **desde que não seja matéria paga, mas os abusos e os excessos**, assim como as demais formas de uso indevido do meio de comunicação, **serão apurados e punidos** nos termos do art. 22 da Lei Complementar no 64/1990.

– Entendi. Pode, mas não pode exagerar. Mas o que é exagerar?

197. Res. TSE 23.610/19, art. 42, § 5º.

Veja o capítulo sobre o uso indevido dos meios de comunicação social, na parte 8 do livro.

20.13. Propaganda eleitoral em rádio e televisão

20.13.1. Impossibilidade de propaganda eleitoral na programação normal

A partir do dia 6 de agosto do ano da eleição, as emissoras de rádio e televisão não podem, na programação normal, veicular propaganda política.

> **Observação: também não é possível:**
>
> **Transmissão de realização de pesquisa** ou consulta com **identificação do entrevistado**, mesmo no formato de entrevista jornalística;
>
> Conferir **tratamento privilegiado aos atores do processo político**, como candidatas e candidatos;
>
> "Veicular ou divulgar filmes, novelas, minisséries ou qualquer outro programa com alusão ou crítica a candidata, candidato, partido político, federação ou coligação, mesmo que dissimuladamente, exceto programas jornalísticos ou debates políticos".[198]

– Mas não pode nem entrevistar candidato?

Eu não disse isso.

A legislação estabelece que os mais bem colocados nas pesquisas eleitorais podem ser convidados para entrevistas. Mas é importante que a emissora tenha o cuidado de convidar todos na mesma situação, conferindo as mesmas condições a eles, para não se configurar **abuso no uso dos meios de comunicação (assunto a ser tratado na parte 7 do livro).**

Por falar em entrevista, lembrei das restrições relacionadas a apresentadores.

– Mas não tem nenhuma relação direta uma coisa com a outra...

... Foco:

198. Res. TSE 23.610/19, art. 43, IV.

PROGRAMAÇÃO COM CANDIDATO OU COM O NOME DE CANDIDATO	
Vedado, desde 6 de agosto do ano da eleição	"**Divulgar nome de programa que se refira a candidato escolhido** em convenção, ainda quando preexistente, inclusive se coincidente com o nome do candidato ou o nome por ele indicado para uso na urna eletrônica, e, sendo coincidentes os nomes do programa e do candidato, fica proibida a sua divulgação, sob pena de cancelamento do respectivo registro" (Res. 23.610/19, art. 43, V)
Vedado, desde 30 de junho do ano da eleição	**Transmitir programa apresentado ou comentado por pré-candidato**, sob pena, no caso de sua escolha na convenção partidária, de imposição da multa e cancelamento do registro da candidatura do beneficiário (Res. 23.610/19, § 2º)

– Qual a punição para tudo isso?

Pode ocorrer a perda de tempo equivalente ao dobro do usado na prática do ilícito e **multa para a emissora de R$ 21.282,00 a R$ 106.410,00**, duplicada em caso de reincidência (Lei nº 9.504/1997, art. 45, § 2º).

O beneficiado também pode incorrer em **abuso no uso dos meios de comunicação** que pode ser combatido por **Ação de Investigação Judicial Eleitoral (AIJE)**. Os dois temas serão vistos nas partes 7 e 8 deste livro, respectivamente.

20.13.2. Debates entre os candidatos no rádio ou televisão

– O nome deste tópico já me animou. Minami, você já acompanhou um debate ao vivo?

Já sim... Mas vamos adiante.

– Não. Me diz, por favor, o que achou mais legal? Deve ser uma emoção.

Vários pontos chamaram a minha atenção: o trabalho da assessoria dos candidatos nos intervalos, a organização da emissora de televisão que realizou o debate e a confraternização entre os concorrentes quando as câmeras estavam desligadas. Todos se trataram com muita urbanidade e o debate ocorreu apenas no campo das ideias.

– Eu nunca me lembro que candidato tem assessor.

Realmente, sempre esquecemos deles, mas são figuras importantes não apenas nas campanhas, mas no exercício do mandato do eleito.

– Que bacana. Conta mais, afinal, o nome do livro é diálogos...

Foco! Vamos ao nosso tema.

Os debates são aceitos e já fazem parte da nossa cultura política.

Antes de sua realização, é preciso um acordo com as regras do debate entre os partidos e a emissora interessada. A Justiça Eleitoral deve ser cientificada.

– Ela autoriza o debate?

Não. Apenas toma ciência das regras para que, em caso de questionamento posterior, ela possa verificar o atendimento ou não às regras estabelecidas.

Não havendo acordo, a Res. TSE 23.610/19, no art. 45, apresenta algumas regras mínimas básicas que devem ser seguidas.

– E quem deve ser chamado? Todo mundo?

Deve ser assegurada "a participação de candidatas e candidatos **de partidos, de federações ou de coligações com representação no Congresso Nacional de, no mínimo, cinco parlamentares, facultada a dos demais".**[199]

Um último detalhe é o seguinte requisito formal do debate:

> **Res. TSE 23.610/19, art. 44. § 5º**
>
> § 5º Os debates transmitidos na televisão deverão utilizar, entre outros recursos, subtitulação por meio de legenda oculta, janela com intérprete da Língua Brasileira de Sinais (Libras) que ocupe, no mínimo, metade da altura e 1/4 (um quarto) da largura da tela e audiodescrição, os quais devem ser mantidos em eventuais novas veiculações de trechos do debate (Lei nº 13.146/2015, arts. 67 e 76, § 1º, III; e ABNT/NBR 15290:2016).

199. Res. TSE 23.610/19, art. 44. § 1º.

20.14. Novas formas de debates? As reações (*react*) de manifestações de adversários

Tornou-se comum o fato de candidatos, por várias razões, principalmente de ordem estratégica, não participarem de debates.

> – Lembro disso. Os candidatos ficam até provocando os adversários, chamando para a "briga verbal", né?

Isso mesmo. Como há uma recusa, em algumas situações, e devido ao novo formato de consumo das informações, principalmente pelo eleitorado mais jovem, novas possibilidades de interação entre candidatos surgem constantemente.

Recentemente, um pré-candidato à presidência comentou a participação de um adversário em programa de entrevista na modalidade *podcast* filmado.

> – Que curioso! Se o debate não vem ao candidato, o candidato vai atrás do debate.

A ideia foi essa. Essa conduta demonstra que a criatividade no uso dos meios contemporâneos de informação será a tônica das campanhas eleitorais.

> – Mas isso pode? É tipo um "react", né? Um "unboxing" do adversário...

Isso mesmo. Um candidato pode até se recusar de participar de debates, mas não deve deixar de comparecer em atos políticos ou em entrevistas, por exemplo. Contudo, qualquer manifestação sua poderá ser usada por adversários.

Um político poderá "reagir" às manifestações de seus concorrentes, nos mais diversos ambientes, e tecer comentários sobre esses acontecimentos.

> – Mas isso pode? É tipo um "react", né? Um "unboxing" do adversário...

Começou o modo repeteco da pessoa!

Não havendo o descumprimento das normas gerais de propaganda eleitoral, a princípio, não há ilícito nisso. Não pode haver nesses "reacts", por exemplo, mentira, calúnia, difamação ou atentado à honra do reagido.

Evidentemente, essa resposta, em definitivo, apenas poderá ocorrer no caso concreto, pela análise das circunstâncias desse tipo de manifestação.

20.15. Propaganda eleitoral gratuita no rádio e na televisão

A propaganda eleitoral no rádio e na televisão só pode ocorrer na modalidade gratuita.

– Não pode nenhuma propaganda paga? Mas o professor disse que no jornal e revista pode, desde que paga. Daí no rádio e televisão só pode propaganda gratuita, mas não pode propaganda paga. Que confusão! A propaganda nos jornais e revistas deveria ser gratuita também.

Nesse ponto, vou pedir ajuda a Olivar Coneglian para explicar:

> **Doutrina:** "Isso acontece pelo fato de que o rádio e a televisão são concessões do poder público, e justamente porque o poder público concede a Transmissão para a iniciativa privada, pode exigir dela algum tempo para uso de interesse público. Já os jornais e as revistas pertencem totalmente à iniciativa privada, não podendo o poder público se assenhorar de espaços publicitários para entregar aos partidos e candidatos".[200]

Mas vamos ao que interessa. Essa propaganda gratuita acontece de duas maneiras.

20.15.1. Propaganda eleitoral em bloco

– Não lembro mais o que é propaganda em bloco. Acho que vimos isso na parte de propaganda partidária.

Vamos revisar:

200. CONEGLIAN, Olivar. *Op. cit.*, p. 290.

Propaganda em bloco: realizada em programas contínuos, **normalmente realizada em cadeia**, ou seja, com veiculação, ao mesmo tempo, em todas as emissoras de rádio ou televisão (veiculação em cadeia municipal, estadual ou nacional).

Por exemplo: programa de cinco minutos a ser veiculado, ao mesmo tempo, em todas as emissoras de um meio de comunicação.

Cargo	Duração	Dias na semana
Prefeito	Dois blocos diários de 10 min Rádio e TV	Segunda a sábado
Senador Dep. Estadual e Distrital Governador	Dois blocos diários de 25 min Rádio e TV	Segunda, quarta e sexta
Presidente e Deputado Federal	Dois blocos diários de 25 min Rádio e TV	Terça, quinta e sábado

Não há programas em bloco aos domingos.

Nas eleições municipais, não há propaganda em bloco para vereador. A divisão do tempo diário é bem simples de entender:

PROPAGANDA EM BLOCO NAS ELEIÇÕES MUNICIPAIS

Rádio	
Horário	**Segunda a sábado**
7h a 7h10m	**Prefeito**
12h a 12h10m	**Prefeito**
Televisão	
13h a 13h10m	**Prefeito**
20h30 a 20h40m	**Prefeito**

Para as eleições gerais, a coisa complica.

Um detalhe: a renovação do Senado ocorre, ora em 1/3, ora em 2/3 de seus integrantes. Há eleições nas quais nós elegemos dois senadores por estado, e há eleições nas quais elegemos apenas um. A depender do tipo de renovação, há alteração na divisão do tempo da propaganda em bloco. Melhor mostrar do que falar.

Veja:

PROPAGANDA EM BLOCO NAS ELEIÇÕES GERAIS PARA ELEIÇÕES COM RENOVAÇÃO DE 1/3 DO SENADO: 2022, 2030 ETC.	
Segunda, quarta e sexta	**Terça, quinta e sábado**
Rádio	
Senador: 7h a 7h05 **Dep. Estadual e Distrital:** 7h05 a 7h15 **Governador:** 7h15 a 7h25	**Presidente:** 7h a 7h12m30 **Deputado federal:** 7h12m30 a 7h25
Senador: 12h a 12h05 **Dep. Estadual e Distrital:** 12h05 a 12h15 **Governador:** 12h15 a 12h25	**Presidente:** 12h a 12h12m30 **Deputado federal:** 12h12m30 a 12h25
Televisão	
Senador: 13h a 13h05 **Dep. Estadual e Distrital:** 13h05 a 13h15 **Governador:** 13h15 a 13h25	**Presidente:** 13h a 13h12m30 **Deputado federal:** 13h12m30 a 13h25
Senador: 20h30 a 20h35 **Dep. Estadual e Distrital:** 20h35 a 20h45 **Governador:** 20h45 a 20h55	**Presidente:** 20h30 a 20h42m30 **Deputado federal:** 20h42m30 a 20h55

PROPAGANDA EM BLOCO NAS ELEIÇÕES GERAIS PARA ELEIÇÕES COM RENOVAÇÃO DE 2/3 DO SENADO: 2026, 2034 ETC.	
Segunda, quartas e sextas	**Terça, quinta e sábado**
Rádio	
Senador: 7h a 7h07 **Dep. Estadual e Distrital:** 7h07 a 7h16 **Governador:** 7h16 a 7h25	**Presidente:** 7h a 7h12m30 **Deputado federal:** 7h12m30 a 7h25
Senador: 12h a 12h07 **Dep. Estadual e Distrital:** 12h07 a 12h16 **Governador:** 12h16 a 12h25	**Presidente:** 12h a 12h12m30 Deputado federal: 12h12m30 a 12h25

PROPAGANDA EM BLOCO NAS ELEIÇÕES GERAIS PARA ELEIÇÕES COM RENOVAÇÃO DE 2/3 DO SENADO: 2026, 2034 ETC.	
Segunda, quartas e sextas	**Terça, quinta e sábado**
Televisão	
Senador: 13h a 13h07 **Dep. Estadual e Distrital:** 13h07 a 13h16 **Governador:** 13h16 a 13h25	**Presidente:** 13h a 13h12m30 **Deputado federal:** 13h12m30 a 13h25
Senador: 20h30 a 20h37 **Dep. Estadual e Distrital:** 20h37 a 20h46 **Governador:** 20h16 a 20h55	**Presidente:** 20h30 a 20h42m30 **Deputado federal:** 20h42m30 a 20h55

– E como ocorre a divisão dentro de cada bloco? Por exemplo, eu sei que prefeito são 10 minutos diários, mas como eles dividem entre si o tempo?

Vamos ver isso mais na frente. Veja a divisão do tempo em blocos, caso haja segundo turno.

PROPAGANDA EM BLOCO: SEGUNDO TURNO DIARIAMENTE, DE SEGUNDA A SÁBADO	
Onde houver segundo turno para Presidente e Governador	
Rádio	**Televisão**
Presidente: 7h a 7h10 **Governador:** 7h10 a 7h120	**Presidente:** 13h a 13h10 **Governador:** 13h10 a 13h20
Presidente: 12h a 12h10 **Governador:** 12h10 a 12h20	**Presidente:** 20h30 a 20h40 **Governador:** 20h40 a 20h50
Onde houver segundo turno para um cargo apenas: Presidente ou Governador, ou Prefeito, nas Eleições Municipais	
Rádio	**Televisão**
7h a 7h10	13h a 13h10
12h a 12h10	20h30 a 20h40

20.15.2. Propaganda por inserções na programação

Além do programa em blocos, e no mesmo período reservado à propaganda eleitoral em rede, as emissoras de rádio e de televisão indicadas devem reservar, de segunda-feira a domingo, 70 (setenta) minutos diários para a **propaganda eleitoral gratuita em inserções.**

> **Propaganda por inserções:** realizada por pequenos trechos de programa (inserções), de 30 (trinta) a 60 (sessenta) segundos, a critério do respectivo partido político, federação ou coligação, distribuídos, ao longo da programação, em intervalos específicos de audiência (blocos de audiência).

As inserções devem ser veiculadas entre as 5h e as 24h, distribuídas, proporcionalmente, ao longo da programação, em blocos de audiência (5h as 11h; 11h as 18h; 18h as 24h).

– Mas como é que se distribui tanto pedacinho de propaganda?

A partir de um plano de mídia elaborado pela Justiça Eleitoral. Te digo já isso.

Confira o quadro abaixo:

PROPAGANDA EM INSERÇÕES[201]

<table>
<tr><th>Primeiro Turno</th><th>Segundo Turno</th></tr>
<tr><td>70 minutos diários
Segunda a domingo
Inserções de 30 e 60 segundos</td><td>25 minutos diários, por cada cargo em disputa
Segunda a domingo
Inserções de 30 e 60 segundos</td></tr>
<tr><td colspan="2">Inserções veiculadas ao longo da programação, dentro dos seguintes blocos de audiência: 5h a 11h; 11h a 18h; 18h a 24h</td></tr>
<tr><td>Eleições Gerais: "o tempo será dividido em partes iguais para a utilização nas campanhas das candidatas e dos candidatos às eleições majoritárias e proporcionais e de suas legendas partidárias ou das que componham a federação ou a coligação, quando for o caso"</td><td rowspan="2">"O tempo de propaganda em rede e por inserções será dividido igualitariamente entre os partidos, as federações ou as coligações das candidatas e dos candidatos que disputam o segundo turno"</td></tr>
<tr><td>Eleições Municipais: tempo será dividido na proporção de 60% para prefeito e 40% para vereador</td></tr>
</table>

201. Res. TSE 23.610/21, arts. 52 e 61.

20.15.3. Algumas observações gerais não relacionadas ao conteúdo da propaganda eleitoral gratuita

Veja algumas datas importantes relacionadas à propaganda eleitoral gratuita no rádio e televisão.

Horário Eleitoral Gratuito no rádio e TV: preparação, começo e fim:

15 de agosto: início da convocação dos atores políticos e da imprensa para elaboração de plano de mídia (cronograma do horário eleitoral).[202]

19 de agosto: último dia para organização, entre os órgãos de imprensa, do horário eleitoral. O que decidirem deve constar no acordo e no cronograma de veiculação do Horário Eleitoral (plano de mídia).[203]

21 de agosto: último dia para o acordo entre Justiça Eleitoral, atores do processo eleitoral e imprensa sobre o horário eleitoral gratuito no rádio e na TV, inclusive com a elaboração do cronograma dessa veiculação (plano de mídia).[204]

26 de agosto: início do horário eleitoral gratuito (HE) no rádio e televisão para o primeiro turno.[205]

29 de setembro (3 dias antes do primeiro turno): fim do horário eleitoral gratuito do primeiro turno.

7 de outubro: retorno da propaganda eleitoral gratuita relativa ao segundo turno.[206]

28 de outubro (2 dias antes do segundo turno): fim do horário eleitoral gratuito do segundo turno.

A distribuição do tempo total disponível entre os participantes é feita, principalmente, a partir da representatividade que determinado partido ou federação tenha na Câmara Federal.

– Por isso que eles se coligam, né? Para conseguirem mais tempo.

Essa é uma das razões sim, mas não a única. O TSE edita uma portaria, a partir dos critérios legais de distribuição, com o tempo que cada partido ou coligação terá direito. **Em resumo**, esses critérios preveem a divisão da seguinte forma: do total do tempo de propaganda, **90% serão**

202. Lei nº 9.504/1997, art. 52 e Res. TSE nº 23.610/19, arts. 53, caput e § 1º.
203. Res. TSE nº 23.610/19, art. 64, § 2º.
204. Lei nº 9.504/1997, arts. 50 e 52 e Res. TSE nº 23.610/19, art. 53, caput e § 1º.
205. Data a partir da qual, até 29 de setembro de 2022, será veiculada a propaganda eleitoral gratuita no rádio e na televisão relativa ao primeiro turno (Lei nº 9.504/1997, art. 47, caput, e art. 51 e Res. TSE nº 23.610/19, art. 49).
206. Data a partir da qual, até 28 de outubro de 2022, será veiculada propaganda eleitoral gratuita no rádio e na televisão relativa ao segundo turno (Lei nº 9.504/1997, art. 49, caput, e art. 51, § 2º e Res. TSE nº 23.610/19, art. 60).

distribuídos proporcionalmente ao número de representantes que os partidos tenham na Câmara Federal[207] e os **10% restantes serão distribuídos igualitariamente** entre todos os partidos.[208]

Para auxiliar na atribuição de tempo entre os participantes, a Justiça Eleitoral possui um programa (chamado Horário Eleitoral ou HE) que faz toda essa distribuição, das inserções e da propaganda em rede, emitindo **relatórios com a ordem de veiculação diária de toda a propaganda, com os devidos tempos, para cada participante**. É o plano de mídia.

EIS O QUE O PROGRAMA DA JUSTIÇA ELEITORAL CONHECIDO COMO HORÁRIO ELEITORAL (HE) FAZ
Distribui o tempo entre os participantes a partir dos critérios legais
Distribui as inserções ao longo dos blocos de audiência de forma proporcional
A partir de um sorteio feito para escolha da ordem de veiculação da propaganda em rede no primeiro dia, organiza a veiculação diária, com data e hora, para todos os demais dias
Emite relatório de tudo isso

Há uma audiência pública para esse sorteio e demais providências sobre o HE. Como ela foi feita na modalidade virtual nas últimas eleições, pelo YouTube é possível assistir a algumas das que ficaram gravadas. Essas audiências tratam de pontos muito específicos. **Os envolvidos na propaganda, principalmente a assessoria jurídica e de comunicação de cada participante, deve ter atenção aos pontos abaixo.**

ATENÇÃO PARA ASSESSORES JURÍDICOS E DE IMPRENSA DOS CANDIDATOS, PARTIDOS E DOS REPRESENTANTES DOS MEIOS DE COMUNICAÇÃO
Pontos sensíveis na audiência de distribuição do horário eleitoral: Qual ou quais emissoras transmitirão para as demais a propaganda em cadeia Qual o formato da mídia que deve ser utilizado Quem deve entregar as mídias às emissoras, quem deve recebê-las, qual a solenidade de entrega e o horário
▶ **Esses pontos devem ser pensados com antecedência** ▶ **É aconselhável uma reunião prévia entre os envolvidos, antes da reunião com a Justiça Eleitoral, para ajuste de alguns dos pontos acima**

---

207. "90% (noventa por cento) distribuídos proporcionalmente ao número de representantes na Câmara dos Deputados, considerando, no caso de coligações para as eleições majoritárias, o resultado da soma do número de representantes dos seis maiores partidos políticos ou das federações que a integrem e, no caso das federações, o resultado da soma do número de representantes de todos os partidos que a integrem" (Resolução nº 23.610/2019, art. 55, I).

208. Lei nº 9.504/1997, arts. 47, § 2º, e 51; e Emenda Constitucional nº 97/2017.

– É tanta coisa que eu não sei nem o que perguntar.

Quase a metade dos artigos de lei sobe propaganda cuidam desse assunto. São muitos detalhes. E não podemos esquecer do seguinte:

> **Res. TSE 23.610/19, art. 48 § 4º:** § 4º A propaganda eleitoral gratuita na televisão deverá utilizar, entre outros recursos, **subtitulação por meio de legenda aberta, janela com intérprete de Libras e audiodescrição, sob responsabilidade dos partidos políticos, das federações e das coligações** [...]

– Lembro disso. Já falamos bastante inclusive sobre essa audiodescrição no tópico sobre "requisitos gerais da propaganda".

Venha cá, se houver plebiscito ou referendo, haverá propaganda eleitoral gratuita?

Não, "a propaganda gratuita no rádio e na televisão não abrange as manifestações favoráveis e contrárias às questões submetidas às consultas populares nos termos do § 12 do art. 14 da Constituição Federal" (Res. TSE 23.610/19, art. 48 § 8 º).

Por fim, é importante lembrar que **o candidato sub judice, aquele sem a candidatura totalmente deferida, possui direito de participar da propaganda eleitoral** (Res. TSE 26.610/19, art. 58).

20.15.4. Observações sobre o conteúdo da propaganda eleitoral gratuita

Vamos conversar um pouco sobre o conteúdo da propaganda eleitoral gratuita.

– Eu achava que a regra geral de propaganda eleitoral se aplicava aqui.

A regra geral se aplica aqui, sim. Além delas, há algumas especificidades.

As propagandas não toleradas que vimos em tópicos passados não são aceitas também no horário eleitoral gratuito (Res. TSE 23.610/19, art. 22). Daquelas propagandas sobre as quais conversamos, destaca-se a proibição de calúnia, difamação e injúria.

Também se aplica aqui o que vimos sobre propagandas destinadas a criar, artificialmente, na opinião pública, estados mentais, emocionais ou passionais (Res. TSE 23.610/19, art. 10, § 1º).

– Sim, vimos que é preciso cuidado na interpretação dessa regra.

Isso mesmo. Vimos que **essa exigência deve ser interpretada com cuidado para não "inviabilizar a publicidade das candidaturas ou embaraçar a crítica de natureza política, devendo-se proteger, no maior grau possível, a liberdade de pensamento e expressão".**[209]

Além desses preceitos, é preciso atenção, principalmente, aos pontos abaixo:

CUIDADOS ESPECÍFICOS

Proibido	Punição
Propaganda que possa degradar ou ridicularizar candidatas e candidatos (art. 72, § 1º, Res. 23.610/19)	Perda do direito à veiculação de propaganda no horário eleitoral gratuito do dia seguinte ao da decisão
Propaganda cruzada: Incluir, no horário destinado aos candidatos às eleições proporcionais, propaganda das candidaturas a eleições majoritárias ou vice-versa	Perda, no horário do infrator, de tempo equivalente ao horário reservado à propaganda da eleição disputada pelo candidato beneficiado (art. 73, Res. 23.610/19)
▸ **Não serão admitidos cortes instantâneos ou qualquer tipo de censura prévia nos programas eleitorais gratuitos (Lei nº 9.504/1997, art. 53, caput)**	

Veja essas permissões específicas:

ALGUMAS PERMISSÕES ESPECÍFICAS DA PROPAGANDA EM HORÁRIO ELEITORAL GRATUITO

É autorizada a **menção ao nome e ao número de qualquer candidata e/ou candidato** do mesmo partido político, federação ou coligação (art. 73, Res. 23.610/19)
Permite-se depoimento de candidato apoiador do mesmo partido, federação ou coligação, desde que a **fala consista exclusivamente em pedido de voto ao apoiado** que cedeu o tempo e não exceda 25% do tempo de cada programa ou inserção (Lei nº 9.504/1997, arts. 53-A, § 1º)
Permite-se a **veiculação de entrevistas com o candidato e de cenas externas nas quais ele, pessoalmente, exponha**: realizações de governo ou da administração pública; falhas administrativas e deficiências verificadas em obras e serviços públicos em geral; atos parlamentares e debates legislativos (Lei nº 9.504/1997, art. 54, § 2º)

209. TSE. Res. 23.610/2019, art. 10, §1º.

Atenção:

- **Além da permissão acima, só poderão aparecer, em gravações internas e externas, candidatas, candidatos, caracteres com propostas, fotos, jingles, clipes com música ou vinhetas, inclusive de passagem, com indicação do número da candidata, do candidato ou do partido político e de pessoas apoiadoras, nos termos legais, sendo vedadas montagens, trucagens, computação gráfica, desenhos animados e efeitos especiais (Lei nº 9.504/1997, art. 54)**

– O que é trucagem? Como assim não pode computação gráfica ou efeitos especiais?

Calma! Trucagem é "todo e qualquer efeito realizado em áudio ou vídeo que degradar ou ridicularizar".[210] É claro que pode usar programas de edição de vídeo.

Na verdade, o objetivo de todas as observações acima é deixar a propaganda a mais objetiva possível para que os candidatos, e não a sua equipe de marketing, seja o destaque do programa. Olivar Coneglian apresentou muito bem essa ideia:

> **Doutrina:** "O programa em bloco e os *spots* devem ser limpos, diretos, com a presença do candidato. O marqueteiro deixa de ser o agente principal dos programas, pois está impedido de criar espetáculos ou realidades inexistentes".[211]

21. ELEIÇÕES (O DIA-E), APURAÇÃO, TOTALIZAÇÃO E DIPLOMAÇÃO DOS ELEITOS

Como vimos no começo desta parte do livro, existe uma resolução expedida pelo TSE, normalmente em ano anterior à eleição, especificando as ações necessárias para a realização de uma eleição. São os "**atos gerais do processo eleitoral para as eleições**". Para 2022, por exemplo, essa resolução é a 23.669/2021.

São quatro grandes temas disciplinados:

210. Art. 45, § 4º, Lei das Eleições.
211. CONEGLIAN, Olivar. *Op. cit.*, p. 345.

ATOS GERAIS DO PROCESSO ELEITORAL

Tema	Momento de ocorrência
Preparação das Eleições	Antes do dia da eleição
Votação e fiscalização dos trabalhos eleitorais	Dia da eleição
Apuração e totalização das eleições	Logo após o encerramento das seções eleitorais e a diplomação
Procedimentos com as urnas após as eleições	Após a eleição

Já vimos os aspectos principais do primeiro tema. Vamos ver os demais agora.

21.1. Votação e fiscalização dos trabalhos eleitorais

Confira os temas sobre votação e fiscalização dos trabalhos eleitorais que são tratados na resolução sobre "atos gerais do processo eleitoral para as eleições".[212]

RESOLUÇÃO DE ATOS GERAIS DAS ELEIÇÕES: VOTAÇÃO E FISCALIZAÇÃO DOS TRABALHOS ELEITORAIS
Procedimentos de votação, desde a preparação da seção no dia da eleição, passando pelas etapas de votação
Procedimentos em situações de urnas defeituosas (procedimentos de contingência)
Votação por uso de cédulas (sim, é raro, mas elas ocorrem)
Encerramento da votação
Procedimentos para a justificativa
Fiscalização dos trabalhos das mesas receptoras de votos
Polícia nos trabalhos eleitorais

– O que é preciso saber desses temas acima, com relevância prática para quem vai atuar juridicamente no dia, como um advogado ou mesmo juiz eleitoral?

212. Para as eleições de 2022, por exemplo, essa resolução é a 23.669/2021.

O juiz eleitoral precisa saber de toda a resolução, pois ele pode ser chamado a resolver problemas que envolvem todos os temas dela.

Alguns aspectos acima são bem específicos, como os procedimentos no caso de urna defeituosa (contingência da votação).

Há um detalhe que pode parecer técnico, mas é super relevante.

A urna, quando é habilitada a funcionar, emitirá um papelzinho, o relatório "Zerésima": o comprovante de que ela não possui votos. Isso é relevante porque alguém pode solicitar para conferir esse documento.

No geral, é interessante para quem for fiscalizar ou atuar no dia, em seções eleitorais, que leia a parte inteira da resolução sobre **votação e fiscalização**.

– Mas, Minami, se eu não serei mesária, por exemplo, por qual motivo preciso saber os procedimentos de votação?

Como você vai fiscalizar uma seção, ou dar instrução para os fiscais, se não sabe como ela funciona?

– Mas o que um mesário pode errar que é relevante no aspecto jurídico, de lisura de uma eleição?

Imagine o mesário habilitar um eleitor que não se identifica com os documentos exigidos, por exemplo. Veja quais são.

DOCUMENTOS ACEITOS PARA COMPROVAR A IDENTIDADE DA ELEITORA OU DO ELEITOR[213] (OFICIAIS COM FOTO, INCLUSIVE OS DIGITAIS)
e-Título; carteira de identidade, identidade social, passaporte ou outro documento de valor legal equivalente, inclusive carteira de categoria profissional reconhecida por lei; certificado de reservista; carteira de trabalho; carteira nacional de habilitação
▸ **Aceita-se documento vencido, desde que seja possível comprovar a identidade do eleitor** ▸ **Não se aceita certidão de nascimento ou de casamento como prova de identidade no momento da votação**

– Mas e a biometria?

213. Atenção. Esses documentos estão listados na Res. 23.669/21 para as eleições de 2022. Eventuais mudanças podem acontecer. Confira a versão mais atualizada da resolução.

Dois detalhes. **Em época de pandemia, a biometria pode não ser utilizada.** Além disso, permite-se a habilitação manual do eleitor, pelo mesário, caso não ocorra a identificação da digital.

– Entendi. Então, por qual motivo fizeram a biometria se ainda habilitam para votar quem não tem as digitais reconhecidas?

É muito comum pessoas que não possuem biometria reconhecida. A ausência de reconhecimento biométrico é apenas um dos indícios para identificar eleitor que tenta votar por outro. Em todo o caso, atualmente, essa habilitação de eleitor não reconhecido pela biometria (ou sem biometria) é feita pela digitação, pelo mesário, de um código que normalmente só o eleitor sabe: seu ano de nascimento. Nem o mesário possui essa informação. Não consta no caderno.

– Entendi. A urna só é habilitada, nesse caso, com um código que só o eleitor possui. Então, porque não fizeram isso desde o começo, ao invés de implantar a biometria?

Boa colocação. Mas não é momento para esse debate.

Veja o fluxo de votação, a partir do art. 113 da Res. TSE 23.669/21:

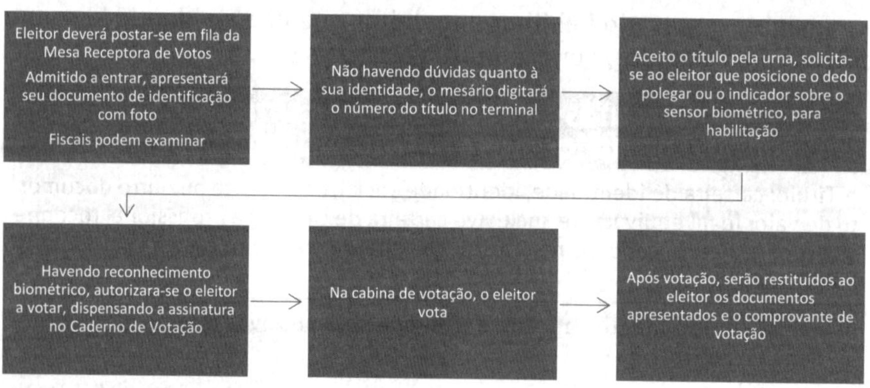

– Será que não é exagero, apresentar o fluxo de votação?

Este livro é de Direito Eleitoral. É claro que tenho de falar do fluxo de votação.

– Claro que não, né professor. Em livro de Direito Penal, o autor precisa cometer crime para que o livro tenha valor?

Espero que você faça concurso para algum TRE e caia uma questão dessas.

Mas vamos voltar ao tema principal.

– Está bem. Venha cá, o eleitor não precisa assinar?

Quando reconhece a biometria, não.

Sobre a biometria, é importante destacar que ela pode ser dispensada, de forma geral, em situações excepcionalíssimas. Foi o que aconteceu, por exemplo, nas eleições de 2020, por conta da Pandemia da Covid-19.

Outro ponto relevantíssimo para a fiscalização é sobre a possibilidade de eleitor votar acompanhado. Veja a disciplina disso:

> **Acompanhante de eleitor**
>
> **Res. TSE 23.669/21:** Art. 118. A eleitora ou eleitor com **deficiência ou com mobilidade reduzida**, independentemente do motivo ou tipo, ao votar, poderá ser **auxiliada por pessoa de sua escolha**, ainda que não o tenha requerido antecipadamente à juíza ou ao juiz eleitoral, independentemente do tipo de deficiência.
>
> § 1º O(A) presidente da mesa, verificando ser imprescindível que a eleitora ou o eleitor com deficiência ou mobilidade reduzida seja **auxiliado(a) por pessoa de sua escolha, autorizará o ingresso dessa segunda pessoa com a eleitora ou com o eleitor na cabina, sendo permitido inclusive digitar os números na urna.**

– Entendi. Isso realmente pode despertar confusão. Ainda bem que a resolução explica como resolver.

Professor, quantos fiscais podem ficar dentro da seção eleitoral?

Confira:

FISCALIZAÇÃO NA MESA RECEPTORA DE VOTOS (CÓDIGO ELEITORAL, ART. 131, LEI Nº 9.504/1997, ART. 65)
Cada partido ou federação poderá nomear **2 fiscais para cada mesa receptora**
Nas mesas receptoras, poderá atuar **1 fiscal de cada partido ou federação por vez**, mantendo-se a ordem no local de votação
Um(a) mesmo fiscal poderá acompanhar mais de uma seção eleitoral

- **A escolha do(a) fiscal não poderá recair em menor de 18 anos ou em quem, por nomeação de juíza ou juiz eleitoral, já faça parte de mesa receptora, do apoio logístico ou da junta eleitoral**

– Mas e se houver 15 partidos concorrendo, são 15 fiscais dentro da mesma sala?

Pois é. Em tese, poderia haver 15 fiscais dentro de cada seção. Mas cabe ao presidente, em acordo com eles, resolver a questão para "manter a ordem no local de votação".

É importante lembrar que o candidato ou candidata também pode fiscalizar. Contudo, na condição de fiscal, não pode entrar nas seções com adesivo de campanha. Como fiscal, precisa estar com vestes neutras.

– E como saber quem é fiscal? Tem camisa ou crachá?

O vestuário padronizado é proibido. Eles são identificados pelo uso de crachá. Confira:

IDENTIFICAÇÃO DO FISCAL
Pelo uso obrigatório de crachá de identificação
Vedada a padronização do vestuário (Lei nº 9.504/1997, art. 39-A, § 3º)
Medidas do crachá: até 15 cm de comprimento por 12 cm de largura
Deve conter: nome do fiscal e nome e sigla do partido ou federação
Serão expedidas, exclusivamente, pelos partidos e pelas federações de partidos, sendo desnecessário o visto da juíza ou do juiz eleitoral
Órgão partidário informa aos juízos eleitorais, com antecedência, os nomes das pessoas autorizadas a expedir as credenciais (pode ser por via eletrônica)

Veja só essa observação de caráter prático:

TIPO DE ELEIÇÃO	ASPECTO PRÁTICO RELEVANTE
Eleições Municipais	No dia da eleição, o tempo de permanência médio dos eleitores na cabina é baixo, pois são apenas duas escolhas. São eleições com menos filas
Eleições Gerais	No dia da eleição, pelo menos no primeiro turno, o tempo de permanência médio dos eleitores na cabina é alto, pois são muitas escolhas. Tendência de formação de filas

21.2. Apuração e totalização das eleições

Confira os temas sobre apuração e totalização das eleições que são tratados na resolução sobre "atos gerais do processo eleitoral para as eleições".[214]

APURAÇÃO E TOTALIZAÇÃO DAS ELEIÇÕES
Justas eleitorais e fiscalização perante as juntas
Apuração e totalização das eleições
Divulgação dos resultados
Diplomação

Sobre a junta, lembre-se de que já falamos sobre ela na parte 3 do livro.

– Dá pra revisar?

Observe:

COMPETÊNCIA DA JUNTA ELEITORAL (ÓRGÃO COLEGIADO)[215]
Apurar a votação realizada nas seções eleitorais sob sua jurisdição
Resolver as impugnações, dúvidas e demais incidentes verificados durante os trabalhos da apuração
Expedir os boletins de urna na impossibilidade de sua emissão normal nas seções eleitorais, com emprego dos sistemas de votação, de recuperação de dados ou de apuração
Expedir diploma aos eleitos para cargos municipais
▶ **Membros nomeados 60 dias antes da eleição, depois de aprovação do Tribunal Regional, pelo presidente deste, a quem cumpre também designar-lhes a sede**[216] ▶ **Em cada zona eleitoral, haverá pelo menos uma junta eleitoral, composta por 1 juiz de direito, que será o presidente, e por 2 ou 4 cidadãos que atuarão como membros titulares, de notória idoneidade**

214. Para as eleições de 2022, por exemplo, essa resolução é a 23.669/2021.
215. Código Eleitoral, art. 40.
216. O processo de Apuração de Eleição, normalmente começa com o ato dessa designação.

– Lembro disso.

Veja o que vimos:

A apuração, a contagem dos votos em cada urna eletrônica, é feita assim que ela é encerrada, ainda na seção eleitoral.

O boletim de urna, com o seu resultado, é gerado digitalmente e impresso na hora.

As vias físicas do boletim de urna são distribuídas para os fiscais presentes.

O próprio mesário pode ficar com uma dessas vias para conferir depois se o resultado da sua seção, divulgado pela internet, confere com aquele que ele constatou no dia.

– Lembro de tudo isso. "O resultado da urna é imediato". "Surge após o fim dos trabalhos na seção".

Sim. Estou vendo você consultando suas anotações, mas está valendo.

E perceba que a urna não é ligada na internet, ou seja, não é possível invadir essa apuração eletrônica. A junta eleitoral atua quando há algum problema nesse momento, recuperando os dados da urna eletrônica por procedimento próprio explicado na resolução.

Vimos outras atividades da Junta na parte 3. Não vou repetir aqui.

O resultado da urna é gravado em um pen drive específico e exclusivo da Justiça Eleitoral. Essas mídias são encaminhadas fisicamente à Justiça Eleitoral que alimenta um sistema de totalização com cada uma delas.

Na totalização, o resultado de todas as urnas é somado e os critérios do sistema eleitoral brasileiro são aplicados. **O resultado é finalmente conhecido e divulgado.**

21.3. Permitido e proibido no dia da eleição

Veja as principais ações permitidas e proibidas no dia do pleito relacionadas a três tópicos: eleitores, propaganda eleitoral e pesquisas eleitorais.

Observações relacionadas aos eleitores no dia da eleição	
Proibido	**Permitido**
Portar celular, máquina fotográfica, filmadora, equipamento de radiocomunicação ou qualquer instrumento que possa comprometer o sigilo do voto, devendo a mesa receptora reter esses objetos enquanto a eleitora ou o eleitor estiver votando[217] Até o término da votação, com ou sem utilização de veículos:[218] Aglomeração de pessoas portando vestuário padronizado A caracterização de manifestação coletiva ou ruidosa A abordagem, o aliciamento e a utilização de métodos de persuasão ou convencimento A distribuição de camisetas	A **manifestação individual e silenciosa da preferência da eleitora e do eleitor por partido político, federação, coligação, candidata ou candidato**, revelada exclusivamente pelo uso de bandeiras, broches, dísticos, adesivos e camisetas[219]
Observações relacionadas à fiscalização partidária	
Proibido	**Permitido**
O uso de vestuário padronizado nos trabalhos de votação e apuração (Lei nº 9.504/1997, art. 39-A, § 3º)	Tão somente o uso de crachás com o nome e a sigla do partido político ou da coligação (Lei nº 9.504/1997, art. 39-A, § 3º)

Propaganda eleitoral no dia da eleição: proibido Lei nº 9.504/1997, art. 39, § 5º
Não pode, inclusive:
O uso de alto-falantes e amplificadores de som ou a promoção de comício ou carreata
A arregimentação de eleitora ou eleitor ou a propaganda de boca de urna
A divulgação de qualquer espécie de propaganda de partidos políticos, de federações ou de suas candidatas e seus candidatos
A publicação de novos conteúdos ou o impulsionamento de conteúdos nas aplicações de internet de que trata o art. 57-B da Lei nº 9.504/1997, podendo ser mantidos em funcionamento as aplicações e os conteúdos publicados anteriormente
O derrame ou a anuência com o derrame de material de propaganda no local de votação ou nas vias próximas, ainda que realizado na véspera da eleição

Pesquisa eleitoral no dia da eleição
Permitido:
A divulgação, a qualquer momento, das pesquisas realizadas em data anterior à da eleição, para todos os cargo

217. Lei nº 9.504/1997, art. 91-A, parágrafo único.
218. Lei nº 9.504/1997, arts. 39, § 5º, III, e 39-A, § 1º.
219. Lei nº 9.504/1997, art. 39-A, caput.

Pesquisa eleitoral no dia da eleição
A divulgação, a partir das 17 horas, das pesquisas realizadas no dia da eleição referentes aos cargos de presidente, governador, senador, deputado federal, deputado estadual e deputado distrital

21.4. O que acontece depois da eleição: diplomação e cuidados com as urnas eletrônicas

Pela diplomação, a Justiça Eleitoral atesta, confirma, quem são os eleitos e os suplentes. Isso é formalizado em um documento: o diploma. A diplomação é feita em dezembro e seus detalhes devem ser buscados na resolução sobre atos gerais de eleição.

Veja, por exemplo, esse artigo da Res. TSE 23.699/21, para as eleições de 2022:

> Art. 238. As candidatas e os candidatos eleitos serão diplomados(as) até 19 de dezembro de 2022.
>
> § 1º As eleitas e os eleitos para o cargo de presidente e o de vice-presidente receberão diplomas assinados pelo(a) presidente do TSE.
>
> § 2º As eleitas e os eleitos aos cargos de governador, vice-governador, senador, deputado federal, deputado distrital e deputado estadual receberão diplomas assinados pelos(as) presidentes dos TREs das respectivas UFs nas quais concorreram.

Nas eleições municipais, compete à junta eleitoral totalizadora a edição de diploma aos eleitos, que são assinados pelo seu presidente.

– E é em papel mesmo? Não tem diploma digital? Meio atrasado... Como é o back up disso? Se eles perdem?

A sua geração é a geração da nuvem. Os candidatos costumam fazer questão do documento físico mesmo. É possível emissão de segunda via, em caso de extravio.

Para encerrar o capítulo, apenas uma informação sobre o que acontece com as urnas depois da eleição.

A resolução sobre "atos gerais do processo eleitoral para as eleições"[220] possui uma parte apenas para tratar da necessidade de conservação das urnas eletrônicas depois da eleição:

Procedimentos com as urnas após as eleições
Conservação das urnas após as eleições para possíveis averiguações posteriores às eleições

220. Para as eleições de 2022, por exemplo, essa resolução é a 23.669/2021.

Quais são os ilícitos que podem acontecer durante uma eleição?

22. CAPTAÇÃO OU GASTOS ILÍCITOS DE RECURSOS

– Vamos estudar, novamente, como se arrecada e se gasta dinheiro em campanha?

Não. Neste capítulo, nós vamos conversar sobre **algumas consequências dadas pela inobservância das regras** sobre captação e aplicação de recursos nas corridas eleitorais.

– Mas já estudamos as prestações de contas de campanha.

Sim. Mas a prestação de contas de campanha é um procedimento regular da corrida eleitoral, para avaliar como ocorreu a movimentação de recursos financeiros. É uma etapa necessária até por haver dinheiro público envolvido.

Agora, nós vamos ver o que acontece quando há ilícitos em movimentações financeiras, **que podem ou não decorrer do que se observou na prestação de contas eleitorais.**

22.1. Considerações sobre ilícitos financeiros em campanha e introdução à representação fundada no art. 30-A da Lei das Eleições

A prestação de contas de campanha, quanto aponta ilícitos, pode autorizar medidas mais graves contra o candidato, **mas não é pressuposto necessário para que isso aconteça.**

Na verdade, é possível, por exemplo, que as contas sejam julgadas aprovadas e, mesmo assim, seja possível identificar, por outros meios, ilícitos financeiros que merecem reprimenda legal.

– Poderia dar um exemplo de fácil entendimento?

Claro! Basta pensar em alguém que fez campanha com recursos não declarados. Pode ser que as contas dessa pessoa tenham sido julgadas aprovadas, mas, mesmo assim, tenha havido ilícito financeiro na corrida eleitoral.

– Captei. Podemos prosseguir.

Uma possível medida contra esse tipo de ilícito é o **manejo de uma Representação Eleitoral**.

Representação Eleitoral é o nome dado para algumas ações eleitorais de campanha que não possuem qualificativos específicos. Essas Representações Eleitorais em casos graves também são chamadas de **Representações Eleitorais Especiais (Rp)**.

Mas eu ainda vou explicar essa questão de nomenclatura no começo da parte 8 do livro. Não se preocupe com isso agora.

Para o momento, basta ler abaixo:

ART. 30-A, LEI DAS ELEIÇÕES: CAPTAÇÃO E GASTOS ILÍCITOS DE RECURSOS

Art. 30-A. Qualquer partido político ou coligação poderá **representar à Justiça Eleitoral,** no prazo de **15 (quinze)** dias da diplomação, relatando fatos e indicando provas, e pedir a abertura de investigação judicial para **apurar condutas** em desacordo com as normas desta lei, relativas à **arrecadação e gastos de recursos**[1]

Os ilícitos financeiros em campanha também podem ser compreendidos como **abuso do poder econômico**. Contra esses abusos cabem duas medidas: Ação de Investigação Judicial Eleitoral (AIJE), prevista na Lei das Inelegibilidades (art. 64/90, arts. 19 e 22) e Ação de Impugnação ao Mandato Eletivo (AIME), prevista na Constituição Federal, art. 14, § 10.

– Me atrapalhei, agora. Mas lembro que vimos algo sobre isso no estudo de fontes do Direito Eleitoral.

1. A EC nº 107/2020 adiou, em razão da pandemia da Covid-19, as eleições de 2020 e os respectivos prazos eleitorais. Para essas eleições, o prazo fixado neste artigo foi o seguinte: "até o dia 1º de março de 2021"

Calma. Ainda é só o começo. E veremos tudo isso de forma bem organizada e sem pressa. Confira o quadro abaixo:

MEDIDAS CABÍVEIS CONTRA ILÍCITOS FINANCEIROS NA CAMPANHA

Medida	Fundamento legal	Procedimento
Representação Especial	**LE, art. 30-A:** Apura condutas em desacordo com as normas relativas à arrecadação e gastos de recursos	Art. 22 e ss., LC 64/90 (procedimento da AIJE)
Representação Especial	**LE, art. 23, § 3º:** Apura doação de pessoa natural acima do valor permitido	Art. 22 e ss., LC 64/90 (procedimento da AIJE)
Ação de Investigação Judicial Eleitoral	**LC 64/90, art. 22:** Apura abuso do poder econômico[2] e outros abusos	Art. 22 e ss., LC 64/90
Ação de Impugnação ao Mandato Eletivo	**CF/1988, artigo 14, § 10:** Impugnação de mandato eletivo com provas de abuso do poder econômico etc.	Art. 2º e ss., LC 64/90 (Procedimento da AIRC)
▶ **A parte 8 do livro trata de todos esses procedimentos**		

– Vacilou nas contas de campanha, representação eleitoral baseada neste tal de 30-A... E ainda temos essas outras medidas. Vamos ver tudo isso agora?

Neste tópico, vamos focar apenas em alguns aspectos dos ilícitos eleitorais financeiros relacionando-os à Representação Especial fundada no art. 30-A da Lei das Eleições.

2. O art. 19, da LC 64/90, explicita que as transgressões pertinentes à origem de valores pecuniários e outros ilícitos devem ser apurados mediante "investigações jurisdicionais realizadas pelo corregedor-geral e corregedores regionais eleitorais". Conforme art. 21 da mesma lei, não se trata propriamente da AIJE, mas de um "procedimento sumaríssimo de investigação judicial", realizada pelas corregedorias dos tribunais eleitorais, nos termos da Lei 1.579/52, que trata das Comissões Parlamentares de Inquérito. Isso não é usado, mas é curioso apontar que o Código Eleitoral projetado (PLP 112/2021, art. 84) menciona a possibilidade de instauração de procedimento preparatório civil administrativo, pelas corregedorias eleitorais, com a finalidade de apurar, em caráter prévio à propositura de ações eleitorais pelos legitimados, indícios de práticas ilícitas com aptidão para comprometer a normalidade e a legitimidade das eleições. O procedimento apontado a ser seguido também é o da Lei 1.579/52.

Mais na frente, teremos um capítulo específico sobre "Abuso do poder econômico e abuso do poder político", introduzindo alguns aspectos da AIJE e AIME.

Por fim, na parte 8 do livro, teremos capítulos específicos para tratar do processamento de todos esses problemas.

– Acho que entendi. Mas vou focar apenas na representação então, essa tal de: Representação Eleitoral Especial fundada no art. 30-A da Lei das Eleições.

Certo. Vamos focar. Sobre essa medida específica, confira o quadro abaixo:

DESTAQUES DA REPRESENTAÇÃO COM BASE NO ART. 30-A, LE	
Qual a punição?	**Direta:** Negação ou cassação do diploma (art. 30-A, §2º, LE)[3] **Indireta:** Inelegibilidade (LC 64/90, art. 1º, I, *j*)
Quem pode sofrer a medida acima?	Candidatos eleitos, pois são eles que podem ter diplomas negados ou cassados
A partir de quando o ilícito pode ocorrer?	Mesmo antes do registro de candidaturas, caso se comprove que houve arrecadação ou gastos em período vedado
A partir de quando é possível representar?	Pelo menos, a partir da apuração e totalização dos eleitos, momento que identifica quem serão os futuros diplomados
Até quando é possível representar?	Até 15 dias após a diplomação (art. 30-A, LE)

– Acho que assimilei. Ficou mais fácil com o quadro. E agora?

Agora, vamos ver mais detalhes sobre os aspectos acima.

A única coisa que não vamos ver é o detalhamento do processamento, pois a parte 8 deste livro cuida só disso, dos procedimentos de tudo o que veremos nesta parte 7.

Prosseguindo...

3. "§ 2º Comprovados captação ou gastos ilícitos de recursos, para fins eleitorais, será negado o diploma ao candidato, ou cassado, se já houver sido outorgado".

22.2. Detalhes sobre o bem jurídico tutelado e o cabimento da representação

Saber quando é possível a representação pelo 30-A é relativamente fácil.

A priori, bastaria o descumprimento das regras sobre as finanças nas campanhas para que essa medida fosse possível.

> – Um exemplo, então, seria a recepção de dinheiro de pessoa jurídica, porque isso é expressamente vedado.

Exato! Parabéns pela argúcia...

> – ... (Nem sei o que é argúcia)

O grande problema é conseguir provar o ilícito apontado na representação. Muitas das irregularidades em arrecadação e gastos acontecem de maneira muito dissimulada.

> – Entendi. No mesmo exemplo que eu citei, de recepção de dinheiro de pessoa jurídica, pode ser difícil comprovar que isso aconteceu, né?

Exatamente.

Além disso, **não é qualquer irregularidade nas contas de campanha que enseja o manejo da representação** pelo 30-A. Marcos Ramayana faz esse alerta:

> **Doutrina:** "É importante salientar que o oferecimento da representação pelo art. 30-A não deve ser baseado em erros formais ou materiais irrelevantes na análise do conjunto da prestação de contas, até porque o art. 30, §2º-A, da Lei nº 9.504/1997 dispõe que, nesses casos, não devem ser rejeitadas as contas"[4]

Há precedentes nesse sentido:

> **Requisitos para a propositura da representação pelo 30-A:**
>
> **Precedente:** "A desaprovação de contas, no qual constatados depósitos em espécie, não comprovam, por si só, o ilícito previsto no art. 30-A da Lei nº 9.504/1997, sendo **imprescindível a demonstração da ilegalidade**

4. RAMAYANA Marcos. *Op. cit.*, p. 618.

qualificada, consubstanciada no uso de recursos que não transitaram nas contas ou sem origem reconhecida acompanhada da má-fé do prestador com capacidade de macular a lisura do pleito".[5]

Precedente: "Para a procedência do pedido formulado na representação pelo art. 30-A, é preciso, ainda, **aferir a gravidade da conduta reputada ilegal**, que pode ser demonstrada tanto pela relevância jurídica da irregularidade quanto pela ilegalidade qualificada, marcada pela má-fé do candidato".[6]

Sobre o bem jurídico tutelado nesse tipo de representação, veja o precedente abaixo:

Bem jurídico tutelado pela Representação fundada no art. 30-A:

Precedente: "No afã de soerguer as estruturas democráticas em nosso país e extirpar as vetustas práticas de corrupção que há muito solapam a legitimidade do processo eleitoral e os mais caros valores republicanos, o legislador ordinário instituiu, por meio do art. 30-A da Lei nº 9.504/97, **importante instrumento para a apuração de ilícitos financeiros perpetrados durante a campanha eleitoral, cujas consequências irradiam por todo o exercício dos mandatos obtidos de forma ilegítima**. [...] No plano jurisprudencial, também já se firmou que **o bem jurídico protegido no âmbito dessa representação é a lisura da campanha e a igualdade entre os candidatos**, não sendo possível nascer mandato legítimo de campanha ilícita".[7]

– Então, a representação pelo art. 30-A apenas deve ser usada se a violação às regras sobre finanças da campanha for grande. Seria essa tal de "ilegalidade qualificada" ou "gravidade da conduta".

Esse é um dos grandes pontos de debate deste assunto.

– Não sei qual a razão desse debate. Se o candidato errou feio na parte financeira da campanha: representação nele!

O detalhe é que **há uma medida jurídica para combater**, entre outras coisas, o **abuso do poder econômico na campanha**. Por vezes, não fica claro se o ilícito financeiro deve ser atacado pela representação fundada no art. 30-A, da Lei das Eleições, ou pela Ação de Investigação Judicial Eleitoral, a AIJE, que combate abuso econômico em campanhas.

5. TSE. RO-El nº 060147553, Acórdão, Rel. Min. Alexandre de Moraes. DJE 17/12/2020. Grifamos.
6. TSE. AgR–REspe 310–48/RS, Rel. designado Min. Luís Roberto Barroso, DJE 25/8/2020. Grifamos.
7. TSE. RO nº 218847, Acórdão, Rel. Min. Tarcisio Vieira De Carvalho Neto. DJE 18/05/2018. Grifamos.

Mas eu vou deixar para explicar isso no capítulo específico sobre o Abuso do Poder Político e Econômico. Se você, leitor, está com pressa para saber, é só ir conferir essa parte.

– Certo. Eu vou esperar esse capítulo. E, por favor, para de falar com o leitor enquanto eu estiver aqui.

Para o momento, com o que devo me preocupar caso eu queira ingressar com a Representação pelo 30-A?

Em resumo, três são os temas principais a serem discutidos nessa representação:

TEMAS QUE PODEM AUTORIZAR A REPRESENTAÇÃO FUNDADA NO ART. 30-A
Ilícitos relacionados à arrecadação de valores
Exemplo: arrecadação de fontes vedadas, arrecadação sem escrituração (formação de caixa dois), arrecadação com o uso de laranjas para burlar a legislação
Ilícitos relacionados a gastos indevidos
Exemplo: brindes para eleitores, gastar além do limite
Ilícitos relacionados à desobediência das normas eleitorais sobre finanças
Exemplo: arrecadação de recurso sem o trânsito por conta específica aberta por determinação legal, pagamento de gastos eleitorais com recursos não provenientes das contas específicas abertas por determinação legal
▶ **Reveja a parte de Prestações de Contas de Campanha**

– Essa arrecadação de dinheiro usando laranjas é um abuso, viu.

Esse é um desses casos que ora é combatido pela Representação fundada no art. 30-A,[8] ora pela medida judicial que combate o abuso do poder econômico...[9]

8. Exemplo de uso da Representação pelo 30-A: "Do exame das fitas de caixa encaminhadas pela instituição financeira extrai-se que o modus operandi do esquema ilegal ocorria por meio de saques de valores da aludida conta bancária para, em seguida, serem depositados, parceladamente, na conta de campanha do ora recorrente, indicando-se CPF de terceiros, evidenciando-se o nítido propósito de ludibriar a fiscalização por parte da Justiça Eleitoral e ocultar a verdadeira origem dos recursos financeiros. A falsidade perpetrada abrangeu, ainda, a emissão de recibos eleitorais em nome de terceiros para justificar as doações". TSE. RO nº 218847, Acórdão, Rel. Min. Tarcisio Vieira De Carvalho Neto. DJE 18/05/2018.
9. Exemplo de uso da AIJE: "prática de dissimulação da origem dos valores doados para a campanha da segunda recorrente. [...] Cotejando o valor de ganho mensal desses contribuintes com a sua remuneração, depreende-se, das informações obtidas, que existe grande incongruência entre o valor doado e a sua capacidade financeira, quando se leva em conta

– Já sei, a tal de Ação de Investigação Judicial eleitoral (AIJE), que veremos mais na frente.

Isso. Além da dissimulação na arrecadação, infelizmente é comum a formação de caixa para campanha sem declaração desses valores. É o caixa dois:

– Pode me explicar melhor esse "caixa dois"?

Confira:

> **Precedente sobre o caixa dois de campanha:** "O chamado 'caixa dois de campanha' caracteriza-se pela manutenção ou movimentação de recursos financeiros não escriturados ou falsamente escriturados na contabilidade oficial da campanha eleitoral. Tem como ideia elementar, portanto, a fraude escritural com o propósito de mascarar a realidade, impedindo que os órgãos de controle fiscalizem e rastreiem fluxos monetários de inegável relevância jurídica".[10]

– Mas como faz para identificar o caixa dois?

Eis um dos grandes problemas das campanhas: o uso de valores não declarados, principalmente provenientes de fontes vedadas. São essas quantias não declaradas que pagam, por exemplo, pela veiculação de notícias falsas nas redes sociais e pela compra de votos.

Esse tema será mais bem tratado no capítulo sobre os Abusos do Poder Político e Econômico. Contudo, vale a pena também relembrar o que vimos nos capítulos que abordaram os **fiscais do processo eleitoral**, principalmente na parte relacionada **aos procedimentos preparatórios disponíveis ao Ministério Público Eleitoral, como o Procedimento Preparatório Eleitoral (PPE) e o Procedimento Investigatório Criminal (PIC).**

---

o valor doado e a remuneração líquida dos doadores. Diversos doadores pessoas físicas doaram praticamente tudo o que ganharam no mês ou até mais". TSE RO nº 060081868, Acórdão, Rel. Min. Sergio Silveira Banhos. DJE 19/10/2021.

10. TSE. RO nº 122086, Acórdão, Rel. Min. Luciana Lóssio. DJE 27/03/2018.

22.3. Legitimidade ativa e competência para o processamento da representação

– Professor, o artigo 30-A diz que "qualquer partido político ou coligação poderá representar à Justiça Eleitoral" sobre ilícitos de arrecadação e gastos de recursos. É isso mesmo?

Um candidato, por exemplo, não pode pedir providências contra outro candidato?

E o Ministério Público?

Vamos por partes...

LEGITIMIDADE ATIVA DA REPRESENTAÇÃO PELO ART. 30-A
Partido político, Coligação ou Federação
Ministério Público Eleitoral

Além da coligação, atualmente, há a figura da federação partidária,[11] que também pode ser incluída como legitimado ativo.

O Ministério Público é fiscal por natureza do processo eleitoral.

Vimos isso em um capítulo deste livro. Basta consultar os artigos 127,[12] *caput*, da Constituição, e o art. 72 da LC 75/93.[13]

Quanto aos candidatos, não se reconhece a sua legitimidade, embora alguns autores defendam ser possível.[14]

> **Ilegitimidade ativa para as representações do 30-A:**
>
> **Precedente:** "Da ilegitimidade ativa de candidato [...] para ajuizamento da representação fundada no art. 30-A da Lei nº 9.504/97. [...] **O art.**

11. Novidade inaugurada pela Lei nº 14.208, de 2021, que alterou a Lei dos Partidos Políticos. Veja o capítulo sobre Partidos Políticos.
12. Art. 127. O Ministério Público é instituição permanente, essencial à função jurisdicional do Estado, incumbindo-lhe a defesa da ordem jurídica, do regime democrático e dos interesses sociais e individuais indisponíveis.
13. Art. 72. Compete ao Ministério Público Federal exercer, no que couber, junto à Justiça Eleitoral, as funções do Ministério Público, atuando em todas as fases e instâncias do processo eleitoral. Parágrafo único. O Ministério Público Federal tem legitimação para propor, perante o juízo competente, as ações para declarar ou decretar a nulidade de negócios jurídicos ou atos da administração pública, infringentes de vedações legais destinadas a proteger a normalidade e a legitimidade das eleições, contra a influência do poder econômico ou o abuso do poder político ou administrativo.
14. José Jairo afirma que a norma disse menos do que deveria, concluindo pela possibilidade de atuação, no polo ativo, de candidatos e do Ministério Público (GOMES, José Jairo. *Direito Eleitoral*. 16. ed. São Paulo: Atlas, 2020, p. 952).

30-A da Lei 9.504/97 não confere legitimidade ativa ad causam a candidatos para a propositura da ação, ficando restrita a partidos e coligações".[15]

– Sem sentido não incluir o candidato...

O candidato é fiscal por excelência do processo eleitoral. Vimos isso, inclusive, na parte sobre fiscalização das eleições. O Código Eleitoral projetado corrige isso, incluindo o candidato na legitimação ativa.[16]

Mas veja que isso é um problema menor. Para evitar discussões, bastaria o ajuizamento da demanda do candidato junto com o partido. No máximo, o candidato poderia ser reconhecido como assistente simples do partido.

– Certo. E onde se propõe essa representação?

Há uma espécie de regra geral para saber onde apresentar as representações que violam dispositivos da Lei das Eleições. A Representação fundada no art. 30-A segue essa regra.

Veja:

COMPETÊNCIA PARA AS REPRESENTAÇÕES ELEITORAIS (ART. 96, LE)	
Juízes Eleitorais	Nas eleições municipais
Tribunais Regionais Eleitorais	Nas eleições federais, estaduais e distritais
Tribunal Superior Eleitoral	Na eleição presidencial

Art. 96 [...]

§ 2º Nas **eleições municipais**, quando a **circunscrição abranger mais de uma Zona Eleitoral**, o Tribunal Regional **designará um Juiz** para apreciar as reclamações ou representações

§ 3º Os **Tribunais Eleitorais designarão três juízes auxiliares** para a apreciação das **reclamações ou representações que lhes forem dirigidas**

§ 4º Os recursos contra as decisões dos juízes auxiliares serão julgados pelo Plenário do Tribunal

15. TSE. RO nº 122086, Acórdão, Rel. Min. Luciana Lóssio. DJE 27/03/2018. Grifamos.
16. PLP 112/2021, texto original Senado, art. 603.

– Então, por exemplo, nas eleições estaduais, eu ingresso com a representação direto no Tribunal Regional Eleitoral. Mas, afinal, quem julga: esse juiz auxiliar ou o tribunal?

As decisões em tribunais que tratam da cassação do registro ou do diploma devem ser feitas de forma colegiada.

É justamente o caso da Representação por Captação ou Gastos Ilícitos em campanha (art. 30-A, §2º, LE[17]).

Além disso, vimos que uma consequência indireta de uma condenação pelo art. 30-A é a inelegibilidade (alínea *j*, I, art. 1º, LC 64/90).

– Mas o que faz o juiz auxiliar?

O juiz auxiliar, segundo lições de José Jairo Gomes:

> **Doutrina:** "[...] preside o processo e sua instrução, devendo apresentar 'relatório conclusivo sobre o que houver apurado', nos termos do artigo 22, XI, da LC nº 64/90. Na sessão designada para o julgamento, após relatar o feito, votará antes dos demais membros do Colegiado".[18]

22.4. Legitimidade passiva: aqueles que podem assumir a titularidade do mandato

Para saber a legitimidade passiva, ou contra quem uma medida eleitoral pode ser proposta, basta pensar em quem pode sofrer as consequências da medida. Vamos ver o art. 30-A, §2º, da Lei da Eleições (9.504/97):

> **Art. 30-A**
>
> **§ 2º Comprovados captação ou gastos ilícitos de recursos, para fins eleitorais, será negado diploma ao candidato, ou cassado, se já houver sido outorgado.**

– Muito fácil, então. O legitimado ativo, no caso do 30-A, é o candidato eleito, pois é o eleito quem pode não ser diplomado ou perder o diploma.

---

17. "§ 2º Comprovados captação ou gastos ilícitos de recursos, para fins eleitorais, será negado diploma ao candidato, ou cassado, se já houver sido outorgado".
18. GOMES, José Jairo. *Op. cit.*, p. 951.

Pense mais, guria. Há mais dois sujeitos que podem assumir a titularidade do cargo eletivo por eleição: o **vice e os suplentes**.

PRECEDENTE EM DESTAQUE: LEGITIMIDADE PASSIVA DO TITULAR, VICE E SUPLENTES

"Os **legitimados passivos para a demanda**, segundo a doutrina e a jurisprudência, são os **candidatos que arrecadaram ou gastaram recursos ilicitamente, inclusive os suplentes**, na linha do que decidido por este Tribunal no RO nº 1.540/PA, da relatoria do e. Ministro Felix Fischer.

O terceiro responsável ou partícipe não sofre nenhuma consequência jurídica no âmbito da aludida representação"[19]

Lembrei de uma coisa: **sempre que houver uma sanção para um integrante de uma chapa (titular/vice) que repercuta no outro, é preciso que ambos participem do processo, pois não é possível sanção sem contraditório**. Eis a razão do enunciado de súmula abaixo.

> **Enunciado n.º 38, da Súmula do TSE:** Nas ações que visem à cassação de registro, diploma ou mandato, há litisconsórcio passivo necessário entre o titular e o respectivo vice da chapa majoritária.

– Faz muito sentido. Mas fiquei com uma dúvida.

O terceiro, ou aquele que não é eleito, mas que podem ter praticado irregularidades, parece que escapam ilesos. Que absurdo!

Não é tão simples.

Contra os terceiros e os não eleitos são viáveis outras medidas como a **Representação por Doação Acima do Limite Legal** e a **Ação de Investigação Judicial Eleitoral**, por exemplo.

– Já sei: ainda veremos essas ações...

Isso mesmo. Uma delas neste mesmo capítulo.

Também **é preciso ver se não seria possível alguma medida criminal contra os envolvidos no ilícito**.

Não se esqueça que é possível, contra uma mesma pessoa, medidas cíveis e criminais. Mas isso é uma conversa para outro momento.

19. TSE. RO nº 218847, Acórdão, Rel. Min. Tarcisio Vieira De Carvalho Neto. DJE 18/05/2018. Grifamos.

22.5. Período de ocorrência do ilícito e período de ajuizamento da representação

O prazo para...

– Eu vi aqui, Minami, no art. 30-A, o prazo de ajuizamento: "15 (quinze) dias da diplomação"...

Isso. O prazo é de até 15 dias depois da diplomação.

É possível ingressar com a demanda mesmo antes da diplomação. Veja:

> **Prazo para ingresso da representação fundada no 30-A:**
>
> **Precedente:** "As representações do art. 30-A da Lei nº 9.504/97 **podem ser ajuizadas antes da diplomação, na medida em que o objeto da pretensão é a negativa do diploma ou sua cassação se já expedido**, em havendo movimentação de recursos destinados à campanha, a qual podia, à época, se iniciar a partir do dia 6 de julho".[20]

– E não pode ajuizar antes da eleição?

Há uma complicação aí. Lembre-se de que a consequência da representação é cassar ou negar a entrega do diploma. Como, então, ingressar com essa demanda contra quem não se sabe se será eleito?

– Entendi. Mas o magistrado não poderia receber a representação e esperar a eleição acontecer?

Sim. Já houve quem propusesse até essa solução.[21]

Uma outra possibilidade é o ingresso...

– Eita... Agora quem está repetitivo é o professor... Eu já sei. É possível o ingresso de uma medida contra o abuso do poder econômico, a Ação de Investigação Judicial Eleitoral (AIJE), que veremos em capítulo específico.

Isso mesmo. Mas, falando em AIJE, vamos ao próximo tópico.

---

20. TSE. RO nº 122086, Acórdão, Rel. Min. Luciana Lóssio. DJE 27/03/2018.
21. GOMES, José Jairo. *Op. cit.*, p. 953.

22.6. Procedimento cabível

O § 1º, do art. 30-A, da Lei das Eleições (9.504/97), estabelece que o **processamento da representação contra o ilícito** que estamos estudando **deve ser feito pelo procedimento previsto no art. 22 da LC 64/90, no que couber**.

É o **procedimento da Ação de Investigação Judicial Eleitoral, explicado na parte 8 deste livro**. Esse procedimento também serve para as representações com consequências mais drásticas, como a perda do mandato e impedimento de diplomação, além da possibilidade de inelegibilidade, ainda que de forma indireta, na forma da alínea *j*, I, art. 1º, LC 64/90.

– Puxa vida, quanto detalhe!

Não se deixe impressionar. Vou repetir algo que já te disse.

A Lei Complementar 64, que é de 1990, trouxe um procedimento relativamente detalhado para a Ação de Investigação Judicial Eleitoral (AIJE) que combate abusos em eleição. A AIJE pode resultar em cassação do registro, diploma e até em inelegibilidade.

– Por qual motivo saber disso é importante mesmo?

É que esse **procedimento da AIJE (art. 22, LC 64/90) é usado sempre que a legislação eleitoral apresenta ilícitos que podem gerar consequências graves** como a cassação do diploma ou registro, ou inelegibilidade, ainda que indiretamente.

É por isso que, nos demais ilícitos que veremos, como a captação ilícita de votos e as condutas vedadas aos agentes públicos, aprenderemos que a representação contra eles se vale justamente do procedimento do art. 22 da LC/90, ou seja, o procedimento da AIJE.

– Entendi... É como se fossem "ações especiais", pois geram uma grave consequência.

Exato! Aliás, é por isso que muitos chamam essas representações de **Representações Especiais**.

Uma última informação é a previsão do §3º, do art. 30-A:

Prazo para recurso: 3 dias

Art. 30-A: § 3º O prazo de recurso contra decisões proferidas em representações propostas com base neste artigo será de 3 (três) dias, a contar da data da publicação do julgamento no Diário Oficial.

Adiante!

22.7. Consequências da representação

A procedência da representação fundada no art. 30-A traz consequências diretas e indiretas.

Veja:

CONSEQUÊNCIAS DA REPRESENTAÇÃO FUNDADA NO ART. 30-A	
Direta	LE, art. 30-A, §2º: [...] § 2º Comprovados captação ou gastos ilícitos de recursos, para fins eleitorais, **será negado diploma ao candidato, ou cassado, se já houver sido outorgado**
Indireta	LC 64/90, art. 1º, I, j Art. 1º São **inelegíveis:** I - **para qualquer cargo**: j) os que **forem condenados**, em decisão transitada em julgado ou proferida por órgão colegiado da Justiça Eleitoral, por corrupção eleitoral, por captação ilícita de sufrágio, por doação, **captação ou gastos ilícitos de recursos de campanha** ou por conduta vedada aos agentes públicos em campanhas eleitorais que impliquem cassação do registro ou do diploma, **pelo prazo de 8 (oito) anos a contar da eleição**

– Agora eu entendi essa história de "consequência indireta". Não é a Lei das Eleições que determina a inelegibilidade. É a Lei das Inelegibilidades.

Perfeito. Perceba que nem é preciso pedir a inelegibilidade e o magistrado nem precisa colocar essa consequência na sua decisão. É a lei quem a determina.[22]

22. "A inelegibilidade poderá ser reconhecida, apenas e tão somente, como efeito secundário da condenação, *ex vi* do art. 1º, I, j, da LC nº 64/90 em futuro processo de registro de candidatura, não havendo qualquer incompatibilidade da norma questionada com a reserva de

Além das consequências acima, há a anulação dos votos dados aos condenados. Isso está no **Código Eleitoral**, quando trata da nulidade da votação:

> **Código Eleitoral sobre nulidade da votação:**
>
> Art. 222. **É também anulável a votação**, quando viciada de falsidade, fraude, coação, **uso de meios de que trata o Art. 237**, ou emprego de processo de propaganda ou captação de sufrágios vedado por lei.
>
> **Art. 237. A interferência do poder econômico e o desvio ou abuso do poder de autoridade, em desfavor da liberdade do voto, serão coibidos e punidos.**

– Qual é a consequência prática disso?

Haverá a retotalização do resultado, agora desconsiderando esses votos inválidos.

Uma coisa interessante, é que já se autorizou a decisão baseada em indícios, e não em provas que demostrassem inexoravelmente o ilícito, justamente porque uma das características dos ilícitos que dissimulam arrecadação de quantia é a dificuldade de sua comprovação. Veja:

PRECEDENTE EM DESTAQUE: INDÍCIOS E CONDENAÇÃO PELO ART. 30-A

"Por sua própria natureza, o **'caixa dois'** é daqueles ilícitos cuja consumação ocorre longe do sistema de vigilância/controle, acarretando **significativa dificuldade probatória**.

Nesse caso, **a exigência de prova exclusivamente direta para a condenação acabaria por estimular a impunidade**, em flagrante ofensa ao princípio da vedação da proteção deficiente (*Untermassverbot*).

[...] **Na hipótese de ilícito de reconhecida dificuldade probatória, o Estado-juiz está autorizado a apoiar-se no conjunto de indícios confirmados ao longo da instrução** diante das raras provas diretas do comportamento ilícito, sob pena de deixar sem resposta graves atentados à ordem jurídica e à sociedade"[23]

"Os indícios devem ser igualmente admitidos como meio de prova suficiente para a condenação, vedada apenas a motivação baseada em presunções sem nenhum liame com os fatos narrados nos autos"[24]

– E o partido político que estiver envolvido com essa ilicitude, não sofre nada?

---

lei complementar prevista no texto constitucional". (TSE. RO nº 122086, Acórdão, Rel. Min. Luciana Lóssio. DJE 27/03/2018).

23. TSE. RO nº 122086, Acórdão, Rel. Min. Luciana Lóssio. DJE 27/03/2018.
24. TSE. RO nº 2246-61, Redator para o acórdão Min. Roberto Barroso. DJE 1/06/2017.

Curioso você perguntar isso... Nessa representação específica não é possível punição ao partido que tenha incorrido em ilicitudes financeiras em campanha. O partido não pode ser nem sujeito passivo dessa medida. Como consequência, não pode ser condenado aqui.

Mas, nós vimos que em prestação de contas de campanha desses partidos, há sanções em caso de irregularidades, como a do art. 25, da Lei das Eleições:

> **Art. 25. O partido que descumprir as normas referentes à arrecadação e aplicação de recursos fixadas nesta lei perderá o direito ao recebimento da quota do Fundo Partidário do ano seguinte, sem prejuízo de responderem os candidatos beneficiados por abuso do poder econômico.**[25]

22.8. Consequências pela doação acima do limite permitido por pessoa natural

Bem lá atrás, você havia me perguntado o seguinte: "o que impede uma pessoa física de doar fortunas entregues a ela por empresas para repassarem a candidatos? Em outras palavras: e se uma pessoa jurídica realizar doações para campanhas por meio de laranjas?"

– Eu só tenho pergunta arretada mesmo, né?

Foco. Eu disse que a lei pensou nisso e estabeleceu limites para essas doações.

LIMITE DAS DOAÇÕES POR PESSOAS NATURAIS (LE, ART. 23, § 1º)
10% (dez por cento) dos rendimentos brutos auferidos pelo doador no ano anterior à eleição
▶ **As pessoas naturais podem realizar doações estimáveis em dinheiro, mas não se aceita que participem de eventos do tipo showmícios, autorizando-se, contudo, a sua participação em eventos de arrecadação**[26]

25. Parágrafo único do mesmo artigo: A sanção de suspensão do repasse de novas quotas do Fundo Partidário, por desaprovação total ou parcial da prestação de contas do candidato, deverá ser aplicada de forma proporcional e razoável, pelo período de 1 (um) mês a 12 (doze) meses, ou por meio do desconto, do valor a ser repassado, na importância apontada como irregular, não podendo ser aplicada a sanção de suspensão, caso a prestação de contas não seja julgada, pelo juízo ou tribunal competente, após 5 (cinco) anos de sua apresentação.
26. "O Tribunal, por maioria, julgou parcialmente procedente a ação direta, para conferir interpretação conforme à Constituição ao art. 23, § 4º, inc. V, da Lei nº 9.504/1997, visando

– Entendi. Se eu ganhei, por exemplo, cerca de 12 mil reais brutos, em ano anterior às eleições, e se eu fosse doar o meu dinheiro para a campanha de alguém, então eu só poderia doar cerca de 1.200 reais.

Mas e se eu fosse a candidata... Doar para mim mesma seria possível, mesmo ultrapassando esse limite?

Outra pergunta excepcional!

– ... Menos, né, professor... Cuida! Qual é a resposta?

A legislação eleitoral limita a utilização de recursos próprios.

> **LE, art. 23:** 2º-A O candidato poderá usar recursos próprios em sua campanha até o total de 10% (dez por cento) dos limites previstos para gastos de campanha no cargo em que concorrer.

– Entendi. A limitação do valor da campanha então repercute mais do que eu pensava.

E o que acontece com quem ultrapassar esses limites?

CONSEQUÊNCIAS PARA AS DOAÇÕES QUE ULTRAPASSAREM OS LIMITES (LE, ART. 23, § 3º)
Multa no valor de até 100% (cem por cento) da quantia em excesso
Consequência indireta: inelegibilidade
LC 64/90, art. 1º, I, *p*: Art. 1º São inelegíveis: I - para qualquer cargo:
p) **a pessoa física** e os dirigentes de pessoas jurídicas **responsáveis por doações eleitorais tidas por ilegais** por decisão transitada em julgado ou proferida por órgão colegiado da **Justiça Eleitoral**, pelo prazo de 8 (oito) anos após a decisão, **observando-se o procedimento previsto no art. 22**
Se o ilícito é identificado em AIJE, a inelegibilidade é consequência direta (art. 22, LC 64/90)

incluir no seu escopo a possibilidade de realização de apresentações artísticas ou shows musicais em eventos de arrecadação de recursos para campanhas eleitorais" STF. ADI 5970. Plenário, 07.10.2021 (Sessão realizada por videoconferência - Resolução 672/2020/STF).

– E como se sabe quem fez a doação de forma indevida?

Há várias formas. A análise da prestação de contas de campanhas é uma delas. Talvez ali se identifiquem doações suspeitas.

Outra maneira de achar malfeitos é por um convênio firmado entre o TSE e a Secretaria da Receita Federal (SRF), pela Portaria Conjunta TSE/SRF nº 74/2006, que permite uma troca de dados entre essas instituições para localizar possíveis ilicitudes. Situações suspeitas serão informadas à Justiça Eleitoral.

É possível também que qualquer cidadão faça denúncias sobre casos suspeitos a partir do que está divulgado na internet, sobre os gastos de campanha e relação dos doadores e respectivos valores.

A Lei das Eleições estabelece que essas informações financeiras serão consolidadas e apuradas entre o TSE e a Receita Federal (LE, art. 24-C). Nesse artigo, há a data limite para o ajuizamento da medida contra o ilícito pelo Ministério Público, quando recebe essas informações consolidadas: até o final do exercício financeiro seguinte ao do período de apuração.

– Qual é o procedimento adotado?

Uma representação eleitoral por doação acima do limite permitido (art. 44, da Res. TSE 23.608/19).[27]

DESTAQUES DA REPRESENTAÇÃO COM BASE NO ART. 23, LE	
Qual a punição?	Multa no valor de até 100% (cem por cento) da quantia em excesso Possibilidade de aplicação das consequências impostas ao abuso do poder econômico (art. 22, LC 64/90) Consequência indireta: inelegibilidade (LC 64/90, art. 1º, I, p)
Quem pode sofrer a medida acima?	O doador

27. Art. 44. As representações que tenham por causa de pedir as hipóteses previstas nos arts. 23, 30-A, 41-A, 45, VI, 73, 74, 75 e 77 da Lei n° 9.504/1997 observarão o procedimento do art. 22 da Lei Complementar n° 64/1990 e, supletiva e subsidiariamente, o Código de Processo Civil.

DESTAQUES DA REPRESENTAÇÃO COM BASE NO ART. 23, LE	
Até quando é possível representar?	Até o final do ano seguinte ao ano de ocorrência da doação indevida (art. 24-C, § 3º, LE)
Há outra medida cível possível?	Veja o capítulo sobre abusos nas eleições, incluindo o abuso do poder econômico
Qual o procedimento?	Procedimento da LC 64/90, art. 22, o procedimento da AIJE (Veja a parte 8 o deste livro)

22.9. A arrecadação e gastos ilícitos no Código Eleitoral projetado

Até o momento, o Código Eleitoral em discussão (PLP 112/2021, texto original do Senado) aborda o tema no Livro XIX, que trata das "Condutas que Sujeitam o Candidato à Cassação de Registro, Diploma ou Mandato":

> Art. 603. **Qualquer partido político, coligação, candidato ou o Ministério Público** poderá, **até 15 (quinze) dias após a diplomação**, representar à Justiça Eleitoral, relatando fatos e indicando provas que envolvam condutas realizadas em desacordo com as normas desta Lei, relativas à arrecadação e gastos de recursos.
>
> § 1º A captação ou gasto ilícito de recursos sujeita os responsáveis a **multa de R$ 5.000,00 (cinco mil reais) a R$ 120.000,00 (cento e vinte mil reais)**, sem prejuízo da **cassação do registro ou do diploma**, quando reconhecida a **gravidade das circunstâncias**, e da restituição dos valores obtidos ilicitamente, se for o caso.
>
> § 2º A representação de que trata este artigo seguirá o procedimento comum previsto nesta Lei.

ARRECADAÇÃO E GASTOS ILÍCITOS NO CÓDIGO ELEITORAL EM DISCUSSÃO
Destaques:
O candidato passa a ser **legitimado ativo**
A representação somente pode ser proposta até **15 dias após a eleição**
Há previsão de multa aos condenados, de R$ 5.000,00 a R$ 120.000,00, além da cassação do registro ou do diploma e da restituição dos valores obtidos ilicitamente, se for o caso, **quando reconhecida a gravidade das circunstâncias**
O procedimento adotado é o "procedimento comum", que estudamos no capítulo sobre Ação de Impugnação ao Registro de Candidatura (parte 8 do livro), no tópico "O procedimento eleitoral comum no Código Eleitoral projetado"

22.10. Principais disposições penais relacionadas ao tema

Código Eleitoral vigente	Código Eleitoral em discussão
	Art. 879. Doar, receber ou utilizar, de qualquer modo, nas campanhas eleitorais próprias ou de terceiros para fins de campanha eleitoral, ainda que fora do período eleitoral, **recursos financeiros, em qualquer modalidade, fora das hipóteses da legislação eleitoral e das exigências previstas em lei**: Pena - reclusão, de 2 (dois) a 5 (cinco) anos, e multa. § 1º A pena será aumentada da metade se os valores forem provenientes de fontes vedadas e em dobro se os valores forem provenientes de infração penal, e utilizados meios para ocultar ou dissimular sua natureza, origem, localização, disposição, movimentação ou propriedade. § 2º O juiz poderá deixar de aplicar a pena ou poderá reduzi-la de 1/3 (um terço) a 2/3 (dois terços) se a omissão ou irregularidade na prestação de contas recair sobre valores de origem lícita, advindos de doador autorizado pela legislação eleitoral e não extrapolar o limite legal definido para doação ou limite máximo de gastos do respectivo cargo.
Art. 354-A. **Apropriar-se** o candidato, o administrador financeiro da campanha, ou quem de fato exerça essa função, **de bens, recursos ou valores destinados ao financiamento eleitoral, em proveito próprio ou alheio**: Pena - reclusão, de dois a seis anos, e multa.	Art. 880. **Apropriar-se** o candidato, o administrador financeiro da campanha, ou quem de fato exerça essa função, **de bens, recursos ou valores advindos, direta ou indiretamente, do financiamento público e destinados à campanha eleitoral, em proveito próprio ou alheio**: Pena - reclusão, de 2 (dois) a 5 (cinco) anos, e multa.

23. CAPTAÇÃO ILÍCITA DE SUFRÁGIO

– O nome desse capítulo é tão sofisticado: "Captação ilícita de sufrágio".

É verdade. Mas o tema é, infelizmente, muito comentado durante as eleições e é mais conhecido pelo seu nome popular: a compra de voto.

Uma possível medida cível contra esse tipo de ilícito é o **manejo de uma Representação Eleitoral Especial (Rp).**

– Já sei, ainda vai falar dessa questão dos nomes...

Isso. No começo da parte 8 do livro.

– Mas, voltando ao assunto. Compra de voto também é crime?

Sim. Há um tipo penal que irei mencionar, mas o foco aqui é o tratamento do problema na esfera cível.

23.1. Previsão normativa e principais características do ilícito (art. 41-A, LE)

CAPTAÇÃO ILÍCITA DE SUFRÁGIO (ART. 41-A, LE)	
Captação ilícita de sufrágio: **o candidato doar, oferecer, prometer, ou entregar, ao eleitor, com o fim de obter-lhe o voto**[28]**, bem ou vantagem pessoal de qualquer natureza, inclusive emprego ou função pública, desde o registro da candidatura até o dia da eleição, inclusive**. § 1º Para a caracterização da conduta ilícita, é desnecessário o pedido explícito de votos, bastando a evidência do dolo, consistente no especial fim de agir. § 2º As sanções previstas no caput aplicam-se contra **quem praticar atos de violência ou grave ameaça a pessoa**, com o fim de obter-lhe o voto.	
Medida cabível:	
Até diplomação	**Representação Eleitoral pelo procedimento do art. 22 da LC 64/90**[29] **A depender da dimensão do ilícito, pode caber Ação de Investigação Judicial Eleitoral (AIJE) por abuso do poder econômico**
Após diplomação	**Possível atacar captação ilícita com AIME fundada em Corrupção Eleitoral**[30]

28. PLP 112/2021, possível próximo Código Eleitoral, estabelece: "com o fim de obter-lhe o voto ou induzi-lo à abstenção".
29. Veja parte 8 do livro, que trata do procedimento. Um dos capítulos trata da AIJE.
30. Veja um dos capítulos seguintes sobre corrupção e fraude eleitoral.

– Eu nunca vou decorar essas condutas: doar, oferecer, prometer ou entregar; doar, oferecer, prometer ou entregar; doar, oferecer, prometer ou entregar...

Basta decorar a sigla **DOPE: D**oar, **O**ferecer, **P**rometer ou **E**ntregar.

– DOPE! Gostei... Não esqueço nunca mais. Aliás, parece nome de cachorro... Vem cá, Dope! Senta, Dope!

Concentra na aula, por favor...

– Eu achava que cabia apenas Representação Especial. Mas cabe AIJE, AIME... Complicou.

Não complicou não. Eu só falei delas agora para a informação ficar completa.

Mas, **neste capítulo, quando eu falar de medida contra as condutas do 41-A, é apenas sobre a Representação Especial fundada no art. 41-A que estarei me referindo.**

A **AIJE** e **AIME** veremos apenas quando estudarmos **"abuso do poder econômico e político"**, **"corrupção e fraude eleitoral"**.

– Capitei. Podemos continuar.

O foco do art. 41-A é atacar quem tenta captar ilicitamente votos, mas já houve decisões reconhecendo o ilícito do 41-A na hipótese de alguém tentar "comprar abstenção" de outros. Exemplo: te dou cem reais para você não comparecer às urnas. Veja:

PRECEDENTE: COMPRA DE ABSTENÇÃO E 41-A

"Se a conduta imputada está tipificada no art. 299 do CE, no qual 'obter ou dar voto' e 'conseguir ou prometer abstenção' são fins equiparados, que decorrem da ação de 'dar, oferecer, prometer, solicitar ou receber, para si ou para outrem, dinheiro, dádiva, ou qualquer outra vantagem', é lícito ao intérprete do art. 41-A da Lei nº 9.504/97, por analogia, entender que ali, se cogita, também, **da dádiva de dinheiro em troca de abstenção**"[31]

31. REspe nº 26118, Acórdão, Rel. Min. Gerardo Grossi, DJ - 28/03/2007. Grifamos.

No PLP 112/2021, **possível próximo Código Eleitoral**, a captação ilícita compreende a **tentativa de obtenção de voto ou a indução à abstenção**. Ao final deste capítulo, veremos mais sobre esse projeto de lei.

Agora, veja o quadro abaixo para mais detalhes da atual legislação.

DESTAQUES DA REPRESENTAÇÃO PELA CAPTAÇÃO ILÍCITA DE SUFRÁGIO	
Quem pode praticar?	Candidato ou outra pessoa, **mas a representação é proposta contra o candidato favorecido**
Quando o ilícito pode ocorrer?	Desde o registro de candidaturas, **até o dia da eleição, inclusive** (art. 41-A)
Até quando eu posso ajuizar a representação?	Desde o momento em que há candidatos, ou seja, desde o pedido de registro, **até a data da diplomação** (§3º, art. 41-A, LE)
Qual a punição?	**Direta:** Multa e cassação do registro ou do diploma (41-A, LE)[32] **Indireta:** Inelegibilidade (LC 64/90, art. 1º, I, j)

– Acho que entendi, mas tenho algumas dúvidas. O artigo 41-A fala em "violência ou grave ameaça"...

Sim. É o ilícito conhecido como "**coação eleitoral**": **o uso de atos de violência ou de grave ameaça para conseguir voto.**

– Entendi. Outra dúvida: ali consta que a captação ocorre quando o próprio candidato realiza as condutas descritas. Mas, então, o professor colocou que pode praticar a conduta o "candidato ou outra pessoa".

Veremos tudo isso. Vamos por partes.

23.2. Detalhes sobre o bem jurídico tutelado e o cabimento da representação

Veja qual o bem jurídico tutelado pelo art. 41-A, LE:

32. Veja também art. 109, Res. TSE 23.610/19.

PRECEDENTE: BEM JURÍDICO TUTELADO PELA REPRESENTAÇÃO FUNDADA NO ART. 41-A

"O dispositivo visa coibir a prática da compra de votos, infelizmente ainda presente nas campanhas políticas brasileiras, que vicia o processo de manifestação das preferências eleitorais, compromete a autonomia dos votantes e afeta, de forma ilegítima, o resultado das urnas. Assim, **embora o principal bem jurídico tutelado pelo art. 41-A seja a liberdade de voto do eleitor, tanto a igualdade de chances entre os candidatos quanto a própria legitimidade do processo eleitoral também fundamentam a vedação à captação de sufrágio**"[33]

Atenção: não basta que o eleitor tenha sido assediado por qualquer pessoa.

Tem-se entendido que é preciso **um mínimo de ligação entre a pessoa que tenta captar o voto indevidamente e o beneficiado do ilícito: o candidato**. A partir dessa conclusão, o próprio julgado acima traz algumas diretrizes para a propositura da Representação pelo 41-A. Veja:

PRECEDENTE: REQUISITOS PARA A REPRESENTAÇÃO PELO ART. 41-A, LE

"Ao interpretar o art. 41-A da Lei nº 9.504/1997, a jurisprudência deste Tribunal Superior tem entendido que a configuração da captação ilícita de sufrágio depende, além do requisito temporal (ocorrência entre a data do registro de candidatura e a eleição), de três elementos:

(i) a **prática de qualquer das condutas** de **doar, ofertar, prometer, ou entregar** bem ou vantagem pessoal de qualquer natureza ao eleitor,

(ii) a **finalidade eleitoral da conduta**; e

(iii) a **participação, direta ou indireta, do candidato, ou, ao menos, o consentimento, a anuência, o conhecimento ou mesmo a ciência dos fatos** que resultaram na prática do ilícito eleitoral.

Como o bem tutelado pela norma é a liberdade de voto do eleitor, o TSE tem entendido que **não é preciso aferir a potencialidade da conduta para influenciar o resultado do pleito** (REspe nº 27.747, Rel. Min. José Delgado, j. em 04.12.2007; e REspe nº 21.264, Rel. Min. Carlos Velloso, j. em 27.04.2004)"[34]

– Entendi. Não basta eu provar que alguém comprou votos, eu preciso saber se há esse liame entre quem compra e o candidato beneficiado.

33. TSE. AI nº 72813, Decisão monocrática, Rel. Min. Luís Roberto Barroso. DJE Data 26/03/2019. Grifamos.
34. TSE. AI nº 72813, Decisão monocrática, Rel. Min. Luís Roberto Barroso. DJE Data 26/03/2019.

Exato! Além disso, a jurisprudência do Tribunal Superior Eleitoral é "no sentido de que devem existir provas robustas para comprovar a prática da captação ilícita de votos, nos termos do art. 41-A da Lei nº 9.504/1997 [...]".[35]

Isso não significa que indícios não sejam aceitos em algumas situações. Veja:

> **Uso de indícios em representações:**
>
> **Precedente: "Possibilidade de utilização de indícios** para a comprovação da participação, direta ou indireta, do candidato ou do seu consentimento ou, ao menos, conhecimento da infração eleitoral, vedada apenas a condenação baseada em presunções sem nenhum liame com os fatos narrados nos autos".[36]

Também não é preciso comprovar que muitos e muitos votos foram comprados, e nem que houve o efetivo voto no candidato.

> **Precedente: "A compra de um único voto é suficiente para configurar captação ilícita de sufrágio**, pois o bem jurídico tutelado pelo art. 41-A da Lei nº 9.504/97 é a livre vontade do eleitor, sendo desnecessário aferir eventual desequilíbrio da disputa".[37]

Por fim, veja o §1º, art. 41-A, LE:

> § 1º Para a caracterização da conduta ilícita, é desnecessário o pedido explícito de votos, bastando a evidência do dolo, consistente no especial fim de agir.

Não basta, por exemplo, que alguém apenas prometa de forma genérica alguma vantagem, é preciso ocorrer "[...] oferta de benefício a ser obtido concreta e individualmente por eleitor determinado ou determinável". [38]

– E se a compra de votos for descarada, envolvendo muitos eleitores e dinheiro?

Pergunta muito oportuna.

35. O mesmo julgado indica outros precedentes: "a esse respeito, confiram-se: AgR-REspe nº 75151/TO, Rel. Min. Luciana Lóssio, j. em 28.03.2017; AgR-REspe nº 13187/PE, Rel. Min. Luiz Fux, j. em 18.10.2016; e AgR-REspe nº 525-32/BA, Rel. Min. João Otávio de Noronha, j. em 24.10.2014" (TSE. AI nº 72813, Decisão monocrática, Rel. Min. Luís Roberto Barroso. DJE 26/03/2019).
36. TSE, Acórdão de 4.5.2017, no RO nº 224661.
37. TSE, REspe nº 18961, Acórdão, Rel. des. Min. Tarcisio Vieira De Carvalho Neto. DJE 10/08/2020.
38. TSE, Acórdão de 14.3.2019, no REspe nº 47444.

Lembra que vimos, no capítulo passado, que **existe uma medida jurídica para combater**, entre outras coisas, o **abuso do poder econômico na campanha**?

Teremos um capítulo apenas para tratar dos abusos na campanha e outro para tratar da medida contra esses abusos...

> – A tal da Ação de Investigação Judicial Eleitoral.

Isso mesmo. Quando estudarmos o abuso do poder econômico, veremos que a compra expressiva de votos é um exemplo desse ilícito.

Vamos adiante.

23.3. Legitimidade ativa e competência para o processamento da representação

> – Se eu encontrar alguém comprando votos, eu posso, pessoalmente, tomar alguma providência?

É curioso você perguntar isso. O cidadão não é legitimado para a representação do art. 41-A. Aliás, ele não é legitimado para nenhuma das chamadas representações especiais.

Uma possibilidade é acionar o Ministério Público Eleitoral pelos canais disponibilizados em seus *sites*.

> – Mas eu não posso, como alguém do povo, fiscal da eleição, pedir providências diretamente?

A captação ilícita de sufrágio está prevista na Lei da Eleições (9.504/97) e o seu artigo 96 explica não apenas a legitimidade ativa para a medida que estamos estudando, como também a competência.

LEGITIMIDADE ATIVA PARA A REPRESENTAÇÃO DO ART. 41-A (ART. 96, LE)
Qualquer partido político, coligação ou federação partidária[39] ou candidato
O Ministério Público, como fiscal por natureza do processo eleitoral[40]

39. Novidade inaugurada pela Lei nº 14.208, de 2021, que alterou a Lei dos Partidos Políticos. Veja o capítulo sobre Partidos Políticos.
40. Vimos isso em um capítulo deste livro sobre o MPE. Basta ver os artigos 127, caput, da Constituição e o art. 72 da LC 75/93.

Todos os detalhes sobre competência que estudamos no capítulo passado, sobre as Representações pelo 30-A, se aplicam aqui.

– Eu lembro disso... Lá vimos, por exemplo, o que fazia aquele tal de juiz auxiliar, né?

Exato.

COMPETÊNCIA PARA AS REPRESENTAÇÕES ELEITORAIS (ART. 96, LE)	
Juízes Eleitorais	Nas eleições municipais
Tribunais Regionais Eleitorais	Nas eleições federais, estaduais e distritais
Tribunal Superior Eleitoral	Na eleição presidencial

As representações são direcionadas aos órgãos acima, mas o art. 2º, da Res. TSE 23.608/19, explica quem deve processá-las:

> Art. 2º São competentes para apreciação das representações, inclusive as do procedimento do art. 22 da Lei Complementar nº 64/1990, das reclamações e dos pedidos de direito de resposta:
>
> I - **nas eleições municipais, o juiz que exerce a jurisdição eleitoral** no município e, naqueles com mais de uma zona eleitoral, **os juízes eleitorais designados pelos respectivos tribunais regionais** eleitorais até 19 de dezembro do ano anterior à eleição.
>
> II - nas demais, os **juízes auxiliares**, que deverão ser designados pelos tribunais eleitorais dentre seus integrantes substitutos, em número de 3 (três), até o dia 19 de dezembro do ano anterior à eleição.

– Lembro disso. Quem julga não é o auxiliar, mas o tribunal, né? Vimos isso já.

Exatamente. As decisões em tribunais, que tratam da negação ou cassação do diploma, devem ser feitas de forma colegiada.

– Mas eu não me conformo em não ser legitimada...

Uma pena.

"Eu sou do povo, eu sou um zé ninguém".[41]

41. Música: Zé Ninguém. Compositores: Bruno Leonardo Brugni Nunes, Alvaro Prieto Lopes, Miguel Flores Da Cunha, Elsio Da Silva, Carlos Augusto Perei Coelho.

Drama, drama...

Diretamente, você não pode fazer nada. O cidadão não é legitimado ativo para esse tipo de representação. O ideal é verificar, nos canais do Ministério Público e da Justiça Eleitoral, se há alguma forma de encaminhar denúncias. A Justiça Eleitoral costuma disponibilizar um aplicativo para esse fim.

Nas eleições de 2020, por exemplo, foi utilizado um aplicativo chamado Pardal que permitia o envio de denúncias com indícios de práticas indevidas ou ilegais no âmbito da Justiça Eleitoral.

23.4. Legitimidade passiva: o candidato beneficiado

A captação ilícita pode ser praticada mesmo por alguém que não seja candidato. Essa, aliás, é a situação mais comum. Imagine um cabo eleitoral que sai pelas ruas da cidade oferecendo vantagens ao eleitor por troca de votos. Veja este precedente:

PRÁTICA DA CONDUTA POR NÃO CANDIDATO

"A infração do art. 41-A da Lei nº 9.504/97 não se configura apenas quando há intervenção pessoal e direta do candidato, pois é possível a sua caracterização quando o fato é praticado por interposta pessoa que possui ligação intima (esposa) com o candidato"[42]

– Certo. Então eu devo ingressar com essa tal de representação contra o candidato e contra quem praticou a conduta?

Não. Presta bem atenção em um detalhe: sempre que você for ingressar com uma medida eleitoral, veja as consequências na lei, caso ocorra a condenação. Há condenações que só podem incidir em candidatos. É o caso aqui.

Perceba que **o artigo 41-A da LE traz, como principal consequência, a cassação do registro ou do diploma,** e só quem pode sofrer essa consequência é o candidato.

Por causa disso, o que se tem entendido é que **a representação deve ser apresentada contra o candidato, mesmo que a conduta tenha sido praticada por outra pessoa.**

42. TSE. REspe nº 4223285, Acórdão, Rel. Min. Henrique Neves Da Silva. DJE 21/10/2015.

– Em resumo, a representação deve ser contra o candidato.

Isso mesmo: **o legitimado passivo é o candidato beneficiado.**

Veja esses precedentes nesse sentido:

> **Precedente:** "O entendimento firmado por esta Corte Superior acerca do tema, inclusive para o pleito de 2016, é de que **somente o candidato tem legitimidade para responder pela captação ilícita de sufrágio prevista no art. 41-A** da Lei nº 9.504/1997, motivo pelo qual terceiros não candidatos não ostentam legitimidade passiva para responder por esse ilícito, não se podendo aplicar multa a eles. Precedentes. Observância ao princípio da segurança jurídica.[43]
>
> **Precedente:** "A jurisprudência do Tribunal Superior Eleitoral **não confere a terceiros a legitimidade passiva nas demandas fundadas no art. 41-A**, da Lei das Eleições, o que afasta a preliminar de ausência de litisconsórcio passivo necessário".[44]
>
> **Precedente:** "Embora o ato ilícito possa ser levado a efeito por **terceiro não candidato, esse não possui legitimidade para figurar no polo passivo** da demanda fundada no art. 41-A da Lei nº 9.504/1997" [45]

Outro detalhe: **não há um litisconsórcio necessário passivo entre o candidato e o praticante do ato**. Basta ingressar com a representação contra o primeiro.

– O terceiro, então, escapa ileso?

Não deveria...

A impossibilidade de representação pelo 41-A contra o praticante, não candidato, do ato merece reanálise porque a Lei das Inelegibilidades estabelece que se alguém é condenado pela Justiça Eleitoral por captação ilícita, torna-se inelegível (LC 64/90, art. 1º, I, j).

Ali, nada se fala sobre a necessidade de ser candidato para sofrer essa consequência. O problema é que o art. 41-A é taxativo ao mencionar o "candidato" como aquele que sofrerá as consequências do ato.

Outra questão apontada por José Jairo é que uma das sanções por captação ilícita é o pagamento de uma multa e isso poderia ser aplicado

43. TSE. AI nº 68233, Acórdão, Rel. Min. Mauro Campbell Marques, DJE 23/11/2021.
44. TSE. RO. nº 060171341, Acórdão, Rel. Min. Mauro Campbell Marques, Rel. des. Min. Edson Fachin, DJE 15/09/2021.
45. TSE. AgR-REspe nº 551-36/ES, rel. Min. Edson Fachin. DJE 6.10.2020.

contra quem não é candidato. Leia: "no polo passivo da relação processual pode figurar qualquer pessoa, física ou jurídica, ainda que não seja candidata. É que o artigo 41-A prevê a multa como sanção autônoma, cuja aplicação independe de o requerido ser candidato".[46]

– Mas se há decisões impedindo ajuizar contra o terceiro, então ele escapa ileso...

Calma pequena *padawan*...

Contra o terceiro não candidato é possível aquela ação eleitoral para pessoas que abusam do poder econômico beneficiando a si ou a terceiros: a **AIJE (Ação de Investigação Judicial Eleitoral)**.

Teremos capítulo específico sobre os abusos e sobre a AIJE.

Há, também, consequências penais contra as condutas do 41-A. Veja o quadro no fim deste Capítulo.

– Acho que não vou aprender. Vou sempre confundir se devo ou não ingressar contra o candidato ou contra o terceiro.

Não vai confundir não. Como eu disse, é só lembrar que as punições do 41-A foram pensadas para candidatos. Por isso, a representação é contra eles.

Aliás, não se esqueça do que eu disse sobre sanção e contraditório.

– Eu sei: em respeito ao contraditório, as punições eleitorais apenas podem ser aplicadas contra quem tenha participado do processo.

Perfeito!

Isso significa que se o representado é candidato a cargo do executivo, eventual cassação que sofra refletirá no seu vice. Por isso, nesses casos, a representação é apresentada contra titular e vice, necessariamente, pois ambos podem sofrer com a eventual punição. Isso está até sumulado. O mesmo acontece no caso de candidato ao cargo de Senador. Os suplentes devem ser incluídos no polo passivo.[47]

46. GOMES, José Jairo. *Op. cit.*, p. 958.
47. RAMAYANA Marcos. *Op. cit.*, p. 791.

Enunciado n.º 38, da Súmula do TSE: Nas ações que visem à cassação de registro, diploma ou mandato, há litisconsórcio passivo necessário entre o titular e o respectivo vice da chapa majoritária.

23.5. Período de ocorrência do ilícito e período de ajuizamento da representação

> – O art. 41-A, da LE, diz que eu posso ajuizar essa representação "desde o registro da candidatura até o dia da eleição, inclusive".

Não, não! Atenção!!!!!! (Vou até pedir para o meu querido revisor deixar essas exclamações seguidas aqui)

Isso que **você apontou** é **o período no qual esse ilícito pode ser praticado**.

Cuidado na leitura do artigo. A lei diz que **a irregularidade a ser punida** acontece "desde o registro da candidatura até o dia da eleição, inclusive".

Isso é diferente do **período no qual o ajuizamento da representação é possível**.

Veja:

Quando o ilícito pode ocorrer?	Desde o registro de candidaturas, **até o dia da eleição, inclusive** (art. 41-A)
Até quando eu posso ajuizar a representação?	Desde o momento em que há candidatos, ou seja, desde o pedido de registro, **até a data da diplomação** (§3º, art. 41-A, LE)

> – E se a "compra" já começou antes do pedido de registro de candidatos. Não é possível fazer nada, então?

Nesse caso, o legitimado deve aguardar o registro, até para saber se o praticante da ilicitude, ou o beneficiário dela, realmente se candidataram.

> – Mas, professor Minami, tem gente que já começa a fazer coisas erradas desde cedo...

É por isso que é importante aquele **capítulo sobre os fiscais do processo eleitoral**.

Lá, nós vimos, por exemplo, que o **Ministério Público pode se valer de procedimentos preparatórios a possíveis medidas cíveis e criminais.** Eis os procedimentos: Procedimento Preparatório Eleitoral (PPE) e Procedimento Investigatório Criminal (PIC).

Os demais legitimados, que não possuem essas ferramentas, podem ir colhendo dados e documentos para possível ajuizamento futuro, ou podem pedir providências pelos canais oficiais dos órgãos fiscalizadores.

Além disso, veremos que, excepcionalmente, medidas podem ser requeridas para evitar continuidade ou repetição de ilícitos graves, mesmo quando não há candidato ou registro. Os artigos do CPC sobre tutela provisória (art. 294 e ss.) e medidas contra o ilícito (art. 497, parágrafo único) podem ajudar.

De fato, – e isso é algo que vou repetir muitas vezes –, **condutas como o abuso do poder político e econômico podem ocorrer bem antes do registro**.

Caro leitor, há um capítulo apenas para o tema dos abusos.

– Adoro quando sou ignorada... O professor não conhece as mulheres...

23.6. Procedimento cabível

O *caput* do art. 41-A, da LE, estabelece que **o processamento da representação contra o ilícito que estamos estudando deve ser feito pelo procedimento previsto no art. 22, da LC 64/90**.

Nós vimos a razão disso no capítulo passado. Para o momento, basta relembrar que **o procedimento acima é aquele utilizado na Ação de Investigação Judicial Eleitoral, que está explicado em capítulo próprio na parte 8 do livro.**

– Eu lembro. Como as consequências dessas ações são mais graves, a cassação e, indiretamente, a inelegibilidade, chamamos essas representações de Representações Especiais e utilizamos esse procedimento da AIJE, porque ele é bem detalhado.

Nossa, você está aprendendo mesmo a organizar as informações importantes. Nem lembrava que havia falado sobre isso do detalhamento.

O que você apontou merece até um quadro:

DETALHES DAS REPRESENTAÇÕES ESPECIAIS

Consequências graves diretas, como cassação do registro ou diploma. Por vezes, há multa.
Consequências graves indiretas, como a inelegibilidade.
Procedimento detalhado do art. 22, da LC 64/90

Uma última informação é a previsão do §4º, do art. 41-A, LE, sobre o prazo dos recursos nas decisões relacionadas à captação ilícita de sufrágio:

> **§ 4º O prazo de recurso contra decisões proferidas com base neste artigo será de 3 (três) dias, a contar da data da publicação do julgamento no Diário Oficial.**

Adiante!

23.7. Consequências da representação

A procedência da representação fundada no art. 41-A traz consequências diretas e indiretas.

Veja:

CONSEQUÊNCIAS DA REPRESENTAÇÃO FUNDADA NO ART. 41-A

Direta	LE, art. 41-A: Multa e cassação do registro ou do diploma Valor da multa: de R$ 1.064,10 (mil e sessenta e quatro reais e dez centavos) a R$ 53.205,00 (cinquenta e três mil e duzentos e cinco reais)[48].
Indireta	LC 64/90, art. 1º, I, j Art. 1º São **inelegíveis**: I - **para qualquer cargo**: j) os que **forem condenados**, em decisão transitada em julgado ou proferida por órgão colegiado da Justiça Eleitoral, por corrupção eleitoral, **por captação ilícita de sufrágio**, por doação, captação ou gastos ilícitos de recursos de campanha ou por conduta vedada aos agentes públicos em campanhas eleitorais que impliquem cassação do registro ou do diploma, **pelo prazo de 8 (oito) anos a contar da eleição**

48. O valor da multa atualizada consta Res. TSE 23.610/2019, que dispõe sobre propaganda eleitoral, utilização e geração do horário gratuito e condutas ilícitas em campanha eleitoral. Veja o art.109.

Lembre-se que nem é preciso pedir a inelegibilidade e o magistrado nem precisa colocar essa consequência na sua decisão. É a lei quem a determina.[49]

– Lembro disso. Por isso que é uma "consequência indireta", né?

Isso mesmo.

Além das consequências acima, há a anulação dos votos dados aos condenados. Isso está no Código Eleitoral, quando trata da nulidade da votação:

Art. 222. É também anulável a votação, quando viciada de falsidade, fraude, coação, uso de meios de que trata o Art. 237, ou emprego de processo de propaganda ou **captação de sufrágios** vedado por lei.

– Lembro que vimos isso também. Haverá a retotalização do resultado.

Exato.

23.8. A captação ilícita de sufrágio no Código Eleitoral projetado

Até o momento, o Código Eleitoral em discussão (PLP 112/2021, texto original do Senado) aborda o tema da captação ilícita de sufrágio no Livro XIX, que trata das "Condutas que Sujeitam o Candidato à Cassação de Registro, Diploma ou Mandato":

> Art. 604. Constitui captação ilícita de sufrágio **doar, oferecer, prometer ou entregar ao eleitor, com o fim de obter-lhe o voto ou induzi-lo à abstenção, bem ou vantagem de qualquer natureza, inclusive emprego ou função pública, desde a escolha de sua candidatura em convenção até o dia das eleições,** inclusive.
>
> [...]
>
> § 2º A captação ilícita de sufrágio sujeita os responsáveis a multa de R$ 5.000,00 (cinco mil reais) a R$ 120.000,00 (cento e vinte mil reais), sem prejuízo da cassação do registro ou do diploma do candidato beneficiado, quando **reconhecida a gravidade das circunstâncias**.
>
> [...]

49. "A inelegibilidade poderá ser reconhecida, apenas e tão somente, como efeito secundário da condenação, *ex vi* do art. 1º, I, j, da LC nº 64/90 em futuro processo de registro de candidatura, não havendo qualquer incompatibilidade da norma questionada com a reserva de lei complementar prevista no texto constitucional". (TSE. RO nº 122086, Acórdão, Rel. Min. Luciana Lóssio. DJE 27/03/2018).

§ 4º A representação de que trata este artigo poderá ser ajuizada até 15 (quinze) dias após a eleição, e seguirá o procedimento previsto comum desta Lei.

CAPTAÇÃO ILÍCITA DE SUFRÁGIO NO CÓDIGO ELEITORAL PROJETADO
Destaques: induzir à abstenção também causas os efeitos da captação ilícita de sufrágio. A **multa agora está atualizada** Pelo texto do artigo, **terceiro não candidato também poderá sofrer as consequências do ilícito** **Ilícito possível desde a escolha e não desde o registro** A representação somente pode ser proposta até **15 dias após a eleição** A lei agora deixa claro a **necessidade de se reconhecer a gravidade das circunstâncias** para a aplicação das consequências O procedimento adotado é o **"procedimento comum"**, que estudamos no capítulo sobre Ação de Impugnação ao Registro de Candidatura (parte 8 do livro), no tópico "O procedimento eleitoral comum no Código Eleitoral projetado"

23.9. Principais disposições penais relacionadas ao tema

CÓDIGO ELEITORAL VIGENTE	CÓDIGO ELEITORAL EM DISCUSSÃO
Art. 295. Reter título eleitoral contra a vontade do eleitor: Pena - detenção até dois meses ou pagamento de 30 a 60 dias-multa.	
Art. 299. Dar, oferecer, prometer, solicitar ou receber, para si ou para outrem, dinheiro, dádiva, ou qualquer outra **vantagem, para obter ou dar voto e para conseguir ou prometer abstenção**, ainda que a oferta não seja aceita: Pena - reclusão até quatro anos e pagamento de 5 a 15 dias-multa.	Art. 874. Dar, oferecer ou prometer dinheiro, dádiva ou qualquer outra **vantagem, para obter o voto ou para conseguir abstenção**, ainda que a oferta não seja aceita: Pena - reclusão, de 2 (dois) a 6 (seis) anos, e multa. Parágrafo único. Incide nas mesmas penas, aumentadas de metade a 2/3 (dois terços), quem contrate intermediários para a compra de votos ou seja, nestes termos, contratado. Art. 875. **Solicitar ou receber**, para si ou para outrem, direta ou indiretamente, dinheiro, dádiva ou qualquer outra **vantagem para dar o voto ou abster-se** de votar: Pena - reclusão, de 1 (um) a 4 (quatro) anos, e multa.

CÓDIGO ELEITORAL VIGENTE	CÓDIGO ELEITORAL EM DISCUSSÃO
Art. 301. **Usar de violência ou grave ameaça para coagir alguém a votar, ou não votar**, em determinado candidato ou partido, ainda que os fins visados não sejam conseguidos: Pena - reclusão até quatro anos e pagamento de 5 a 15 dias-multa.	Art. 876. Constranger alguém, mediante **violência ou grave ameaça, e com o intuito de obter voto, ou abster-se de votar**, em determinado candidato ou partido, a fazer, tolerar que se faça ou deixar de fazer alguma coisa: Pena - reclusão, de 4 (quatro) a 10 (dez) anos, e multa. § 1º Aumenta-se a pena em 1/3 (um terço) até metade se o crime for praticado com emprego de arma ou em concurso de pessoas. § 2º Se o crime é cometido mediante a restrição de liberdade da vítima, e essa condição é necessária para a obtenção da finalidade eleitoral, a pena é de reclusão, de 6 (seis) a 12 (doze) anos, além da multa. § 3º Se do emprego da violência resulta lesão corporal de natureza grave, a pena é de reclusão, de 16 (dezesseis) a 24 (vinte e quatro) anos, e multa. § 4º Se resulta morte, a pena é de reclusão, de 24 (vinte e quatro) a 30 (trinta) anos, e multa.
Art. 334. Utilizar **organização comercial** de vendas, distribuição de mercadorias, prêmios e sorteios **para propaganda ou aliciamento de eleitores**: Pena - detenção de seis meses a um ano e cassação do registro se o responsável for candidato.	

24. CONDUTAS VEDADAS AOS AGENTES PÚBLICOS

É bem evidente que um agente público não pode se valer dessa condição e do que é público em benefício próprio ou de outra pessoa nas campanhas eleitorais.

– Sei que parece óbvio, mas poderia já antecipar alguns exemplos?

Imagine um prefeito utilizando carros do município para transportar cabos eleitorais, ou realizando gastos com propagada para divulgar ações que realizou durante o seu mandato, para o seu nome ganhar destaque em relação aos demais concorrentes.

– Entendi. Então a questão é simples: quem utilizar de dinheiro público para realizar a sua campanha deve ser punido.

Não é bem assim. Não se esqueça de que o Fundo Especial de Financiamento de Campanha (FEFC) é oriundo dos cofres públicos. Mas vamos direto ao tema e verificar, afinal de contas, como combater esses comportamentos, essas condutas vedadas aos agentes públicos em campanha.

24.1. Previsão normativa e condutas vedadas em espécie (LE, art. 73 e ss.)

As chamadas condutas vedadas aos agentes públicos estão disciplinadas na **Lei das Eleições (Lei 9.504/97), a partir do artigo 73**.

> **Atenção:** a resolução que trata disso, atualizando a Lei das Eleições para a realidade de cada eleição, é a Res. TSE nº 23.610/2019 (dispõe sobre propaganda eleitoral, utilização e geração do horário gratuito e condutas ilícitas em campanha eleitoral). Nela, o nosso tema consta a partir do art. 83.

Veja o *caput* do art. 73, LE:

> **Art. 73. São proibidas aos agentes públicos, servidores ou não, as seguintes condutas tendentes a afetar a igualdade de oportunidades entre candidatos nos pleitos eleitorais.**

Os incisos desse artigo relatam uma série de medidas proibidas ao agente público relacionadas, direta ou indiretamente, a campanhas eleitorais e, nos parágrafos, qual a **punição contra quem usa a máquina pública indevidamente.**[50]

Vamos ver essas condutas com calma.

Confira o quadro resumo abaixo, para ir assimilando o tema:

50. No PLP 112/2021, possível próximo Código Eleitoral: essas condutas estão disciplinadas no Livro XIX, que trata das "Condutas que Sujeitam o Candidato à Cassação de Registro, Diploma ou Mandato", por volta do artigo 605. Numerações e conteúdo sujeitos à mudança. Veja o final deste capítulo.

CONDUTAS VEDADAS (ART. 73 E SEGUINTES, LE)	
Previsão normativa	Art. 73 e seguintes, lei das eleições Res. TSE nº 23.610/2019, 83 e ss.[51]
Medida cabível contra condutas vedadas em geral	Representação Eleitoral fundada nos artigos 73, §12[52], LE
Medida cabível contra abuso de autoridade	Representação pelo art. 74, LE[53]
Medida cabível contra participação indevida em evento	Representação Eleitoral fundada nos artigos 75[54] ou 77[55], LE
Observações importantes sobre medidas contra esses ilícitos	
A depender da dimensão do uso da máquina pública, pode caber **Ação de Investigação Judicial Eleitoral (AIJE)** fundada no abuso do poder político	

– Já vi ali. Eu combato conduta vedada também como uma Representação Eleitoral. Mas parece que também cabe AIJE!

Exato! Representação fundada no art. 73 e seguintes da Lei das Eleições (9.504/97).

Não vamos falar, neste capítulo, sobre o uso da AIJE contra condutas vedadas aos agentes públicos. A AIJE contra uso indevido da máquina pública é fundada em abuso do poder político, tema do capítulo seguinte.

Vamos focar na Representação Especial fundada nos artigos 73 e seguintes.

51. Dispõe sobre propaganda eleitoral, utilização e geração do horário gratuito e condutas ilícitas em campanha eleitoral.
52. Art. 73. [...], § 12: "A representação contra a não observância do disposto neste artigo observará o rito do art. 22 da Lei Complementar nº 64, de 18 de maio de 1990, e poderá ser ajuizada até a data da diplomação".
53. Art. 74. Configura abuso de autoridade, para os fins do disposto no art. 22 da Lei Complementar nº 64, de 18 de maio de 1990, a infringência do disposto no § 1º do art. 37 da Constituição Federal, ficando o responsável, se candidato, sujeito ao cancelamento do registro ou do diploma. Observação: Não fica claro se aqui o legislador criou outra representação especial ou se, para o caso apontado, utiliza-se a AIJE.
54. Art. 75. Nos três meses que antecederem as eleições, na realização de inaugurações é vedada a contratação de shows artísticos pagos com recursos públicos. Parágrafo único. Nos casos de descumprimento do disposto neste artigo, sem prejuízo da suspensão imediata da conduta, o candidato beneficiado, agente público ou não, ficará sujeito à cassação do registro ou do diploma.
55. Art. 77. É proibido a qualquer candidato comparecer, nos 3 (três) meses que precedem o pleito, a inaugurações de obras públicas. Parágrafo único. A inobservância do disposto neste artigo sujeita o infrator à cassação do registro ou do diploma.

– Certo. Capitei.

Acho que entendi. Parece simples. Basta procurar na Lei das Eleições e na resolução específica a hipótese de cabimento e aplicar as consequências.

Não é tão simples, pois são mais de dez condutas proibidas.

– Poderia simplificar, então, Minami, please!

Simplificar, não. Posso tentar organizar as hipóteses para você compreender o espírito da coisa.

Em resumo, há quatro grupos de condutas que não podem ser praticadas por agentes públicos.

CONDUTAS VEDADAS
Usar a **máquina pública em campanha**
Usar indevidamente **recursos, serviços e bens públicos**, com possível afetação da igualdade entre os candidatos
Dispor sobre funcionalismo público, com possível afetação da igualdade entre os candidatos
Propagandear indevidamente, com possível afetação da igualdade entre os candidatos

– Muito fácil! Quatro hipóteses...Próximo tópico.

Calma... Você é apressada, né?

Veja as hipóteses de forma mais detalhada:

CONDUTAS VEDADAS AOS AGENTES PÚBLICOS COM POSSÍVEL AFETAÇÃO DA IGUALDADE ENTRE OS CANDIDATOS (ART. 73 E SEGUINTES, LE)	
Usar a máquina pública em campanha	Ceder ou usar bem público beneficiando partido ou candidato, salvo nas exceções legais Ceder agente público ou usar de seu serviço em campanha
Usar indevidamente recursos, serviços e bens públicos	Usar materiais ou serviços custeados com verba pública fora das hipóteses legais Transferir voluntariamente recursos em período vedado, salvo nas exceções legais Promover a distribuição gratuita de bens, valores ou benefícios, no ano da eleição, fora das exceções legais

CONDUTAS VEDADAS AOS AGENTES PÚBLICOS COM POSSÍVEL AFETAÇÃO DA IGUALDADE ENTRE OS CANDIDATOS (ART. 73 E SEGUINTES, LE)

Dispor sobre funcionalismo público	Realizar nomeação, demissão, movimentação de agente público e condutas assemelhadas, na circunscrição do pleito, em período vedado, salvo nas exceções legais Rever remuneração de agente público, em período vedado e fora das exceções legais
Propagandear indevidamente	Fazer pronunciamento em cadeia de rádio e televisão, fora do horário eleitoral gratuito e em período vedado, salvo nas exceções legais Autorizar publicidade institucional em período vedado, salvo exceções legais Realizar, no primeiro semestre do ano de eleição, despesas com publicidade, que excedam a média dos gastos no primeiro semestre dos três últimos anos que antecedem o pleito O candidato, agente público ou não, não pode comparecer, nos 3 meses que precedem o pleito, a inaugurações de obras públicas e nem pode haver, no mesmo período, nesses eventos, a contratação de espetáculos artísticos

Vamos ver tudo agora com mais calma.

24.1.1. Uso indevido da máquina pública em campanha

Não é possível usar bens móveis ou imóveis e nem servidores públicos em campanha eleitoral.

– Existem exceções?

Eu prefiro chamar de "situações especiais". Aos poucos, vou destacando esses casos nos quadros explicativos. Vamos começar. Veja:

É PROIBIDO AOS AGENTES PÚBLICOS (ART. 73, I, LE)

Ceder ou usar bens móveis ou imóveis pertencentes à administração direta ou indireta de todas as unidades federativas, em benefício de candidato, partido político ou coligação[56]	Ressalvada o uso de locais públicos para a realização de convenção partidária[57]

56. PLP 112/2021, possível próximo Código Eleitoral, estabelece: "em benefício de candidatura".
57. PLP 112/2021, possível próximo Código Eleitoral, estabelece: "ressalvada a realização de prévias e convenções".

Atenção:
O **Presidente da República pode usar, em campanha, o seu transporte oficial**, mas **deve ressarcir essas despesas**[58], sob pena de multa correspondente ao dobro das despesas, duplicada a cada reiteração de conduta (art. 73, §2º, art. 76, LE)
Os **titulares do executivo e respectivos vices podem usar suas residências oficiais em campanha de reeleição,** para realização de contatos, encontros e reuniões pertinentes à própria campanha, desde que não tenham caráter de ato público (art. 73, §2º, LE)

– Que curioso: o presidente pode usar o avião da presidência para a sua campanha. Que moleza!

Não é bem assim.

A presidência é um cargo muito estratégico para qualquer país. O uso do transporte oficial garante a integridade física do ocupante do cargo. É uma questão de segurança nacional. **Mas perceba que esses gastos devem ser ressarcidos e os abusos coibidos**. As medidas contra o abuso do poder político, apresentadas no capítulo seguinte, podem ser usadas para averiguar se houve excesso, por exemplo.

Vamos para a próxima hipótese:

É PROIBIDO AOS AGENTES PÚBLICOS (ART. 73, III, LE)	
Ceder servidor público ou empregado da administração direta ou indireta federal, estadual, distrital ou municipal do Poder Executivo[59], **ou usar de seus serviços**, para comitês de campanha eleitoral de candidato, partido político ou coligação, durante o horário de expediente normal	Salvo se o servidor ou empregado estiver licenciado[60]

– A partir de quando essas condutas não podem ser praticadas?

58. Nos termos do art. 76, da Lei das Eleições, esse ressarcimento será de responsabilidade do partido político ou coligação do presidente. 10 dias úteis após o pleito, o órgão competente de controle interno deve realizar a cobrança dos valores. Não ocorrendo o pagamento, o Ministério Público Eleitoral deve ser cientificado para apresentar denúncia do ocorrido para a Justiça Eleitoral. O feito deve ser apreciado em 30.
59. PLP 112/2021, possível próximo Código Eleitoral, estabelece: "de qualquer dos Poderes".
60. PLP 112/2021, possível próximo Código Eleitoral, estabelece: "salvo em caso de férias ou licenças".

Curioso que **a atual legislação não estabelece, para essas e outras hipóteses, nenhum prazo a partir do qual as condutas seriam reprovadas.**

Muitos adotam, como marco temporal, o dia **1º de janeiro do ano da eleição,** e já se entendeu que a conduta vedada pode se configurar antes do período eleitoral.[61]

Mas **veremos o problema da ausência de marco temporal para as condutas vedadas mais na frente.**

24.1.2. *Uso indevido de recursos, serviços e bens públicos*

É PROIBIDO AOS AGENTES PÚBLICOS (ART. 73, II, LE)
Usar materiais ou serviços, custeados pelos Governos ou Casas Legislativas que excedam as prerrogativas consignadas nos regimentos e normas dos órgãos que integram

– Não entendi.

Ali diz que o agente público não pode usar materiais custeados pelo governo "que exceda a prerrogativa do órgão". O que é isso? Então, há casos em que se pode usar material custeado pelo governo em campanha? Exemplo, *please*!

Esse inciso é problemático e de constitucionalidade duvidosa para alguns.[62]

O que acontece é que os parlamentares, por exemplo, possuem verbas específicas para "utilização do Correio, das máquinas reprográficas (xerox), do telefone etc., para uso na sua atividade parlamentar, e não poderão excedê-la".[63] Mas **o uso desses equipamentos deve estar relacionado ao exercício de seus mandatos. Não pode haver, portanto, um fim eleitoreiro disso.**

Já se entendeu, por exemplo, como indevido "o transporte, por assessor parlamentar, em horário de expediente, de material de campanha".[64]

Vamos adiante:

61. TSE, Acórdão de 4.6.2019, no AgR-REspe nº 060035327; de 23.4.2015, no REspe nº 26838 e, de 1º.10.2014, na Rp nº 66522.
62. GOMES, José Jairo. *Op. cit.*, p. 785.
63. CASTRO, Edson de Resende. *Op. cit.*, p. 528.
64. TSE. REL nº 26523, Acórdão, Rel. Min. Jorge Mussi. DJE 26/06/2018.

É PROIBIDO AOS AGENTES PÚBLICOS (ART. 73, IV, VI, A, LE)
Fazer ou permitir uso promocional em favor de candidato, partido político ou coligação[65], **de distribuição gratuita de bens e serviços de caráter social custeados ou subvencionados pelo Poder Público**
Nos **três meses que antecedem o pleito:**[66] **Realizar transferência voluntária de recursos** da União aos Estados e Municípios, e dos Estados aos Municípios [...] **ressalvados** os recursos destinados a cumprir **obrigação formal preexistente** para execução de obra ou serviço em andamento e com cronograma prefixado, e os destinados a **atender situações de emergência** e **de calamidade pública**

– Então, no ano de eleição, não se recebe nada do governo?

Você e suas leituras apressadas.

Veja as exceções: situações preexistentes ou em andamento e situações graves como as de calamidade pública.

Em todo o caso, se a ação beneficia o povo, mas se percebe que é realizada para fins principalmente eleitoreiros, pode sim ser caso de reprimenda.

Mesmo que seja algo necessário à população, se o agente público faz "uso promocional" do evento, deve ser punido.

Como exemplo, temos alguém que faz **uso promocional de perfuração de poço artesiano com recursos estatais** em favor de candidato[67] ou **distribuição de benefício qualquer, em ano eleitoral, com ampla "divulgação da ação em página oficial da administração pública** municipal na internet por meio de fotografias que atestam não só a presença dos beneficiados nos eventos, portando os certificados recebidos, como também a participação do então prefeito"[68] do referido município.

– E qual é o momento possível para ocorrer essas ilicitudes?

Perceba que **a última hipótese possui data delimitada: nos três meses que antecedem o pleito**.

65. PLP 112/2021, possível próximo Código Eleitoral, estabelece: "em favor de candidatura".
66. PLP 112/2021, possível próximo Código Eleitoral, estabelece: "a partir de 1º de julho do ano da eleição".
67. TSE. RO-El nº 060038425, Acórdão, Rel. Min. Tarcisio Vieira De Carvalho Neto, Publicação: DJE 26/05/2021.
68. TSE. Agravo de Instrumento nº 1159, Acórdão, Rel. Min. Og Fernandes. DJE, 20/10/2020.

Para as outras situações, parece prevalecer o entendimento de que as ilicitudes podem ocorrer mesmo antes do registro de candidaturas, quando ainda não haveria candidatos oficialmente.[69] Discutiremos à frente, o problema das situações sem data especificada.

– Mas, se não há candidatos, qual medida devo tomar e contra quem?

Calma... Tudo a seu tempo.

– Certo.
Mas e se, no ano da eleição, ocorre algo muito sério, como o caso da pandemia da Covid-19, e a administração pública precisar distribuir bens para a população como máscaras de proteção e álcool gel?

Situações de calamidade pública foram pensadas pelo legislador. Veja:

NEM TODA A DISTRIBUIÇÃO DE BENS E BENEFÍCIOS É PROIBIDA (§§ 10 E 11, ART. 73, LE)	
No ano em que se realizar eleição[70], fica proibida a **distribuição gratuita de bens, valores ou benefícios** por parte da Administração Pública	**Exceto** nos casos de **calamidade pública**, de **estado de emergência** ou de **programas sociais autorizados em lei e já em execução orçamentária no exercício anterior**, casos em que o Ministério Público poderá promover o acompanhamento de sua execução financeira e administrativa
▶ **Nos anos eleitorais, os programas sociais acima não poderão ser executados por entidade nominalmente vinculada a candidato ou por esse mantida**	

– Entendi. Se houve alguma situação drástica ou se é algo que já estava pensado e em orçamento, então pode ocorrer a distribuição de bens, valores ou benefícios.

Exato. Como eu disse, o que não pode é distribuição pensada para fins eleitoreiros. E, atenção! **Mesmo nos casos acima autorizados, é preciso verificar se o político não está usando uma situação de calamidade, por exemplo, para se beneficiar.**

69. GOMES, José Jairo. Op. cit., p. 789.
70. PLP 112/2021, possível próximo Código Eleitoral, estabelece: "a partir de 1º de janeiro do ano da eleição".

No caso da pandemia, por exemplo, alguns candidatos distribuíram álcool gel ou máscaras com os seus nomes ou fizeram desse momento triste para o Brasil palanque de campanha. O Ministério Público deve ficar atento a isso.

> – Que lama! Tem gente pra tudo.

Aliás, vou aproveitar para fazer uma observação. A pandemia da Covid-19 foi tão intensa que as eleições de 2020 foram profundamente impactadas, sendo necessária a edição da Emenda Constitucional 107/2020, adiando as eleições municipais de outubro de 2020 e os prazos eleitorais respectivos.

24.1.4. Dispor indevidamente sobre funcionalismo público

É PROIBIDO AOS AGENTES PÚBLICOS (ART. 73, V, LE)

Nomear, contratar ou de qualquer forma **admitir, demitir sem justa causa**, suprimir ou **readaptar** vantagens ou por outros meios dificultar ou impedir o exercício funcional e, ainda, *ex officio*, remover, transferir ou exonerar **servidor público, na circunscrição do pleito, nos três meses que o antecedem e até a posse dos eleitos**[71], sob pena de nulidade de pleno direito.

Exceções:

- Nomeação ou exoneração de cargos em comissão e designação ou dispensa de funções de confiança
- Nomeação para cargos do Poder Judiciário, do Ministério Público, dos Tribunais ou Conselhos de Contas e dos órgãos da Presidência da República
- Nomeação dos aprovados em concursos públicos homologados até o início do prazo acima
- Nomeação ou contratação necessária à instalação ou ao funcionamento inadiável de serviços públicos essenciais, com prévia e expressa autorização do Chefe do Poder Executivo
- Transferência ou remoção *ex officio* de militares, policiais civis e de agentes penitenciários

> – Ufa, então se eu passar em algum concurso público posso assumir mesmo em ano eleitoral em alguns casos.

Sim. Você precisa verificar o seguinte: **se o concurso é para assumir cargo na circunscrição do pleito** (circunscrição municipal ou estadual, por exemplo).

71. PLP 112/2021, possível próximo Código Eleitoral, estabelece: "a partir de 1º de julho do ano da eleição".

Se for concurso para cargo municipal em ano de eleição municipal, por exemplo, verifique o **momento da homologação.**

Em algumas situações, esses pontos são irrelevantes, como no caso dos cargos do Poder Judiciário ou do Ministério Público.

É preciso ler com cuidado o artigo acima. Veja que **não se impede a demissão, desde que ela ocorra com justa causa**.

– E realizar concurso, pode?

Perceba que não há vedação expressa para isso. Em tese, isso seria possível.

> **Consulta:** "As disposições contidas no art. 73, V, Lei nº 9.504/97 somente são aplicáveis à circunscrição do pleito. Essa norma não proíbe a realização de concurso público, mas, sim, a ocorrência de nomeações, contratações e outras movimentações funcionais".[72]

Mas é preciso ficar atento se a publicidade disso não será utilizada para fins eleitoreiros ou se a dimensão do concurso ou alguma peculiaridade em relação a ele pode, de alguma forma, beneficiar candidato, configurando abuso de poder político. É uma análise feita apenas a partir do caso concreto.

PARA NÃO AFETAR A IGUALDADE DE OPORTUNIDADES ENTRE CANDIDATOS NOS PLEITOS ELEITORAIS, É PROIBIDO AOS AGENTES PÚBLICOS (ART. 73, VIII, LE)

Fazer, na circunscrição do pleito, revisão geral da remuneração dos servidores públicos que exceda a recomposição da perda de seu poder aquisitivo ao longo do ano da eleição, **nos 180 (cento e oitenta) dias que antecedem a eleição até a posse dos eleitos**[73]

– Minami, o que é agente público no contexto que estamos conversando?

É uma questão mais do Direito Administrativo[74] do que do Direito Eleitoral, mas a Lei aqui acaba dando uma ajuda nesse conceito:

72. TSE. Consulta nº 1065, Rel. Min. Fernando Neves. DJ 12/07/2004.
73. Prazo estabelecido nas resoluções específicas de eleição.
74. Maria Di Pietro, por exemplo, inclui na categoria: agentes políticos, servidores públicos, militares e particulares em colaboração com o Poder Público (DI PIETRO, Maria Sylvia Zanella. *Direito administrativo*. 30 ed. Rio de Janeiro: Forense, 2017, p. 678).

AGENTE PÚBLICO E LEI DAS ELEIÇÕES (ART. 73, §1º, LE)
"Reputa-se agente público, para os efeitos deste artigo, quem exerce, ainda que transitoriamente ou sem remuneração, por eleição, nomeação, designação, contratação ou qualquer outra forma de investidura ou vínculo, mandato, cargo, emprego ou função nos órgãos ou entidades da administração pública direta, indireta ou fundacional"

24.1.5. *Propaganda indevida e assemelhados*

É PROIBIDO AOS AGENTES PÚBLICOS (ART. 73, VI, B, C, LE)	
Nos 3 meses que antecedem a eleição até a sua realização:[75]	
Autorizar publicidade institucional de atos, programas, obras, serviços e campanhas dos órgãos públicos ou das respectivas entidades da administração indireta	**Pode** propaganda de **produtos e serviços que tenham concorrência** no mercado **Pode em casos grave e de urgente necessidade** pública após reconhecimento pela Justiça Eleitoral
Fazer pronunciamento em cadeia de rádio e de televisão fora do horário eleitoral gratuito	**Pode em caso de matéria urgente**, relevante e característica das funções de governo, **a critério da Justiça Eleitoral**
▶ **As vedações acima aplicam-se apenas aos agentes públicos das esferas administrativas cujos cargos estejam em disputa na eleição**	

– Certo. Não pode publicidade institucional ou pronunciamento, apenas no caso das exceções apontadas.

O que é "serviço com concorrência no mercado"?

Imagine uma propaganda da Caixa Econômica Federal. Faz parte da Administração Pública Indireta, mas possui concorrência no mercado com outros bancos. Aqui, a Administração age como se fosse particular.

– Curioso: ali diz que a Justiça Eleitoral deve analisar se a propaganda pode ou não pode ser veiculada.

Sim. Isso acontece para que se verifique se a propaganda possui mesmo "caráter exclusivamente informativo, educativo ou de orientação

75. PLP 112/2021, possível próximo Código Eleitoral, estabelece: "a partir de 1º de julho do ano da eleição".

social".[76] Essa previsão é um pouco questionável, pois se transfere um juízo prévio, sobre questões de gestão pública, para a Justiça Eleitoral. Para evitar prejuízos para a população, o Ministério Público deve se manifestar em tal caso e o trâmite dessa consulta / autorização deve ocorrer sem demoras indevidas.

Alguns cuidados:

Para a **ocorrência do ilícito**, é importante verificar se houve **a veiculação da propaganda no período vedado**. Mesmo que tenha sido autorizada em outro período,[77] o que conta é o momento da veiculação.

> – Mas não é o que está escrito ali, né? Ali consta "autorizar" e não "veicular".

Pois é. Mas veja que se não houve veiculação, não houve ninguém beneficiado indevidamente. Além disso, **apenas com a efetiva veiculação é que os prejudicados tomam ciência da irregularidade e podem tomar providências**.

Outro detalhe: é comum que administrações veiculem propaganda em momento permitido, mas deixem de retirar essa propaganda quando ela não é mais aceita. Nesse caso, ocorre conduta vedada. Veja:

PRECEDENTE: PERMANÊNCIA DE PROPAGANDA EM PERÍODO VEDADO

"Na linha da jurisprudência desta Corte Superior, salvo as hipóteses autorizadas em lei, a permanência de propaganda institucional durante o período vedado é suficiente para que se aplique a multa do art. 73, § 4º, da Lei nº 9.504/97, sendo irrelevante que a peça publicitária tenha sido autorizada e afixada em momento anterior. [...] A manutenção de publicidade institucional no sítio eletrônico do governo estadual no período vedado, por si só, configura o ilícito eleitoral previsto no art. 73, VI, b, da Lei nº 9.504/97"[78]

Exige-se a prova de que o agente público responsável sabia da propaganda institucional proibida, ou seja, não pode haver a responsabilização do agente sem o seu prévio conhecimento.[79]

76. TSE. Ac. de 11.10.2016 no AgR-REspe nº 39269, rel. Min. Rosa Weber.
77. "Para que se configure a conduta vedada no art. 73, VI, b, da Lei nº 9.504/97, basta a veiculação da propaganda institucional nos três meses anteriores ao pleito, independentemente de a autorização ter sido concedida ou não nesse período". TSE. Respe nº 25096. Rel. Min. Luiz Carlos Madeira. DJ. 16/09/2005.
78. TSE. RO nº 060010891, Acórdão, Rel. Min. Tarcisio Vieira De Carvalho Neto. DJE 27/05/2021.
79. TSE. REspe nº 119473, Acórdão, Rel. Min. Maria Thereza de Assis Moura. DJE 05/09/2016.

– Mas se ele precisa ser avisado da propaganda antes de ser condenado, basta ele dizer que não sabia dela. Escapa facilmente.

Atenção. É preciso cientificar o agente público para que ele possa se defender. Ele pode demonstrar, por exemplo, que a propaganda tratava de serviço com concorrência no mercado.

Isso não significa que ele pode, simplesmente, alegar não saber da propaganda e não possuir controle da instituição que ele mesmo comanda.[80]

Além disso, há situações nas quais é muito complicado para o administrador afirmar que não sabia da propaganda: grande presença em mídias sociais, repercussão ou veiculação da propaganda nas páginas pessoais do candidato, por exemplo.

Vamos adiante.

É PROIBIDO AOS AGENTES PÚBLICOS (ART. 73, VII, LE)

Realizar, **no primeiro semestre do ano da eleição, despesas com publicidade dos órgãos públicos** ou das respectivas entidades da administração indireta que **excedam a média dos gastos no primeiro semestre dos 3 (três) últimos anos que antecedem o pleito**[81]

80. "[...] como a Agravante era titular da Fundação de Medicina Tropical Heitor Vieira Dourado, competia-lhe zelar pelo conteúdo a ser divulgado no endereço eletrônico oficial da entidade vinculada ao Estado do Amazonas, não sendo exigível prova de expressa autorização da divulgação no período vedado, sob pena de tornar inócua a restrição imposta na norma atinente à conduta de impacto significativo na campanha eleitoral. Precisamente por isso, havendo divulgação de publicidade institucional em período vedado, revela-se evidente sua responsabilidade". TSE. REspe nº 212970, Rel. Min. Luiz Fux. DJE 13/02/2017. Em sentido semelhante: "A orientação do acórdão regional está em consonância com a jurisprudência desta Corte, segundo a qual, "para a configuração do ilícito previsto no art. 73, VI, b, da Lei nº 9.504/97, é desnecessária a existência de provas de que o chefe do Poder Executivo municipal tenha autorizado a divulgação da publicidade institucional no período vedado, uma vez que dela auferiu benefícios, conforme prevê o § 5º do referido dispositivo legal" TSE. REspe nº 334-59/SP, Rel. Min. Henrique Neves da Silva. DJE de 27.5.2015.

81. Para as eleições de 2020, valeu a seguinte regra, por conta da Emenda Constitucional 107/2020, art. 1º, § 3ºm VII: "VII - em relação à conduta vedada prevista no inciso VII do *caput* do art. 73 da Lei nº 9.504, de 30 de setembro de 1997, os gastos liquidados com publicidade institucional realizada até 15 de agosto de 2020 não poderão exceder a média dos gastos dos 2 (dois) primeiros quadrimestres dos 3 (três) últimos anos que antecedem ao pleito, salvo em caso de grave e urgente necessidade pública, assim reconhecida pela Justiça Eleitoral".

– Vamos ver se estou aprendendo a ler esses artigos. No primeiro semestre do ano da eleição é possível gastar com propaganda, só não pode ser um gasto que fuja da média dos últimos anos.

Exatamente. Nesse caso, se o Ministério Público, por exemplo, suspeitar de publicidade institucional exagerada em ano de eleição, pode oficiar o ente público para que informe os gastos com publicidade dos anos anteriores.

Um detalhe é que não basta a propaganda ter sido apenas contratada ou mesmo paga. É preciso que o serviço contratado tenha sido efetivamente prestado.[82]

Vamos para as últimas hipóteses.

AÇÕES VEDADAS NOS TRÊS MESES QUE ANTECEDEM AS ELEIÇÕES[83]

Na realização de inaugurações, a contratação de shows artísticos pagos com recursos públicos (art. 75, LE)

É proibido a qualquer candidato comparecer a inaugurações de obras públicas, sob pena de cassação do registro ou do diploma (art. 77, LE)

▶ **Penalidade: cassação do registro ou do diploma**

– E se o evento for virtual? Pode ter live de inauguração com o candidato? Ou pode contratar artista para a live?

Em contexto semelhante, o TSE já decidiu que eventos virtuais como *lives* podem equivaler a eventos presenciais vedados pela lei eleitoral.

PRECEDENTE: EVENTO VIRTUAL EQUIVALENTE À EVENTO PRESENCIAL

"a realização de eventos com a presença de candidatos e de artistas em geral, transmitidos pela internet e assim denominados como 'lives eleitorais', equivale à própria figura do showmício, ainda que em formato distinto do presencial, tratando-se, assim, de conduta expressamente vedada pelo art. 39, § 7º, da Lei 9.504/97"[84]

82. "O vocábulo 'despesas' deve ser entendido como liquidação, isto é, o atesto oficial de que o serviço foi prestado, independentemente da data do respectivo empenho ou pagamento (arts. 62 e 63, § 2º, III, da Lei 4.320/64)". TSE. REspe nº 37820, Acórdão, Rel. Min. Jorge Mussi. DJE 13/12/2019.
83. PLP 112/2021, possível próximo Código Eleitoral, estabelece: "a partir de 1º de julho do ano da eleição".
84. TSE. CONSULTA nº 060124323, Acórdão, Rel. Min. Luis Felipe Salomão. DJE 23/09/2020.

24.2. Detalhes sobre o bem jurídico tutelado e o cabimento da representação

PRECEDENTE: BEM JURÍDICO TUTELADO PELA REPRESENTAÇÃO FUNDADA NO ART. 73, LE

"**O bem jurídico tutelado pelo art. 73 da Lei nº 9.504/1997 é a igualdade de chances entre os candidatos, a legitimidade e o equilíbrio do pleito eleitoral.** O legislador previu a possibilidade de aplicação das sanções pecuniária e de cassação do registro ou diploma, de forma isolada ou cumulativa, a depender das peculiaridades do caso, em especial de sua gravidade e do seu potencial de ofender o bem jurídico tutelado, de acordo com os princípios da proporcionalidade e da razoabilidade".[85]

– Qual é a repercussão prática dessa informação?

Como o que se protege é a igualdade entre os candidatos, há quem conclua desnecessária a prova de que a conduta foi grave para a aplicação das consequências da representação, como a multa e, caso o representado seja candidato, a cassação do diploma ou do registro.

Veja estas lições de Edson de Resende Castro:

> **Doutrina:** "Nunca é demais lembrar que a prática da conduta vedada, o uso da máquina administrativa nas eleições, só levará à inelegibilidade do art. 1º, I, 'd', quando tiver gravidade para afetação da normalidade e legitimidade das eleições – abuso do poder qualificado -, porque esse é o bem jurídico protegido pelo art. 14, §9º, da CF. E que **essa mesma conduta vedada, quando comportamento isolado, ou seja, sem aquela gravidade que comprometeria a legitimidade do pleito, tipifica-se como infração eleitoral – abuso de poder simples – sancionada com multa e cassação do registro ou diploma".**[86]

– Eu achava que a coisa pública também era tutelada pela Representação do art. 73. Afinal, o nome desse capítulo é "condutas vedadas aos agentes públicos".

85. TSE. RO nº 129624, Acórdão, Rel. Min. Luís Roberto Barroso. DJE 25/02/2019.
86. CASTRO, Edson de Resende. Op. cit., p. 523. Segundo Edson de Resende, como a LC 64/90 não alterou a redação do art. 73 e seguintes. "[...] daí ser impertinente exigir, para a procedência da Representação Eleitoral que a veicula, que a conduta seja grave o suficiente a afetar a normalidade e legitimidade das eleições, pois não é esse o bem jurídico protegido. Basta, para a cassação do registro ou diploma, que a conduta do agente seja relevante, em tese idônea, tendente a afetar a igualdade de oportunidade entre os candidatos" CASTRO, Edson de Resende. Op. cit., p. 525.

Veja bem: estamos falando de ações eleitorais, com objetivos bem específicos.

A coisa pública é tutelada nessas ações eleitorais, mas de forma indireta.

De forma direta, há meios próprios como, por exemplo, a **ação de improbidade administrativa.** É por isso que **o Ministério Público não eleitoral é informado dos ilícitos que estudamos**. Veja o §7º, art. 73, da Lei das Eleições:

> **§ 7º As condutas enumeradas no caput caracterizam, ainda, atos de improbidade administrativa, a que se refere o art. 11, inciso I, da Lei nº 8.429, de 2 de junho de 1992, e sujeitam-se às disposições daquele diploma legal, em especial às cominações do art. 12, inciso III.**

A ação de improbidade é um meio muito mais viável para escrutinar e punir as violações à coisa pública.

– "Escrutinar".... Eu nunca usaria essa palavra em uma conversa... Que chique!

Vamos adiante.

24.3. Legitimidade ativa e competência para o processamento da representação

A legitimidade ativa e a competência para a Representação contra condutas vedadas, apresentadas nos artigos 73 e seguintes da Lei das Eleições consta no art. 96, da mesma lei.[87] Veja o quadro resumo abaixo:

LEGITIMIDADE ATIVA PARA A REPRESENTAÇÃO DO ART. 73 (ART. 96, LE)
Qualquer partido político, coligação, federação partidária[88] ou candidato
O Ministério Público, como fiscal por natureza do processo eleitoral[89]

87. "Art. 96. Salvo disposições específicas em contrário desta Lei, as reclamações ou representações relativas ao seu descumprimento podem ser feitas por qualquer partido político, coligação ou candidato, e devem dirigir-se: [...]"
88. Novidade inaugurada pela Lei nº 14.208, de 2021, que alterou a Lei dos Partidos Políticos. Veja o capítulo sobre Partidos Políticos.
89. Vimos isso em um capítulo deste livro sobre o MPE. Basta ver os artigos 127, caput, da Constituição e o art. 72 da LC 75/93.

Todos os detalhes do tema competência vistos nos capítulos passados, sobre as Representações pelo 30-A e pelo art. 41-A, se aplicam aqui.

COMPETÊNCIA PARA AS REPRESENTAÇÕES ELEITORAIS (ART. 96, LE)	
Juízes Eleitorais	Nas eleições municipais
Tribunais Regionais Eleitorais	Nas eleições federais, estaduais e distritais
Tribunal Superior Eleitoral	Na eleição presidencial
Art. 96 [...] § 2º Nas **eleições municipais**, quando a **circunscrição abranger mais de uma Zona Eleitoral**, o Tribunal Regional **designará um Juiz** para apreciar as reclamações ou representações § 3º Os **Tribunais Eleitorais designarão três juízes auxiliares** para a apreciação das **reclamações ou representações que lhes forem dirigidas** § 4º Os recursos contra as decisões dos juízes auxiliares serão julgados pelo Plenário do Tribunal	

– Que déjà vu... Ok. Nem vou questionar.

Lembrando...

– Já sei: quem julga não é o juiz auxiliar, mas o tribunal.

Exatamente. As decisões em tribunais que tratam da cassação do registro ou do diploma devem ser feitas de forma colegiada.

24.4. Legitimidade passiva: o candidato beneficiado

A legislação não apresenta, expressamente, contra quem a representação por conduta vedada deve ser proposta.

– Eu já sei como fazer... Basta procurar no artigo 73 quem sofre as consequências do ilícito! O legitimado passivo é essa pessoa que sofre essas consequências.

Perfeito! **Só haverá sentido apresentar uma representação se houver uma consequência para o representado**. Fiz um quadro para ajudar nessa tarefa:

LEGITIMIDADE PASSIVA	CONSEQUÊNCIA DIRETA EM CASO DE CONDENAÇÃO
Agente público, candidato ou não	**Suspensão imediata da conduta vedada, quando for o caso, e multa** (Lei nº 9.504/1997, art. 73, § 4º, § 6º, c.c. o art. 78 e Res. TSE 23.610/19, art. 83, §4º)
Candidato beneficiado, agente público ou não	**O candidato beneficiado ficará sujeito à cassação do registro ou do diploma** (Lei nº 9.504/1997, art. 73, § 5º, c.c. o art. 78)
Partidos, federações e coligações	**Aplicam-se a multa** aos **agentes públicos** responsáveis pelas condutas vedadas e aos **partidos**, **coligações** e **candidatos** que delas se beneficiarem (Lei nº 9.504/1997, art. 73, § 8º, § 9º)

– E todos devem ser representados obrigatoriamente?

Como é que se pergunta isso em termos jurídicos mais apropriados?

– Ok. Há litisconsórcio passivo necessário?

Boa!

Já se entendeu pelo litisconsórcio necessário passivo entre o **candidato beneficiado** e o **agente público**, quando não era ele mesmo o candidato.[90]

Recentemente, esse entendimento foi alterado para as ações de abuso do poder político envolvendo o candidato beneficiado e o autor da conduta ilícita agente público. É um entendimento aplicável nas representações por conduta vedada. Veja:

90. "Os agentes públicos, dotados de autonomia, cujas manifestações se revelam essenciais à validade e à concretude do ato complexo são, via de regra, corresponsáveis pela essência da conduta que dele emerge (inquinada, ainda que em tese, de vedada). Nessa perspectiva, nas representações do art. 73 da Lei nº 9.504/97, devem figurar, ao lado do beneficiário, no polo passivo, como litisconsortes necessários" (TSE. RO 127409, Acórdão, Rel. Min. Luiz Fux. DJE 19/09/2018).

PRECEDENTE: NÃO OBRIGATORIEDADE DE LITISCONSÓRCIO PASSIVO

"[...] **jurisprudência do Tribunal, no sentido da obrigatoriedade da formação do litisconsórcio passivo necessário, não é de observância irrestrita e automática no âmbito de ações de investigação judicial eleitoral, ou mesmo em sede de representações por prática de condutas do art. 73 da Lei 9.504/97**, o que revela a aparente impertinência de se pretender a aplicação uniforme – a todo e qualquer contexto fático em que se tenha a multiplicidade de agentes (responsáveis e beneficiários) – da regra de que devem ser citados, até a data da diplomação, todos os responsáveis pela conduta e o respectivo beneficiário, sob pena de extinção do feito"[91]

"Não há, no ordenamento eleitoral, disposição legal que exija a formação de litisconsórcio no polo passivo da AIJE. [...]. Firma-se a tese no sentido de **não ser exigido o litisconsórcio passivo necessário entre o candidato beneficiado e o autor da conduta ilícita** em AIJE por abuso do poder político.6. A fixação do novo entendimento tem aplicação prospectiva, para as eleições de 2018 e seguintes, por força do princípio da segurança jurídica"[92]

Há um detalhe...

– Já sei também. Se o candidato pertence a uma chapa, titular e vice devem ser representados.

Exato... E o mesmo acontece no caso de candidato ao cargo de Senador. Os suplentes devem ser incluídos no polo passivo.

> **Enunciado n.º 38, da Súmula do TSE:** Nas ações que visem à cassação de registro, diploma ou mandato, há litisconsórcio passivo necessário entre o titular e o respectivo vice da chapa majoritária.

91. TSE. AgR-AC 0600945-02, rel. Min. Admar Gonzaga. DJE de 4.12.2018.
92. TSE. RO nº 060303063, Acórdão, Rel. Min. Mauro Campbell Marques. DJE 03/08/2021. Tese reiterada em outros julgados: "Na hipótese, a ação de investigação judicial eleitoral imputa aos investigados a prática de abuso do poder político e da conduta vedada prevista no art. 73, III, da Lei nº 9.504/19971, em razão da utilização da mão de obra de servidores do Poupatempo, no horário de expediente, para a campanha eleitoral do primeiro investigado, por meio da obtenção de licença médica falsa referente ao período de 1º.10.2018 a 06.10.2018, às vésperas do pleito. [...]. Ademais, esta Corte Superior, no REspe nº 0603030-63/DF, Rel. Min. Mauro Campbell Marques, j. em 10.06.2021, firmou tese, aplicável a partir das eleições de 2018, de inexigência de litisconsórcio passivo necessário entre o candidato e o agente público, responsável pelo abuso do poder político" (TSE. RO nº 060977531, Acórdão, Rel. Min. Luís Roberto Barroso. DJE 10/11/2021).

24.5. Período de ocorrência do ilícito e período de ajuizamento da representação

Para ajuizar uma representação, duas datas são importantes.

– Eu sei!

A data de ocorrência do ilícito e a data possível para ajuizamento da representação contra esse ilícito.

Exato! Você é demais!

– Na verdade, eu li o título deste tópico.

...

Sobre a data de ocorrência do ilícito, vimos que o artigo 73, da Lei das Eleições (ou artigos 83 e seguintes da Res. TSE 23.610/2019), estabelece prazos distintos, a depender do tipo de ilícito.

Mas há casos sem prazo definido: art. 73, incisos I, II, III, IV e V.

Há quem estabeleça, como marco inicial para a ocorrência dos ilícitos de conduta vedada sem data estabelecida, **o dia 1º de janeiro do ano de eleição.**[93]

– E se alguém usa, então, do serviço público para uma pré-campanha bem antecipada, tipo no ano anterior à eleição, está tudo bem?

Há pelo menos duas possibilidades.

Se alguém, no ano anterior à eleição, usa da máquina pública para antecipar a campanha de reeleição, seria possível que o Ministério Público tomasse medidas para punir o agente público em relação à possível prática de improbidade administrativa. E, lembre-se: a improbidade administrativa possui, como um de seus efeitos, a inelegibilidade.[94]

– Sim. Acho que conversamos sobre isso quando falamos sobre elegibilidade e inelegibilidade. Mas e na seara eleitoral?

93. Solução adotada, por exemplo, no PLP 112/2021, possível próximo Código Eleitoral.
94. A reforma da Lei de Improbidade Administrativa repercutiu nesse ponto. Veja o debate sobre isso no capítulo sobre os Direitos Políticos.

Na seara eleitoral, para alguns, somente é possível falar em propositura de representação por condutas vedadas quando há candidatos (ou seja, a partir do registro). Recentemente, contudo, houve o seguinte precedente no TSE:

> **Precedente: "A alegação de que a propositura da representação por conduta vedada só seria possível quando existissem candidatos não merece guarida, já que 'a tipificação das condutas vedadas independe do marco cronológico previsto em lei para o registro de candidaturas'** (AgR-REspe 208-48, rel. Min. Luís Felipe Salomão, DJE de 24.6.2020)".[95]

Em todo o caso, é possível, ao Ministério Público Eleitoral, em procedimentos preparatórios como o Procedimento Preparatório Eleitoral (PPE), colher e catalogar informações para o ajuizamento de representação fundada no art. 73 ou Ação de Investigação Judicial Eleitoral fundada em abuso do poder político, quando essa medida for possível.

– Exemplo, please.

Imagine um mandatário do executivo que demonstra, de forma explícita, que irá concorrer à reeleição (prefeito, governador, presidente). No ano anterior ao pleito, ele comparece a vários eventos de teor político, sem relação com a sua atividade, para autopromoção, realizando campanha antecipada, mas sem pedir votos. Utiliza, inclusive, de veículo e recursos da administração pública. Nesse caso, o Ministério Público Eleitoral deve coletar informações em Procedimento Preparatório Eleitoral para medidas contra possível abuso do poder político, caso a candidatura realmente aconteça. O Ministério Público não eleitoral deve tomar ações imediatas por possível ato de improbidade administrativa. Se houver conselho de ética ou semelhante na respectiva esfera política, ela também deve se manifestar.

– Mas então essa pessoa pode continuar fazendo irregularidades, mesmo antes de haver o registro de candidato? E nada acontece de imediato?

Não devia. Há medidas processuais para evitar a prática, a reiteração, a continuação ou a remoção de ilícitos. Veja o parágrafo único, art. 497, do CPC:

95. TSE. AGRAVO em REspe nº 060004274, Acórdão, Rel. Min. Sergio Silveira Banhos. DJE 08/09/2021.

> **Art. 497. Na ação que tenha por objeto a prestação de fazer ou de não fazer, o juiz, se procedente o pedido, concederá a tutela específica ou determinará providências que assegurem a obtenção de tutela pelo resultado prático equivalente.**
>
> **Parágrafo único. Para a concessão da tutela específica destinada a inibir a prática, a reiteração ou a continuação de um ilícito, ou a sua remoção, é irrelevante a demonstração da ocorrência de dano ou da existência de culpa ou dolo.**

A própria Lei das Eleições, em seu artigo 73, § 4º, estabelece a "suspensão imediata da conduta vedada" como uma das consequências ao descumprimento daquele artigo:

> Art. 73
>
> **§ 4º O descumprimento do disposto neste artigo acarretará a suspensão imediata da conduta vedada, quando for o caso, e sujeitará os responsáveis a multa no valor de cinco a cem mil Ufirs.**

Em relação **à data de propositura da Representação por Conduta Vedada, ela pode ser apresentada até a data da diplomação.**[96]

– Mas, a partir de quando eu posso representar?

Normalmente, indica-se o registro de candidatura como o momento a partir do qual seria possível essa representação. O raciocínio é o seguinte: se não se sabe se alguém é candidato, como afirmar que ele seria beneficiado por conduta vedada?

Mas dizer que a representação por conduta vedada só é possível após o registro não significa a impossibilidade do pedido de suspensão da medida ilícita imediatamente, mesmo antes das convenções. Além disso, a representação por conduta vedada pode analisar fatos que aconteceram antes, inclusive, dessas convenções. Observe:

> **Precedente:** "A conduta vedada do art. 73, § 10, da Lei nº 9.504/97 e o abuso de poder do art. 22 da LC nº 64/90, como objeto de ação de investigação judicial eleitoral, terão a **sua apuração deflagrada após o registro da candidatura**, termo inicial para o manejo dessa via processual, **podendo, contudo, levar a exame fatos ocorridos antes mesmo das convenções partidárias**, porquanto não cabe confundir o período

96. LE, art. 73, § 12: "a representação contra a não observância do disposto neste artigo observará o rito do art. 22 da Lei Complementar no 64, de 18 de maio de 1990, e poderá ser ajuizada até a data da diplomação".

em que se conforma o ato ilícito com aquele no qual se admite a sua averiguação".[97]

24.6. Procedimento cabível

O § 12, do art. 73, da Lei das Eleições (9.504/97), explicita que o processamento da representação que estamos estudando deve ser feito pelo procedimento previsto no art. 22, da LC 64/90.

Vou repetir o que disse no capítulo passado. Nós vimos a razão disso: **o procedimento acima é o da Ação de Investigação Judicial Eleitoral, que está explicado em capítulo próprio na parte 8 do livro.**

– Eu lembro. Já que consequências dessas ações são mais graves, como a cassação e, indiretamente, a inelegibilidade, chamamos essas representações de Representações Especiais e utilizamos esse procedimento da AIJE, porque ele é bem detalhado.

Isso. Agora eu quem tive um *déjà vu.*

Vou repetir o quadro que apresentei no capítulo passado:

DETALHES DAS REPRESENTAÇÕES ESPECIAIS
Consequências graves diretas, como cassação do registro ou diploma, por vezes multa
Consequências graves indiretas, como a inelegibilidade
Procedimento detalhado do art. 22, da LC 64/90

Uma última informação é a previsão do §13, do art. 73, LE, relacionado ao prazo de recursos das decisões que tratam de conduta vedada: **3 dias.**

LE, art. 73, § 13. O prazo de recurso contra decisões proferidas com base neste artigo será de 3 (três) dias, a contar da data da publicação do julgamento no Diário Oficial.

Adiante!

97. REspe nº 57611. Acórdão. Rel. Min. Tarcisio Vieira De Carvalho Neto. DJE 16/04/2019.

24.7. Consequências da representação

– Já sei essa parte! Se a representação por conduta vedada for julgada procedente, haverá consequências diretas e indiretas.

Isso mesmo. Já vimos isso, inclusive. Vou repetir abaixo, mas com mais detalhamento:

SANCIONADO	CONSEQUÊNCIA DIRETA EM CASO DE CONDENAÇÃO
Agente público, candidato ou não	**Suspensão imediata da conduta vedada**, quando for o caso **Multa aos agentes responsáveis:** de R$ 5.320,50 a R$ 106.410,00 Sem prejuízo de outras sanções de caráter constitucional, administrativo ou disciplinar fixadas pelas demais leis vigentes **"As multas de que trata este artigo serão duplicadas a cada reincidência"** (Lei nº 9.504/1997, art. 73, § 4º, § 6º, c.c. o art. 78 e Res. TSE 23.610/19, art. 83, §4º)
Candidato beneficiado, agente público ou não	**O candidato beneficiado ficará sujeito à cassação do registro ou do diploma** (Lei nº 9.504/1997, art. 73, § 5º, c.c. o art. 78)
Partidos, federações e coligações	**Aplicam-se a multa** aos **agentes públicos** responsáveis pelas condutas vedadas e aos **partidos, coligações** e **candidatos** que delas se beneficiarem (Lei nº 9.504/1997, art. 73, § 8º, § 9º) "Na distribuição dos recursos do Fundo Partidário oriundos da aplicação das multas eleitorais, **deverão ser excluídos os partidos beneficiados pelos atos que originaram as multas**"

Atenção: a **multa pode ser aplicada ao responsável mesmo sem a anuência ou autorização do candidato beneficiado.**[98]

---

98. Em determinado caso, o representado, na condição de vereador, usou bens móveis e materiais e serviços da Câmara Municipal de determinado estado com finalidade tipicamente eleitoral, correspondente à impressão de material publicitário em nome de candidato ao Senado. Ali, decidiu-se que "o reconhecimento da conduta vedada implica aplicação de multa independentemente de autorização ou anuência do beneficiário com a prática do

Além do artigo 73, outros enunciados da Lei das Eleições apresentam situações de condutas vedadas e suas consequências:

AÇÕES VEDADAS NOS TRÊS MESES QUE ANTECEDEM AS ELEIÇÕES[99]
Na realização de inaugurações, a contratação de shows artísticos pagos com recursos públicos (art. 75, LE) É proibido a qualquer candidato comparecer a inaugurações de obras públicas, sob pena de cassação do registro ou do diploma (art. 77, LE)
▶ **Penalidade: cassação do registro ou do diploma**

Para todos os casos acima, a inelegibilidade é uma consequência possível.

Veja:

INELEGIBILIDADE E CONDENAÇÕES EM REPRESENTAÇÃO POR CONDUTA VEDADA
LC 64/90, art. 1º, I, j Art. 1º São **inelegíveis**: I - **para qualquer cargo**: j) os que **forem condenados**, em decisão transitada em julgado ou proferida por órgão colegiado da Justiça Eleitoral, por corrupção eleitoral, por captação ilícita de sufrágio, por doação, captação ou gastos ilícitos de recursos de campanha **ou por conduta vedada aos agentes públicos em campanhas eleitorais** que impliquem cassação do registro ou do diploma, **pelo prazo de 8 (oito) anos a contar da eleição**

Lembre-se: **nem é preciso pedir a inelegibilidade, nem o magistrado precisa colocar essa consequência na sua decisão. É a lei quem a determina.**[100]

O uso da máquina pública de forma indevida autoriza, também, apuração e punição das demais consequências jurídicas não eleitorais de

---

ato (art. 73, §§ 4º e 8º, da Lei 9.504/1997)" (RO nº 060370569, Acórdão, Rel. Min. Alexandre de Moraes, DJE 20/10/2021.

99. PLP 112/2021, possível próximo Código Eleitoral, estabelece: "a partir de 1º de julho do ano da eleição".

100. "A inelegibilidade poderá ser reconhecida, apenas e tão somente, como efeito secundário da condenação, *ex vi* do art. 1º, I, j, da LC nº 64/90 em futuro processo de registro de candidatura, não havendo qualquer incompatibilidade da norma questionada com a reserva de lei complementar prevista no texto constitucional". (TSE. RO nº 122086, Acórdão, Rel. Min. Luciana Lóssio. DJE 27/03/2018).

caráter "constitucional, administrativo ou disciplinar fixadas pelas demais leis vigente". Confira:

> **LE, Art. 78.** A aplicação das sanções cominadas no art. 73, §§ 4º e 5º, dar-se-á sem prejuízo de outras de caráter constitucional, administrativo ou disciplinar fixadas pelas demais leis vigentes.

– Já sei um exemplo. O candidato pode ter incorrido em improbidade administrativa, né?

Exatamente. Ficou fácil porque já falamos sobre isso.

Não é demais lembrar que os casos de uso indevido da máquina pública podem se apurados também por abuso do poder político. É o que veremos no capítulo seguinte.

Além das consequências acima, há a anulação dos votos dados aos condenados, com consequente retotalização. Isso está no **Código Eleitoral**, quando trata da nulidade da votação:

> **Código Eleitoral (Lei 4.737/65) sobre anulação de votação:**
>
> Art. 222. É também **anulável a votação**, quando viciada de falsidade, fraude, coação, **uso de meios de que trata o Art. 237,** ou emprego de processo de propaganda ou captação de sufrágios vedado por lei.
>
> Art. 237. A interferência do poder econômico e o **desvio ou abuso do poder de autoridade**, em desfavor da liberdade do voto, serão coibidos e punidos

Vamos adiante.

24.8. Condutas vedadas aos agentes públicos no Código Eleitoral projetado

Até o momento, o Código Eleitoral em discussão (PLP 112/2021, texto original Senado) aborda o tema no Livro XIX, que trata das "Condutas que Sujeitam o Candidato à Cassação de Registro, Diploma ou Mandato", nos artigos 605 a 607, com hipóteses de cabimento bem parecidas às previsões atuais.

CONDUTAS VEDADAS NO CÓDIGO ELEITORAL PROJETADO

Destaques:

Prazo máximo para ajuizamento mudou: **até 15 (quinze) dias após a eleição**

O procedimento adotado é o **"procedimento comum"**, que estudamos no capítulo sobre Ação de Impugnação ao Registro de Candidatura (parte 8 do livro), no tópico "O procedimento eleitoral comum no Código Eleitoral projetado"

O projeto apresenta os **dias exatos a partir dos quais determinadas condutas não são mais possíveis**. Exemplo: "a partir de 1º de janeiro", "a partir de 1º de abril" ou "1º de julho" do ano de eleição

A multa foi atualizada: **de R$ 5.000,00 a R$ 120.000,00**

Ainda será **possível a cassação do registro ou do diploma do candidato beneficiado, agente público ou não**

- **Para a aplicação das penalidades, o projeto exige expressamente o reconhecimento da "gravidade das circunstâncias"**

24.9. Principais disposições penais relacionadas ao tema

Código Eleitoral vigente	Código Eleitoral em discussão
Art. 300. Valer-se o servidor público da sua autoridade para coagir alguém a votar ou não votar em determinado candidato ou partido: Pena – detenção até 6 meses e pagamento de 60 a 100 dias-multa. Parágrafo único. Se o agente é membro ou funcionário da Justiça Eleitoral e comete o crime prevalecendo-se do cargo a pena é agravada.	
	Art. 878. Autorizar a utilização ou utilizar indevidamente local, verbas, aparelhos, instrumentos, máquinas, materiais, serviços ou pessoal da administração pública direta ou indireta, inclusive concessionários e permissionários de serviços públicos, com o objetivo de beneficiar partido, coligação ou candidato: Pena - reclusão, de 2 (dois) a 4 (quatro) anos, e multa. Parágrafo único. A pena será aumentada de 1/3 (um terço) até metade se o agente for detentor de mandato eletivo, exercer função de chefia ou direção em órgão público ou cargo de direção partidária.

LEI DAS ELEIÇÕES

Art. 40. O uso, na propaganda eleitoral, de símbolos, frases ou imagens, associadas ou semelhantes às empregadas por órgão de governo, empresa pública ou sociedade de economia mista constitui crime, punível com detenção, de seis meses a um ano, com a alternativa de prestação de serviços à comunidade pelo mesmo período, e multa no valor de dez mil a vinte mil UFIR.

25. ABUSO DO PODER ECONÔMICO E ABUSO DO PODER POLÍTICO

Você possui algum aplicativo de dicionário do seu celular? Se sim, veja o que significa "abuso".

– Tenho sim. Espera... Abuso é "1. Uso ilegítimo ou incorreto de alguma coisa; abusão, excesso. 2. Uso excessivo e prejudicial de atribuições e/ou poderes. 3. Falta de moderação; exagero, excesso. [...]".[101]

Ótimo. Basta isso...

Perceba que as acepções, os significados que você leu, não traduzem uma situação desejável...

– Pelo contrário, Minami... basta ver aqui os termos associados ao "abuso": "ilegítimo", "incorreto", "prejudicial", "excesso", "exagero"...

Você acha que o abuso é desejável ou indesejá...

– Indesejável, claro!

Pois bem. Vamos ver os abusos em eleição e como combatê-los.[102]

---

101. Michaelis, Dicionário Brasileiro da Língua Portuguesa, 2015, versão eletrônica em aplicativo para celular.

102. Para uma análise mais rigorosa do abuso, mas no contexto jurídico da teoria do abuso do direito, veja: JORDÃO, Eduardo Ferreira. *Repensando a teoria do abuso de direito.* Salvador: Juspodivm, 2006. O autor apresenta bases do abuso do direito que podem ser utilizadas, inclusive, no direito eleitoral, mas com perspectiva distinta da que será vista neste capítulo. É um estudo que precisa ser feito e aplicado no Brasil. A pergunta que se coloca é: como aplicar o art. 187 do Código Civil em feitos eleitorais? Em perspectiva processual, o abuso do direito pode ser estudado a partir das obras de Elena Abdo (O abuso do processo, RT, 2007), Jorge Americano (O abuso do direito no exercício da demanda, Livraria Acadêmica, 1932), José Olímpio de Castro Filho (O abuso do direito no processo civil, Forense, 1960) e a coletânea sobre o tema organizado por Barbosa Moreira (Abuso dos direitos processuais, Forense, 2000). Aqui, a pergunta provocadora é: como aplicar as punições aos atos atentatórios à dignidade da Justiça nos processos eleitorais? Como aplicar a boa-fé processual nos feios eleitorais? Caro leitor, cara leitora, fica o convite.

25.1. O abuso nas eleições, os prejudicados pelo ilícito e a previsão normativa de seu combate (LC 64/90, art. 22)

O abuso nas eleições significa a ocorrência de **situações indesejáveis** prejudiciais, incorretas, **relacionadas aos grandes temas** de uma corrida eleitoral e que prejudicam a integridade do pleito.

Os grandes temas são: o poder político, o poder econômico e a comunicação na corrida eleitoral (uso dos meios de comunicação social).

– Por que esses são os grandes temas da eleição?

Você já deveria saber...

Porque os candidatos precisam, em uma campanha, veicular as suas ideias e **qualquer irregularidade, em considerável escala, relacionada ao uso dos meios de comunicação social como um todo, pode interferir na liberdade do eleitor, na igualdade de condições entre os concorrentes ou na legitimidade da escolha**. Exemplos: compartilhamento em massa de *fake news*, uso indevido da propaganda no rádio e na televisão, uso indevido das ferramentas virtuais de propaganda.

Além disso, dois pontos podem causar grande desigualdade no pleito: **descontrole do poder econômico** (exemplo: usar mais recursos do que é permitido, gastar com o que não pode, captar ilicitamente eleitores) e a **utilização da máquina pública em campanha eleitoral** (exemplo: usar veículos ou servidores da administração pública em campanha).

Os abusos nas eleições prejudicam, além dos candidatos, o próprio Estado.[103] **O Estado é prejudicado de forma especial, pois é da lisura de uma eleição que a sua própria legitimidade se sustenta. Não são apenas os eleitores os prejudicados, mas todo o povo – o titular do poder político.**

– Faz muito sentido... E vamos ver todos esses abusos?

Sim.

103. Ideia semelhante ao que acontece nas situações de abuso do processo, cujo prejudicado não é apenas a outra parte, mas o próprio Estado (CASTRO FILHO, José Olímpio de Castro Filho. *Abuso do direito no processo civil*. 2. ed. Rio de Janeiro, Forense, 1960, p. 32).

Vamos começar identificando as **principais bases normativas para lidar com os abusos e que os mencionam expressamente:**[104]

FONTE NORMATIVA	ILÍCITOS COMBATIDOS
CF/88, art. 14, § 9º	Estabelece que Lei Complementar pode tratar dos **abusos nas eleições**
CF/88, art. 14, § 10	Previsão da **Ação de Impugnação ao Mandato Eletivo (AIME)**, para combater "**abuso do poder econômico**, corrupção ou fraude"
Lei Complementar 64/90	O artigo 22 apresenta a **Ação de Investigação Judicial Eleitoral (AIJE)**, para combater **abuso do poder econômico ou político e a utilização indevida de veículos ou meios de comunicação social**

– Nós vimos algo sobre isso no capítulo de Fontes do Direito Eleitoral, acho.

Muito bem lembrado. Agora, vamos nos aprofundar.

25.2. O abuso do poder econômico

O abuso do poder econômico é combatido de várias formas, a depender da situação e do momento de ajuizamento.

Algumas situações de uso indevido de recursos em campanha são compreendidas como hipóteses que autorizam aquela **Representação Especial, fundada no art. 30-A** da Lei das Eleições.

– Sei. Vimos isso no capítulo sobre "captação ou gastos ilícitos em campanha". Lá também vimos aquela doação de pessoa física acima do limite permitido...

Bem lembrado.

– Já vimos as hipóteses que autorizam essas ações. Vamos repetir?

Não vamos repetir.

104. O tema também é referenciado, por exemplo, no Código Eleitoral de 1965, art. 237: "Art. 237. A interferência do poder econômico e o desvio ou abuso do poder de autoridade, em desfavor da liberdade do voto, serão coibidos e punidos".

Agora quero apenas destacar duas medidas que, expressamente, mencionam o abuso de poder econômico como hipótese para ajuizamento:

- **Ação de Investigação Judicial Eleitoral (AIJE)** (art. 22, LC 64/90).
- **Ação de Impugnação ao Mandato Eletivo (AIME)** (CF/1988, art. 14, § 10).

Veja:

Previsão normativa de medida processual	Ilícito que a medida combate
Ação de Investigação Judicial Eleitoral (AIJE) LC 64/90, art. 22	**Abuso do poder econômico ou político** Utilização indevida de veículos ou meios de comunicação social **Obs.: Proposta até a diplomação**
Ação de Impugnação ao Mandato Eletivo (AIME) CF/88, art. 14, § 10	**Abuso do poder econômico** Corrupção Fraude **Obs.: Proposta até 15 dias da diplomação**
▸ **O detalhamento dos procedimentos da AIJE e da AIME é assunto da parte 8 do livro**	

Vamos analisar, agora, apenas o abuso do poder econômico em si. Depois veremos a diferença entre AIJE e AIME.

– Eu já vi uma ali. O momento de ajuizamento.

Perfeito. Mas não foque nisso ainda.

Leia essa decisão do TSE:

PRECEDENTE SOBRE ABUSO DO PODER ECONÔMICO

"Consoante a jurisprudência desta Corte Superior, o **abuso de poder econômico** ocorre pelo **uso exorbitante de recursos patrimoniais**, sejam eles **públicos ou privados**, de forma a **comprometer a isonomia da disputa eleitoral** e a **legitimidade do pleito** em **benefício de determinada candidatura**"[105]

A conclusão acima é bastante repetida em outros precedentes do Tribunal da Democracia.

105. REspe nº 105717, Acórdão, Rel. Min. Jorge Mussi, DJE 13/12/2019. Grifos nossos.

Talvez por isso o Código Eleitoral que está sendo atualmente discutido no Congresso tenha escolhido conceituar o abuso de poder econômico como "**a utilização desmedida de aporte patrimonial que acarrete vantagem eleitoral indevida [...]".**[106]

– Mas como saber se o uso do dinheiro do candidato é "exorbitante", "desmedido"?

– Um candidato milionário não pode usar o seu próprio dinheiro na campanha?

Nas eleições de 2018, o candidato podia financiar integralmente a sua campanha.[107] No *site* oficial da Justiça Eleitoral, o **divulgacandcontas.tse.jus.br**, é possível verificar que Henrique Meirelles, por exemplo, fez exatamente isso e informou um total de custo de campanha de R$ 57.030.000,00 com recursos próprios.

– Minha nossa... é isso mesmo: milhões? Mas esse caso então é abuso claro.

Não foi abuso porque o limite para os gastos nas eleições presidenciais de 2018 foi de 70 milhões de reais para o primeiro turno.[108] Vou repetir: nessa época, o candidato podia financiar integralmente a própria campanha.

O grande detalhe **é constatar se a arrecadação e os gastos de campanha foram de acordo com os parâmetros legais da época**. Mas isso é apenas um primeiro passo para analisar se houve ou não abuso na campanha.

– Exemplos sempre facilitam!

106. Código Eleitoral em discussão (PLP 112/2021, texto original Senado).

107. Atualmente, o § 2º-A, do art. 23, LE, limita esse valor: "O candidato poderá usar recursos próprios em sua campanha até o total de 10% (dez por cento) dos limites previstos para gastos de campanha no cargo em que concorrer". Ocorre que o Congresso Nacional tinha até o começo do mês de outubro de 2021 para aprovar o limite de gastos para as eleições de 2022, mas isso não ocorreu, o que deixa a dúvida se não haverá o limite de gastos para essas eleições.

108. TSE. Limites de gastos eleições 2018. Disponível em: < https://www.tse.jus.br/eleicoes/eleicoes-2018/prestacao-de-contas-1/limites-legais-de-campanha >. Acesso em 21 nov. 2021.

Já vimos alguns exemplos disso quando conversamos sobre a prestação de contas de campanha eleitoral, no capítulo sobre "arrecadação e aplicação de recursos em campanha".

Aliás, isso me lembra de uma observação:

o fato de um candidato obter um julgamento de contas favorável (ou aprovado com ressalvas), não significa que não ocorreram ilícitos financeiros na campanha. Uma das situações abusivas é justamente a ocultação das irregularidades de arrecadação e gastos nas prestações de contas.[109]

– Faz sentido. Se acontecer, por exemplo, o tal do "caixa dois" que vimos no capítulo sobre "captação ou gastos ilícitos de recursos", é lógico que as irregularidades não serão declaradas.

O abuso do poder econômico é o estopim para várias ilicitudes em campanha. É por ele, por exemplo, que votos são comprados.[110] Também pode ser considerada abusiva a dissimulação de doação indevida, usando-se pessoa natural como "laranja".[111]

– Duvido mais exemplos...

Outros exemplos: o uso de quantia não declarada (caixa dois); gastos ilícitos, como a realização de showmício, ainda que de forma dissimulada; compra de brindes para eleitores, como cestas básicas; gasto com

109. "Inexiste prejudicialidade entre o processo de prestação de contas e as demais ações eleitorais que visem a apurar ilícitos de ordem financeira praticados em campanha, seja abuso do poder econômico, previsto no art. 22, XIV, da LC nº 64/1990, seja arrecadação e gastos ilícitos de recursos, disciplinados no art. 30–A da Lei nº 9.504/1997" (TSE. RO 060161619, Ac., Rel. Min. Og Fernandes, DJE 19/12/2019)

110. Exemplo de decisão nesse sentido: "[...] No entanto, há provas robustas do abuso de poder econômico, diante do emprego desproporcional de recursos patrimoniais para a captação ilícita de sufrágio em favor dos investigados. [...] Ademais, as provas dos autos demonstram que os candidatos investigados não apenas foram beneficiados pelo ato abusivo, mas também contribuíram, direta ou indiretamente, para a sua prática, o que impõe a aplicação da sanção de inelegibilidade". TSE. RO nº 224491, Acórdão, Rel. Min. Luís Roberto Barroso. DJE 28/09/2021. Outro exemplo: TSE. REspe. nº 15782, Ac, Rel. Min. Luis Felipe Salomão, DJE 16/11/2020.

111. Parte do julgado: "cotejando o valor de ganho mensal desses contribuintes com a sua remuneração, depreende-se, das informações obtidas, que existe grande incongruência entre o valor doado e a sua capacidade financeira, quando se leva em conta o valor doado e a remuneração líquida dos doadores. Diversos doadores pessoas físicas doaram praticamente tudo o que ganharam no mês ou até mais" (TSE. RO nº 060081868. Acórdão. Rel. Min. Sergio Silveira Banhos. DJE 19/10/2021).

contratação de equipe para espalhar notícias falsas para minar campanha de seus adversários; arrecadação de recurso sem o trânsito por conta específica aberta por determinação legal; pagamento de gastos eleitorais com recursos não provenientes das contas específicas abertas por determinação legal.

> – Mas também aí tem de tudo, né? Propaganda irregular, compra de voto, caixa dois, arrecadação e gasto irregular de campanha, desobediência às regras financeiras de campanha...Deve ter até crime, se duvidar.

Vamos por partes.

O abuso do poder econômico é possível em qualquer situação relacionada à campanha que envolva, direta ou indiretamente, recursos financeiros. Por isso, as possibilidades são enormes.

Uma repercussão prática disso é que muitos ingressam com medidas contra o abuso do poder econômico, trazendo como fundamento os ilícitos que nós já vimos nos capítulos passados, principalmente a captação ilícita de sufrágio (art. 41-A, LE) e a arrecadação e gastos indevidos em campanha (art. 30-A, LE).

> – Mas como saber, então, se determinado caso é de abuso do poder econômico?

Calma...

Outro detalhe: **o abuso do poder econômico pode ocorrer ou se confundir com o abuso do poder político, o uso da máquina pública ou outros abusos, como das relações de emprego**.

Alguém pode, por exemplo, usar carros e servidores da administração pública em campanha ou obrigar, ainda que indiretamente, seus funcionários a votarem em determinado candidato.

> – Mas como saber, então, se determinado caso é de abuso do poder econômico?

Pronto... você entrou no seu modo de *looping*.

Os pontos que costumam ser apontados para identificar o abuso podem ser vistos na decisão abaixo:

PRECEDENTE COM REQUISITOS PARA PROCEDÊNCIA DE UMA AÇÃO FUNDADA EM ABUSO DO PODER ECONÔMICO

"Acerca dos requisitos indispensáveis à procedência da AIJE, por abuso, esta Corte assim consignou no julgamento do REspe 501-20, [...]: 'Para que seja formulado o juízo de procedência da AIJE, a jurisprudência do Tribunal Superior Eleitoral tem entendido que é imprescindível a demonstração de dois requisitos. O primeiro requisito **é a gravidade das condutas reputadas ilegais**, de modo que sejam capazes de abalar a normalidade e a legitimidade' das eleições e gerar desequilíbrio na disputa (REspe nº 11-751RN, Rel. Min. Luiz Fux, j. em 25.5.2017). **Na hipótese de abuso do poder econômico, é necessário o emprego desproporcional e excessivo de recursos patrimoniais, públicos ou privados, em benefício eleitoral do candidato, que seja capaz de comprometer a legitimidade do pleito e a paridade de armas** (REspe nº 941-81/TO, Rel. Mm. Maria Thereza de Assis Moura, j. em 15.12.2015).

Para preencher o requisito da gravidade, todavia, é **desnecessária a aferição (matemática ou numérica) da alteração do resultado das eleições pela prática do ato**, como preconiza o art. 22, XVI, da LC n° 64/1990".[112]

Esse julgado é interessante, pois aponta vários outros.

– Dá para organizar o que ele apresenta? Parece que tem um novo elemento aí, essa gravidade...

Folgada, né, você. Mas é possível sim.

Antes, vou reforçar o que você falou. **Os tribunais focam muito nesse aspecto da gravidade, embora isso seja um conceito de difícil delimitação.**

Veja:

PONTOS A SEREM OBSERVADOS EM CASOS DE ABUSO DO PODER ECONÔMICO[113]

Emprego desproporcional e excessivo de recursos patrimoniais, públicos ou privados, em benefício eleitoral do candidato

Emprego de **quantia não declarada** ou em **desconformidade com as regras financeiras** de campanha[114]

Gravidade das condutas reputadas ilegais

Abalo na legitimidade e na **normalidade** do pleito

Desequilíbrio na disputa e violação da **paridade de armas**

- ▶ É **desnecessária a aferição (matemática ou numérica) da alteração do resultado** das eleições pela prática do ato

112. RO nº 060081868, Acórdão, Rel. Min. Sergio Silveira Banhos. DJE 19/10/2021.
113. Veja algumas dessas conclusões nos acórdãos do TSE, de 19.3.2019, no REspe nº 49451 e, de 6.11.2018, no RO nº 799627: "as hipóteses de abuso de poder constituem cláusulas abertas e devem ser interpretadas em harmonia com o art. 14, § 9º, da Constituição Federal, considerando a gravidade da conduta e o desequilíbrio na disputa eleitoral, tendo em vista a normalidade e a legitimidade do pleito".
114. Veja capítulo sobre arrecadação e aplicação de recursos em campanha.

– Certo. São muitos detalhes. Será que é preciso tudo isso?

O mais importante é a análise do caso concreto. Há situações que chamam mais atenção do que outras. Mas um ponto que deve ser observado, quando se analisa a consequência da conduta abusiva, é o que disciplina o inc. XVI, da LC 64/90:

> **LC 64/90, art. 22:** XVI - **para a configuração do ato abusivo, não será considerada a potencialidade de o fato alterar o resultado da eleição,** mas apenas a gravidade das circunstâncias que o caracterizam.

– Entendi. Pode ser que algo seja grave, como uma compra abusiva de votos, mas não é preciso que aquela irregularidade tenha o condão de mudar o resultado da eleição....

Isso mesmo. A potencialidade para mudar o resultado pode ser usada "como aspecto secundário para aferição da gravidade".[115]

Agora é o momento de falarmos sobre o abuso de poder político.

25.3. O abuso do poder político

Novamente, vamos ao nosso quadro resumo para saber qual medida processual apresenta o abuso do poder político como hipótese expressa de aplicação:

MEDIDA PROCESSUAL	O QUE ELA COMBATE
Ação de Investigação Judicial Eleitoral (AIJE) (art. 22, LC 64/90)	Abuso do poder econômico **Abuso do poder político** Uso indevido dos meios de comunicação social
▶ **Procedimento: art. 22 e seguintes, LC 64/90 (veja parte 8 do livro)**	
Já se decidiu pela **possibilidade de Ação de Impugnação ao Mandato Eletivo contra abuso do poder político, desde que relacionado ao abuso do poder econômico**[116]	

115. "Não é possível que o juízo condenatório tenha por base meros indícios ou presunções, não sendo razoável imputar à conduta a gravidade suficiente a ensejar a sanção de inelegibilidade (art. 22, XVI, da LC 64/1990), pois, embora o art. 22, XVI, da LC 64/1990 tenha afastado, como elemento configurador do ilícito, a potencialidade de o fato alterar o resultado do pleito, nada impede que o julgador a utilize como aspecto secundário para aferição da gravidade" (REspe nº 35773, Acórdão, Rel. Min. Alexandre de Moraes, DJE 03/08/2021)

116. "A teor da jurisprudência desta Corte Superior: 'possível apurar, em Ação de Impugnação de Mandato Eletivo (AIME), abuso de poder político entrelaçado com abuso de poder

– Já estou aprendendo pela repetição...

Esse é o espírito. Devagar e sempre.

Falando em repetição, vou repetir a informação abaixo algumas vezes:

Em relação ao abuso do poder político, já se entendeu que ele também pode ser combatido via Ação de Impugnação ao Mandato Eletivo, desde que relacionado ao abuso do poder econômico. Veja:

> **Precedente:** "A teor da jurisprudência desta Corte Superior: '**possível apurar, em Ação de Impugnação de Mandato Eletivo (AIME), abuso de poder político entrelaçado com abuso de poder econômico.** Trata-se de hipótese em que agente público, mediante desvio de sua condição funcional, emprega recursos patrimoniais, privados ou do Erário, de forma a comprometer a legitimidade das eleições e a paridade de armas entre candidatos'. [...] À luz da moldura fática delineada na origem, houve a distribuição gratuita de bens no ano eleitoral, por meio de programa social autorizado em lei, porém sem execução orçamentária no ano anterior, a contrariar o disposto no art. 73, § 10, da Lei nº 9.504/1994, ressaltada, ademais, a gravidade dos fatos para configuração da conduta abusiva".[117]

Vamos falar sobre o abuso do poder político.

Vimos, no primeiro capítulo deste livro, que o poder político está relacionado às coisas do Estado e do que é público.

Pois bem, usar a coisa pública em campanhas traz grande desequilíbrio ao pleito e acarreta graves consequências.

– A lei estabelece o que é o abuso do poder político?

Não. Mas alguns julgados nos ajudam a chegar ao conceito pretendido.

---

econômico. Trata-se de hipótese em que agente público, mediante desvio de sua condição funcional, emprega recursos patrimoniais, privados ou do Erário, de forma a comprometer a legitimidade das eleições e a paridade de armas entre candidatos'" (TSE. REspe. nº 3611, Acórdão, Rel. Min. Rosa Weber, DJE 02/08/2018).

117. TSE. REspe. nº 3611, Acórdão, Rel. Min. Rosa Weber, DJE 02/08/2018.

PRECEDENTE SOBRE ABUSO DO PODER POLÍTICO

"O abuso do poder político decorre da **utilização da estrutura da administração pública em benefício de determinada candidatura** ou, ainda, **como forma de prejudicar adversário**"[118]

O "abuso do poder político qualifica-se quando a **estrutura da administração pública é utilizada em benefício de determinada candidatura**, para **prejudicar a campanha de eventuais adversários** ou para **coagir servidores** a aderirem a esta ou àquela candidatura" [119]

É curioso que o art. 616, do PLP 112/2021, possível futuro Código Eleitoral, diz, expressamente, o que é abuso do poder político, seguindo a linha de decisões como as que eu citei:

> **PLP 112/2021:** "Constitui abuso de poder político a **exploração eleitoreira da estrutura do Estado**, bem como o uso **desvirtuado das competências** e prerrogativas inerentes à condição de agente público que acarrete **vantagem eleitoral indevida**"[120].

– Mas esse código não está valendo ainda!

Eu sei, mesmo assim, a definição acima nos ajuda a compreender o tema.

– Me diz exemplos, *please*, professor.

Veja esses casos:

> **Precedente:** "[...] **a perfuração de 27 (vinte e sete) poços artesianos e a correspondente entrega às comunidades rurais beneficiadas, no curso do período vedado** (entre os meses de agosto a outubro do ano das eleições), em uma média de 1 (um) poço a cada 3 (três) dias, com reflexo na normalidade e na lisura do pleito, notadamente pelo proposital vínculo de gratidão estabelecido entre o eleitorado e o então gestor, candidato à reeleição, com nota de gravidade, configura conduta vedada e abuso do poder político".[121]

> **Precedente:** "Na linha da jurisprudência desta Corte Superior, 'configura abuso de poder político a hipótese de **contratações temporárias de servidores públicos realizadas no curso do ano eleitoral, sem**

118. TSE. RO, nº 763425, Ac, Rel. Min. João Otávio De Noronha, DJE 17/05/2019.
119. TSE. Acórdão de 5.4.2017, no RO nº 265041.
120. Art. 616, PLP 112/2021, possível futuro Código Eleitoral.
121. TSE. AgR em REspe nº 060017210, Ac., Rel. Min. Carlos Horbach, DJE 03/11/202. Grifei.

enquadramento na excepcionalidade prevista no art. 37, IX, da CF/88 e com viés eleitoreiro"'.[122]

Precedente: "Configura abuso do poder político a **intensificação atípica de programa de regularização fundiária nos meses anteriores ao pleito**, com a realização de eventos para entrega de títulos de direito real de uso pessoalmente pelo prefeito candidato à reeleição. A quebra da rotina administrativa para que a fase mais relevante do programa social fosse realizada às vésperas do pleito, com nítida finalidade eleitoreira, somada à grande repercussão que a conduta atingiu justificam a imposição da sanção de cassação dos diplomas dos candidatos beneficiados".[123]

Já se entendeu a configuração do abuso de poder por parte de um prefeito que autorizou publicação de "[...] edital para a realização de concurso público, às vésperas das eleições, para diversos níveis escolares e em diversas áreas (de médico a coveiro), evidenciando a posição de extrema vantagem na disputa eleitoral, considerada, inclusive, a pequena população do município [...]".[124]

Um ponto importante, é que o abuso apenas se configura se houver **gravidade da conduta atacada**. Aqui, tenho que repetir o que vimos quando conversamos sobre o abuso do poder econômico. Lá, eu citei o inc. XVI, da LC 64/90. Veja:

> **LC 64/90, art. 22:** XVI - para a configuração do ato abusivo, **não será considerada a potencialidade de o fato alterar o resultado da eleição**, mas apenas a gravidade das circunstâncias que o caracterizam.

– Lembro disso! O professor até colocou um quadro bem bacana sobre os pontos do abuso do poder econômico.

Vou adaptar aquele quadro para o abuso do poder político. Veja:

122. TSE. AgR em REspe nº 389-73/RN, Rel. Min. Jorge Mussi, DJe de 12.8.2019. Grifei.
123. TSE. AI nº 28353, Rel. Min. Luís Roberto Barroso, DJE 31/05/2019. Grifei.
124. TSE. AI nº 51853, Rel. Min. Sergio Silveira Banhos, DJE 06/03/2020.

PONTOS A SEREM OBSERVADOS EM CASOS DE ABUSO DO PODER POLÍTICO[125]

Uso da máquina pública para beneficiar candidato ou prejudicar adversário
Gravidade das condutas reputadas ilegais
Abalo na legitimidade e na **normalidade** do pleito
Desequilíbrio na disputa e violação da **paridade de armas**
▶ **É desnecessária a aferição (matemática ou numérica) da alteração do resultado** das eleições pela prática do ato

Vamos ver, agora, alguns detalhes sobre as medidas jurídicas possíveis contra os abusos.

25.4. Combatendo abusos e escolhendo entre AIME ou AIJE

Você já apontou uma diferença entre a Ação de Investigação Judicial Eleitoral (AIJE) e a Ação de Impugnação ao Mandato Eletivo (AIME): **o prazo de propositura.**

– Acho até que vimos isso no capítulo de Fontes do Direito Eleitoral.

Sim, introduzi o assunto por lá, mas aqui ele começa a ser aprofundado.

Os detalhes procedimentais da AIJE e da AIME estão explicados em capítulos específicos na parte 8 do livro sobre os procedimentos cíveis cabíveis em uma eleição.

Além do prazo, vamos ver aspectos gerais que as diferenciam:

125. Veja essas conclusões nos acórdãos do TSE, de 19.3.2019, no REspe nº 49451 e, de 6.11.2018, no RO nº 799627: "as hipóteses de abuso de poder constituem cláusulas abertas e devem ser interpretadas em harmonia com o art. 14, § 9º, da Constituição Federal, considerando a gravidade da conduta e o desequilíbrio na disputa eleitoral, tendo em vista a normalidade e a legitimidade do pleito".

Ação de Investigação Judicial Eleitoral	Ação de Impugnação ao Mandato Eletivo
Combate abuso do poder econômico ou político, utilização indevida de veículos ou meios de comunicação social	Combate abuso do poder econômico, corrupção ou fraude
Prazo de propositura: a partir da escolha em convenção ou do registro, **até o dia da diplomação** **Procedimento próprio** do art. 22, LC 64/90[126] Sem previsão de segredo de justiça **(Veja capítulo sobre a AIJE)**	**Prazo de propositura: 15 dias depois da diplomação** **Procedimento:** art. 3º e seguintes da LC 64/90[127] (o mesmo da Ação de Impugnação ao Registro) Previsão de segredo de justiça **(Veja capítulo sobre AIRC e AIME)**
Legitimidade ativa: Partido político, coligação e federação partidária, candidato e Ministério Público Eleitoral **Em regra, partido coligado não pode propor demandas durante a corrida, é a coligação quem o faz**	**Legitimidade ativa:** Partido político e federação partidária, candidato e Ministério Público Eleitoral **Com a diplomação, ocorre o fim da coligação e partido que era coligado pode propor sozinho** Já se entendeu que coligação pode propor AIME
Legitimidade passiva: O autor do ilícito e todos que contribuíram para a prática do ato Candidato, como autor do ilícito, contribuinte dele ou diretamente beneficiado Não se propõe contra órgão partidário nem PJ	**Legitimidade passiva:** Candidato diplomado, incluindo vice e suplente Não se propõe contra órgão partidário nem PJ Apenas quem pode sofrer as consequências abaixo
Consequências diretas: Inelegibilidade do representado e de quantos hajam contribuído para a prática do ato Cassação do registro ou diploma do candidato diretamente beneficiado	**Consequência direta:** Cassação do diploma **Consequência Indireta:** Inelegibilidade
LC 64/90, art. 22	**CF/88, art. 14, § 10**

126. Observação: esse mesmo procedimento é aplicável para as representações fundadas nos artigos 41-A, 30-A e 73 e seguintes da Lei das Eleições.

127. Res. TSE nº 21634/2004 e Acórdão do TSE, de 14.2.2006, no REspe nº 25443: "o rito ordinário que deve ser observado na tramitação da ação de impugnação de mandado eletivo, até a sentença, é o da Lei Complementar nº 64/90, não o do Código de Processo Civil, cujas disposições são aplicáveis apenas subsidiariamente". O procedimento considerado como o ordinário é justamente o da AIRC, embora muito semelhante ao da AIJE.

Como eu disse...

– Já sei: os detalhamentos serão vistos nos capítulos específicos sobre AIJE e AIME na parte 8 do livro.

Está certo.

Mas, Minami, venha cá... Você mesmo disse que, às vezes, os abusos se confundem com outros ilícitos, como a compra de votos, a captação e gastos irregular de recursos ou as condutas vedadas.

Como saber se eu devo ingressar, por exemplo, com uma representação pelo 41-A (compra de votos), pelo art. 30-A (captação ou gasto ilícito de campanha) ou se entro com AIJE ou AIME?

Excelente pergunta! Uma das melhores do livro...

– Sempre que vou ficar orgulhosa de mim mesma, lembro que sou uma criação da sua cabeça...

Foco!

Vamos ver isso nos tópicos a seguir. Fiz quadros específicos para cada situação.

25.5. Como escolher entre as representações contra arrecadação e gastos ilícitos (30-A), captação ilícita (41-A) ou a AIJE contra o abuso do poder econômico

A hipótese de cabimento da representação pelo 30-A é facilitada na medida em que a lei detalha como arrecadar e gastar. Basta que se verifique se essas balizas foram violadas. Se, por exemplo, houve recepção de dinheiro de pessoa jurídica, o que é expressamente vedado, seria possível o manejo dessa representação. Por outro lado, a doação de uma pessoa jurídica pode ser tão expressiva, que se prefira atacar o ilícito com a AIJE.

– Agora complicou. Afinal, quando usar uma ou outra?

Há situações nas quais talvez se entenda não ter havido gravidade extrema, mas apenas uma "ilegalidade qualificada",[128] a autorizar uma

128. TSE. RO-El nº 060147553, Acórdão, Rel. Min. Alexandre de Moraes. DJE 17/12/2020.

representação especial[129] ao invés de uma AIJE. Mas é perceptível que nem doutrina nem jurisprudência conseguem apresentar balizas seguras para que possamos saber qual medida é aplicável a cada caso.

> **Observação:** é importante lembrar que o Código Eleitoral projetado sempre se refere ao "reconhecimento da gravidade das circunstâncias" como requisito para aplicação dos efeitos mais graves contra os ilícitos eleitorais que atualmente aceitam as representações especiais.

– Então, não há nada que possamos fazer para ter um mínimo de segurança sobre qual medida usar?

Acho que tenho como ajudar nisso. Basta que você veja o caso concreto, pois há detalhes objetivos que justificam o uso da AIJE ao invés da representação fundada no art. 30-A e vice-versa. Eis alguns deles: legitimados, prazo para ajuizamento e consequências. Observe:

Representação pelo art. 30-A, LE: captação ou gastos ilícitos de recursos	AIJE por abuso do poder econômico
Cabimento: Desobediência aos artigos da Lei das Eleições que tratam de arrecadação e gastos em campanha	**Cabimento:** Situações não necessariamente descritas na Lei das Eleições e que importem em **graves irregularidades na ocultação da origem de recursos** e no **uso desmedido de aporte patrimonial que acarrete vantagem eleitoral indevida**[130]
Legitimidade ativa: Partido político, coligação ou federação Ministério Público Eleitoral	**Legitimidade ativa:** Partido político, coligação ou federação Candidata ou candidato Ministério Público Eleitoral
Legitimidade passiva: (LE, art. 30-A, §2º) Candidatos	**Legitimidade passiva:** (LC 64/90, art. 22, XIV) O autor do ilícito e todos que contribuíram para a prática do ato Candidato, como autor do ilícito, contribuinte dele ou diretamente beneficiado Não se propõe contra órgão partidário nem PJ

129. Costuma-se chamar de Representações Especiais aquelas fundadas em ilícitos maiores da Lei das Eleições (9.504/97), como os previstos nos artigos 30-A, 41-A, 73 e seguintes.

130. Definição extraída, em parte, do caminho adotado no PLP 112/2021, possível futuro Código Eleitoral, quando disciplina, em seu art. 615, que é abuso de poder econômico "**a utilização desmedida de aporte patrimonial que acarrete vantagem eleitoral indevida**".

Representação pelo art. 30-A, LE: captação ou gastos ilícitos de recursos	AIJE por abuso do poder econômico
Prazo para ajuizamento: A partir do resultado da eleição, **até 15 dias depois da diplomação**	**Prazo para ajuizamento:** A AIJE pode ser apresentada a partir do registro da candidatura **até a data de diplomação**, incluindo este dia Para alguns, desde a escolha em convenção
Consequência **Direta:** Negação ou cassação do diploma **Indireta:** Inelegibilidade	**Consequência** **Direta:** Inelegibilidade do representado e de quantos hajam contribuído para a prática do ato Cassação do registro ou diploma do candidato diretamente beneficiado
▶ **O procedimento é o mesmo: art. 22, LC 64/90** ▶ **Veja capítulo sobre AIJE e sobre Representações Especiais**	

– Acho que estou percebendo. Quando vimos, por exemplo, a representação pelo 30-A, eu achei um absurdo o terceiro que ajudou o candidato na ilicitude não receber uma punição.

Exato, porque apenas o candidato é o legitimado passivo na representação pelo 30-A.

– Isso. Mas a AIJE já pode ser usada contra aqueles que contribuíram para a prática do ilícito e não apenas o candidato.

Entendeu tudo!

O cabimento da AIJE é mais aberto do que o cabimento da representação pelo art. 30-A, da Lei das Eleições.

– Mas parece que a representação pelo art. 30-A pode ser ajuizada mesmo depois da diplomação.

Viu, como há diferenças entre elas?

– Tá, me convenceu.

Mas, então, como saber se eu uso a AIJE ou a Representação fundada no art. 41-A, que trata da captação ilícita de sufrágio? Nos dois há dinheiro envolvido.

Aqui há a mesma celeuma que acabamos de ver.

Talvez algum magistrado entenda que a compra de poucos votos seria ilícita, mas não abusiva. Por outro lado, a compra de milhares de votos justificaria o manejo da AIJE.

– Acho que isso é muito subjetivo.

E é mesmo. Há decisões que só aceitam as consequências do art. 41-A, por exemplo, se houver gravidade na conduta.[131] Isso aproxima a AIJE da Representação contra compra de votos.

Novamente, talvez a melhor saída seja analisar as características de cada procedimento e verificar qual se ajusta mais ao seu caso e objetivos. Veja:

Representação pelo art. 41-A: captação ilícita de votos	AIJE por abuso do poder econômico
Cabimento: Violação à liberdade de escolha do eleitor, pela doação, oferecimento, promessa ou entrega de bem ou vantagem pessoal de qualquer natureza, com o fim de obter-lhe o voto ou a abstenção	**Cabimento:** Situações não necessariamente descritas na Lei das Eleições e que importem em **graves irregularidades na ocultação da origem de recursos** e no **uso desmedido de aporte patrimonial que acarrete vantagem eleitoral indevida**[132]
Legitimidade ativa: Partido político, coligação ou federação Ministério Público Eleitoral	**Legitimidade ativa:** Partido político, coligação ou federação Candidata ou candidato Ministério Público Eleitoral
Legitimidade passiva: (LE, art. 41-A) Candidato beneficiado[133]	**Legitimidade passiva:** (LC 64/90, art. 22, XIV) O autor do ilícito e todos que contribuíram para a prática do ato Candidato, como autor do ilícito, contribuinte dele ou diretamente beneficiado Não se propõe contra órgão partidário nem PJ

131. Caminho adotado pelo próximo possível Código Eleitoral, como vimos no capítulo sobre a captação ilícita de sufrágio.

132. Definição extraída, em parte, do caminho adotado no PLP 112/2021, possível futuro Código Eleitoral, quando disciplina, em seu art. 615, que é abuso de poder econômico "**a utilização desmedida de aporte patrimonial que acarrete vantagem eleitoral indevida**".

133. TSE. RO. nº 060171341, Acórdão, Rel. Min. Mauro Campbell Marques, Rel. des. Min. Edson Fachin, DJE 15/09/2021. TSE. AI nº 68233, Acórdão, Rel. Min. Mauro Campbell Marques, DJE 23/11/2021.

Representação pelo art. 41-A: captação ilícita de votos	AIJE por abuso do poder econômico
Prazo para ajuizamento: Desde o momento em que há candidatos, ou seja, desde o pedido de registro, **até a data da diplomação** (§3º, art. 41-A, LE)	**Prazo para ajuizamento:** A AIJE pode ser apresentada a partir do registro da candidatura **até a data de diplomação**, incluindo este dia Para alguns, desde a escolha em convenção
Consequência **Direta:** (LE, 41-A) Multa e cassação do diploma ou registro **Indireta:** Inelegibilidade	**Consequência direta:** Inelegibilidade do representado e de quantos hajam contribuído para a prática do ato Cassação do registro ou diploma do candidato diretamente beneficiado
▶ **O procedimento é o mesmo: art. 22, LC 64/90** ▶ **Veja capítulo sobre AIJE e sobre Representações Especiais**	

– Gostei! Quero saber mais.

Vamos adiante.

25.6. Como escolher entre a representação por condutas vedadas ou a AIJE por abuso do poder político

As condutas vedadas podem ser atacadas por representação ou por Ação de Investigação Judicial Eleitoral.

Aqui, há o mesmo debate do tópico passado sobre se é preciso ou não o reconhecimento da gravidade para a escolha entre a representação por conduta vedada ou a AIJE.

> **Observação:** é importante lembrar que o Código Eleitoral projetado sempre se refere ao "reconhecimento da gravidade das circunstâncias" como requisito para aplicação dos efeitos mais graves contra os ilícitos eleitorais que atualmente aceitam as representações especiais.

Vamos ao comparativo entre a representação fundada no art. 73, da Lei das Eleições, e a AIJE, para que você perceba que alguns detalhes entre elas podem determinar qual será a escolhida:

Representação por conduta vedada (73 e seguintes, LE)	AIJE por abuso do poder Político
Cabimento: Ocorrência de uma das situações classificadas como condutas vedadas aos agentes públicos (art. 73 e seguintes da Lei das Eleições)	**Cabimento:** Situações não necessariamente descritas na Lei das Eleições e que importem em "exploração eleitoreira da estrutura do Estado, bem como o uso desvirtuado das competências e prerrogativas inerentes à condição de agente público que acarrete vantagem eleitoral indevida"[134]
Legitimidade ativa: Partido político, coligação, federação e candidato Ministério Público Eleitoral	**Legitimidade ativa:** Partido político, coligação, federação e candidato Ministério Público Eleitoral
Legitimidade passiva: (LE, art. 73, §§ 4º, 5º e 8º) Agente público, candidato beneficiado e partidos, coligações ou federações beneficiadas pelo ilícito	**Legitimidade passiva:** (LC 64/90, art. 22, XIV) O autor do ilícito e todos que contribuíram para a prática do ato Candidato, como autor do ilícito, contribuinte dele ou diretamente beneficiado Não se propõe contra órgão partidário nem PJ
Prazo para ajuizamento: A partir do registro de candidatos **até a data da diplomação**	**Prazo para ajuizamento:** A AIJE pode ser apresentada a partir do registro da candidatura **até a data de diplomação**, incluindo este dia Para alguns, desde a escolha em convenção
Consequência direta: suspensão da conduta, cassação do registro ou diploma e multa **Consequência indireta:** Inelegibilidade	**Consequência direta:** Inelegibilidade do representado e de quantos hajam contribuído para a prática do ato Cassação do registro ou diploma do candidato diretamente beneficiado
▸ **O procedimento é o mesmo: art. 22, LC 64/90 (veja capítulo sobre AIJE)**	

134. Definição extraída, em parte, do caminho adotado no PLP 112/2021, possível futuro Código Eleitoral, quando disciplina, em seu art. 616, que é abuso de poder político.

– Entendi. Mas parece que aqui a diferença entre os procedimentos é menor.

Boa percepção. Adiante!

25.7. Combate de abusos e outros ilícitos depois da diplomação: AIME ou representação pelo art. 30-A

Depois da diplomação, há apenas duas medidas possíveis para combater desmandos ocorridos na campanha: a Ação de Impugnação ao Mandato Eletivo e a Representação fundada no art. 30-A, da Lei das Eleições.

– Já sei! Tem quadro para ajudar na escolha de qual vamos usar...

Isso mesmo. Veja:

Ação de Impugnação ao Mandato Eletivo (AIME)	Representação pelo art. 30-A, LE: captação ou gastos ilícitos de recursos
Combate abuso do poder econômico, corrupção ou fraude	Combate desobediência aos artigos da Lei das Eleições que tratam de arrecadação e gastos em campanha
Prazo de propositura: até 15 dias depois da diplomação	**Prazo para propositura: até 15 dias depois da diplomação**
Procedimento: art. 3º e seguintes da LC 64/90 O mesmo da Ação de Impugnação ao Registro (AIRC) Veja capítulos sobre AIME e AIRC **Previsão de segredo de justiça**	**Procedimento:** art. 22 e seguintes da LC 64/90 O mesmo da Ação de Investigação Judicial Eleitoral (AIJE) Veja capítulos sobre AIJE e RP especiais Sem previsão de segredo de justiça
Legitimidade passiva: Candidato diplomado (titular e vice) e suplente diplomado	**Legitimidade passiva:** Candidato diplomado (titular e vice) e suplente diplomado
Consequência direta: Cassação do diploma **Consequência indireta:** Inelegibilidade	**Consequência direta:** Negação ou cassação do diploma **Consequência indireta:** Inelegibilidade
CF/88, art. 14, § 10	**LE, art. 30-A**

– Nossa. Aqui a semelhança é bem grande.

Exato. Vamos aos últimos temas deste capítulo.

25.8. Abuso de poder e fraude à cota de gênero

O tema da fraude à cota de gênero será visto no capítulo sobre corrupção e fraude eleitoral. Mas é importante deixar aqui a informação de que já houve precedente do TSE no sentido de que a AIJE pode ser utilizada para combater as fraudes, que estariam enquadradas como "abuso de poder". Veja:

> **Precedente:** "O Tribunal Superior Eleitoral firmou o entendimento, em recente julgado, de que é possível a apuração de fraude em Ação de Investigação Judicial Eleitoral (AIJE), por constituir tipo de abuso de poder, cujas consequências são a cassação dos mandatos dos eleitos e dos diplomas dos suplentes e não eleitos e a declaração de inelegibilidade dos diretamente envolvidos na fraude (REspe nº 193-92/PI, Rel. Min. Jorge Mussi, julgamento encerrado em 17.9.2019)".[135]

– Tenho perguntas sobre esse tema da cota de gênero.

Eu sabia que teria, mas, como eu disse, o tema será tratado mais na frente, no último capítulo desta parte 7 do livro ("Corrupção e fraude eleitoral combatidas depois da diplomação").

25.9. Breves considerações sobre o abuso do poder de autoridade religiosa

Um assunto que provoca muitos debates no contexto dos abusos é a promoção de candidaturas em eventos religiosos ou por meio de autoridades religiosas. O fenômeno, por vezes, é chamado de abuso do poder religioso ou abuso do poder de autoridade religiosa.

– Mas eu acho que não pode mesmo veicular propaganda eleitoral em local público. E igreja é considerado local público.

135. O precedente acima foi citado no seguinte julgado: TSE. REspe nº 74789, Acórdão, Rel Min. Edson Fachin, DJE 13/08/2020.

Sim, sim. Mas não se esqueça que estamos estudando os abusos cujas consequências são graves, como a cassação do registro, do diploma e até mesmo inelegibilidade.

– Entendi. É verdade. Mas então quem usa de evento religioso para promover sua campanha não sofre sanções graves?

No Recurso Especial Eleitoral 8285,[136] concluiu-se – não sem muito debate entre os integrantes da corte do Tribunal Superior Eleitoral –, o seguinte:

> **Precedente do TSE sobre abuso do poder de autoridade religiosa**
>
> "Existentes outros mecanismos aptos a sancionar condutas irregulares eventualmente perpetradas por instituições e líderes eclesiásticos no decurso das campanhas eleitorais, **resulta inviável a compreensão do abuso de poder de autoridade religiosa como categoria ilícita autônoma, designadamente em face da inexistência de alusão expressa no marco regulatório da ação de investigação judicial eleitoral.**
>
> [....] A prática do abuso de poder de autoridade religiosa, conquanto não disciplinada legalmente, **pode ser sancionada** quando as circunstâncias do caso concreto **permitam o enquadramento da conduta** em alguma das formas positivadas de abuso, **seja do poder político, econômico ou dos meios de comunicação social**"[137]

– Entendi. Então, como não há uma previsão expressa de punição a "abuso de autoridade religiosa", é preciso ver se, no caso concreto, outros abusos não foram praticados no contexto do evento religioso.

Isso. Veja este precedente:

> **Precedente:** "Não obstante a existência de ressalva de entendimento, nos termos de voto apresentado no julgamento do REspe nº 8285/GO, o presente caso é de ser examinado em consonância com a jurisprudência deste Tribunal Superior, firmada no sentido de que **o abuso de poder de autoridade religiosa, porquanto falto de previsão expressa no ordenamento eleitoral, só pode ser reconhecido quando exsurgir associado a alguma forma tipificada de abuso de poder**".[138]

---

136. TSE. REspe nº 8285, Acórdão, Rel. Min. Edson Fachin, DJE 06/10/2020.
137. TSE. REspe nº 060387989, Acórdão, Rel. Min. Sergio Silveira Banhos, DJE 04/08/2021.
138. AI nº 42531, Acórdão, Rel. Min. Edson Fachin, DJE Data 16/09/2021. Como exemplo de evento considerado abusivo, veja o caso do RO nº 537003 (Rel. Min. Rosa Weber, DJE 27/09/2018).

Eu trouxe essa situação do abuso de autoridade religiosa pois o Código Eleitoral em debate no Congresso (PLP 112/2021) traz o seguinte artigo:

> Art. 617. Não configura abuso de poder a emissão, por autoridade religiosa, de sua preferência eleitoral, nem a sua participação em atos regulares de campanha, observadas as restrições previstas nesta Lei.

– Entendi. Parece até que o Congresso está meio que respondendo essas decisões da Justiça Eleitoral.

Emma Bueno, Geovane da Silveira e Waldir Félix Júnior concluíram como você, em artigo publicado na internet. Os articulistas que eu citei alertam para uma possível ampliação do poder conferido aos templos religiosos e seus líderes na participação do processo eleitoral, pela impossibilidade de sanção a supostos ilícitos a partir do artigo 617 mencionado. "E isso sem sombra de dúvidas posiciona o poder religioso em um patamar discrepante e que não se coaduna com as bases do processo eleitoral". [139]

Este é um artigo que, certamente, merece mais debates, antes de sua aprovação.

25.10. Previsão do combate aos abusos no Código Eleitoral projetado

O abuso do poder econômico está relativamente bem delimitado no Código Eleitoral em debate, o PLP 112/2021. Veja:

> Art. 615. Constitui abuso de poder econômico a **utilização desmedida de aporte patrimonial que acarrete vantagem eleitoral indevida**, punível com multa de R$ 10.000,00 (dez mil reais) a R$ 200.000,00 (duzentos mil reais).
>
> § 1º **O reconhecimento judicial da gravidade** da prática do ilícito descrito no caput deste artigo acarretará a cassação do registro, diploma ou mandato do candidato beneficiado e a inelegibilidade do respectivo responsável.

139. BUENO, Emma Roberta; SILVEIRA, Geovane Couto da; FÉLIX Jr., Waldir Franco. "O papel das entidades religiosas no novo Código Eleitoral". CONJUR. Disponível em: <https://www.conjur.com.br/2021-out-11/direito-eleitoral-papel-entidades-religiosas-codigo-eleitoral>. Acesso em 24 nov. 2021.

§ 2º A ação judicial para a apuração das condutas previstas no caput deste artigo poderá ser ajuizada até 15 (quinze) dias após a eleição, e seguirá o procedimento comum previsto nesta Lei.[140]

ABUSO DO PODER ECONÔMICO NO CÓDIGO ELEITORAL PROJETADO

Destaques:

A **multa agora está expressa**

O prazo para a ação eleitoral contra esse tipo de abuso é **até 15 dias após a eleição**. Atualmente, a AIJE é possível até a diplomação

A **transgressão pertinente a origem de valores pecuniários não consta como conduta abusiva** (alguns podem entender, por isso, que o "caixa dois" não está coberto pelo abuso do poder econômico)

O procedimento adotado é o **"procedimento comum"**, que estudamos no capítulo sobre Ação de Impugnação ao Registro de Candidatura (parte 8 do livro), no tópico "O procedimento eleitoral comum no Código Eleitoral projetado"

Para consequências eleitorais mais graves, necessário o **reconhecimento da gravidade**

– Minami, não há nada contra o "caixa dois"!

Pois é. O combate à arrecadação de recursos sem a devida escrituração, as transgressões pertinentes à origem dos valores pecuniários...

– Ou simplesmente "caixa dois"...

Sim, o combate ao "caixa dois" parece não constar expressamente no artigo que trata do abuso do poder econômico.

É possível que se entenda que o **"caixa dois" se enquadra na "utilização desmedida de aporte patrimonial"**. "Desmedida", aí, seria algo como "além dos limites permitidos" ou **"fora dos parâmetros legais", ou seja, sem escrituração.**

– Faz sentido. Mas deveriam colocar expressamente o ilícito do "caixa dois". Ele é tão comum.

Concordo. Outra possibilidade é a seguinte. Há um artigo do Código projetado que trata da fraude. O "caixa dois" poderia se enquadrar nele. Veja:

140. PLP 112/2021, texto original Senado.

Art. 618. Além das hipóteses previstas neste Título, os mandatos eletivos poderão ser impugnados nas hipóteses de fraude e de corrupção eleitoral, nos termos do artigo 14, § 10 da Constituição Federal.

§ 1º Considera-se **fraude todo expediente ardiloso empregado com o objetivo de burlar regra ou direito assegurado pela legislação eleitoral.**

– Sim, sim. Acho que resolve... E o abuso do poder político?

O abuso do poder político está assim previsto no Código Eleitoral projetado:

Art. 616. Constitui abuso de poder político a **exploração eleitoreira da estrutura do Estado, bem como o uso desvirtuado das competências e prerrogativas inerentes à condição de agente público que acarrete vantagem eleitoral indevida**, punível com multa de R$ 10.000,00 (dez mil reais) a R$ 200.000,00 (duzentos mil reais).

§ 1º Constitui-se também abuso de poder político a fraude à cota de sexo.

§ 2º **O reconhecimento judicial da gravidade** da prática do ilícito descrito no caput deste artigo acarretará a cassação do registro, diploma ou mandato do candidato beneficiado e a inelegibilidade do respectivo responsável.

[...]

§ 5º As hipóteses de abuso de poder previstas nesta Lei são taxativas, devendo ser interpretadas de modo restritivo.

Art. 617. Não configura abuso de poder a emissão, por autoridade religiosa, de sua preferência eleitoral, nem a sua participação em atos regulares de campanha, observadas as restrições previstas nesta Lei.

ABUSO DO PODER POLÍTICO NO CÓDIGO ELEITORAL PROJETADO

Destaques:

A **multa pelo ilícito está expressa**

Abuso de poder político **agora abarca a fraude à cota de sexo**

Hipóteses são taxativas

Referência sobre "emissão, por autoridade religiosa, de sua preferência eleitoral" e a sua participação em atos regulares de campanha como não configuradores da fraude. Essa previsão merece um debate mais aprofundado no senado, como mencionado no tópico passado

O procedimento adotado é o **"procedimento comum"**, que estudamos no capítulo sobre Ação de Impugnação ao Registro de Candidatura (parte 8 do livro), no tópico "O procedimento eleitoral comum no Código Eleitoral projetado"

Para consequências eleitorais mais graves, necessário o **reconhecimento da gravidade**

26. USO INDEVIDO DOS MEIOS DE COMUNICAÇÃO SOCIAL

Antigamente, quando se falava em meios de comunicação social, as pessoas pensavam em rádio, televisão e até mesmo em carta, daquelas que mandamos pelos Correios.

> – Eu achava que carta era coisa de filme, daqueles medievais. O rei escreve uma carta e coloca seu selo real de cera vermelha para fechar o envelope.

Na verdade, a carta era algo bastante utilizado.

Atualmente, com o desenvolvimento da internet, as comunicações sociais ganharam nova dimensão.

A forma de consumir rádio e televisão mudou.

Há diversas maneiras de comunicação e interação social, instantâneas ou não, por meios eletrônicos, como as redes sociais e os aplicativos de mensagem.

O uso de todos esses meios é permitido em vários momentos da campanha, com maior ou menor controle pela legislação, como vimos no capítulo sobre propaganda eleitoral. O que vamos analisar agora é o que acontece quando esse uso transborda o razoável.

26.1. Previsão normativa e forma de combate

Se ocorre o uso indevido dos meios de comunicação social, é possível o uso da Ação de Investigação Judicial Eleitoral, a AIJE. Confira:

> LC 64/90, art. 22
>
> Art. 22. Qualquer partido político, coligação, candidato ou Ministério Público Eleitoral poderá representar à Justiça Eleitoral, diretamente ao corregedor-geral ou regional, relatando fatos e indicando provas, indícios e circunstâncias e pedir **abertura de investigação judicial** para apurar uso indevido, desvio ou abuso do poder econômico ou do poder de autoridade, **ou utilização indevida de veículos ou meios de comunicação social,** em benefício de candidato ou de partido político [...]

26.2. Legitimidade, competência, prazo para ajuizamento da AIJE

Observação: este tópico é apenas para falar de alguns aspectos processuais da AIJE, caso ela seja a medida utilizada para combater o uso indevido dos meios de comunicação social.

O procedimento como um todo está explicado na parte 8 do livro, que trata dos procedimentos cíveis eleitorais.

COMPETÊNCIA
Juízes Eleitorais, nas eleições municipais Tribunais Regionais Eleitorais, nas eleições federais, estaduais e distritais, **com relatoria feita pelo Corregedor Regional Eleitoral** Tribunal Superior Eleitoral, na eleição presidencial, **com relatoria pelo Corregedor-Geral Eleitoral**[141]
▶ **Em tribunais, a decisão deve ser colegiada, pois a AIJE possui graves consequências** ▶ **Municípios com mais de um juiz eleitoral, verificar designação do TRE respectivo**

Mais detalhes:

AÇÃO DE INVESTIGAÇÃO JUDICIAL ELEITORAL
Combate abuso do poder econômico ou político, **utilização indevida de veículos ou meios de comunicação social**
Prazo de propositura: a partir da escolha em convenção ou do registro, **até o dia da diplomação** **Procedimento próprio** do art. 22, LC 64/90 **(Veja capítulo sobre a AIJE)**
Legitimidade ativa: partido, coligação, federação, candidato e Ministério Público Eleitoral
Legitimidade passiva: • O autor do ilícito e todos que contribuíram para a prática do ato • Candidato, como autor do ilícito, contribuinte dele ou diretamente beneficiado • Não se propõe contra órgão partidário nem PJ
Consequências diretas: Inelegibilidade do representado e de quantos hajam contribuído para a prática do ato e cassação do registro ou diploma do candidato diretamente beneficiado

– Certo. Nenhuma novidade.

A novidade será a seguir.

141. "Outro papel do corregedor-geral da Justiça Eleitoral é conduzir, na qualidade de relator, as Ações de Investigação Judicial Eleitoral (Aije) envolvendo eleição presidencial, bem como orientar procedimentos e rotinas a serem observados pelas corregedorias eleitorais em cada estado e pelos cartórios eleitorais". Disponível em: < https://www.tse.jus.br/imprensa/noticias-tse/2021/Junho/saiba-quais-sao-as-atribuicoes-da-corregedoria-geral-eleitoral >. Acesso em 19 dez. 2021.

26.3. O abuso nos meios de comunicação explicado a partir de decisões

– Eu ainda não entendi em quais hipóteses, especificamente, eu posso utilizar a AIJE para combater o uso indevido dos meios de comunicação social.

Eu não teria como especificar para você, *a priori*, as hipóteses de "uso indevido dos meios de comunicação social", pois se trata de um enunciado normativo muito aberto.

Além de possuir um suporte fático muito amplo, o uso indevido dos meios de comunicação pode ocorrer juntamente com outros ilícitos ou deles derivar.

Se alguém, por exemplo, possui uma emissora de rádio ou televisão e a utiliza indevidamente em sua campanha ou para favorecer alguém, teremos a combinação de abuso do poder econômico com uso indevido dos meios de comunicação.

Melhor do que apresentar uma lista de situações hipotéticas, eu separei alguns julgados que trataram do tema em casos reais.

Vamos para as situações.

Veiculações pela *internet* podem caracterizar o ilícito de uso indevido de meios de comunicação.

– Isso parece tão óbvio...

Para a sua geração, é. Mas não era. Aliás, desde a campanha de 2018, percebeu-se a força da *internet* nas campanhas eleitorais.

Em determinada situação, por meio de evento ao vivo (*live*) na *internet*, em rede social, veiculou-se uma série de informações inverídicas sobre o processo eleitoral. O acontecimento teve grande alcance.[142] O Tribunal Superior Eleitoral reconheceu o ilícito nesse caso, cassando o diploma e aplicando inelegibilidade para o responsável.

Nesse caso, entendeu-se que

142. "A hipótese cuida de live transmitida ao vivo em rede social, quando em curso a votação no primeiro turno, para mais de 70 mil internautas, e que até 12/11/2018 teve mais de 105 mil comentários, 400 mil compartilhamentos e seis milhões de visualizações. O recorrido – que exercia o cargo de Deputado Federal – noticiou a existência de fraudes em urnas eletrônicas e outros supostos fatos acerca do sistema eletrônico de votação" (TSE. RO nº 060397598, Acórdão, Rel. Min. Luis Felipe Salomão, DJE 10/12/2021).

Precedente: "A internet e as redes sociais enquadram-se no conceito de 'veículos ou meios de comunicação social' a que alude o art. 22 da LC 64/90. Além de o dispositivo conter tipo aberto, a Justiça Eleitoral não pode ignorar a realidade: **é notório que as Eleições 2018 representaram novo marco na forma de realizar campanhas, com claras vantagens no uso da internet pelos atores do processo eleitoral**, que podem se comunicar e angariar votos de forma mais econômica, com amplo alcance e de modo personalizado mediante interação direta com os eleitores".[143]

Locais onde ocorrem grandes reuniões não são considerados "meio de comunicação", mas dessas reuniões podem ocorrer outros abusos.

– Não entendi nada.

Já se reconheceu que a realização de propaganda eleitoral em grande evento religioso, em espaços de culto, não admite o enquadramento de tais locais como "veículos de comunicação". Isso, contudo, não significa que outros ilícitos, desde que graves, não possam ser observados e punidos no âmbito de tais eventos.

Precedente: "Hipótese em que, apesar de não ser possível enquadrar – tal como o fez o Tribunal de origem – as indigitadas reuniões em templos religiosos como veículos de comunicação para fins do art. 22 da LC nº 64/1990, o arcabouço probatório delineado nos autos, composto, inclusive, por áudios e fotografias, mostrou-se **suficiente para comprovar a conduta abusiva levada a efeito pelo recorrente por meio do uso dos recursos e das estruturas físicas dos templos da Igreja** do Evangelho Quadrangular no Estado de Alagoas, para fins de realização de shows de música gospel e de eventos voltados à conquista de votos e à promoção irregular de sua campanha eleitoral ao cargo de deputado estadual no pleito de 2014".[144]

Em relação ao rádio e à televisão, não é qualquer manifestação editorial dessas emissoras que pode significar o ilícito eleitoral do uso indevido dos meios de comunicação.

Precedente: "**A neutralidade que se impõe às emissoras de rádio e televisão**, por serem objeto de outorga do poder público, **não significa ausência de opinião ou de crítica jornalística, conforme assentado pelo SUPREMO TRIBUNAL FEDERAL** ao declarar constitucional a possibilidade da mídia 'difundir opinião favorável ou contrária a candidato, partido, coligação, a seus órgãos ou representantes' (ADI 4451, minha relatoria, DJE de 06.3.2019)".[145]

143. TSE. RO nº 060397598, Acórdão, Rel. Min. Luis Felipe Salomão, DJE 10/12/2021.
144. TSE. RO nº 224193, Acórdão, Rel. Min. Mauro Campbell Marques, DJE 10/06/2021.
145. TSE. REspe nº 35773, Acórdão, Rel. Min. Alexandre de Moraes, DJE 03/08/2021.

– E se o meio de comunicação é escrito?

Também existe liberdade editorial:

Precedente: "Os veículos impressos de comunicação possuem ampla liberdade, podendo, nos termos da jurisprudência do TSE, até mesmo assumir posição favorável em relação a determinada candidatura, sem que isso caracterize, por si só, uso indevido dos meios de comunicação social".[146]

A Res. 23.610/19 sobre propaganda dispõe sobre isso:

Res. TSE 23.610/19, art. 42, § 4º: Não caracterizará propaganda eleitoral a divulgação de opinião favorável a candidata, candidato, partido político, federação ou coligação pela imprensa escrita, desde que não seja matéria paga, mas os abusos e os excessos, assim como as demais formas de uso indevido do meio de comunicação, serão apurados e punidos nos termos do art. 22 da Lei Complementar no 64/1990.

Outros pontos que despertam debate é sobre **a veiculação de pesquisas, críticas ou fatos verdadeiros, se podem ensejar o ilícito** que autoriza a AIJE. Veja:

Precedente: "A partir do arcabouço fático existente nos autos, **jamais se poderia cogitar de uso indevido de meio de comunicação com gravidade para de qualquer forma afetar o pleito de 2014, porquanto as informações tidas por desabonadoras pela coligação investigante se resumem a pesquisas que lhe são desfavoráveis e críticas contra seus candidatos que não desbordam os limites jornalísticos.** [...] **A publicação de informação verdadeira por meio de periódico jamais terá a capacidade de caracterizar ofensa ao art. 22, XIV, da LC nº 64/1990**".[147]

– Parece que tudo pode em mídia impressa.

Não é assim não. Aliás, sobre a mídia escrita, veja este julgado:

Precedente: "Os excessos que a legislação eleitoral visa punir, em relação à mídia escrita, dizem respeito aos seguintes elementos: **o uso de recursos públicos ou privados, a fim de financiar campanhas elogiosas ou que tenham como objetivo denegrir a imagem de candidatos; a divulgação de notícias sabidamente inverídicas; a veiculação de mensagens**

146. TSE. RO nº 201273, Acórdão, Rel. Min. Og Fernandes, DJE 22/09/2020.
147. TSE. RO nº 201273, Acórdão, Rel. Min. Og Fernandes, DJE 22/09/2020.

difamatórias, caluniosas ou injuriosas ou o comprovado vínculo entre o meio de comunicação e o candidato". [148]

Além disso, **se não há a observância da igualdade de condições na veiculação de entrevistas ou ideias de candidatos, por exemplo, pode ocorrer o abuso nos meios de comunicação**. Veja:

> **Precedente:** "A Corte Regional assentou que houve uso indevido dos meios de comunicação porquanto: i) **o jornal local denominado [...] dedicou várias matérias a enaltecer os feitos da administração municipal na gestão do primeiro agravante**; ii) "o espaço dado, supostamente aos demais candidatos, chamado de 'Semana dos Candidatos', não estava disponível no sentido de cada um da oposição apresentasse suas propostas futuras, tratava-se sim de mero juízo de valor do jornal sobre a candidatura de cada um da oposição" (fl. 610); e iii) "**o jornal foi sim utilizado como um verdadeiro meio de propaganda eleitoral do candidato à reeleição** [...]" (fl. 610).
>
> [...] Delineados esses fatos, não há como concluir de modo diverso, visto que, nos termos da jurisprudência desta Corte, "uso indevido dos meios de comunicação social caracteriza-se por se expor desproporcionalmente um candidato em detrimento dos demais, ocasionando desequilíbrio na disputa eleitoral" (AgR-RO nº 3170-93/PA, Rel. Min. Jorge Mussi, DJe de 17.5.2018. Nesse mesmo sentido: AgR-RO nº 1052-77/DF, Rel. Min. Napoleão Nunes Maia Filho, DJe de 1º.12.2017".[149]

O elemento de gravidade é constantemente citado como necessário para a configuração do ilícito e suas consequências. Exemplos:

> **Precedente: "Não é possível que o juízo condenatório tenha por base meros indícios ou presunções**, não sendo razoável imputar à conduta a gravidade suficiente a ensejar a sanção de inelegibilidade (art. 22, XVI, da LC 64/1990), pois, embora o art. 22, XVI, da LC 64/1990 tenha afastado, como elemento configurador do ilícito, a potencialidade de o fato alterar o resultado do pleito, nada impede que o julgador a utilize como aspecto secundário para aferição da gravidade".[150]
>
> **Precedente:** "Este Tribunal já se posicionou no sentido de que, para que se comprove o uso indevido dos meios de comunicação social, é essencial que se analise o número de programas veiculados, o período de veiculação, o teor deles e **outras circunstâncias relevantes, que evidenciem a gravidade da conduta** a que se refere o art. 22, XVI, da LC 64/90".[151]

---

148. TSE. REspe nº 35773, Acórdão, Rel. Min. Alexandre de Moraes, DJE 03/08/2021.
149. TSE. AI nº 34838, Acórdão, Rel. Min. Tarcisio Vieira de Carvalho Neto, DJE Data 23/04/2019.
150. TSE. REspe nº 35773, Acórdão, Rel. Min. Alexandre de Moraes, DJE 03/08/2021.
151. TSE. RO. nº 060159031, Acórdão, Rel. Min. Sergio Silveira Banhos, DJE 29/06/2020.

Por fim, já se entendeu que **a distribuição de material publicitário por partido não significa, por si só, ilicitude.**

> **Precedente:** "A distribuição de material publicitário informativo por órgão partidário, que não possui nenhuma obrigação de imparcialidade ou mesmo de assegurar, em seus impressos, espaço para os candidatos adversários não se confunde com meio de comunicação social, razão pela qual não resta configurado o uso indevido de meios de comunicação social".[152]

26.4. Uso indevido dos meios de comunicação social no Código Eleitoral projetado

O uso indevido dos meios de comunicação social é assunto previsto no Código Eleitoral em debate, o PLP 112/2021.

Há um capítulo só para tratar do tema, a partir do artigo 608, dentro do livro "**Das condutas que sujeitam o candidato a cassação do registro, diploma ou mandato**", no título "**Da fraude, da corrupção e do abuso de poder**", no capítulo "**Do uso indevido dos meios de comunicação social**".

O assunto está dividido em várias seções: "Das Emissoras Estatais de Rádio e Televisão", "Das Emissoras Privadas de Rádio e Televisão", "Do Uso Indevido dos Meios de Comunicação Social" e "Das Condutas Vedadas na Internet".

O tratamento discriminatório a candidatos, partidos políticos e coligações por **emissora pública e rádio e de televisão** configura **abuso de poder político**, nos termos do código projetado.

Em período de campanha, as proibições de tratamento desigual de candidatos **em emissoras privadas** e a propaganda indevida autorizam multa.

O uso indevido dos meios de comunicação social, inclusive da *internet*, pode autorizar consequências eleitorais graves:

> Art. 612. Considera-se ilícito eleitoral o **uso desproporcional dos meios de comunicação social,** inclusive da internet, com o fim de promover ou descredenciar candidaturas, ocasionando desequilíbrio na disputa eleitoral, punível com multa de R$ 5.000,00 (cinco mil reais) a R$ 120.000,00 (cento e vinte mil reais).
>
> **§ 7º O reconhecimento judicial da gravidade da prática do ilícito descrito no *caput* deste artigo acarretará a cassação do registro, diploma ou mandato dos candidatos beneficiados e a inelegibilidade do respectivo responsável.**

152. REspe nº 39252, Rel. Min. Admar Gonzaga, Rel. desig. Min. Edson Fachin, DJE 28/11/2018.

§ 8º A ação judicial para a apuração das condutas previstas no *caput* deste artigo poderá ser ajuizada até 15 (quinze) dias após a eleição, e seguirá o procedimento comum previsto nesta Lei.

As proibições na *internet* são mais bem delineadas, abarcando a promoção, por meios automatizados ou ação humana, de mensagens massivas de ódio em desfavor de candidatos, partidos políticos ou coligações, mediante o uso de contas anônimas ou perfis falsos em redes sociais. Proíbe-se invasão de sites, páginas ou perfil de rede social pertencente ou alusivo a candidato, partido político ou coligação.

Também se proíbe a contratação ou manipulação de algoritmos de mecanismos de busca ou redes sociais, em ordem a controlar ou alterar, artificialmente, a visibilidade dos candidatos, a oferta de dados e informações de caráter eleitoral e a promoção de campanha de anúncios ou o impulsionamento de conteúdos e ferramentas digitais, ainda que gratuitas, que alterem o teor ou a repercussão de propaganda eleitoral de terceiros, incluída nesta vedação a alteração dos resultados orgânicos dos buscadores de internet.

– Não entendi foi nada.

Nem sei se eu entendi também, mas não vamos discutir o tema, pois certamente ele sofrerá alterações. Dispositivos sobre internet mudam com muita rapidez. Mas veja as punições:

§ 1º As condutas descritas neste artigo sujeitam os responsáveis a multa no valor de R$ 10.000,00 (dez mil reais) a R$ 100.000,00 (cem mil reais), sem prejuízo da apuração de ocorrência de abuso de poder ou de crime de divulgação de fatos inverídicos.

§ 2º A multa prevista no § 1º deste artigo será duplicada na hipótese em que as emissões contemplem discriminações referentes a raça, cor, etnia, origem, sexo, idade ou deficiência.

Destaques:

USO INDEVIDO DOS MEIOS DE COMUNICAÇÃO E O CÓDIGO ELEITORAL PROJETADO

Existe previsão de multa para várias hipóteses desses ilícitos

Os **meios de comunicação foram especificados** ganhando, cada um, preceitos próprios

No caso de condutas abusivas, o procedimento adotado é o **"procedimento comum"**, que estudamos no capítulo sobre Ação de Impugnação ao Registro de Candidatura (parte 8 do livro), no tópico "O procedimento eleitoral comum no Código Eleitoral projetado"

27. CORRUPÇÃO E FRAUDE ELEITORAL COMBATIDAS DEPOIS DA DIPLOMAÇÃO

> – Professor, eu vi que o nome desse capítulo é algo que pode ocorrer nas eleições: corrupção e fraude. Mas essas expressões são muito vagas.
>
> Por exemplo: o que nós vimos até agora, nos capítulos acima, não são espécies de corrupção ou fraude?

Excelente comentário! Como há previsão legal desses ilícitos, vamos procurar definir em quais situações as punições legais para essas hipóteses podem ser aplicadas.

27.1. Previsão normativa e prazo para o combate da corrupção e da fraude eleitoral (CF, art. 14, § 10)

Vamos começar o capítulo falando sobre a Ação de Impugnação ao Mandato Eletivo, prevista no § 10, art. 14, da Constituição...

> – A AIME... já vimos isso algumas vezes.[153]

Exato. É a AIME que prevê, como seu fundamento, além do abuso do poder econômico, a corrupção e a fraude.

Veja:

AÇÃO DE IMPUGNAÇÃO AO MANDATO ELETIVO (AIME)
Art. 14 [...] § 10 - O mandato eletivo poderá ser impugnado ante a Justiça Eleitoral no prazo de quinze dias contados da diplomação, instruída a ação com provas de abuso do poder econômico, **corrupção ou fraude**.
Destaques
AIME combate abuso do poder econômico, **corrupção ou fraude** Prazo: 15 dias da diplomação Sanção: cassação do mandato Consequência indireta possível: inelegibilidade, a partir da aplicação da LC 64/90[154]

153. Veja, por exemplo, capítulo sobre Fontes do Direito Eleitoral e o capítulo específico sobre a Ação de Impugnação ao Mandato Eletivo na parte 8 do livro.

154. Veja capítulo sobre inelegibilidades infraconstitucionais.

Perceba que depois da diplomação é possível atacar não apenas o abuso do poder econômico, **mas a corrupção ou fraude eleitorais que tenham ocorrido na campanha.**

– Mas, Minami, vou repetir: "corrupção" e "fraude" são palavras de sentido muito aberto. Como saber quando esses ilícitos acontecem?

Vamos ver cada assunto desses em separado para tentar descobrir. Mas não há resposta invencível sobre isso. Vou adotar aquele caminho de pesquisar AIME's passadas e o tratamento dado para "fraude" e "corrupção" pelos tribunais eleitorais.

27.2. Exemplos de corrupção eleitoral

DOUTRINA SOBRE O CONCEITO DE CORRUPÇÃO ELEITORAL

"[...] situação em que um agente pratica **atos indevidos em razão de promessa, oferta ou efetiva obtenção de vantagem ilícita para si ou para terceiro**"[155]

"Corrupção se apresenta quase sempre – mas não necessariamente – **identificada com a descrição típica do art. 41-A:** doar, oferecer, prometer ou entregar vantagem pessoal de qualquer natureza ao eleitor, com o fim de obter-lhe o voto"[156]

– Finalmente! Um tópico que começa com a palavra "exemplos"... Agora me senti representada.

Foco... Pode ser só um *clickbait*.

Normalmente, associam-se à corrupção eleitoral qualquer prática ilícita em eleições com gravidade suficiente para justificar a penalidade de perda do diploma.

– Mas isso é muito aberto!

É por isso que **os tribunais costumam tomar como parâmetro para essas práticas ilícitas graves as condutas que nós discutimos**, como a captação ilícita de sufrágio e as condutas vedadas...

– Mas se já existe uma medida contra essas irregularidades, as Representações Especiais, ou representações pelo art. 41-A, art. 73 etc., qual a razão dessa AIME?

155. GOMES, José Jairo. *Op. cit.*, p. 758.
156. CASTRO, Edson de Resende. *Op. cit.*, 723.

Uma das razões é o prazo.

Perceba que a AIME pode ser utilizada mesmo depois da diplomação. As representações especiais, normalmente, só são possíveis de ser apresentadas até o dia da diplomação...

– Com exceção, se não me engano, daquela representação pelo art. 30-A, da Lei das Eleições, que pode ser proposta até 15 dias depois da diplomação.

Isso mesmo. Adoro quando você estuda o tema....

– Eu sempre estudo, viu!

Mas e os abusos, eles podem ser utilizados como base para a AIME, tipo o abuso do poder político ou econômico?

O abuso do poder econômico é hipótese expressa de cabimento de AIME, conforme o § 10, art. 14 da Constituição.

E já estudamos esse abuso em capítulos passados.

Em relação ao abuso do poder político, já se entendeu que ele também pode ser combatido via AIME, desde que relacionado ao abuso do poder econômico. Veja:

> **Precedente:** "A teor da jurisprudência desta Corte Superior: "**possível apurar, em Ação de Impugnação de Mandato Eletivo (AIME), abuso de poder político entrelaçado com abuso de poder econômico.** Trata-se de hipótese em que agente público, mediante desvio de sua condição funcional, emprega recursos patrimoniais, privados ou do Erário, de forma a comprometer a legitimidade das eleições e a paridade de armas entre candidatos". [...] À luz da moldura fática delineada na origem, houve a distribuição gratuita de bens no ano eleitoral, por meio de programa social autorizado em lei, porém sem execução orçamentária no ano anterior, a contrariar o disposto no art. 73, § 10, da Lei nº 9.504/1994, ressaltada, ademais, a gravidade dos fatos para configuração da conduta abusiva".[157]

– Tem mais exemplos? Afinal, o tópico começa com a palavra exemplos...

157. TSE. REspe. nº 3611, Acórdão, Rel. Min. Rosa Weber, DJE 02/08/2018.

Já se entendeu ser caso de corrupção eleitoral um "esquema de distribuição gratuita e indiscriminada de combustível, em período próximo às eleições e sem declaração dos gastos à Justiça eleitoral", em benefício de candidatos.

– Aí temos um mix de ilícitos! Acho que aconteceu nesse caso irregularidades nos gastos de campanha e, também, houve captação ilícita de sufrágio.

Isso mesmo. Veja essa observação em um precedente do TSE:

> **Precedente:** "A jurisprudência desta Corte admite o exame, em AIME, da prática de **captação ilícita de sufrágio, sob a ótica de corrupção**, desde que demonstrada a capacidade da conduta de afetar a legitimidade e normalidade das eleições".[158]

– Entendi. Para saber se é possível a AIME, eu posso tentar encaixar uma das condutas ilícitas que já vimos nesse conceito de corrupção eleitoral.

Exato. E perceba que **outro elemento foi pontuado nesse precedente do TSE**: "capacidade da conduta de afetar a legitimidade e normalidade das eleições".

Ou seja, **não é qualquer irregularidade que deve justificar retirar alguém não apenas eleito, mas diplomado.**

Observe:

> **Precedente:** "Acerca da gravidade dos fatos apta a ensejar a procedência da AIJE, no julgamento do REspe 11-75, rel. Min. Luiz Fux, DJE de 30.6.2017, ficou assim assentado: '[...] **não é qualquer lesão causada aos bens jurídicos tutelados pelos tipos eleitorais que dá azo à procedência (ou não) do pedido deduzido em AIME**, AIJE, RCED e nas representações do art. 30-A. É assente na Corte que **apenas aquelas violações que possuam gravidade**, enquanto elemento indissociável à configuração dos referidos tipos dos ilícitos eleitorais, possuem idoneidade para cassar registro ou diploma de candidato eleito ou determinar a perda de seu mandato eletivo. Ausente a gravidade, compreendida dentro da dogmática de restrição a direitos fundamentais como vedação ao excesso, descabe cogitar da procedência dos pedidos veiculados'".[159]

158. TSE. REspe. nº 167, Acórdão, Rel. Min. Luís Roberto Barroso, DJE 10/09/2019.
159. TSE. RO. nº 060081868, Acórdão, Rel. Min. Sergio Silveira Banhos, DJE 19/10/2021.

– Entendi. O problema é saber, no caso concreto, o que se considera grave, né?

Exato. Não há parâmetros objetivos para isso. É um problema que ocorre, também, na compreensão do que seria uma "fraude eleitoral".

Vamos citar exemplos de fraude agora. Antes, um pequeno quadro resumo.

CORRUPÇÃO ELEITORAL QUE JUSTIFICA UMA AIME

Como o conceito de corrupção é aberto, **os tribunais costumam utilizar como parâmetro para a sua ocorrência, ilícitos já tipificados,** como a captação ilícita de sufrágio (41-A, LE) e as condutas vedadas aos agentes públicos (art. 73 e seguintes, LE).

A gravidade deve ser considerada principalmente porque, pela AIME, retira-se candidato eleito e já diplomado

27.3. Exemplos de fraude eleitoral

DOUTRINA SOBRE O CONCEITO DE FRAUDE ELEITORAL

"Expressão que deve ser entendida como **toda a conduta capaz de desvirtuar ou alterar os elementos e as condições de disputa** ou **inserindo fator estranho ao processo eleitoral**, tudo para beneficiar candidato, em detrimento dos demais"[160]

"[...] **o ato artificioso ou ardiloso, em que há indução a engano, burla ou ocultação da verdade**. Implica a frustração do sentido e da finalidade de uma norma jurídica ou conjunto normativo que rege determinado instituto ou situação, materializando-se pelo **uso de artimanha, astúcia, artifício ou ardil**"[161]

Uma coisa que já posso pontuar é a seguinte: o entendimento jurisprudencial atual é de que "**o conceito de fraude deve ser interpretado de forma ampla, não se limitando às questões atinentes ao processo de votação**".[162]

160. CASTRO, Edson de Resende. *Op. cit.*, 720.
161. GOMES, José Jairo. *Op. cit.*, 755.
162. TSE. REspe nº 55749, Acórdão, Rel. Min. Edson Fachin, DJE 16/09/2019. Grifamos. No mesmo julgado, houve a seguinte concussão: "Nos termos do art. 14, § 10, da Constituição Federal, a ocorrência de fraude é fundamento autônomo para o ajuizamento da ação de impugnação de mandato eletivo, ainda que não se alegue corrupção ou abuso do poder econômico".

A partir dessa abertura, já se cogitou o uso de AIME contra fraude eleitoral, por exemplo, para "a alegação de fraude em transferências de eleitores alegadamente aptas a privilegiar candidaturas".[163]

– Mas, então, o conceito de fraude eleitoral é muito amplo, né?

Sim, mas nem sempre foi assim.

Por exemplo, durante um tempo, já se entendeu que a fraude a justificar a AIME deveria ter ocorrido apenas na fase votação. Em época de cédulas de papel, por exemplo, o uso de cédula falsa poderia ser enquadrado no conceito de fraude eleitoral.

Também já foi motivo de debate se a fraude deveria ou não analisar aspectos subjetivos dos envolvidos, por exemplo: para incorrer na fraude eleitoral, seria necessária a análise da má-fé do acusado por esse ilícito?[164]

– Me explica melhor tudo isso, *please*?

Infelizmente, isso fugiria dos objetivos deste livro. Vamos, por ora, apenas salientar como o instituto é, atualmente.

Há uma tendência a se considerar a fraude em ampla perspectiva,[165] principalmente desde 2015, quando a compreensão de fraude eleitoral foi ampliada, a partir, pelo que se veicula abertamente, da decisão no Recurso Especial Eleitoral nº 1-49/PI.

Nele, consignou-se que **a fraude eleitoral, para justificar a Ação de Impugnação ao Mandato Eletivo, pode "[...] englobar todas as situações em que a normalidade das eleições e a legitimidade do mandato eletivo são afetadas por ações fraudulentas, inclusive nos casos de fraude à lei"**.[166]

– E qual foi o caso?

Você vai achar bacana. Antes de explicar isso, vamos a um pequeno quadro resumo.

---

163. TSE. REspe nº 55749, Acórdão, Rel. Min. Edson Fachin, DJE 16/09/2019.

164. Para um excelente histórico sobre a concepção de Fraude Eleitoral para fins de AIME no Brasil, abordando todos os temas acima, veja: ANDRADE NETO, João; GRESTA, Roberta Maia; SANTOS, Polianna Pereira. "Fraude à cota de gênero como fraude à lei: Os problemas conceituais e procedimentais decorrentes do combate às candidaturas femininas fictícias". *In: Tratado de Direito Eleitoral: Abuso do poder e perda do mandato* / organizadores: Walber de Moura Agra e outros. 1ed. Belo Horizonte: Fórum, 2018, v. 7, p. 239-281.

165. Para críticas a isso, veja o texto de Andrade Neto, Gresta e Santos acima mencionado.

166. TSE. REspe nº 149, Acórdão, Rel. Min. Henrique Neves Da Silva, DJE 21/10/2015.

FRAUDE ELEITORAL QUE JUSTIFICA UMA AIME

O conceito de fraude eleitoral, atualmente, é interpretado de forma ampla

Não se limita às questões atinentes ao processo de votação

Pode englobar todas as situações em que a normalidade das eleições e a legitimidade do mandato eletivo são afetadas por ações fraudulentas[167]

Pode englobar fraude à lei, como a fraude à cota de gênero no registro de candidatura

– Gostei do quadro, mas qual foi a situação do REsp 1-49? Deve estar relacionada a essa "fraude à cota de gênero", né?

Que curiosa, você. Vou abrir um tópico para debater o tema, porque ele é muito importante.

27.4. Fraude eleitoral e cotas de gênero: considerações gerais e alguns aspectos processuais

Uma das mais famosas hipóteses **atuais** de cabimento da Ação de Impugnação ao Mandato Eletivo é para combater a fraude à cota de gênero.

Vamos relembrar algo estudado no capítulo sobre o registro de candidaturas:

LEI DAS ELEIÇÕES, § 3º, ART. 10, DA LEI N.º 9.504/97

"Do número de vagas resultante das regras previstas neste artigo, cada partido político ou federação preencherá o mínimo de 30% (trinta por cento) e o máximo de 70% (setenta por cento) para candidaturas de cada gênero"

(Res. TSE 23.609/19, art. 17, § 2º)

▶ **No cálculo de vagas acima, qualquer fração resultante será igualada a 1 (um) no cálculo do percentual mínimo estabelecido para um dos gêneros e desprezada no cálculo das vagas restantes para o outro (Ac.TSE no REspe nº 22.764)**[168]

167. Aqui, vale mencionar a crítica feita por Andrade Neto, Gresta e Santos, no texto acima mencionado: "atinge-se com isso uma configuração absolutamente fluida do instituto, na qual a fraude é encarada como "situações em que a normalidade das eleições e a legitimidade do mandato eletivo são afetadas por ações fraudulentas" – sem que sequer os julgadores percebam a falaciosa circularidade da definição ou apontem a estranheza da utilização do mesmo signo linguístico no significante e no significado – e parece apreensível em qualquer situação na qual um comportamento não virtuoso seja dotado pelos atores políticos".

168. Art. 17, §3º, da Res. TSE 23.609/2019.

Se determinado candidato pertence a um partido que tenta burlar os percentuais acima, poderá ter o mandato impugnado. O meio para isso é a Ação de Impugnação ao Mandato Eletivo. É uma forma de combater as candidaturas fictícias,[169] apresentadas apenas para cumprir o regramento acima, mas sem a intenção real de promover a participação política feminina.

Conforme alguns precedentes do TSE: "a fraude à cota de gênero de candidaturas femininas representa **afronta aos princípios da igualdade, da cidadania e do pluralismo político**, na medida em que a *ratio* do art. 10, § 3º, da Lei 9.504/1997 é **ampliar a participação das mulheres no processo político-eleitoral**".[170]

– Muito bem feito! Ainda bem que lembraram dessa hipótese de fraude...

É uma previsão bem interessante, mas a participação feminina na política está longe de ser a ideal, mesmo com a previsão das cotas mencionadas.

João Andrade, Roberta Gresta e Polianna Andrade demonstram como a adoção da cota de gênero pela lei não foi suficiente para implementar uma maior participação política das mulheres. Sugerem a adoção de medidas legislativas mais contundentes, "tais como a estipulação de cotas nas cadeiras legislativas ou o aumento da cota de candidaturas para 50% associado à destinação proporcional de recursos para as candidatas, especialmente financeiros e de tempo de propaganda em rádio e televisão".[171]

Roberta Laena também denuncia, com dados bem reveladores, como há uma sub-representação das mulheres nas instâncias formais de poder. Há vários governos estaduais, por exemplo, que possuem mais de 20 secretarias, mas com apenas 3 ou 4 mulheres no comando delas. Em relação aos cargos eletivos, veja o trecho abaixo:

> **Doutrina:** "Em todos os estados federados, o percentual de mulheres eleitas foi bem menor do que o de homens eleitos. As proporções mais

169. Fenômeno descrito e abordado na obra: LAENA, Roberta. *Op. cit.*.

170. TSE. REspe nº 76455, Acórdão, Rel Min. Alexandre de Moraes, DJE 18/05/2021. Grifamos.

171. ANDRADE NETO, João; GRESTA, Roberta Maia; SANTOS, Polianna Pereira. Op. cit. Nesse contexto, a Emenda Constitucional 111/2021 estabeleceu o seguinte, em seu art. 2º: "para fins de distribuição entre os partidos políticos dos recursos do fundo partidário e do Fundo Especial de Financiamento de Campanha (FEFC), os votos dados a candidatas mulheres ou a candidatos negros para a Câmara dos Deputados nas eleições realizadas de 2022 a 2030 serão contados em dobro".

impactantes foram de 5% de mulheres e 95% de homens no Espírito Santo, 6% de mulheres e 94% de homens no Rio Grande do Sul e 8% de mulheres e 92% de homens no Amazonas, em Minas Gerais, no Paraná e em Santa Catarina".[172]

– Que coisa! Fala mais sobre isso...

Infelizmente, não podemos nos aprofundar sobre o tema aqui.

O fato é que as candidaturas fictícias são combatidas, em parte, pela AIME.

– Mas como é que se prova isso, uma candidatura fictícia?

Essa é uma questão muito delicada.

Já se entendeu pela ocorrência desse tipo de fraude a partir de elementos indiciários, como a votação zerada, ao lado de outros fatos, como a existência de outro candidato ao mesmo cargo na família da suposta candidata. Em determinada situação, concluiu-se pelo ilícito pelos seguintes motivos:

> **Precedente:** "[...] a **incoerência entre a justificativa apresentada por ela para a desistência de campanha e os fatos relatados em depoimento por sua filha, bem como a sua própria confissão, captada em gravação ambiental, no sentido de que não pretendia realizar campanha, salvo para o seu cunhado**, já que seu nome foi lançado apenas 'para legendar'".[173]

– Ou seja, posso usar, para provar a fraude, indícios que estão apoiados em outros elementos do caso concreto.

Boa análise. É um caminho a se seguir.

Mas já se entendeu também que é preciso prova robusta e contundente para o reconhecimento da prática de fraude às contas de gênero.[174]

172. LAENA, Roberta. *Op. cit.*, p. 121. Eleições consideradas: 2016.
173. TSE. REspe. nº 49585, Acórdão, Rel. Min. Sergio Silveira Banhos, DJE 03/08/2021. Grifei.
174. "[...] o entendimento segundo o qual a prática da fraude às cotas de gênero demanda prova robusta e contundente está em harmonia com a jurisprudência desta Corte, o que atrai a incidência da Súmula n. 30/TSE" (REspe nº 337, Acórdão, Rel. Min. Tarcisio Vieira De Carvalho Neto, DJE 12/03/2021). "A fraude na cota de gênero de candidaturas representa afronta à isonomia entre homens e mulheres [...] e a prova de sua ocorrência deve ser robusta e levar em conta a soma das circunstâncias fáticas do caso, o que se demonstrou na espécie" (REspe nº 19392, Acórdão, Rel. Min. Jorge Mussi, DJE 04/10/2019).

– E o que é prova robusta?

Sabia que ia perguntar. É difícil uma resposta definitiva, mas veja o precedente abaixo:

PRECEDENTE EM DESTAQUE SOBRE A COMPROVAÇÃO DE FRAUDE À COTA DE GÊNERO

"[...] as circunstâncias indiciárias relativas à elaboração das prestações de contas, associadas aos elementos de prova particulares de cada candidata – **relações de parentesco entre candidatos ao mesmo cargo, votação zerada ou ínfima, não comparecimento às urnas, ausência de atos de propaganda, entre outros –, seriam suficientes para demonstrar, de forma robusta, a existência da fraude no cumprimento dos percentuais de gênero** previstos no art. 10, § 3º, da Lei 9.504/97".[175]

– Professor, que situação! Mas acho que é isso mesmo. Se não houve votação para a candidata, com certeza aquela candidatura é laranja.

A questão não é tão simples.

Há casos em que as candidaturas são apresentadas sem a anuência ou conhecimento da candidata. Há mesmo quem falsifique assinaturas para isso. Aqui, quem pretende as consequências da fraude, por cota de gênero, deve comprovar esse ato simulado.

– Muito justo.

Mas as situações são diversas.

Há casos de candidatos que pertencem a partidos que não conseguiram atingir o percentual necessário de candidaturas femininas. Nessa situação, **parentes mulheres ou amigas desses candidatos aceitam se filiar e se candidatar para ajudar no atendimento à cota de gênero, mesmo sabendo que não irão concorrer efetivamente**.

– Ou seja, essas candidatas não foram enganadas. Elas queriam ajudar algum parente ou amigo.

175. TSE. REspe. nº 49585, Acórdão, Rel. Min. Sergio Silveira Banhos, DJE 03/08/2021. Grifamos.

Isso. Por vezes, é o próprio partido que pede ajuda a filiadas que se candidatam por livre vontade, mas que não possuem intenção de realizar campanha.

Há situações **de mulheres que se candidataram pensando em concorrer, mas que acabam desistindo do pleito por alguma razão, como as dificuldades financeiras para manter a sua campanha**. Não houve intenção fraudulenta aqui, mas contingências que levaram a uma campanha fracassada, com poucos ou mesmo nenhum voto.

– Puxa vida. Minami, agora fiquei confusa. As situações acima não são iguais. Nesse último caso, por exemplo, tudo ocorreu nos conformes, mas a candidata não conseguiu botar a sua campanha pra frente.

Quem demonstra bem essa diversidade de situações é Roberta Laena, apresentando uma "tipologia das candidatas fictícias".[176]

Por exemplo: além de candidaturas involuntárias e coagidas, há aquelas que foram induzidas: há anuência da candidata, mas ela foi leva a se candidatar por promessa falsa de apoio da agremiação partidária que não se efetivou na campanha. Em relação às candidaturas voluntárias, há esse caso que eu apresentei, de pessoa que aceita concorrer para auxiliar partido, amigo, parente etc. (candidatura voluntária aliada).

– E todas essas modalidades devem ser consideradas fraude eleitoral? Será que o tratamento de todas as situações acima deve ser o mesmo?

Provavelmente não, mas não há uma resposta definitiva para essas suas indagações.

Por isso que os precedentes que eu citei sobre a "demonstração robusta" da fraude devem ser aplicados com cuidado. É preciso analisar cada acontecimento com atenção.

O mérito da tipologia apresentada por Roberta Laena é de externar a complexidade do tema e provocar o debate para o tratamento dele.

176. Segundo proposta tipológica proposta por Roberta Laena, as candidaturas fictícias se dividem assim: quanto ao consentimento (candidaturas involuntárias, induzidas, coagidas e voluntárias) e quanto ao desempenho eleitoral (candidaturas *pro forma*, aparentes e desertoras). As candidaturas voluntárias podem ser aliadas, estrategistas, para fins de fruição de licença remunerada e para fins de percepção de verba pública. LAENA, Roberta. *Op. cit.*, p. 121. Eleições consideradas: 2016, p. 171.

– Mas e como fica na prática? Eu levo ou não levo em consideração, por exemplo, a intenção da candidata que só quis auxiliar um parente?

A legislação eleitoral mais recente parece desconsiderar o elemento subjetivo, como requisito para as consequências aplicadas, quando se conclui que houve candidaturas fictícias.

Vamos relembrar um artigo analisado capítulos passados:

> **Res. TSE 23.609/19, art. 20, § 5º**
>
> A conclusão, nas ações referidas no § 1º deste artigo, pela utilização de candidaturas femininas fictícias, acarretará a anulação de todo o DRAP e a cassação de diplomas ou mandatos de todas as candidatas e de todos os candidatos a ele vinculados, **independentemente de prova de sua participação, ciência ou anuência,** com a consequente retotalização dos resultados e, se a anulação atingir mais de 50% (cinquenta por cento) dos votos da eleição proporcional, a convocação de novas eleições.

No artigo acima não há expressões como "má-fé", "intenção", "dolo". Pelo contrário. As consequências legais se aplicam aos candidatos "**independentemente de prova de sua participação, ciência ou anuência".**

Talvez esse artigo tenha se inspirado em precedentes como o que segue, que trata das consequências do reconhecimento da fraude por cota de gênero.

PRECEDENTE: CONSEQUÊNCIA DA AIME POR FRAUDE À COTA DE GÊNERO

"Caracterizada a fraude e, por conseguinte, comprometida a disputa, a consequência jurídica é:

(i) a **cassação dos candidatos vinculados ao DRAP**[177], independentemente de prova da sua participação, ciência ou anuência;

(ii) a **inelegibilidade àqueles que efetivamente praticaram ou anuíram com a conduta**; e

(iii) **a nulidade dos votos obtidos pela Coligação, com a recontagem do cálculo dos quocientes eleitoral e partidários**, nos termos do art. 222 do Código Eleitoral"[178]

177. Demonstrativo de Regularidade de Atos partidários. **Veja o capítulo sobre escolha e registro de candidatos.**

178. TSE. REspe. nº 76455, Acórdão, Rel. Min. Alexandre de Moraes, DJE 18/05/2021.

– Mas a nossa Constituição fala que a inelegibilidade é consequência da AIME? Não lembro de ter lido isso no artigo que prevê a AIME. E se cassa todo mundo vinculado ao DRAP, todo mundo que fazia parte dele participa do processo?

Que lindo que percebeu isso! Me orgulha.

Vamos por partes.

Sobre as consequências decorrentes desse ilícito, preciso fazer uma pequena observação, antes de apresentar uma conclusão.

Já se entendeu que seria possível, por Ação de Investigação Judicial Eleitoral, típica para atacar os abusos nas eleições, o combate à fraude à cota de gênero.[179]

Além disso, e em contexto bem distinto da cota de gênero, **já se entendeu que a fraude é espécie do gênero "abuso do poder".**[180]

No caso da AIJE, a inelegibilidade é consequência direta da decisão. Aliás, ela deve constar no dispositivo da decisão.

Atualmente, o caminho utilizado para combater esse tipo de fraude é a AIME e, para esse caso**, apenas de forma indireta, a inelegibilidade incidiria.**

Veja essa decisão:

> **Precedente:** "[...] fraude à cota de gênero, o que, segundo a jurisprudência deste Tribunal, **desperta a inelegibilidade prevista no art. 1º, I, d, da LC nº 64/90. Precedentes**".[181]

Ou seja, pelo julgado acima, eis a hipótese da LC 64/90 que acarreta inelegibilidade por fraude à cota de gênero:

---

179. Nesse sentido: "[...] É possível verificar, por meio da ação de investigação judicial eleitoral, se o partido político efetivamente respeita a normalidade das eleições prevista no ordenamento jurídico - tanto no momento do registro como no curso das campanhas eleitorais, no que tange à efetiva observância da regra prevista no art. 10, § 3º, da Lei das Eleições - ou se há o lançamento de candidaturas apenas para que se preencha, em fraude à lei, o número mínimo de vagas previsto para cada gênero, sem o efetivo desenvolvimento das candidaturas" (TSE. REspe nº 24342, Acórdão, Rel. Min. Henrique Neves Da Silva, DJE 11/10/2016).
180. Nesse sentido: "[...] a teleologia subjacente à investigação judicial eleitoral consiste em proteger a legitimidade, a normalidade e a higidez das eleições, de sorte que **o abuso de poder a que se referem os arts. 19 a 22 da LC 64/90 deve ser compreendido de forma ampla, albergando condutas fraudulentas** e contrárias ao ordenamento jurídico-eleitoral. A rigor, a fraude nada mais é do que espécie do gênero abuso de poder" (TSE. REspe nº 63184, Acórdão, Rel. Min. Luiz Fux, DJE 05/10/2016). Grifamos.
181. TSE. REspe. nº 060010374, Acórdão, Rel. Min. Tarcisio Vieira De Carvalho Neto, DJE 02/06/2021.

Alguém será impedido de concorrer se:	Observações
Existe, contra o candidato a candidato, condenação pela Justiça Eleitoral, transitada em julgado ou, pelo menos, proferida por órgão colegiado, **em processo de apuração de abuso do poder econômico ou político** (LC 64/90, 1º, I, d)	Essa inelegibilidade ocorre para a eleição na qual essas pessoas concorreram ou foram diplomadas, bem como para as que se realizarem nos 8 (oito) anos seguintes

– Acho que entendi. E quem deve participar da AIME? Quem é o legitimado passivo nesse caso? Todo mundo que compõe o DRAP?

Veja abaixo:

LITISCONSÓRCIO PASSIVO EM AIME POR FRAUDE À COTA DE GÊNERO

"Reitere-se que no julgamento do AgR-REspe 685-65/MT, finalizado em 28/5/2020, esta Corte decidiu ser **inexigível**, para as ações relativas ao pleito de 2016 e 2018, a **formação de litisconsórcio passivo necessário entre todos os candidatos do partido ou aliança a que se atribui a prática de fraude, sendo ele obrigatório apenas entre os eleitos**"[182]

– Entendi. É mais ou menos aquela coisa que sempre discutimos, né? Quem sofre diretamente os efeitos da decisão deve participar do processo.

Exato. Isso não impediria a participação dos demais interessados, pelo menos como assistentes.[183]

Mesmo os suplentes não são litisconsortes necessários:

> **Precedente: "Os suplentes não suportam efeito idêntico ao dos eleitos em decorrência da invalidação do DRAP, uma vez que são detentores de mera expectativa de direito, e não titulares de cargos eletivos**. Enquanto os eleitos sofrem, diretamente, a cassação de seus diplomas ou mandatos, os não eleitos são apenas indiretamente atingidos, perdendo a posição de suplência. Não há obrigatoriedade de que pessoas apenas reflexamente atingidas pela decisão integrem o feito. Os suplentes são,

182. TSE. REspe. nº 232, Acórdão, Rel. Min. Luis Felipe Salomão, DJE 08/03/2021.

183. Não se está afirmando que essa é a melhor conclusão. A participação nos feitos eleitorais merece um tratamento mais atento pela legislação e pela jurisprudência. Para críticas e alternativas aos legitimados da AIME, veja o texto de João Andrade, Roberta Gresta e Polianna Pereira, já fartamente citado acima: "Fraude à cota de gênero como fraude à lei: Os problemas conceituais e procedimentais decorrentes do combate às candidaturas femininas fictícias".

> portanto, litisconsortes meramente facultativos. Embora possam participar do processo, sua inclusão no polo passivo não é pressuposto necessário para a viabilidade da ação.
>
> [...] **Ações que discutem fraude à cota de gênero, sejam AIJE ou AIME, não podem ser extintas com fundamento na ausência dos candidatos suplentes no polo passivo da demanda**".[184]

Antes de encerrarmos, apenas uma observação.

Marcos Heleno Oliveira, em recente dissertação, defendeu que, para além do que discutimos acima, "(e)ssa participação mínima dos sexos deve obrigatoriamente considerar as pessoas transgêneras, ou seja, as travestis, os transexuais e os intersexuais, de acordo com sua condição sexual e de gênero, por autopercepção".[185] Não discutiremos o assunto aqui, pelo recorte escolhido do livro, mas a reflexão é posta para o convite ao debate.

– Importante Minami. Se ninguém puxar o assunto para um tema, ele nunca será discutido.

Perfeito. Vamos adiante.

27.5. Fraude e corrupção eleitoral no Código Eleitoral projetado

A corrupção e a fraude eleitoral estão mencionadas no Código Eleitoral em debate, o PLP 112/2021. Veja:

> Art. 618. Além das hipóteses previstas neste Título, os mandatos eletivos poderão ser impugnados nas hipóteses de fraude e de corrupção eleitoral, nos termos do artigo 14, § 10 da Constituição Federal.
>
> § 1º Considera-se **fraude todo expediente ardiloso empregado com o objetivo de burlar regra ou direito assegurado pela legislação eleitoral**.
>
> § 2º Considera-se **corrupção toda prática antijurídica empreendida com o objetivo de controlar, mediante o oferecimento de compensação**

184. TSE. REspe. nº 68565, Acórdão, Rel. Min. Jorge Mussi, Rel. desig. Min. Luís Roberto Barroso, DJE 31/08/2020.

185. OLIVEIRA, Marcos Heleno Lopes. *As cotas eleitorais e as pessoas transgêneras*/ Dissertação de conclusão de curso (Mestrado). Orientador: Prof. Dr. George Marmelstein. Centro Universitário 7 de Setembro. Fortaleza, 2020.

> **material ou imaterial, o comportamento de eleitores, candidatos adversários e autoridades ou servidores da Justiça Eleitoral.**
>
> § 3º Nas hipóteses previstas neste artigo, a cassação do registro, diploma ou mandato do candidato beneficiado dependerá da **aferição da gravidade das circunstâncias.**
>
> § 4º A ação de impugnação de mandato eletivo, **inclusive quanto à fraude à cota de sexo**, observará as regras previstas no art. 683 desta Lei.

Vamos aos destaques:

FRAUDE E CORRUPÇÃO NO CÓDIGO ELEITORAL PROJETADO
A **fraude e a corrupção estão conceituadas** no Código projetado
A fraude continua com hipótese de incidência bem aberta
A **corrupção está mais relacionada à captação ilícita de sufrágio** do que aos demais ilícitos, como os relacionados à arrecadação e gastos
Talvez algumas hipóteses de condutas vedadas possam ser compreendidas como "corrupção", nos termos do artigo acima
Para **as consequências da AIME, é preciso a "aferição da gravidade das circunstâncias"**
A **fraude à cota de gênero passa a ser hipótese legislada para o cabimento da AIME**
A fraude, junto com corrupção e abuso, será hipótese expressa de fato que gera inelegibilidade
O procedimento adotado é o **"procedimento comum"**, que estudamos no capítulo sobre Ação de Impugnação ao Registro de Candidatura (parte 8 do livro), no tópico "O procedimento eleitoral comum no Código Eleitoral projetado"

Quais os procedimentos cíveis cabíveis em uma eleição?

28. INTRODUÇÃO AO CONTENCIOSO CÍVEL ELEITORAL

28.1. Situando o problema a ser resolvido

Vamos direto ao ponto.

Se você possui algum problema para resolver na seara cível jurisdicional eleitoral, o que deve fazer?

– Procurar na lei o problema que quero resolver e entrar com a respectiva medida.

Muito bem. Mas acho que podemos aperfeiçoar isso, adicionando mais elementos para se considerar.

Além de verificar qual é a medida processual ideal para o seu caso, algumas outras perguntas devem ser feitas para que os passos que você deve tomar sejam pensados de uma forma mais apropriada.

Veja:

Em qual momento estamos?	Em ano anterior às eleições Em ano eleitoral, antes do início da propaganda eleitoral Após o início da propaganda eleitoral Após o registro de candidatura Entre o registro de candidaturas e o dia da eleição No dia da eleição Após a eleição, mas antes da diplomação Após a eleição e depois da diplomação

Quem sou eu?	Cidadão ou cidadã não candidato Integrante do Ministério Público Eleitoral Magistrada ou magistrado do Judiciário Eleitoral Partidos político, coligação ou federação partidária Candidato ou candidata

O ilícito está relacionado a qual tema?	Candidatura (registro de candidaturas) Veiculação da candidatura (propaganda eleitoral) Finanças (arrecadação e gastos ilícitos em campanha) Uso indevido da máquina pública (condutas vedadas) Liberdade do eleitor (captação ilícita de sufrágio) Abusos (do poder econômico, do poder político e no uso dos meios de comunicação) Corrupção ou fraude

Quais as consequências da medida a ser adotada?	Correção de irregularidade, mas sem retirar alguém de uma corrida Impedir a continuidade ou remover um ilícito relacionado ao uso indevido da máquina pública Retirar alguém de uma corrida eleitoral, antes da eleição Impedir que alguém já eleito seja diplomado Cassar alguém já diplomado Tornar alguém inelegível (retirar de corridas futuras) Aplicação de multa

– Eu acho que entendi mais ou menos. Tenho dúvidas.

Por qual motivo importa saber, por exemplo, "quem eu sou"? A resposta do problema muda a depender de quem eu seja?

Não é a resposta que muda, mas as suas prioridades.

Se você está advogando para um candidato, por exemplo, a sua preocupação é na candidatura dessa pessoa e não, necessariamente, no pleito como um todo.

– Então eu devo deixar o mundo pegar fogo e me preocupar só com o meu cliente?

Não precisa ser tão dramática...

É evidente que o combate aos ilícitos eleitorais é de interesse público, mas se você está trabalhando para candidatos ou partidos, o seu foco será, principalmente, nos interesses desses clientes.

O seu trabalho é justamente fazer com que a campanha deles não viole a legislação eleitoral. Se isso ocorrer, você já contribuirá muito para uma eleição saudável.

Mas essa questão de prioridades é mais perceptível quando você está atuando pelos agentes públicos que atuam na fiscalização e na realização da eleição, como o promotor e o juiz eleitoral. Isso, aliás, merece um tópico.

28.2. Definindo prioridades na corrida eleitoral

Se, ao invés de defender os interesses de um ou outro candidato, **você atua na campanha como membro do Ministério Público Eleitoral, a sua preocupação é com a lisura do pleito em geral**.

Você pode, desde o ano anterior às eleições, por exemplo, já começar a se preocupar com possíveis abusos que já se mostram evidentes e que devem refletir na futura campanha.

– Mas eu posso fazer algo mesmo em ano não eleitoral?

Claro que pode. Não lembra que nós vimos, no capítulo sobre o Ministério Público Eleitoral, o **Procedimento Preparatório Eleitoral** que serve justamente para **colher informações e documentos para possível futura ação** contra condutas vedadas aos agentes públicos, captação ilícita de sufrágio, abuso do poder econômico, uso indevido de redes sociais ou mecanismos de comunicação virtual para veiculação de notícias falsas etc.

Além disso, a depender dos recursos e do tempo que o membro do Ministério Público disponha em alguma cidade do interior com menos estrutura, talvez ele tenha de escolher no que deve focar imediatamente, quando a campanha estiver em seus momentos mais atribulados.

– Exemplo!

Se você é membro do Ministério Público Eleitoral e possui recursos humanos e materiais à sua disposição, por exemplo, pode preparar equipes diversas para tratar de temas específicos: uma equipe cuidará de propaganda eleitoral irregular, outra do combate à compra de votos, outra irá focar no combater à desinformação e *fake news* etc.

– Até aí, entendi. Mas ainda não entendi aonde o professor quer chegar.

Por outro lado, se você é promotor de justiça de uma cidade menor, com uma equipe reduzida (ou mesmo sem equipe nenhuma), enfrentando um excesso de atividades, precisa focar naquilo que importa.

Se esse promotor, por exemplo, se depara com várias irregularidades ao mesmo tempo, precisa priorizar esforços no combate aos ilícitos com maior potencial de desequilibrar o pleito, como o abuso de poder econômico ou a compra de votos.

– Estou quase entendendo. Um exemplo mais prático ajudaria.

ESCOLHENDO PRIORIDADES

Se há, ao mesmo tempo, denúncias de compra de votos e denúncias de adesivos de candidatos em carros fora do parâmetro legal, o promotor precisa pensar: quais ilícitos podem gerar mais prejuízos e quais podem ser deixados para um momento posterior, quando as situações mais graves tenham sido combatidas

Pode acontecer de promotores focarem atenção em irregularidades que não geram, ao final, cassação de mandato ou inelegibilidade e acabam não tendo tempo de trabalhar mais a fundo no estabelecimento e realização de uma estratégia para combater compra de votos ou outros abusos que podem trazer um desnível na corrida, afastando o mal político dos cargos públicos, pela cassação e inelegibilidade

– Então, o promotor deve deixar pequenas irregularidades acontecerem para combater as grandes?

Eu não disse isso.

Atenção!

Eu disse que **o membro do Ministério Público precisa, por vezes, eleger prioridades, caso não consiga lidar, ao mesmo tempo, com todos os ilícitos que surgem.**

O excesso de demandas é comum em cidades menores e com menos estrutura.

Pela perspectiva do magistrado eleitoral, também é importante eleger prioridades. Para além do julgamento de irregularidades, ilícitos maiores etc., **é preciso pensar também na própria realização das eleições.**

– Não entendi.

O magistrado precisa considerar os recursos que possui, humanos e de estrutura, além do momento ao qual se encontra, para poder focar nas prioridades quando se depara com muitas tarefas para resolver ao mesmo tempo, o que é bastante comum em períodos de eleição.

– Exemplos, please!

CUIDADO COM QUEM QUER DESVIAR A ATENÇÃO NAS ELEIÇÕES

Uma estratégia de campanha não muito republicana adotada por alguns candidatos é a de propor representações de propaganda irregular contra os seus adversários, debatendo peculiaridades da lei, como o tamanho da fonte do nome do vice de algum candidato em propagandas impressas, ou qualquer outra formalidade, apenas para chamar a atenção de todos os envolvidos na eleição, como o judiciário, o Ministério Público e os demais candidatos

– E qual a vantagem nisso? Não entendi.

Enquanto todos se preocupam com essas irregularidades, ilicitudes mais sérias são praticadas, como a compra de votos ou o abuso do poder econômico.

O Judiciário se ocupa na tramitação desses processos que, no mais das vezes, apenas resultam em decisões que determinam a correção da ilicitude ou multa.

O MPE analisa tais processos para parecer e, por vezes, entendendo que aquele problema é sério, direciona esforços para procurar mais casos semelhantes pela cidade.

– Enquanto isso...

Os candidatos que são atacados por tais representações de propaganda, para não ficarem para trás, também procuram pequenos defeitos nas propagandas dos seus adversários e ajuízam mais representações.

Surge uma espécie de "efeito dominó", com partidos e candidatos atacando uns aos outros, enquanto aquele que começou tudo, aproveitando que todos estão ocupados, começa a praticar compra de votos, distribuição irregular de brindes aos eleitores, uso indevido da máquina pública etc.

Por vezes, a decisão de um magistrado em um problema de propaganda eleitoral pode definir o tom da eleição naquele município.

> – Nossa, professor. Como isso é sério.
>
> Então o juiz deve focar apenas nas irregularidades maiores?

Novamente, eu não estou dizendo isso.

O que estou dizendo é que, ao se deparar com muitas questões ao mesmo tempo como, por exemplo, representações repetidas ajuizadas pelos candidatos e partidos, o magistrado não pode esquecer que precisa se preocupar com a eleição como um todo. Por vezes, é a própria realização das eleições que está em jogo.

Se, por exemplo, os recursos humanos são limitados, o que é comum em milhares de cidades pelo interior do Brasil, é preciso que o magistrado, para além das questões jurídicas, não esqueça temas específicos de eleição, diligenciando para que assuntos como convocação e treinamento de mesários, simulados de eleição, preparação dos locais de votação etc., não sejam esquecidos.

> – Acho que entendi.
>
> Então, a depender da perspectiva adotada, a forma de lidar com o problema pode ser diferente.

Sim.

O ideal é que cada um foque na sua atividade principal.

O magistrado não pode, por exemplo, sair procurando crimes de compra de votos pela cidade, uma vez que a imparcialidade o impede de agir sem provocação.

O Ministério Público não pode querer preparar e realizar o treinamento de mesários, deixando de lado a fiscalização dos ilícitos eleitorais.

> – Entendi.

– Mas há outra questão apontada pelo professor que me deixou intrigada.

O professor falou que quando surge um problema é preciso pensar "em qual ponto da eleição estamos"? Não entendi isso. Me diz um exemplo, por favor!

O MOMENTO PARA RESOLVER OS PROBLEMAS TAMBÉM IMPORTA

Em determinado município, um magistrado recebeu uma representação de propaganda eleitoral antecipada e abuso do poder econômico logo depois do registro de candidaturas. Focando em outras coisas, acabou julgando essa representação faltando apenas dois dias para as eleições, afastando o candidato representado. No dia das eleições, não dava mais tempo de "retirar" esse candidato das urnas, que já estavam preparadas. Nesta cidade, havia apenas três candidatos, com dois deles empatados nas pesquisas bem à frente do terceiro. Foi justamente um desses "preferidos" que foi excluído da corrida. Aliás, ele foi aquele que recebeu mais votos. A população não entendia por qual motivo aquele candidato não constava no resultado.

– Então o magistrado não pode julgar ações mais sérias perto do dia da eleição? Não entendi.

Eu não disso isso. Você está só colocando palavras na minha boca!

– Nossa que professor ranzinza... Desculpa!

Calma...

O que estou dizendo é que o magistrado precisa ter muito cuidado em decisões como essa, perto do pleito, principalmente se o caso tiver consequências graves.

O ideal é decidir situações assim o quanto antes.

Perceba que eu não estou dizendo que, nesse caso, houve, necessariamente, erro pelo magistrado, mas apontei o exemplo para demonstrar como, por vezes, na prática, é preciso levar em consideração fatores para além do processo em análise. É preciso pensar em todo o contexto da eleição!

– Entendi!

– Então, é por isso que o professor apontou que são vários os fatores que interessam: "quem está litigando", "contra quem", "quais as consequências" e "em qual momento estamos no pleito".

Isso mesmo! **Para os agentes estatais, há um ponto ainda a se considerar: os recursos envolvidos.**

Principalmente em cidades menores, tanto o Ministério Público quanto o Judiciário Eleitoral devem saber trabalhar com esses recursos, não se esquecendo de que, tão ou mais importante do que a atividade jurisdicional eleitoral é a própria eleição!

– Mas para que servem os servidores da Justiça Eleitoral? Eles não podem ajudar o juiz e o promotor nessas tarefas?

Excelente pergunta!

Primeiro, precisamos separar as atividades.

O Judiciário e o Ministério Público são instituições distintas.

Uma atuação conjunta deles, por mais bem intencionada que seja, pode suscitar desconfiança e pode configurar violação à imparcialidade.

– Não entendi. Então "uma atuação conjunta deles" não é possível? Não são todos integrantes "da justiça"?

Em uma perspectiva leiga, do senso comum, talvez. Mas veja que o Ministério Público não integra o Judiciário brasileiro.

Se juiz e promotor juntarem esforços para combater ilegalidades, com os servidores da Justiça Eleitoral atuando nos procedimentos administrativos do Ministério Público para colher informações sobre compra de votos, por exemplo, como é que depois, esse mesmo juiz ou servidores, terão a imparcialidade necessária para a tramitação e julgamento de futura representação eleitoral que surja dessa união de esforços?

E não podemos esquecer que os motivos de impedimento e suspeição também são aplicáveis aos auxiliares da justiça (CPC, art. 148).

– Acho que estou entendendo.

Há outro ponto para se considerar. Quando o servidor realiza atividades públicas não descritas em suas atribuições pode estar incorrendo em desvio de função, que representa grave ilícito.

– Será que é para tanto, professor?

Veja bem, é comum ocorrer a seguinte situação: magistrados ou promotores determinam que servidores da Justiça Eleitoral atuem como investigadores acompanhando *in* loco, e por vezes até "disfarçados", se está ocorrendo compra de votos. Também acontece de se determinar que servidores compareçam em eventos público com muitas pessoas para impedir abuso do poder econômico ou do poder político, mesmo sem auxílio de força policial.

Isso não apenas é desvio de função, como é perigoso para o servidor. Mesmo ações no exercício de poder de polícia devem ser bem pensadas para não expor servidores a risco desnecessário, principalmente em cidades menores, com quadro reduzido de servidores.

– Sim, sim. Eu concordo. Mas as intenções são boas, né?

As boas intenções não cabem no Direito.[1]

O magistrado eleitoral deve se preocupar em decidir o que chega a ele, atuar no poder de polícia nos limites da lei (e isso não significa combater ilícitos graves eleitorais de ofício) e deve também verificar se os servidores sob sua supervisão estão realizando as atividades necessárias às eleições.

Os promotores de justiça devem focar na fiscalização das atividades do pleito e no combate aos ilícitos.

– Acho que entendi.

Perfeito! Vamos adiante, então.

28.3. Principais procedimentos relacionados ao registro de candidatura

Vamos revisar algumas coisas que já vimos até aqui e compilar informações que vão ajudar na compreensão dos procedimentos cíveis possíveis em uma eleição.

1. Aqui, duas leituras para reflexão: PASSOS, J. J. Calmon. *Revisitando o direito, o poder a justiça e o processo. Reflexões de um jurista que trafega na contramão.* Salvador: Juspodivm, 2012 e PERELMAN, Chaïm. *Ética e direito/* tradução Maria Ermandita de Almeida Prado Galvão. 2. ed. São Paulo: Martins Fontes, 2005 (principalmente o capítulo I).

– Adoro revisão.

Uma forma para começar a entender as ações cíveis eleitorais, é aprendê-las a partir dos grandes temas do processo eleitoral.

Por exemplo, veja os procedimentos relacionados à candidatura.

PROCEDIMENTOS RELACIONADAS AO REGISTRO DE CANDIDATURA (RRC, AIRC)
Requerimento de Registro de Candidatura (RRC): veja parte 6 do livro
Impugnação ao RRC (IRRC) ou Impugnação ao Registro de Candidaturas (IRC) ou "Ação" de Impugnação ao Registro de Candidatura ou (AIRC): veja parte 8 do livro

Lembra que vimos isso: o requerimento de registro de candidaturas é feito todo por sistema próprio?

– Sim, sim. Sistema de Candidaturas!

Exatamente! Mas acontece que é muito comum ocorrer a impugnação ao registro de uma candidatura. Advinha como é o **nome dessa medida para impugnar o registro de candidatura?**

– Eu já vi no título do tópico! O nome da medida deve ser Impugnação ao Registro de Candidatura.

Isso mesmo. Muitos o chamam de **"Ação" de Impugnação ao Registro de Candidatura (AIRC).**

– Entendi. Mas não há nada para aprender aí, né? A impugnação ao registro é chamada de Impugnação ao Registro! Lembro disso quando estudamos o registro.

Calma!

É simples, mas eu preciso fazer um alerta.

A **Impugnação ao Registro de Candidatura** (ou impugnação ao requerimento de registro de candidatura) é chamada por muitos de **"Ação" de Impugnação ao Registro de Candidaturas ou AIRC** e, por causa disso, muitos erram no momento de protocolar essa impugnação.

– Acho que me lembro da razão disso. Pode revisar?

Alguns advogados, achando que a AIRC é uma ação autônoma, acabam protocolando essa medida como uma petição inicial, pensando que ela inaugura um procedimento para questionar uma candidatura.

> – Nossa! Faz sentido. É que se alguém chama essa medida de ação, realmente, acho que é natural essa confusão.

Mas é por isso que é importante compreender que **a impugnação ao registro de candidaturas nada mais é do que uma petição que deve questionar o registro de candidaturas dentro do próprio registro, como se fosse uma espécie de contestação ao pedido de registro de candidaturas.**

> – Entendi! Então, professor, realmente, se o advogado ficar com esse nome na cabeça: "Ação de Impugnação", ou AIRC, pode cometer esse equívoco!

Exato! Mas basta lembrar que **a impugnação apenas questiona algo em um procedimento que já existe: o requerimento de registro de candidatura.**

Então, no momento de protocolar a impugnação, basta fazê-lo dentro do próprio requerimento específico de registro.

> – Entendi. Então já aprendi dois: RRC e AIRC.

Já aprendeu mais. Não lembra que vimos o RRCI e o DRAP quando conversamos sobre registro de candidaturas?

> – Sim, sim! Lembro sim!

Adiante!

> – Tenho uma pergunta. O nome deste tópico é "principais procedimentos" relacionados ao registro.
>
> Além dos dois acima que o professor indicou, há mais algum?

Nossa. Você percebeu isso? Estou impressionado.

> – ;-)

Sim. **Algumas situações relacionadas às condições de elegibilidade e às inelegibilidades podem ser questionadas mesmo depois da diplomação.** É o Recurso contra a Expedição do Diploma, RCED. Mas eu vou falar dele mais na frente.

28.4. Combatendo ilícitos antes da diplomação dos eleitos

Antes da diplomação dos eleitos, é possível combater os ilícitos vistos na parte 7 deste livro com as medidas abaixo. Todas elas serão analisadas na parte 8.

PRINCIPAIS PROCEDIMENTOS POSSÍVEIS ANTES DA DIPLOMAÇÃO DOS ELEITOS (RP, AIJE)
Representações (Rp): Representações por propaganda irregular Representações relacionadas às pesquisas eleitorais **Representações Especiais** para combater, principalmente: arrecadação e gastos ilícitos em campanha (30-A, LE), captação ilícita de sufrágio (41-A, LE) e condutas vedadas aos agentes públicos (73 e seguintes, LE) **Pedido de Direito de Resposta em propaganda eleitoral** **Ação de Investigação Judicial Eleitoral (AIJE) para combater abusos nas eleições**
▶ As representações mais simples, como as de propaganda, são possíveis, em regra, até o dia da eleição[2]

Talvez, as mais conhecidas ações eleitorais sejam a **Representação Eleitoral (Rp)** e a famosa **Ação de Investigação Judicial Eleitoral, ou AIJE.**

Vamos aprender mais algumas coisas sobre cada uma:

DETALHES SOBRE O COMBATE A ILÍCITOS COM CONSEQUÊNCIAS MENORES:	
Para combater irregularidades que **não retiram o candidato da corrida eleitoral ou do mandato**	
Representação Eleitoral (Rp)	**Exemplo:** propaganda irregular como uma pintura em muro em bem público
▶ **Até o dia da eleição, em regra**[3]	

2. Res. 23.508/19, art. 17-A: "(a)s representações por propaganda irregular realizada no dia das eleições poderão ser ajuizadas até 48 (quarenta e oito) horas após a data do pleito".
3. Res. 23.508/19, art. 17-A: "(a)s representações por propaganda irregular realizada no dia das eleições poderão ser ajuizadas até 48 (quarenta e oito) horas após a data do pleito".

DETALHES SOBRE COMBATE A ILÍCITOS COM CONSEQUÊNCIAS MAIS GRAVES:

Para combater ilícitos mais graves, que **podem resultar na retirada do candidato de uma corrida eleitoral ou mesmo cassar o seu mandato**, com ou sem multa, com **efeito reflexo de inelegibilidade** (proibição de participação em corridas futuras)	
Representação Eleitoral Especial (Rp)	**Exemplo:** compra de votos, uso indevido de um carro da prefeitura em uma campanha eleitoral, arrecadação indevida de recursos de campanha
▶ **Medida possível até a diplomação dos eleitos**[4]	

Para **combater ilícitos mais graves nas eleições como os tipos de abusos**: abuso do poder econômico, abuso do poder político ou do poder de autoridade, ou utilização indevida de veículos ou meios de comunicação social, com **efeito direto de retirar o candidato da corrida, cassar o mandato e provocar inelegibilidade**	
Ação de Investigação Judicial Eleitoral (AIJE)	**Exemplo:** uso de emissora de rádio particular para propaganda eleitoral indevida ou propaganda negativa de adversário; uso de servidores públicos como cabos eleitorais; distribuição de cestas básicas em troca de voto
▶ **Medida possível até a diplomação dos eleitos**	

– Calma, professor Minami. Agora, foram muitas informações.

Então, se for para combater algo errado, eu uso uma representação.

Se for algo muito errado: eu uso uma representação especial.

E se for algo muito, muito errado, ou seja, algo abusivo, eu uso essa tal de AIJE.

É mais ou menos isso. Aos poucos você vai assimilando todas elas.

28.4.1. Uma breve explicação sobre as representações eleitorais

As ações para combater as violações à Lei das Eleições pelos candidatos, partidos, coligações, federações ou, eventualmente, terceiros, normalmente, são batizadas de representação.

4. A Representação pelo art. 30-A da Lei das Eleições é possível até 15 dias depois da diplomação.

Essas representações podem combater irregularidades que não geram consequências maiores, como a perda do mandato ou a inelegibilidade (proibição de participação em corridas eleitorais futuras).

O maior exemplo são as representações relacionadas aos ilícitos de propaganda eleitoral, tema que tratamos em capítulo específico.

– Certo. Estou entendendo. Para combater problemas sobre propaganda eleitoral: uso a representação. Acho que já vimos isso, né? Mas é sempre bom revisar.

Mas as representações também servem para combater ilícitos graves, como aqueles vistos na parte 7 do livro: arrecadação e gastos ilícitos em campanha, captação ilícita de sufrágio e as condutas vedadas.

Algumas pessoas batizam essas ações mais graves da Lei das Eleições a partir do número do artigo de lei objeto da ação, ou a partir da situação que gerou a ação.

Por exemplo, alguns batizam a ação que combate o ilícito de compra de votos como Ação pelo 41-A ou Ação por Captação Ilícita de Sufrágio (41-A).

Contudo, a própria Lei das Eleições, em vários momentos, batiza essas ações com consequências mais drásticas de **Representação**[5] e a própria resolução do TSE 23.608/2019, que trata das representações em eleições, possui um capítulo apenas para tratar de **Representações Especiais** (Capítulo V, a partir do art. 44). Por isso, alguns preferem batizar essas ações da Lei das Eleições com consequências mais drásticas de **representações especiais**.

– Eu lembro disso.

Essas pessoas usam o nome representação especial para diferenciá-las das representações com consequências mais brandas.

Exato!

Então, por exemplo, para combater captação ilícita de votos, ingressa-se com Representação pelo art. 41-A ou Representação Especial pelo 41-A ou Representação Especial por Captação Ilícita de Sufrágio.

5. Exemplos: Lei das Eleições (9.504/97), art. 30-A (qualquer partido político ou coligação poderá representar à Justiça Eleitoral [...]), art. 73, §12 (a representação contra a não observância do disposto neste artigo [...]).

– Entendi. Então, a partir do que vimos, as representações especiais combatem, principalmente:

Ilícitos na arrecadação e gastos de campanha

Compra de votos e

Uso indevido da máquina pública em campanha.

Perfeito!

Se é propaganda irregular, representação.

Para casos mais graves da lei das eleições, representação especial.

– A diferença é só de nomenclatura?

Não.

Vamos ver isso com mais detalhes, mas veja o quadro abaixo:

REPRESENTAÇÃO	REPRESENTAÇÃO ESPECIAL
Principalmente para casos de irregularidade na propaganda eleitoral	Principalmente para casos mais graves de violação à Lei das Eleições, como compra de votos, uso indevido da máquina pública e ilícito nas contas de campanha
Consequências menos drásticas Exemplos: Multa, desfazimento do ilícito, correção de irregularidades	**Consequências mais drásticas** Exemplos: Cassação do registro ou do diploma, com ou sem multa Efeito reflexo de inelegibilidade[6]
Procedimento simplificado, normalmente, sem dilação probatória[7] Procedimento é o descrito na Res. TSE 23.608/2019[8]	**Procedimento mais robusto, com dilação probatória** Procedimento adotado está na Lei das Inelegibilidades (64/90), arts. 22 e seguintes Trata-se do procedimento da AIJE

6. Lei das Inelegibilidades (64/90), art. 1º, I, d ou j, a depender da interpretação adotada pelo julgador.
7. No capítulo sobre essas representações vamos analisar o problema da dilação probatória em representação simples.
8. Dispõe sobre representações, reclamações e pedidos de direito de resposta previstos na Lei nº 9.504/1997 para as eleições.

– Puxa vida. Muitos detalhes! Como vou saber qual adota qual procedimento?

Não precisa decorar.

Se as consequências são "simples", como a correção de uma irregularidade, normalmente não há dilação probatória. Trata-se de representação simples ou, apenas, representação.[9]

Se as consequências são mais drásticas como a cassação de diploma: utiliza-se procedimento que aceita instrução probatória. É a representação especial. Imagina retirar alguém do mandato sem uma instrução probatória mais robusta.

– Faz sentido. Acho que não precisa decorar mesmo.

Alguma dúvida?

– Por qual motivo o nome dessas ações eleitorais é representação? Por que não as chamamos de ações eleitorais?

É curioso que não se fala muito sobre isso. Mas, para não perdermos muito tempo, basta lembrar que, diferentemente das ações cíveis normais, nas quais normalmente uma pessoa ingressa contra outra...

– Quando se pede danos morais, por exemplo?

Isso mesmo!

Na seara cível não eleitoral o que ocorre é que muitas dessas ações foram pensadas a partir da lógica do interesse privado. Se você pede danos morais contra mim, por exemplo, essa ação interessa apenas dois sujeitos: eu e você.

As ações eleitorais surgem para que os seus legitimados possam apresentar ao judiciário eleitoral uma irregularidade que prejudica todo mundo, candidatos e população.

– Por isso o nome não é ação, mas representação?

9. Em algumas situações, excepcionalmente, admite-se alguma realização de prova em representações simples, como em casos de propaganda pela *internet*.

É que **um dos significados da palavra "representar" é: "expor uma queixa", "expor por escrito" algo... Nesse caso, apresenta-se ao judiciário eleitoral um ilícito...**

– Isso tem repercussão prática?

Essa nomenclatura demonstra o enfoque do interesse público nas ações eleitorais.[10]

A partir disso, podemos cogitar de algumas consequências.

A primeira delas é **a necessidade de atuação do Ministério Público Eleitoral nas ações eleitorais, mesmo que ele não seja a parte representante**.

– Entendi. Faz sentido. Mais alguma coisa?

Talvez sim.

Nas ações tradicionais, normalmente, se você não pedir especificamente a condenação, ela pode não acontecer.

Nas ações eleitorais, por sua vez, se o magistrado é apresentado aos fatos, ele precisa fazer incidir as consequências legais dessa ilicitude, mesmo que o autor esqueça de pedir todas as condenações relacionadas àquela ilicitude.

– Quase entendendo.

Se você, por exemplo, apresenta ao magistrado eleitoral que uma pessoa comprou votos, mas não pediu a aplicação da perda do mandato, o magistrado pode aplicá-la mesmo assim.

Veja:

> **Doutrina:** "Desde que provados os fatos, as sanções cabíveis decorrem da lei, e não do pedido formulado pela parte autora. Portanto é dado ao juiz aplicar as sanções que entender pertinentes, dentre as previstas em lei, não estando vinculados aos limites do pedido inicial".[11]

---

10. Aqui, cabem lições de Andrade, Gresta e Santos que, embora pensadas para a AIME, são cabíveis às demais ações eleitorais, como a AIJE e as representações eleitorais: "a procedência da ação não acarreta um acréscimo à esfera de direitos de quem a propôs, porque este, como representante adequado da sociedade, age de modo similar a um órgão acusatório" (ANDRADE NETO, João; GRESTA, Roberta Maia; SANTOS, Polianna Pereira. Op. cit.).
11. GOMES, José Jairo. Op. cit., p. 965.

Veremos melhor isso mais na frente. Adiante!

> – Só uma dúvida. O Código Eleitoral projetado, se aprovado, vai usar a expressão "representação".

Sim. O PLP 112/2021 possui uma subseção apenas para tratar, por exemplo, "Do Procedimento das Representações Relativas à Propaganda Eleitoral ou Partidária, Extemporânea ou Irregular e à Pesquisa Eleitoral".

28.5. Combatendo ilícitos depois da diplomação dos eleitos

Excepcionalmente, autorizam-se medidas contra os eleitos, mesmo depois de diplomados:

PROCEDIMENTOS POSSÍVEIS DEPOIS DA DIPLOMAÇÃO (AIME, RCED)
Ação de Impugnação de Mandato Eleitoral (AIME) para combater corrupção, fraude e abuso do poder econômico
Representação Especial para combater arrecadação e gastos ilícitos em campanha (30-A, LE)
Recurso Contra Expedição de Diploma (RCED)
▸ **Todos os procedimentos acima serão vistos nos capítulos seguintes**

Pronto. Já situei as ações cíveis que são tratadas nesta parte do livro.

Agora, podemos ver cada ação em espécie. Antes, porém, precisamos apenas conversar sobre a aplicação do Código de Processo Civil de 2015 na seara eleitoral.

28.6. Aplicação do Código de Processo Civil na seara eleitoral: alguns aspectos práticos da Res. TSE 23.478/2016

Com a alteração do Código de Processo Civil, o Tribunal Superior Eleitoral editou uma resolução, a de número 23.478/2016, estabelecendo diretrizes gerais para a sua aplicação no âmbito da Justiça Eleitoral.

Creio que é interessante analisarmos **alguns dos preceitos dessa resolução**.

28.6.1. Vedação de decisão surpresa e dever de consulta

O atual Código de Processo Civil leva muito à sério o contraditório e dois de seus preceitos relacionados ao tema são aplicáveis à Justiça Eleitoral por disposição expressa da Res. TSE 23.478/2016:

Art. 3º Aplicam-se aos processos eleitorais o contido nos arts. 9º e 10 do Novo Código de Processo Civil (Lei nº 13.105/2015).

O artigo 9º, do CPC, trata do direito de ser ouvido antes de uma decisão proferida contra si:

Art. 9º Não se proferirá decisão contra uma das partes sem que ela seja previamente ouvida.

Parágrafo único. O disposto no caput não se aplica:

I - à tutela provisória de urgência;

II - às hipóteses de tutela da evidência previstas no art. 311, incisos II e III;

III - à decisão prevista no art. 701.

E o artigo 10 trata da proibição de decisão surpresa:

Art. 10. O juiz não pode decidir, em grau algum de jurisdição, com base em fundamento a respeito do qual não se tenha dado às partes oportunidade de se manifestar, ainda que se trate de matéria sobre a qual deva decidir de ofício.

– Pode relembrar esses temas, por favor?

Leia essas lições do professor Fredie Didier Jr.:

Doutrina: "ao proibir a decisão surpresa [...], a regra impõe ao órgão julgador o dever de consulta às partes acerca de questão a respeito da qual elas não puderam manifestar-se. A violação da regra pode levar à invalidação da decisão – *pode*, não deve, pois, para invalidar, é preciso que tenha havido prejuízo [...]. A proibição de decisão surpresa e a atribuição do dever de consulta ao órgão julgador são concretizações do princípio do contraditório. O princípio do contraditório garante às partes o direito de poder influenciar o convencimento do julgador. Se a decisão baseia-se em questão a respeito da qual não houve debate, significa que a parte não pode influenciar o convencimento do juiz a respeito dessa mesma questão".[12]

12. Comentários ao artigo 10, do CPC, na obra: CABRAL, Antonio do Passo; CRAMER, Ronaldo. Comentários ao novo código de processo civil/ Coord. Antonio do Passo Cabral e Ronaldo Cramer. Rio de Janeiro: Forense, 2015, p. 37.

28.6.2. Acesso à justiça

O art. 4º da Res. TSE 23.478/2016 veicula preceito relacionado ao acesso à justiça:

> **Art. 4º** Os feitos eleitorais são gratuitos, não incidindo custas, preparo ou honorários (Lei nº 9.265/1996, art. 1º).

> – Mas acho que quando falamos sobre o acesso à Justiça Eleitoral aprendemos que a gratuidade é apenas um dos aspectos do acesso à justiça, né? Lembro que o professor falou sobre o problema da falta de atuação de uma defensoria pública eleitoral, por exemplo.

Isso mesmo. Já falamos sobre isso no capítulo sobre normas fundamentais.

28.6.3. Impossibilidade de amicus curiae no processo eleitoral

O art. 5º trata de proibição que deve cair, caso aprovado o próximo Código Eleitoral, que autoriza a intervenção do *amicus curiae* junto ao Tribunal Superior Eleitoral.[13]

> **Art. 5º** Não se aplica aos feitos eleitorais o instituto do *amicus curiae* de que trata o art. 138 da Lei nº 13.105, de 2015.

O *amicus curiae* é um terceiro que pode se manifestar em um processo para qualificar o debate, trazendo mais subsídios para o órgão decisor, em questões de impacto social.[14]

Sobre a participação de especialistas em assuntos diversos na melhoria de tomada de decisão pelo Judiciário, é possível apontar uma curiosidade relacionada à Justiça Eleitoral.

Se pensarmos no processo eleitoral em perspectiva maior, para além das ações eleitorais,[15] percebemos que é fato bastante comum, com

13. No texto original do Senado do PLP 112/2021, artigos 658 e seguintes.
14. Cabem as lições de um dos maiores especialistas do assunto do Brasil: "(t)rata-se da possibilidade de terceiro intervir no processo por iniciativa própria, por provocação de uma das partes ou, até mesmo, por determinação do magistrado com vistas a fornecer elementos que permitam o proferimento de uma decisão que leve em consideração interesses dispersos na sociedade civil e no próprio Estado. Interesses que, de alguma forma, serão afetados pelo que vier a ser decidido no processo em que se dá a intervenção". Comentários de Cássio Scarpinella ao art. 138, do CPC (BUENO, Cássio Scarpinella. *Comentários ao código de processo civil. Vol. 1*/ Coord. Cássio Scarpinella Bueno. São Paulo: Saraiva, 2017, p. 602).
15. Nesse sentido veja: MINAMI, Marcos Youji; MINAMI, Patrícia V. P. *Breves considerações sobre o processo eleitoral brasileiro.* Revista dos Tribunais, v. 993, p. 123-147. São Paulo: Editora RT, 2018.

maior ou menor formalidades, o convite, pelo Tribunal Superior Eleitoral, de especialistas em áreas específicas para colher informações que auxiliem no aprimoramento de seus serviços.

– Exemplo, por favor!

Veja essas chamadas de notícias que podem ser lidas no *site* do TSE:

> **Notícias sobre participação de especialistas na seara eleitoral:**
>
> Presidente do TSE conversa com biólogo Átila Iamarino para ouvir sugestões para as Eleições Municipais.[16]
>
> Presidente do TSE discute com médicos impacto da pandemia nas eleições.[17]

O Código Eleitoral projetado autoriza o *amicus curiae* na seara eleitoral:

> **PLP 112/2021:** Art. 658. A intervenção de *amicus curiae* será cabível no âmbito do Tribunal Superior Eleitoral, nos seguintes casos:
>
> I - Incidente de Resolução de Demandas Repetitivas; II - Recurso Especial Eleitoral Repetitivo; e III - edição, revisão e cancelamento de súmula.

28.6.4. Impossibilidade de conciliação ou mediação no processo eleitoral ou negociação sobre o procedimento eleitoral

A lisura do pleito eleitoral não pode ser objeto de negociação. Talvez seja essa a razão do art. 6º da Res. TSE 23.478/2016:

> **Art. 6º** Não se aplicam aos feitos eleitorais as regras relativas à conciliação ou mediação previstas nos arts. 165 e seguintes do Novo Código de Processo Civil.

Talvez por isso, a mesma Resolução não aceite negociação sobre o procedimento cível.

– Não entendi isso de "negociação sobre o procedimento".

16. TSE. Disponível em: <http://www.tse.jus.br/imprensa/noticias-tse/2020/Maio/presidente-do-tse-conversa-com-biologo-atila-iamarino-para-ouvir-sugestoes-para-as-eleicoes-municipais>. Acesso em 10 dez. 2021.
17. TSE. Disponível em: <http://www.tse.jus.br/imprensa/noticias-tse/2020/Junho/presidente-do-tse-discute-com-medicos-impacto-da-pandemia-nas-eleicoes>. Acesso em 10 dez. 2021.

É que atualmente, o procedimento previsto em lei pode sofrer algumas alterações a partir de sua negociação entre as partes do processo. O art. 190 do CPC traz a possibilidade de as partes "[...] plenamente capazes estipularem mudanças no procedimento para ajustá-lo às especificidades da causa e convencionar sobre os seus ônus, poderes, faculdades e deveres processuais, antes ou durante o processo".[18]

– Agora estou curiosa. Me diz uma hipótese.

A partes poderiam ajustar a forma de comunicação no processo. Poderiam escolher, por exemplo, que ela ocorreria totalmente por aplicativo de mensagem.

– Que barato. E isso não é aplicável no processo eleitoral?

Pela Resolução, não. Mas isso talvez pudesse ser revisto.

Em vários municípios, por exemplo, há uma grande dificuldade de comunicação entre a Justiça Eleitoral e os diretórios municipais. Muitos representantes de partido somente são encontrados facilmente no período de campanha. Em anos não eleitorais, em processos de prestação de contas anuais, por exemplo, não é tão fácil localizá-los. Nessa hipótese, seria possível pensar em um acordo firmado entre os representantes dos diretórios partidários locais e a Justiça Eleitoral ajustando como seria a comunicação entre eles em processos de prestação de contas anual. Talvez, por exemplo, aplicar a comunicação por aplicativo de mensagens, possível em período de campanha, para as prestações anuais.

– Entendi. Mas pela resolução isso não seria possível.

Atualmente, creio que não.

18. O conceito de negócio jurídico processual é bastante discutido, notadamente pela doutrina recente Brasileira. Pedro Henrique Nogueira, por exemplo, a partir da doutrina de Marcos Bernardes de Mello, traz como integrante do conceito de negócio jurídico processual o poder dos negociantes de escolher uma "[...] categoria jurídica ou estabelecer, dentre os limites fixados no próprio ordenamento jurídico, certas situações jurídicas processuais" (NOGUEIRA, Pedro Henrique. *Negócios jurídicos processuais*. Salvador: Juspodivm, 2016, p. 152).

28.6.5. Prazos no processo eleitoral

Uma novidade trazida pelo atual CPC, em seu artigo 219, foi a implantação da contagem dos prazos processuais em dias úteis:

> **Art. 219.** Na contagem de prazo em dias, estabelecido por lei ou pelo juiz, computar-se-ão somente os dias úteis.
>
> Parágrafo único. O disposto neste artigo aplica-se somente aos prazos processuais.

O artigo 7º, da Res. TSE 23.478/2016, estabelece que esse preceito não se aplica aos feitos eleitorais:

> **Art. 7º** O disposto no art. 219 do Novo Código de Processo Civil não se aplica aos feitos eleitorais.

O mesmo artigo explica como será a contagem dos prazos processuais dentro e fora do período eleitoral, nos parágrafos 1º e 2º:

> § 1º Os prazos processuais, durante o período definido no calendário eleitoral, serão computados na forma do art. 16 da Lei Complementar nº 64, de 1990, não se suspendendo nos fins de semana ou feriados.
>
> § 2º Os prazos processuais, fora do período definido no calendário eleitoral, serão computados na forma do art. 224 do Novo Código de Processo Civil.[19]

O mesmo artigo, no § 3º, veicula o prazo geral para recursos, caso a lei não estabeleça outro:

> **§ 3º Sempre que a lei eleitoral não fixar prazo especial, o recurso deverá ser interposto no prazo de 3 (três) dias, a teor do art. 258 do Código Eleitoral, não se aplicando os prazos previstos no Novo Código de Processo Civil.**

28.6.6. Ordem dos processos nos tribunais

A Resolução 23.478/2016 apresenta alguns enunciados normativos sobre os processos nos tribunais (artigos 16 a 20).

---

19. CPC, art. 224: "Art. 224. Salvo disposição em contrário, os prazos serão contados excluindo o dia do começo e incluindo o dia do vencimento. § 1º Os dias do começo e do vencimento do prazo serão protraídos para o primeiro dia útil seguinte, se coincidirem com dia em que o expediente forense for encerrado antes ou iniciado depois da hora normal ou houver indisponibilidade da comunicação eletrônica. § 2º Considera-se como data de publicação o primeiro dia útil seguinte ao da disponibilização da informação no Diário da Justiça eletrônico. § 3º A contagem do prazo terá início no primeiro dia útil que seguir ao da publicação".

No art. 16, há a definição do tempo das sustentações orais:

> Art. 16. Nos tribunais eleitorais, o prazo para sustentação oral dos advogados das partes e do representante do Ministério Público será de:
>
> I - **15 (quinze) minutos nos feitos originários** (art. 937 do Novo Código de Processo Civil);
>
> II - **10 (dez) minutos, nos recursos eleitorais** (art. 272 do Código Eleitoral);
>
> III - **20 (vinte) minutos no recurso contra expedição de diploma**, (art. 272, parágrafo único, do Código Eleitoral).

– Puxa vida. 20 Minutos falando é uma eternidade.

Foco!

Outro ponto específico da jurisdição eleitoral é que o Tribunal não se divide em turmas menores. Ele decide na sua composição plena e, por vezes, não se admite nem a ausência de membros:

> **Art. 17.** Não se aplica, nos tribunais eleitorais, o quórum previsto no art. 941, § 2º, do Novo Código de Processo Civil (arts. 19, parágrafo único, e 28, § 4º, do Código Eleitoral).

Veja os artigos do Código Eleitoral que tratam disso:

> Art. 19. O Tribunal Superior delibera por maioria de votos, em sessão pública, com a **presença da maioria de seus membros**.
>
> Parágrafo único. As decisões do Tribunal Superior, assim na **interpretação do Código Eleitoral em face da Constituição** e **cassação de registro de partidos políticos**, como sobre quaisquer recursos que importem **anulação geral de eleições ou perda de diplomas**, só poderão ser tomadas com a presença de **todos os seus membros**. Se ocorrer impedimento de algum juiz, será convocado o substituto ou o respectivo suplente.
>
> Art. 28. **Os Tribunais Regionais deliberam por maioria de votos**, em sessão pública, com a presença da maioria de seus membros.
>
> § 4º As decisões dos Tribunais Regionais sobre quaisquer ações que importem **cassação de registro**, **anulação geral de eleições** ou **perda de diplomas** somente poderão ser tomadas com a **presença de todos os seus membros**.

28.6.7. Recorribilidade das interlocutórias no processo eleitoral

Durante o desenrolar de ações eleitorais é possível que ocorram algumas decisões, mesmo antes da sentença final que encerra o processo na instância originária.

Antes que pergunte, eis os exemplos: o órgão julgador pode indeferir ou conceder a tutela provisória requerida; pode autorizar ou indeferir a produção de algum tipo de prova, como a perícia, e pode determinar que alguém entregue documentos ou cópia deles no juízo eleitoral.

– Prof. Minami, eu já sei disso. São as decisões interlocutórias, aquelas decisões mais simples que acontecem durante o processo.

Calma lá. Isso não está totalmente correto. **A decisão interlocutória não é "mais simples" do que a decisão final de uma etapa do processo**. Ela, por exemplo, deve ser tão fundamentada quando a sentença.

– Sério? Achei que as decisões interlocutórias fossem mais simples e que o magistrado nem precisava fundamentar tanto no caso delas.

Atenção. Corrija imediatamente essa informação na sua cabeça!

E veja que isso nem é uma questão doutrinária.

O art. 489, §1º, do CPC, ao estabelecer o que deve constar na fundamentação para que ela não seja considera não fundamentada, não faz distinção entre interlocutória, sentença ou acórdão. Quaisquer desses provimentos (e aí eu incluiria a decisão monocrática) deve obedecer ao preceito citado. Leia:

> Art. 489. São elementos essenciais da sentença:
>
> § 1º Não se considera fundamentada **qualquer decisão judicial, seja ela interlocutória,** sentença ou acórdão, que [...]

– Nossa... É verdade.

O fato é que a decisão interlocutória não é recorrível imediatamente, mas se autoriza o seu reexame.

A Resolução do TSE 23.478/2016 apresenta o seguinte, sobre a recorribilidade das interlocutórias:

> **Res. TSE 23.478/2016:** Art. 19. As decisões interlocutórias ou sem caráter definitivo proferidas nos feitos eleitorais são irrecorríveis de imediato por não estarem sujeitas à preclusão, **ficando os eventuais inconformismos para posterior manifestação em recurso contra a decisão definitiva de mérito**.

> § 1º O juiz ou Tribunal **conhecerá da matéria versada na decisão interlocutória como preliminar à decisão de mérito** se as partes assim requererem em suas manifestações. (Grifei)

Acontece que, para alguns feitos da corrida eleitoral, há a previsão de um outro regime de interlocutória, muito parecido com esse acima, na Res. TSE 23.608/19, que trata também das Representações Especiais e AIJE:[20]

> **Res. TSE 23.608/19:** Art. 48. As decisões interlocutórias proferidas no curso da representação de que trata este capítulo não são recorríveis de imediato, **não precluem e deverão ser novamente analisadas pelo juiz eleitoral ou juiz auxiliar por ocasião do julgamento, caso assim o requeiram as partes ou o Ministério Público Eleitoral em suas alegações finais**. (Grifei)

– Professor, parece a mesma coisa, mas são diferentes, eu acho. Uma resolução fala que o inconformismo sobre a interlocutória deve ser apresentado "em recurso contra a decisão definitiva de mérito", e a outra, "em suas alegações finais".

Ainda bem que percebeu, para não dizerem que é coisa da minha leitura.

Para quem não constatou a sutileza, veja o quadro:

RES. TSE 23.478/2016, ART. 19	RES. TSE 23.608/19, ART. 48
As decisões interlocutórias ou sem caráter definitivo proferidas nos feitos eleitorais **são irrecorríveis de imediato** por não estarem sujeitas à preclusão,	As decisões interlocutórias proferidas no curso da representação de que trata este capítulo **não são recorríveis de imediato,** não precluem e
ficando os eventuais inconformismos para posterior **manifestação em recurso contra a decisão definitiva de mérito**	caso assim o **requeiram as partes** ou o Ministério Público Eleitoral **em suas alegações finais**
O juiz ou Tribunal conhecerá da matéria versada na decisão interlocutória como **preliminar à decisão de mérito** se as partes assim requererem em suas manifestações	deverão ser novamente analisadas pelo juiz eleitoral ou juiz auxiliar **por ocasião do julgamento**

20. Veja capítulos específicos sobre esses procedimentos na parte 8 do livro.

– Professor, mas juiz analisa recurso? Ali diz que "juiz ou tribunal" vão conhecer da matéria...

Você percebeu outra sutileza. Esse artigo da Res. 23.478/19 merecia um aprimoramento e os regimes acima deveriam ser unificados ou organizados.

– E como é que fica?

Se você, por exemplo, pediu a realização de perícia, e ela foi negada durante o processo, pode recorrer dessa decisão interlocutória, caso perca o processo, na seguinte forma:

RES. TSE 23.478/2016, ART. 19	RES. TSE 23.608/19, ART. 48
Aplica o CPC no Processo Eleitoral	**Trata das Representações Especiais e AIJE**
No recurso, pede a reanálise do tema, nas preliminares recursais Se o prejudicado é o recorrido, deve fazer isso nas preliminares de contrarrazões	Após a fase instrutória, e antes da decisão do juiz, aquele que se sentiu prejudicado **pede a reanálise do tema nas alegações finais**
A matéria versada na decisão interlocutória deve ser analisada como **preliminar à decisão de mérito na instância recursal**, se as partes assim requererem em suas manifestações	A matéria versada na decisão interlocutória **deve ser novamente analisada pelo juiz eleitoral ou juiz auxiliar antes da decisão na instância originária**

– Acho que entendi. Mas ainda é confuso porque parece que existem dois regimes. Isso repercute muito na prática?

Sim, muito.

O regime da **Res. 23.478/16**, por exemplo, **pode ser entendido por algum tribunal ou juiz eleitoral como uma "regra geral"** para as interlocutórias. Pode ser usado, por exemplo, nas interlocutórias do registro de candidatura.

Ocorre que a **Res. 23.608/19** trata de **vários procedimentos importantes: aqueles que combatem ilícitos graves na seara eleitoral: captação ilícita de sufrágio, condutas vedadas, abusos etc**. Talvez algum tribunal entenda que este é o regime que deva ser usado como "regra geral", até porque a Res. 23.608/19 é posterior à Res. 23.478/16.

– E agora?

Na prática, em ações que não se submetem ao regime das Representações Especiais ou AIJE,[21] uma possibilidade é pedir a revisão da interlocutória nas alegações finais e, caso não ocorra a análise disso, e alguém ainda perca a demanda entendendo que **houve prejuízo por causa desse ponto específico (uma prova não deferida, por exemplo)**, pode apontar, nas preliminares do seu recurso, a reavaliação dessa questão, já que isso não foi oportunizado na instância originária.

Outra possibilidade é o magistrado, no saneamento, deixar claro para as partes qual o regime recursal das interlocutórias.

29. CONTAGEM DE PRAZOS E COMUNICAÇÕES PROCESSUAIS NO PERÍODO DE CAMPANHA

O calendário eleitoral estabelece, a partir da legislação eleitoral, marcos temporais importantes de aspectos relacionados à **contagem de prazos** e à **comunicação dos atos processuais** de **alguns procedimentos eleitorais**.

Vamos ver como é isso, tendo como base e exemplo as eleições de 2022.

29.1. Contagem contínua de prazos processuais

Durante a campanha, **para a maioria dos feitos, os prazos são contados de forma contínua, sem interrupções**, por exemplo, nos finais de semana. O Calendário Eleitoral estabelece o período disso:

> **Começo: 15 de agosto (segunda-feira)**
>
> Data a partir da qual os **prazos processuais** relativos aos feitos das eleições de 2022, salvo os submetidos ao procedimento do art. 22 da Lei Complementar nº 64/1990, **serão contados**, conforme o caso, em cartório ou secretaria ou no PJe, **de forma contínua e não serão prorrogados quando se vencerem aos sábados, domingos e feriados.**[22]
>
> **Fim: 19 de dezembro (segunda-feira)**
>
> Data a partir da qual os prazos processuais que correrem no PJe em registro de candidatura, representação por propaganda eleitoral, pedido

21. Veja esses procedimentos em capítulos específicos na parte 8 do livro.
22. Lei Complementar nº 64/1990, art. 16 e Res. TSE nº 23.608/2019, art. 7º.

de direito de resposta e prestação de contas **não mais se vencerão aos sábados, domingos e feriados.**[23]

Exemplo de procedimentos que se submetem à contagem acima: representações fundadas em propaganda eleitoral irregular, pedidos de direito de resposta[24] e os feitos de registro de candidatura.[25]

– Mas eu vi ali que há um "salvo"...

É verdade. **Isso não se aplica** aos **feitos submetidos ao procedimento do art. 22, da LC 64/90**, ou seja, nas **AIJE's e representações especiais** que veremos logo a seguir nesta parte do livro.

Em resumo, **nos feitos eleitorais que apuram ilícitos graves e com severas consequências, como a cassação do registro ou diploma e até inelegibilidade.**

– Professor, mas essas ações não deviam ser tratadas com pressa também?

Não é "com pressa". Mas eu entendi o que quis dizer. Ocorre que isso é texto expresso das normas eleitorais.[26] Confira o texto da Res. TSE 23.608/19, que trata das representações eleitorais:

> Art. 7º Os prazos relativos a representações, reclamações e pedidos de direito de resposta **são contínuos e peremptórios, correndo, conforme o caso, em cartório ou secretaria ou no PJe**, e **não se suspendem aos sábados, domingos e feriados**, entre 15 de agosto do ano da eleição e as datas fixadas no calendário eleitoral do ano em que se realizarem as eleições.
>
> § 2º **Às representações especiais, submetidas ao procedimento do art. 22 da Lei Complementar nº 64, de 18 de maio de 1990, não se aplicam**

23. Lei Complementar nº 64/1990, art. 16 e Res. TSE nº 23.609/2019, art. 78, § 1º e Res. TSE nº 23.608/2019, art. 7º.
24. Res. TSE 23.608/19, art. 7º: Os prazos relativos a representações, reclamações e pedidos de direito de resposta são contínuos e peremptórios, correndo, conforme o caso, em cartório ou secretaria ou no PJe, e **não se suspendem aos sábados, domingos e feriados, entre 15 de agosto do ano da eleição e as datas fixadas no calendário eleitoral** do ano em que se realizarem as eleições.
25. Res. TSE 23.609/19, art. 78.
26. A partir de uma interpretação do art. 16, da LC 64/90: Os prazos a que se referem os arts. 3º e seguintes desta lei complementar são peremptórios e contínuos e correm em Secretaria ou cartório e, a partir da data do encerramento do prazo para registro de candidatos, não se suspendem aos sábados, domingos e feriados.

as disposições do caput deste artigo (Lei Complementar nº 64/1990, art. 16).

Mas eu preciso deixar aqui anotado que **a Res. TSE 23.478/16, que aplica o CPC no âmbito da Justiça Eleitoral, estabelece que, em período eleitoral, a contagem de prazo não se suspende nos finais de semana,** sem fazer a ressalva acima:

> Art. 7º O disposto no art. 219 do Novo Código de Processo Civil não se aplica aos feitos eleitorais.
>
> § 1º **Os prazos processuais, durante o período definido no calendário eleitoral, serão computados na forma do art. 16 da Lei Complementar nº 64, de 1990, não se suspendendo nos fins de semana ou feriados.**

No capítulo passado conversamos apenas sobre essa Res. TSE 23.478/16.

– E agora? Qual eu uso?

Para os pleitos, **as resoluções específicas dos procedimentos de eleição e o calendário eleitoral como parâmetro.**

29.2. Uso do mural eletrônico e outros meios eletrônicos para as comunicações processuais

A Justiça Eleitoral utiliza meios mais céleres de comunicação durante a campanha para a maioria dos procedimentos eleitorais. O Calendário Eleitoral deixa claro o período em que isso é adotado.

> **Entre 15 de agosto e até 19 de dezembro de 2022**
>
> **Uso do mural eletrônico, mensagens instantâneas e mensagens eletrônicas** para as **comunicações da Justiça Eleitoral** nos **processos de registro de candidatura, nas representações**, ressalvadas aquelas submetidas ao procedimento do art. 22 da LC 64/90, **nas reclamações, nos pedidos de direito de resposta e nas prestações de contas**, observadas as regras específicas das resoluções respectivas.[27]
>
> **Último dia do uso do Mural para atos judiciais: 19 de dezembro de 2022**

27. Res. TSE nº 23.607/2019, art. 98, Res. TSE nº 23.608/2019, art. 12 e Res. TSE nº 23.609/2019, art. 38.

Último dia em que, nos procedimentos de registro de candidatura, propaganda eleitoral, direito de resposta e prestação de contas, a publicação dos atos judiciais será realizada em mural eletrônico, disponível no sítio eletrônico do respectivo tribunal, com o registro do horário da publicação, e os acórdãos serão publicados em sessão de julgamento.

– Novamente consta ali a ressalva.

E eu vou repetir a observação: Isso **não se aplica** aos **feitos submetidos ao procedimento do art. 22, da LC 64/90**, ou seja, às **AIJE's e representações especiais**.

– Já sei, "nos feitos eleitorais que apuram ilícitos graves e com severas consequências".

Antes que você pergunte, esse mural é simplesmente uma página eletrônica oficial do respectivo tribunal eleitoral que cuida da eleição em questão e que **funciona como um quadro de intimações eletrônicas aos sujeitos das ações eleitorais**.

– Mas como funciona na prática?

É simples. As comunicações são veiculadas nessa página eletrônica, nesse mural, e as partes das ações eleitorais devem consultá-la. A simples disponibilização da comunicação no mural já a torna válida. Cabe às partes acompanhar essas publicações. Veja abaixo:

INTIMAÇÃO PELO MURAL ELETRÔNICO[28]

De 15 de agosto a 19 de dezembro do ano eleitoral	
Como a comunicação é válida?	Pela disponibilização
Quem pode ser intimado assim?	Advogados e partes que, validamente citadas ou chamadas ao processo, deixarem de constituir advogado
Quais requisitos?	A identificação das partes e do processo e, quando constituídos, dos advogados
E se não der certo?	As intimações serão realizadas sucessivamente por mensagem instantânea, por e-mail e por correspondência

28. Art. 12 e §§, Res. TSE 23.608/2019.

– Por qual motivo não usam algum diário da Justiça eletrônico normal que todo tribunal adota?

O mural eletrônico eleitoral concentra apenas comunicações de feitos eleitorais e a forma de veiculação é muito mais ágil. A alimentação de dados é bem mais dinâmica se comparada aos diários da Justiça eletrônico tradicionais.

– E estou vendo que existe comunicação por outras formas eletrônicas, como mensagem instantânea. Mas, venha cá, e se os partidos não verificarem o mural ou essas mensagens, por exemplo?

Quem entra no jogo deve saber quais são as suas regras e a elas se submeter.

É de responsabilidade dos participantes do pleito acessarem esses meios eletrônicos de ciência de atos processuais.

Eles, inclusive, tomam ciência disso no momento do registro de candidaturas:

> **Confirmações feitas pelos órgãos partidários e candidatos na submissão do registro:** Órgãos Partidários apresentam "declaração de ciência do partido, da federação ou da coligação de que lhe incumbe acessar o mural eletrônico" e demais meios eletrônicos (Res. TSE 23.609/19, art. 22, XI). O candidato também apresenta "declaração de ciência do candidato de que lhe incumbe acessar o mural eletrônico" e demais meios eletrônicos de comunicação (Res. TSE 23.609/19, art. 24, VII).

– E como ocorrem as comunicações com o Ministério Público Eleitoral? Não deve ser pessoal?

Às vezes você me surpreende. Vamos ver isso agora.

29.3. Intimação do Ministério Público Eleitoral

Eis como o MPE toma ciência nos feitos eleitorais:

> **Entre 15 de agosto e até 19 de dezembro de 2022**
>
> O Ministério Público **será intimado das decisões e dos despachos por meio eletrônico**, e dos acórdãos, em sessão de julgamento, quando nela forem publicados (Res. TSE nº 23.608/2019, art. 12, §§ 7º e 8º).

No período acima a comunicação processual com o MPE "será feita **exclusivamente por intermédio de expediente no Processo Judicial Eletrônico (PJe)**, o qual marcará a abertura automática e imediata do prazo processual".[29]

– Para processos no tribunal é diferente, né?

Sim. Entre 15 de agosto e 19 de dezembro do ano eleitoral o MPE sabe dos acórdãos pela sua publicação **em sessão de julgamento**.

30. "AÇÃO" DE IMPUGNAÇÃO AO REGISTRO DE CANDIDATURAS (AIRC) E O PROCEDIMENTO COMUM DA JUSTIÇA ELEITORAL

30.1. Formas de se impugnar uma candidatura e previsão normativa do tema

Uma candidatura pode ser impugnada tão logo o seu requerimento seja publicizado. Veja isso:

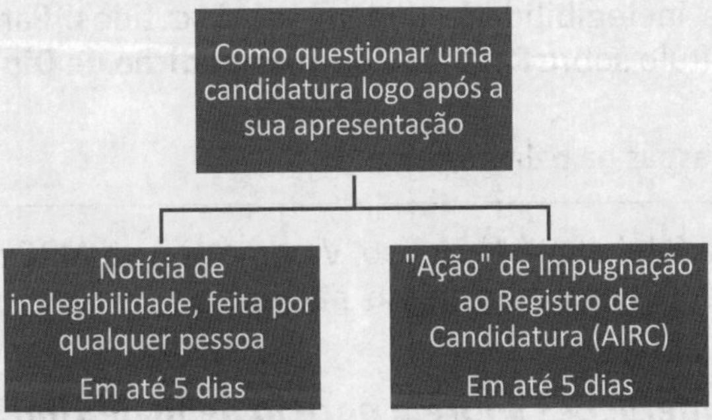

– O cidadão como legitimado de uma ação eleitoral? Eu não lembro de ter visto isso até agora.

Ele provoca o questionamento, mas não vai até o fim. Vou já te dizer como acontece. Antes, só algumas informações.

Primeiro, é importante saber onde localizar esse assunto na legislação:

29. Res. TSE 23.608/19, art. 12, § 7º.

DISCIPLINA DO TEMA: REGISTRO DE CANDIDATURAS E SUA IMPUGNAÇÃO

A Res. **TSE 23.609/19** dispõe sobre a **escolha e o registro de candidatos para as eleições**, consolidando as informações sobre o tema, inclusive jurisprudenciais
Apresenta a Impugnação ao Registro de Candidaturas (AIRC) e detalha o seu procedimento, originalmente previsto a partir do art. 2 º, da LC 64/90
Melhor lugar para consultar a resolução: site do TSE ou dos TRE´s

Creio já ter falado sobre isso, mas não é demais repetir:

A "Ação" de Impugnação ao Registro de Candidatura ou (AIRC) também é conhecida como Impugnação ao Requerimento de Registro de Candidatura (IRRC) – ou Impugnação ao Registro de Candidaturas (IRC). Mas vamos chamar esse procedimento apenas de AIRC mesmo.

– E por qual razão mesmo o professor faz a seguinte referência: forma para questionar a candidatura "logo após a sua apresentação"?

Excepcionalmente, aspectos relacionados ao registro de candidatos podem ser analisados após este momento inicial da campanha. Há situações nas quais, mesmo depois da diplomação dos eleitos, aspectos sobre elegibilidade e inelegibilidade podem ser discutidos. Para saber sobre isso, veja o capítulo sobre **Recurso Contra Expedição de Diplomas (RCED).**

– E essas aspas na palavra "ação"?

Acho que já falei algo sobre isso. Veremos que a AIRC não é propriamente uma ação. Chegaremos nisso, paciência.

30.1.1. Considerações sobre a notícia de inelegibilidade

É permitido que qualquer cidadão noticie um problema em uma candidatura.

É a notícia de inelegibilidade. A partir disso, o Ministério Público Eleitoral cuidará de acompanhar esse debate nos autos do respectivo registro de candidaturas, em um procedimento que será o mesmo da AIRC, que estudaremos a seguir.

Confira:

> **Art. 44, da Res. TSE 23.609/19:**
>
> **Qualquer cidadão** no gozo de seus direitos políticos pode, **no prazo de 5 (cinco)** dias contados da publicação do edital relativo ao pedido de

registro, dar notícia de inelegibilidade ao órgão competente da Justiça Eleitoral para apreciação do registro de candidatos, mediante petição fundamentada.

Esse mesmo artigo detalha a etapa inicial da notícia. Eis o que precisamos saber sobre:[30]

SOBRE A NOTÍCIA DE INELEGIBILIDADE (ART. 44, DA RES. TSE 23.609/19)	
Quem pode apresentá-la?	Qualquer cidadão no gozo de seus direitos políticos
Em qual prazo?	No prazo de 5 (cinco) dias contados da publicação do edital relativo ao pedido de registro
Para quem?	Para o órgão da Justiça Eleitoral competente para a apreciação do registro de candidatos
Como faz?	Mediante petição fundamentada Pode ocorrer sem advogado e até por meio físico
O que acontece?	A notícia de inelegibilidade será juntada aos autos do pedido de registro respectivo O Ministério Público é imediatamente comunicado do recebimento da notícia de inelegibilidade e assume o procedimento, que tramitará nos moldes na AIRC (art. 44, §§ 3º e 4º)

– Bacana isso, viu. As pessoas podem se organizar para compilar e apresentar informações sobre candidaturas indevidas que talvez não sejam conhecidas pela Justiça Eleitoral ou pelo Ministério Público Eleitoral. Isso pode impedir candidaturas de possíveis futuros mal políticos.

Isso mesmo. Você captou o espírito da coisa. Durante o registro, são muitos os casos para análise e pouco o tempo para isso. Algumas irregularidades acabam passando. Quanto mais gente fiscalizando, melhor.

30.2. O procedimento da AIRC ou o "procedimento comum" da Justiça Eleitoral

A "Ação" de Impugnação ao Registro de Candidatos **(AIRC), está prevista na Lei Complementar 64/90**. Falamos sobre essa lei no capítulo sobre Fontes do Direito Eleitoral. Ali, eu disse o seguinte:

30. A partir dos artigos sobre o tema apresentado na Res. TSE 23.609/2019.

QUANDO USAR A LC 64/90
Inelegibilidades infraconstitucionais
Impugnar candidatura ("Ação" de Impugnação ao Registro de Candidatos)
Combater abusos puníveis com inelegibilidade (Ação de Investigação Judicial Eleitoral)
Utilizar o procedimento da AIRC ou AIJE em outras situações, quando não há procedimento específico previsto

Eu também expliquei:

LC 64/90 E AIRC
Além de apresentar hipóteses de inelegibilidades que não constam na Constituição, a LC 64/90 veicula um **procedimento detalhado para arguir as inelegibilidades e que é utilizado para impugnar o próprio registro de candidatura como um todo**
Trata-se da "Ação" de Impugnação ao Registro de Candidatura ou AIRC
▸ **AIRC, com previsão nos artigos 2º e seguintes da LC 64/90**

Vamos aprender esse procedimento da AIRC para poder usá-lo, inclusive, para outras situações.

– Seria melhor se utilizassem o Código de Processo Civil. Todo mundo já está acostumado com ele.

O CPC é utilizado de maneira complementar[31], naquilo não previsto pelos procedimentos eleitorais. No assunto das provas em espécie, por exemplo, usamos o CPC de apoio.

Em todo o caso, o **procedimento da AIRC** é bem simples e **é considerado**, por muitos, **o procedimento padrão da Justiça Eleitoral.**[32]

– Não lembro bem o que seria um procedimento padrão...

Funciona como o procedimento comum (antes chamado ordinário) da justiça cível não eleitoral, aquele disciplinado no Código de Processo Civil, a partir do seu art. 318.

---

31. A Res. TSE 23.478/2016 apresenta diretrizes gerais para a aplicação da Lei nº 13.105/2015, o atual CPC, no âmbito da Justiça Eleitoral. No CPC, o art. 15 estabelece: "na ausência de normas que regulem processos eleitorais, trabalhistas ou administrativos, as disposições deste Código lhes serão aplicadas supletiva e subsidiariamente".
32. Nesse sentido: "O procedimento da AIRC é traçado nos artigos 2º a 16 da Lei de Inelegibilidades, reputado ordinário na seara eleitoral por ser o mais dilatado". GOMES, José Jairo. *Op. cit.*, p. 431.

– E qual a consequência prática disso tudo?

Veja:

Na esfera cível não eleitoral, é a partir do procedimento comum (CPC, art. 318 e seguintes) e sua lógica que outros procedimentos são estruturados, como, por exemplo, os procedimentos especiais

Na seara jurisdicional eleitoral, é a partir do procedimento da AIRC que outros procedimentos são estabelecidos, principalmente aquele utilizado para combater abusos do poder político e econômico conhecido como Ação de Investigação Judicial Eleitoral (AIJE)

O procedimento da AIJE, por sua vez, é justamente aquele do art. 22, da LC 64/90, usado para o processamento das representações especiais, que combatem ilícitos graves, como a arrecadação e gastos ilícitos em campanha (LE, art. 30), a captação ilícita de sufrágio (LE, art. 41-A), as condutas vedadas (art. 73 e ss) etc.

– Entendi. Mas, venha cá, vimos no quadro acima vários usos para o procedimento da AIJE, mas não vimos, ainda, quando usar o procedimento da AIRC.

Muito sagaz a sua percepção e eu concordo.

Os autores colocam o procedimento da AIRC como o padrão, pois seus prazos são maiores do que os prazos da AIJE.

Mas, talvez, o procedimento mais utilizado pela Justiça Eleitoral atualmente seja justamente o da AIJE, previsto lá pelo art. 22 e seguintes da Lei Complementar n° 64/90.[33] O assunto será visto em capítulos seguintes. Vamos focar na AIRC.

33. Veja, por exemplo, art. 44 da Res. TSE 23.608/19, que trata das representações eleitorais (ações eleitorais): "As representações que tenham por causa de pedir as hipóteses previstas nos arts. 23, 30-A, 41-A, 45, VI, 73, 74, 75 e 77 da Lei n° 9.504/1997 observarão o procedimento do art. 22 da Lei Complementar n° 64/1990 e, supletiva e subsidiariamente, o Código de Processo Civil".

– Certo, mas, afinal, quando usamos o procedimento da AIRC? Se já falou, esqueci.

O procedimento da AIRC é aplicado na Ação de Impugnação ao Mandato Eletivo, ou AIME.[34] Também teremos capítulo só para tratar da AIME. Em suma, ela é possível de manejo após a diplomação para combater ilícitos de campanha (abuso do poder econômico, corrupção ou fraude).

– Entendi. São duas hipóteses para utilização desse procedimento. Então, nem devíamos estar estudando tanto essa AIRC. Vai que o próximo Código Eleitoral passa, né?

Pelo contrário. Eis a grande razão para ainda estudarmos **esse procedimento da AIRC, pois é perceptível que ele foi utilizado como base para o procedimento comum adotado no Código Eleitoral projetado.**

PROCEDIMENTO COMUM ELEITORAL E CÓDIGO ELEITORAL PROJETADO

Todos os ilícitos graves previstos no Código Eleitoral projetado (captação ilícita de sufrágio, condutas vedadas, ilícitos financeiros em campanha, abusos etc.) são combatidos a partir do procedimento comum eleitoral cuja base é o procedimento atual da AIRC

O procedimento comum do próximo Código Eleitoral é, basicamente, o procedimento comum do CPC, adaptado a partir da AIRC.

– Então me interessei. Definitivamente, não será perda de tempo! Vamos lá.

30.3. Aspectos processuais gerais típicos da AIRC

30.3.1. Revisão do pedido de registro de candidaturas e prazo para as impugnações

Tudo **começa**, claro, com o **registro de candidatura,** etapa vista, com detalhes, na parte 6 do livro. Segue um resumo para o leitor não precisar voltar lá agora e não perder a concentração:

34. A Res. TSE 21.634/2004 definiu isso nos seguintes termos: "1. O rito ordinário que deve ser observado na tramitação da ação de impugnação de mandado eletivo, até a sentença, é o da Lei Complementar nº 64/90, não o do Código de Processo Civil, cujas disposições são aplicáveis apenas subsidiariamente". Veja, também, Resolução do TSE sobre os atos gerais do processo eleitoral.

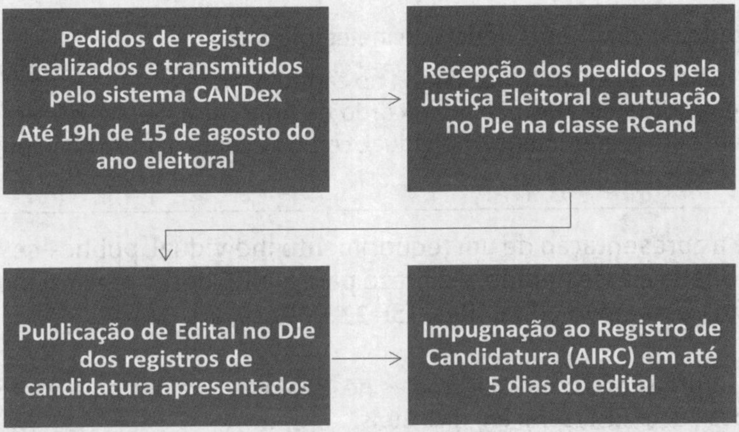

A **publicação** de todos os pedidos de registro é feita no **Diário da Justiça Eletrônico, o DJe, a ser consultado no site do respectivo Tribunal Eleitoral.**

A partir dessa publicação, há, pelo menos, três coisas que podem acontecer:

OCORRÊNCIAS POSSÍVEIS APÓS EDITAL DOS PEDIDOS DE REGISTRO DE CANDIDATURA

Em até 2 dias	Alguém escolhido em convenção pode requerer individualmente o registro de sua candidatura, caso o partido, federação ou coligação não o tenha feito (Res. 23.609/19, art. 29) É o **Requerimento de Registro de Candidatura Individual (RRCI)**
Em até 5 dias	**Impugnação ao Registro de Candidaturas** (AIRC) por qualquer candidata ou candidato, partido, federação, coligação ou Ministério Público[35] (Res. 23.609/19, art. 40)
Em até 5 dias	Qualquer cidadão pode apresentar **notícia de inelegibilidade** (Res. 23.609/19, art. 44)

35. Atenção ao Enunciado nº 49, da Súmula do TSE: "O prazo de cinco dias, previsto no art. 3º da LC nº 64/90, para o Ministério Público impugnar o registro inicia-se com a publicação do edital, caso em que é excepcionada a regra que determina a sua intimação pessoal". Ainda sobre o Ministério Público, importante lembrar, nos termos do §2º, do art. 3º, da LC 64/90, que: "§ 2° Não poderá impugnar o registro de candidato o representante do Ministério Público que, nos 4 (quatro) anos anteriores, tenha disputado cargo eletivo, integrado diretório de partido ou exercido atividade político-partidária".

– Certo. Já vimos essa notícia de inelegibilidade.

E lembro que estudamos o RRCI no capítulo sobre escolha e registro de candidatos. Mas não me recordo de uma coisa. Se alguém apresenta um requerimento individual, como se conta o prazo de impugnação a esse pedido?

Se há a apresentação de um requerimento individual, publica-se edital relacionado a esse pedido, e o prazo para a AIRC desse registro individual conta desse novo edital (Res. TSE 23.609/19, art. 34)

– E o prazo então é de cinco dias né. São dias corridos ou úteis? Se fosse pelo CPC, seria em dias úteis.

5 dias corridos.

Esses prazos "são contínuos e peremptórios,[36] correndo, conforme o caso, em cartório ou secretaria ou no PJe, e **não se suspendem aos sábados, domingos e feriados**"[37] desde o dia 15 de agosto.

ATENÇÃO: PREPARANDO-SE PARA IMPUGNAR CANDIDATURAS

São apenas cinco dias para analisar e impugnar qualquer candidatura apresentada. O prazo é muito curto. Eis a razão para acompanhar notícias sobre possíveis candidaturas futuras e, principalmente, o edital de realização da convenção partidária, com a menção às candidaturas que serão apresentadas. A partir desses dados, já é possível uma análise prévia sobre candidaturas inviáveis, pela consulta de dados públicos disponíveis, tendo-se o cuidado para não se violar a LGPD.

30.3.2. Formalidades gerais do peticionamento da AIRC

A "Ação" de Impugnação ao Registro de Candidatura nada mais é do que uma provocação para resolver problemas atinentes a candidaturas. **Não há o surgimento de um processo autônomo propriamente dito**, com objeto próprio. Eis a razão das aspas que eu coloco no nome.

A AIRC é vinculada ao respectivo registro que impugna.

36. Peremptórios são prazos não modificáveis pela vontade das partes. Sobre eles, eis as lições de Dinamarco: "os prazos legais absolutos, ditados por normas cogentes, dizem-se *peremptórios*; os que comportam reduções ou ampliações consensuais, *dispositivos* ou meramente ordinatórios" (DINAMARCO, Cândido R. *Instituições de direito processual civil: volume II*. 7 ed. São Paulo: Malheiros, 2017, p. 652).
37. Art. 78. Res. TSE 23.609/19.

– Em termos práticos, o que tudo isso significa mesmo?

Isso significa que **não é preciso protocolar uma ação nova e autônoma de impugnação**. Ela será **peticionada diretamente no PJe, nos mesmos autos do pedido de registro respectivo.**[38]

E a AIRC não é também propriamente uma defesa, como estamos acostumados, pois ela mesma autoriza uma defesa pelo impugnado.

– Quando o professor falou sobre aquela tal de notícia de inelegibilidade, disse que nem precisava de advogado. Acho que aqui também não precisa né.

A AIRC exige sim advogado, mas aqui acontece uma coisa curiosa.

Não havendo advogado constituído, intima-se o impugnante para corrigir o defeito em 3 dias. Se isso não ocorrer, **a AIRC é recebida como notícia de inelegibilidade,**[39] pois equivale a "informação apresentada por qualquer cidadão sobre defeito no registro". A partir daí, ela continua, mas conduzida pelo MPE.

– Muito inteligente essa solução. Gostei.

30.3.3. Competência para a AIRC

Como a impugnação é apresentada ao mesmo órgão julgador do registro de candidatura, é no regramento desse assunto que descobrimos quem aprecia a AIRC: art. 18, da Res. TSE 23.609/19.[40]

COMPETÊNCIA PARA OS PEDIDOS DE REGISTRO E RESPECTIVAS IMPUGNAÇÕES

Juízo competente	Cargo
Tribunal Superior Eleitoral	Presidente e vice-presidente
Tribunais regionais eleitorais	Governador e vice-governador Senador e suplentes Deputado federal, estadual ou distrital
Juízes eleitorais	Prefeito e vice-prefeito Vereador
▶ **Em municípios com mais de uma zona eleitoral (mais de um juiz eleitoral), verificar resolução do respectivo TRE para saber qual deles é competente**	

38. Res. TSE 23.609/2019, Art. 40, § 1º.
39. Res. TSE 23.609/2019, Art. 40, § 1º-B.
40. Código Eleitoral, artigo 89.

30.3.4. Legitimidade para a AIRC

Publicado o Edital, **podem impugnar o registro de candidaturas:**

Qualquer candidata, candidato, partido político, federação, coligação ou Ministério Público.

> – Naquele prazo de 5 dias, contados dessa publicação!
>
> Minami, e o que acontece se vários legitimados impugnarem ao mesmo tempo a mesma candidatura?

Não há problemas e isso é muito comum.

O candidato Minami, por exemplo, entende que possui excelentes argumentos para questionar a candidatura de José. **Mesmo sabendo que outro legitimado pode impugnar a candidatura de José, Minami não quer correr o risco de alguém não apresentar esses argumentos que, na sua ótica, não podem ficar fora do debate.**

Cada AIRC pode, inclusive, apresentar uma questão específica diferente daquelas apresentadas pelos outros contra a mesma candidatura.

> – Não vai ficar uma bagunça esse registro, com um monte de impugnação?

Não. Lembre-se: a **Impugnação ao Requerimento de Registro de Candidatura não é ação autônoma!**

Cada AIRC apresentada corresponderá a uma questão a mais a ser analisada pelo magistrado. No momento de julgar o registro de candidaturas como um todo, ele resolverá:

1. as questões levantadas pelos impugnantes.

2. a candidatura em si.

Veremos isso melhor mais na frente.

> – E um candidato deve impugnar apenas o registro de seu concorrente, ou ele pode impugnar qualquer candidatura?

Candidatos, partidos, federações e coligações são fiscais por excelência do pleito ao qual concorrem. Podem impugnar o registro de quaisquer candidatos.[41]

---

41. TSE. REspe nº 060028611, Rel. Min. Mauro Campbell Marques, DJE 10/06/2021.

Em sentido semelhante: "Não há óbice legal à impugnação ao registro de candidatura de cargo proporcional por parte de coligação formada para o pleito majoritário"

Mesmo que se entendesse diferente, e só se aceitasse que, por exemplo, a candidatura de um prefeito pudesse ser impugnada por concorrente seu, eventual AIRC apresentada por vereador não poderia ser desconsiderada. No máximo, ela seria convertida em notícia de inelegibilidade com condução pelo MPE.

– O Ministério Público é obrigado a impugnar sempre?

Não, mas ele é obrigado a se manifestar nos feitos nos quais não é autor.[42]

– Está certo. São poucos os legitimados. Entendi o tema. Podemos ir adiante.

Até há outros casos, mas são muito específicos.

– Fiquei curiosa. Há hipótese de legitimados que não estão previstos na resolução?

Sim. Há até enunciado de súmula sobre isso. Veja:

> **Enunciado n.º 53 da Súmula do TSE:** O filiado a partido político, ainda que não seja candidato, possui legitimidade e interesse para impugnar pedido de registro de coligação partidária da qual é integrante, em razão de eventuais irregularidades havidas em convenção [43]

– Que diferente. Filiado impugnando registro.

---

42. O Ministério Público é "sempre órgão interveniente obrigatório, considerando a matéria eleitoral (*matéria de ordem pública primária e indisponível)*" (RAMAYANA Marcos. *Op. cit.*, p. 501).
43. Eis parte de um dos precedentes do enunciado de súmula referido: "em virtude do princípio constitucional da inafastabilidade da jurisdição, não se exige que o filiado se insurja primeiramente no âmbito interno do partido para somente depois recorrer ao Poder Judiciário. No caso dos autos, a impugnante contestou o registro da Coligação Muda Brasil na primeira oportunidade, qual seja, no prazo de cinco dias após o protocolo do registro da coligação no TSE" (Registro de Candidatura nº 73976, Acórdão, Rel. Min. João Otávio De Noronha, Publicação: PSESS - Publicado em Sessão, Data 21/08/2014). No caso, questionou-se, entre outras coisas, o edital de convocação dos filiados.

– Fiquei com uma dúvida. Qualquer problema na convenção pode ser questionado na impugnação?

Não é bem assim. Se o problema é *interna corporis* (quórum de votação, por exemplo), talvez não seja caso para ser resolvido na Justiça Eleitoral. Não se esqueça de que o Partido Político possui autonomia partidária para resolver questões internas.

Aliás, por causa desse fundamento, já se entendeu que:

> **Precedente sobre conteúdo da AIRC:** "embora o art. 3º da LC 64/90 assegure 'a qualquer candidato, a partido político, coligação ou ao Ministério Público' apresentar impugnação ao registro de candidatura, '**candidatos, partidos e coligações não estão legitimados a impugnar o Demonstrativo de Regularidade de Atos Partidários de coligação adversária por carecerem de interesse próprio no debate acerca de matéria *interna corporis* de outras agremiações, salvo quando se tratar de fraude com impacto na lisura do pleito**'".[44]

– Então, questionar a regularidade de atos partidários em AIRC é excepcional.

Isso. A questão deve ser realmente muito séria, que comprometa a lisura do pleito ou o acesso à justiça, para que os tribunais possam apreciá-la. Talvez o quantitativo de gênero apresentado por um partido em desconformidade com os parâmetros legais seja um exemplo, ou a apresentação de mais candidatos do que a lei permite. Atualmente, contudo, o próprio sistema de candidaturas acusa esses problemas no momento do preenchimento do registro.

– Há outro exemplo de legitimado para a AIRC não previsto na Resolução?

Em determinada eleição, um candidato pediu o registro do seguinte nome de campanha: "fulano do INSS". Por conta disso, o INSS questionou esse registro.

Mesmo não constando no rol acima, entendeu-se o seguinte:

44. Decisão no RCAND 0600831-63, Rel. Min. Tarcísio Vieira de Carvalho Neto, PSESS em 31.8.2018, reafirmada no REspe nº 060028489, Rel. Min. Sérgio Banhos, PSESS 15/12/2020.

Precedente sobre legitimação para AIRC: "A legitimidade prevista no artigo 3º da Lei Complementar nº 64/1990 não exclui a de terceiro juridicamente interessado, presente o disposto no artigo 499 do Código de Processo Civil.[45] Legitimidade - Registro - Autarquia federal - Instituto Nacional do Seguro Social. O Instituto Nacional do Seguro Social tem interesse jurídico na impugnação de pedido de registro quando candidato utilizar nome fantasia a contemplar a respectiva sigla - INSS".[46]

– Que curioso!

Talvez, para evitar situações como essas, é que vimos, na parte de registro, o seguinte:

§ 1º, art. 25, Res. TSE 23.609/19: Não será permitido, na composição do nome a ser inserido na urna eletrônica, **o uso de expressão ou de siglas pertencentes a qualquer órgão da administração pública** federal, estadual, distrital ou municipal, direta ou indireta.

Uma última observação sobre algo conversado também no capítulo "Escolha e Registro de Candidatos": **se ocorre a formação de coligação, é ela, e não os partidos que a formam, quem deve tratar dos assuntos relacionados à eleição.**[47]

– Lembro disso sim! O professor até usou aquele termo bonito: episodicamente: "episodicamente, é como se houvesse apenas um ente, e não vários coligados".

Lembrou mesmo... Isso significa que os partidos coligados não podem, individualmente, apresentar impugnação. Quem deve fazê-lo é a própria coligação.

30.3.5. Litisconsórcio em AIRC

– Professor, me diz uma coisa: há litisconsórcio necessário ou facultativo, inicial ou eventual, na AIRC?

45. Atualmente, esse é o art. 996 do CPC: "o recurso pode ser interposto pela parte vencida, pelo terceiro prejudicado e pelo Ministério Público, como parte ou como fiscal da ordem jurídica".
46. TSE. Ac. de 18.10.2012 no REspe nº 21978, rel. Min. Marco Aurélio.
47. A coligação deve "funcionar como um só partido no relacionamento com a Justiça Eleitoral e no trato dos interesses interpartidários" (Lei 9.504/97, art. 6º, §1º).

Agora eu vi! Você está fingindo que sabe dessas classificações de litisconsórcio... Até fez uma misturada aí.

– Puxa vida! Achei que não ia perceber. Quis dar uma de inteligente!

Deixando de lado essa misturada que você fez, vou aproveitar para explicar uma coisa. O litisconsórcio é, simplesmente, a existência de mais de um sujeito em um dos polos de um processo.[48]

– Exemplo!

Dois exemplos:

Candidato e coligação contra outro candidato é exemplo de litisconsórcio no polo ativo.

Candidato contra **candidato a prefeito e vice-prefeito** é exemplo de litisconsórcio no polo passivo.

Uma dúvida comum é a seguinte:

Se alguém questiona a candidatura de um titular a cargo do executivo (prefeito, governador ou presidente), será que é obrigatório ingressar com a impugnação contra o vice também? E se eu ingressar contra o vice, preciso também incluir no meu pedido o titular?

Esse litisconsórcio é obrigatório, ou, para usar a expressão legal: esse litisconsórcio é necessário?

– Acho que sim!

Vamos por parte.

Os processos dos candidatos de uma mesma chapa tramitam de forma independente.[49] Isso acontece porque, embora a chapa só seja considerada regular com o deferimento do registro de seus integrantes, **cada um deles é julgado individualmente**. A inelegibilidade do vice, por exemplo, não atinge a candidatura do titular.[50] Essa informação ajuda a entender o artigo abaixo da resolução que trata do registro de candidatos.

---

48. Não é demais lembrar que "a pluralidade de partes é gênero do qual são espécies o litisconsórcio e a intervenção de terceiros". EID, Elie. *Litisconsórcio unitário: estrutura e regime.* São Paulo: Editora Revista dos Tribunais, 2016, p. 30.
49. Res. TSE 23.609/19, art. 32, § 4º.
50. "Esta Corte já decidiu que 'os processos de registro de candidatura encerram análise das condições pessoais dos pretensos candidatos **(i.e., a presença das condições de**

Res. TSE 23.609/19, art. 49

Os pedidos de registro dos candidatos a cargos majoritários e dos respectivos vices e suplentes **serão julgados individualmente**, na mesma oportunidade.

§ 1º O resultado do julgamento do processo do titular deve ser certificado nos autos dos respectivos vices e suplentes, bem como os dos vices e suplentes nos processos dos titulares.

§ 2º Será remetido para a instância superior apenas os autos do processo em que houver interposição de recurso, permanecendo os registros de candidatura dos demais componentes da chapa na instância originária.

– Então eu não sou obrigada a impugnar prefeito e vice se a inelegibilidade que eu quero apontar, por exemplo, só atinge o vice.

Isso. A mesma coisa em relação ao senador e suplentes. Em resumo, não há litisconsórcio necessário em AIRC.[51]

Há um enunciado de Súmula sobre isso:

Enunciado n.º 39, da Súmula do TSE: Não há formação de litisconsórcio necessário em processos de registro de candidatura.

Por fim, só porque estamos falando em legitimados da AIRC, guarde essa informação:

Enunciado n.º 11 da Súmula do TSE: No processo de registro de candidatos, o partido que não o impugnou não tem legitimidade para recorrer da sentença que o deferiu, salvo se se cuidar de matéria constitucional.

30.4. Resumo do procedimento da "Ação" de Impugnação ao Registro de Candidatura (AIRC)

– Minami, como é que o tópico é sobre "resumo do procedimento", se ainda nem vimos o assunto?

---

elegibilidade e de registrabilidade e a não incursão nas causas de inelegibilidade), motivo por que seu exame ocorre de forma individualizada em autos próprios, tanto no caso dos cargos majoritários quanto nos proporcionais. [...] Essa circunstância que justifica o afastamento do postulado da unicidade da chapa, razão por que inexiste exigência de formação de litisconsórcio passivo necessário em processos de registro de candidatura. Enunciado da Súmula nº 39 deste TSE' (REspe 296–78, rel. Min. Luiz Fux, DJE de 29.6.2018)" (TSE. REspe nº 060028489, Rel. Min. Sérgio Banhos, PSESS 15/12/2020.)

51. É como ensina Edson de Resende: "ao polo passivo da ação, por conseguinte, não devem ser chamados sequer os demais candidatos que compõem a chapa majoritária (vice e suplentes de Senador), pois não há – diferentemente das ações de cassação de registro, diploma ou mandato – formação de litisconsórcio passivo" (CASTRO, Edson de Resende. *Curso de direito eleitoral.* 10 ed. Belo Horizonte: Del Rey, 2020, p. 361).

Calma, pequena *padawan*.

Muita gente só entra nos capítulos sobre as ações eleitorais para ver, primeiro, o resumo do procedimento. Nesse caso, ele já ganha um bom tempo.

– Entendi. Me convenceu.

Veja bem, vou apresentar o resumo apenas da AIRC. Para ver todo o registro, inclusive a etapa de convenções, basta pesquisar no capítulo sobre a **Escolha e Registro de Candidatos**.

"AÇÃO" DE IMPUGNAÇÃO AO REGISTO DE CANDIDATURAS (AIRC)
ARTIGOS 40 E SEGUINTES RES. TSE 23.609/2019

Atenção! Instruções do quadrograma abaixo: os quadros azuis devem ser lidos primeiro
Eles bastam, se estiver com pressa, ou só quiser revisar

Protocolo da AIRC em até 5 dias do edital dos pedidos de registro de candidatura	Impugnação sem correção da representação processual será recebida como notícia de inelegibilidade Impugnante apresenta provas disponíveis, especifica as demais e apresenta rol de testemunhas (até 6) Petição apresentada diretamente no PJe, nos mesmos autos do pedido do registro respectivo, não inaugurando processo novo

Impugnado apresenta provas disponíveis, especifica as demais e o rol de testemunhas (até 6)	**Após prazo para impugnação, citação do impugnado para defesa em 7 dias**	Intimações são feitas pelo Mural Eletrônico (entre 15 de agosto e 19 de dezembro) Defesa apresentada nos mesmos autos, diretamente no PJe

MPE deve acompanhar a fase instrutória	**Intimação do MPE, quando não for o autor**	Há quem prefira intimar o MPE apenas quando autor e réu se manifestam

Se na contestação o **impugnado apresentou documentos novos ou suscitou questões de direito** e não é preciso abrir fase instrutória (não há testemunhas nem outras provas a realizar)	**Não ocorrendo fase instrutória, pode haver necessidade de réplica pelo impugnante, em 3 dias**	2 dias ao MPE para apresentar parecer Res. 23.609, 43, § 4º

A oitiva deve acontecer em uma só assentada — Uma só assentada é tudo em um dia só? — A maioria das pessoas interpreta assim, mas, às vezes, é complicado levar isso ao pé da letra. E eu já disse para não conversar nos quadros explicativos	**Se é caso de instrução, após prazo de defesa, 4 dias seguintes para inquirição de testemunhas**	A testemunha comparece por iniciativa da parte que a arrolou
Pode ocorrer ordem para depósito, em 5 dias, de documento em poder de terceiro	**5 dias para diligências extras necessárias, determinadas de ofício ou a requerimento**	No mesmo prazo, oitiva de terceiros referidos no processo
A apresentação das alegações finais é dispensada quando não houve instrução (Res. 23.609, art. 43, § 3º)	**Alegações finais em 5 dias e Manifestação do MPE, se não for o autor, em 2 dias**	Prazo comum para as partes

Eventual indeferimento do DRAP ocorre antes do julgamento dos processos individuais RRC e eventual RRCI O indeferimento do DRAP acarreta o indeferimento dos pedidos de registro a ele vinculados Publicação da sentença no Mural Eletrônico e comunicação ao Ministério Público por expediente no PJe	**Decisão em 3 dias após a conclusão** **Decisão por tribunal: em até 3 dias da conclusão ao relator e não precisa publicação de pauta**

> ⚠ **Lembre-se:**
>
> **A AIRC é julgada com o pedido de registro de candidatura, por causa disso, a etapa recursal está detalhada no capítulo sobre Escolha e Registro de Candidatos**

30.5. Aspectos específicos da petição inicial e da contestação

O art. 40, da Res. TSE 23.609/19 apenas menciona que a petição da AIRC deve ser fundamentada. O art. 319 do CPC, com os requisitos da petição inicial, podem e devem ser aplicados de forma complementar.

– Pode dizer, na prática, o que eu preciso ou posso apresentar nessa peça?

Para se candidatar alguém precisa demonstrar:

1) **que possui as condições de elegibilidade;**
2) **que não incorre nas causas de inelegibilidade;**
3) **que atendeu às formalidades legais do registro como, por exemplo, encaminhou foto para a urna compatível e demais documentos necessários (requisitos de registrabilidade).**

A inobservância das questões acima são os principais motivos para a impugnação de uma candidatura. Veja o capítulo sobre Escolha e Registro de Candidatos para detalhes sobre esses pontos. Além disso, é preciso uma lida nos capítulos "Condições de elegibilidade", "Causas de inelegibilidade: aspectos gerais e inelegibilidades constitucionais" e "Causas de inelegibilidade Infraconstitucionais".

DETALHES DA PETIÇÃO INICIAL DA AIRC

Fundamentação apontando

- Ausência de condições de elegibilidade
- Ocorrência de causas de inelegibilidade
- Desatendimento às formalidades legais (requisitos de registrabilidade)

Requer procuração específica

- Protocolo diretamente no PJe, nos autos do pedido de registro respectivo
- Permite-se 3 dias para a correção de defeitos na representação

Especificação, desde logo, dos meios de prova pretendidos para demonstrar a veracidade do alegado

Autoriza-se o arrolamento de, no máximo, 6 testemunhas

Pedir a ciência do impugnado para defesa em 7 dias

Peticionar diretamente no registro que se quer impugnar

⚠ Atenção:

Os impugnados só serão citados da AIRC após terminado o prazo para impugnação.

Isso acontece, pois, no prazo de impugnação, pode ser que, contra o mesmo candidato, mais de um legitimado se insurja.

São 7 dias após a citação para contestar "ou se manifestar sobre a notícia de inelegibilidade, juntar documentos, indicar rol de testemunhas e requerer a produção de outras provas, inclusive documentais, que se encontrarem em poder de terceiras ou de terceiros ou de repartições públicas ou em procedimentos judiciais ou administrativos, salvo os processos que estiverem tramitando em segredo de justiça" (Res. TSE 21.609/19, art. 41).

A contestação é apresentada nos mesmos autos, via PJe, e mediante procuração.

Um lembrete:

As citações devem ser feitas da mesma forma das intimações no registro de candidaturas: **no período de 15 de agosto a 19 de dezembro do ano eleitoral, pelo mural eletrônico, fixando-se o termo inicial do prazo na data de publicação.**[52]

– Se o legitimado para a AIRC perde o prazo. O que acontece? Se, por exemplo, alguém deixa de impugnar uma candidatura de um analfabeto, ele então pode ser eleito?

A legislação eleitoral estabelece que:

> **Res. TSE 23.609/19:**
>
> Art. 52. As condições de elegibilidade e as causas de inelegibilidade devem ser aferidas no momento da formalização do pedido de registro da candidatura, ressalvadas as alterações, fáticas ou jurídicas, supervenientes ao registro.

O que não foi impugnado, em tese, preclui.

Mas, como os temas referentes à elegibilidade e inelegibilidade são de ordem pública, e até de cunho constitucional, como esse exemplo que você levantou, é possível ao magistrado conhecê-los de ofício, desde que abra contraditório.

Confira:

> **§ 1º, art. 50, Res. TSE 23.609/19: Ainda que não tenha havido impugnação**, o pedido de registro deve ser indeferido quando **constatado pelo juízo competente a existência de impedimento à candidatura, desde**

52. Res. TSE 21.609/19, arts. 41 e 38.

que assegurada a oportunidade de manifestação prévia, nos termos do art. 36 desta Resolução.

Além disso, **no próximo capítulo, veremos que é possível uma medida para suscitar aspectos da candidatura mesmo após o prazo da AIRC, depois da diplomação dos eleitos,** ou seja, bem depois do prazo para registro.

– É o tal Recurso Contra a Expedição de Diploma (RCED) para suscitar: inelegibilidade superveniente, inelegibilidade de natureza constitucional e falta de condição de elegibilidade.

Estou vendo você pescando no celular essa informação. Mas está valendo. Vamos adiante.

30.6. Providências preliminares, saneamento e organização da instrução

Não há, propriamente, uma fase de saneamento bem delimitada na AIRC, mas isso não significa que ele não ocorra.

No Código Eleitoral projetado, veremos que o saneamento e demais providências preliminares ocupam grande parte dos preceitos que cuidam do procedimento comum eleitoral.

– O que se faz no saneamento mesmo?

O saneamento é uma etapa procedimental que ocorre após a postulação (quando os atores do processo são conhecidos e o que cada um pretende) e antes da instrução. Nessa fase, várias são as situações possíveis.

Primeiramente, **é no saneamento o momento principal para a identificação e correção de defeitos processuais, quando eles são possíveis de correção.**

– "Momento principal"? E há outro momento?

Em qualquer etapa do processo o órgão decisor, se identificar defeito sanável, deve diligenciar para que essa correção aconteça.

Além disso, no saneamento, ocorre **a organização da futura instrução.**

Como eu disse, não há propriamente uma fase de saneamento especificada na AIRC. Contudo, veja esse artigo:

> **Res. TSE 23,609/19, art. 42:** Decorrido o prazo para contestação, caso não se trate apenas de matéria de direito e a prova protestada for relevante, **o juiz ou relator deve designar os 4 (quatro) dias seguintes para inquirição das testemunhas do impugnante e do impugnado, as quais comparecerão por iniciativa das partes que as tiverem arrolado, após notificação judicial realizada pelos advogados.**

Não sendo matéria apenas de direito, e se a **prova protestada for relevante**, deve ocorrer a **designação, dos quatro dias seguintes, para a inquirição de testemunhas.**

– Se for matéria só de direito...

O magistrado não tem mais o que fazer, a não ser julgar. O único detalhe é verificar se, na contestação, o impugnado não apresentou argumento ou documento que mereça manifestação pelo impugnante.[53]

– Tipo uma réplica.

É uma réplica.

Vamos adiante: a partir do que se afirmou na inicial da AIRC e em sua contestação, **se for o caso de realização de diligências** (requeridas ou tidas por necessárias pelo magistrado), esse é um **bom momento para agendá-las**, nos **cinco dias subsequentes à inquirição das testemunhas** (LC 64/90, art. 5º, § 2º).

Isso não impede determinação de outras medidas que eventualmente se mostrem necessárias após se ouvir o que as testemunhas relataram.

– Minami, você disse que o magistrado pode entender que a prova não é relevante? Não entendi.

Vou dar um exemplo.

Pode ser que o **fato que se quer comprovar a partir do depoimento de determinada testemunha não seja relevante para a questão debatida**

53. O Código Eleitoral projetado, a partir do que o CPC/15 estabelece, veicula algo como: "documentos juntados em contestação com fatos impeditivos, modificativos ou extintivos e eventuais questões preliminares autorizam réplica em 3 dias".

na AIRC, não tendo qualquer relação com o ponto da candidatura impugnada. O magistrado pode entender que essa prova não é relevante para o caso.

Por vezes. o próprio CPC ajuda o magistrado a decidir sobre o aceite ou não de determinada prova.

– Exemplo, exemplo!

A regra no processo civil é de que a prova testemunhal é sempre aceita, mas o juiz pode, **indeferir a inquirição de testemunha sobre fatos já provados por documentos** ou que **só por documento ou por exame pericial possam ser provados.**[54] Imagine que alguém peça oitiva de testemunha para provar que determinado candidato sabe ler e escrever. Não é essa a melhor forma para comprovar isso.

30.7. Fase instrutória

A atividade instrutória é relativamente simples.

São duas as preocupações:

1) **realização da oitiva das testemunhas, se houver;**
2) **demais diligências.**

As testemunhas do impugnante e do impugnado serão ouvidas em uma só assentada (§1º, art. 5º, LC 64/90).

– Como assim, em "uma só assentada"?

Normalmente, compreende-se que a oitiva das testemunhas deve ocorrer em uma audiência apenas, sem interrupção. Claro que, a depender do caso, fica difícil levar isso ao pé da letra.

Mas **o que é interessante em relação às testemunhas é a forma de notificá-las.** Segundo a legislação, elas "**comparecerão por iniciativa das partes que as tiverem arrolado, após notificação judicial realizada pelos advogados**" (Res, TSE 21.609/19, art. 42).

---

54. Art. 443. O juiz indeferirá a inquirição de testemunhas sobre fatos: I - já provados por documento ou confissão da parte; II - que só por documento ou por exame pericial puderem ser provados.

– E se isso não ocorrer? Se o advogado não notificar a testemunha que arrolou?

Pode-se aplicar o §3º, art. 455, do Código de Processo Civil: haverá a presunção de desistência dessa testemunha.[55]

– E são 6 testemunhas por parte, né? E depois dessa parte?

Nos 5 dias seguintes: realizar diligências determinadas de ofício ou a requerimento → Possibilidade de oitiva de terceiros referidos pelas partes ou referidos pelas testemunhas → Se documento necessário ao processo estiver com terceiro, no mesmo prazo de 5 dias, ordena-se o respectivo depósito (LC 64/90, art. 5º, § 4º)

– E se o terceiro não quiser entregar o documento?

Se não houver justificativa para a teimosia, a legislação determina que o juiz expeça mandado de prisão e instaure processo por crime de desobediência.[56]

– Mas do que adianta a instauração desse processo de crime de desobediência se ele continuar sem entregar o documento? Acho que essas decisões de registro não podem demorar.

É difícil pensar em alguém que seja tão teimoso e não entregue o documento após ordem do juiz. E é difícil pensar nesse tipo de situação para o processo de registro de candidaturas.

55. Art. 455. § 3º A inércia na realização da intimação a que se refere o § 1º importa desistência da inquirição da testemunha.

56. Res. TSE 23.609/19, art. 42, § 5º: "Se o terceiro, sem justa causa, não exibir o documento, ou não comparecer a juízo, poderá o Juiz contra ele expedir mandado de prisão e instaurar processo por crime de desobediência".

– Eu sei. Mas o professor disse que o procedimento de AIRC é usado como base para os demais procedimentos eleitorais. Vamos imaginar que o terceiro possui um documento essencial para um processo que apure, por exemplo, abuso do poder econômico, compra de votos ou uso indevido das redes sociais. Como fazer essa pessoa entregar o documento?

Excelente pergunta, como sempre.

Para situações excepcionais, como a que você apontou, o uso do crime de desobediência realmente nem sempre é ideal. Trata-se de crime de menor potencial ofensivo. Por essa razão, dele não resulta consequência grave e o processo criminal pode nem prosperar e acabar naqueles acordos de entrega de cestas básicas, por exemplo. Se o terceiro souber disso, pode permanecer na teimosia.

– Então não há solução...

Para esses casos, em tese, é possível a aplicação do art. 139, IV, do CPC, que autoriza medidas não tipificadas em lei, criadas pelo juiz no caso concreto, para que o comando de uma decisão seja realizado. São as medidas executivas atípicas. Leia:

> **CPC, Art. 139.** O juiz dirigirá o processo conforme as disposições deste Código, incumbindo-lhe:
>
> IV - **determinar todas as medidas** indutivas, coercitivas, mandamentais ou sub-rogatórias necessárias **para assegurar o cumprimento de ordem judicial**, inclusive nas ações que tenham por objeto prestação pecuniária

– "Medida executiva atípica". Ei! Isso não é o título do seu outro livro? Que feio, fazendo propaganda dele aqui.[57]

Não é propaganda não. E eu só falei disso porque você apontou uma situação muito extrema. Em todo o caso, para o momento, eu só posso apontar essa solução como uma possibilidade, mas não posso discutir sobre isso.

Após todos os atos probatórios acima, abre-se prazo para as alegações finais, no prazo comum de 5 dias.

---

57. Livro referido: "Da vedação ao non factibile: Uma introdução às medidas executivas atípicas", Editora Juspodivm.

SOBRE AS ALEGAÇÕES FINAIS

Prazo	Comum de 5 dias
Se o MPE for parte	Conclusão imediata após a juntada de todas as alegações ou após o decurso de prazo, com ou sem manifestações
Se o MPE não for parte	2 dias para manifestação do MPE, com abertura automática de vista, após a apresentação ou decurso do prazo das alegações finais pelas partes
Se não houve instrução no processo	Contestação da AIRC pode ensejar réplica a depender de seu conteúdo Alegações finais são dispensadas MPE deve se manifestar em 2 dias se não for autor

Quando se encerra o prazo para alegações finais, "os autos serão conclusos ao Juiz, ou ao Relator, no dia imediato, para sentença ou julgamento pelo Tribunal" (art. 7º, LC 64/90).

Lembretes:

ATUAÇÃO DO MINISTÉRIO PÚBLICO ELEITORAL PERANTE O TRIBUNAL SUPERIOR ELEITORAL

O Procurador Geral da República atuará como Procurador-Geral Eleitoral (arts. 73 e 74 da LC 75/93)[58]

ATUAÇÃO DO MINISTÉRIO PÚBLICO ELEITORAL PERANTE O TRIBUNAL REGIONAL ELEITORAL

"O Procurador Regional Eleitoral, juntamente com o seu substituto, será designado pelo Procurador-Geral Eleitoral, dentre os Procuradores Regionais da República no Estado e no Distrito Federal, ou, onde não houver, dentre os Procuradores da República vitalícios [...]" (art. 76, LC 75/93)[59]

30.8. Fase decisória

Vou repetir: encerrado o prazo para alegações finais, "os autos serão conclusos ao Juiz, ou ao Relator, no dia imediato, para sentença ou

58. Art. 3º, Portaria MPF 1/2019.
59. Art. 14, Portaria MPF 1/2019.

julgamento pelo Tribunal" (art. 7º, LC 64/90). São três dias para o julgamento.[60]

É importante lembrar que **a AIRC é decidida juntamente com o pedido de registro:**

> **Res. TSE 23.609/19, art. 50:**
>
> O pedido de registro do candidato, a impugnação, a notícia de inelegibilidade e as questões relativas à homonímia devem ser julgados em uma só decisão.

⚠ Atenção

A decisão em AIRC é, na verdade, a decisão do pedido de registro de candidatura.

A partir de agora, o leitor deve se dirigir Por isso, todo o regramento da decisão, incluindo a fase recursal, nós já vimos. Está tudo no capítulo sobre Escolha e Registro de Candidatos.

30.9. Crime eleitoral de arguição de inelegibilidade ilícita

– Estava pensando aqui que alguém pode usar a AIRC para atrapalhar a candidatura de outra pessoa, né?

Há uma penalidade para impugnações temerárias. Confira:

> **Art. 45, Res. TSE 23.609/19:** Constitui crime eleitoral a arguição de inelegibilidade ou a impugnação de registro de candidato feita por interferência do poder econômico, desvio ou abuso do poder de autoridade, deduzida de forma temerária ou de manifesta má-fé, incorrendo os infratores na pena de detenção de 6 (seis) meses a 2 (dois) anos e multa

30.10. O procedimento eleitoral comum no Código Eleitoral projetado

O Código Eleitoral projetado, PLP 112/2021 apresenta um procedimento comum com uma ampla utilização.

---

60. Decisão por juiz: "Art. 58. O pedido de registro, com ou sem impugnação, será julgado no prazo de três dias após a conclusão dos autos ao juiz eleitoral" e decisão por tribunal: "Art. 60. O pedido de registro, com ou sem impugnação, deve ser julgado no prazo de 3 (três) dias após a conclusão dos autos ao relator, independentemente de publicação em pauta" (artigos da Res. 23.609/19).

Diferentemente do regime atual, que ora se vale do procedimento da AIJE, ora se vale do procedimento da AIRC, para resolver problemas, o regime do Código Eleitoral projetado possui apenas um procedimento comum.

– Melhor assim, né? Simplifica.

Isso é uma grande qualidade do próximo código.

Esse procedimento comum, como eu já disse, toma como base o procedimento da AIRC que acabamos de ver e se vale de vários institutos do procedimento comum previstos no CPC.

– Então é como o professor disse: o procedimento comum do CPC adaptado para a esfera eleitoral a partir do procedimento da AIRC. Mas será que ele será mesmo tão utilizado?

É um **procedimento para ser utilizado no combate aos ilícitos graves na seara eleitoral** como: **captação ilícita de sufrágio, condutas vedadas, arrecadação e gastos ilícitos em campanha, abusos do poder econômico e político, Corrupção, Fraude e uso indevido dos meios de comunicação.**

Na parte 7 deste livro nós vimos qual o tratamento será dado para esses ilícitos no PLP 112/2021.

A seguir, veremos qual será o procedimento adotado para aplicação das sanções previstas.

– Então é como se já tivéssemos spoilers de boa parte do próximo Código Eleitoral! Gostei.

30.10.1. Petição inicial e contestação

O Código Eleitoral projetado, ao tratar do procedimento comum na seara eleitoral, apresenta alguns detalhes que são perfeitamente aplicáveis mesmo atualmente, a partir do atual CPC. Eis esses detalhes:

Permite-se o indeferimento da petição inicial se ela for considerada inepta, entendendo-se ocorrência de inépcia quando da sua narrativa não se puder extrair a adequada compreensão dos fatos e a individualização de condutas.

– E não pode nem corrigir?

Sim, permite-se a concessão de 2 dias para essa correção, desde que não tenha passado o prazo para a propositura daquela ação. Aqui, nada impede a aplicação do art. 321, do CPC.[61]

Permite-se pedir dados do réu, inclusive mediante diligências, quando o autor não consegue qualificá-lo devidamente.

– Mas na AIRC atual isso não se aplica, né? Os dados do impugnado estão todos no processo de registro de candidatura.

Perfeita a observação. Você é perfeita, às vezes.

– Nem tanto, mestre. Cuida!

Essa previsão de pedido de dados do réu é para quando o procedimento comum do Código Eleitoral Projetado for utilizado para combater ilicitudes, como os abusos em campanha, por exemplo.

Há pedidos implícitos na seara eleitoral.

Mesmo que não se peça, se o reconhecimento dos fatos narrados na inicial ensejarem consequências não apresentadas no pedido, como multa ou inelegibilidade, elas serão aplicadas. O importante é apenas que se abra contraditório prévio sobre os pontos ora não discutidos ainda no processo.

O indeferimento da petição inicial autoriza retratação da decisão, em 1 dia, caso tenha havido recurso.

Isso também acontece quando o pedido é julgado improcedente liminarmente.

– E atualmente pode, por exemplo, improcedência liminar, mesmo em AIRC?

Em tese, sim, se ocorrem uma das situações do art. 322 do CPC.[62]

61. Determina que o magistrado indique precisamente o que deve ser corrigido.
62. Art. 332. Nas causas que dispensem a fase instrutória, o juiz, independentemente da citação do réu, julgará liminarmente improcedente o pedido que contrariar: I - enunciado de súmula do Supremo Tribunal Federal ou do Superior Tribunal de Justiça; II - acórdão proferido pelo Supremo Tribunal Federal ou pelo Superior Tribunal de Justiça em julgamento de recursos repetitivos; III - entendimento firmado em incidente de resolução de demandas repetitivas ou de assunção de competência; IV - enunciado de súmula de tribunal de justiça sobre direito local.

– Quais são elas?

Leia a nota de rodapé, folgada.

Se não é caso de finalizar o processo liminarmente, ou seja, sem a manifestação do requerido, o magistrado deve tomar as seguintes providências:

Apreciar eventual pedido de tutela provisória.

Determina intimação do Ministério Público Eleitoral, quando este não for o autor, para tomar ciência e se manifestar, em 2 dias, sobre o processo, podendo, inclusive, pedir para assumir a titularidade da ação, em conjunto com o autor. Nessa situação o MPE pode aditar a petição inicial.

Determinar a citação do réu. O prazo para contestação é de 7 dias.

30.10.2. Fases de saneamento, instrução e decisão

Eis o resumo da fase de saneamento e instrução do procedimento comum do Código Eleitoral projetado (PLP 112/2021, arts.683 e seguintes)

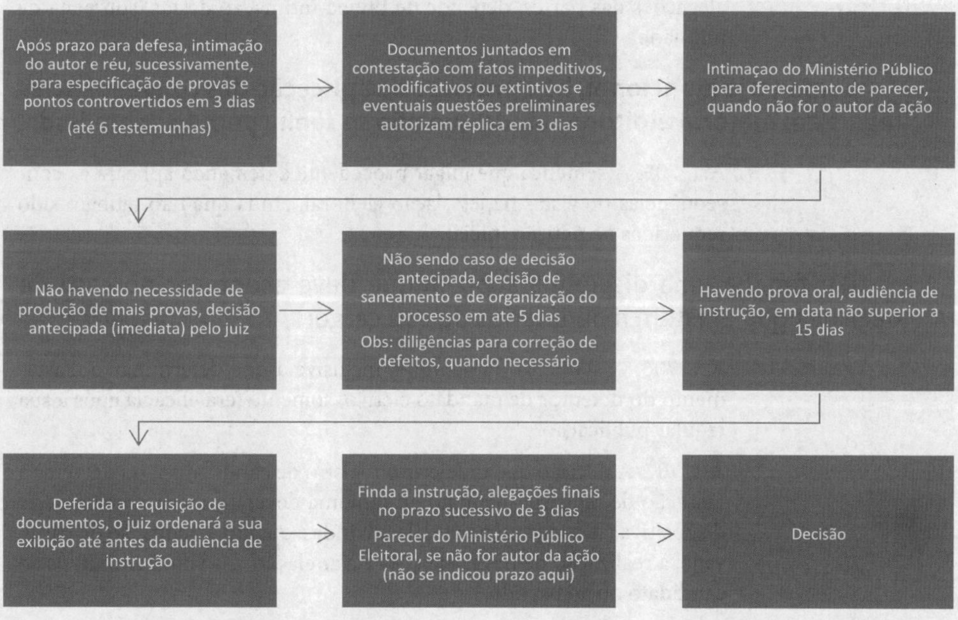

Dois detalhes sobre as fases de saneamento e instrução.

Segundo o art. 686 do Código projetado, não se aplicam ao processo eleitoral as hipóteses de julgamento parcial de mérito.

E o código trará artigo específicos para tratar das seguintes provas em espécie: prova documental, testemunhal e pericial.

Sobre a fase de decisão, alguns pontos merecem destaque.

Nas ações com consequências graves eleitorais, como o indeferimento ou cassação de registro, mandato ou diploma ou que ensejarem sanção de inelegibilidade, **"a desistência da ação ou o abandono do processo somente ensejam sua extinção após prévia intimação do Ministério Público Eleitoral** para que, constatado o interesse público no prosseguimento do feito, assuma a titularidade da demanda" (art. 703, PLP 112/2021).

O Código projetado apresenta **artigos específicos para tratar da fundamentação das decisões em matéria eleitoral**:

> Art. 704. Não se considera fundamentada qualquer decisão judicial que não indique, de modo expresso e claro, os elementos que, extraídos da apreciação dos fatos públicos e notórios, dos indícios e presunções, bem como das provas produzidas, formaram seu convencimento.
>
> Parágrafo único. A apreciação pelo juiz de fundamento legal não deduzido em juízo, bem como de fatos ou circunstâncias não constantes das alegações das partes, depende de prévia intimação destas, sob pena de nulidade.

Como eu já mencionei, há a previsão de aplicação das consequências legais em matéria eleitoral, ainda que não se tenha pedido sobre isso:

> Art. 705. A sentença que julgar procedente a demanda aplicará as consequências previstas na legislação eleitoral, ainda que não tenham sido requeridas na petição inicial.

Por fim, há uma disciplina sobre o que deve acontecer no caso de decisões que afastem mandatários do seu cargo:

> Art. 706. A sentença ou acórdão, inclusive a que determinar o afastamento do detentor de mandato eletivo, somente terá eficácia após a sua regular publicação.
>
> Art. 707. A decisão que indeferir o registro de candidatura ou decretar a cassação de registro, mandato ou diploma deverá indicar, em sua parte dispositiva, as consequências dela advindas, quanto à ocupação do cargo vago, à realização de novas eleições e à anulação dos votos atribuídos ao candidato ou ao partido.
>
> Parágrafo único. Sempre que proferida decisão que implique alteração na situação jurídica do partido político, da coligação ou do candidato,

será determinada a nova totalização dos votos e, caso efetivada esta após a diplomação, o juiz eleitoral adotará providências relativas à expedição de novos diplomas e cancelamento dos anteriores, se houver alteração dos eleitos.

31. RECURSO CONTRA EXPEDIÇÃO DE DIPLOMA (RCED) CONTRA INELEGIBILIDADE SUPERVENIENTE, INELEGIBILIDADE CONSTITUCIONAL E FALTA DAS ELEGIBILIDADES

31.1. Previsão do Recurso Contra Expedição do Diploma (RCED)

O fim do procedimento de registro de candidatos, com decisão pelo seu deferimento, não impede alguns questionamentos posteriores relacionados à candidatura.

– Mas e a tal da coisa julgada?

Veja esse precedente, para iniciarmos o assunto:

PRECEDENTE EM DESTAQUE SOBRE COISA JULGADA E REGISTRO DE CANDIDATURA

"**O deferimento do registro de candidatura não produz decisão protegida pelos efeitos da coisa julgada que impeça a aferição, em sede de recurso contra expedição de diploma, da ausência de preenchimento de condição de elegibilidade, preexistente ou não ao requerimento de registro, de assento constitucional**, como o é a filiação partidária (art. 14, § 3º, inciso V, da Constituição Federal)"[63]

– Agora complicou. Como fica a segurança jurídica? Quer dizer que, mesmo com o registro de candidaturas deferido, as pessoas podem questionar tudo dessa candidatura novamente?

Eu não disse isso.

Não é **qualquer situação** que autoriza o questionamento de uma candidatura mesmo após o registro concluído. São hipóteses específicas e há um procedimento próprio para isso.

A medida processual é chamada de **Recurso Contra Expedição de Diploma (RCED)**.

Veja o fundamento normativo disso:

63. TSE. RO nº 060000125, Acórdão, Rel. Min. Sergio Silveira Banhos, DJE 25/08/2020. Grifei.

Código Eleitoral, art. 262. O recurso contra expedição de diploma caberá somente nos casos de inelegibilidade superveniente ou de natureza constitucional e de falta de condição de elegibilidade.

[...]

§ 3º O recurso de que trata este artigo deverá ser interposto no prazo de 3 (três) dias após o último dia limite fixado para a diplomação e será suspenso no período compreendido entre os dias 20 de dezembro e 20 de janeiro, a partir do qual retomará seu cômputo.

– Que curioso! Um recurso?

Na verdade, trata-se de uma ação eleitoral.

– Está escrito ali, Minami: "recurso".

Está escrito na sua testa: teimosa.

De forma bem resumida, podemos conceituar o Recurso como meio de impugnação **voluntário, previsto em lei**, para, no **mesmo processo, reformar, invalidar, esclarecer e integrar** decisão judicial.

– Qual a referência desse conceito, professor?

Sério que você está querendo saber disso? E está duvidando de mim? Que atrevimento...

– Eu aprendi com o professor a sempre duvidar!

Está bem.

Esse conceito que apresentei parte da definição clássica de recurso dada por Barbosa Moreira.[64] Mas isso é irrelevante para o momento. O fato é que o RCED não se encaixa nesse conceito.

Ele não é continuação de outro processo, nem quer "invalidar, reformar esclarecer ou integrar" alguma decisão.

64. Criticando o conceito de recurso proposto por Barbosa Moreira, Elie Pierre Eid ressalta que a regra da taxatividade aponta qual demanda impugnativa contra ato judicial será submetida ao regime jurídico recursal (EID, Elie Pierre. *Impugnação das decisões judiciais no processo civil: recursos e ações autônomas de impugnação*/ Tese (Doutorado em Direito) - Faculdade de Direito da USP, 2021).

O RCED nada mais é do que uma ação para apresentar problemas relacionados a uma candidatura que ainda não foram trazidos à baila e que não precluíram.

Talvez a única coisa que apenas aproxime o RCED a um recurso seja o fato de seu julgamento ocorrer por órgão distinto daquele que diplomou, embora o fato de o julgamento do recurso ocorrer por órgão distinto daquele que decidiu também não seja regra uma característica geral e necessária de todos os recursos.[65]

– Me perdi nessa última parte.

Se quem diplomou foi uma junta eleitoral em determinado município, quem aprecia o RCED é o respectivo Tribunal Regional Eleitoral. Se a diplomação foi por Tribunal Regional Eleitoral, esse julgamento caberá ao TSE.

Mas, vamos com calma.

31.2. Cabimento do RCED

Quanto ao cabimento, são três situações:

CABIMENTO DO RCED: ART. 262, CÓDIGO ELEITORAL (LEI 4.747/65)
O **Recurso Contra Expedição de Diploma caberá** nos casos de • **Falta de condição de elegibilidade (todas são constitucionais)** • **Inelegibilidade de natureza constitucional** • **Inelegibilidade superveniente**
Atenção:
▶ **As inelegibilidades podem ser constitucionais ou infraconstitucionais** ▶ **As condições de elegibilidade são sempre constitucionais**

Vamos ver cada uma das situações agora.

65. Não é objetivo analisar, aqui, nem a natureza jurídica do RCED, nem da decisão de diplomação dos eleitos. Outro ponto que pode provocar debate nesse contexto é a autoria da norma final do processo eleitoral. É o povo quem efetivamente delibera nas eleições. É dele a autoria do resultado, cabendo à Justiça Eleitoral apenas formalizar e publicizar esse resultado. Sobre isso, veja: MINAMI, Marcos Youji. Do conceito de processo eleitoral brasileiro/ Dissertação de conclusão de curso (Mestrado). Orientador: Prof. Dr. Fredie Didier Jr. Universidade Federal da Bahia. Salvador, 2013.

31.2.1. Falta de condição de elegibilidade

As condições de elegibilidade são algumas situações que devem estar presentes nos indivíduos que pretendam concorrer.

Vimos isso com detalhes em capítulo específico na parte 5 do livro.

Essas condições estão listadas na Constituição Federal, artigo 14, § 3º:

ART. 14, § 3º APRESENTA AS SEGUINTES CONDIÇÕES DE ELEGIBILIDADE:

Nacionalidade brasileira
Pleno exercício dos direitos políticos
Alistamento eleitoral
Domicílio eleitoral na circunscrição
Filiação partidária
Idade mínima de:

- 35 anos: Presidente e Vice e Senador
- 30 anos: Governador e Vice de Estado e do DF
- 21 anos: Deputados em geral Prefeito e Vice
- 18 anos: Vereador

A ausência das situações acima, se não foram alegadas e discutidas no registro de candidatura, por possuírem natureza constitucional, não precluem.

– Isso significa na prática que...

Elas podem ser suscitadas no Recurso Contra Expedição de Diplomas.

Tanto as condições de elegibilidade, que já não existiam na época do registro, quanto aquelas que deixaram de existir após esse momento, podem ser questionadas pelo RCED.[66]

– Teria algum exemplo?

O trânsito em julgado de condenação criminal acarreta a suspensão dos direitos políticos e isso impede a quitação eleitoral. Não há mais o "pleno exercício dos direitos políticos" nesse caso.[67] Se isso ocorreu

66. GOMES, José Jairo. *Op. cit.*, p. 1006.
67. Veja o capítulo específico sobre os Direitos Políticos.

após o registro de candidatos, teríamos um exemplo de falta de condição de elegibilidade superveniente.

– Mas e se essas questões sobre elegibilidade já foram discutidas no registro de candidaturas, elas podem ser questionadas novamente em RCED?

Não. Perceba que **já houve contraditório sobre elas**.

– Mas você disse que elas não precluíam.

Isso significa tão somente que se alguém deixa de argui-las no registro de candidaturas, ainda haveria uma última chance de se fazer isso, via RCED. **Como elegibilidade possui natureza constitucional, abre-se mais essa oportunidade.**

O RCED é uma forma de se resolver eventuais omissões sobre questionamento e debate de elegibilidade e inelegibilidade. **Ela não se presta para desfazer decisões sobre esses assuntos.** Além disso, não é qualquer omissão que autoriza a medida.

– Me dá um exemplo de omissão que não autoriza o RCED.

Veremos isso já, já.

31.2.2. Inelegibilidades constitucionais

Na parte 5 do livro, conversamos sobre as inelegibilidades nos capítulos sobre: "Causas de inelegibilidade: aspectos gerais e inelegibilidades constitucionais" e "Causas de Inelegibilidade Infraconstitucionais".

Lá, eu disse que **algumas situações, quando ocorrem, impedem a participação política de alguém como candidato. São as causas de inelegibilidade**.

– Lembro disso.

As inelegibilidades são estabelecidas na Constituição e, por determinação da própria, algumas delas estão na Lei Complementar 64/90.

Isso mesmo.

As inelegibilidades da LC 64/90 são conhecidas como infraconstitucionais.

Sobre as inelegibilidades constitucionais, leia:

INELEGIBILIDADES CONSTITUCIONAIS E PRECLUSÃO

As inelegibilidades constitucionais, **se não são discutidas durante o registro**, ou **aconteceram após esse momento**, não precluem, e ainda podem ser arguidas em RCED

– Entendi. Então, basta eu revisar os capítulos acima, para saber quais são essas hipóteses.

Isso.

Vou citar dois exemplos dessa situação. São inelegíveis os analfabetos e não podem concorrer para um terceiro mandato consecutivo os titulares dos cargos do executivo.

31.2.3. Inelegibilidades infraconstitucionais supervenientes

Como eu disse, as **inelegibilidades infraconstitucionais devem ser consultadas no capítulo específico na parte 5 do livro**.

– Nem pode dar exemplo?

Posso sim. Antes, vou apresentar o quadro resumo dessas situações:

Alguém é impedido de concorrer se	Em resumo
Cometeu ilicitudes cíveis relacionadas às eleições LC 64/90, art. 1, I, alíneas: d, j, k, n, p	▸ **Não concorreu honestamente em eleições passadas**
Cometeu ilicitudes cíveis no âmbito da coisa pública LC 64/90, art. 1, I, alíneas: b, c, g, h, l, o, q	▸ **Não cuidou da coisa pública**
Foi condenado criminalmente LC 64/90, art. 1, I, alínea e	▸ **Cometeu crimes**
Foi responsável pela liquidação judicial de alguns tipos de estabelecimentos ou foi proibido de exercer determinadas atividades LC 64/90, art. 1, I, alíneas: f, i, m	▸ **Não soube administrar**
Não se desvinculou de determinadas atividades LC 64/90, art. 1, II a VII	▸ **Não se desincompatibilizou**

Veja um exemplo de inelegibilidade infraconstitucional: decisão de condenação pela Justiça Eleitoral, transitada em julgada ou, pelo menos, proferida por órgão colegiado, em processo de apuração de abuso do poder econômico ou político. Esse fato torna alguém inelegível.

É a inelegibilidade do art. 1º, I, d, da LC 64/90.

Se isso aconteceu depois do julgamento do registro de candidatura, teríamos uma inelegibilidade infraconstitucional superveniente.[68]

– Entendi.

Mas e se essa inelegibilidade infraconstitucional já existia no momento do registro, mas não foi discutida nessa fase ou na própria impugnação a esse registro?

Como são inelegibilidades infraconstitucionais, o entendimento que parece prevalecer é de que elas teriam precluído, ou seja, não caberia mais discussão sobre essa inelegibilidade infraconstitucional no Recurso Contra Expedição de Diploma.

Veja o que diz Edson de Resende Castro:

> **Doutrina:** "[...] se a inelegibilidade tem previsão apenas na Lei Complementar n. 64/90, portanto inelegibilidade infraconstitucional, se já existia quando do registro da candidatura e não foi levada na oportunidade de impugnação (AIRC), a matéria tornou-se *preclusa* e não poderá ser arguida no recurso".[69]

Dois pontos do art. 262, do Código Eleitoral precisam ser esclarecidos, ainda.

O § 1º, do art. 262, parece estabelecer preclusão para as inelegibilidades supervenientes que tenham sido debatidas durante o registro. Veja o texto:

68. "Tendo em vista que a decisão colegiada na qual o recorrido foi condenado por uso indevido dos meios de comunicação, praticado no pleito de 2012, foi proferida após o julgamento do seu registro de candidatura a deputado estadual e antes das Eleições de 2018, os presentes recursos contra expedição de diploma são cabíveis na espécie e merecem provimento, pois a hipótese se enquadra na inelegibilidade superveniente prevista no art. 262 do Código Eleitoral, bem como no art. 1º, I, d, da LC 64/90 [...]" (RCED nº 060391449, Rel. Min. Sergio Silveira Banhos, DJE 01/07/2020).
69. CASTRO, Edson de Resende. *Op. cit.*, p. 702. Precedentes que parecem dialogar com esse entendimento, ainda que indiretamente: Ac. TSE de 7.5.2019, no REspe nº 14242: "inexistência de preclusão em inelegibilidade constitucional"; Ac. TSE de 17.5.2018, no AgR-REspe nº 17873 e de 30.5.2017, no AgR-REspe nº 30813: "inelegibilidades infraconstitucionais preexistentes, se não arguidas na fase de impugnação ao registro de candidatura, precluem".

CE, Art. 262: § 1º A inelegibilidade superveniente que atrai restrição à candidatura, se formulada no âmbito do processo de registro, não poderá ser deduzida no recurso contra expedição de diploma.

– Mas, nesse caso, professor, a inelegibilidade seria mesmo superveniente? Eu achei que o art. 262 tratasse de inelegibilidades que aconteceram depois do registro de candidatos por exemplo.

Pois é. Bem apontado. As inelegibilidades que existiam durante o registro talvez pudessem ser entendidas como inelegibilidades concomitantes ao registro, e não superveniente a ele. Em todo o caso, temos a previsão acima.

Uma coisa é certa: se o tema já foi discutido, não houve omissão a ser "sanada" via RCED.

O problema maior não está no §1º, mas no próximo. Veja:

CE, Art. 262: § 2º A inelegibilidade superveniente apta a viabilizar o recurso contra a expedição de diploma, decorrente de alterações fáticas ou jurídicas, **deverá ocorrer até a data fixada para que os partidos políticos e as coligações apresentem os seus requerimentos de registros de candidatos**.

– Danou-se. Agora não entendi mais nada. Como é que a inelegibilidade é superveniente, mas deve ter ocorrido "até a data do requerimento de registro"?

Você captou o problema. Essa redação do § 2º não faz sentido. A doutrina apontou esse absurdo:

Doutrina de José Jairo Gomes: Ora, por definição, a inelegibilidade superveniente é aquela que surge entre a formalização do pedido de registro e a data do pleito. A *ratio essendi* da qualidade de *superveniente* é justamente o fato de a inelegibilidade se configurar depois do marco do registro de candidatura.[70]

Doutrina de Edson de Resende Castro: Flagrante a inconstitucionalidade do dispositivo, por afronta ao princípio da proibição do retrocesso, na medida em que suprimida uma importante oportunidade processual de arguição de inelegibilidade e, via de consequência, de proteção da normalidade e da legitimidade do pleito e da probidade e moralidade para o exercício dos mandatos eletivos.[71]

70. GOMES, José Jairo. *Op. cit.*, p. 1005.
71. CASTRO, Edson de Resende. *Op. cit.*, p. 690.

– E como é que faz, então?

Na prática, podemos aplicar o entendimento sumulado no enunciado 47 do TSE.

> **Enunciado n.º 47 da Súmula do TSE:** A inelegibilidade superveniente que autoriza a interposição de recurso contra expedição de diploma, fundado no art. 262 do Código Eleitoral, é aquela de índole constitucional ou, se infraconstitucional, superveniente ao registro de candidatura, e que surge até a data do pleito.

É uma súmula que surgiu antes da alteração do art. 262 do Código Eleitoral que apresentou o texto absurdo do seu § 2º, mas que não foi, até o momento, cancelada.

Além disso, há vários precedentes recentes do TSE reconhecendo como inelegibilidade superveniente aquelas que ocorrem depois do registro. Veja:

PRECEDENTES SOBRE INELEGIBILIDADE SUPERVENIENTE AO REGISTRO

"A inelegibilidade noticiada após o pedido de registro, mas anterior à sentença e à data da eleição, pode ser conhecida imediatamente, ainda mais quando resguardados aos Recorrentes o devido processo legal"[72]

"Para fins de Recurso Contra Expedição de Diploma, cabe aferir se a causa de inelegibilidade é constitucional ou infraconstitucional, e, nesta última hipótese, se é superveniente ao registro de candidatura. [...] A inelegibilidade há de surgir até a data da eleição, conforme a parte final da Súmula 47/TSE"[73]

– Entendi. Ainda bem que parece que não estão levando esse texto do §2º, do artigo 262, ao pé da letra...

Isso. E veja outra informação importante que eu não havia salientado. Essa inelegibilidade superveniente deve ocorrer "até a data da eleição".[74]

PRECEDENTE SOBRE IMPOSSIBILIDADE DE RCED PARA INELEGIBILIDADES QUE OCORRERAM APÓS A ELEIÇÃO

"In casu, a decisão supostamente ensejadora da inelegibilidade prevista no art. 1º, I, l, da LC n. 64/90 foi proferida pelo TJ/MG em 15.12.2017, após a data da eleição, não sendo cabível, portanto, o manejo do RCED"[75]

---

72. TSE. REspe nº 060018544, Rel. Min. Alexandre de Moraes, DJE 13/09/2021.
73. TSE. RCED nº 060200947, Rel. Min. Luis Felipe Salomão, DJE 16/09/2021.
74. Contra esse entendimento, defendendo que a inelegibilidade superveniente deveria tomar como termo final o prazo fina de propositura do RCED: RAMAYANA Marcos. *Op. cit.*, p. 809.
75. TSE. AI nº 7310, Rel. Min. Tarcisio Vieira De Carvalho Neto, DJE 03/12/2018.

31.3. Prazo de ajuizamento: 3 dias da diplomação

Veja o prazo para ajuizamento:

PRAZO PARA AJUIZAMENTO DO RCED
3 dias após o último dia limite fixado para a diplomação: **Código Eleitoral, artigo 262, §3º:** "O recurso de que trata este artigo deverá ser interposto **no prazo de 3 (três) dias após o último dia limite fixado para a diplomação** e será suspenso no período compreendido entre os dias 20 de dezembro e 20 de janeiro, a partir do qual retomará seu cômputo"
▶ Para saber o "último dia limite fixado para a diplomação", o ideal é verificar o calendário eleitoral de cada eleição ▶ **Para as eleições de 2022, por exemplo, essa data será o dia 19 dezembro de 2022, uma segunda feira**

Atenção: não se conta o dia da diplomação.

– Interessante que o artigo acima já resolveu uma dúvida que pode surgir, né: o que acontece quando o prazo termina naquele período de recesso forense.

Muito bem apontado.

O próprio artigo que trata do RCED resolve isso, estabelecendo que o prazo "[...] será suspenso no período compreendido entre os dias 20 de dezembro e 20 de janeiro, a partir do qual retomará seu cômputo".

A situação é tão comum que há precedentes sobre o tema:

> **Precedentes sobre o prazo da RCED:** "É tempestivo o RCED protocolizado durante o recesso forense, tendo em vista que, de acordo com a jurisprudência deste Tribunal, os prazos de natureza material não se interrompem e não se suspendem, podendo, no entanto, ser prorrogados para o primeiro dia útil seguinte, caso o termo final recaia em feriado ou dia em que não haja expediente forense"[76]

31.4. Legitimidade e competência para o RCED

Não há previsão expressa sobre a legitimidade ativa para o RCED.

Veja uma decisão sobre o tema que nos esclarece isso:

76. TSE. REspe nº 49803, Acórdão, Rel. Min. Luís Roberto Barroso, DJE 22/08/2019.

Precedente sobre legitimidade em RCED:

"São legitimados para interpor recurso contra expedição de diploma **partidos políticos, coligações, candidatos registrados especificamente para a eleição e o Ministério Público Eleitoral**".[77]

Para saber o legitimado passivo...

– Já sei. É só se perguntar: quem sofrerá com a decisão?

Isso mesmo. **É o eleito que será diplomado, inclusive se for suplente.**

O partido não será parte passiva no RCED. Veja esse enunciado de súmula:

Enunciado n.º 40 da Súmula do TSE: O partido político não é litisconsorte passivo necessário em ações que visem à cassação de diploma.

Quanto ao vice, como ele será necessariamente atingido, deve compor o polo passivo.

Enunciado 38 da Súmula do TSE: Nas ações que visem à cassação de registro, diploma ou mandato, há litisconsórcio passivo necessário entre o titular e o respectivo vice da chapa majoritária.

Em relação à competência para julgamento, veja o quadro abaixo.

O RECURSO CONTRA EXPEDIÇÃO DE DIPLOMA É JULGADO

Tribunal Competente	Tipo de eleição
Tribunal Regional Eleitoral[78]	Eleições municipais
Tribunal Superior Eleitoral[79]	Eleições federais (senador, deputado federal e suplentes) Eleições estaduais (governador e vice, deputado estadual) Eleições distritais (governador e vice do Distrito Federal e deputados distritais)
Tribunal Superior Eleitoral[80]	Eleições presidenciais

77. TSE. RCED nº 674, Rel. Min. José Delgado, DJ 24/04/2007.
78. Precedentes: Competência do TRE para julgar RCED para o cargo de vereador: Ac. TSE, de 16.2.2006, no AgRgREspe nº 25284 e, de 11.2.1999, no REspe nº 15516. Para o cargo de prefeito: Ac.TSE, de 2.8.2012, no REspe nº 22213.
79. Precedentes: Competência do TSE para julgar RCED de eleições presidenciais e gerais: Ac. STF, de 7.3.2018, na ADPF nº 167. Para casos de diploma expedido em favor de senador, deputado federal e seus suplentes, governador e vice-governador: Ac. TSE, de 28.5.2009, no RCED nº 703.
80. Código Eleitoral, Código Eleitoral, art. 22: "Compete ao Tribunal Superior: I - Processar e julgar originariamente: g) as impugnações á apuração do resultado geral, proclamação dos eleitos e expedição de diploma na eleição de Presidente e Vice-Presidente da República".

Nesse sentido, veja:

> **Enunciado 37, Súmula do TSE:** Compete originariamente ao Tribunal Superior Eleitoral processar e julgar recurso contra expedição de diploma envolvendo eleições federais ou estaduais.

31.5. Resumo do procedimento

Não há um procedimento estabelecido para o RCED.

O que se tem feito para o caso é a aplicação de alguns preceitos relacionados aos Recursos Eleitorais, do Código Eleitoral e, de forma subsidiária, a utilização dos artigos 2º a 16, da LC 64/90.[81]

Vou apresentar de forma bem direta o procedimento no quadrograma que segue.

RECURSO CONTRA EXPEDIÇÃO DE DIPLOMA (RCED)

Atenção! Instruções do quadrograma abaixo: os quadros cinzas devem ser lidos primeiro
Eles bastam, se estiver com pressa, ou só quiser revisar

Petição inicial recebida	Prazo para o RCED: em até 3 (três) dias após o último dia limite fixado para a diplomação

Quem recebe o recurso não é o mesmo órgão que julga	**Recebida a petição, intimação do requerido para resposta da petição inicial, em até 3 dias**	Quem recebe e determina a citação do requerido para defesa: juiz presidente da junta totalizadora, nas eleições municipais; TSE, nas eleições presidenciais e TRE, nas demais eleições

Não é preciso manifestação no Ministério Público nesse primeiro momento	**Após prazo de defesa, os autos são encaminhados ao órgão julgador, sem necessidade de juízo de admissibilidade**	O juiz eleitoral manda o processo para o TRE O TRE manda o processo para o TSE

O MPE, se não for o autor, deve ser cientificado do processo tão logo ele chegue ao tribunal Para a instrução, pode-se aplicar o que vimos sobre a AIRC	**Havendo instrução, ela é realizada no Tribunal que recebeu o processo para julgamento**	Relator preside a instrução

81. Nesse sentido: GOMES, José Jairo. *Op. cit.*, p. 1009.

O Ministério Público, se não for o autor, também deve ser intimado para se manifestar em dois dias	**1 dia para alegações finais de cada parte (270, §3º, CE)**	Conclusão imediata após alegações

Código Eleitoral, art. 216: Enquanto o Tribunal Superior não decidir o recurso interposto contra a expedição do diploma, poderá o diplomado exercer o mandato em toda a sua plenitude	**Decisão, que não impede exercício de mandato, caso seja recorrida**

31.6. O RCED no próximo Código Eleitoral

Até o momento, o Código Eleitoral em discussão (PLP 112/2021, texto original Senado) aborda o tema no artigo abaixo:

> **Seção III Da Ação Desconstitutiva de Diploma:** Art. 765. No prazo de 3 (três) dias a contar da data da diplomação dos eleitos, os legitimados indicados no art. 634 desta Lei poderão ajuizar ação desconstitutiva de diploma, com fundamento em **impedimentos à candidatura decorrentes de previsão constitucional, ainda que preexistentes.**
>
> Parágrafo único. A ação de que trata este artigo observará o procedimento comum previsto nesta Lei.

RCED E O CÓDIGO ELEITORAL PROJETADO

Destaques:

Abandona-se o nome "Recurso". A medida será: Ação Desconstitutiva de Diploma

As inelegibilidades infraconstitucionais não estão previstas no preceito acima

O procedimento adotado é o "procedimento comum", que estudamos no capítulo sobre Ação de Impugnação ao Registro de Candidatura, no tópico "O procedimento eleitoral comum no Código Eleitoral projetado"

32. O PODER DE POLÍCIA NA PROPAGANDA ELEITORAL

32.1. Noções sobre poder de polícia e a imparcialidade do órgão jurisdicional

A **atividade administrativa estatal** para **limitar direitos como a liberdade ou propriedade** é estudada dentro da noção de poder de polícia.[82]

82. SUNDFELD, Carlos Ari. *Direito administrativo ordenador.* São Paulo: Malheiros, 2003, p. 10.

– Mas o Estado pode limitar direitos? Ele não devia garantir direitos?

Vamos com calma. Segundo Gustavo Binenbojm:

> **Doutrina:** "O poder de polícia é a ordenação social e econômica que tem por objetivo **conformar a liberdade e a propriedade, por meio de prescrições ou induções, impostas pelo Estado** ou por entes não estatais, destinadas a promover o desfrute dos direitos fundamentais e o **alcance de outros objetivos de interesse da coletividade**, definidos pela via da deliberação democrática, de acordo com as possibilidades e os limites estabelecidos na Constituição".[83]

– Então, pelo poder de polícia, a administração pública interfere na vida das pessoas em nome de um bem comum. Mas não é sempre assim? Aliás, qual a repercussão prática de estudarmos noções teóricas de poder de polícia?

Paciência...

Primeiramente, quero apontar uma coisa: **o poder de polícia é uma noção estudada, principalmente, no Direito Administrativo**.

Para o nosso tema, o que nos importa parte da seguinte noção: **a administração pública pode agir sem provocação prévia**. É normal que isso ocorra não apenas no poder de polícia, mas na sua atuação como um todo.

Ela pode, por exemplo, alterar o sentido de uma via de trânsito ou realizar fiscalizações em estabelecimentos comerciais.

– É o que chamamos de atuação de ofício.

Isso mesmo. Aproveitando o que você pontuou, eu pergunto: o judiciário pode agir de ofício, ou seja, sem a provocação de alguém?

– Normalmente, acho que não. Isso poderia comprometer a sua imparcialidade.

O judiciário não age sem provocação, como regra.[84]

83. BINENBOJM, Gustavo. *Poder de polícia, ordenação, regulação: transformações político-jurídica, econômicas e institucionais do direito administrativo ordenador*. 2. ed. Belo Horizonte: Fórum, 2017, p. 78.

84. CPC/2015: Art. 2º O processo começa por iniciativa da parte e se desenvolve por impulso oficial, salvo as exceções previstas em lei.

Imagine se um juiz fosse atrás dos problemas de uma cidade, depois abrisse, ele mesmo, os procedimentos contra possíveis infratores da lei para apurar essas ilicitudes e aplicar as punições. Ao final, esse mesmo juiz julgaria essas ações.

– Mas isso seria um absurdo. É claro que esse juiz estaria condicionado a julgar contra essa galera, pois foi ele mesmo quem iniciou esses processos.

É exatamente por isso que **a atividade do magistrado eleitoral no poder de polícia deve ser restrita, ocorrendo apenas para alguns aspectos relacionados à propaganda eleitoral.**

O juiz eleitoral não pode, por exemplo, aplicar multa no exercício do poder de polícia.

> **Enunciado n.º 18 da Súmula do TSE:** Conquanto investido de poder de polícia, não tem legitimidade o juiz eleitoral para, de ofício, instaurar procedimento com a finalidade de impor multa pela veiculação de propaganda eleitoral em desacordo com a Lei nº 9.504/97.

– Explica mais isso, por favor.

Prometo que em algum momento deste capítulo você vai perceber isso claramente.

É importante pontuar agora o seguinte: **contra ilícitos graves que podem, por exemplo, resultar em cassação do mandato, registro ou gerar inelegibilidade, o juiz não pode agir de ofício**. Não há previsão para poder de polícia nessas situações.

Para os casos acima, é preciso que os legitimados das diversas ações eleitorais possíveis em campanha provoquem a atividade jurisdicional. Até o cidadão ou cidadã podem provocar a atividade eleitoral mediante canais disponíveis que submetem denuncias ao MPE para providências.

– Mas, então, a atividade do juiz eleitoral contra os ilícitos de propaganda é limitada? Ele vai ficar vendo as coisas erradas acontecendo na cidade e não vai fazer nada? Justamente nos casos acima mais graves não se faz nada? É o fim do mundo, viu...

Eu não disse nada isso!

O que ocorre é que o Judiciário como um todo não exerce, normalmente, poder de polícia. **Na seara eleitoral, quando isso ocorre, deve ser**

apenas nas situações previamente autorizadas por lei. Principalmente nas ações que causam perda de mandato ou inelegibilidade a decisão precisa ser irretocável e a imparcialidade deve ser preservada. São julgados que restringem direitos políticos. Isso é muito sério.

Quando há informações de que ilicitudes estão ocorrendo, mas são hipóteses que **não autorizam o exercício de poder de polícia – leia-se, atuação sem provocação da Justiça Eleitoral** – deve-se informar o Ministério Público Eleitoral para que ele possa tomar as providências cabíveis, podendo pedir medidas junto ao respectivo juízo eleitoral, inclusive com a possibilidade de apoio policial.

– Estou quase aceitando.

Quando alguma coisa está errada na sua cidade, quem você procura, o juiz?

– Não. Eu procuro a polícia ou o Ministério Público, por exemplo.

Então, por qual motivo, na seara eleitoral, se houver um crime eleitoral acontecendo, ou uma compra de voto, ou um abuso do poder econômico ou conduta vedada, você vai procurar o juiz eleitoral?

Nos acontecimentos em campanha não autorizadores do poder de polícia o juiz eleitoral é impedido de agir sem provocação, pois, muito provavelmente, será ele o órgão julgador desse fato. **Nesses casos mais graves, ele pode, e deve, tomar providências, mas apenas a partir da provocação dos legitimados das ações eleitorais, como o Ministério Público Eleitoral**.

– Entendi! Faz sentido. Mas, afinal, quando é possível o exercício do poder de polícia pela Justiça Eleitoral?

Vamos adiante.

32.2. O poder de polícia na atividade eleitoral

Uma coisa importante para pontuar é a seguinte: a propaganda eleitoral regular não deve ser cerceada.

Veja a Lei das Eleições, art. 41:

> **Art. 41. A propaganda exercida nos termos da legislação eleitoral não poderá ser objeto de multa nem cerceada sob alegação do exercício do**

> **poder de polícia** ou de violação de postura municipal, casos em que se deve proceder na forma prevista no art. 40.
>
> [...]
>
> § 2º **O poder de polícia se restringe às providências necessárias para inibir práticas ilegais**, vedada a censura prévia sobre o teor dos programas a serem exibidos na televisão, no rádio ou na Internet.

– Estou vendo ali: poder de polícia para inibir práticas ilegais...

A identificação de **irregularidades na propaganda eleitoral** pode justificar a atuação do juiz eleitoral no exercício do poder de polícia. Confira:

PODER DE POLÍCIA E JUSTIÇA ELEITORAL (LE, ART. 41)
Durante as eleições, o magistrado eleitoral responsável pela fiscalização da propaganda eleitoral pode tomar providências necessárias para inibir **propaganda eleitorais em descordo com as prescrições legais** É o exercício do poder de polícia pelo juiz eleitoral
▶ **Atividade administrativa realizada pela Justiça Eleitoral para fiscalizar e impedir propaganda eleitoral em desacordo com a legislação eleitoral, normalmente nos aspectos formais, incluindo o modo ou meio de veiculação da propaganda**

– Exemplos! Nem precisava pedir.

Nossa, que atrevida. Se não estivéssemos na última parte do livro eu ia repensar essa nossa parceria acadêmica...

– Que absurdo!

Foco!

Para saber exemplos, basta relembrar o que estudamos sobre as regras de propaganda eleitoral. Aliás, nesse capítulo eu até citei exemplos.

– Não lembro mais não... Ainda estou sentida com o que o professor falou.

Drama, drama...

Veja um caso simples: é proibida propaganda eleitoral em bens públicos, como postes públicos. No exercício de poder de polícia, em uma atividade administrativa fiscalizatória, o magistrado pode **determinar a**

imediata remoção dessa propaganda, mesmo que ninguém tenha reclamado sobre isso.

– A cidade fica muito feia mesmo em período de campanha. Mas como é que o juiz fica sabendo dessas irregularidades?

Uma das maneiras para isso é por canais de denúncia que são disponibilizados durante as eleições. Nos últimos pleitos, foi utilizado um aplicativo chamado Pardal.

Durante a corrida eleitoral, há a indicação de **servidores para atuarem como fiscais de propaganda eleitoral**, realizando constatações, de ofício ou a pedido, de irregularidades relacionadas à propaganda, para que o magistrado decida se é caso ou não de agir no poder de polícia ou determinar que o Ministério Público se manifeste sobre a irregularidade para agir a partir dessa manifestação.[85]

– Mas então os fiscais constatam a propaganda irregular e já corrigem o que está errado?

Calma. Veremos aspectos do procedimento mais na frente. Antes, vamos concluir as informações sobre o poder de polícia.

A limitação do poder de polícia é apontada na Lei das Eleições.

O conteúdo de uma propaganda eleitoral não deve ser objeto de medidas pelo juiz, sem provocação, no fundamento do exercício do poder de polícia.

Em propaganda no horário eleitoral gratuito no rádio e TV, por exemplo, não cabe censura prévia e o conteúdo das propagandas não pode ser previamente questionado.

85. Importante relembrar que a equipe de fiscalização de irregularidade de propaganda eleitoral não deve agir na investigação e combate aos ilícitos graves, em ações de investigação ou ações da política judiciária, como busca e apreensão. Nesse sentido, a Corregedoria do TRE-CE, por exemplo, em provimento sobre as rotinas do poder de polícia para as eleições de 2020 no âmbito do TRE dispôs que: "É vedado aos servidores dos cartórios eleitorais e aos fiscais de propaganda realizar diligências com o fim específico de apurar infrações penais ou participar de operações de competência exclusiva das forças policiais, ainda que a requerimento dos interessados ou do Ministério Público Eleitoral" (Art. 10, § 4º, Provimento CRE-CE Nº 10/2020).

LIMITES AO PODER DE POLÍCIA (ART. 41, §2º, LE)

"O poder de polícia se restringe às providências necessárias para inibir práticas ilegais, **vedada a censura prévia sobre o teor dos programas a serem exibidos na televisão, no rádio ou na internet**"

- **Medidas mais drásticas, como alguns casos de busca e apreensão, investigação sobre abusos, estabelecimento de multas, não ocorrem no exercício do poder de polícia, mas dentro das ações eleitorais que combatem ilícitos, como as representações especiais ou a AIJE**

– Onde encontro artigos sobre isso na legislação?

Além da Lei das Eleições, a Res. TSE 23.610/2019, que trata da propaganda eleitoral e ilícitos em campanha, também cuida do poder de polícia, nos artigos 6º a 8º, principalmente a partir da Lei das Eleições, por voltar do art .41.

REVISÃO IMPORTANTE

Para entender o limite de atuação do poder de polícia, vale a pena revisar o tópico "Forma, modo de veiculação e conteúdo da propaganda" no capítulo "Propaganda Eleitoral"

32.3. Legitimidade e competência para o exercício de poder de polícia

– Além da atuação de ofício, quem pode pedir o exercício de poder de polícia?

Observe:

QUEM PODE PEDIR O EXERCÍCIO DO PODER DE POLÍCIA?

Partidos, coligações, federações, candidatas, candidatos e Ministério Público Eleitoral

Qualquer pessoa pode provocar uma atuação fiscalizatória da Justiça Eleitoral relacionada à propaganda eleitoral por ferramenta específica

Nas últimas eleições, a Justiça Eleitoral vem utilizando um sistema de denúncia por site ou aplicativo chamado de Pardal

Quem denuncia pode pedir sigilo e as ferramentas disponibilizadas não podem violar a LGPD

Cidadãs e cidadãos devem realizar a denúncia pelas ferramentas disponibilizadas, normalmente, virtualmente. Além disso, não é qualquer tipo de irregularidade que autoriza a movimentação do aparato estatal. As manifestações devem apontar provas ou indícios do que se quer combater.

– Deviam aceitar tudo.

Imagine alguém que queira tumultuar e chamar a atenção da equipe de fiscalização para um evento que não existe, deslocando essas pessoas para um local, enquanto uma irregularidade está ocorrendo em outro totalmente diverso.

– Entendi. Então não devem aceitar qualquer coisa mesmo não.

Candidatas, candidatos e órgãos partidários podem fazer o pedido pelas ferramentas processuais normais ou outra que eventualmente seja disponibilizada para a eleição.

Em relação ao destinatário da ordem, o exercício do poder de polícia **pode incidir em quem não participa da corrida eleitoral**, como empresas de comunicação, particulares, provedores de aplicativo etc.

Os pedidos de providência devem ser **apreciados pelo juiz eleitoral competente, nos termos seguintes**:

QUEM EXERCE O PODER DE POLÍCIA[86]
Juiz eleitoral ou juiz designado Tribunais (TRE e TSE) não exercem Poder de Polícia (ou seja, não é decisão colegiada) **LE, Art. 41. § 1º: "O poder de polícia sobre a propaganda eleitoral será exercido pelos juízes eleitorais e pelos juízes designados pelos tribunais regionais eleitorais"** Em eleições federais, por exemplo, não é o TRE quem exerce essa atribuição, mas os juízes designados para tanto
Poder de polícia na internet:
Eleições gerais: um ou mais juízes com **designação pelo tribunal** que cuida do registro do respectivo candidato **Eleições municipais: juiz eleitoral do município**
▸ **Havendo mais de juiz eleitoral em um mesmo município, verificar qual deles será designado pelo respectivo TRE**

86. Res. TSE 23.610/19, arts. 6º e 8º. LE, art. 41.

32.4. Poder de polícia em instituições de ensino superior

– O que acontece se alguém fizer uma denúncia que não é sobre propaganda?

E se alguém denunciar, por exemplo, que está ocorrendo o uso de carros da prefeitura em campanha?

Excelente pergunta.

Se isso acontecer, a denúncia deve ser encaminhada ao Ministério Público Eleitoral que poderá pedir as providências necessárias para cessar o ilícito.[87]

Após provocação, caberá ao magistrado decidir se, efetivamente, trata-se de hipótese para se fazer cessar o ilícito. Nesse caso, não estará mais agindo no poder de polícia, mas na atividade judicante, por provocação. Poderá, inclusive, pedir auxílio de força policial.

– E se a denúncia é de algo que está acontecendo em uma universidade? Lembro que falamos algo sobre isso.

Sim, já conversamos sobre o assunto, mas é interessante retomar essa discussão sobre a possibilidade de poder de polícia em instituições de ensino superior. Leia:

> **§ 10, da Res. TSE 23.610/19 (Resolução sobre Propaganda):**
>
> O art. 37 da Lei nº 9.504/1997 **não autoriza a prática de atos judiciais ou administrativos** pelos quais se **possibilite, determine ou promova o ingresso de pessoas agentes públicas em universidades públicas e privadas**, o recolhimento de documentos, a interrupção de aulas, debates ou manifestações de docentes e discentes universitários, a atividade disciplinar docente e discente e a coleta irregular de depoimentos dessas cidadãs e desses cidadãos pela prática de manifestação livre de ideias e divulgação do pensamento nos ambientes universitários ou em equipamentos sob a administração de universidades públicas e privadas e serventes a seus fins e desempenhos. (ADPF nº 548/DF, DJe de 9.6.2020).

– Lembro disso. Esse artigo 37 trata da propaganda em bem de uso comum ou assemelhados, né?

87. Nesse sentido, vale a leitura do art. 497, do CPC, aplicável ao caso. Veja discussão sobre isso no capítulo sobre Condutas Vedadas aos agentes públicos, no tópico: "Período de ocorrência do ilícito e período de ajuizamento da representação".

Isso mesmo.

Conforme eu disse, quando conversamos sobre o tema no capítulo referente à propaganda eleitoral, **quando o STF tornou inconstitucional, justamente no contexto eleitoral, a "prática de atos judiciais ou administrativos pelos quais se possibilite, determine ou promova o ingresso de agentes públicos em universidades públicas e privadas [...]"[88], dentre outras medidas, esvaziou o poder de polícia em propaganda eleitoral nessas instituições.**

O magistrado que, porventura, queira determinar ações dentro de universidades ou faculdades no fundamento do poder de polícia precisará justificar, em sua decisão, por qual motivo ela não viola a conclusão do STF na ADPF 548/DF.[89] Além disso, deverá refletir sobre os efeitos práticos de sua decisão, caso determine o ingresso de servidores, mesmo com aparato policial, nessas instituições. A segurança dos envolvidos precisa ser levada em consideração.

> – Entendi. Muito tenso. Mas, Minami, e se os professores estiverem usando da coisa pública em campanha?

Isso é outro problema. Retornamos à sua primeira pergunta. Esse comportamento pode ser enquadrado como conduta vedada aos agentes públicos e já conversamos sobre isso na parte 7 do livro.

32.5. Poder de polícia em irregularidades na *internet*

Propagandas pela *internet* não podem sofrer ações do poder de polícia em relação ao seu conteúdo.

> – Mesmo se for caluniosa a propaganda? Não se faz nada? Que absurdo...

Eu não disse isso, apressada. Eu disse que **não pode poder de polícia. O magistrado deve esperar provocação**. Leia:

> **Res. TSE 23.610/19:** Art. 7º O juízo eleitoral com atribuições fixadas na forma do art. 8º desta Resolução somente poderá determinar a imediata retirada de conteúdo na internet **que, em sua forma ou meio de veiculação, esteja em desacordo com o disposto nesta Resolução**.

88. STF. ADPF 548/DF. Res. Min. Carmen Lúcia. DJE 09/06/2020.
89. Nos termos do art. 489, § 1º, do CPC.

§ 1º Caso a irregularidade constatada na internet **se refira ao teor da propaganda, não será admitido o exercício do poder de polícia**, nos termos do art. 19 da Lei nº 12.965/2014;

§ 2º Na hipótese prevista no § 1º deste artigo, **eventual notícia de irregularidade deverá ser encaminhada ao Ministério Público Eleitoral.**

– Entendi. O Ministério Público, por exemplo, pode pedir medidas contra a irregularidade relacionada ao conteúdo...

Isso mesmo. E não se esqueça de que, no capítulo sobre Propaganda Eleitoral, discutimos a diferença entre forma e conteúdo da propagada eleitoral.

No próximo capítulo, veremos alguns aspectos procedimentais sobre propaganda irregular na internet que podem ser aplicadas ao poder de polícia nessa modalidade de propaganda.

32.6. Aspectos procedimentais relacionados ao poder de polícia em matéria eleitoral

Não há um procedimento detalhado para o exercício do poder de polícia na Lei das Eleições ou na resolução sobre propaganda eleitoral (Res. TSE 23.610/19), mas é possível elencar etapas que devem ser observadas nesse tipo de atuação.

A depender de como essa atividade é provocada, e das circunstâncias do fato apresentado, podem existir diferenças mínimas na maneira de proceder, mas o ideal é que as premissas abaixo sejam observadas em qualquer situação:

REGRAS GERAIS
Oportunizar a manifestação do requerido, ainda que *a posteriori*
A constatação pela equipe de fiscalização sempre é aconselhável, antes, para verificar se a denúncia procede, e depois, para verificar se houve regularização
O MPE sempre é cientificado, mesmo em denúncias arquivadas de pronto, para as medidas que entender cabíveis
Celeridade e simplicidade procedimental
▶ **A atuação de ofício, sem antes oportunizar a correção da irregularidade pelo denunciado, deve ser excepcional**

– Então eu sempre espero pelo candidato, para que ele mesmo remova a irregularidade? Mas e se ele não fizer nada ou demorar? A coisa errada vai perdurar! Eu não concordo com isso não...

Eu não disse isso. Se há um *outdoor* de candidato na avenida principal da cidade, por exemplo, esperar pelo próprio denunciado é permitir que uma grave irregularidade permaneça surtindo efeitos indevidamente.

Aqui, o exercício do poder de polícia deve ser imediato e sem a manifestação prévia do requerido. Outro exemplo: atuações imediatas podem ser necessárias em irregularidades pela internet.

Mas isso não pode ser a regra geral. **A atuação de ofício por magistrado, mesmo no poder de polícia, deve ser excepcional.**

▸ **Em resumo, o exercício do poder de polícia deve ser fiscalizado, célere e regido pela proporcionalidade e pelo contraditório**

Vamos, agora, especificar as situações mais comuns relacionadas aos aspectos procedimentais do exercício do poder de polícia.

1. **Situações que não autorizam o exercício do poder de polícia:**

PEDIDO DE PROVIDÊNCIAS SEM FUNDAMENTO OU INDICAÇÃO DE INDÍCIOS MÍNIMOS, OU EM SITUAÇÕES QUE NÃO SÃO DE PROPAGANDA, MAS DE OUTROS ILÍCITOS
Arquivamento de pronto Encaminhamento ao MPE, para ciência e eventuais providências
▸ **O arquivamento não exclui a possibilidade de representação específica para a situação apontada no pedido**

2. **Situações que autorizam o exercício do poder de polícia:**

PEDIDO POSSUI FUNDAMENTO OU INDÍCIOS MÍNIMOS
Auto de constatação prévio (a depender da situação) **Conclusão para o magistrado para verificar se é caso de providências imediatas** O requerido pode ser chamado a se manifestar antes ou depois da decisão pelo magistrado, a depender da situação **Decisão pode ser pela correção da irregularidade pelo próprio requerido em 48h** Constatação posterior, se não foi a própria equipe de fiscalização que atuou contra a irregularidade Encaminhamento ao MPE, para ciência e providências, se ele não é o autor do pedido

3. Situações que autorizam o exercício do poder de polícia imediatamente:

EXERCÍCIO DO PODER DE POLÍCIA SEM PROVOCAÇÃO OU APÓS PEDIDO FUNDAMENTADO EM SITUAÇÕES GRAVES
Determinação de medidas contra a irregularidade (com ou sem constatação prévia, a depender do caso)
Cientificação do requerido para manifestação (prazo sempre exíguo)
Encaminhamento ao MPE, para ciência e providências, se ele não é o autor do pedido
▸ **A atuação sem provocação externa deve ser excepcional**

– Agora eu entendi tudo. Em todas as situações acima, o Ministério Público recebe o procedimento e verifica se é caso de aplicação de multa. Se for essa a situação, ele ingressa com a representação específica. Mas não cabe ao magistrado aplicar essa multa de ofício. Finalmente eu entendi aquela súmula 18 do TSE.

Eu disse que você iria entender.

Uma observação: para ingressar com a representação fundada em propaganda ilícita, um dos requisitos é a **demonstração de que o candidato sabia, ou tinha como saber do ilícito questionado**. Uma das formas de demonstrar isso é pela inercia ou atraso do candidato ou candidata em agir após tomar conhecimento de algo errado em sua campanha em notificações que surgem na fase do exercício do poder de polícia. Veja:

> **Prévio conhecimento:**
>
> LE, Art. 40-B. A representação relativa à propaganda irregular deve ser instruída com prova da autoria ou do prévio conhecimento do beneficiário, caso este não seja por ela responsável.
>
> Parágrafo único. A responsabilidade do candidato estará demonstrada se este, **intimado da existência da propaganda irregular, não providenciar, no prazo de quarenta e oito horas, sua retirada ou regularização** e, ainda, se as circunstâncias e as peculiaridades do caso específico revelarem a impossibilidade de o beneficiário não ter tido conhecimento da propaganda.

Vamos adiante.

32.7. Cuidados extras no exercício do poder de polícia

O juiz eleitoral precisa analisar os recursos disponíveis, materiais e humanos, para a realização da medida determinada no exercício do poder de polícia. Em cidades menores, não costuma haver quantitativo de pessoal suficiente ou estrutura material ou de recursos humanos para a realização da ordem, como veículos ou apoio policial.

– É só eu usar o meu carro (se eu tivesse carro, né).

Se o seu carro é avariado por alguém da campanha, algum cabo eleitoral mais aguerrido, quem irá ressarcir você?

Além dos recursos disponíveis, é preciso verificar as consequências da ordem. Se houver a determinação de busca e apreensão, por exemplo, é preciso que se analise onde o material apreendido ficará depositado e sob a responsabilidade de quem. Deve-se pensar no espaço físico disponível, quem irá arcar com eventual perecimento do bem, se a medida não irá atrapalhar atos de eleição...

– Desculpa, Minami, mas eu tenho que interromper... Como é que as ações dos servidores, cumprindo ordens do juiz, ou mesmo uma simples busca e apreensão, vão atrapalhar uma eleição?

Em zonas eleitorais de cidades do interior (a maioria do Brasil), há um grande problema de quantitativo de pessoal e de espaço.

Há casos em que há apenas um ou dois servidores para cuidar de todos os assuntos de eleição do município e, às vezes, de mais de um município. O excesso de diligências pode comprometer ações importantes de eleição, como a convocação e treinamento de mesários, simulados de eleição, preparação das urnas e locais de votação. O servidor precisa, ainda, realizar os expedientes nos demais processos: registro de candidatos, prestação de contas e demais procedimentos com consequências graves, como a cassação ou inelegibilidade.

– Entendi. E como o espaço físico disponível é relevante para a realização da eleição?

Muitas zonas eleitorais do interior não possuem espaço adequado para, por exemplo, receber as urnas que deverão ser armazenadas nas dependências físicas da própria unidade eleitoral e prepararas para o pleito.

Há, ainda, o recebimento, nesses locais, dos materiais necessários para uma eleição, como os cadernos de votação, cabinas de urnas, materiais das seções eleitorais etc. Ocupar os poucos espaços físicos disponíveis com cartazes ou bandeiras apreendidas é inviabilizar ações realmente importantes para a própria realização da eleição. E ainda há o risco de incêndio quando se aglomera material apreendido de campanha, normalmente papeis e plástico. Não costuma haver em zonas menores algo como uma comissão interna de prevenção de acidentes...

– E se a apreensão for de um carro de som, por exemplo? Acho que aí não tem problema, porque o bem vai ficar fora da unidade...

É muito questionável se a Justiça Eleitoral pode realizar busca e apreensão de bens dos envolvidos na corrida eleitoral, ou mesmo de terceiros, como carros, motos ou aparelhagem de som, por exemplo, que não são materiais de campanha, mas propriedade privada.

Os tribunais precisam refletir sobre essa situação, não apenas do ponto de vista jurídico, como também prático. Além do problema do espaço físico sobre o qual eu falei, é preciso perquirir sobre quem responderá civilmente no caso de extravio do bem. Carros de som, por exemplo, são bens muito caros. Quem se responsabilizará por eventual extravio?

– Desisto. A coisa é mais séria do que eu pensei. Mas então como é que fica? Não se faz nada porque não há gente nem estrutura?

Eu não disse isso. Problema estrutural é algo comum nos órgãos públicos brasileiros. Apenas estou apontando as especificidades da seara eleitoral. São questões que precisam ser pontuadas para que a reflexão venha e, aos poucos, soluções sejam implementadas.

– Concordo, professor. Não se discute sobre o que não se conhece, ne. Mas o professor não aponta nenhuma solução... fica difícil.

É preciso analisar cada caso para pontuar soluções. Mas há algo que não custa nada e pode ajudar em situações de poder de polícia: criatividade. Estamos acostumados a pensar nas mesmas formas para combater o ilícito como, por exemplo, busca e apreensão.

– Por seja criativo e me dê um exemplo de como combater propaganda irregular de forma diferente.

Confira:

> **Estudo de caso:** em determinada eleição, uma zona eleitoral recebeu a denúncia de cavaletes em praças públicas sem a veiculação dos requisitos legais e em tamanho acima do que se permitia na época (atualmente, não é mais possível cavalete de propaganda em praças). Eram muitos cavaletes e não havia carros grandes para a realização de busca e apreensão, pessoal para isso e nem espaço para armazenar esses cavaletes. A equipe de fiscalização, com autorização do juiz eleitoral, confeccionou um gabarito em madeira, uma guia de pintura em uma plaquinha de compensado pequena (40cmx40cm) com os dizeres: "Propaganda Irregular – Justiça Eleitoral". A equipe então usou essa guia para "pintar" essa expressão (Propaganda Irregular), com um spray de tinta lavável, em algumas dessas propagandas, pela cidade. Os partidos rapidamente souberam da situação e, para não ficar com propagandas expostas com os dizeres "propaganda irregular", mandaram rapidamente as suas equipes para recolher todas as propagandas irregulares da cidade. Em menos de 24 horas o município estava sem esse tipo de propaganda irregular. Nenhuma busca e apreensão havia sido feita.

– Muito bacana. Mas não era mais fácil usar adesivos com esses dizeres de "propaganda irregular" nesses cavaletes?

Quem já atuou em situações como essa sabe que os adesivos são removíveis facilmente ou descolam sozinhos.

– Desisto. Você pensou em tudo. Podemos ir adiante.

32.8. Poder de polícia no Código Eleitoral projetado

O poder de polícia está previsto no Código Eleitoral em debate, o PLP 112/2021, nos artigos 560 e 561. Veja o *caput* do art. 560:

> Art. 560. A propaganda exercida nos termos da legislação eleitoral não poderá ser objeto de multa nem cerceada sob alegação do exercício do poder de polícia ou de violação de postura municipal, bem como não poderá ser proibida por intermédio de termos de ajustamento de conduta ou instrumentos assemelhados.

Além do que foi visto, há uma previsão expressa de que "o mandado de segurança é a via jurisdicional cabível contra atos comissivos e omissivos praticados pelo juiz eleitoral no exercício do poder de polícia" (art. 570, § 3º).

Outro ponto curioso, é a previsão de proibição de propaganda "por intermédio de termos de ajustamento de conduta ou instrumentos assemelhados".

33. REPRESENTAÇÃO FUNDADA EM PROPAGANDA ELEITORAL IRREGULAR

33.1. Breve introdução: escolhendo a medida processual adequada

Um aviso: este capítulo complementa aquele sobre Propaganda Eleitoral que consta na parte 6 do livro.

Para agir bem em propaganda eleitoral é preciso revisar toda aquela conversa, em especial, o tópico "Propaganda irregular, propaganda criminosa, abuso do poder econômico, político ou dos meios de comunicação".

– Não tem como revisar nada aqui?

No que diz respeito aos aspectos processuais das representações fundadas em propaganda irregular, vamos rever algumas coisas, antes de ir adiante.

Veja abaixo o panorama legal da **propaganda regular**. Ela **não autoriza a representação deste capítulo nem poder de polícia**:

PROPAGANDA REGULAR
Atende aos requisitos exigidos por lei e **é irrepreensível em sua forma e conteúdo**
▶ **Tratamento legal**
É especialmente protegida pela legislação
Constitui crime eleitoral o ato de inutilizar, alterar ou perturbar meio de propaganda devidamente empregado[90]
Não poderá ser objeto de multa nem cerceada sob alegação do exercício do poder de polícia ou de violação de postura municipal (art. 41 da Lei das Eleições)

90. Veja, no Código Eleitoral: Art. 331. Inutilizar, alterar ou perturbar meio de propaganda devidamente empregado: Pena - detenção até seis meses ou pagamento de 90 a 120 dias-multa; Art. 332. Impedir o exercício de propaganda: Pena - detenção até seis meses e pagamento de 30 a 60 dias-multa.

Eis o tratamento legal da **propaganda irregular**, ou seja, que **autoriza a representação fundada em propaganda ilícita** e **pode merecer poder de polícia**:

PROPAGANDA IRREGULAR
Não atende aos parâmetros estabelecidos pela legislação eleitoral
▸ **Tratamento legal**
É sobre a **propaganda irregular, na sua forma ou modo de veiculação,** que o juiz eleitoral exerce o poder de polícia Autoriza a representação relativa à propaganda irregular, vista a seguir A representação pode ser sobre o conteúdo (exemplo: propaganda mentirosa)

Por fim, eis o tratamento de **situações graves que não devem ser confundidas com propaganda eleitoral irregular** e nem combatidas com a representação deste capítulo:

EXEMPLOS DE ILÍCITOS CÍVEIS ELEITORAIS GRAVES
Captação ilícita de sufrágio (compra de voto), condutas vedadas aos agentes públicos, ilícitos nas finanças da campanha, abusos do poder político, econômico ou do uso dos meios de comunicação
▸ **Tratamento legal**
A depender do caso, são objeto, principalmente, das seguintes medidas: Representação contra ilícitos financeiros em campanha (30-A, 9.504/97), captação ilícita de sufrágio (41-A, 9.504/97) e condutas vedadas a agentes públicos (73 e ss, 9.504/97) Ação de Investigação Judicial Eleitoral (AIJE) (arts. 19 e 22 da LC 64/90) Ação de impugnação ao mandato eletivo (AIME) (art. 14, § 10, CF/1988)
▸ **As consequências das ações acima são graves, como a cassação de registro e do diploma, podendo gerar, inclusive, inelegibilidade pela LC 64/90**

– Ou seja, não adianta tentar ingressar com medidas processuais para combater propaganda eleitoral irregular, sem antes saber se o caso é mesmo de propaganda...

Entendeu tudo. Simples assim.

– Perfeito! Podemos continuar.

33.2. Previsão normativa e alguns aspectos gerais: um procedimento que evita fase probatória

O procedimento das representações relativas à propaganda irregular **é bem enxuto** e está previsto na Resolução do TSE n. 23.608/2019.[91]

– O que é "procedimento enxuto"?

Há, pontualmente, previsão para a correção de defeitos menores, como a juntada de procuração.[92] A produção de provas não é tão comum.

– Mas, então, não cabe produção de provas? E se o caso de propaganda irregular for complexo?

Se o caso for complexo a ponto de merecer uma etapa de produção de provas mais robusta, provavelmente, não se trata de uma situação de propaganda eleitoral irregular.

Se for necessária, por exemplo, uma instrução em processo de propaganda para analisar veiculações indevidas reiteradas pela internet, talvez o caso seja de abuso no uso dos meios de comunicação ou de abuso do poder econômico. Para essas situações, as medidas cabíveis são outras.[93]

Há precedente afirmando a incompatibilidade de, por exemplo, perícia, nesse tipo de procedimento.

PRECEDENTE SOBRE PRODUÇÃO DE PROVAS EM REPRESENTAÇÃO POR PROPAGANDA

"[...] conforme assentado na decisão fustigada, não merece acolhimento a preliminar de cerceamento de defesa, uma vez que a realização de perícia é incompatível com a ritualística das representações regidas pela Lei n° 9.504/97, cuja celeridade não comporta o deferimento da providência requerida"[94]

Mas, ao fim e ao cabo, caberá ao magistrado analisar a necessidade de produção probatória, pelo menos do que diz respeito à identificação

91. Dispõe sobre representações, reclamações e pedidos de direito de resposta previstos na Lei nº 9.504/1997 para as eleições.
92. Veja: art. 14, Res. TSE 23.608/2019: "constatado vício de representação processual do autor, o juiz eleitoral ou juiz auxiliar determinará a respectiva regularização no prazo de 1 (um) dia, sob pena de extinção do processo sem resolução do mérito".
93. Veja a parte do livro que trata dos ilícitos que podem acontecer durante a campanha.
94. TSE. REspe nº 93359, Acórdão, Rel. Min. Luiz Fux, DJE 16/02/2016.

de responsáveis por veiculações indevidas em propaganda eleitoral na internet.

O fato é que a petição inicial em propaganda deve trazer o maior número de elementos possíveis para a análise do órgão julgador. Nesse sentido, veja as lições de José Jairo Gomes:

> **Doutrina:** "Sobre a prova, em princípio, deve ser pré-constituída, acompanhando a petição inicial e a contestação. Só se realiza audiência de instrução para a produção de provas imprescindíveis que não poderiam acompanhar aqueles atos".[95]

Há outro detalhe para apontar.

Na resolução que citei acima, há um dispositivo que determina a prioridade de tramitação dos feitos relacionados à propaganda.[96]

– Faz sentido. É tudo tão rápido na campanha.

Não é tão simples. **O magistrado precisa ter cuidado na escolha das prioridades.** Pode ocorrer de partidos ou coligações provocarem uma série de representações de propaganda irregular apenas para atrasar ou inviabilizar a instrução ou julgamento de processos eleitorais com repercussões mais graves, como a AIJE ou algumas das representações especiais fundadas, por exemplo, nos artigos 41-A ou 73 e seguintes da Lei das Eleições.

– Entendi. Sempre pensar em tudo, e não apenas em um aspecto apenas do processo eleitoral.

Isso mesmo. Você está pegando o espírito da coisa.

95. GOMES, José Jairo. *Op. cit.*, p. 620.
96. Art. 5º Os pedidos de direito de resposta e as representações por propaganda eleitoral irregular em rádio, televisão e internet tramitarão preferencialmente em relação aos demais processos em curso na Justiça Eleitoral (Lei nº 9.504/1997, art. 58-A).

33.3. Período possível para a representação por propaganda

Há três marcos temporais para as representações por propaganda.

Momento de ocorrência da irregularidade	Observações
Propaganda que acontece antes do período permitido, ou seja, antes do dia 16 de agosto do ano da eleição[97]	Possível representação por propaganda antecipada Veja os artigos 36 e 36-A, da Lei das Eleições, e o capítulo sobre Propaganda Eleitoral
Propaganda irregular que acontece durante o período permitido de propaganda	Pode ser questionada, normalmente, até o dia da eleição
Derrama de material de campanha na véspera e dia da eleição	É possível representação até 48 horas após a data do pleito

– Essa derrama de material é o que causa aquele tapete de santinhos em locais de votação, né?

Isso mesmo. As representações contra esse tipo de ilícito podem ser propostas em até 48 horas até a data do pleito. Confira:

> **Res. TSE 23.608/19, art. 17-A.** As representações consubstanciadas por derramamento de material de propaganda no local de votação realizado na véspera ou no dia da eleição poderão ser ajuizadas até 48 (quarenta e oito) horas após a data do pleito.

E não podemos esquecer que propaganda em dia de eleição é crime. A conduta acima ainda pode ensejar a apuração do crime previsto no inciso III, § 5º, art. 39, da Lei nº 9.504/1997.

33.4. Petição inicial e procuração

A petição inicial nas representações por propaganda observa, no que couber, o art. 319, do CPC.

– Não entendi "no que couber".

97. Art. 36, LE: "(a) propaganda eleitoral somente é permitida após o dia 15 de agosto do ano da eleição".

Não há, por exemplo, valor da causa.

Além dos aspectos gerais, há outros específicos. Veja abaixo.

PETIÇÃO INICIAL[98]

Deve ser instruída, sob pena de não conhecimento:

- Com **prova da autoria ou do prévio conhecimento** do beneficiário da propaganda, a não ser nos casos em que esse fato seja presumido nos termos da legislação eleitoral
- Em propaganda irregular no rádio e na televisão, é preciso a **informação de dia e horário em que ela foi exibida**, além da **respectiva transcrição** da propaganda ou trecho impugnado
- Se for manifestação em ambiente de internet, é **necessário identificar o endereço da postagem (URL ou, caso inexistente esta, URI ou URN), data, hora**[99] **e a prova de que a pessoa indicada para figurar como representado é o seu autor**

– Sei que já vimos umas duas vezes o que é prévio conhecimento, mas acho que esqueci novamente.

A regra é que o candidato só seja responsabilizado se sabia da propaganda irregular e nada fez contra ela. Veja o artigo abaixo da Lei das Eleições:

PRÉVIO CONHECIMENTO

Art. 40-B. A representação relativa à propaganda irregular deve ser instruída com prova da autoria ou do prévio conhecimento do beneficiário, caso este não seja por ela responsável.

Parágrafo único. **A responsabilidade do candidato estará demonstrada se este, intimado da existência da propaganda irregular, não providenciar**, no prazo de quarenta e oito horas, **sua retirada ou regularização** e, ainda, **se as circunstâncias e as peculiaridades do caso específico revelarem a impossibilidade de o beneficiário não ter tido conhecimento da propaganda**.

– Entendi. Então, se ele é notificado e retira a propaganda, tudo está resolvido.

Nem sempre. Há situações nas quais, mesmo com a retirada da propaganda, ainda ocorre a aplicação da multa. Vimos isso no caso de propaganda em *outdoor* e assemelhados. O ilícito gera a determinação de

98. LE, art. 96, §1º; Res. TSE 23.608/19, art. 17.
99. A data e a hora não constam no art. 17 da citada resolução, mas são informações importantes para a individualização da propaganda.

retirada imediata e multa. É preciso sempre conferir com cuidado as consequências legais.

– E me diz um exemplo de "circunstâncias e peculiaridades do caso que revelam a impossibilidade de o beneficiário não ter tido conhecimento da propaganda".

Acho que já falei algo sobre isso. Imagine um *outdoor* na mesma avenida do comitê principal de campanha. Como dizer que o candidato não sabia? Aqui, pode-se entender que o prévio conhecimento é presumido.

Outra hipótese na qual há uma presunção dessas diz respeito à derrama de material de campanha em local de votação em véspera e dia de votação. Confira:

> **Art. 19, Res. TSE 23.610/19**
>
> § 8º A caracterização da responsabilidade do candidato [...] não depende de prévia notificação, bastando a existência de circunstâncias que revelem a impossibilidade de o beneficiário não ter tido conhecimento da propaganda.

É comum entender-se que o candidato e sua equipe devem se responsabilizar pelo seu material de campanha de forma que se uma quantidade enorme de santinhos é encontrada em locais de votação, isso indica uma "circunstância que revela a impossibilidade de o beneficiário não ter tido conhecimento da propaganda".

33.4.1. Arquivamento de procuração

– Uma vez me disseram que era possível ao advogado não apresentar procuração na Justiça Eleitoral. Acho que isso não existe, né professor.

O que acontece é o seguinte. Durante uma corrida eleitoral, é possível que ocorram muitas representações propostas pelos mesmos legitimados (partidos, coligações, federações, candidatos) ou contra as mesmas pessoas.

É por isso que há a previsão do art. 13, da Res. TSE 23.608/19:

> Art. 13. É facultado a candidatos, partidos políticos, coligações, emissoras de rádio e televisão, provedores de aplicações de internet, demais veículos de comunicação e empresas e entidades realizadoras de pesquisas

eleitorais **requerer o arquivamento, em meio físico, na instância de origem, de procuração outorgada a seus advogados, com poderes gerais para o foro e para receber citações.**

§ 1º A faculdade a que se refere o caput deste artigo é aplicável apenas para fins de representação judicial do outorgante **nas representações fundadas no art. 96 da Lei nº 9.504/1997**, nas reclamações e nos pedidos de direito de resposta.

§ 2º A procuração deverá conter os endereços de e-mail e números de telefones com aplicativo de mensagens instantâneas.

§ 3º Será juntada aos autos cópia digitalizada da procuração, certificando-se o arquivamento na instância de origem.

– Faz sentido! Acho que se ganha um tempo danado com isso, né?

Exato!

Mas, atenção! O arquivamento de procuração não está previsto para ações com consequências graves, como a AIJE, AIME e as representações especiais.

33.5. Legitimidade, competência e tramitação eletrônica da representação

O art. 3º, da Res. TSE n. 23.608/2019, apresenta a legitimidade e a competência para as representações de propaganda:

LEGITIMIDADE ATIVA
Partido político, coligação partidária, federação partidária, candidata e candidato, Ministério Público Eleitoral
▸ **Quem está coligado não pode representar sozinho** ▸ **Quem participa de federação, também não**

– E o cidadão comum?

Pode realizar denúncias nos canais específicos que são disponibilizados em todas as eleições e, sendo caso de representação, o MPE deve promovê-la.

Sobre a competência, atenção para as peculiaridades:

APRECIAM AS REPRESENTAÇÕES, RECLAMAÇÕES E PEDIDOS DE DIREITO DE RESPOSTA:

Eleições municipais: o juiz eleitoral Havendo mais de um no município, verificar qual deles será designado pelo respectivo TRE[100]
Nas demais eleições, as representações são direcionadas:[101] Ao TSE, na eleição presidencial e aos TRE´s nas eleições federais, estaduais e distritais, **mas elas são apreciadas por juízes auxiliares designados pelos tribunais na forma da lei**[102]

– Mas, então, se o caso é de propaganda irregular em campanha para presidente, mas a irregularidade é feita na minha cidade do interior, eu preciso protocolar a representação no TSE, e não no juízo eleitoral desta cidade?

Exato..., **mas não se esqueça de que é tudo por meio eletrônico, pelo sistema Processo Judicial Eletrônico (PJe), o que facilita o peticionamento.**

– Mas e se eu quero providências de poder de polícia contra uma propaganda de presidente ou governador irregulares na minha cidade do interior. Eu preciso pedir providências ao Tribunal Regional Eleitoral ou ao Tribunal Superior Eleitoral?

Não é assim. Acabamos de ver que **tribunal não exerce poder de polícia. São juízes eleitorais ou juízes designados pelos tribunais que realizam essa atividade.**

Estudo de caso:

Se na sua cidade do interior há uma violação à propaganda eleitoral de governador ou presidente, por exemplo, e é preciso uma atuação do poder de polícia, é o juiz eleitoral competente para providências em propaganda eleitoral daquele município que deve agir nesse sentido.

100. "(O) juiz que exerce a jurisdição eleitoral no município e, naqueles com mais de uma zona eleitoral, os juízes eleitorais designados pelos respectivos tribunais regionais eleitorais até 19 de dezembro do ano anterior à eleição" (Lei nº 9.504/1997, art. 96, § 2º).

101. Art. 3º, Res. TSE 23.608/19.

102. "(Os) juízes auxiliares, que deverão ser designados pelos tribunais eleitorais dentre seus integrantes substitutos, em número de 3 (três), até o dia 19 de dezembro do ano anterior à eleição" (Lei nº 9.504/1997, art. 96, § 3º).

Mas, **no caso acima, esse juiz não é competente para as representações sobre propaganda.**

Por isso, após as medidas de poder de polícia vistas no capítulo passado, esse procedimento administrativo é encaminhado ao Ministério Público Eleitoral para deliberar sobre a propositura de representação perante o juízo competente, se for o caso.

– E eu já sei contra quem é possível a representação fundada em propaganda irregular: a coligação e o candidato. E, agora, acho que contra essa tal de federação.

Muita calma aqui.

Lembra a **regra de ouro** para identificar legitimação passiva?

– Verificar quem pode sofrer as consequências da medida nos termos da lei...

Isso mesmo. No caso de propaganda eleitoral, eis a legitimação passiva:

LEGITIMIDADE PASSIVA
Candidato, coligação, federação partidária e **todos os que possam ter descumprido a legislação eleitoral sobre o tema** e **que podem sofrer as consequências disso**
Em representações sobre divulgação indevida na internet, **não se coloca, em regra, no polo passivo, os provedores de aplicação ou de conteúdo**, embora eles possam ser oficiados para cumprir determinações judiciais para informar dados ou remover conteúdos (Res 23.608/19, art. 17, § 1º-B)

– Exemplo de terceiro não candidato que pode ser legitimado, please.

Vimos que a legislação eleitoral proíbe *outdoor*. Além de partido, candidato etc., a empresa responsável também é instada a retirar a propaganda indevida. E ela também deve pagar a multa pela infração.

Também os meios de comunicação, cidadãos não candidatos, empresas de pesquisa etc., são outros casos de terceiros que podem ser acionados em temas de propaganda.

– Entendi. Muito lógico tudo isso.

Em relação à coligação partidária, há um detalhe: havendo condenação, não são todos os partidos da coligação que devem responder, solidariamente, por eventual multa aplicada, mas apenas o partido da coligação do respectivo candidato:

Lei das Eleições (9.504/97)

Art. 6º É facultado aos partidos políticos, dentro da mesma circunscrição, celebrar coligações para eleição majoritária.

§ 5º A responsabilidade pelo pagamento de multas decorrentes de propaganda eleitoral é solidária entre os candidatos e os respectivos partidos, **não alcançando outros partidos mesmo quando integrantes de uma mesma coligação.**[103]

– Mas por qual motivo não se ingressa com a representação apenas contra o candidato e o seu partido?

Porque se esse partido estiver coligado, deixa de atuar sozinho durante a campanha (LE, art. 6º, § 4º).[104]

33.6. Prazos e comunicação de atos

Como a corrida eleitoral é muito, muito dinâmica, há várias peculiaridades que diferenciam as representações eleitorais das demais ações não eleitorais. Veja abaixo os quadros.

CONTAGEM DE PRAZOS (ARTS. 7º E 8º, RES. TSE 23.608/2019)
Prazos **contínuos e peremptórios e não se suspendem aos sábados, domingos e feriados, entre 15 de agosto do ano da eleição e as datas fixadas no calendário eleitoral** "(o)s dias do começo e do vencimento do prazo serão protraídos para o primeiro dia seguinte se coincidirem com dia em que o expediente forense for encerrado antes ou iniciado depois da hora normal ou houver indisponibilidade da comunicação eletrônica (art. 224, § 1º, do CPC)"
▶ **Se o PJe não estiver funcionando na data de vencimento de prazo de ato a ser praticado eletronicamente, ele é prorrogado para o dia seguinte**

103. No mesmo sentido, veja o art. 241 do Código Eleitoral.

104. Parece estranha essa situação de partido do candidato respondendo patrimonialmente por condenação em processo que tramitou contra a coligação e não contra ele. Ficam de fora da responsabilidade pelo pagamento da multa: a própria coligação e os demais partidos que a compõem. Ou seja: a execução incide sobre patrimônio de quem não consta na decisão. Isso é possível se houver previsão legal para tanto. É o caso aqui. Trata-se de fato bem comum no processo civil não eleitoral e estudado no campo da responsabilidade patrimonial. Em todo o caso, no momento de executar, "[...] geralmente, deve-se oportunizar ao responsável que se manifeste a respeito de sua legitimidade *anteriormente* a qualquer medida constritiva que venha a se realizar sobre seus bens" (SIQUEIRA, Thiago Ferreira.

– Lembro que conversamos sobre isso no capítulo sobre "Contagem de prazos e comunicações processuais" em época de campanha ... Não para nem domingo! A coisa é tensa mesmo. Mas pode ser, por exemplo, qualquer hora do domingo ou feriado? Acho que não falamos disso.

Há um artigo específico para cuidar disso. Veja abaixo.

HORÁRIO DAS COMUNICAÇÕES (ART. 9º, RES. TSE 23.608/2019)
Comunicações processuais ordinárias: das 10 às 19 horas, salvo determinação em sentido diverso
Decisões de concessão de tutela provisória: comunicadas das 8 às 24 horas, salvo determinação em sentido diverso

33.6.1. Citação nas representações por propaganda

Um detalhe curioso é o seguinte: na representação por propaganda irregular, a citação de alguns sujeitos pode ser feita de maneira eletrônica.

– Por e-mail?

Não, de forma mais célere ainda. Para isso, a Justiça Eleitoral deve receber, por meios diversos, informações dos sujeitos envolvidos na corrida eleitoral:

▶ Momento para informar dados para comunicações processuais, **inclusive e-mail e número de telefone com aplicativo de mensagem para recebimento de intimações ou citações**	
Candidata, candidato, partidos, coligações ou federações	No registro de candidaturas
Veículos de comunicação, provedores de aplicativo de internet, empresas que realizam pesquisa eleitoral	Até o dia 20 de julho do ano da eleição, independentemente de intimação, em meio físico ou eletrônico, indicando também o seu representante legal, podendo indicar procurador com ou sem poderes para receber citação, juntando a procuração respectiva (art. 10, Res. TSE 23.608/2019)[105]

A responsabilidade patrimonial no novo sistema processual civil. São Paulo: Editora Revista dos Tribunais, 2016, p. 199, destaque no original).

105. Eis o complemento do artigo citado: "§1º É facultado às pessoas referidas no caput deste artigo optar por receber exclusivamente pelo e-mail informado à Justiça Eleitoral as notificações para cumprimento de determinações administrativas e de ordens judiciais em feitos nos quais não sejam parte. § 2º Não exercida a faculdade prevista no § 1º, as notificações

– Que barato. Então pode haver, por exemplo, citação até por WhatsApp? E não apenas de partidos e candidatos, mas dos meios de comunicação. Bacana...

Sim. Esses dados são muito úteis para a realização de eventual citação. Ganha-se um tempo enorme. Mas há um período específico para essa forma mais ágil de comunicação. Veja:

CITAÇÃO POR MENSAGEM INSTANTÂNEA (ART. 11, RES. TSE 23.608/2019)
Entre 15 de agosto a 19 de dezembro do ano eleitoral
Possível para: candidatos, candidatas, partidos, federações, coligações e todos os que indicaram dados à Justiça Eleitoral para essa finalidade
▶ **Não sendo possível, sucessivamente por e-mail, por correspondência e pelos demais meios previstos no Código de Processo Civil**

– Que barato. Então as comunicações vão ocorrer de maneira bem célere.

Mas e se o partido, coligação ou emissora fizerem como algumas pessoas fazem quando recebem uma mensagem pelo WhatsApp e não confirmarem esse recebimento.

A Res. TSE 23.608/2019, pensou nisso. Os candidatos, partidos etc. devem acessar constantemente os meios de contato informados no registro de candidaturas. Sobre a necessidade de confirmação de recebimento, veja abaixo:

VALIDADE DAS INTIMAÇÕES REALIZADAS POR MENSAGEM INSTANTÂNEA E E-MAIL
Pela confirmação de entrega ao destinatário da mensagem ou e-mail no número de telefone ou endereço informado pelo partido, pela coligação ou pelo candidato, **dispensada a confirmação de leitura**[106]

nele referidas serão realizadas, sucessivamente, por mensagem instantânea, por e-mail e por correio, nos números e endereços informados. § 3º Na hipótese de as pessoas referidas no caput não atenderem ao disposto neste artigo, as intimações e as citações encaminhadas pela Justiça Eleitoral serão consideradas como válidas no momento de sua entrega na portaria da sede da empresa, não se aplicando o disposto no art. 11, I, desta Resolução".

106. Res. TSE 23.608/2019, art. 12: "§ 3º Não será prevista ou adotada intimação simultânea ou de reforço por mais de um meio, somente se passando ao subsequente em caso de

– E se o citando não é nenhuma das pessoas acima? Se for um particular?

Daí, segue-se o CPC. Caberá ao autor, no mais das vezes, indicar quem é essa pessoa na petição inicial e seus dados.

33.6.2. Mural eletrônico e comunicações nas representações

No segundo capítulo deste tópico discutimos o que é o Mural Eletrônico.

Nas representações fundadas em propaganda eleitoral o mural também é utilizado:

INTIMAÇÃO PELO MURAL ELETRÔNICO[107]

De 15 de agosto a 19 de dezembro do ano eleitoral	
Como a comunicação é válida?	Pela disponibilização
Quem pode ser intimado assim?	Advogados e partes que, validamente citadas ou chamadas ao processo, deixarem de constituir advogado
Quais requisitos?	A identificação das partes e do processo e, quando constituídos, dos advogados
E se não der certo?	As intimações serão realizadas sucessivamente por mensagem instantânea, por e-mail e por correspondência

– Não me lembro de uma coisa: até o Ministério Público é cientificado assim?

Veja:

frustrada a realizada sob a forma anterior. § 4º Considera-se frustrada a intimação apenas quando desatendidos os critérios referidos no § 2º deste artigo, incumbindo aos partidos políticos, coligações e candidatos acessar o mural eletrônico e os meios informados em seu registro de candidatura para o recebimento de citações, intimações, notificações e comunicações da Justiça Eleitoral. § 5º As intimações por meio eletrônico previstas neste artigo não se submetem ao disposto no art. 5º da Lei nº 11.419/2006".

107. Art. 12 e §§, Res. TSE 23.608/2019.

INFORMAÇÕES ADICIONAIS SOBRE COMUNICAÇÕES PROCESSUAIS
No período citado acima, o Ministério Público Eleitoral será intimado por expediente no Processo Judicial Eletrônico (PJe)[108]
Os acórdãos proferidos nas representações serão publicados em sessão de julgamento, passando a correr, dessa data, os prazos recursais para as partes e para o Ministério Público Eleitoral

33.7. Resumo do procedimento das representações fundadas em propaganda irregular

O procedimento das representações por propaganda irregular consta na Res. TSE 23.608/19, entre os artigos 17 e 21.

Abaixo, seguem as etapas devidamente explicadas.

REPRESENTAÇÕES FUNDADAS EM PROPAGANDA IRREGULAR
Atenção! Instruções do quadrograma abaixo: os quadros cinzas devem ser lidos primeiro
Eles bastam, se estiver com pressa, ou só quiser revisar

Petição inicial recebida	Deve relatar fatos, indicar provas, indícios e circunstâncias Deve acompanhar prova de autoria, prévio conhecimento e, sendo o caso, transcrição do que se impugna ou indicação dos dados de postagem impugnada

Citação do representado **2 dias para contestar**	Citação imediata do representado ou do seu advogado, havendo procuração arquivada com poderes para receber citação **Citação ocorre, de preferência, por meio eletrônico**

Antes da citação, é possível decisão liminar pelo magistrado	**Possível tutela provisória para, por exemplo, determinar a remoção da propaganda indevida imediatamente**	Essa decisão interlocutória, concedendo ou negando a tutela provisória, não é recorrível imediatamente (não cabe agravo) Ela pode **ser questionada em preliminar de contestação ou nas alegações finais, desde que requerido isso,** para nova análise na hora da decisão final

108. O sistema deve marcar a abertura automática e imediata do prazo para o MPE (Res. TSE 23.608/19, art. 12, §7º).

Há casos em que o próprio Ministério Público Eleitoral é autor da representação Nessas hipóteses, não há necessidade de sua intimação para parecer (Res. 23.608, art. 19)	**Após defesa, ou decorrido o prazo, intimação do MPE, se ele não for o representante, para parecer, em 1 dia**	Após o prazo de 1 dia, mesmo sem manifestação, o processo é concluso ao juiz eleitoral ou juiz auxiliar

Após o prazo do MPE, o juiz deve decidir Em caso de procedência da representação, é preciso indicar "de modo preciso o que, na propaganda impugnada, deverá ser excluído ou substituído pelos partidos políticos e pelas coligações" (Res. TSE 23.608/19, art. 21) É preciso dar ciência às emissoras de rádio e televisão, às empresas jornalísticas e aos provedores de aplicações de internet, conforme o caso	**Decisão pelo juiz que deve ser publicada em 1 dia, contado do dia seguinte à conclusão**

33.8. Etapa recursal em representação de propaganda eleitoral

Como a maioria das ações eleitorais, a representação por propaganda pode começar em juiz eleitoral ou diretamente em tribunal eleitoral, a depender do caso. Quando a decisão é em tribunal, é tomada por juiz auxiliar, e não em colegiado.

Cada situação dessas inaugura um regime recursal específico, mas com algo em comum: apenas **1 dia para recurso, com contrarrazões no mesmo prazo**. Vamos analisar cada uma delas.

33.8.1. Recurso de decisão por juiz eleitoral em representação em propaganda

Veja o fluxograma abaixo, relacionado à decisão em representação que trata de propaganda eleitoral decidida por juiz eleitoral (propaganda de prefeito, vice e vereadores):

Art. 22 e seguintes, Res. TSE 23.608/19:

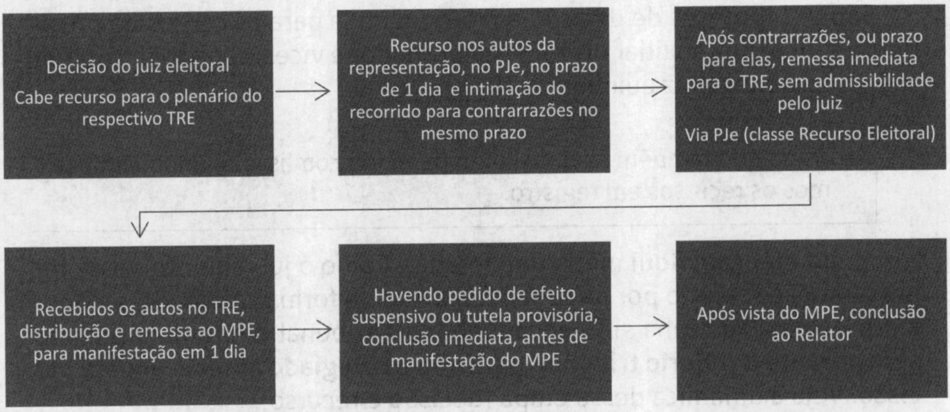

– Muito parecido com o que vimos na parte recursal do registro de candidaturas né.

Sim. Ali é a base do que estamos vendo aqui.

O relator pode julgar, monocraticamente, nos casos abaixo.

Art. 24, Res. 23.608/19:

1: **Não conhecimento** do recurso inadmissível, prejudicado ou que não tenha impugnado especificamente os fundamentos da decisão recorrida.

2: **Negar provimento** ao recurso que for contrário a súmula do STF, do TSE ou de tribunal superior ou a acórdão dessas cortes em julgamento de recursos repetitivos.

3: **Dar provimento** ao recurso se a decisão recorrida for contrária a súmula do STF, do TSE ou de tribunal superior ou acórdão dessas cortes em julgamento de recursos repetitivos,

Não sendo o caso de decisão monocrática, o relator **apresenta o caso para julgamento em 2 dias,** independentemente de publicação de pauta, contados da conclusão dos autos (Lei nº 9.504/1997, art. 96, § 9º).

33.8.2. Recurso de decisão por juiz auxiliar em representação em propaganda

Se a representação eleitoral foi julgada por juiz auxiliar o procedimento recursal consta no art. 25 e seguintes da Res. TSE 23.608/19.

São as hipóteses de decisão em propaganda para os cargos de presidente e vice (juiz auxiliar do TSE) e governador e vices; senador e suplentes e deputados (juiz auxiliar do TRE).

– Acho que também já vimos algo parecido com isso quando estudamos os recursos em registro.

Muita atenção! Aqui muda um detalhe. Como o julgamento nessa representação foi feito por juiz sozinho, e não de forma colegiada, embora a representação tenha sido encaminhada a tribunal eleitoral, **o recurso será perante o próprio tribunal, para que o colegiado aprecie aquela decisão**. Veja a dinâmica dessa etapa (decisão e recurso).

Art. 25, Res. 23.608/19:

Decisão por juiz auxiliar
Recurso para o plenário do tribunal eleitoral respectivo, no prazo de 1 dia
1 dia para contrarrazões

→ Após contrarrazões, ou prazo para elas, conclusão ao relator que deve apresentá-lo para julgamento pelo colegiado em 2 dias

→ Pode haver sustentação oral pelos advogados nos termos do regimento
Acórdão com publicação em sessão

– Por qual motivo aqui não tem decisão monocrática antes de submeter o recurso para o colegiado?

Porque já houve decisão monocrática no tribunal. Foi justamente decisão do juiz auxiliar. O que ser, agora, é saber se o colegiado concorda ou não.

– É complicado, mas faz sentido. E desse acórdão, cabe recurso?

Se for acórdão do TRE, veja abaixo.

Art. 26, Res. 23.608/19:

Acórdão do TRE: cabe Recurso Especial Eleitoral para o TSE em 3 dias nas hipóteses constitucionais

→ Contrarrazões em 3 dias
Conclusão para o presidente do TRE para admissão ou não do REspe em 3 dias

→ Admitido o recurso, remessa ao TSE
No TSE, remessa ao MPE para parecer em 3 dias

→ Conclusão ao relator

O relator pode julgar, monocraticamente, nas mesmas hipóteses vistas no tópico passado. Não sendo situação de decisão monocrática, ele então apresenta o caso para julgamento em 2 dias, independentemente de publicação de pauta, contados da conclusão dos autos (Lei nº 9.504/1997, art. 96, § 9º)

– Mas é em qualquer hipótese que autoriza esse Recurso Especial para o TSE? Seria uma terceira instância?

Não. O estudo detalhado do cabimento de Recurso Especial Eleitoral não será visto nesta edição do livro. Mas a premissa legal para o REspe é o art. 121, § 4º da CF. Para os casos em propaganda o cabimento fica muito reduzido. Em tese, talvez apenas caiba nas hipóteses seguinte:

> **CF/1988, art. 121:** § 4º Das decisões dos tribunais regionais eleitorais somente caberá recurso quando:
>
> I - forem proferidas contra disposição expressa desta Constituição ou de lei;
>
> II - ocorrer divergência na interpretação de lei entre dois ou mais tribunais eleitorais;
>
> [...]

Se o acórdão é do TSE, cabe Recurso Extraordinário (RE) para o STF, quando a decisão declarar a invalidade de lei ou contrariar a Constituição Federal. O prazo é de 3 dias. Esse recurso não é encaminhado imediatamente do TSE para o STF. Após prazo de contrarrazões de 3 dias, o recurso é encaminhado ao Presidente do TSE para análise de admissibilidade.

Por fim, veja os enunciados de súmula cabíveis ao tema e que eu apontei quando estudamos a fase recursal no capítulo sobre escolha e registro de candidatos.

33.9. Cuidados em caso de propaganda em ambiente de *internet*: individualização, *deepfakes*, anonimato e remoção de conteúdo

Alguns cuidados são necessários para se questionar propagandas realizadas pela *internet*. **O primeiro deles é a individualização da propaganda e do responsável por ela.** Confira:

INDIVIDUALIZAÇÃO DA PROPAGANDA E RESPONSÁVEL[109]
Indicar o endereço da postagem (URL ou URI ou URN) e a prova de que o representado é seu autor ou autora
► **É possível, e recomendável, a juntada de áudio, imagem e/ou vídeo da propaganda impugnada**

A legislação não estabelece uma forma específica para comprovação da postagem questionada. A regra é a liberdade na realização da prova pré-constituída desse fato:

> **Res. 23.610/19, art. 17, § 2º:** A comprovação da postagem [...] pode ser feita por qualquer meio de prova admitido em Direito, não se limitando à ata notarial, cabendo ao órgão judicial competente aferir se ficou demonstrada a efetiva disponibilização do conteúdo no momento em que acessada a página da internet.

– Mas se juntar gravação de imagem ou áudio não tem como o acusado dizer que não fez, né?

Não é tão simples. **Atualmente, há vários sites e programas que conseguem produzir imagens e sons falsos**. É possível, por exemplo, que você assista a um vídeo manipulado. Existem tecnologias cada vez mais avançadas para enganar o público em geral, inclusive pessoas que se consideram mais esclarecidas. São as *deepfakes*, uma nova geração das *fake news*, como bem coloca Diogo Rais.

Ele explica que *deepfake* (ou falsificação profunda em tradução livre) "[...] significa um **modo profundo e refinado de propagação de desinformação, por meio de vídeos, em sua grande maioria de personalidades, cuja imagem e áudio são adulterados com o intuito de manipular a população**". [110]

– Então, eu posso ver um vídeo, por exemplo, do professor falando alguma coisa, mas, na verdade, foi outra pessoa que armou aquilo?

Isso mesmo. Diogo Rais apresenta um exemplo disso em campanha:

109. Res. TSE 23.608/19, art. 17, III.

110. RAIS, Diogo; SALES, Stela Rocha. "Fake news, deepfake e eleições" In: *Fake News: a conexão entre a desinformação e o direito/* Coordenação: Diogo Rais. 2 ed. São Paulo: Thomson Reuters Brasil, 2020, p. 28.

> **Exemplo doutrinário:** "[...] um vídeo falso, de uma autoridade brasileira, convocando a população para não sair de casa por uma ameaça à saúde pública, como o coronavírus, na véspera das eleições. A população brasileira estaria apta a discernir o conteúdo enganador do vídeo? Esse discurso teria capacidade de influenciar o pleito?"[111]

Preciso reforçar uma informação. **Não apenas vídeos, mas sons e imagens podem ser simulados para enganar o público em geral.**

– Que coisa! Não podemos mais nem confiar nos próprios olhos ou ouvidos.

Infelizmente, não.

Outro ponto delicado em campanha pela internet ocorre quando não é possível identificar, de imediato, quem é o autor da propaganda na *internet*. A legislação apresenta o que fazer nesse caso.

PROVIDÊNCIAS EM CASOS DE PROPAGANDA EM AMBIENTE DE INTERNET[112]
"Desconhecida a autoria da propaganda, a petição inicial poderá ser endereçada genericamente contra o responsável, desde que requerida liminarmente diligência para a identificação deste e fornecidos os elementos indispensáveis para a obtenção dos dados, sob pena de indeferimento da petição inicial"

Mas preste atenção: mesmo sem saber quem é o responsável por determinada propaganda, é possível agir para removê-la.

Cuidados na decisão que determina remoção de conteúdo em ambiente de internet[113]
A ordem judicial deve fixar **prazo razoável**, não inferior a 24 horas e deve conter, sob pena de nulidade, URL, URI ou URN[114], a depender da situação
▶ Devem ser observados os limites técnicos de cada provedor de aplicação de internet

111. RAIS, Diogo; SALES, Stela Rocha. Op. cit., p. 30.
112. Res. TSE 23.608/19, art. 17, III.
113. Res. TSE 23.608/19, art. 17, § 1º-A.
114. Normalmente, será indicada a URL, sigla em inglês que significa Uniform Resource Locator, ou localizador uniforme de recursos ou, simplesmente, endereço de página de internet (de forma bem simplificada). Quando o magistrado, por exemplo, acessar esse endereço, verá se não ocorreu a remoção ou modificação da propaganda questionada.

– Não entendi isso de "requerer diligências para identificar o responsável". E também não sei se entendi bem como se procede para pedir remoção de conteúdo na internet.

Vou abrir um tópico para cada dúvida sua.

33.9.1. Localização de usuário não identificável imediatamente

O fato de não haver identificação imediata do autor da postagem (um perfil do Facebook identificado apenas com um apelido, por exemplo), não autoriza, por si só, a retirada de conteúdo. Veja:

> Res. 23.610/19, art. 38, § 2º A ausência de identificação imediata do usuário responsável pela divulgação do conteúdo **não constitui circunstância suficiente para o deferimento do pedido de remoção de conteúdo da internet.**

Mas se o conteúdo é mesmo ilícito, sendo o autor imediatamente identificado ou não, é possível que se determine a retirada.

– Se a publicação é feita em perfil com nome falso, isso equivale a publicação anônima?

Não necessariamente.

Uma Publicação em um perfil do Facebook, por exemplo, que tenha sido veiculada como de autoria de alguém chamado @ProfessorChato, só será considerada anônima se, depois de algumas providências possíveis para determinar quem é esse @ProfessorChato, mesmo assim ele não seja identificado.

São as providências previstas na Res. 23.610/19, art. 40, a partir do Marco Civil da Internet (Lei 12.965/14). Para explicar o procedimento, precisamos só saber algumas coisas.

De forma super simplificada, **quando alguém se conecta, o faz por algo que é conhecido como endereço IP**. É um código com números ou letras e números.[115]

115. Res. TSE 23.610/19, art. 37: III - endereço de protocolo de internet (endereço IP): o código numérico ou alfanumérico atribuído a um terminal de uma rede para permitir sua identificação, definido segundo parâmetros internacionais

Eu posso afirmar que, de certa forma, o **endereço IP** liga o aplicativo que eu usei para publicar algo, como o Facebook, e que é chamado de **provedor de aplicação**, com o serviço que me permite navegar, chamado de **provedor de conexão** (MinamiNet, por exemplo).

> **Res. TSE 23.610/19, art. 37:**
>
> XVII - provedor de conexão à internet: a pessoa jurídica fornecedora de serviços que consistem em possibilitar o acesso de seus consumidores à internet
>
> XVIII - provedor de aplicação de internet: a empresa, organização ou pessoa natural que, de forma profissional ou amadora, forneça um conjunto de funcionalidades que podem ser acessadas por meio de um terminal conectado à internet, não importando se os objetivos são econômicos

A partir do **endereço eletrônico** da página acessada, como, por exemplo: "www.facebook/nunseiquela", com o dia e hora, eu começo a levantar dados que me permitam identificar o endereço IP usado por quem postou.

– Porque eu só consigo me conectar com esse endereço IP.

Isso. A partir desses registros de conexão, talvez eu consiga encontrar o autor da postagem desconhecida.[116]

– Mas como é isso na prática?

Calma!

Quem se achou prejudicado por uma postagem, mas não consegue identificar imediatamente quem a fez, pode **fazer um pedido ao magistrado para acesso aos dados que, tanto os provedores de conexão, como os provedores de aplicação, possuem.**

116. Nas lições de João Lordelo: "os registros de conexão conservam dados como o endereço IP atribuído ao usuário, a data e o horário da conexão, a duração da designação e o número da conta do usuário. O descumprimento das regras relativas à conservação desses dados poderá sujeitar o provedor a sanções que variam desde a advertência até a proibição de exercício de atividades" (TAVARES, João Paulo Lordelo Guimarães. "O regime jurídico das provas digitais no direito brasileiro" *In. Revista de Processo.* Vol. 316/2021. São Paulo: Revistas dos Tribunais, 2021. Edição Digital).

PEDIDO DE DADOS

Fundamento legal	Art. 40, Res. TSE 23.610/19: A parte interessada poderá, com o propósito de formar conjunto probatório em processo judicial, em caráter incidental ou autônomo, requerer ao juiz eleitoral que ordene ao responsável pela guarda o fornecimento dos dados constantes do art. 39 desta Resolução (Lei nº 12.965/2014, art. 22).
Legitimados	**Quem pede:** prejudicado **Quem é acionado:** principalmente provedores de aplicação e provedores de conexão (eles não precisam constar no polo passivo da demanda)[117]
Requisitos do pedido[118]	Fundados indícios da ocorrência do ilícito de natureza eleitoral Justificativa motivada da utilidade dos dados solicitados para fins de investigação ou instrução probatória Período ao qual se referem os registros A identificação do endereço da postagem ou conta em questão (URL ou, caso inexistente, URI ou URN)
▶ **A ausência de identificação imediata do usuário responsável pela divulgação do conteúdo não constitui circunstância suficiente para o deferimento liminar do pedido de quebra de sigilo de dados (§2º, art. 40, Res. TSE 23.610/19)**	

– Mas se eu só sei o endereço eletrônico "www.facebook/nunseiquela", eu só sei o provedor de aplicação. O que eu faço com essa informação?

Vou usar as lições do professor João Paulo Lordelo para me ajudar.[119]

Se houve uma publicação eleitoral indevida, **a partir do endereço da página onde a publicação está disponibilizada, juntamente com a hora e dia da verificação da postagem, pode-se proceder como informado no quadrograma abaixo.**

117. Res. TSE 23.610/19, art. 40, § 4º: Nos casos previstos no caput deste artigo, os provedores indicados no art. 39 desta Resolução podem ser oficiados para cumprir determinações judiciais, sem que sejam incluídos no polo passivo das demandas, nos termos do § 1º-B do artigo 17 da resolução deste Tribunal que regula representações, reclamações e direito de resposta.

118. Art. 40, Res. TSE 23.610/19, incisos I a IV.

119. TAVARES, João Paulo Lordelo Guimarães. Op. cit.

COMO LOCALIZAR JUDICIALMENTE AUTOR DE POSTAGEM EM *INTERNET*

Atenção! Instruções do quadrograma abaixo: os quadros cinzas devem ser lidos primeiro
Eles bastam, se estiver com pressa, ou só quiser revisar

Publicação indevida	Postagem em rede social, por exemplo Essa rede social é o **provedor de aplicação** O **que se quer é identificar o usuário**, caso não seja possível identificá-lo na postagem

Necessário: Localizar o Endereço IP que foi utilizado para a prática da conduta	"Isso porque [...] o tráfego de dados entre um determinado usuário e um provedor de aplicações ocorre por intermédio de um endereço IP que lhe foi distribuído por um provedor de conexão à internet"[120] Duas informações importantes: **endereço IP** e **provedor de conexão**

Apresentar, no pedido, o endereço eletrônico no qual a postagem indevida é encontrada	Requerer, junto ao provedor de aplicação, a **quebra do sigilo de dados informáticos**	**Pede a quebra de sigilo de dados informáticos** para "[...] que o provedor de aplicações [...] exiba o endereço IP utilizado para a publicação de determinada mensagem, informando-se as suas circunstâncias (usuário, dia e hora)" [121]

Exemplo de provedor de aplicação: Twitter, Facebook, Instagram	Requerer também, junto ao provedor de aplicação, a **quebra de sigilo de dados pessoais**	**Pede quebra de sigilo de dados pessoais** "[...] para que esse mesmo provedor de aplicações informe as informações utilizadas pelo usuário para abrir a sua conta" [122]

Normalmente, não é o que acontece, pois quem se cadastra nos provedores de aplicação acaba utilizando dados falsos	**Se os dados pessoais do usuário são reais,** localiza-se o responsável	Com os dados do responsável, pedem-se as medidas contra ele

120. TAVARES, João Paulo Lordelo Guimarães. Op. cit.
121. TAVARES, João Paulo Lordelo Guimarães. Op. cit.
122. TAVARES, João Paulo Lordelo Guimarães. Op. cit.

O provedor de aplicação, (Facebook, por exemplo), deve indicar qual o endereço IP foi utilizado para a postagem questionada	**Se os dados não são reais,** passar para a próxima etapa: verificar o **endereço IP** informado pelo **provedor de aplicações**	Por isso que se pediu a quebra de sigilo dos dados informáticos

"Essa identificação não é difícil, na medida em que cada endereço é distribuído pela Internet Assigned Numbers Authority (IANA). Para tanto, basta inserir o número do endereço IP em uma ferramenta Whois, o que pode ser feito pelo próprio requerente. Existem diversos websites que permitem o acesso gratuito ao Whois, a exemplo daqueles que podem ser acessados pelos endereços http://registro.br (para endereços nacionais) e http://www.whois.net". [123] Na dúvida, consulte no Google: "como encontrar Provedor de Conexão a partir de endereço IP"	**Com o endereço IP, descobrir o provedor de conexão** Exemplo: com o IP informado, localizou-se o provedor MinamiNet

O requerimento junto ao Provedor de Conexão da quebra de sigilo de dados possibilita "[...] o acesso às informações cadastrais do usuário nessas empresas. Esse último passo dispensará a mediação judicial, na hipótese de o requerente ser o Ministério Público ou autoridade policial, por força do que dispõe a Lei 12.850/2013" [124]	**Pedir que o juiz determine ao provedor de conexão que informe os dados de quem acessou o IP informado**

33.9.2. Cuidados na remoção de conteúdo da internet

A remoção de conteúdo da internet deve ser vista com muito cuidado. Há uma premissa a ser observada: a menor interferência possível no debate democrático.

> **Res. TSE 23.610/19, art. 38:** "a atuação da Justiça Eleitoral em relação a conteúdos divulgados na internet deve ser realizada com a menor interferência possível no debate democrático"

– É por isso que vimos tudo aquilo sobre o poder de polícia?

123. Res. TSE 23.610/19, art. 37, III.
124. Res. TSE 23.610/19, art. 37, III.

Sim. Não pode haver ações de ofício pelo magistrado contra conteúdo de propaganda pela internet.

Veja:

> **Res. TSE 23.610/19, art. 7º [...]**
>
> § 1º Caso a irregularidade constatada na internet se refira ao teor da propaganda, não será admitido o exercício do poder de polícia, nos termos do art. 19 da Lei nº 12.965/2014;
>
> § 2º Na hipótese prevista no § 1º deste artigo, **eventual notícia de irregularidade deverá ser encaminhada ao Ministério Público Eleitoral.**

Isso não significa que não haverá medidas contra o conteúdo indevido, divulgando mentiras, por exemplo, mas não cabe ações de ofício nesse sentido.

– É por isso que se houver notícia de irregularidade o MPE é cientificado, para ele pedir as medidas que entender cabíveis?

Sim, mas, normalmente, é o ofendido, o próprio prejudicado, quem pede providências.

Mesmo assim, **o magistrado precisa fundamentar a ordem de retirada**, demonstrando as violações às regras eleitorais que autorizam medida contra a propaganda.[125]

> Res. 23.610/19, art. 38, § 1º Com o intuito de assegurar a liberdade de expressão e impedir a censura, **as ordens judiciais de remoção de conteúdo divulgado na internet serão limitadas às hipóteses em que, mediante decisão fundamentada, sejam constatadas violações às regras eleitorais ou ofensas a direitos de pessoas que participam do processo eleitoral.**

– Mas e se eu não sei imediatamente quem foi o responsável?

Apenas para remover o conteúdo, não precisa, necessariamente, saber o autor da postagem, pois a ordem pode ser direcionada ao provedor de aplicação.

Se o que se quer é a identificação dele, para outros efeitos, inclusive criminais, basta ver o tópico passado.

125. Nos termos do art. 489, § 1º, CPC/2015.

Em todo o caso, há algumas observações sobre as ordens que determinam retirada de conteúdo:

OBSERVAÇÕES RELACIONADAS À RETIRADA DE CONTEÚDO (A PARTIR DA RES. TSE 23.610/19 ART. 38, §§ 4º A 6º)	
Cuidados pelo juiz	Deve fixar prazo razoável para o cumprimento, não inferior a 24 (vinte e quatro) horas Excepcionalmente, e com justificativa, o prazo acima poderá ser reduzido Deve conter a URL e, caso inexistente esta, a URI ou a URN do conteúdo específico[126]
Cuidados pelo provedor	Deverá promover a sua remoção dentro do prazo razoável assinalado, sob pena de arcar com as sanções aplicáveis à espécie

Por fim, veja esses parágrafos do art. 38 da Res. TSE 26.610/19:

> § 7º Realizada a eleição, as ordens judiciais de remoção de conteúdo da internet não confirmadas por decisão de mérito transitada em julgado deixarão de produzir efeitos, cabendo à parte interessada requerer a remoção do conteúdo por meio de ação judicial autônoma perante a Justiça Comum.
>
> § 8º Os efeitos das ordens de remoção de conteúdo da internet relacionadas a candidatos que disputam o segundo turno somente cessarão após a realização deste.
>
> § 9º As sanções aplicadas em razão da demora ou do descumprimento da ordem judicial reverterão aos cofres da União.

34. PEDIDO DE DIREITO DE RESPOSTA

34.1. Previsão normativa e momento de propositura

O art. 31, da Res. 21.608/19, tendo como fundamento a Lei das Eleições, estabelece a **possibilidade do exercício do direito de resposta por alguém ofendido em propaganda eleitoral**. Veja:

126. Res. TSE 23.610/19, art. 37. Para o fim desta Resolução, considera-se: IX - conteúdo de internet: páginas, textos, arquivos, fotos, vídeos, ou qualquer outro elemento digital que possa ser armazenado na internet e que esteja acessível por meio de uma URI (Uniform Resource Indicator), URL (Uniform Resource Locator) ou URN (Uniform Resource Name); X - sítio hospedado diretamente em provedor de internet estabelecido no país: aquele cujo endereço (URL Uniform Resource Locator) é registrado no organismo regulador da internet no Brasil e cujo conteúdo é mantido pelo provedor de hospedagem em servidor instalado em solo brasileiro.

PREVISÃO NORMATIVA E CABIMENTO DO DIREITO DE RESPOSTA
Art. 31 A **partir da escolha** de candidatas e candidatos em convenção, é assegurado o **exercício do direito de resposta** à **candidata, ao candidato, ao partido político, à federação de partidos ou à coligação** atingidos, ainda que de forma indireta, **por conceito, imagem ou afirmação caluniosa, difamatória, injuriosa ou sabidamente inverídica,** difundidos por qualquer veículo de comunicação social (Lei nº 9.504/1997, arts. 6º-A e 58, *caput* e Lei nº 9.096/1995, art. 11-A, caput e § 8º)
▶ Momento de propositura: **a partir da escolha de candidatas e candidatos em convenção**

– Entendi. Falou mal de mim, eu tenho o direito de me defender.

Isso. O pedido de direito de resposta pode ser proposto, nos termos da lei, a partir da escolha de candidatos e candidatas na convenção.

– Mas e seu alguém falar muita mentira sobre outra pessoa mesmo antes da convenção?

Atenção. Você não pode esquecer que o pedido de direito de resposta é apenas uma forma de combater os ilícitos que eu apresentei. Esses ilícitos podem, por exemplo, ser questionados na esfera criminal e na esfera cível não eleitoral.

34.2. Cabimento

A campanha deve permitir o debate e o eleitor deve ter acesso à informação, mas **isso não significa que calúnia, difamação, injúria e mentira serão permitidos.**

Confira:

Caluniar	Atribuir a alguém indevidamente a responsabilidade de fato criminoso[127]

127. Suzana Gomes lembra, a partir de Nelson Hungria, que a falsidade ocorre não apenas quando o fato criminoso alegado não é verdadeiro, mas também quando o fato é verdadeiro, mas a pessoa acusada é inocente (GOMES, Suzana de Camargo. *Crimes eleitorais.* 4. ed. São Paulo: Editora Revista dos Tribunais, 2010, p. 148).

Difamar	Divulgar **fatos** que não sejam criminosos, mas ofendam a honra de alguém[128]
Injuriar	"Trata-se, aqui, de ofensa à honra subjetiva da vítima, isto é, o sentimento que cada um possui no que concerne à própria honorabilidade e respeitabilidade. A vítima, neste caso, é ferida em seus brios, é atacada em sua honra sem que a ofensa consista na imputação de fato criminoso (calúnia) ou imoral (imoral)"[129] "[...] na injúria não se imputa fato a outrem, havendo apenas ofensa à dignidade ou ao decoro"[130]

Em resumo, como bem apontou Edson de Resende "[...] **toda ofensa ou afirmação falsa veiculada durante a propaganda eleitoral se sujeita à resposta do ofendido**, a ser requerida à Justiça Eleitoral".[131]

– Minami, eu acho que a calúnia é algo bem objetivo e fácil de identificar, porque a legislação define o que é crime.

Mas saber o que é difamação ou injúria pode parecer fácil, mas acho que também tem um pouco de subjetividade aí, né?

Você disse tudo. Se, por exemplo, alguém diz, que determinado candidato defende o aborto, isso seria, necessariamente, uma injúria?

Por isso, analisar julgados passados pode ser uma boa forma de saber se há ou não o direito de resposta. Vamos pontuar algumas balizas para ajudar você a compreender melhor o tema.

– Adoro.

Se o **fato é inverídico, independentemente da vontade daquele que veiculou**, autoriza-se direito de resposta.

> "**Pouco importa a intenção do autor – ou o elemento subjetivo –**, pois o instituto da resposta Visa principalmente o restabelecimento da verdade, no enfrentamento à desinformação e na preservação do direito do eleitor à informação correta".[132]

128. Nas palavras de Suzana Gomes: "(t)rata-se, portanto, de conduta que ofende a honra objetiva da vítima, ou seja, a reputação, a boa fama, o valor social que detém a pessoa em seu meio [...]" (GOMES, Suzana de Camargo. Op. cit., p. 154).
129. GOMES, Suzana de Camargo. Op. cit., p. 157.
130. GOMES, José Jairo. Op. cit., p. 647.
131. CASTRO, Edson de Resende. Op. cit., p. 458.
132. CASTRO, Edson de Resende. Op. cit., p. 459.

Se houver **divergência ideológica entre candidatos**, eventuais afirmações relacionadas a essas divergências não autoriza o pedido de resposta.

> "Não há falar em direito de resposta quando o **fato atacado configurar controvérsia entre propostas de candidatos, restrita à esfera dos debates políticos**, próprio do confronto ideológico".[133]

Também já se decidiu que **usar o que o próprio adversário disse, também não autoriza o pedido de resposta.**

> "A peça publicitária impugnada, por um lado, limita-se a **compilar falas de candidato amplamente divulgadas pelos meios de comunicação social, com intuito de ressaltar seu temperamento**, em ação plenamente compatível com o debate eleitoral. [...] **A transposição dessas mesmas declarações** para o contexto das relações privadas, por meio da composição de cena fictícia, com o intuito de provocar no eleitorado uma reflexão acerca da postura e das atitudes do candidato, igualmente não consubstancia divulgação de imagem caluniosa, apta a ensejar a incidência do art. 58 da Lei das Eleições".[134]

Se o criticado é ou foi mandatário, **o desempenho de sua atuação na vida pública é algo aceitável no debate eleitoral.**

> "O ato de **questionar o desempenho dos candidatos no exercício dos cargos públicos que ocupam ou ocuparam é corriqueiro no debate eleitoral,** caracterizando crítica normal a que se submetem as personagens da vida pública".[135]

Se a alguém é imputado algum fato, **e essa pessoa foi convidada a dar a sua versão desse acontecimento, mas silenciou** nesse momento, não pode, posteriormente, ingressar com o pedido de direito de resposta.

> "Quando um veículo de comunicação narra, a partir de acusações de terceiros, a conduta desabonadora de uma pessoa pública, deve buscar a versão desta, divulgando-a como contraponto. Entretanto, **se o acusado opta por não se defender e por não participar dessa narrativa, não pode posteriormente buscar corrigir essa mesma narrativa por meio de uma intervenção da Justiça Eleitoral, sob pena de se usar o direito de resposta como um instrumento de potencialização e de valorização de uma versão em detrimento da outra**".[136]

---

133. TSE. Rp. nº 124115, Rel. Min. Admar Gonzaga, Publicado em Sessão, 25/09/2014.
134. TSE. Rp. nº 060110612, Rel. Min. Carlos Horbach, Publicado em Sessão: 27/09/2018.
135. TSE. Rp. nº 060127244, Rel. Min. Carlos Horbach, Publicado em Sessão: 27/09/2018.
136. TSE. Rp. nº 060164053, Rel. Min. Carlos Horbach, Publicado em Sessão: 25/10/2018.

34.3. Legitimidade e competência

Legitimidade ativa
Partido político, coligação partidária, federação partidária, candidata e candidato **Excepcionalmente: terceiro ofendido e partido coligado sozinho**
Legitimidade passiva
Quem veiculou a ofensa ou inverdade Meios de comunicação ou provedores de aplicação em internet que apenas veiculam a propaganda, sem controlar o conteúdo dela, não devem ser incluídos no polo passivo[137]

– Não entendi os casos de "excepcionalmente".

Nós já aprendemos que partidos coligados não podem, durante as eleições, agir sozinhos. Foi vimos a palavra "episodicamente". "Episodicamente, é como se houvesse apenas um ente, e não vários coligados"

Muito bom que tenha aprendido mesmo. Excepcionalmente, já se aceitou que partido coligado, sozinho, pudesse pedir direito de resposta:

> **Precedente:** "[...] Entendimento assentado pela ilustrada maioria, vencidos os Ministros Edson Fachin, Napoleão Nunes Maia Filho e Relator, no sentido de que, nas representações sobre direito de resposta, não se aplica o disposto no art. 6º, § 4º, da Lei nº 9.504/1997, sendo possível às agremiações coligadas atuação isolada perante a Justiça Eleitoral".[138]

E terceiro não participante da corrida eleitoral pode pedir direito de resposta **desde que tenha contra si veiculação de fato supostamente ofensivo ou falso em propaganda eleitoral gratuita no rádio e na TV.**

– Mesmo não sendo candidato? Curioso isso.

Sim, mas veja o destaque: desde que a ofensa ou inverdade tenha ocorrido em propaganda eleitoral gratuita. Leia essa lição de José Jairo:

---

137. Res. TSE 23.610/19, art. 30, § 3º: Nos casos de direito de resposta em propaganda eleitoral realizada na internet, prevista no art. 58, § 3º, IV, da Lei nº 9.504/1997, em se tratando de provedor de aplicação de internet que não exerça controle editorial prévio sobre o conteúdo publicado por seus usuários, a obrigação de divulgar a resposta recairá sobre o usuário responsável pela divulgação do conteúdo ofensivo, na forma e pelo tempo que vierem a ser definidos na respectiva decisão judicial.

138. TSE. RP nº 060092341, Acórdão, Rel. Min. Carlos Horbach, PSESS 28/08/2018.

> "Frise-se que se o postulante não for candidato nem partido político, isto é, pessoa que não participe do processo eleitoral, **a Justiça Eleitoral só examina o pedido de resposta se o evento tiver sido veiculado na propaganda eleitoral gratuita no rádio ou na televisão.** Ocorrendo na imprensa escrita ou virtual, revista periódica, ou televisão na internet, deve o ofendido postular direito de resposta perante a justiça comum. Mas sendo ofendido candidato ou partido político, em qualquer veículo de comunicação social a competência será da Justiça Eleitoral, desde que a matéria tenha relação com as eleições".[139]

Sobre a competência, atenção para as peculiaridades:

APRECIAM AS REPRESENTAÇÕES, RECLAMAÇÕES E PEDIDOS DE DIREITO DE RESPOSTA
Eleições municipais: o juiz eleitoral Havendo mais de um no município, verificar qual deles será designado pelo respectivo TRE[140]
Nas demais eleições, as representações são direcionadas:[141] Ao TSE, na eleição presidencial e aos TRE´s nas eleições federais, estaduais e distritais, **mas elas são apreciadas por juízes auxiliares designados pelos tribunais na forma da lei**[142]

– Eu acho que já vimos isso. Mas vamos adiante.

34.4. Dever de verificação da verdade

A legislação eleitoral determina que "se o pedido versar sobre a utilização, na propaganda eleitoral, de conteúdo reputado sabidamente inverídico, inclusive veiculado originariamente por terceiro" [143], **cabe ao representado demonstrar que verificou previamente, com razoável segurança (para usar as palavras da lei), a fidedignidade da informação.**

– Ou seja, para veicular ou repassar, é preciso checar a informação.

---

139. GOMES, José Jairo. *Op. cit.*, pp. 653-654. Em sentido semelhante: RAMAYANA Marcos. *Op. cit.*, p. 584.
140. "(O) juiz que exerce a jurisdição eleitoral no município e, naqueles com mais de uma zona eleitoral, os juízes eleitorais designados pelos respectivos tribunais regionais eleitorais até 19 de dezembro do ano anterior à eleição" (Lei nº 9.504/1997, art. 96, § 2º).
141. Art. 3º, Res. TSE 23.608/19.
142. "(Os) juízes auxiliares, que deverão ser designados pelos tribunais eleitorais dentre seus integrantes substitutos, em número de 3 (três), até o dia 19 de dezembro do ano anterior à eleição" (Lei nº 9.504/1997, art. 96, § 3º).
143. Parágrafo único, art. 31, Res. 23.608/19.

– É meio óbvio...

Parece óbvio, mas não é o que acontece muitas vezes, infelizmente. Em todo o caso, **na contestação, o requerido deve demonstrar que tomou a cautela acima.** Caso isso não aconteça, deverá arcar com a consequências, independentemente da vontade de ofender ou não o representado.

– Nossa. Se eu fosse advogada de candidato, eu explicaria isso bem direitinho para toda a equipe de campanha, para que tomassem cuidado no momento de veicular informações, verificando tudo antes e guardando o comprovante dessas verificações.

Excelente conselho. Vamos prosseguir.

34.5. Cuidados específicos a depender do tipo de veiculação da ofensa

O pedido de direito de resposta apresenta algumas peculiaridades, a depender do tipo de mídia utilizada para a veiculação do fato imputado como **ofensivo ou falso**.

1. **Se a resposta requerida é relativa à ofensa veiculada em órgão da imprensa escrita (Res. TSE 23.608/19, art. 32, I):**

CUIDADOS COM O PEDIDO	
Prazo	3 dias a contar da data da edição da veiculação
Instrução do pedido	Com cópia eletrônica da publicação e o texto da resposta

CUIDADOS COM A RESPOSTA, CASO DEFERIDA	
Local da divulgação da resposta	No mesmo veículo, espaço, local, página, tamanho, caracteres e outros elementos de realce usados na ofensa
Prazo da divulgação da resposta	Em até 2 dias após a decisão Se for veículo com periodicidade de circulação maior que 2 dias, na primeira oportunidade em que circular Por solicitação do ofendido, a divulgação da resposta será feita no mesmo dia da semana em que a ofensa for divulgada, ainda que fora do prazo de 2 (dois) dias Se a ofensa for produzida em dia e hora que inviabilizem sua reparação dentro dos prazos acima, a Justiça Eleitoral determinará a imediata divulgação da resposta
▸ **O ofensor deve comprovar nos autos o cumprimento da decisão**	

2. Se a resposta requerida é relativa à ofensa veiculada em programação normal de rádio e TV (Res. TSE 23.608/19, art. 32, II):

CUIDADOS GERAIS PARA O MOMENTO DO PEDIDO

Prazo	2 dias, contados a partir da veiculação da ofensa
Cuidados preliminares	Notificação imediata do responsável pela emissora que realizou o programa para que confirme data e horário da veiculação e proceda à juntada aos autos ou forneça, em 1 dia, cópia da mídia da transmissão O responsável pela emissora, ao ser notificado pela Justiça Eleitoral ou informado pelo representante, preservará a gravação até a decisão final do processo

– Nossa, quanto detalhe.

Não se preocupe. Estamos apenas começando. Mas veja que essas informações somente devem ser lidas com cuidado no momento de atuação. Para quem está apenas querendo aprender o assunto, sem preocupação imediata com aspectos práticos, nem precisa ler os quadros. Adiante!

CUIDADOS COM A RESPOSTA, CASO DEFERIDA

Local da divulgação da resposta	Aquele veiculado na decisão, normalmente no mesmo veículo da ofensa
Prazo da divulgação da resposta	Em até 2 dias após a decisão, em tempo igual ao da ofensa, nunca inferior a 1 minuto

3. Se a resposta requerida é relativa à ofensa veiculada no Horário Eleitoral Gratuito em rádio e TV (Res. TSE 23.608/19, art. 32, III):

CUIDADOS COM O PEDIDO

Prazo	1 (um) dia contado a partir da veiculação do programa
Cuidados específicos	o pedido deve especificar o trecho considerado ofensivo ou inverídico e ser instruído com a mídia da gravação do programa, acompanhada da respectiva transcrição do conteúdo

CUIDADOS COM A RESPOSTA, CASO DEFERIDA	
Local da divulgação da resposta	No horário eleitoral destinado ao partido, federação ou coligação responsável pela ofensa e deve se ater aos fatos nela veiculados
Detalhes da resposta	**Tempo igual ao da ofensa, porém nunca inferior a 1 minuto** Se o tempo do ofensor for inferior a 1 minuto, a resposta irá ao ar tantas vezes quantas forem necessárias para a sua complementação

ASPECTOS PROCESSUAIS ESPECÍFICOS RELACIONADOS AO DEFERIMENTO DA RESPOSTA EM HORÁRIO ELEITORAL GRATUITO
Intimação imediata da emissora geradora[144] e do requerido com cientificação do período diurno ou noturno para a veiculação da resposta, sempre no início do programa
Se for inserção, indicação do bloco de audiência
O meio de armazenamento com a resposta deve ser entregue à emissora geradora em até 36 horas após a ciência da decisão
A veiculação deve ocorrer no programa subsequente do requerido em cujo horário se praticou a ofensa

– Minami, e o que acontece se, na resposta que o autor desse tipo de representação apresentar, não vier nada de resposta, mas apenas ataques ou algo nada relacionado à ofensa?

Que excelente pergunta. Parece até que combinamos.

Se o ofendido é candidato, mas usou o tempo sem responder os fatos veiculados na ofensa, sofrerá a seguinte consequência (Res. TSE 23.608/19, art. 32, III, h): **terá subtraído tempo idêntico do respectivo programa eleitoral.**

Se não for candidato (terceira pessoa), ficará sujeita à suspensão de igual tempo em eventuais novos pedidos de direito de resposta e pagará multa no valor de R$ 2.128,20 a R$ 5.320,50.

Veja esses últimos detalhes sobre direito de resposta em Horário Eleitoral Gratuito:

144. Veja capítulo sobre propaganda eleitoral.

CUIDADOS ADICIONAIS (ART. 32, RES. TSE 23.608/19)

Se a **ofensa ocorrer em dia e hora que inviabilizem sua reparação dentro dos prazos estabelecidos em lei**	A **resposta será divulgada nos horários que a Justiça Eleitoral determinar**, ainda que nos 2 dias anteriores ao pleito, em termos e forma previamente aprovados, de modo a não ensejar tréplica
No caso **decisão sobre inserções comunicadas à emissora geradora até 1 hora antes** da geração ou do início do bloco	**Poderão interferir no conteúdo a ser transmitido**
No caso **decisão sobre inserções comunicadas à emissora geradora com menos de 1 hora antes** da geração ou do início do bloco	As decisões **somente poderão ter efeito na geração ou nos blocos seguintes**
Se a **geradora seja é comunicada de decisão proibindo trecho da propaganda entre a entrega do material e o horário de geração dos programas**	Deverá **aguardar a substituição do meio de armazenamento até o limite de 1 hora antes do início do programa**; no caso de o novo material não ser entregue, a emissora veiculará programa anterior, desde que não contenha propaganda já declarada proibida pela Justiça Eleitoral

4. **Se a resposta requerida é relativa à ofensa veiculada em propaganda eleitoral pela internet (Res. TSE 23.608/19, art. 32, IV):**

CUIDADOS COM O PEDIDO

Prazo	O pedido pode ser feito enquanto a ofensa estiver sendo veiculada, ou no prazo de 3 (três) dias, contados da sua retirada
Cuidados específicos	A petição inicial deve ser instruída com cópia eletrônica da página em que foi divulgada a ofensa e com a perfeita identificação de seu endereço na internet (URL ou, caso inexistente esta, URI ou URN) Faculta-se a juntada de ata notarial ou outro meio de prova que demonstre, ainda que posteriormente suprimida a postagem, a efetiva disponibilização do conteúdo no momento em que acessada a página da internet
▶ **Se o conteúdo foi removido e não foi produzida prova sobre ele, o autor será intimado para se manifestar sobre isso antes da extinção do feito**	

CUIDADOS COM A RESPOSTA, CASO DEFERIDA	
Local da divulgação da resposta	O ofensor deve divulgar a resposta do ofendido empregando nessa divulgação o mesmo impulsionamento de conteúdo eventualmente contratado para a veiculação da ofensa e o mesmo veículo, espaço, local, horário, página eletrônica, tamanho, caracteres e outros elementos de realce usados na ofensa O órgão julgador pode usar os meios que entender adequados para garantir que a visibilidade da resposta seja equivalente àquela da ofensa
Prazo para divulgação	Em até 2 dias após a entrega da mídia com a resposta A decisão deve indicar o tempo, não inferior ao dobro em que esteve disponível a mensagem considerada ofensiva, durante o qual a resposta deverá ficar disponível para acesso pelos usuários do serviço de internet
▸ **Na fixação do tempo de divulgação da resposta deve ser considerada a gravidade da ofensa, o alcance da publicação e demais circunstâncias que se mostrarem relevantes** ▸ **Os custos de veiculação da resposta correrão por conta do responsável pela propaganda original**	

Ainda sobre o tema, veja esses cuidados adicionais:

CUIDADOS ADICIONAIS (ART. 32, §§ 4º, 5º E 6º, RES. TSE 23.608/19)	
Em caso de decisão determinando a retirada ao provedor de aplicação de material considerado ofensivo em sítio eletrônico de sua responsabilidade	Deve ocorrer a imediata retirada, sob pena de multa no valor de R$ 5.320,50 a R$ 15.961,50, sem prejuízo eventuais medidas coercitivas, inclusive de natureza pecuniária
▸ **A ordem judicial deverá conter, sob pena de nulidade, a URL (ou URI ou URN) específica do conteúdo considerado ofensivo**	
▸ **A ordem acima pode ser estendida às sucessivas replicações do ilícito mediante requerimento do ofendido, desde que indicada a respectiva URL (ou URI ou URN) e comprovada de plano a identidade dos conteúdos**	

34.6. Resumo do procedimento do Pedido de Direito de Resposta

O procedimento é bem célere e a litispendência deve durar apenas três dias.

PEDIDO DE DIREITO DE RESPOSTA (RES. TSE 23.608/19, ART. 31 E SEGUINTES)

Atenção! Instruções do quadrograma abaixo: os quadros azuis devem ser lidos primeiro
Eles bastam, se estiver com pressa, ou só quiser revisar

Prazo para peticionar: de 1 a 3 dias, a depender da situação **Petição inicial recebida**	**Até 3 dias**, para veiculação indevida em **órgão da imprensa escrita** **Até 2 dias**, para veiculação indevida em programação normal das emissoras de **rádio e televisão (com transcrição)** **Até 1 dia**, para veiculação indevida no **horário eleitoral gratuito** Em propaganda eleitoral pela **internet**: o pedido poderá ser feito **enquanto a ofensa estiver sendo veiculada**, **ou no prazo de 3 dias, contados da sua retirada**

Preferencialmente, por meio eletrônico	**Citação do representado para defesa no prazo de 1 dia**	Se o pedido é sobre **conteúdo reputado sabidamente inverídico, caberá ao representado demonstrar que procedeu à verificação prévia** de elementos que permitam concluir, com razoável segurança, pela fidedignidade da informação

Res. TSE 23.608/19, art. 33, § 1º	**Após prazo de defesa, parecer do Ministério Público no prazo de 1 dia**	Não há previsão de dilação probatória

Res. TSE 23.608/19, art. 33, § 2º Decisão pelo juiz eleitoral ou juiz auxiliar, a depender do caso	**Após prazo do MPE, com ou sem parecer, decisão em até 1 dia**	Decisão **em até 3 dias do peticionamento** eletrônico do Direito de Resposta

Res. TSE 23.608/19, art. 36 Descumprimento, mesmo que parcial, dessa decisão resulta em multa para o infrator de R$ 5.320,50 a R$ 15.961,50 Multa é duplicada em caso de reiteração de conduta	**Determinação da veiculação da resposta**

34.7. Etapa recursal em pedido de direito de resposta

Aqui se repete muito do que vimos no capítulo passado nas representações por propaganda ilícita.

As decisões em direito de reposta podem acontecer pelo juiz eleitoral, nas eleições municipais, e por juiz auxiliar, nas demais.

Cada situação dessas inaugura um regime recursal específico, mas com algo em comum: apenas **1 dia para recurso, com contrarrazões no mesmo prazo**. Aliás, todos os prazos da etapa recursal no direito de resposta são de 1 (um) dia apenas. Vamos confirmar isso.

34.7.1. Recurso de decisão por juiz eleitoral em pedido de direito de resposta

Veja o fluxograma abaixo, relacionado à decisão em representação que trata de propaganda eleitoral decidida por juiz eleitoral (propaganda de prefeito, vice e vereadores).

Art. 37 e seguintes, Res. TSE 23.608/19:

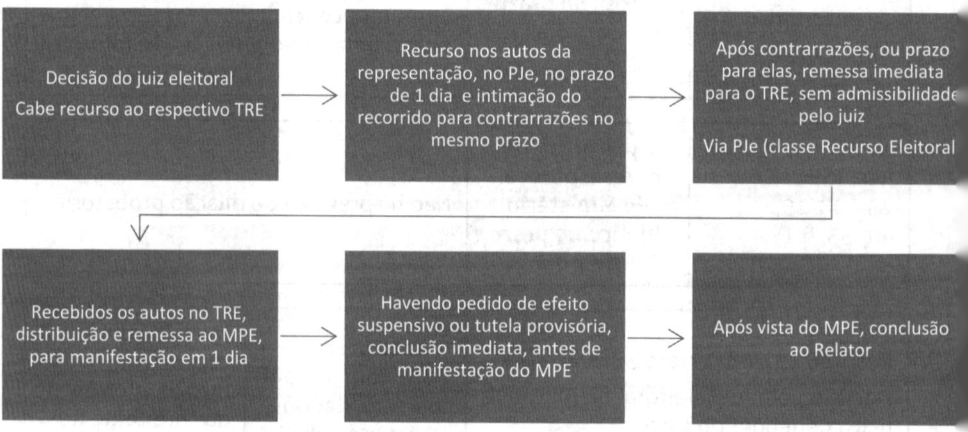

– É a mesma coisa do que vimos no capítulo passado.

Sim. Você tem razão. Mas há uma mudança abaixo. Duvido descobrir qual é.

O relator pode julgar, monocraticamente, nos seguintes casos:

1: **Não conhecimento** do recurso inadmissível, prejudicado ou que não tenha impugnado especificamente os fundamentos da decisão recorrida.

2: **Negar provimento** ao recurso que for contrário a súmula do STF, do TSE ou de tribunal superior ou a acórdão dessas cortes em julgamento de recursos repetitivos.

3: **Dar provimento** ao recurso se a decisão recorrida for contrária a súmula do STF, do TSE ou de tribunal superior ou acórdão dessas cortes em julgamento de recursos repetitivos,

Não sendo o caso de decisão monocrática, o relator **apresenta o caso para julgamento em 1 dia**, independentemente de publicação de pauta, contados da conclusão dos autos (Lei nº 9.504/1997, art. 58, § 6º).

– O professor já deu a dica. O prazo para a decisão é menor, de apenas 1 dia.

Exatamente. Ainda bem que percebeu. Os prazos em direito de resposta são sempre de 1 dia.

34.7.2. Recurso de decisão por juiz auxiliar em pedido de direito de resposta

Se o pedido de direito de resposta for julgado por juiz auxiliar o procedimento recursal consta no art. 40 e seguintes da Res. TSE 23.608/19.

Isso ocorre nos casos de propaganda para presidente e vice (julgado por juiz auxiliar do TSE) e governador, vice, senador, suplentes e deputados (julgado por juiz auxiliar do TRE).

– Eu já sei: como o julgamento nesse caso representação foi feito por juiz sozinho, e não de forma colegiada, embora a representação tenha sido encaminha a tribunal eleitoral, o recurso será perante o próprio tribunal, para que o colegiado aprecie aquela decisão.

Isso mesmo. Vi você pescando, mas está valendo. Veja a dinâmica dessa etapa (decisão e recurso):

Art. 40 e seguintes, Res. TSE 23.608/19:

Decisão por juiz auxiliar Recurso para o plenário do tribunal eleitoral respectivo, no prazo de 1 dia 1 dia para contrarrazões	→	Após contrarrazões, ou prazo para elas, conclusão ao relator que deve apresentá-lo para julgamento em 1 dia	→	Pode haver sustentação oral pelos advogados nos termos do regimento Publicação do acórdão em sessão

– Aqui eu lembro. Não tem decisão monocrática antes de submeter o recurso para o colegiado porque a decisão o juiz auxiliar é uma espécie de decisão monocrática naquele tribunal. O que ser, agora, é saber se o colegiado concorda

Isso mesmo. Se for acórdão do TRE, veja abaixo. **Quero ver se percebe uma outra sutileza.**

Art. 41 e seguintes, Res. TSE 23.608/19:

Acórdão do TRE: cabe Recurso Especial Eleitoral para o TSE em 1 dia nas hipóteses constitucionais	→	Contrarrazões em 1 dia Remessa imediata ao TSE No TSE, remessa ao MPE para parecer em 1 dia	→	Conclusão ao relator

– Eu percebi! Não há admissibilidade do REspe pelo presidente do TRE. Nem acredito que falei essa frase. Parece até que sou especialista em recursos. Mas eu acho que se por qual razão isso acontece. No direito de resposta é tudo muito rápido.

Estou orgulhoso de você. Acertou tudo.

O relator pode julgar, monocraticamente, nas mesmas situações estudadas no tópico passado. Não sendo hipótese de decisão monocrática, ele então apresenta o caso para julgamento em apenas 1 dia, independentemente de publicação de pauta, contados da conclusão dos autos (Lei nº 9.504/1997, art. 58, § 6º)

Se o acórdão é do TSE, cabe Recurso Extraordinário (RE) para o STF, quando a decisão declarar a invalidade de lei ou contrariar a Constituição Federal. O prazo é de 3 dias. Esse recurso não é encaminhado imediatamente do TSE para o STF. Após prazo de contrarrazões de 3 dias, o recurso é encaminhado ao Presidente do TSE para análise de admissibilidade.

– Finalmente um caso de recurso de mais de 1 dia.

Percebeu a sutileza novamente, fico feliz com isso.

35. AÇÃO DE INVESTIGAÇÃO JUDICIAL ELEITORAL (AIJE) PARA COMBATER ABUSOS E PROCEDIMENTO DO ARTIGO 22, DA LEI DAS INELEGIBILIDADES

– Finalmente, vamos falar dessa tal de AIJE...

É um momento importante porque, para além das hipóteses de cabimento da **Ação de Investigação Judicial Eleitoral**, que veremos logo mais, **o procedimento utilizado aqui será o mesmo a ser aplicado** em qualquer representação eleitoral com consequências graves, como as **representações especiais** do capítulo seguinte.

Sem mais delongas, adiante.

35.1. Cabimento da AIJE: o procedimento eleitoral para apurar abusos

A AIJE está regulada na Lei Complementar 64/90, artigo 22 e seguintes.

– O famoso artigo 22, da LC 64/90.

Isso mesmo. Quando estudamos captação ilícita, condutas vedadas, ilícitos financeiros em campanha e abusos diversos, eu sempre dizia que o procedimento aplicável era aquele do art. 22, da Lei Complementar 64/90. Confira:

LC 64/90, ART. 22

Art. 22. Qualquer **partido político, coligação, candidato ou Ministério Público Eleitoral**
poderá **representar à Justiça Eleitoral**, diretamente ao corregedor-geral ou regional, relatando fatos e indicando provas, indícios e circunstâncias e
pedir **abertura de investigação judicial** para
apurar uso indevido, desvio ou **abuso do poder econômico** ou do **poder de autoridade**,
ou **utilização indevida de veículos ou meios de comunicação social**,
em **benefício de candidato ou de partido** político [...]

Os abusos acima autorizam essa medida processual chamada de Ação de Investigação Judicial Eleitoral (AIJE).

CABIMENTO DA AIJE
Abuso do poder econômico ou político Utilização indevida de veículos ou meios de comunicação social
▶ **Lembrando que cada abuso desses foi tratado na parte 7 deste livro**

Atenção! Antes que você pergunte, **a AIJE não é uma investigação feita pelo judiciário, mesmo tendo esse nome.**

Na verdade, ela nada mais é do que uma ação ou, para usar uma nomenclatura mais consagrada na seara eleitoral, **uma representação para apurar abusos nas eleições.**

Uma grande diferença dessa medida para as demais ações eleitorais é um de seus efeitos: **a AIJE pode atribuir a inelegibilidade como consequência direta dos ilícitos que ela trata.** Isso pode acontecer porque a ela está **prevista em Lei Complementar, o único tipo de lei que pode tratar de inelegibilidade.**

– Mas, então, por qual motivo não chamaram esse procedimento de representação como nos outros casos? Os nomes deveriam importar mais... Isso só confunde.

A razão para esse nome, eu creio, é mais histórica mesmo.

– Ainda não entendi...

Antigamente, mas bem antigamente mesmo, ainda quando da edição do Código Eleitoral (Lei 4.747), em 1965, havia uma previsão de que os abusos nas eleições seriam apurados pelas corregedorias dos tribunais eleitorais, a partir do procedimento utilizados pelas Comissões Parlamentares de Inquérito (CPI´s), previsto na Lei 1.579/1952. Acho até que já falei sobre esse aspecto.

Isso não existe mais, embora ainda conste algo nesse sentido no art. 19, da própria LC 64/90:

> **LC 64/90, art. 19:** As transgressões pertinentes à origem de valores pecuniários, abuso do poder econômico ou político, em detrimento da liberdade de voto, **serão apuradas mediante investigações jurisdicionais** realizadas pelo corregedor-geral e corregedores regionais eleitorais.

Essa "investigação judicial", conforme o art. 21 (LC 64/90), não se trata propriamente da AIJE que estudaremos a seguir, mas de um "procedimento sumaríssimo de investigação judicial", realizado pelas corregedorias dos tribunais eleitorais, nos termos da Lei 1.579/52.

– Entendi. O nome de "investigação judicial" da AIJE vem dessa previsão antiga.

Mas, atualmente, existe repercussão prática em discutirmos isso?

Duas.

Se a Lei Complementar 64/90 autoriza "procedimento sumaríssimo de investigação judicial" para apurar **"transgressões pertinentes à origem de valores pecuniários"**, nada impede de se **apurar esse mesmo ilícito pela AIJE do art. 22**, ação eleitoral com contraditório, ou seja, medida processual com mais garantias do que aquela prevista no art. 21.

Temos aqui um bom argumento contra quem porventura queira excluir o caixa dois das hipóteses de cabimento da AIJE.

– E existem dúvidas sobre isso? Não seria lógico?

Sim. Vimos que uma das formas de abuso no uso de recursos financeiros é justamente não os declarar. Mas **vários julgados que tratam do abuso do poder econômico apenas apresentam o uso exagerado de quantia como caracterizador do abuso, nada falando sobre gastos sem escrituração contábil**.

O artigo 19 é apenas mais um lembrete (legal, diga-se de passagem) de que o caixa dois não pode ser deixado de lado.

E mais: "transgressão relacionada à origem de recursos" também abarca doações proibidas.

Eu até poderia readequar as hipóteses de cabimento da AIJE da seguinte forma:

CABIMENTO DA AIJE CONSIDERANDO OS ARTS. 19 E 22 DA LC/90
Transgressões pertinentes à origem de valores pecuniários
Abuso do poder econômico ou político
Utilização indevida de veículos ou meios de comunicação social

– Certo. Se a pessoa não quis admitir que usou recursos financeiros em campanha, é bem provável que queira dizer que "abuso do poder econômico" não inclui caixa dois ou doações indevidas, né? Então acho válida essa colocação.

E qual a outra razão prática de estarmos discutindo isso?

Algo já mencionado.

O Código Eleitoral projetado (PLP 112/2021, art. 84) **menciona a possibilidade de instauração de procedimento preparatório civil administrativo**, pelas corregedorias eleitorais, com a finalidade de apurar, em caráter prévio à propositura de ações eleitorais pelos legitimados, **indícios de práticas ilícitas com aptidão para comprometer a normalidade e a legitimidade das eleições**. O procedimento apontado a ser seguido também é o da Lei 1.579/52.

– Que interessante. Então esse procedimento do art. 21, da LC 64/90, não é tão anacrônico assim, né?

Pois é. A Lei 1.579/52 é mencionada no texto do possível próximo Código Eleitoral. Precisamos esperar para saber se essa previsão será mantida no Senado e, mais do que isso, para saber como compatibilizar a medida com esses Procedimentos Administrativos Investigativos que o Tribunal Superior Eleitoral abriu recentemente e que discutimos no capítulo sobre a Justiça Eleitoral brasileira.

Mas, chega de conversa, vamos avançar.

– Certo. Não temos tanta pressa, acho. Já estudamos cada abuso desses que permite ingressar com a AIJE.

Agora, só falta analisar o procedimento.

Sim. Vamos analisar o procedimento. Mas antes só precisamos verificar mais alguns assuntos.

35.1.1. Brevíssima revisão sobre abuso do poder econômico ou político, caixa dois em campanha e utilização indevida dos meios de comunicação social

A Ação de Investigação Judicial Eleitoral cabe em casos de abusos do poder econômico, político e pela utilização indevida de veículos ou meios de comunicação social. Como você mesma bem apontou, esses ilícitos já foram vistos na Parte 7 deste livro.

Abaixo, apenas alguns quadros resumo do que vimos por lá.

Transgressões pertinentes a origem de valores pecuniários:

PRECEDENTE SOBRE O CAIXA DOIS DE CAMPANHA

"O chamado **'caixa dois de campanha' caracteriza-se pela manutenção ou movimentação de recursos financeiros não escriturados ou falsamente escriturados na contabilidade oficial da campanha eleitoral.** Tem como ideia elementar, portanto, a fraude escritural com o propósito de mascarar a realidade, impedindo que os órgãos de controle fiscalizem e rastreiem fluxos monetários de inegável relevância jurídica"[145]

Só um detalhe: como vimos no capítulo específico sobre os ilícitos de arrecadação e gastos em campanha, **irregularidades financeiras em eleições também podem ser combatidas pela Representação Especial fundada no art. 30-A (LE) e pela Ação de Impugnação ao Mandato Eletivo**, com previsão constitucional.

– E qual a diferença dessas ações para a AIJE mesmo?

No capítulo sobre os abusos, há diversos quadros indicando como saber qual medida escolher, basta relembrar por lá. Mas a **principal diferença** é o **prazo de propositura**. A AIJE somente é possível até a diplomação dos eleitos. A Representação pelo 30-A e a AIME podem ser manejadas até 15 dias depois da diplomação.

A outra diferença são os legitimados passivos. A AIJE, veremos, pode ser proposta contra não candidatos.

145. RO nº 122086, Acórdão, Rel. Min. Luciana Lóssio. DJE 27/03/2018.

Sobre o abuso do poder político e econômico, confira:

PONTOS A SEREM OBSERVADOS EM CASOS DE ABUSOS[146]	
Abuso do poder econômico	**Emprego desproporcional, excessivo ou proibido de recursos patrimoniais**, públicos ou privados, em benefício eleitoral do candidato **Arrecadação proibida** **Ausência ou falsidade na escrituração contábil da campanha**
Abuso do poder político	**Uso da máquina pública para beneficiar candidato ou prejudicar adversário**
Gravidade das condutas reputadas ilegais **Abalo na legitimidade** e na **normalidade** do pleito **Desequilíbrio** na disputa e violação da **paridade de armas**	
▸ **É desnecessária a aferição (matemática ou numérica) da alteração do resultado** das eleições pela prática do ato	

Por fim, veja essas breves considerações sobre a utilização indevida de veículos ou meios de comunicação social:

ABUSO NO USO DOS MEIOS DE COMUNICAÇÃO EM CAMPANHA
Veiculações pela internet podem caracterizar o ilícito de uso indevido de meios de comunicação "A neutralidade que se impõe às emissoras de rádio e televisão, por serem objeto de outorga do poder público, não significa ausência de opinião ou de crítica jornalística" [147] "Os veículos impressos de comunicação possuem ampla liberdade, podendo [...] até mesmo assumir posição favorável em relação a determinada candidatura, sem que isso caracterize, por si só, uso indevido dos meios de comunicação social" [148] Manifestações indevidas na imprensa são analisadas caso a caso Se não há a observância da igualdade de condições, por exemplo, na veiculação de entrevistas ou ideias de candidatos, pode ocorrer o abuso nos meios de comunicação O elemento de gravidade é constantemente citado como necessário para a configuração do ilícito e suas consequências

146. Conclusão de acórdãos do TSE no REspe nº 49451 (19.3.2019) e no RO nº 799627 (6.11.2018): "as hipóteses de abuso de poder constituem cláusulas abertas e devem ser interpretadas em harmonia com o art. 14, § 9º, da Constituição Federal, considerando a gravidade da conduta e o desequilíbrio na disputa eleitoral, tendo em vista a normalidade e a legitimidade do pleito".
147. TSE. REspe nº 35773, Acórdão, Rel. Min. Alexandre de Moraes, DJE 03/08/2021 e ADI 4451, Rel. Min. Alexandre de Moraes, DJE 06.03.2019.
148. TSE. RO nº 201273, Acórdão, Rel. Min. Og Fernandes, DJE 22/09/2020

Como eu já apontei, na parte 7 do livro, as situações acima e outras estão explicadas com os devidos julgados.

35.2. Aspectos gerais específicos da AIJE: competência, prazo, legitimidade e consequências

– Quem decide a AIJE mesmo?

Confira:

COMPETÊNCIA PARA A AIJE

- Juízes Eleitorais, nas eleições municipais
- Tribunais Regionais Eleitorais, nas eleições federais, estaduais e distritais, **com relatoria feita pelo Corregedor Regional Eleitoral**
- Tribunal Superior Eleitoral, na eleição presidencial, **com relatoria pelo Corregedor-Geral Eleitoral**[149]

▶ **Para municípios com mais de um juiz eleitoral, verificar qual deles será designado para apreciar AIJE pelo respectivo TRE**

– Finalmente estou entendendo essa história de "relatoria pelo corregedor".

Acho que isso também é decorrência daquela previsão antiga que havia de investigação sumária pelas corregedorias...

É por aí. Na prática, isso é bem simples. Você ingressa com a representação perante TRE ou TSE, mas quem processa o feito é a respectiva corregedoria, indo para o colegiado apenas no momento do julgamento.

– E por qual razão o corregedor não resolve logo? Vimos que o juiz auxiliar, em representações de propaganda eleitoral, decide sozinho.

Aqui há uma grande diferença.

149. "Outro papel do corregedor-geral da Justiça Eleitoral é conduzir, na qualidade de relator, as Ações de Investigação Judicial Eleitoral (Aije) envolvendo eleição presidencial, bem como orientar procedimentos e rotinas a serem observados pelas corregedorias eleitorais em cada estado e pelos cartórios eleitorais". Disponível em: < https://www.tse.jus.br/imprensa/noticias-tse/2021/Junho/saiba-quais-sao-as-atribuicoes-da-corregedoria-geral-eleitoral >. Acesso em 19 dez. 2021.

Todos os processos em tribunal que podem refletir diretamente em direitos políticos (resultando em cassação ou inelegibilidade, por exemplo), devem ser julgados por colegiado.

– Nossa, faz sentido. Mas e se for uma AIJE contra um candidato a prefeito? Não tem colegiado nesse caso, né?

Nesse caso, caberá ao juiz eleitoral conhecer, processar e julgar essa demanda. Não haveria outra forma. Confira:

> **LC 64/90, art. 24:** Nas eleições municipais, o Juiz Eleitoral será competente para conhecer e processar a representação prevista nesta lei complementar, exercendo todas as funções atribuídas ao Corregedor-Geral ou Regional [...]

Se há mais de um juiz eleitoral em um mesmo município...

– Vi ali. Basta verificar para qual deles o respectivo TRE atribuiu essa competência.

Isso mesmo. Essa informação pode ser consultada nos sites dos tribunais.

– E o prazo da AIJE, pode revisar?

A AIJE **pode ser apresentada a partir do registro de candidatura até a data da diplomação, incluindo este dia.**[150]

Autores afirmam, com razão, pela possibilidade de propositura contra quem já é escolhido em convenção, quando já surge a figura do candidato. [151]

O único detalhe é que esse escolhido em convenção deve efetivamente apresentar pedido de registro.

– Ou escolhida!

Tem sentido tudo isso. Como eu vou representar contra alguém se eu nem sei se a pessoa é mesmo candidata?

150. TSE, Acórdão de 9.3.2021, no REspEl nº 35773: "o termo final do prazo decadencial para ajuizamento da AIJE é a data da diplomação".

151. GOMES, José Jairo. *Op. cit.*, p. 885.

– Mas, venha cá, Minami. E se o abuso já começar antes do registro?

Importante a pergunta.

A AIJE pode apurar fatos pretéritos ao registro.[152]

Você tem razão. Por vezes, os abusos já começam bem cedo. Nesse caso, os legitimados podem ir catalogando provas, evidências para, a partir do registro, e até a diplomação, apresentar a AIJE.

– Acho que sei um exemplo disso. Deve ser aquele caso de Procedimento Preparatório Eleitoral que o Ministério Público pode fazer...

Isso mesmo. Bem lembrado. Mas os demais legitimados também podem ir acumulando indícios de irregularidades que forem observando.

Excepcionalmente, medidas podem ser requeridas para evitar continuidade ou repetição de ilícitos graves mesmo quando não há candidato ou registro. Se há uso indevido da máquina pública, por exemplo, o MPE poderia pedir a cessação imediata dessa situação. Os artigos do CPC sobre tutela provisória (art. 294 e ss.) e medidas contra o ilícito (art. 497, parágrafo único) podem ajudar. E, talvez, uma pitadinha do art. 139, IV, do CPC.

Vamos ver isso mais na frente neste mesmo capítulo.

Falando sobre o MPE, veja **quem pode ingressar com a AIJE (legitimidade ativa)**:

LEGITIMIDADE ATIVA PARA A AIJE

Art. 22, LC 64/90

- Qualquer partido político, coligação ou federação partidária[153], candidata ou candidato
- Ministério Público Eleitoral

O entendimento que prevalece é que o partido coligado não pode propor AIJE.

152. TSE, Acórdão de 17.9.2015, no AgR-RO nº 10787: "o termo inicial para ajuizamento da AIJE é o registro de candidatura, admitindo-se o exame de fatos ocorridos antes desse período".

153. Novidade inaugurada pela Lei nº 14.208, de 2021, que alterou a Lei dos Partidos Políticos. Veja o capítulo sobre Partidos Políticos.

Como vimos no capítulo sobre escolha e registro de candidatos, partido coligado não atua sozinho.[154] Isso quer dizer que, até a diplomação, são elas, as coligações, que devem ajuizar as demandas eleitorais como a AIJE, por exemplo.

Isso é um problema em termos práticos porque a AIJE costuma demorar para além da diplomação e a coligação tende a se desarticular depois disso. Veja o que mais aponta José Jairo sobre isso:

> **Doutrina:** "Cumpre, ainda, destacar o problema da extinção da coligação ao final do processo eleitoral, com o advento da diplomação dos candidatos eleitos. [...] No caso, tem-se entendido haver dilação da capacidade processual da coligação nas ações que houver intentado durante o processo eleitoral [...]".[155]

Quanto aos legitimados passivos...

– Eu já sei: basta observar quem pode sofrer as consequências da AIJE.

Perfeito. Você realmente prestou atenção nas conversas passadas. Confira:

> **LC 64/90, art. 22, XIV:** julgada procedente a representação, ainda que após a proclamação dos eleitos, o Tribunal declarará a **inelegibilidade do representado** e de **quantos hajam contribuído para a prática do ato**, cominando-lhes sanção de **inelegibilidade** para as eleições a se realizarem nos 8 (oito) anos subsequentes à eleição em que se verificou, além da **cassação do registro ou diploma do candidato diretamente beneficiado** [...]

Em resumo:

154. Partidos sozinhos coligados apenas podem questionar a validade da própria coligação. Esse questionamento somente pode ocorrer entre a data da convenção e o prazo final para a impugnação de registro de candidatura (art. 6º, § 4º, Lei das Eleições, 9.504/97). Já se aceitou partido coligado, sozinho, pedir direito de resposta: "Entendimento assentado pela ilustrada maioria, vencidos os Ministros Edson Fachin, Napoleão Nunes Maia Filho e Relator, no sentido de que, nas representações sobre direito de resposta, não se aplica o disposto no art. 6º, § 4º, da Lei nº 9.504/1997, sendo possível às agremiações coligadas atuação isolada perante a Justiça Eleitoral" (TSE. RP nº 060092341, Acórdão, Rel. Min. Carlos Horbach, PSESS 28/08/2018).

155. GOMES, José Jairo. *Op. cit.*, p. 877.

LEGITIMIDADE PASSIVA DA AIJE

O autor do ilícito e todos que contribuíram para a prática do ato

Candidato, como autor do ilícito, contribuinte dele ou diretamente beneficiado

Não são legitimados passivos: partidos, coligações, federações, pessoas jurídicas em geral, pois não podem sofrer cassação ou inelegibilidade

▶ **Não há mais a necessidade de litisconsórcio passivo necessário entre candidato beneficiado e autor da conduta**

– Que o partido não pode, acho que fica clara a razão.

Pode explicar essa história de litisconsórcio necessário?

Claro. Já se decidiu que era necessário colocar, no polo passivo, obrigatoriamente, o candidato e o responsável pela conduta, caso não fosse, ele próprio candidato, o autor do ilícito, mas apenas o seu beneficiário. **Exigia-se litisconsórcio necessário nesse caso. A compreensão mudou.**

Observe:

PRECEDENTE SOBRE LITISCONSÓRCIO PASSIVO NA AIJE

"Não há, no ordenamento eleitoral, disposição legal que exija a formação de litisconsórcio no polo passivo da AIJE"[156]

"[...] esta Corte Superior, no REspe nº 0603030-63/DF, Rel. Min. Mauro Campbell Marques, j. em 10.06.2021, firmou **tese, aplicável a partir das eleições de 2018**, de **inexigência de litisconsórcio passivo necessário entre o candidato e o agente público, responsável pelo abuso do poder político**"[157]

É fácil entender isso, pois é possível que se atribuam responsabilidades distintas para quem fez o ato ilícito e para quem sofreu as consequências dele. Por vezes, é fácil provar quem cometeu abuso financeiro em campanha, por exemplo, mas não se prova que o candidato participou efetivamente do ilícito, embora tenha sido diretamente beneficiado.

Outra coisa que eu preciso apontar, mais uma vez: se o sujeito passivo de uma ação eleitoral com graves consequências pertence a uma chapa,[158]

---

156. TSE. REspe. nº 060304010, Rel. Min. Mauro Campbell Marques, DJE 01/07/2021.

157. TSE. REspe. nº 060977531, Rel. Min. Luís Roberto Barroso, DJE 10/11/2021. Grifei. Outro precedente: "a jurisprudência do Tribunal, no sentido da obrigatoriedade da formação do litisconsórcio passivo necessário, não é de observância irrestrita e automática no âmbito de ações de investigação judicial eleitoral, ou mesmo em sede de representações por prática de condutas do art. 73 da Lei 9.504/97" (TSE. AgR. 0600945–02, rel. Min. Admar Gonzaga, DJE de 4.12.2018).

158. Veja capítulo sobre o registro de candidaturas.

como, por exemplo, prefeito e vice ou governador e vice, é preciso que os dois integrem o polo passivo da demanda, pois eventual cassação decorrente de decisão em AIJE irá refletir em ambos.

– Lembro disso. Acho que tem súmula...

Isso mesmo. Confira:

> **Enunciado n.º 38, da Súmula do TSE:** Nas ações que visem à cassação de registro, diploma ou mandato, há litisconsórcio passivo necessário entre o titular e o respectivo vice da chapa majoritária.
>
> **Enunciado n.º 40 da Súmula do TSE:** O partido político não é litisconsorte passivo necessário em ações que visem à cassação de diploma.

– Essas súmulas, eu entendi, mas ainda estou meio bolada com essa história do litisconsórcio entre o candidato e o autor da conduta.

Vamos falar mais sobre isso, então. Mas é melhor abrir tópico específico. Eu aproveito e falo das consequências da AIJE.

35.2.1. Consequências da AIJE e suas repercussões para o cabimento

Vamos analisar as consequências da AIJE com mais profundidade. Veja:

> **LC 64/90, art. 22, XIV:** julgada procedente a representação, ainda que após a proclamação dos eleitos, o Tribunal declarará a **inelegibilidade do representado** e de **quantos hajam contribuído para a prática do ato**, cominando-lhes **sanção de inelegibilidade** para as eleições a se realizarem nos 8 (oito) anos subsequentes à eleição em que se verificou, além da **cassação do registro ou diploma do candidato diretamente beneficiado** [...]

– Está bem claro: existem consequências para o representado, para quem participou do ato e para o candidato.

Sim, mas há um detalhe que alguns deixam passar. Aqui, temos **duas consequências: inelegibilidade** e **cassação de registro ou diploma**.

Vamos partir de um caso fictício para eu explicar um desdobramento do artigo acima.

Um **grande empresário** usou indevidamente as redes sociais e recursos financeiros na **campanha do candidato Prefeito Prof. Minami**, e **só esse empresário foi colocado no polo passivo da AIJE (representado)**, deixando-se de lado, por alguma razão, o candidato beneficiado.

A AIJE foi julgada procedente. O candidato Prefeito Prof. Minami, que foi eleito, será cassado.

Perceba que, nesse caso, é possível afirmar que **a consequência de inelegibilidade não pode ser aplicada automaticamente ao Prefeito Prof. Minami** porque a **inelegibilidade sanção está prevista apenas para o representado**. O candidato, no meu exemplo, não fez parte do processo.

– Mas ele foi cassado, deve ficar inelegível.

Veja a conclusão do precedente abaixo:

> **Precedente:** "Conquanto **o mero benefício seja suficiente para cassar o registro ou o diploma do candidato beneficiário** do abuso de poder econômico, nos termos do art. 22, inciso XIV, da LC nº 64/90, segundo o qual, 'além da cassação do registro ou diploma do candidato diretamente beneficiado pela interferência do poder econômico ou pelo desvio ou abuso do poder de autoridade ou dos meios de comunicação', **a parte inicial do citado inciso esclarece que a declaração de inelegibilidade se restringe apenas ao 'representado e de quantos hajam contribuído para a prática do ato**, cominando-lhes sanção de inelegibilidade para as eleições a se realizarem nos 8 (oito) anos subsequentes à eleição em que se verificou.'"[159]

– Acho que estou entendendo.

O candidato beneficiado, caso a AIJE seja julgada procedente, perderá o mandato ou o seu registro será cassado. Isso é **aplicação direta da LC 64/90, art. 22, XIV, no trecho: "cassação do registro ou diploma do candidato diretamente beneficiado". Ele é cassado porque se beneficiou do ilícito, independentemente de ter participado ou não dele.**

A dúvida que pode surgir, e que foi apresentada no julgado acima, é a seguinte: **para se tornar inelegível pela AIJE, é necessário que esse candidato tenha sido um dos representados?** A dúvida surge porque **a lei diz que se torna inelegível "o representado e quem contribuiu para o ato"**.

159. Tse. RO nº 29659, Acórdão, Rel. Min. Gilmar Mendes, DJE 29/09/2016.

– Então, se eu quero a inelegibilidade do candidato, além da perda do mandato, o ideal é que eu o coloque sempre como representado?

Em geral, sim. Mas depende da estratégia que irá adotar.

Você pode, por exemplo, **representar também contra o candidato, mesmo sabendo que ele não é o autor direto do ilícito, ou não tendo provas contra ele. Suas provas são apenas contra um terceiro não candidato, autor do abuso.**

Durante a instrução, pode ser que, **efetivamente, comprove-se que houve o abuso desse terceiro não candidato** – um empresário que realizou gastos expressivos não declarados para espalhar *fake news* em redes sociais, por exemplo –, mas **não se consiga comprovar que o candidato realizou ou contribuiu para esse ilícito.**

Nessa situação, talvez o órgão julgador entenda pela não condenação do candidato ou atribuição de inelegibilidade pela AIJE, mas **isso não significa que não haverá a perda do mandato, pois se confirmou que houve o abuso e, por isso, o beneficiado perderá o mandato.**

– Professor, mas se houve um abuso tão grave assim, não é evidente a participação do candidato beneficiado? Eu acho justo ele sofrer também a sanção de inelegibilidade. Poderia ser presumido isso. Deveriam enquadrar ele como alguém que "contribuiu para a prática do ato".

Excelente observação. Em todo o caso, é preciso que o legitimado ativo da representação analise todas essas questões, no momento de preparar uma AIJE, para escolher a melhor estratégia, que não deve ser pensada apenas durante a litispendência do processo, mas antes do ajuizamento, já no levantamento de dados.

Não havendo prova de participação direta do candidato no ilícito, o que é comum, **pode-se tentar comprovar que ele sabia, ou não tinha como não saber do ilícito, e nada fez contra ele,** o que também é comum. **Nesse caso, o candidato é uma das pessoas que "contribuiu com o ilícito" e deve sofrer a inelegibilidade.** Seria aplicação direta do texto legal, como você bem apontou.

– Entendi.

– Nesse caso, Minami, talvez as próprias circunstâncias do caso demonstrem que o candidato sabia e nada fez. Ou não tinha como ele não saber e também nada fez.

Exato! Entendeu tudo. O ideal é que os tribunais levassem isso em consideração também.

– Mas e se alguém entender o seguinte: se o candidato é representado, junto com o autor do fato, mas não foi condenado, não deve perder o mandato, pois foi "inocentado"...

Não tem sentido essa interpretação, pois **se o autor do abuso foi condenado, é porque houve o abuso e o mandato foi alcançado de modo ilícito. A consequência é a perda de mandato do beneficiado**.

– Entendi. Tem sentido. Que confusão!
Muitos detalhes. Preciso depois rever essa nossa conversa.

Vamos seguir.

Além das consequências acima, há a anulação dos votos alcançados de forma indevida. Isso está no **Código Eleitoral**, quando trata da nulidade da votação:

> **Código Eleitoral, sobre nulidade da votação:**
>
> Art. 222. É também **anulável a votação, quando** viciada de falsidade, fraude, coação, **uso de meios de que trata o Art. 237,** ou emprego de processo de propaganda ou captação de sufrágios vedado por lei.
>
> **Art. 237. A interferência do poder econômico e o desvio ou abuso do poder de autoridade, em desfavor da liberdade do voto, serão coibidos e punidos.**

35.3. Resumo do procedimento do art. 22, da LC 64/90, usado para a AIJE e para as Representações Especiais

A seguir, um panorama do procedimento do art. 22, da LC 64/90, adiantando o que será visto logo mais. **O resumo vem antes da explicação também para ajudar o leitor que já sabe do assunto e quer apenas revisar**, ou **para quem tenha vindo aqui neste capítulo com pressa para resolver o seu problema** em plena época de campanha.

– Não vamos julgar quem deixa tudo para última hora, né? Boa ideia!

PROCEDIMENTO DO ART. 22, LC 64/90
APLICÁVEL PARA A AIJE E PARA AS REPRESENTAÇÕES ESPECIAIS

Atenção! Instruções do quadrograma abaixo: os quadros cinzas devem ser lidos primeiro
Eles bastam, se estiver com pressa, ou só quiser revisar

Petição inicial recebida **Citação do representado** **Defesa em 5 dias**	**Art. 22, da LC 64/90:** Petição inicial deve relatar fatos, indicar provas, indícios e circunstâncias Indica-se o rol de testemunhas (até 6) Contestação também indica provas e rol de testemunhas (até 6)

Intimação do MPE, quando não for o autor	Há quem prefira intimar o MPE apenas quando autor e réu se manifestam O importante é que ele acompanhe a atividade instrutória

Antes da citação, é possível decisão liminar (LC 64/90, 22, I "b")	**Pode haver decisão determinando a suspensão do ato que deu motivo à representação**	Essa decisão interlocutória, concedendo ou negando a tutela provisória, não é recorrível imediatamente (não cabe agravo) Pede-se reanálise da decisão nas preliminares das alegações finais

Quando não for caso de representação ou lhe faltar algum requisito	**Pode haver decisão indeferindo de pronto a inicial se há defeito insanável**	Processo é encerrado (LC 64/90, 22, I "c") Eventual recurso dessa decisão autoriza retratação (art. 331, CPC)

Réplica não é uma nova chance para autor complementar a petição inicial	**Eventualmente, é possível réplica em 3 dias**[160]	Documentos juntados em contestação com fatos impeditivos, modificativos ou extintivos e eventuais questões preliminares autorizam réplica **Nem toda contestação autoriza réplica**

160. De forma subsidiária: Res. TSE 23.609/19, art. 43, § 4º.

Máximo de 6 (seis) testemunhas para cada parte Comparecimento por responsabilidade da parte que arrolou (não haverá intimação)	**Após prazo de defesa:** **5 (cinco) dias para oitiva de testemunhas**	Não há previsão de depoimento pessoal, mas tem direito de ser ouvido, se requerer na contestação
Nesse mesmo prazo, pode ocorrer oitiva de terceiros, referidos pelas partes, ou testemunhas, como conhecedores dos fatos e circunstâncias que possam influir na decisão do feito	**3 dias para diligências extras, quando requeridas, ou determinadas pelo julgador**	Documentos em poder de terceiros podem ser solicitados
O Ministério Público, se não for o autor, também deve ser intimado para se manifestar em dois dias após a manifestação das partes	**2 dias para alegações finais, inclusive MPE, se não for autor**	Prazo comum para as partes
Após relatório, processo deve ser colocado em pauta MPE deve se manifestar sobre o relatório		**3 dias para decisão pelo juiz ou elaboração de relatório pelo juiz auxiliar**

35.4. Aspectos da petição inicial e da contestação

O procedimento do art. 22, da LC 64/90, será analisado a partir das seguintes etapas:

ETAPAS DA AIJE

Petição Inicial	Apresentação do sujeito ativo e do pedido
Contestação	Apresentação da defesa e eventuais pedidos do requerido
Providências preliminares e saneamento	Identificação e correção de eventuais erros do processo, quando possível Delimitação dos pontos controvertidos Organização da fase de instrução
Instrução	Realização das provas
Decisão	Solução do caso

– E existe alguma peculiaridade em relação à petição inicial? Eu sigo apenas a LC 64/90?

Na Ação de Investigação Judicial Eleitoral ou nas Representações Especiais, fundadas, por exemplo, nos artigos 30-A ou 41-A, da Lei das Eleições, a petição inicial segue, no que couber, o que estabelece o art. 319, do CPC.

A LC 64/90 apresenta alguma coisa sobre a petição inicial, no art. 22 e, no inciso I, trata de algumas providências preliminares possíveis. **Mas alguns detalhes do procedimento mereciam mais detalhes.** A Res. TSE 23.608/19, tratando das representações especiais, a partir do art. 44, complementa esse procedimento do art. 22. Além disso, o que vimos sobre a AIRC e sobre a aplicação do CPC na seara eleitoral também se aplicam aqui no que couber.[161]

35.4.1. Especificação das provas

O art. 22, da LC 64/90, estabelece que a petição inicial deve **relatar fatos e indicar provas, indícios e circunstâncias**.

Relatar fatos, é relatar acontecimentos. Mas esses acontecimentos devem ser, de alguma maneira, comprovados.

– Isso eu entendi. Mas como saber se preciso levar "muita" ou "pouca" prova para convencer o juiz?

Vamos por partes. O art. 23, da LC 64/90, estabelece que, para decidir, o julgador:

> "formará sua convicção pela livre apreciação dos fatos públicos e notórios, dos indícios e presunções e prova produzida, atentando para circunstâncias ou fatos, ainda que não indicados ou alegados pelas partes, mas que preservem o interesse público de lisura eleitoral".

– Por qual motivo já estamos vendo decisão se eu nem aprendi a peticionar?

161. Veja o capítulo sobre "Introdução ao contencioso cível eleitoral", principalmente na última parte.

Para saber duas coisas: a) **o juiz pode levar em consideração, na decisão, até mesmo o que não foi alegado pelas partes**, desde que antes permita o contraditório sobre isso e b) **percebe-se um incentivo a "uma maior atuação inquisitória do magistrado**, que pode buscar fatos e circunstâncias que nem sequer sejam indicados pelas partes".[162]

– Ou seja, pode ser que eu apresente muitas coisas e o juiz ainda decida a partir de provas ou circunstâncias que eu nem apresentei...

Isso mesmo. Mas ele precisa abrir debate sobre isso.

– Então o professor não vai apresentar nenhuma dica para a especificação das provas?

O Direito Eleitoral não indica parâmetros para as partes sobre o que prova o quê.[163]

Em todo o caso, eu elaborei um quadro, muito a partir dos estudos de Marco Rangel – que escreveu uma tese focada apenas em provas no Direito Eleitoral[164] –, que talvez possa ajudar em alguma coisa:

CUIDADOS RELACIONADOS ÀS PROVAS NA SEARA ELEITORAL	
In dubio pro sufrágio	Se, **no momento de julgar,** o órgão julgador **permanecer na dúvida** e a **decisão deve ser tomada contra alguém já eleito**, normalmente, preserva-se a vontade das urnas e isso "torna mais complexa a formação de um arcabouço probatório suficiente à procedência das ações eleitorais"[165]
Quando não apostar apenas na prova testemunhal	O autor não pode pretender a perda do mandato do réu fundada exclusivamente em prova testemunhal [166]

162. PEIXOTO, Ravi. *Standards probatórios no direito processual Brasileiro.* Salvador: Editora Juspodivm, 2021, p. 281.

163. Problema identificado em dois trabalhos que abordaram as provas no contexto do Direito Eleitoral: PEIXOTO, Ravi. *Standards probatórios no direito processual Brasileiro.* Op. cit. e RANGEL, Marco Aurélio Scampini Siqueira. *A prova no processo eleitoral: o direito probatório no contencioso cível eleitoral/* Tese (Doutorado em Direito) - Faculdade de Direito da USP, 2020.

164. RANGEL, Marco Aurélio Scampini Siqueira. Op. cit.

165. RANGEL, Marco Aurélio Scampini Siqueira. Op. cit.

166. Código Eleitoral, art. 368-A: A prova testemunhal singular, quando exclusiva, não será aceita nos processos que possam levar à perda do mandato.

CUIDADOS RELACIONADOS ÀS PROVAS NA SEARA ELEITORAL	
Importância da prova pré-constituída	Quanto mais provas colhidas antes do ajuizamento, melhor, até para se analisar se a demanda é viável Nesse contexto, ganha relevo os Procedimentos Preparatórios Eleitorais feitos pelo MPE[167]
Peculiaridade em relação ao candidato beneficiado	Se não se consegue comprovar que o candidato beneficiado participou do ato ilícito, pode-se juntar provas de que não havia como esse candidato não saber dele ou, mesmo sabendo, nada fez
▶ **Ações com graves consequências, como cassação do mandato, exigem um grau particularmente elevado de confirmação probatória da responsabilidade do requerido (prova além da dúvida razoável)** [168]	

– Está bem. Acho que já ajuda. Mas "prova além da dúvida razoável" é algo que exige que as decisões só ocorram com um super hiper grau de certeza pelo juiz? Tipo quando alguém vai condenar alguém à prisão pelo cometimento de um crime bem grave?

Não necessariamente. Veja as conclusões de Ravi Peixoto, retiradas de sua análise sobre os *standards* probatórios no Direito Eleitoral:

> **Doutrina:** "Não parece, no entanto, justificável a utilização do stândar da *altíssima probabilidade*, tendo em vista que as consequências que ocorrem nos tipos penais que adotam essa suficiência probatória são consideravelmente mais gravosas do que no direito sancionador eleitoral."[169]

– Acho que entendi. Mas preciso refletir sobre isso.

Me diz uma coisa, além de falar sobre essas provas na petição inicial, eu tenho de indicar logo as testemunhas, né?

167. Veja o capítulo sobre o Ministério Público Eleitoral

168. "[...] Já para as ações de caráter sancionatório, o influxo de direitos e garantias constitucionais em favor do réu potencialmente sujeito à sanção, impõem uma elevação do standard probatório aplicável. De forma a evitar a imposição de sanções e influência direta na escolha manifesta através do voto, sem que haja uma certeza além da dúvida razoável dando suporte à essa grave intervenção do judiciário no processo eleitoral e nos direitos subjetivos individuais do réu" (RANGEL, Marco Aurélio Scampini Siqueira. Op. cit.). Rangel aponta outro *standard* sobre o qual ainda não consegui refletir profundamente a respeito. Além do mencionado acima, segundo ele, seria: "[...] aplicável o standard da prova clara e convincente para aquelas demandas que não possuem caráter sancionatório, na medida em que o bem jurídico tutelado, por si só, já impõe a exigência de provas capazes de demonstrar de forma clara e aptas a convencer o magistrado da ocorrência de determinada conduta."

169. PEIXOTO, Ravi. *Standards probatórios no direito processual Brasileiro*. Op. cit., p. 284.

Sim, no máximo de 6 (seis), tanto para o autor, quanto para o réu.

Contudo, já se aceitou testemunhas em quantidade maior, considerando a complexidade ou quantidade de fatos:

> **Precedente:** "em virtude da diversidade de fatos suscitados num mesmo processo regido pelo art. 22 da Lei Complementar nº 64/90, é admitida a extrapolação do número de testemunhas previsto no inciso V do referido dispositivo. Caso contrário, poder-se-ia ensejar que os sujeitos do processo eleitoral ajuizassem demandas distintas, por cada fato, de modo a não sofrer limitação na produção de prova testemunhal, o que compromete a observância do princípio da economia processual". [170]

Uma última informação importante é a previsão do art. 47, da Res. TSE 23.608/2019:

> **Art. 47. No caso de representação instruída com vídeo ou áudio, a citação será acompanhada, se houver, de cópia da transcrição do conteúdo e da informação de dia e horário em que o material impugnado foi exibido.**

35.4.2. Correção da capitulação

Por vezes, o órgão julgador pode entender que o caso não deve ser compreendido da maneira que foi pontuada pelo advogado...

– Já não estou entendendo.

Imagine que a sua petição falou de conduta vedada: usar da máquina pública para benefício de campanha, mas o advogado afirmou que é um caso de captação ilícita de sufrágio. O que vai delimitar a decisão, são os fatos, e não o que você pediu. Por causa disso, permite-se a correção dessa capitulação.

Veja esse artigo da Res. TSE 23.608/19, sobre as Representações Eleitorais:

> **Art. 44, § 1:º** Se o juiz ou relator identificar que os fatos narrados na petição inicial indicam ilícito com capitulação legal diversa daquela atribuída pelo autor, intimará as partes, antes de iniciada a instrução, para que se manifestem a respeito, no prazo comum de 2 (dois) dias, facultado o requerimento complementar de prova.

170. REspe nº 36151, Rel. Min. Arnaldo Versiani, DJE 23/06/2010.

Veja esse enunciado de súmula:

> **Enunciado n.º 62, da Súmula do TSE:** Os limites do pedido são demarcados pelos fatos imputados na inicial, dos quais a parte se defende, e não pela capitulação legal atribuída pelo autor.

Um dos precedentes dessa súmula deixa a ideia mais clara, explicando que "nas ações eleitorais é irrelevante a capitulação jurídica dada pelas partes aos fatos constantes da inicial, pois cabe ao juiz realizar a referida subsunção, ante a prevalência do princípio da *ratio petendi* substancial".[171]

35.4.3. Procuração

– Professor, e aquele arquivamento de procuração que nós vimos no capítulo sobre as representações fundadas em propaganda irregular se aplica aqui?

Veja o art. 13, da Res. TSE 23.608/19:

> Art. 13. É facultado a candidatos, partidos políticos, coligações, emissoras de rádio e televisão, provedores de aplicações de internet, demais veículos de comunicação e empresas e entidades realizadoras de pesquisas eleitorais **requerer o arquivamento, em meio físico, na instância de origem, de procuração outorgada a seus advogados, com poderes gerais para o foro e para receber citações.**
>
> § 1º A faculdade a que se refere o caput deste artigo é aplicável apenas para fins de representação judicial do outorgante nas representações fundadas no art. 96 da Lei nº 9.504/1997, nas reclamações e nos pedidos de direito de resposta.

Esse arquivamento de procuração é previsto para as ações que surgem da Lei das Eleições. Vimos que isso ajuda muito nas representações por propaganda irregular, que podem ser mais constantes e cujo procedimento é mais abreviado. Contudo, nas Representações Especiais, aquelas com consequências mais graves, é interessante a juntada de procuração específica.

Além disso, a previsão acima não alcança a AIJE nem a AIME.

– Entendi. Então, na dúvida, melhor juntar procuração.

171. TSE. Rp. nº 128704, Acórdão, Rel. Min. Dias Toffoli, DJE 27/10/2015.

35.4.4. Prazo para contestação: 5 dias

Recebida a petição inicial, haverá a notificação do representado para que, "no prazo de 5 (cinco) dias, ofereça ampla defesa, juntada de documentos e rol de testemunhas, se cabível" (LC 64/90, art. 22, I, a).

– E não há nenhuma observação aqui?

Sim. O requerido pode verificar se não é caso de pedir o julgamento imediato do processo. O art. 22, I, c (LC 64/90), estabelece que o pedido pode ser logo indeferido "**quando não for caso de representação ou lhe faltar algum requisito**".

– Pode dar exemplo?

Imagine uma representação contra abuso do poder econômico fundada em arrecadação de recursos para campanha pela internet em período permitido e nos moldes legais.

– Mas isso atualmente é permitido! Nós vimos isso.

Viu. Você sabe um exemplo, já. Na contestação, pede-se o indeferimento.

35.5. Providências preliminares, saneamento e organização da instrução

35.5.1. Generalidades e alguns exemplos

Após a contestação, ou decorrido o prazo dela, o magistrado **deveria** iniciar a etapa de produção de provas para, ao final, decidir.

– Eu já sei. Ele não pode fazer logo isso, pois precisa verificar se há algum defeito para se corrigir antes de ir adiante.

Exatamente! Mas há mais o que fazer, além disso.

Antes de prosseguir com o processo, o magistrado precisa tomas algumas providências...

– São essas tais de providências preliminares...

Isso mesmo.

Não é possível dizer quais são todas essas providências exatamente, pois isso depende muito do caso específico. Vamos ver algumas delas, mas já sabendo que não esgotaremos as possibilidades.

Em todo o caso, no começo do processo, o órgão julgador (juiz ou relator em tribunal) podem ou devem tomar as seguintes providências, a depender do caso.

EXEMPLOS DE PROVIDÊNCIAS PARA O INÍCIO DO PROCESSO, A DEPENDER DO CASO

Providência	Observações
Verificar e há algum tipo de defeito no processo e, quando possível, determinar a correção	**Exemplo:** se um partido coligado representou sozinho, pode-se pedir a correção para que a coligação seja a representante
Verificar se há as devidas procurações	Mesmo com procuração arquivada, o ideal é a juntada da procuração no respectivo processo ou a certificação sobre esse arquivamento
Verificar se há alguma decisão ou providência a ser tomada imediatamente	**Exemplo:** talvez seja necessária uma decisão ou providência para que uma ilicitude seja impedida de ocorrer ou de se repetir, como o uso de carros de uma prefeitura em campanha eleitoral
Verificar se o Ministério Público está no processo	Atuação obrigatória: art. 72, LC 75/93[172]
Verificar se o processo pode ser julgado imediatamente	Exemplo: se não é caso de produção de provas, o magistrado pode anunciar que irá de pronto decidir

Vamos ver melhor algumas dessas providências e outras mais.

172. Portaria MPF 1/2019, art. 1º.

35.5.2. Reunião de ações

Por vezes, a ilicitude praticada é tão gritante que vários legitimados ingressam com uma representação contra aquele fato. Imagine, por exemplo, uma grande carreata que se valeu da estrutura da administração pública, como carros da administração pública e servidores.

– Nesse caso, acho que vários concorrentes desse candidato vão entrar com representações contra ele.

Exato. Há situações de ações propostas por diversas pessoas que tratam da mesmíssima situação. Para evitar decisões conflitantes e para que a instrução seja otimizada, os processos devem ser reunidos.

Isso deve ser feito antes da instrução.

35.5.3. Providências imediatas contra ilícitos

Aquele que vai processar a AIJE ou Representação Especial pode tomar a seguinte providência:

> **LC 64/90, Art. 22:** I - o Corregedor, que terá as mesmas atribuições do Relator em processos judiciais, ao despachar a inicial, adotará as seguintes providências: **b) determinará que se suspenda o ato que deu motivo à representação, quando for relevante o fundamento e do ato impugnado puder resultar a ineficiência da medida, caso seja julgada procedente;**

– Exemplos, please.

O magistrado é cientificado de brindes que estão sendo distribuídos; equipamentos públicos que estão sendo usados em campanha, como veículos ou locais da administração pública; propaganda institucional indevida que está ocorrendo.

Nesse caso, como já vimos em conversas passadas, há medidas processuais previstas para evitar a prática, a reiteração, a continuação ou a remoção de ilícitos. Veja o parágrafo único, art. 497, do CPC:

> **Art. 497. Na ação que tenha por objeto a prestação de fazer ou de não fazer, o juiz, se procedente o pedido, concederá a tutela específica ou determinará providências que assegurem a obtenção de tutela pelo resultado prático equivalente.**

> **Parágrafo único. Para a concessão da tutela específica destinada a inibir a prática, a reiteração ou a continuação de um ilícito, ou a sua remoção, é irrelevante a demonstração da ocorrência de dano ou da existência de culpa ou dolo.**

Importante salientar a necessidade de participação do Ministério Público nesses processos, até para tomar eventuais providências penais que entender necessárias.

Outro ponto importante é que as medidas contra os ilícitos que autorizam as Representações Especiais e as Ação de Investigação Judicial Eleitoral não devem ser confundidas com medidas de poder de polícia utilizadas mesmo de ofício para combater irregularidade em propaganda.

– Lembro que vimos sobre isso no capítulo sobre propaganda e no capítulo sobre poder de polícia.

35.5.4. Julgamento imediato do processo

A Lei das Inelegibilidades (64/90) apresenta uma situação de julgamento mesmo antes da instrução.

> **LC 64/90, Art. 22:** I - o Corregedor, que terá as mesmas atribuições do Relator em processos judiciais, ao despachar a inicial, adotará as seguintes providências: **c) indeferirá desde logo a inicial, quando não for caso de representação ou lhe faltar algum requisito desta lei complementar;**

Em relação ao "requisito exigido em lei para o ajuizamento", esse preceito não pode ser levado tão ao pé da letra atualmente.

Se, por exemplo, o requisito faltante é possível de ser corrigido, o que é a regra, é preciso que se oportunize essa correção.

– Mas acho que isso é previsto por conta da celeridade.

A celeridade não significa processo de todo o jeito. Vimos isso no capítulo das normas fundamentais. Além disso, se o magistrado indefere uma inicial por causa de um erro banal, essa decisão será sem exame de mérito. Bastará ao autor, então, repetir a demanda, agora corrigindo o defeito.

– Ou seja, seria melhor ter permitido a correção do defeito. Faz muito sentido, Minami.

35.5.5. Organização da instrução

Antes de começar a fase instrutória, é preciso organizá-la. A resolução 23.608/2019 apresenta alguns preceitos nesse sentido. Veja:

> **Art. 44, § 2º:** Ao final da fase postulatória, o órgão judicial competente apreciará os requerimentos de prova e, **caso deferida prova pericial, determinará a sua realização antes de eventual audiência, a fim de possibilitar a oitiva de peritos e assistentes técnicos.** § 3º O representado não poderá ser compelido a prestar depoimento pessoal, mas tem o direito de ser ouvido em juízo caso assim requeira na contestação.

– O que é depoimento pessoal mesmo?

Vamos para a próxima etapa.

35.6. Fase instrutória

A fase de instrução é relativamente simples. Basta ver os incisos V a XI, do art. 22, da LC 64/90.

– Simplifica, please!

Veja:

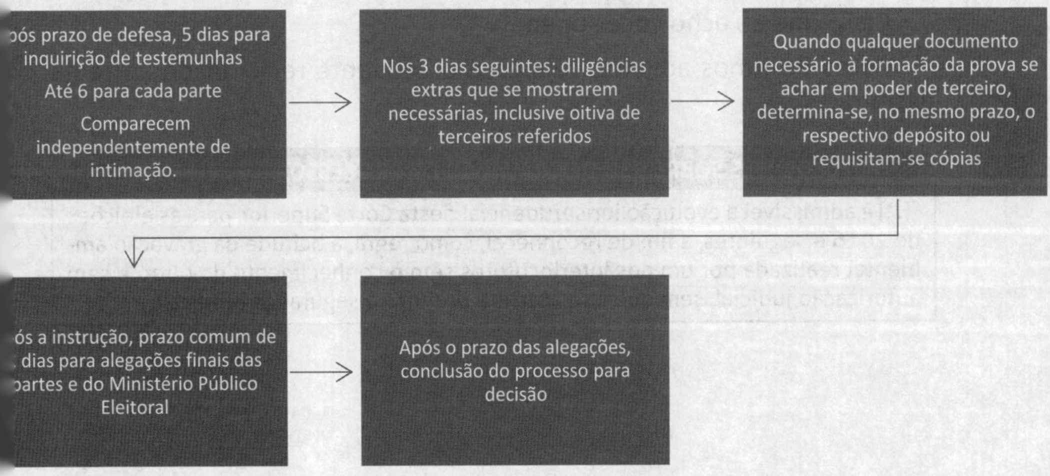

– Acho que entendi.

5 dias para testemunhas, 3 para diligências extras e 2 de alegações finais.

Vamos adiante!

Calma. Algumas observações.

As testemunhas devem ser trazidas pelas partes que as arrolaram. Não é da responsabilidade da Justiça Eleitoral essa comunicação. [173]

Outro ponto interessante. A Res. TSE 23.608/19, dispõe, no § 4º, do seu art. 44:

> "[...] se, no curso da instrução, forem apresentados documentos por uma das partes ou pelo Ministério Público Eleitoral, serão os demais ouvidos, no prazo comum de 2 (dois) dias"

– Entendi. Se aparecer novidade, é preciso abrir contraditório sobre isso.

Exatamente! Você sempre consegue me impressionar.

– Eu nunca sei se o professor está me elogiando ou brincando...

Claro que eu acho você super.

Antes de irmos adiante, veja esse precedente relacionado ao tema das provas.

PRECEDENTES SOBRE USO DE GRAVAÇÃO EM PROCESSO CÍVEL ELEITORAL

"[...] é admissível a evolução jurisprudencial desta Corte Superior, para as eleições de 2016 e seguintes, a fim de reconhecer, como regra, a licitude da gravação ambiental realizada por um dos interlocutores sem o conhecimento do outro e sem autorização judicial, sem que isso acarrete prejuízo à segurança jurídica"[174]

173. LC 64/90, art. 22, V: "findo o prazo da notificação, com ou sem defesa, abrir-se-á prazo de 5 (cinco) dias para inquirição, em uma só assentada, de testemunhas [...] as quais comparecerão independentemente de intimação".

174. TSE REspe nº 40898, Ac. Rel. Min. Edson Fachin, DJE 06/08/2019.

35.6.1. Depoimento pessoal

Não há a previsão de depoimento pessoal na fase de instrução.

– E eu não lembro o que é depoimento pessoal.

O depoimento pessoal ocorre quando uma das partes pede que a outra fale sobre o que sabe dos fatos do processo, sobre o que foi apresentado na petição inicial e na defesa, com o objetivo de se obter a sua confissão, ou seja, que a parte depoente fale algo contrário a si.[175]

No depoimento pessoal a própria parte é fonte de prova.[176]

O §3º, art. 44, da Res. TSE 23.608/19, estabelece que o representado não pode ser obrigado a prestar depoimento pessoal:

> **§ 3º O representado não poderá ser compelido a prestar depoimento pessoal, mas tem o direito de ser ouvido em juízo caso assim requeira na contestação.**

– Mas ali está escrito que se ele quiser falar, deve ser ouvido.

Sim, sim. Há precedentes sobre o tema.

PRECEDENTES SOBRE DEPOIMENTO PESSOAL

"A título de obiter dictum da mesma forma em que realizado no acórdão complementar -, importante reforçar que: i) conquanto o depoimento pessoal não esteja previsto no art. 5º da LC nº 64/90, pode ser produzido embasado nos arts. 5º, LV e LIV, da CF - direito a prova 361, II, e 369, ambos do CPC (aplicável supletiva e subsidiariamente); e ii) os agravantes, segundo o acórdão regional, não protestaram, oportunamente, contra a produção dos depoimentos pessoais, como preconiza o art. 278 do CPC"[177]

"ante a falta de previsão na Lei Complementar 64/1990 e o caráter indisponível dos interesses envolvidos, não há depoimento pessoal dos investigados em sede de AIJE. Todavia, eles não estão impedidos de fazê-lo, caso a isso se disponham, conforme assentado na jurisprudência desta Corte Superior"[178]

---

175. São as lições de Marinoni, Mitidiero e Arenhart: "[...] o depoimento pessoal (ou da parte, como parcela da doutrina prefere denominá-lo) tem nítido e específico fim probatório, já que seu objetivo primário é obter a confissão da parte adversa". MARINONI, Luiz Guilherme; ARENHART, Sérgio Cruz; MITIDIERO, Daniel. *Novo curso de processo civil: tutela dos direitos mediante procedimento comum. Vol. II.* São Paulo: Editora RT, 2015. Versão eletrônica.
176. DIDIER JR. Fredie; BRAGA, Paula Sarno; OLIVEIRA, Rafael Alexandria de. *Curso de direito processual civil. Vol. 2.* Salvador: Editora Juspodivm, 2016, p. 171.
177. TSE. REspe nº 319, Rel. Min. Tarcisio Vieira De Carvalho Neto, DJE 12/03/2020.
178. TSE. AIJE nº 060196965, Rel. Min. Jorge Mussi, DJE 08/05/2020. No mesmo sentido: AIJE nº 060196965, Acórdão, Rel. Min. Jorge Mussi, DJE 08/05/2020.

– Mas quem é que vai querer falar para se complicar?

Pelo contrário. Se o representado realmente não está escondendo nada, o ideal seria ele pedir para ser ouvido.

– Mas ele pode mentir...

Sim. É por isso que se diz que o acusado talvez seja a melhor fonte de prova, porque ele, mais do que ninguém, sabe o que acontece, mas ele também é a fonte de prova menos confiável.[179]

35.6.2. Aspectos das alegações finais

– Após a instrução e antes da decisão, autor e réu devem se pronunciar sobre tudo o que aconteceu até aquele momento. São as alegações finais.

Que lindo. E agora é a minha querida aluna quem explica a matéria!

– Eu vi o título e me empolguei. Mas eu acertei?

Sim, mas vou apenas complementar.

O prazo para as alegações finais é comum e de dois dias:

> **LC 64/90, art. 22, X:** encerrado o prazo da dilação probatória, as partes, inclusive o Ministério Público, poderão apresentar alegações no prazo comum de 2 (dois) dias

As alegações finais são feitas pelo autor e réu, você está certa.

Mas não se esqueça de que o Ministério Público Eleitoral possui atuação obrigatória em todos os feitos eleitorais.

Por isso, mesmo quando o MPE não é parte autora, é preciso que ele também possa se manifestar. Leia:

179. "Como lembra Mauro Cappelletti, a parte pode ser qualificada como a melhor *fonte de prova*, quando não a única, em razão das informações que possui, não obstante, em razão dos seus interesses pessoa, possa ser considerada a *fonte de prova* menos confiável" (DIDIER JR. Fredie; BRAGA, Paula Sarno; OLIVEIRA, Rafael Alexandria de. *Curso de direito processual civil. Vol. 2.* Salvador: Editora Juspodivm, 2016, p. 171).

> **Res. TSE 23.608/2019, art. 49:** Nas ações em que não for parte o Ministério Público Eleitoral, apresentadas as alegações finais, ou decorrido o prazo respectivo sem o seu oferecimento, os autos lhe serão remetidos para se manifestar no prazo de 2 (dois) dias.

35.7. Recorribilidade das decisões interlocutórias em representações especiais e AIJE

Veja o que diz a Res. TSE 23.608/19 sobre o tema:

> Art. 48. As decisões interlocutórias proferidas no curso da representação de que trata este capítulo não são recorríveis de imediato, **não precluem e deverão ser novamente analisadas pelo juiz eleitoral ou juiz auxiliar por ocasião do julgamento, caso assim o requeiram as partes ou o Ministério Público Eleitoral em suas alegações finais.**
>
> Parágrafo único. Modificada a decisão interlocutória pelo juiz eleitoral ou juiz auxiliar, será reaberta a fase instrutória, mas somente serão anulados os atos que não puderem ser aproveitados, determinando-se a subsequente realização ou renovação dos que forem necessários.

– Já vimos isso no capítulo sobre "Introdução ao contencioso cível eleitoral".

Sim. Ainda bem que lembra. É para lá que o leitor deve ir se quiser saber mais sobre isso agora, no capítulo indicado, no tópico: "Recorribilidade das interlocutórias no processo eleitoral".

Para quem não está com tempo, veja isso:

RECURSOS DAS INTERLOCUTÓRIA NAS REPRESENTAÇÕES ESPECIAIS E AIJE (RES. TSE 23.608/19, ART. 48)	
Momento do pedido	Após a fase instrutória, e antes da decisão do juiz, aquele que se sentiu prejudicado **pede a reanálise do tema nas alegações finais**
Momento da decisão	A matéria versada na decisão interlocutória **deve ser novamente analisada pelo juiz eleitoral ou juiz auxiliar antes da decisão na instância originária**

– O quadro ficou bom, mas a discussão que tivemos sobre o tema foi muito mais bacana e abrangente. Se eu fosse você, leitor, dava uma conferida lá.

35.8. Fase decisória

Nos casos da AIJE, se o processo tramita perante a corregedoria de um tribunal (TRE ou TSE), o corregedor confecciona o relatório conclusivo sobre o que houver sido apurado (Art. 22, Inc. XI, LC 64/90).

Ele possui três dias para isso. Depois os autos serão encaminhados para julgamento:

> XII - o relatório do corregedor, **que será assentado em 3 (três) dias**, e **os autos da representação serão encaminhados ao Tribunal competente**, no dia imediato, com pedido de inclusão incontinenti do feito em pauta, para julgamento na primeira sessão subsequente **(Art. 22, Inc. XII, LC 64/90)**

– Quem decide, então, não é a corregedoria.

Não. **Em tribunal, a decisão final é pelo colegiado, ou seja, por todos os membros da corte.**

No caso das Representações Especiais, o processamento e relatório são feitos pelos juízes auxiliares indicados pelo respectivo tribunal para essas ações.

> **Res. TSE 23.608/19:**
>
> Art. 2º São competentes para apreciação das representações, inclusive as do procedimento do art. 22 da Lei Complementar nº 64/1990, das reclamações e dos pedidos de direito de resposta:
>
> II - nas demais, os juízes auxiliares, que deverão ser designados pelos tribunais eleitorais dentre seus integrantes substitutos, em número de 3 (três), até o dia 19 de dezembro do ano anterior à eleição.

O juiz auxiliar encaminha o relatório para decisão no prazo acima.

– E se o processo tramita perante o juízo eleitoral...

Se o processo tramita perante juízo eleitoral (e isso só acontece nas eleições municipais), o próprio magistrado é quem deve julgar.

Vamos para alguns pontos mais específicos.

O art. 23, da LC 64/90, estabelece que, para decidir, o julgador:

> **"formará sua convicção pela livre apreciação dos fatos públicos e notórios, dos indícios e presunções e prova produzida, atentando para**

circunstâncias ou fatos, ainda que não indicados ou alegados pelas partes, mas que preservem o interesse público de lisura eleitoral".

– Então o magistrado pode decidir sobre fatos "ainda que não indicados ou alegados pelas partes"...

Sim, mas atenção. É muito complicado o magistrado decidir tomando por base circunstância ou acontecimento não alegados ou indicados pelas partes, sem antes permitir que elas se manifestem sobre isso. Vimos isso quando tratamos da aplicação do CPC na seara eleitoral, mais especificamente do se artigo 10:

Art. 10. O juiz não pode decidir, em grau algum de jurisdição, com base em fundamento a respeito do qual não se tenha dado às partes oportunidade de se manifestar, ainda que se trate de matéria sobre a qual deva decidir de ofício.

– Sim, lembro disso. Foi quando o professor falou da vedação de decisão surpresa no processo.

Mas e a celeridade? Será que sempre ouvir as partes não atrasaria o processo?

Você precisa reler o capítulo sobre normas fundamentais quando falamos sobre a celeridade. O processo deve durar o menor tempo possível, mas não deve atropelar o contraditório.

36. REPRESENTAÇÕES ELEITORAIS ESPECIAIS (RP) PARA COMBATER ILÍCITOS FINANCEIROS, CAPTAÇÃO ILÍCITA DE SUFRÁGIO, CONDUTAS VEDADAS E OUTROS ILÍCITOS

36.1. Cabimento das Representações Especiais e competência para todas elas

Já vimos que as **Representações Especiais** são assim chamadas pela Res. TSE 23.608/2019[180] para diferenciá-las de outras ações eleitorais com repercussões mais brandas, como aquelas contra as propagandas irregulares ou os pedidos de direito de resposta.

180. Dispõe sobre representações, reclamações e pedidos de direito de resposta previstos na Lei nº 9.504/1997 para as eleições.

Normalmente, as consequências em caso de procedência dessas representações são graves, como a cassação do diploma ou registro e, de maneira indireta, inelegibilidade.

– Se me lembro bem, alguns ilícitos graves até geram multa.

Isso mesmo. Bem lembrado.

As Representações Especiais estão elencadas no art. 44, da Res. TSE 23.608/19. Veja as hipóteses de cabimento:

> Art. 44. As representações que tenham por causa de pedir as hipóteses previstas nos **arts. 23, 30-A, 41-A, 45, VI, 73, 74, 75 e 77 da Lei nº 9.504/1997** observarão o procedimento do art. 22 da Lei Complementar nº 64/1990 e, supletiva e subsidiariamente, o Código de Processo Civil.

– Professor, aí só tem número. Seria possível, por favor, deixar mais claras essas hipóteses?

Sim, sim. Veja o quadro:

SITUAÇÕES PREVISTAS NO CÓDIGO ELEITORAL QUE AUTORIZAM AS REPRESENTAÇÕES ESPECIAIS

Procedimento: o mesmo da AIJE (art. 22, LC 64/90)		
Artigo	**Situação**	**Onde estudamos isso?**
23	**Doação de pessoas físicas além do limite permitido**	Capítulo sobre arrecadação ou gastos ilícitos de recursos
30-A	**Captação ou gastos ilícitos de recursos**	Capítulo específico do tema
41-A	**Captação ilícita de sufrágio (compra de votos)**	Capítulo específico do tema
45, VI	**Veiculação indevida, por emissoras de rádio e televisão, de programa com nome de candidato escolhido em convenção**	Capítulo sobre propaganda eleitoral
73, 74, 75 e 77	**Condutas vedadas aos agentes públicos**	Capítulo específico do tema

– Obrigada! Ajudou muito. Então, já vimos todas essas hipóteses.

Sim. Vimos as hipóteses de cabimento e alguns aspectos processuais específicos: competência, cabimento, legitimidade e consequências.

– Então, antes de acompanhar seguir em frente, a depender de qual ilícito eu quero combater, eu preciso ler o capítulo relacionado a esse ilícito específico.

Isso mesmo!

Cada situação acima possui peculiaridades. Talvez, só existem dois aspectos em comum em relação a todas elas: a competência e o procedimento.

Reveja a competência:

COMPETÊNCIA PARA AS REPRESENTAÇÕES ELEITORAIS (ART. 96, LE)	
Juízes Eleitorais	Nas eleições municipais
Tribunais Regionais Eleitorais	Nas eleições federais, estaduais e distritais
Tribunal Superior Eleitoral	Na eleição presidencial
▶ **Veja as observações a seguir**	

As representações são direcionadas aos órgãos acima, mas o art. 2º, da Res. TSE 23.608/19, explica quem deve processá-las:

> Art. 2º São competentes para apreciação das representações [...]:
>
> I - **nas eleições municipais**, o **juiz que exerce a jurisdição eleitoral** no município e, **naqueles com mais de uma zona eleitoral**, os juízes eleitorais **designados pelos respectivos tribunais** regionais eleitorais até 19 de dezembro do ano anterior à eleição.
>
> II - nas demais, os **juízes auxiliares**, que deverão ser designados pelos tribunais eleitorais dentre seus integrantes substitutos, em número de 3 (três), até o dia 19 de dezembro do ano anterior à eleição.

– Entendi.

E há aquela observação: **as decisões em tribunais que tratam de cassação do registro ou do diploma devem ser feitas de forma colegiada. O juiz auxiliar, normalmente, não resolve esses casos sozinhos, mas os apresentam relatados ao colegiado.**

– E o procedimento? Agora, finalmente, podemos aprender o procedimento dessas representações como um todo?

O grande barato é esse. Nós já vimos esse procedimento. É o mesmo da AIJE.

– Então eu só preciso ir para o capítulo passado, que trata da AIJE.

Isso mesmo.

– Devia ter dito isso tudo lá, nem precisava desse capítulo, então.

Precisava, sim. Muitas pessoas poderiam procurar no índice deste livro esse assunto das representações especiais e não encontrariam. Daí, achariam que o livro está incompleto. Este é mais um capítulo de organização ou revisão, explicando para o leitor como encontrar os assuntos que precisam.

Mas eu não vou deixar o leitor na mão.

Vou deixar aqui um breve apanhado sobre cada principal ilícito que autoriza a representação especial e o **resumo do procedimento.**

Caso queira aprofundar os temas, é só ir aos capítulos específicos.

– Adoro revisões!

36.1.1. Revisão sobre captação e gastos ilícitos de recursos (LE, 30-A)

Previsão normativa:

ART. 30-A, LEI DAS ELEIÇÕES: CAPTAÇÃO E GASTOS ILÍCITOS DE RECURSOS

Art. 30-A. Qualquer partido político ou coligação poderá **representar à Justiça Eleitoral,** no prazo de **15 (quinze)** dias da diplomação, relatando fatos e indicando provas, e pedir a abertura de investigação judicial para **apurar condutas** em desacordo com as normas desta lei, relativas à **arrecadação e gastos de recursos**[181]

---

181. A EC nº 107/2020 adiou, em razão da pandemia da Covid-19, as eleições de 2020 e os respectivos prazos eleitorais. Para essas eleições, o prazo fixado neste artigo foi o seguinte: "até o dia 1º de março de 2021"

Contra ilícitos financeiros em campanha cabem, em tese, várias medidas.

Basta consultar o capítulo "Captação ou gastos ilícitos de recursos" para verificar isso.

Agora, vamos focar nas peculiaridades relacionadas à Representação Especial fundada no art. 30-A acima.

DESTAQUES DA REPRESENTAÇÃO COM BASE NO ART. 30-A, LE	
A partir de quando o ilícito pode ocorrer?	Mesmo antes do registro de candidaturas, caso se comprove que houve arrecadação ou gastos em período vedado
A partir de quando é possível representar?	Pelo menos, a partir da totalização e divulgação dos eleitos, momento que identifica quem serão os futuros diplomados
Até quando é possível representar?	**Até 15 dias após a diplomação (art. 30-A, LE)** "As representações do art. 30-A da Lei nº 9.504/97 **podem ser ajuizadas antes da diplomação, na medida em que o objeto da pretensão é a negativa do diploma ou sua cassação se já expedido**, em havendo movimentação de recursos destinados à campanha, a qual podia, à época, se iniciar a partir do dia 6 de julho"[182]

Temas que podem autorizar a Representação Especial:

TEMAS QUE PODEM AUTORIZAR A REPRESENTAÇÃO FUNDADA NO ART. 30-A
Ilícitos relacionados à arrecadação de valores
Exemplo: arrecadação de fontes vedadas, arrecadação sem escrituração (formação de caixa dois), arrecadação com o uso de laranjas para burlar a legislação
Ilícitos relacionados a gastos indevidos
Exemplo: brindes para eleitores, gastar além do limite
Ilícitos relacionados à desobediência das normas eleitorais sobre finanças
Exemplo: arrecadação de recurso sem o trânsito por conta específica aberta por determinação legal, pagamento de gastos eleitorais com recursos não provenientes das contas específicas abertas por determinação legal
▸ **Reveja a parte de Prestações de Contas de Campanha**

182. TSE. RO nº 122086, Acórdão, Rel. Min. Luciana Lóssio. DJE 27/03/2018.

Legitimidade ativa e passiva:

LEGITIMIDADE PARA A REPRESENTAÇÃO FUNDADA NO ART. 30-A	
Ativa	Partido político, coligação, federação e Ministério Público Eleitoral
Passiva	**Candidatos que arrecadaram ou gastaram recursos ilicitamente, inclusive os suplentes** **"O terceiro responsável ou partícipe não sofre nenhuma consequência jurídica no âmbito da aludida representação"**[183]

Consequências da Representação Especial:

CONSEQUÊNCIAS DA REPRESENTAÇÃO FUNDADA NO ART. 30-A	
Direta	LE, art. 30-A, §2º: [...] § 2º Comprovados captação ou gastos ilícitos de recursos, para fins eleitorais, **será negado diploma ao candidato, ou cassado, se já houver sido outorgado**
Indireta	Inelegibilidade pela LC 64/90, art. 1º, I, j.

36.1.2. Revisão sobre captação ilícita de sufrágio (LE, 41-A)

Previsão normativa:

CAPTAÇÃO ILÍCITA DE SUFRÁGIO (ART. 41-A, LE)
Captação ilícita de sufrágio: **o candidato doar, oferecer, prometer, ou entregar, ao eleitor, com o fim de obter-lhe o voto**[184]**, bem ou vantagem pessoal de qualquer natureza, inclusive emprego ou função pública, desde o registro da candidatura até o dia da eleição, inclusive.** § 1º Para a caracterização da conduta ilícita, é desnecessário o pedido explícito de votos, bastando a evidência do dolo, consistente no especial fim de agir. § 2º As sanções previstas no caput aplicam-se contra **quem praticar atos de violência ou grave ameaça a pessoa**, com o fim de obter-lhe o voto.

Contra captação ilícita de sufrágio cabem, em tese, várias medidas.

Basta consultar o capítulo específico sobre o tema para verificar isso.

Agora, vamos focar nas peculiaridades relacionadas à Representação Especial fundada no art. 41-A acima.

183. TSE. RO nº 218847, Acórdão, Rel. Min. Tarcisio Vieira De Carvalho Neto. DJE 18/05/2018. Grifamos.

184. PLP 112/2021, possível próximo Código Eleitoral, estabelece: "com o fim de obter-lhe o voto ou induzi-lo à abstenção".

DESTAQUES DA REPRESENTAÇÃO FUNDADA NO ART. 41-A

Quem pode praticar?	Candidato ou outra pessoa, **mas a representação é proposta contra o candidato favorecido**
Quando o ilícito pode ocorrer?	Desde o registro de candidaturas, **até o dia da eleição, inclusive** (art. 41-A)
Até quando eu posso ajuizar a representação?	Desde o momento em que há candidatos, ou seja, desde o pedido de registro, **até a data da diplomação** (§3º, art. 41-A, LE)

Veja mais detalhes dessa representação:

REQUISITOS PARA A REPRESENTAÇÃO FUNDADA NO ART. 41-A

"(i) a **prática de qualquer das condutas** de **doar, ofertar, prometer, ou entregar** bem ou vantagem pessoal de qualquer natureza ao eleitor,

(ii) a **finalidade eleitoral da conduta**; e

(iii) a **participação, direta ou indireta, do candidato, ou, ao menos, o consentimento, a anuência, o conhecimento ou mesmo a ciência dos fatos** que resultaram na prática do ilícito eleitoral.

Como o bem tutelado pela norma é a liberdade de voto do eleitor, o TSE tem entendido que **não é preciso aferir a potencialidade da conduta para influenciar o resultado do pleito**"[185]

Legitimidade ativa e passiva:

LEGITIMIDADE PARA A REPRESENTAÇÃO FUNDADA NO ART. 41-A

Ativa	Partido político, coligação, federação, candidato e Ministério Público Eleitoral
Passiva	**Candidato beneficiado** "Embora o ato ilícito possa ser levado a efeito por **terceiro não candidato, esse não possui legitimidade** para figurar no polo passivo da demanda fundada no art. 41-A da Lei nº 9.504/1997"[186]

185. TSE. AI nº 72813, Decisão monocrática, Rel. Min. Luís Roberto Barroso. DJE Data 26/03/2019.

186. TSE. AgR-REspe nº 551-36/ES, rel. Min. Edson Fachin. DJE 6.10.2020. Mais recentemente: TSE. RO nº 060171341, Acórdão, Rel. Min. Mauro Campbell Marques, Rel. desig. Min. Edson Fachin. DJE 15/09/2021.

Consequências da Representação Especial:

CONSEQUÊNCIAS DA REPRESENTAÇÃO FUNDADA NO ART. 41-A	
Direta	LE, art. 41-A: Multa e cassação do registro ou do diploma Valor da multa: de R$ 1.064,10 (mil e sessenta e quatro reais e dez centavos) a R$ 53.205,00 (cinquenta e três mil e duzentos e cinco reais)[187].
Indireta	LC 64/90, art. 1º, I, j

36.1.3. Revisão sobre condutas vedadas aos agentes públicos (LE, 73 e seguintes)

Previsão normativa:

CONDUTAS VEDADAS (ART. 73 E SEGUINTES, LE)	
Previsão normativa	Art. 73 e seguintes, lei das eleições Res. TSE nº 23.610/2019, 83 e ss.
Medida cabível contra condutas vedadas em geral	Representação Eleitoral fundada nos artigos 73, §12, LE
Medida cabível contra abuso de autoridade	Representação pelo art. 74, LE
Medida cabível contra participação indevida em evento	Representação Eleitoral fundada nos artigos 75 ou 77, LE

Contra as condutas vedadas por agentes públicos cabem, em tese, Representação Especial Eleitoral, fundada nos artigos 73 e seguintes da Lei das Eleições, e Ação de Investigação Judicial Eleitoral fundada em abuso do poder político, dependendo da dimensão do ilícito.

Basta consultar o capítulo "Condutas Vedadas aos agentes públicos" para saber mais sobre isso.

Agora, vamos focar nas peculiaridades relacionadas à Representação Especial fundada no art. 73 e seguintes acima.

Detalhamento das hipóteses que acarretam a medida acima:

187. O valor da multa atualizada consta Res. TSE 23.610/2019, que dispõe sobre propaganda eleitoral, utilização e geração do horário gratuito e condutas ilícitas em campanha eleitoral. Veja o art.109.

CONDUTAS VEDADAS AOS AGENTES PÚBLICOS COM POSSÍVEL AFETAÇÃO DA IGUALDADE ENTRE OS CANDIDATOS (ART. 73 E SS)	
Usar a máquina pública em campanha	Ceder ou usar bem público beneficiando partido ou candidato, salvo nas exceções legais Ceder agente público ou usar de seu serviço em campanha
Usar indevidamente recursos, serviços e bens públicos	Usar materiais ou serviços custeados com verba pública fora das hipóteses legais Transferir voluntariamente recursos em período vedado, salvo nas exceções legais Promover a distribuição gratuita de bens, valores ou benefícios, no ano da eleição, fora das exceções legais
Dispor sobre funcionalismo público	Realizar nomeação, demissão, movimentação de agente público e condutas assemelhadas, na circunscrição do pleito, em período vedado, salvo nas exceções legais Rever remuneração de agente público, em período vedado e fora das exceções legais
Propagandear indevidamente	Fazer pronunciamento em cadeia de rádio e televisão, fora do horário eleitoral gratuito e em período vedado, salvo nas exceções legais Autorizar publicidade institucional em período vedado, salvo exceções legais Realizar, no primeiro semestre do ano de eleição, despesas com publicidade, que excedam a média dos gastos no primeiro semestre dos três últimos anos que antecedem o pleito O candidato, agente público ou não, não pode comparecer, nos 3 meses que precedem o pleito, a inaugurações de obras públicas e nem pode haver, no mesmo período, nesses eventos, a contratação de espetáculos artísticos

Alguns destaques:

DESTAQUES DA REPRESENTAÇÃO COM BASE NO ART. 73 E SS.	
A partir de quando o ilícito pode ocorrer?	Depende da hipótese de conduta vedada Verificar no capítulo específico sobre condutas vedadas
A partir de quando é possível representar?	A partir do momento em que a candidatura é apresentada
Até quando é possível representar?	Até a data da diplomação
▶ **Medidas contra os ilícitos podem ser requeridas mesmo antes das convenções partidárias**	

Sobre a legitimidade:

LEGITIMIDADE PARA A REPRESENTAÇÃO FUNDADA NO ART. 73 E SS.	
Ativa	Partido político, coligação, federação, candidato e Ministério Público Eleitoral
Passiva	Agente público Candidato beneficiado Partidos, federações e coligações

Consequências da Representação Especial:

SANCIONADO	CONSEQUÊNCIA DIRETA EM CASO DE CONDENAÇÃO
Agente público, candidato ou não	**Suspensão imediata da conduta vedada**, quando for o caso **Multa aos agentes responsáveis:** de R$ 5.320,50 a R$ 106.410,00
Candidato beneficiado, agente público ou não	**O candidato beneficiado ficará sujeito à cassação do registro ou do diploma**
Partidos, federações e coligações	**Aplicam-se a multa** aos **agentes públicos** responsáveis pelas condutas vedadas e aos **partidos, coligações** e **candidatos** que delas se beneficiarem
▶ **Consequência indireta:** Inelegibilidade: LC 64/90, art. 1º, I, j	

Em caso de eventos:

AÇÕES VEDADAS NOS TRÊS MESES QUE ANTECEDEM AS ELEIÇÕES[188]
Na realização de inaugurações, a contratação de shows artísticos pagos com recursos públicos (art. 75, LE) É proibido a qualquer candidato comparecer a inaugurações de obras públicas, sob pena de cassação do registro ou do diploma (art. 77, LE)
▶ **Penalidade: cassação do registro ou do diploma**

188. PLP 112/2021, possível próximo Código Eleitoral, estabelece: "a partir de 1º de julho do ano da eleição".

36.2. Resumo do procedimento do art. 22, da LC 64/90

Vimos o procedimento das representações especiais no capítulo passado, sobre a Ação de Investigação Judicial Eleitoral. Abaixo, um resumo:

PROCEDIMENTO DO ART. 22, LC 64/90
APLICÁVEL PARA A AIJE E PARA AS REPRESENTAÇÕES ESPECIAIS

Atenção! Instruções do quadrograma abaixo: os quadros cinzas devem ser lidos primeiro
Eles bastam, se estiver com pressa, ou só quiser revisar

Petição inicial recebida **Citação do representado** **Defesa em 5 dias**	**Art. 22, da LC 64/90:** Petição inicial deve relatar fatos, indicar provas, indícios e circunstâncias Indica-se o rol de testemunhas (até 6) Contestação também indica provas e rol de testemunhas (até 6)
Intimação do MPE, quando não for o autor	Há quem prefira intimar o MPE apenas quando autor e réu se manifestam O importante é que ele acompanhe a atividade instrutória

Antes da citação, é possível decisão liminar (LC 64/90, 22, I "b")	**Pode haver decisão determinando a suspensão do ato que deu motivo à representação**	Essa decisão interlocutória, concedendo ou negando a tutela provisória, não é recorrível imediatamente (não cabe agravo) Pede-se reanálise da decisão nas preliminares das alegações finais
Quando não for caso de representação ou lhe faltar algum requisito	**Pode haver decisão indeferindo de pronto a inicial se há defeito insanável**	Processo é encerrado (LC 64/90, 22, I "c") Eventual recurso dessa decisão autoriza retratação (art. 331, CPC)
Réplica não é uma nova chance para autor complementar a petição inicial	**Eventualmente, é possível réplica em 3 dias**[189]	Documentos juntados em contestação com fatos impeditivos, modificativos ou extintivos e eventuais questões preliminares autorizam réplica **Nem toda contestação autoriza réplica**

189. De forma subsidiária: Res. TSE 23.609/19, art. 43, § 4º.

Máximo de 6 (seis) testemunhas para cada parte Comparecimento por responsabilidade da parte que arrolou (não haverá intimação)	**Após prazo de defesa:** **5 (cinco) dias para oitiva de testemunhas**	Não há previsão de depoimento pessoal, mas tem direito de ser ouvido, se requerer na contestação
Nesse mesmo prazo, pode ocorrer oitiva de terceiros, referidos pelas partes, ou testemunhas, como conhecedores dos fatos e circunstâncias que possam influir na decisão do feito	**3 dias para diligências extras, quando requeridas, ou determinadas pelo julgador**	Documentos em poder de terceiros podem ser solicitados
O Ministério Público, se não for o autor, também deve ser intimado para se manifestar em dois dias após a manifestação das partes	**2 dias para alegações finais, inclusive MPE, se não for autor**	Prazo comum para as partes
Após relatório, processo deve ser colocado em pauta MPE deve se manifestar sobre o relatório		**3 dias para decisão pelo juiz ou elaboração de relatório pelo juiz auxiliar**

36.3. Como ficam as representações especiais após o Código Eleitoral projetado

As mesmas hipóteses que autorizam as representações especiais atualmente também serão combatidas no Código Eleitoral em discussão (PLP 112/2021, texto original Senado). São temas previstos no Livro XIX, que trata das "Condutas que Sujeitam o Candidato à Cassação de Registro, Diploma ou Mandato". Observe:

TRATAMENTO DAS PRINCIPAIS HIPÓTESES QUE AUTORIZAM REPRESENTAÇÃO ESPECIAL ATUALMENTE NO CÓDIGO ELEITORAL PROJETADO

Situação	Previsão no PLP 112/2021, texto original Senado
Captação ou gasto ilícito de recursos	Por volta do art. 603
Captação ilícita de sufrágio	Por volta do art. 604
Condutas vedadas aos agentes públicos	Por volta dos artigos 605 a 607
Procedimento comum previsto do Código Eleitoral Projetado	

37. AÇÃO DE IMPUGNAÇÃO DE MANDATO ELETIVO (AIME) PARA COMBATER ABUSO ECONÔMICO, CORRUPÇÃO OU FRAUDE ATÉ 15 DIAS APÓS A DIPLOMAÇÃO

37.1. Cabimento da AIME

– Minami, você já deu spoiler. Já vi o cabimento no título do capítulo.

Eu sei. Eu faço isso para ajudar o leitor que procura o assunto no índice. Ele já vem neste capítulo tendo uma ideia do que ele trata.

Mas vamos adiante. Leia abaixo:

▶ Fundamento para a **Ação de Impugnação ao Mandato Eletivo (AIME)**
Constituição de 1988, artigo 14, § 10 O mandato eletivo poderá ser impugnado ante a Justiça Eleitoral no prazo de quinze dias contados da diplomação, instruída a ação com provas de **abuso do poder econômico, corrupção ou fraude**

▶ **Cabimento da Ação de Impugnação de Mandato Eletivo**
Para combater: **Abuso do poder econômico** **Corrupção** **Fraude**
Cada situação acima foi tratada na parte 7 do livro

Nós já vimos cada hipótese de cabimento.

– Então, antes de continuar aqui, a depender de qual ilícito eu quero combater, eu preciso ler o capítulo relacionado a esse ilícito específico.

Isso mesmo.

A Ação de Impugnação ao Mantado Eletivo possui grande importância. Confira:

> **Precedente:** "A *ratio essendi* da ação de impugnação de mandato eletivo é **impedir que os mandatos eletivos sejam desempenhados por candidatos eleitos que adotaram comportamentos censuráveis durante**

> **o prélio eleitoral, com vilipêndio aos valores mais caros ao processo político, tais como a igualdade de chances entre os players da competição eleitoral, a liberdade de voto dos cidadãos e a estrita observância das disposições constitucionais e legais respeitantes ao processo eleitoral".**[190]

Agora, vamos analisar aspectos processuais específicos e o procedimento da AIME.

> – Não vai ter revisão sobre as hipóteses de cabimento? Fiquei mal-acostumada.

Você é folgada.

Pois então vamos lá.

> – Só uma dúvida antes, please.
>
> Não se pode atacar abuso do poder político por AIME, ou seja, depois da diplomação? Acho que já falou sobre isso, mas esqueci.

Já se considerou possível o uso de **AIME contra abuso do poder político "[...] desde que entrelaçado com abuso de poder econômico, ou outro fundamento jurídico-constitucional** previsto no art. 14, § 10, da Constituição Federal [...]".[191]

190. TSE. REspe. nº 1175, Acórdão, Rel. Min. Luiz Fux, DJE 30/06/2017. Grifei.

191. TSE. AI. nº 1396, Acórdão, Rel. Min. Edson Fachin, DJE 05/11/2019. No mesmo sentido: TSE. REspe. nº 3611, Acórdão, Rel. Min. Rosa Weber, DJE 02/08/2018.

37.1.1. Brevíssima revisão sobre as hipóteses de cabimento da AIME[192]

– Brevíssima mesmo!

BREVE RESUMO SOBRE O ABUSO DO PODER ECONÔMICO:

Pontos de observância necessária em casos de abuso do poder econômico[193]
Emprego desproporcional e excessivo de recursos patrimoniais, públicos ou privados, em benefício eleitoral do candidato
Emprego de **quantia não declarada** ou em **desconformidade com as regras financeiras** de campanha[194]
Gravidade das condutas reputadas ilegais
Abalo na legitimidade e na **normalidade** do pleito
Desequilíbrio na disputa e violação da **paridade de armas**
É **desnecessária a aferição (matemática ou numérica) da alteração do resultado** das eleições pela prática do ato

BREVE RESUMO SOBRE A CORRUPÇÃO ELEITORAL QUE JUSTIFICA A AIME:

Corrupção eleitoral que justifica uma AIME
Como o conceito de corrupção é aberto, os tribunais costumam utilizar como parâmetro para a sua ocorrência, ilícitos já tipificados, como a captação ilícita de sufrágio (41-A, LE) e as condutas vedadas aos agentes públicos (art. 73 e seguintes, LE)
A gravidade deve ser considerada principalmente porque pela AIME, retira-se candidato eleito e já diplomado

BREVE RESUMO SOBRE A FRAUDE ELEITORAL QUE JUSTIFICA A AIME:

Fraude eleitoral que justifica uma AIME
O conceito de fraude eleitoral, atualmente, é interpretado de forma ampla
Não se limita às questões atinentes ao processo de votação
Pode englobar todas as situações em que a normalidade das eleições e a legitimidade do mandato eletivo são afetadas por ações fraudulentas
Pode englobar fraude à lei, como a fraude à cota de gênero no registro de candidatura

192.– Esse é o auge do atrevimento. Você comentou no título! Vai sair até no índice...

– *Sorry*. Prometo não fazer mais. Mas é que essa revisão está muito pouquinha mesmo!

193. Veja algumas dessas conclusões nos acórdãos do TSE, de 19.3.2019, no REspe nº 49451 e, de 6.11.2018, no RO nº 799627: "as hipóteses de abuso de poder constituem cláusulas abertas e devem ser interpretadas em harmonia com o art. 14, § 9º, da Constituição Federal, considerando a gravidade da conduta e o desequilíbrio na disputa eleitoral, tendo em vista a normalidade e a legitimidade do pleito".

194. Veja capítulo sobre arrecadação e aplicação de recursos em campanha.

– Que revisão mais preguiçosa.

Preguiçosa e atrevida é você. Consulte a parte 7 do livro. Está tudo lá. Se eu ficar repetindo coisas, o leitor vai dizer que estou enrolando página.[195]

37.2. Legitimidade, prazo de propositura, competência e consequências da AIME

Alguns dos aspectos acima, se não todos, já foram apresentados em algum momento, quando estudamos os seguintes ilícitos eleitorais: abuso do poder econômico e político, corrupção e fraude.

– Então eu tenho de voltar a esses capítulos.

Como eu disse, apenas para estudar as hipóteses de cabimento da AIME. Agora, vou tratar de forma mais detida sobre esses aspectos processuais mencionados.

– Tão atencioso esse professor que dá gosto... Já sei o que vai dizer: foco!

AÇÃO DE IMPUGNAÇÃO AO MANDATO ELETIVO (AIME)	
Cabimento	Combate abuso do poder econômico, corrupção ou fraude
Prazo de propositura	Até 15 dias depois da diplomação
Observação	Previsão expressa de segredo de justiça
Legitimidade ativa	Partido político e federação partidária, candidato e Ministério Público Eleitoral **Com a diplomação, ocorre o fim da coligação e partido que era coligado pode propor sozinho** Já se entendeu que coligação pode propor AIME

195. Caro editor, podemos pensar na segunda edição do livro no formato "monólogos em Direito Eleitoral".

– Professor, que coisa... Sabe que eu consigo ler as notas também né.

– ...

<table>
<tr><th colspan="2">AÇÃO DE IMPUGNAÇÃO AO MANDATO ELETIVO (AIME)</th></tr>
<tr><td>Legitimidade passiva</td><td>Candidato diplomado e suplente diplomado
Suplente não é litisconsorte necessário</td></tr>
<tr><td colspan="2">Consequência direta: Cassação do diploma
Consequência Indireta: Inelegibilidade (atenção, veja o capítulo sobre corrupção e fraudes eleitorais)</td></tr>
<tr><td colspan="2">Procedimento: O mesmo da "Ação" de Impugnação ao Registro de Candidaturas: art. 3º e seguintes, LC 64/90[196] (Veja capítulo sobre AIRC)</td></tr>
</table>

Vamos relembrar os enunciados seguintes:

> **Enunciado n.º 38 da Súmula do TSE:** Nas ações que visem à cassação de registro, diploma ou mandato, há litisconsórcio passivo necessário entre o titular e o respectivo vice da chapa majoritária.
>
> **Enunciado n.º 40 da Súmula do TSE:** O partido político não é litisconsorte passivo necessário em ações que visem à cassação de diploma.

Sobre a legitimidade passiva, não são aceitos terceiros não diplomados, mesmo que possam sofrer com alguma consequência da decisão, como uma possível recontagem de votos.

Os suplentes diplomados podem compor o polo passivo da demanda, e já se decidiu, no caso de AIME contra fraude à cota de gênero, que **os suplentes, mesmo os diplomados, não são litisconsortes necessários passivos da AIME:**

> **Precedente: "Os suplentes não suportam efeito idêntico ao dos eleitos em decorrência da invalidação do DRAP, uma vez que são detentores de mera expectativa de direito, e não titulares de cargos eletivos**. Enquanto os eleitos sofrem, diretamente, a cassação de seus diplomas ou mandatos, os não eleitos são apenas indiretamente atingidos, perdendo a posição de suplência. Não há obrigatoriedade de que pessoas apenas reflexamente atingidas pela decisão integrem o feito. **Os suplentes são,**

196. Res. TSE nº 21.634/2004 e Acórdão do TSE, de 14.2.2006, no REspe nº 25443: "o rito ordinário que deve ser observado na tramitação da ação de impugnação de mandado eletivo, até a sentença, é o da Lei Complementar nº 64/90, não o do Código de Processo Civil, cujas disposições são aplicáveis apenas subsidiariamente". O procedimento considerado como o ordinário é justamente o da AIRC, embora muito semelhante ao da AIJE. Há precedente afirmando que o procedimento para a AIME é o mesmo da AIJE: "[...] não há fator razoável de diferenciação para concluir que está inelegível o cidadão condenado por abuso de poder econômico [...] em AIJE, enquanto está elegível aquele condenado também por abuso de poder no mesmo pleito, porém em AIME, pois ambas as ações têm o abuso como causa de pedir, tramitam sob o mesmo procedimento (art. 22 da LC nº 64/90) [...]" (TSE. RO nº 29659, Acórdão, Rel. Min. Gilmar Mendes, DJE 29/09/2016).

portanto, litisconsortes meramente facultativos. Embora possam participar do processo, sua inclusão no polo passivo não é pressuposto necessário para a viabilidade da ação.

[...] **Ações que discutem fraude à cota de gênero, sejam AIJE ou AIME, não podem ser extintas com fundamento na ausência dos candidatos suplentes no polo passivo da demanda**". [197]

Eu repeti o julgado acima porque ele também trata de um ponto importante: a **fraude na cota de gênero. Aliás, se o problema que o leitor enfrenta é esse, verifique o capítulo sobre "Corrupção e fraude eleitoral".**

– Lembro disso. Tivemos o maior papo cabeça.

Isso mesmo. Vamos adiante.

A AIME deve ser proposta no juízo da diplomação.[198]

JUÍZO COMPETENTE	CARGO
Tribunal Superior Eleitoral	Presidente e vice-presidente
Tribunais Regionais Eleitorais	Governador e vice-governador Senador e suplentes Deputado federal, estadual ou distrital
Juízes Eleitorais	Prefeito e vice-prefeito Vereador

O prazo, como vimos, é de 15 dias da diplomação.

– Mas esse prazo aí pode cair justamente em período de recesso, né?

Muito bem apontado. Veja essa decisão que resolve essa questão:

Precedente: "Na linha da remansosa jurisprudência desta Corte, 'o prazo para a propositura da ação de impugnação de mandato eletivo, **mesmo tendo natureza decadencial, prorroga-se para o primeiro dia útil seguinte, se o termo final cair em feriado ou dia em que não haja expediente normal no Tribunal**'" (REspe nº 2-24, Rel. Min. Napoleão Nunes Maia Filho, DJe de 24.9.2018).[199]

197. TSE. REspe. nº 68565, Acórdão, Rel. Min. Jorge Mussi, Rel. desig. Min. Luís Roberto Barroso, DJE 31/08/2020.
198. CASTRO, Edson de Resende. *Op. cit.*, p. 713.
199. TSE. RO nº 060000130, Acórdão, Rel. Min. Carlos Horbach, DJE 06/12/2021.

O objetivo da AIME é a desconstituição do mandato.

Como efeito indireto, ainda é possível a Inelegibilidade, como consequência dos seguintes preceitos da LC 64/90:

> Art. 1º São inelegíveis: I - para qualquer cargo:
>
> d) os que tenham contra sua pessoa representação julgada procedente pela Justiça Eleitoral, em decisão transitada em julgado ou proferida por órgão colegiado, em processo de apuração de **abuso do poder econômico ou político**, para a eleição na qual concorrem ou tenham sido diplomados, bem como para as que se realizarem nos 8 (oito) anos seguintes;[200]
>
> j) os que forem condenados, em decisão transitada em julgado ou proferida por órgão colegiado da Justiça Eleitoral, por **corrupção eleitoral**, por captação ilícita de sufrágio, por doação, captação ou gastos ilícitos de recursos de campanha ou por conduta vedada aos agentes públicos em campanhas eleitorais que impliquem cassação do registro ou do diploma, pelo prazo de 8 (oito) anos a contar da eleição;

É uma inelegibilidade por efeito anexo da decisão, e não por efeito direto.

– Certo. Vou anotar aqui para ler depois sobre esse "efeito anexo".[201]

37.3. Aspectos gerais específicos da AIME

A Ação de impugnação ao Mandato Eletivo se vale do procedimento da "Ação" de Impugnação ao Registro de Candidatura, AIRC. Não vamos repetir a análise da AIRC. Basta consultar o resumo dela no tópico seguinte, ou no capítulo próprio do tema.

Mas a AIME possui algumas peculiaridades. Vamos a elas.

200. "A causa de inelegibilidade prevista na alínea d do inciso I do art. 1º da Lei Complementar nº 64/90 incide sobre os condenados por abuso do poder econômico tanto em ação de investigação judicial eleitoral quanto em ação de impugnação de mandato eletivo" (TSE. REspe nº 24213, Acórdão, Rel. Min. Admar Gonzaga, Rel. desig. Min. Tarcisio Vieira De Carvalho Neto, DJE 26/06/2019.

201. – Vou te ajudar. Segundo Didier Jr. e outros autores: "esta norma toma a sentença como um fato da vida e anexa a ela efeitos que, se dependesse de seu conteúdo, a decisão não os produziria. Esses efeitos independem de pedido da parte, da manifestação do juiz ou do conteúdo da decisão. São efeitos indiretos e automáticos que resultam do fato de a decisão existir. A decisão, neste caso, é tratada como se fosse um fato, cujos efeitos independem da vontade, e não um ato voluntário, cujos efeitos jurídicos são determinados pela vontade de quem os pratica" (DIDIER JR. Fredie; BRAGA, Paula Sarno; OLIVEIRA, Rafael Alexandria de. Curso de direito processual civil. Vol. 2. Salvador: Editora Juspodivm, 2016, p. 484).

– Brigadinha!

37.3.1. *Instrução da petição inicial da AIME*

O art. 14, § 10, da Constituição estabelece que a petição inicial deve vir instruída com provas de abuso do poder econômico, corrupção ou fraude:

> O mandato eletivo poderá ser impugnado ante a Justiça Eleitoral no prazo de quinze dias contados da diplomação, **instruída a ação com provas de abuso do poder econômico, corrupção ou fraude**.

Isso não significa que não seja possível instrução probatória durante o trâmite dessa ação.

– Então esse artigo não significa nada, na prática, já que pode realizar provas durante a tramitação.

Eu não disse isso. A petição inicial não precisa trazer todas as provas, mas não pode ser muito genérica, baseada apenas em conjecturas. **Estamos falando de uma das únicas medidas processuais possíveis depois da própria diplomação do eleito.**

Essas provas podem ter sido colhidas, inclusive, mediante aquele **Procedimento Preparatório Eleitoral (PPE)** prévio pelo Ministério Público Eleitoral.[202]

Veja o precedente abaixo, demonstrando como a AIME aceita instrução probatória robusta. O caso é de captação ilícita de sufrágio e abuso de poder, consistentes em esquema ilegal de marcação de consultas e de exames no sistema público de saúde com finalidade eleitoral.

> **Precedente:** "[...] Tendo havido autorização judicial tanto para a busca e apreensão dos aparelhos de telefone celular, como para a quebra do sigilo dos dados telefônicos dos integrantes do comitê eleitoral investigado, não se verifica ilicitude de prova. [...] A Corte regional assentou a comprovação das referidas práticas ilícitas a partir do exame, em conjunto, das provas documentais e testemunhais, as quais, segundo consignou, confirmaram a existência de esquema ilegal de marcação de consultas e de exames no sistema público de saúde de Aparecida de Goiânia/GO [...]"[203]

202. Veja capítulo sobre o Ministério Público Eleitoral.
203. TSE. AI nº 69274, Acórdão, Rel. Min. Og Fernandes, DJE 08/06/2020.

37.3.2. Sigilo na tramitação da AIME

A tramitação da AIME é sigilosa. Confira:

> **§ 11, art. 14, CF/1988:** A ação de impugnação de mandato tramitará em segredo de justiça, respondendo o autor, na forma da lei, se temerária ou de manifesta má-fé.

Mas já se decidiu que, **embora processada em segredo de justiça, o seu julgamento é público**[204] e que "a mera divulgação da propositura de AIME e de sua peça inicial em sítios de notícias, por si só, não acarreta nulidade processual e nem ofensa a este dispositivo, se não houver demonstração de prejuízo".[205]

O problema é saber qual a possível penalidade no caso de violação a esse disposto.

37.4. Resumo do procedimento da Ação de Impugnação ao Mandato Eletivo (AIME)

AÇÃO DE IMPUGNAÇÃO AO MANDATO ELETIVO (AIME)
ARTIGOS 40 E SEGUINTES RES. TSE 23.609/2019

Atenção! Instruções do quadrograma abaixo: os quadros cinzas devem ser lidos primeiro
Eles bastam, se estiver com pressa, ou só quiser revisar

Protocolo da AIME em até 15 dias depois da diplomação	Petição apresentada com provas de abuso do poder econômico, corrupção ou fraude Autor apresenta provas disponíveis, especifica as demais e apresenta rol de testemunhas (até 6)

O procedimento tramita em sigilo	**Citação do réu para defesa em 7 dias**	Réu também apresenta provas disponíveis, especifica as demais e apresenta rol de testemunhas (até 6)
MPE deve acompanhar a fase instrutória	**Intimação do MPE, quando não for o autor**	Há quem prefira intimar o MPE apenas quando autor e réu se manifestam

204.TSE. RO nº 31, Acórdão, Rel. Min. Edson Vidigal, DJ 31/03/2000.
205.TSE, Acórdão de 24.3.2011, no AgR-REspe nº 872384929.

A oitiva deve acontecer em uma só assentada	**Após prazo de defesa, 4 dias seguintes para inquirição de testemunhas**	A testemunha comparece por iniciativa da parte que a arrolou

Pode ocorrer ordem para depósito, em 5 dias, de documento em poder de terceiro	**5 dias para diligências extras necessárias, determinadas de ofício ou a requerimento**	No mesmo prazo, oitiva de terceiros referidos no processo

A intimação pessoal do MPE será feita, entre 15/08 e 19/12 do ano eleitoral, exclusivamente, por expediente no PJe, que marcará a abertura automática e imediata do prazo processual	**Alegações finais em 5 dias e Manifestação do MPE, se não for o autor, em 2 dias**	Prazo comum para as partes

Consequência: Cassação do diploma **Consequência Indireta:** Inelegibilidade Verificar as consequências específicas no caso de AIME fundada em fraude	**Decisão em 3 dias após a conclusão** **Decisão por tribunal: em até 3 dias da conclusão ao relator e não precisa publicação de pauta**

37.5. Como fica a AIME após o Código Eleitoral projetado

Já analisamos como fica o tema do combate à corrupção e à fraude eleitoral no Código Eleitoral em debate, o PLP 112/2021, no capítulo próprio sobre esses ilícitos na parte 7. No texto original do Projeto, o assunto está no art. 618.

Especificamente em relação à AIME, posso apontar o seguinte:

Para **as consequências da AIME, haverá a necessidade de "aferição da gravidade das circunstâncias".**

A **fraude à cota de gênero passa a ser hipótese legislada para o cabimento da AIME.**

O procedimento adotado é o **"procedimento comum"**. Nós já conversamos sobre esse **procedimento comum do Código Eleitoral projetado** no capítulo sobre Ação de Impugnação ao Registro de Candidatura, em tópico específico.

38. PROCESSOS NOS TRIBUNAIS, ALGUMAS SITUAÇÕES

38.1. Reclamação em matéria eleitoral

38.1.1. Tipos de reclamação e observações gerais

É possível reclamar contra a atuação da Justiça Eleitoral. Por exemplo: se algum processo que deveria ter rápido julgamento não é decidido.

– Que curioso! E como é o nome da medida?

Sei que você já sabe, porque viu no título. Acho que só quer ter a certeza. Trata-se da **reclamação.**[206]

Ela está delineada nos artigos 29 e 30, da Res. TSE 23.608/19. Nessa perspectiva, o tema é bem simples. Nem precisa de muita explicação. Por isso, basta a reprodução dos enunciados normativos sobre ele:

> Art. 29. É cabível reclamação:
>
> I - contra inércia ou morosidade da Justiça Eleitoral no cumprimento dos dispositivos da Lei nº 9.504/1997 sempre que não houver recurso próprio, observado o procedimento do Capítulo II;
>
> II - contra juiz ou membro do tribunal que descumprir as disposições desta Resolução ou der causa a seu descumprimento, inclusive quanto aos prazos processuais, caso em que, ouvido o representado em 1 (um) dia, o tribunal ordenará a observância do procedimento que explicitar, sob pena de incorrer o juiz em desobediência.
>
> Art. 30. São competentes para apreciar as reclamações contra juízes eleitorais os respectivos tribunais regionais eleitorais.
>
> Parágrafo único. No caso de reclamações contra membros dos tribunais regionais eleitorais, é competente o Tribunal Superior Eleitoral.

206. A reclamação na seara eleitoral é um instituto pouco tratado na doutrina especializada. Na prática, por exemplo, reclamações contra possível morosidade de atuação da Justiça Eleitoral são bem raras. A falta de tratamento mais rigoroso do tema é um problema que também ocorre na Reclamação fora da seara eleitoral, como aquela prevista no atual CPC. Para uma abordagem sobre a origem da Reclamação e enfrentando os problemas do tema, veja: AZEVEDO, Gustavo. *Reclamação constitucional no direito processual civil.* Rio de Janeiro: Forense, 2018.

– Sério? É só isso?

Sim. Eu não vou aprofundar, pois o artigo acima é bem elucidativo e não se costuma ingressar com essa medida específica.

– Mas pode dar exemplo de aplicação dessa reclamação acima?

Sim. Se um juiz eleitoral demora muito para decidir as representações por propaganda, que apresentam prazo super exíguo , é possível reclamação contra ele. É a reclamação da Res. TSE 23.608/19.

Mas o tema não acaba aqui.

Na seara não eleitoral, a representação é medida processual utilizada para situações diversas daquelas que eu apresentei. Dessas hipóteses, destacam-se duas previstas Código de Processo Civil, em seu artigo 988:

> Art. 988. Caberá reclamação da parte interessada ou do Ministério Público para:
>
> I - preservar a competência do tribunal
>
> II - garantir a autoridade das decisões do tribunal

É possível a aplicação dessa reclamação na seara eleitoral. [207]

– Há previsão legal para isso?

Os regimentos internos dos tribunais eleitorais costumam repetir essa previsão.

Veja, por exemplo, o art. 15, parágrafo único, V, do Regimento Interno do TSE:

> **"V - a Reclamação é cabível para preservar a competência do Tribunal ou garantir a autoridade das suas decisões".**

Vamos ver o que essas hipóteses significam.

Antes, só um detalhe: as reclamações, quaisquer delas, não se presta a substituir recurso.[208]

207. Pela possibilidade de reclamação a partir do art. 988, incisos I e II na seara eleitoral: GOMES, José Jairo. *Recursos eleitorais*.4. ed. São Paulo: Atlas, 2018, p. 278.

208. "A Reclamação não se presta à revisão de entendimento aplicado na origem como substituto de recursos de natureza ordinária ou extraordinária" (TSE. Reclamação nº 060133331, Rel. Min. Alexandre de Moraes, DJE 27/11/2020).

38.1.2. Preservação de competência

Para entender o que é "preservação de competência", vamos analisar os estudos de Gustavo Azevedo sobre o tema:

> **Preservação de competência**
>
> **Doutrina:** "toda vez que um órgão – administrativo ou judicial – praticar ato cuja competência seja de tribunal, ou impedir que este exerça sua competência, haverá inegável usurpação de competência. Se alguma norma de competência do tribunal for violada por órgão, de forma comissiva ou omissiva, há usurpação de competência; há invasão da esfera do legítimo exercício jurisdicional do tribunal. [...] A usurpação de competência de tribunal que permite o ajuizamento da reclamação constitucional é aquela praticada por órgão, administrativo ou judicial, *hierarquicamente inferior* ou submetido ao controle do respectivo tribunal"[209]

Se, por exemplo, um juiz eleitoral de determinado município recebe e processa uma representação eleitoral por propaganda indevida de candidato a deputado estadual, usurpará competência do respectivo Tribunal Regional Eleitoral.

Se um Tribunal Regional Eleitoral faz algo que é de competência do TSE como, por exemplo, impedir a campanha de candidato com registro indeferido no TRE, mas com recurso contra esse indeferimento ainda não apreciado pelo TSE (veja art. 16-A, Lei das Eleições), temos um caso de usurpação de competência. Confira esta decisão:

> **Precedente:** "A cessação dos efeitos do art. 16-A, da Lei das Eleições, é providência que somente se revela possível no exercício da competência do Tribunal Superior Eleitoral [...] Aferida, no caso concreto, a usurpação da competência deste Tribunal Superior Eleitoral pela decisão proferida pelo Tribunal Regional Eleitoral de Alagoas, suspende-se os efeitos administrativos da decisão recorrida, obstando a retirada dos nomes dos reclamantes das urnas eletrônicas, preservando-se o espectro de direitos contido no art. 16-A, da Lei das Eleições" [210]

O grande detalhe na seara eleitoral é a seguinte: os tribunais não realizam apenas atividade jurisdicional, mas administrativa. Ou seja, mesmo em temas não necessariamente jurisdicionais, é possível cogitar a utilização de reclamação, desde que seja algo relacionado à atividade fim da Justiça Eleitoral.

---

209. AZEVEDO, Gustavo. *Op. cit.*, p. 151.
210. TSE. PETIÇÃO CÍVEL nº 060174729, Rel. Min. Edson Fachin, Publicado em Sessão, 12/11/2020.

– Olha o exemplo!

Se um tribunal regional eleitoral quiser criar zona eleitoral, usurpará a competência do Tribunal Superior Eleitoral, pois o Código Eleitoral é expresso ao afirmar, no seu art. 23, VIII, que compete ao TSE "aprovar a divisão dos estados em zonas eleitorais ou a criação de novas zonas".[211]

38.1.3. Garantia da autoridade de decisões de tribunal eleitoral

A reclamação cabe para garantir a autoridade das decisões dos tribunais.

Segundo Gustavo Azevedo, "compreende-se [...] a locução 'garantir autoridade' como assegurar que o poder advindo da atividade jurisdicional seja obedecido".[212]

Fredie Didier Jr. e Leonardo Cunha explicam que "a reclamação destinada a impor a autoridade do julgado pressupõe um processo prévio em que fora proferida decisão que se busca garantir. Desobedecida alguma decisão do tribunal, cabe a reclamação para obter seu cumprimento".[213]

– Quero ver exemplo disso.

Imagine que, em uma eleição para governador, determinado partido ingressa com uma representação contra candidato Professor Minami, por achar que as suas bandeiras de campanha ou o seu slogan são indevidos por alguma razão. O TRE, órgão competente para julgar as questões relacionadas à propaganda em eleições estaduais, considera improcedente a representação, entendendo pela possibilidade do slogan e da bandeira atacados.

Em determinado município daquele estado, a equipe de campanha do Professor Minami utiliza essas bandeiras e o slogan aceitos pelo TRE. Ocorre que um dos candidatos adversários pede providências ao juiz

211. Sobre a criação de zonas eleitorais, veja a Resolução do TSE nº 23.422/2014 (estabelece normas para criação e instalação de zonas eleitorais e dá outras providências).

212. AZEVEDO, Gustavo. *Op. cit.*, p. 158.

213. DIDIER JR. Fredie; CUNHA, Leonardo Carneiro da. *Curso de direito processual civil: o processo civil nos tribunais, recursos, ações de competência originária de tribunal e querela nullitatis, incidentes de competência originária de tribunal.* 13 ed. Salvador: Ed. Juspodivm, 2016, p. 543.

eleitoral para, em seu poder de polícia, impedir aquela propaganda. O juiz eleitoral, antes de qualquer medida, determina que Professor Minami se manifeste. Seu advogado, então, junta a decisão do TRE-CE reconhecendo a licitude daquela propaganda. O mencionado juiz eleitoral, contudo, entendendo pela ilicitude da bandeira e do slogan, e com a justificativa de ser competente para o poder de polícia naquele município, determina que elas não sejam utilizadas na cidade. Aqui, em tese, caberia reclamação.

Perceba que, nesse caso, o juiz eleitoral – que é a autoridade jurisdicional que deveria garantir a efetividade da decisão do Tribunal ao qual é submetido –, é justamente quem diligencia para impedir que essa decisão produza efeitos. Lembrando que impedir propaganda devida é crime.

Só um detalhe antes de prosseguirmos. Veja o enunciado abaixo.

> **Enunciado n.º 35, da Súmula do TSE:** Não é cabível reclamação para arguir o descumprimento de resposta a consulta ou de ato normativo do Tribunal Superior Eleitoral.

38.1.4. Reclamação no próximo Código Eleitoral

O PLP 112/2021, possível próximo Código Eleitoral, trata deste tema em seção específica, dentro do capítulo "Ordem dos Processos e Processos de Competência Originária dos Tribunais Eleitorais". O destaque é a reunião das hipóteses vistas acima, nas hipóteses de cabimento:

> Art. 821. É cabível a reclamação:
>
> I - para preservar a competência do tribunal;
>
> II - para garantir a autoridade das decisões do tribunal;
>
> III - contra juiz ou membro do tribunal que descumprir as disposições da lei eleitoral ou der causa a seu descumprimento, inclusive quanto aos prazos processuais.

38.2. Ação Rescisória Eleitoral

Fredie Didier Jr. e Leonardo Cunha explicam que "(a) ação rescisória é ação autônoma de impugnação, que tem por objetivos a desconstituição de decisão judicial transitada em julgado e, eventualmente, o rejulgamento da causa". [214]

214. DIDIER JR. Fredie; CUNHA, Leonardo Carneiro da. *Op. cit.*, p. 422.

Na seara eleitoral, a ação rescisória é prevista no Código Eleitoral quanto trata da competência do TSE:

> **Código Eleitoral:** Art. 22. Compete ao Tribunal Superior:
>
> I - processar e julgar originariamente:
>
> j) **a ação rescisória**, nos casos de **inelegibilidade**, desde que intentada dentro do prazo de **cento e vinte dias de decisão irrecorrível**, possibilitando-se o exercício do mandato eletivo até o seu trânsito em julgado

– Então não existe ação rescisória nos Tribunais Regionais Eleitorais?

Não em matéria eleitoral. Sobre esse tema, apenas perante o TSE. Veja este enunciado de súmula:

> **Enunciado n.º 33, da Súmula do TSE:** Somente é cabível ação rescisória de decisões do Tribunal Superior Eleitoral que versem sobre a incidência de causa de inelegibilidade.

– Então é um cabimento bem restrito.

Sim. E ela não pode ser usada como um sucedâneo recursal, quando não se conseguiu o que queria nas instâncias recursais ordinárias.

Vamos aprender alguns parâmetros da ação rescisória a partir dos seguintes precedentes:

> **Precedente:** "Admite-se o cabimento de ação rescisória apenas como medida excepcional, sendo inviável sua utilização meramente para renovar discussão de questões julgadas em desfavor das pretensões de uma das partes".[215]
>
> **Precedente:** "A ação rescisória, na Justiça Eleitoral, apenas é cabível se ajuizada no prazo de 120 dias do trânsito em julgado de decisões de mérito proferidas no âmbito do Tribunal Superior Eleitoral e que tenham, efetivamente, avançado sobre o mérito da causa de inelegibilidade. [...] Na espécie, o acórdão rescindendo se limitou a reconhecer a incidência da Súmula n. 25/TSE, porquanto o recurso especial foi interposto sem o prévio esgotamento da instância ordinária. Daí por que correta a aplicação da Súmula n. 33/TSE".[216]

– Eu entendi esse prazo: 120 dias da decisão irrecorrível.
Mas eu achei esse cabimento muito aberto: "nos casos de inelegibilidade".

215. TSE. RE com Agravo nº 060026779, Ac. Rel. Min. Mauro Campbell Marques, DJE 28/09/2021.
216. TSE. RE com Agravo nº 060022530, Ac. Rel. Min. Carlos Horbach, DJE 03/08/2021.

É por isso que é possível utilizar o art. 966, do CPC, que trata da ação rescisória na seara cível, como parâmetro para discutir a decisão em casos de inelegibilidade, desde que aplicável à situação:[217]

> **Ação rescisória no CPC:** Art. 966. A decisão de mérito, transitada em julgado, pode ser rescindida quando: I - se verificar que foi proferida por força de prevaricação, concussão ou corrupção do juiz; II - for proferida por juiz impedido ou por juízo absolutamente incompetente; III - resultar de dolo ou coação da parte vencedora em detrimento da parte vencida ou, ainda, de simulação ou colusão entre as partes, a fim de fraudar a lei; IV - ofender a coisa julgada; V - violar manifestamente norma jurídica; VI - for fundada em prova cuja falsidade tenha sido apurada em processo criminal ou venha a ser demonstrada na própria ação rescisória; VII - obtiver o autor, posteriormente ao trânsito em julgado, prova nova cuja existência ignorava ou de que não pôde fazer uso, capaz, por si só, de lhe assegurar pronunciamento favorável; VIII - for fundada em erro de fato verificável do exame dos autos.

– Entendi. Então, por exemplo, eu poderia questionar, por ação rescisória, uma decisão de inelegibilidade pelo TSE afirmando que ela foi proferida "por força de prevaricação, concussão ou corrupção do juiz"?

Em tese, sim e boa sorte para provar isso.

– Não sei se é porque estamos no final do livro, mas não está rendendo essa conversa...

Foco! Veja mais estes precedentes:

> **Precedente:** "A ação rescisória fundada em **violação a dispositivo literal de lei somente se justifica quando a afronta é manifesta e verificável de maneira imediata**, evidenciando a existência de erro grosseiro no enquadramento do fato à norma jurídica. [...] O erro de fato que dá ensejo à ação rescisória é o clamoroso, teratológico, verificável ictu oculi, o que efetivamente não se verificou no caso em apreço. [...] A Ação Rescisória não é o meio adequado para apreciação de matéria fática, especialmente a de que a cassação do mandato do autor pela Câmara Municipal de Campo Grande/MS decorreu de suposta e engenhosa articulação de seus adversários políticos".[218]

217. GOMES, José Jairo. *Recursos eleitorais*.4. ed. São Paulo: Atlas, 2018, p. 280.
218. TSE. RE com agravo nº 060005728, Ac. Rel. Min. Alexandre de Moraes, DJE 02/06/2021.

> **Precedente: "Não se admite o ajuizamento da ação rescisória, com base na alegação de erro de fato,** quando este tiver sido objeto de controvérsia e pronunciamento judicial no âmbito do processo rescindendo. Precedentes desta Corte Superior e do STJ".[219]
>
> **Precedente:** "A competência do Tribunal Superior Eleitoral para julgamento de ação **rescisória em matéria eleitoral é restrita aos seus próprios julgados e somente é viável quando a decisão rescindenda tiver adentrado o mérito de questões afetas à inelegibilidade**".[220]

Vamos ver, agora, como o tema é tratado no Código Eleitoral projetado.

38.2.1. Ação Rescisória Eleitoral no Código Eleitoral projetado

O tema está amplamente disciplinado a partir do art. 816 do PLP 112/2021.

O primeiro destaque é **a previsão expressa de utilização da ação rescisória do CPC como base para o manejo da ação rescisória eleitoral**.

O outro destaque é o **alargamento das hipóteses de cabimento** para aceitar a ação rescisória nas **hipóteses previstas Código de Processo Civil** em **decisões que tenham determinado, exclusiva ou cumulativamente**: o reconhecimento da **incidência de causas de inelegibilidade** ou **ausência de condições de elegibilidade** em registro de candidatura, impugnado ou não; a **cassação de registro, mandato ou diploma e a anulação de eleições**; a **cominação de inelegibilidade** e a **rejeição ou declaração como não prestadas das contas anuais** de partido político.

O projeto ainda explica quem são os legitimados[221] e abre a possibilidade de se pedir, além da rescisão, novo julgamento do processo, se for o caso.

A rescisória do Código Projetado não possui efeito suspensivo automático[222] e possui prazo de "até 1 (um) ano contado do trânsito em julgado da última decisão proferida no processo", sendo aplicável o procedimento comum eleitoral que já estudamos.

---

219. TSE. AR nº 060019563, Ac. Rel. Min. Og Fernandes, DJE 22/06/2020.
220. TSE. AR nº 060189540, Ac. Rel. Min. Edson Fachin, DJE 08/03/2021.
221. Art. 817. Têm legitimidade para propor a ação rescisória eleitoral: I - as pessoas físicas que figuraram no polo passivo do processo; II - o partido político [...]; III - o Ministério Público Eleitoral [...]; IV - aquele que não foi ouvido no processo em que lhe era obrigatória a participação.
222. Art. 819. A propositura da ação rescisória eleitoral não impede o cumprimento da decisão rescindenda, ressalvada a concessão de tutela provisória.

Epílogo

39. É POSSÍVEL FRAUDAR UMA ELEIÇÃO NO BRASIL?

– Professor, eu acompanhei todos esses diálogos e durante todo o tempo eu fiquei com vergonha de perguntar antes. Acho que poucas pessoas vão ficar até o último capítulo, então deixei para o final uma dúvida que eu tenho.

Pode falar.

– É possível fraudar uma eleição?

Joaquim Francisco de Assis Brasil, um dos idealizadores do nosso primeiro Código Eleitoral, de 1932, e, segundo alguns, um dos responsáveis por constar nesse Código a referência a uma "máquina de votar"...

– Máquina de votar? Sério? Em 1932?

Pois é. Ele parece ter sido uma pessoa fascinante. Entre outras coisas, foi advogado, político e diplomata, responsável pela construção de um castelo no Brasil, o belíssimo castelo de Pedras Altas, ajudou o Barão do Rio Branco na negociação das terras que hoje correspondem ao estado do Acre e existe até um município com o seu nome.

– E eu ainda nem sei se continuo advogando ou se estudo para concurso...

Tudo a seu tempo, minha cara.

Mas, voltando ao assunto, Assis Brasil, falando sobre quais seriam as bases de um bom regime eleitoral, comentou o seguinte: "o ideal seria achar-se um artifício eleitoral – artifício digo, porque outra cousa não são os systemas eleitoraes – que nem permitisse a fraude legal, nem provocasse a extra-legal".[1]

– Nossa, isso faz muito tempo. E não sei se entendi. E essa escrita tão arcaica?

Assis Brasil dizia que seria interessante termos um processo eleitoral sem fraudes "legais" e "extralegais".

Minha interpretação da afirmação acima é a seguinte:

MODELO ELEITORAL IDEAL

Perfeito internamente	Perfeito externamente
Sem vícios na organização, realização, apuração e totalização de uma eleição "Uma boa lei eleitoral não é tudo, mas é muito"[2]	Sem compra de votos, abusos de poder econômico ou político, sem uso indevido da imprensa e meios eletrônicos de interação social Sem uma população apática e desinteressada na política de seu país
Sem defeitos "legais"	**Sem defeitos "extralegais"**

– Desculpa, Minami, mas o que isso tem a ver com a minha pergunta?

Partindo da divisão acima, quando você questiona sobre a possibilidade de fraudar uma eleição, eu preciso saber em qual aspecto você se refere: **ao aspecto "legal"** ou **ao aspecto "extralegal"**?

– Entendi. Eu vou ser direta. Eu ainda tenho receios em relação a essa nossa urna eletrônica, por exemplo. Só o Brasil a utiliza. Então eu fico imaginando se ela é mesmo confiável.

Está bem. Vamos falar um pouco sobre isso. Mas vai ser chato. Muito chato.

– Certo.

Você vai ter paciência? Vou te cobrar isso...

1. ASSIS-BRASIL, J.F. de. *Dictadura parlamentarismo democracia.* Rio de Janeiro: Livraria Editora Leite Ribeiro Freitas Bastos, Spicer & Cia, 1927, p. 167.
2. ASSIS-BRASIL, J.F. de. Op. cit., p. 173.

– Sim. Prometo.

E outra coisa. Depois da nossa conversa, você precisa prometer que, quando refletir sobre o assunto, não vai deixar de considerar o aspecto "extralegal.

– Então há a fraude "extralegal"?

Sim.

Nessa perspectiva, a eleição é fraudada quando, por exemplo, algum político desonesto se dispõe a ganhar uma eleição usando de artifícios, como o abuso de seu poderio econômico ou desvirtuando a finalidade da máquina pública para alcançar um cargo eletivo.

Há fraude quando as informações e notícias são inventadas, manipuladas e compartilhadas, e os meios de comunicação social são utilizados como instrumento para isso.

Nesse aspecto "extralegal" é possível fraudar uma eleição bastando, para isso, que alguém se disponha a trocar o seu voto por alguma benesse.

– Está bem. Acho tudo isso meio vago, mas compreendi.

Mas vamos falar da fraude "legal".

A urna eletrônica não é adotada em outro país porque ela sozinha não serve. Não é a urna eletrônica, sozinha, que traz confiabilidade ao sistema eleitoral brasileiro. Ela é uma pequena parte de um todo. Para o modelo brasileiro ser adotado em outro país, esse país precisa realizar algumas mudanças...

– Tipo...

A começar, a própria Constituição. Tudo começa com os direitos políticos. Primeiramente, o país que quiser adotar o modelo eleitoral brasileiro deve ampliar o acesso ao Cadastro de Eleitores ao máximo...

– Como nos Estados Unidos.

Nos Estados Unidos, cada um dos 50 estados possui o seu próprio micromodelo eleitoral, com regras próprias para que alguém possa se tornar eleitor. Há urna eletrônica por lá, vários modelos, aliás, e sistemas diversos de contagem de votos. Apenas por esse aspecto, sem considerar os demais, o modelo brasileiro, tal qual funciona aqui, não é aplicável nos Estados Unidos.

– E eu achava que eles fossem um "modelo" no quesito "modelo eleitoral".

Não estou entrando no mérito da qualidade do modelo americano. Mas nem ele serve para nós, nem o nosso se adequa ao deles.

Vamos continuar.

O país que quiser "importar" o modelo brasileiro, deve criar uma **estrutura estatal não vinculada aos poderes eleitos**, como a Justiça Eleitoral brasileira, estabelecida em níveis, como o TSE os TRE´s e as zonas eleitorais.

– Mas é muita gente para contratar... e criar toda uma estrutura como a nossa? Não pode ser, pelo menos, apenas algo como um TSE central ou um TRE para cada estado?

Vamos por partes. Não sei como seria de outra forma. **Estou falando por qual motivo funciona aqui, porque é tudo do que precisamos.** Nosso modelo não foi feito pensado em "exportação".

Do jeito que a Justiça Eleitoral é estruturada, há uma troca de informações constante e fiscalização recíproca entre as suas estruturas. Nenhuma delas, sozinha, consegue administrar seus dados sem que isso passe, direta ou indiretamente, pelo controle ou verificação de outra unidade. Não sei se isso foi pensado assim, mas **é um sistema que apenas funciona em cadeia**.

Nenhuma estrutura estatal é tão "unidade" do que a Justiça Eleitoral, que só funciona, literalmente, pela integração de todas as suas unidades, com o perdão do truísmo.

E não adianta contratar ninguém. O país que quiser usar o modelo brasileiro precisa realizar concurso público.

– Professor, calma!

O fato de alguém ser concursada não garante que não irá se corromper.

Mas a importância do concurso para o que estamos conversando é outra. É importante servidores não vinculados à iniciativa privada nem aos poderes eleitos, mas não é só isso.

O certame público, pela sua própria finalidade, seleciona pessoas dos mais diversos perfis, inclusive políticos. Há servidores da Justiça Eleitoral de direita, de esquerda, de centro, extremistas etc. Essa diversidade é importante, pois faz com que todos se fiscalizem, ainda que isso não esteja previsto regimentalmente.[3]

– E se esse país aceitasse fazer algo como o TSE, os TRE´s e as zonas eleitorais, e fizesse concurso etc., já poderia levar as urnas eletrônicas?

Ainda não. **Vou repetir: a urna, sozinha, não resolve.** Ela é uma máquina modesta.

O país que queira levar o modelo daqui deve adotar os mesmos programas utilizados no Brasil, com as atualizações constantes.

– "Programas"? São tantos assim?

Não há um sistema único eletrônico de apuração e totalização. São vários sistemas com funções distintas que atuam em cadeia.[4]

Há sistema para consolidar dados de eleitores e candidatos a fim de inserir nas urnas, para gerar mídias de carga de urna, há o momento específico de inserção de dados nas urnas e conferência dessas informações, há sistema para auditoria antes das eleições e para a leitura dos resultados das máquinas de votação após a eleição, para recuperação de dados daquelas que deram defeito, para apuração (processo que, na verdade, acontece na seção eleitoral), transformação desses votos em mandatos (totalização) etc.

Os sistemas operam em vários níveis, em rede ou de forma local, nas diversas unidades: TSE, TRE e zonas. Para fraudar isso, o hacker, ou equivalente, tem que conseguir invadir esses sistemas todos e em todas as unidades. Eles não operam sozinhos, mas em cadeia. Nas eleições presidenciais, teriam que fazer isso em todas as zonas eleitorais do Brasil,

3. Ideia apresentada, como tantas outras desde livro, por Patrícia Vieira, servidora do TRE-CE, professora de Direito Constitucional e Eleitoral, e responsável pela chefia da 28 ZE/CE.
4. Para as eleições de 2022, por exemplo, isso pode ser conferido na Res. TSE 23.673/2021.

inclusive localmente, porque alguns daqueles programas funcionam em modo local.

– Não sei se entendi. São muitas informações. Só assimilei isso: muitos sistemas.
– E o que é isso de apuração que acontece na seção?

A primeira apuração de uma urna ocorre assim que ela é encerrada. Acho que já conversamos sobre isso. O resultado é imediato, pela impressão do resultado da urna. É o boletim de urna.

Como você deve saber, as urnas não são conectadas na internet em nenhum momento, nem na sua preparação.

– Em tese, eu poderia contar os votos de uma cidade a partir desses boletins, mesmo sem a Justiça Eleitoral?

Sim. Isso acontece muito em eleições municipais. Vereadores, por exemplo, conseguem contar os votos de seus colégios eleitorais antes da Justiça Eleitoral. Os seus fiscais de seção enviam os dados dos boletins para o comitê e esse comitê consegue acompanhar o resultado, conferindo com o oficial. Alguns totalizam antes da própria Justiça Eleitoral.

O mesário também é fiscal, como já conversamos. Ele leva um boletim de urna para casa e consegue conferir depois o resultado com o oficial divulgado.

– Então nem adianta tentar "interceptar os votos" nos sistemas da Justiça Eleitoral pela internet?

Não. Naquele momento, o resultado já existe. O que os sistemas eleitorais fazem depois do pleito é organizar e tornar isso público.

– Certo. Mas e se esse país que quer levar a urna eletrônica brasileira fizesse tudo o que o professor falou até agora? Já poderia levar as urnas para lá?

Não.

Esse país deve se comprometer com a fiscalização constante dos programas utilizados e de tudo relacionado ao processo eletrônico, incluindo as urnas. Deve chamar, para isso, abertamente, os equivalentes nos seus países aos seguintes entes, públicos e privados: partidos políticos, federações e coligações; Ordem dos Advogados do Brasil; Ministério Público; Congresso Nacional; Supremo Tribunal Federal; Controladoria-Geral da União; Polícia Federal...

– Já entendi... Uma ruma de gente.

Espera... eu disse que seria chato. Agora escute... Estou cobrando isso agora.

A lista prossegue: Sociedade Brasileira de Computação; Conselho Federal de Engenharia e Agronomia; Conselho Nacional de Justiça; Conselho Nacional do Ministério Público; Tribunal de Contas da União; Forças Armadas; Confederação Nacional da Indústria; demais integrantes do Sistema Indústria e entidades corporativas pertencentes ao Sistema S; entidades privadas de seus países, sem fins lucrativos, com notória atuação em fiscalização e transparência da gestão pública, credenciadas junto ao equivalente do TSE; departamentos de tecnologia da informação de universidades credenciadas.

– E isso é feito aqui?

Sim.[5]

– Minha nossa... E depois, quem fizesse tudo isso, já poderia levar as urnas?

Não... esse país deve se comprometer a realizar, testes públicos de segurança – uma espécie de competição –, no ano anterior às eleições, convidando abertamente especialistas, principalmente da área de segurança eletrônica, para que identifiquem problemas do modelo eletrônico de votação. Mesmo quando os problemas são resolvidos, a competição se repete antes de cada eleição para identificar mais falhas.[6]

– Então esses especialistas conhecem com detalhes o nosso modelo?

Não. Eles conhecem parte do nosso modelo.

5. Como exemplo, veja, para as eleições de 2022, a Res. TSE n.º 23.673/2021, sobre os procedimentos de fiscalização e auditoria do sistema eletrônico de votação.
6. Para quem quer pesquisar o tema, veja: Teste Público de Segurança realizado pelo TSE.

– Mas eles não são "especialistas"?

Alguns possuem PhD em segurança da informação e anos de experiência atuando junto ao TSE. Sobre a parte eletrônica, realmente, esse pessoal sabe de tudo, mas talvez não saibam da dinâmica de uma eleição em uma zona eleitoral e das peculiaridades de cada região. Possuem uma boa percepção de parte do processo, daquele que devem auditar, mas não sabem dele na íntegra.

Talvez eles não saibam, por exemplo, que há cabos eleitorais tão familiarizados com o seu eleitorado que conseguem dizer quem exatamente votou em seu candidato, com uma certa precisão, a partir de um boletim de urna no qual consta apenas o total de votos obtidos por cada candidato, naquela seção.

– Como?

Principalmente em cidades menores, os cabos eleitorais sabem onde o eleitorado de seu candidato vota e qual é o resultado esperado em cada seção. Se, no resultado de determinada seção, faltaram dois ou três votos do que era esperado, eles conseguem intuir quem são essas pessoas, pois sabem quem estava na dúvida em votar no seu candidato.

Os especialistas que atuam nos testes de segurança pública, por exemplo, talvez não saibam algumas das razões para o mito da foto trocada ou que não aparece na urna. Talvez não saibam por qual motivo a disposição da ordem dos votos na urna talvez influencie no quantitativo de cadeiras que um partido pode conseguir em eleições proporcionais ou qual é a explicação para o candidato que votou em si mesmo, mas afirma não ter voto algum. Ou por qual motivo a biometria talvez não tenha sido a melhor solução para evitar que um eleitor vote por outro – não pela questão eletrônica, mas prática. Ou qual é a importância do mesário para a segurança da nossa eleição etc.

Uma vez, o professor e arqueólogo americano Dr. Henry Walton Jones Jr. deu a seguinte dica para um aluno seu: "se quiser ser um bom arqueólogo, você precisa sair da biblioteca".[7]

7. "Indiana Jones e o Reino da Caveira de Cristal", 2008. Direção: Steven Spielberg.

Quer conhecer a eleição no Brasil – para além da campanha e das chamadas ações eleitorais –, precisa acompanhá-la na prática, na ponta, junto aos mesários.

– ...
Eu entendi, Minami. Há toda essa segurança alegada... etc. etc. Mas, me diz, só entre mim e você.

Me diz agora, Minami: como eu faço para fraudar uma eleição no Brasil? E se, por exemplo, eu for mesária e combinar com os outros mesários de fraudar a eleição naquela seção?

Certo. Para fazer isso, você precisa combinar com os demais mesários, fiscais de todos os partidos e candidatos que estiverem na seção, com a pessoa da equipe da Justiça Eleitoral que estiver no local...

– Mas e se não há fiscais, nem ninguém da Justiça Eleitoral? E se eu conseguir combinar com os outros mesários para, no final do dia da eleição, a gente votar pelos eleitores que não compareceram? Eu vou ganhar aqueles votos para o meu candidato?

Calma. Pelo que entendi, você quer habilitar eleitores faltosos para "ganhar" esses votos para o seu candidato. Só é possível habilitar esses eleitores para votar na urna, mesmo sem o reconhecimento biométrico da digital, se você digitar o ano de nascimento deles naquele microterminal do mesário, e saiba que essa informação não consta no caderno de votação.

Então você precisa conseguir uma lista com o ano de nascimento de todo mundo daquela seção. E, supondo que você consiga, você só vai obter o total de votos dos eleitores daquela seção específica. No momento da apuração, o sistema identificaria a situação de muitos votos para um mesmo candidato, ou abstenção inexistente ou muito baixa, ou ainda abstenção em desacordo com a média do município, e isso deve fazer a junta eleitoral querer analisar o caderno de votação.

Perceba que eu acho que isso é uma fraude "extralegal" e não uma fraude "legal". Se a urna fosse de lona, você não precisaria de lista com data de nascimento de eleitor nem haveria sistema para identificar a situação anômala.

– E se eu conseguisse reprogramar as urnas para contar dobrado os votos de um candidato? Isso seria uma fraude "legal"?

Eu já falei da integração dos sistemas. Essa alteração seria identificada, a não ser que você fraudasse a cadeia inteira, com a conivência de muita gente, inclusive de pessoas ligadas a partidos e ao MPE.

– Quem me garante que seria identificada?

Eu citei todas aquelas pessoas e instituições que acompanham tudo isso e mencionei a competição para identificar falhas, inclusive nessa etapa de possível alteração do sistema.

– Mas e se ainda assim eu conseguisse?

Como eu disse, quem trabalha na campanha junto ao seu público perceberia isso.

– E se não percebessem?

Servidores do TRE, TSE e das zonas perceberiam isso em algum momento. Eles teriam de ser corrompidos. E juízes, que possuem senhas pessoais necessárias em algumas etapas do processo eletrônico. E o MPE, que acompanha a inserção dos dados nas urnas e a apuração também. E também partidos e coligações e imprensa.

– Então não tem como fraudar uma eleição?

Eu não disse isso.

– Então tem como fraudar uma eleição?

Não se esqueça de como eu comecei a nossa conversa.

O processo eleitoral pode ser corrompido internamente (aspecto "legal") ou externamente (aspecto "extralegal").

Você, com as informações que eu passei, se fosse uma candidata ou da equipe de um candidato mal-intencionado, tentaria burlar a eleição internamente ou externamente?

– Agora eu entendi porque o professor começou falando em dois aspectos relacionados à fraude nas eleições.

> Certamente, se eu fosse uma candidata mal-intencionada, eu primeiro tentaria fraudar a eleição no aspecto "extralegal". Parece menos complicado.
>
> Acho que é mais barato comprar votos ou espalhar *fake news* do que tentar quebrar essas barreiras de segurança ou corromper toda essa galera envolvida no aspecto "legal".
>
> Mas isso é pior do que eu pensava, porque, então, cabe mais à sociedade fiscalizar uma eleição – naquele aspecto "extralegal" –, do que à própria Justiça Eleitoral – já que o aspecto "legal" parece estar bem controlado.

É por aí.

As fraudes nas eleições acontecem, mas não ocorrem entre o teclado da urna e a apuração, e sim entre a sociedade e o teclado da urna, no aspecto "extralegal".

Soma-se a isso o descrédito generalizado pela política e apatia em relação a ela.

A política e o poder, na sociedade, são como água. Permeiam todo o espaço social e não permitem vácuo, espaços vazios, penetrando nas mais recônditas frestas. Se você não está nem aí para o que acontece, alguém irá ocupar o espaço político e ditar os caminhos de situações que irão interferir na sua vida.

> – ...
>
> – Mas, se o processo é tão seguro assim, por qual motivo a Justiça Eleitoral não aceita o voto impresso? O que ela tem tanto a perder?

O voto impresso já foi tentado no Brasil.

> – ...

Em 2002, mais de sete milhões de eleitores, de 150 municípios em todos os estados do Brasil (mais de 6% do eleitorado brasileiro da época), passaram pelo voto impresso.

Foram vários problemas identificados, como eleitores que saíram da cabine sem confirmar o voto impresso, demora, logística de transporte e armazenamento dos votos impressos, entre outros.

– Sei... E ainda tem aquela questão que as pessoas falam de violação do sigilo do voto... Se tudo isso fosse corrigido, Minami, o voto impresso seria uma boa?

Imagine o seguinte: se houvesse uma desconfiança e alguém fosse recontar os votos de uma seção, você acreditaria no resultado caso fosse constatado, no momento de conferência, pelo menos um papel-voto a mais ou a menos dentro da urna, comparando isso ao sistema de contagem eletrônica?

– Eu acho que não confiaria não.

E você acha que **é fácil ou difícil, para alguém que quer tumultuar o resultado**: 1. entrar na sala de apuração com algum pequenino papel escondido na mão, simulando um voto impresso, para jogar junto aos demais, ou 2. esconder um dos pequenos voto-impressos daqueles que serão contados e sair com ele daquele local?

– Acho que é super fácil . Entendi. Nesse caso, tudo iria por água abaixo. As pessoas iriam desconfiar daquele resultado. Basta um desonesto habilidoso. Aí, é mais barato corromper essa pessoa do que comprar votos, acho.

E se uma ou mais pessoas combinassem, no momento de votar, que o voto que saiu impresso para conferência não é aquele que eles sufragaram, como é possível controlar isso?

– Acho que não dá pra saber, né?

Realmente, Minami, pelo que você disse, bastaria um pequeno grupo querer mentir para tumultuar uma eleição.

Quanto mais pessoas possuem contato direto com a apuração, maior a possibilidade de erros.

Talvez por isso Assis Brasil tenha pensado, ainda em 1932, em uma possível máquina de votação.

A apuração e totalização manuais, historicamente, sempre foram algo problemático no Brasil.

– Entendi. Bem... Agora eu compreendi por qual motivo outros países não adotam o nosso modelo. Ele é muito complexo. E já entendi por qual motivo a gente observa tanta compra de votos, uso da máquina pública, ou tentativa de espalhar *fake news*. É a forma mais "barata" ou factível de fraudar uma eleição.
– Então o nosso modelo é perfeito!

Eu não disse isso.

– !?
Agora não entendi.

O nosso modelo eleitoral possui um grave defeito.

– Eu não captei em qual etapa.

Todo modelo eleitoral precisa ser compreensível ou explicável para a população. O nosso falha nessa parte.

A percepção pública do modelo eleitoral de um país é muito relevante para que ele seja considerado íntegro e ideal.[8]

O modelo eleitoral brasileiro é extremamente complexo.

A Justiça Eleitoral, juntamente com os mesários, sempre foi super diligente na realização da eleição e tenta informar o povo sobre o processo eletrônico, mas essa missão não tem rendido bons resultados por vários motivos, inclusive aqueles relacionados às fraudes "extralegais" de um pleito.

Há muita desinformação.

O discurso constante de que a urna eletrônica é segura também não ajuda. Nosso modelo não é seguro por causa da urna. Ela é uma pequena parte de um todo. Talvez melhor fosse começar a falar em "modelo seguro" ou "processo seguro".

– Mas é muito difícil explicar tudo isso de maneira simples.

8. Conclusão feita a partir dos critérios de integridade eleitoral apontados por Pippa Norris, com adaptações para a nossa realidade no aspecto mencionado. Para saber mais, indica-se: NORRIS, Pippa. *Why Electoral Integrity Matter*. New York: Cambridge University Press, 2014. Edição do Kindle.

Você tem razão. Muitas pessoas, certamente, desistiram de ler este capítulo, achando que é tudo ladainha. Outros, chegaram até aqui, mas ainda estão descrentes. E acho que devem estar mesmo. Eu não posso fazer a jornada por ninguém. Cada pessoa precisa colher as próprias informações e concluir a partir delas.

Mas temos um fato: nosso modelo é difícil de explicar.

E há um complicador.

Quando os candidatos mal-intencionados não conseguem fraudar a eleição de forma "extralegal", há sempre um excelente plano B: desacreditar, junto à população, o modelo de eleição adotado no país para que, caso percam nas urnas, a culpa não seja deles, mas das instituições que realizam e fiscalizam o pleito.

Uma das formas de fraudar uma eleição no aspecto "extralegal" é desacreditando o aspecto "legal".

– E qual é a solução?

Se eu soubesse, certamente estaria famoso. É clichê, mas buscar informações, com a cabeça aberta, já é um bom começo.

Desconfiar de forma saudável. Eu posso ter me equivocado em algumas informações que apresentei aqui. Mas o debate está aberto.

Precisamos nos interessar pela coisa pública, pela vida em sociedade e pela cidade. Não desacreditar da política. Este livro começou com uma pergunta que não deve ser desprezada:

Por que estudar Direito Eleitoral?

A democracia é bacana, mas dá um trabalho danado.

Referências

ABRADEP. Disponível em: <https://abradep.org/>. Acesso em: 20 dez. 2021.

AIETA, Vânia Siciliano. *Democracia. Estudos em homenagem ao Prof. Siqueira Castro.* Tomo II. Atualizado até a EC 52/2006. Coleção Tratado de Direito Político. Rio de Janeiro: Editora Lumen Juris, 2006.

ALMEIDA NETO, Manoel Carlos de. *Direito eleitoral regulador.* 1 ed. São Paulo: editora revista dos Tribunais, 2014.

ALMEIDA, Roberto Moreira de. *Curso de direito eleitoral.* 4. ed. rev., atual. e ampl. Salvador: Jus Podivm, 2010.

ANDRADE NETO, João. "Novas regras para a cidadania no projeto de Código Eleitoral" Disponível em: <https://noticias.uol.com.br/colunas/abradep/2021/09/28/novas-regras-para-a-cidadania-no-projeto-de-codigo-eleitoral.ht/> Acesso em: 2 out 2021.

______ ; GRESTA, Roberta Maia; SANTOS, Polianna Pereira. "Fraude à cota de gênero como fraude à lei: Os problemas conceituais e procedimentais decorrentes do combate às candidaturas femininas fictícias". In: *Tratado de Direito Eleitoral: Abuso do poder e perda do mandato* / organizadores: Walber de Moura Agra e outros. 1ed. Belo Horizonte: Fórum, 2018, v. 7.

ASSIS-BRASIL, J.F. de. *Dictadura parlamentarismo democracia.* Rio de Janeiro: Livraria Editora Leite Ribeiro Freitas Bastos, Spicer & Cia, 1927.

AZEVEDO, Gustavo. *Reclamação constitucional no direito processual civil.* Rio de Janeiro: Forense, 2018.

BARRETO, Lauro. *Propaganda política & direito processual eleitoral: modalidades e normas da propaganda eleitoral.* Bauru, São Paulo: Edipro, 2004.

BARROS, Ezikelly. *Autonomia partidária: uma teoria geral.* São Paulo: Almedina, 2021.

BINENBOJM, Gustavo. *Poder de polícia, ordenação, regulação: transformações político-jurídica, econômicas e institucionais do direito administrativo ordenador.* 2. ed. Belo Horizonte: Fórum, 2017.

BOBBIO, Noberto. *Dicionário de política.* Noberto Bobbio, Nicola Matteucci e Gianfranco Pasquino; trad. Carmen C, Varriale et al.; coord. trad. João Ferreira; rev. geral João Ferreira e Luis Guerreiro Pinto Cacais. Brasília: Editora Universidade de Brasília, 13. ed., 5ª reimpressão, 2010, vol.2.

BRASIL. Câmara dos Deputados. Disponível em: <https://www12.senado.leg.br/noticias/videos/2021/07/senado-aprova-mais-mudancas-nas-regras-eleitorais-a-partir-do-ano-que-vem> Acesso em: 16 jul. 2021.

BRASIL. Câmara dos Deputados. Justificativa do PL 2.505/2021 (n. anterior: PL 10.887/2018), que gerou alterações na Lei de Improbidade Administrativa. Disponível em: < https://www.camara.leg.br/ >. Acesso em: 8 jan. 2021.

BRASIL. Porta da Justiça Eleitoral. Eleições em Números. Disponível em <https://www.justicaeleitoral.jus.br/>. Acesso em: 6 de maio de 2021.

BRASIL. Portal Consular. Disponível em: <http://www.portalconsular.itamaraty.gov.br/eleicoes-no-exterior> Acesso em: 18 abr. 2021.

BRASIL. Portal da Justiça Eleitoral. Disponível em: <https://www.justicaeleitoral.jus.br/biometria/>. Acesso em: 25 abr. 2021.

BRASIL. Senado Notícias. Disponível em: <https://www12.senado.leg.br/noticias/glossario-legislativo/lei-complementar >. Acesso em: 9, maio de 2021.

BRASIL. Site do Governo do Brasil. Disponível em: <https://www.gov.br/pt-br/servicos/obter-a-igualdade-de-direitos-para-cidadao-portugues>. Acesso em: 2 maio 2021.

BRASIL. Site institucional do TSE. Disponível em: <https://www.tse.jus.br/eleicoes/processo-eleitoral-Brasileiro/cadastro-de-eleitores/informacoes-do-cadastro-eleitoral>. Acesso em: 25 abr. 2021.

BRASIL. TRE-CE. "Transparência e prestação de contas". Disponível em: < https://www.tre-pe.jus.br/transparencia-e-prestacao-de-contas/relatorios-cnj/recursos-humanos-e-remuneracao-1/gratificacoes-eleitorais>. Acesso em: 28 out. 2021.

BRASIL. TSE. Notícia de 13 jul. 2021. Disponível em: < https://www.tse.jus.br/imprensa/noticias-tse/2021/Julho/entidades-internacionais-de-transparencia-eleitoral-ressaltam-confianca-nas-urnas-eletronicas>. Acesso em: 31 out. 2021.

BRASIL. TSE. "Observadores internacionais acompanham eleições brasileiras". Notícia de 24 jun. 2021. Disponível em: < https://www.tse.jus.br/imprensa/noticias-tse/2021/Junho/observadores-internacionais-acompanham-eleicoes-Brasileiras>. Acesso em: 31 out. 2021.

BRASIL. TSE. "80 anos da Justiça Eleitoral". Notícia. Disponível em: <https://www.tse.jus.br/imprensa/noticias-tse/2012/Fevereiro/80-anos-da-justica-eleitoral-tse-consolida-se-como-o-tribunal-da-democracia?SearchableText=tribunal%20da%20democracia>. Acesso em: 9 mar. 2021.

BRASIL. TSE. "Ações do TSE incentivam maior participação feminina na política". Notícia. Disponível em: <https://www.tse.jus.br/imprensa/noticias-tse/2021/Julho/acoes-do-tse-incentivam-maior-participacao-feminina-na-politica>. Acesso em: 22 jul. 2021.

BRASIL. TSE. "Corregedor do tse determina que plataformas digitais suspendam repasses financeiros a paginas que propagam desinformacao". Notícia de 16.8.2021. Disponível em: < https://www.tse.jus.br/imprensa/noticias-tse/2021/Agosto/corregedor-do-tse-determina-que-plataformas-digitais-suspendam-repasses-financeiros-a-paginas-que-propagam-desinformacao>. Acesso em: 31 out. 2021.

BRASIL. TSE. "Custo do pleito deve girar em torno de 647 milhões". Notícia. Disponível em: < https://www.tse.jus.br/imprensa/noticias-tse/2020/Outubro/eleicoes-2020-custo-do-pleito-deve-girar-em-torno-de-r-647-milhoes>. Acesso em: 10 out. 2020.

BRASIL. TSE. "Facilitar o voto indígena é preocupação da Justiça Eleitoral?" Notícia. Disponível em: <https://www.tse.jus.br/imprensa/noticias-tse/2018/Abril/facilitar-o-voto-de-povos-indigenas-e-preocupacao-da-justica-eleitoral?>. Acesso em: 25 abr. 2021.

BRASIL. TSE. "Fundo especial de financiamento de campanha". Disponível em: < https://www.tse.jus.br/eleicoes/eleicoes-2020/prestacao-de-contas/fundo-especial-de-financiamento-de-campanha-fefc>. Acesso em: 10 out. 2020.

BRASIL. TSE. "Jovem eleitor adolescente de 16 anos incompletos pode tirar o título". Notícia. Disponível em: <https://www.tse.jus.br/imprensa/noticias-tse/2013/Outubro/jovem-eleitor-adolescentes-com-16-anos-incompletos-podem-tirar-o-titulo>. Acesso em: 21 ago. 2021.

BRASIL. TSE. "Presidente do TSE conversa com biólogo Atila Iamarino". Notícia. TSE. Disponível em: <http://www.tse.jus.br/imprensa/noticias-tse/2020/Maio/presidente-do-tse-conversa-com-biologo-atila-iamarino-para-ouvir-sugestoes-para-as-eleicoes-municipais> Acesso em: 10 dez. 2021.

BRASIL. TSE. "Presidente do TSE discute com médicos impacto da pandemia nas eleições". Notícia. Disponível em: <http://www.tse.jus.br/imprensa/noticias-tse/2020/Junho/presidente-do-tse-discute-com-medicos-impacto-da-pandemia-nas-eleicoes>. Acesso em: 10 dez. 2021.

BRASIL. TSE. "Prestação de contas>. Eleições 2020". Disponível em: < https://www.tre-ce.jus.br/eleicao/eleicoes-2020/prestacao-de-contas-eleicoes-2020>. Acesso em: 8 nov. 2021.

BRASIL. TSE. "Regras para a candidatura de quem já ocupa cargo político-eletivo". Disponível em: < https://www.tse.jus.br/o-tse/escola-judiciaria-eleitoral/publicacoes/revistas-da-eje/artigos/regras-para-a-candidatura-de-quem-ja-ocupa-cargo-politico-eletivo>. Acesso em: 20 nov. 2021.

BRASIL. TSE. Aplicativo Pardal. Notícia de 22 nov., 2020. Disponível em: <https://www.tse.jus.br/imprensa/noticias-tse/2020/Setembro/aplicativo-pardal-permite-denunciar-irregularidades-em-campanhas>. Acesso em: 31 out. 2021.

BRASIL. TSE. Corregedoria Geral Eleitoral. Disponível em < https://www.tse.jus.br/o-tse/corregedoria-geral-eleitoral/corregedoria-geral-eleitoral>. Acesso em: 31 out. 2021.

BRASIL. TSE. Fundo partidário. Disponível em: < https://www.tse.jus.br/partidos/fundo-partidario-1>. Acesso em: 10 out. 2021.

BRASIL. TSE. Glossário Eleitoral. Disponível em: <https://www.tse.jus.br/eleitor/glossario/termos-iniciados-com-a-letra-e#eleicao-estadual>. Acesso em: 18 abr. 2021.

BRASIL. TSE. Glossário Eleitoral. Disponível em: <https://www.tse.jus.br/eleitor/glossario/termos-iniciados-com-a-letra-v>. Acesso em: 18 mai. 2020.

BRASIL. TSE. Limites de gastos eleições 2018. Disponível em: < https://www.tse.jus.br/eleicoes/eleicoes-2018/prestacao-de-contas-1/limites-legais-de-campanha>. Acesso em: 21 nov. 2021.

BRASIL. TSE. Notícia de 7 jan. 2022. Disponível em: < https://www.tse.jus.br/imprensa/noticias-tse/2022/Janeiro/materia-campanha>. Acesso em: 10 jan. 2022.

BRASIL. TSE. Página oficial. Pesquisas Eleitorais – Eleições 2020. Disponível em: <http://www.tse.jus.br/eleicoes/pesquisa-eleitorais/pesquisas-eleitorais-eleicoes-2020>. Acesso em: 12 jan. 2022.

BRASIL. TSE. Propaganda Partidária. Disponível em: <https://www.tse.jus.br/partidos/propaganda-partidaria> Acesso em: 21 mai. 2021.

BUCCI, Maria Paula Dallari. "O conceito de política pública em Direito". In: BUCCI, Maria Paula Dallari. *Políticas Públicas: reflexões sobre o conceito jurídico.* São Paulo: Saraiva, 2006.

BUENO, Cássio Scarpinella. *Comentários ao código de processo civil.* Vol. 1/ Coord. Cássio Scarpinella Bueno. São Paulo: Saraiva, 2017.

BUENO, Emma Roberta; SILVEIRA, Geovane Couto da; FÉLIX Jr., Waldir Franco. "O papel das entidades religiosas no novo Código Eleitoral". CONJUR. Disponível em: <https://www.conjur.com.br/2021-out-11/direito-eleitoral-papel-entidades-religiosas-codigo-eleitoral>. Acesso em: 24 nov. 2021.

CABRAL, Antonio do Passo; CRAMER, Ronaldo. *Comentários ao novo código de processo civil/* Coord. Antonio do Passo Cabral e Ronaldo Cramer. Rio de Janeiro: Forense, 2015.

CAGGIANO, Monica Herman Salem. "Sufrágio. Alistamento eleitoral. A força do voto". In. *Direito eleitoral e processual eleitoral: temas fundamentais/* Walter de Ameida Guilherme et al (Coords.). São Paulo: Editora Revista dos Tribunais, 2012.

CANAL AUTISMO. "Primeiro vereador autista do Brasil é eleito em São Paulo". Notícia 15.12.2020. < https://www.canalautismo.com.br/noticia/primeiro-vereador-autista-do-Brasil-e-eleito-em-sao-paulo/>. Acesso em: 19 abr. 2021.

CÂNDIDO, Joel J. *Direito eleitoral Brasileiro.* 12 ed. Bauru/SP: Edipro, 2006.

______. 14 ed. rev. atual. e amp. Bauru/SP: Edipro, 2010.

CANOTILHO, J. J. Gomes. *Direitos constitucional e teoria da constituição.* 7. ed. Almedina: Coimbra, 2003.

CARNELUTTI, Francesco. *Sistema de direito processual civil.* Vol II./ Tradução: Hiltomar Martins Oliveira. 1. ed. São Paulo: Classic Book, 2000.

CARVALHO FILHO, José dos Santos. *Manual de direito administrativo.* 31. ed., rev., atual. e ampl. São Paulo: Atlas, 2017.

CASTRO FILHO, José Olímpio de Castro Filho. *Abuso do direito no processo civil.* 2. ed. Rio de Janeiro, Forense, 1960.

CASTRO, Edson de Resende. *Teoria e prática do direito eleitoral.* 10. ed., rev., atual. Belo Horizonte: Del Rey, 2020.

CAVALCANTE, Rodrigo Ribeiro. *Eleições 2020: arrecadação, despesas e prestação de contas eleitorais, sentença e consequências.* Curitiba: Íthala, 2020.

CERQUEIRA, Thales Tácito Pontes Luz de Pádua. *Direito eleitoral esquematizado/* Thales Tácito Cerqueira, Camila Albuquerque Cerqueira. São Paulo: Saraiva, 2011.

CNN Brasil. "A importância da taxa de abstenção nas eleições presidenciais dos eua". Notícia. Disponível em: < https://www.cnnBrasil.com.br/internacional/2020/10/15/a-importancia-da-taxa-de-abstencao-nas-eleicoes-presidenciais-dos-eua>. Acesso em: 17 abr. 2021.

COÊLHO, Marcus Vinicius Furtado. *Direito eleitoral e processo eleitoral: direito penal eleitoral e direito político.* 2. ed., rev., atual. e ampl. Rio de Janeiro: Renovar, 2010.

CONEGLIAN, Olivar. *Propaganda eleitoral.* 13. ed. Curitiba: Juruá, 2016.

CONJUR. "TSE reinterpreta súmula do STF sobre eleição de ex-cônjuge". Notícia. Disponível em: < https://www.conjur.com.br/2021-jul-01/tse-reinterpreta-sumula-stf-veda-eleicao-ex-conjuge >. Acesso em: 20 nov. 2021.

COSTA, Elcias Ferreira da. Direito eleitoral: Legislação, doutrina e jurisprudência. Rio de Janeiro: Forense, 1994.

CRUZ, Brito et al. *Direito eleitoral na era digital.* Belo Horizonte: Letramento Casa do Direito, 2018.

CUNHA JR., Dirley da. *Curso de direito constitucional.* 5 ed. Salvador: Juspodivm, 2011.

______. *Curso de direito constitucional.* 6 ed. Salvador: Juspodivm, 2012.

DALLARI, Dalmo de Abreu. "Mandato coletivo é inconstitucional" In. Portal Jota. Disponível em: < https://www.jota.info/opiniao-e-analise/colunas/diretos-humanos-e-constituicao/mandato-coletivo-e-inconstitucional-28092018>. Acesso em: 15 jan. 2022.

DALLARI, Dalmo de Abreu. *Elementos de teoria geral do Estado.* 29. ed. São Paulo: Saraiva, 2010.

DI PIETRO, Maria Sylvia Zanella. *Direito administrativo.* 30 ed. Rio de Janeiro: Forense, 2017.

DIÁRIO DO NORDESTE. Portal. "'Nossa Cara': conheça como funcionará o primeiro mandato coletivo em Fortaleza". Notícia de 16 nov. 2020. Disponível em: <https://diariodonordeste.verdesmares.com.br/politica/nossa-cara-conheca-como-funcionara-o-primeiro-mandato-coletivo-em-fortaleza-1.3011904>. Acesso em: 14 jan. 2022.

DIDIER JR. Fredie; BRAGA, Paula Sarno; OLIVEIRA, Rafael Alexandria de. *Curso de direito processual civil. Vol. 2.* Salvador: Editora Juspodivm, 2016.

______; CUNHA, Leonardo Carneiro da. *Curso de direito processual civil: o processo civil nos tribunais, recursos, ações de competência originária de tribunal e querela nullitatis, incidentes de competência originária de tribunal.* 13 ed. Salvador: Ed. Juspodivm, 2016.

______. *Cooperação judiciária nacional: Esboço de uma teoria para o direito Brasileiro.* Salvador: Editora Juspodivm, 2020.

______. *Curso de direito processual civil: introdução ao direito processual civil, parte geral e processo de conhecimento.* 19. ed. Salvador: Juspodivm, 2017.

DINAMARCO, Cândido R. *Instituições de direito processual civil: volume I*. 9. ed. São Paulo, Malheiros, 2017.

______. *Instituições de direito processual civil: volume II*. 7 ed. São Paulo: Malheiros, 2017.

EID, Elie Pierre. Impugnação das decisões judiciais no processo civil: recursos e ações autônomas de impugnação/ Tese (Doutorado em Direito) - Faculdade de Direito da USP, 2021.

______. Litisconsórcio unitário: estrutura e regime. São Paulo: Editora Revista dos Tribunais, 2016.

EMERIQUE, Lilian Márcia Balmant. Democracia e o direito de oposição política. In: Direitos civis e políticos. Flávia Piovesan, Maria Garcia (Org.). Coleção Doutrinas Essenciais; v. 2. São Paulo: Editora Revista dos Tribunais, 2011.

FAZZALARI, Elio. Instituições de direito processual. Tradução de Elaine Nassif - da 7ª edição italiana (1994). Campinas: Bookseller, 2006.

G1. "PEC do voto impresso" Disponível em: < https://g1.globo.com/politica/noticia/2021/08/11/pec-do-voto-impresso-veja-quantos-deputados-seguiram-e-quantos-contrariaram-a-orientacao-do-partido.ghtml>. Acesso em: 10 out. 2020.

GARCIA, Emerson; ALVES, Rogério Pacheco. Improbidade administrativa. 9 ed. São Paulo: Saraiva, 2017.

GOMES, José Jairo. Direito Eleitoral. 16. ed. São Paulo: Atlas, 2020.

______. Direito Eleitoral. 2. ed. Belo Horizonte: Del Rey, 2008.

______. Recursos eleitorais.4. ed. São Paulo: Atlas, 2018.

GOMES, Suzana de Camargo. Crimes eleitorais. 4. ed. São Paulo: Editora Revista dos Tribunais, 2010.

GONÇALVES FILHO, Edilson Santana; ROCHA, Jorge Bheron; MAIA, Maurílio Casas. Custos vulnerabilis: a defensoria pública e o equilíbrio nas relações político-jurídicas dos vulneráveis. Belo Horizonte: CEI, 2020.

GONÇALVES, Luiz Carlos dos Santos; ISSA, Marcelo. "Anotações sobre as inelegibilidades no projeto de novo Código Eleitoral". CONJUR. 7 ago. 2021. Disponível em: <https://www.conjur.com.br/2021-ago-07/opiniao-inelegibilidades-projeto-codigo-eleitoral#author>. Acesso em: 30 jan 2022.

GRESTA, Roberta Maia; SANTOS, Polianna Pereira dos. "Direitos políticos como direitos da sociedade: crítica ao aprisionamento semântico dos direitos políticos". In: Anuario de Derecho Constitucional Latinoamericano. Año XXII, Bogotá, 2016.

GUIMARÃES, Caio Silva. "O impulsionamento de conteúdo e a segmentação de dados no novo Código Eleitoral". Portal Migalhas. Disponível em: <https://www.migalhas.com.br/depeso/354616/o-impulsionamento-de-conteudo-e-segmentacao-de-dados-codigo-eleitoral>. Acesso em: 4 jan. 2022.

JELLINEK, Georg. Teoría general del estado. Traducción de la segunda edición alemana (1905) y prólogo por Fernando de los Ríos Catedrático de la Universidad de Granada. Buenos Aires: Julio César Faira - Editor, 2005.

JORDÃO, Eduardo Ferreira. *Repensando a teoria do abuso de direito.* Salvador: Juspodivm, 2006.

KANT, Immanuel. Fundamentação da metafísica dos costumes e outros escritos. São Paulo: Martin Claret, 2008.

LAENA, Roberta. Fictícias: candidaturas de mulheres e violência política de gênero. Fortaleza: Editora Radiadora, 2020.

MACÊDO, Lucas Buril de. Precedentes judiciais e o direito processual civil. 3 ed. Salvador: Juspodivm, 2019.

MAIA, de Maurilio Casas. Entrevista para Anadep. disponível em: < https://www.anadep.org.br/wtk/pagina/materia?id=43319>. Acesso em: 31 out. 2021.

MARINONI, Luiz Guilherme; ARENHART, Sérgio Cruz; MITIDIERO, Daniel. Novo curso de processo civil: tutela dos direitos mediante procedimento comum. Vol. II. São Paulo: Editora RT, 2015. Versão eletrônica.

MATTEUCCI, Nicola. in BOBBIO, Noberto. Verbete "Soberania" In: Dicionário de política. Noberto Bobbio, Nicola Matteucci e Gianfranco Pasquino; trad. Carmen C, Varriale et al.; coord. trad. João Ferreira; rev. geral João Ferreira e Luis Guerreiro Pinto Cacais. 13. ed., 5. reimpressão, vol.2. Brasília: Editora Universidade de Brasília, 2010.

MELLO, Celso Antônio Bandeira de. Curso de direito administrativo. 33 ed. São Paulo: Malheiros, 2016.

MENDES, Gilmar Ferreira. Curso de direito constitucional. Gilmar Ferreira Mendes, Paulo Gustavo Gonet Branco. 7. ed. rev. e atual. São Paulo: Saraiva, 2012.

MERÇON-VARGAS, Sarah. *Teoria do processo judicial punitivo não penal.* Salvador: Editora Juspodivm, 2018.

MICHAELIS, Dicionário Brasileiro da Língua Portuguesa, 2015, versão eletrônica em aplicativo para celular.

MINAMI, Marcos Youji. "Afinal, o que faz a justiça eleitoral?" TSE. Revista Eletrônica da EJE. N. 5 Ano 2. Disponível em: < https://www.tse.jus.br/o-tse/escola-judiciaria-eleitoral/publicacoes/revistas-da-eje/artigos/revista-eletronica-ano-ii-no-5/afinal-o-que-faz-a-justica-eleitoral>. Acesso em: 25 dez. 2021.

______. "Da vedação ao non factibile: Uma introdução às medidas executivas atípicas". Salvador: Editora Juspodivm, 2020.

______. Do conceito de processo eleitoral Brasileiro/ Dissertação de conclusão de curso (Mestrado). Orientador: Prof. Dr. Fredie Didier Jr. Universidade Federal da Bahia. Salvador, 2013.

______. *O Devido Processo Legal no Procedimento de Dupla Filiação Partidária.* Suffragium (TRE-CE), v. 5 n8, p. 75-96. Fortaleza: TRE-CE, 2009.

______. *Ondas de Acesso à Justiça Eleitoral.* Revista Brasileira de Direito Processual, v. 83, p. 145-166. Belo Horizonte: Fórum, 2013.

______; PEREIRA, Patrícia V. *Breves considerações sobre o processo eleitoral brasileiro.* Revista dos Tribunais, v. 993, p. 123-147. São Paulo: Editora RT, 2018.

______; PEREIRA, Patrícia V. O Abuso de Direito na Propaganda Partidária. Suffragium (TRE-CE), v. 6 n.9, p. 38-46. Fortaleza: TRE-CE, 2010.

MIRANDA, Jorge. "A constituição portuguesa e a dignidade da pessoa humana". In: Teoria Geral dos direitos humanos Flávia Piovesan, Maria Garcia(Org.). São Paulo: Editora Revista dos Tribunais, 2011. Editora RT, 2001. (Coleção Doutrinas Essenciais; v. 1).

MOREIRA, José Carlos Barbosa. *Temas de direito processual - oitava série*. São Paulo: Saraiva, 2004.

MÜLLER, Friedrich. Quem é o povo? A questão fundamental da democracia. Trad. Peter Naumann. 5 ed. São Paulo: Editora Revista dos Tribunais, 2010.

MUNDO BITA. Palhaçada. Disponível em: <https://www.youtube.com/watch?v=QaU-xZtCLoa8>. Acesso em: 18 abr. 2021.

NASPOLINI, Samuel Dal-Farra. Pluralismo político. 1. ed. Curitiba: Juruá, 2009.

NEVES, Daniel Amorim Assumpção; OLIVEIRA, Rafael Carvalho Rezende de. 2 ed. Rio de Janeiro: Forense; São Paulo: Método, 2014.

NICOLAU, Jairo. Sistemas eleitorais. 5 ed. Rio de Janeiro: Editora FGV, 2004.

NOGUEIRA, Pedro Henrique. Negócios jurídicos processuais. Salvador: Juspodivm, 2016.

NORRIS, Pippa. Why Electoral Integrity Matter. New York: Cambridge University Press, 2014. Edição do Kindle.

OLIVEIRA, Marcos Heleno Lopes. *As cotas eleitorais e as pessoas transgêneras/* Dissertação de conclusão de curso (Mestrado). Orientador: Prof. Dr. George Marmelstein. Centro Universitário 7 de Setembro. Fortaleza, 2020.

PASSOS, J. J. Calmon. Revisitando o direito, o poder a justiça e o processo. Reflexões de um jurista que trafega na contramão. Salvador: Juspodivm, 2012.

PEIXOTO, Ravi. Standards probatórios no direito processual Brasileiro. Salvador: Editora Juspodivm, 2021.

______. Superação do precedente e segurança jurídica. Salvador: Juspodivm, 2015.

PEREIRA, Luiz Márcio; MOLINARO, Rodrigo. Propaganda política: questões práticas relevantes e temas controvertidos de propaganda eleitoral. Rio de Janeiro: Renovar 2014.

PERELMAN, Chaïm. Ética e direito/ tradução Maria Ermandita de Almeida Prado Galvão. 2. ed. São Paulo: Martins Fontes, 2005.

PIMENTA, José Carlos. Processo eleitoral e controle jurisdicional. Belo Horizonte: Mandamentos, 2002.

PINTO, Djalma. Direito eleitoral: improbidade administrativa e responsabilidade fiscal - noções gerais. 5 ed. São Paulo: Atlas, 2010.

______. Elegibilidade e inelegibilidades. São Paulo: Atlas, 2008.

______; BRAID, Elke. Comentários à Lei da Ficha Limpa. São Paulo: Atlas, 2014.

RAIS, Diogo. *Direito eleitoral digital/* Coord. Diogo Rais. Autores: Diogo rais, Daniel Falcão, André Giacchetta e Pamela Meneguetti. São Paulo: Thomson Reuters Brasil, 2020.

______; SALES, Stela Rocha. "Fake news, deepfake e eleições" In: *Fake News: a conexão entre a desinformação e o direito/* Coordenação: Diogo Rais. 2 ed. São Paulo: Thomson Reuters Brasil, 2020.

RAMAYANA, Marcos. Direito eleitoral. 12. ed. Rio de Janeiro: Impetus, 2011.

______. Direto eleitoral. 17 ed. Rio de Janeiro: Impetus, 2019.

RANGEL, Marco Aurélio Scampini Siqueira. A prova no processo eleitoral: o direito probatório no contencioso cível eleitoral/ Tese (Doutorado em Direito) - Faculdade de Direito da USP, 2020.

RIBEIRO, Fávila. Direito eleitoral. 4ª ed. Rio de Janeiro: Forense, 1996.

______. Direito eleitoral. Rio de Janeiro, Forense, 1976.

RODRIGUES, Marcelo Abelha; JORGE, Flávio Cheim. Manual de direito eleitoral. São Paulo: Editora Revista dos Tribunais, 2014.

SALGADO, Eneida Desiree. "O modelo democrático brasileiro, representação política e o desafio dos mandatos coletivos" In: Direito constitucional brasileiro: teoria da constituição e direitos fundamentais. Vol. 1. Coord. Clèmerson Merlin Clève. 2. ed. rev., atual. e ampl. São Paulo: Thomson Reuters Brasil, 2021. Livro eletrônico.

______. Constituição e democracia: tijolo por tijolo em um desenho (quase) lógico: vinte anos de construção do projeto democrático Brasileiro. Belo Horizonte: Fórum, 2007.

______. Princípios constitucionais eleitorais. Belo Horizonte: Fórum, 2015.

______. Princípios constitucionais estruturantes do direito eleitoral. Tese de Doutorado. Curitiba: UFPR, 2010, cap. 4.

SEREJO, Lourival. Programa de direito eleitoral. Belo Horizonte: Del Rey, 2006.

SILVA, José Afonso da. Comentário contextual à constituição. 7. ed. São Paulo: Malheiros, 2010.

______. Curso de direito constitucional positivo, 23ª. ed., São Paulo: Malheiros Editores, 2004.

______. Curso de direito constitucional positivo. 33. ed., rev. e atual. São Paulo: Malheiros, 2009.

SILVA, Virgílio Afonso da. Direito constitucional Brasileiro. 1. ed. 1. reimp. São Paulo: Editora da Universidade de São Paulo, 2021.

SIQUEIRA, Thiago Ferreira. A responsabilidade patrimonial no novo sistema processual civil. São Paulo: Editora Revista dos Tribunais, 2016.

STOPPINO, Mario. In: BOBBIO, Noberto. Verbete "poder". In: Dicionário de política. Noberto Bobbio, Nicola Matteucci e Gianfranco Pasquino; trad. Carmen C, Varriale et al.; coord. trad. João Ferreira; rev. geral João Ferreira e Luis Guerreiro Pinto Cacais. 13. ed., 5. reimpressão, vol.2. Brasília: Editora Universidade de Brasília, 2010.

SUNDFELD, Carlos Ari. Direito administrativo ordenador. São Paulo: Malheiros, 2003.

TAVARES, André Ramos; ALMEIDA, Renato Ribeiro de. Participe! : eleições, partidos políticos e ideologias de A a Z. São Paulo: Editora Liquet, 2020.

TAVARES, João Paulo Lordelo Guimarães. "O regime jurídico das provas digitais no direito brasileiro" In. Revista de Processo. Vol. 316/2021. São Paulo: Revistas dos Tribunais, 2021. Edição Digital.

TELLES JUNIOR, Goffredo. O povo e o poder: o conselho do planejamento nacional. São Paulo: Malheiro, 2003.

VASCONCELOS, Clever; SILVA, Marco Antonio da. Direito eleitoral. 2. ed. São Paulo: Saraiva Educação, 2020.

VELLOSO, Carlos Mário da Silva; AGRA, Walber de Moura. Elementos de direito eleitoral. 2. ed. rev. e atual. São Paulo: Saraiva, 2010.

ZÍLIO, Rodrigo Lopez. Direito eleitoral: noções preliminares, elegibilidade e inelegibilidade, processo eleitoral (da convenção à prestação de contas), ações eleitorais. Porto Alegre: Verbo Jurídico, 2010.

EDITORA JusPODIVM
www.editorajuspodivm.com.br

Impressão e Acabamento
PlenaPrint
Indústria Gráfica